U0657970

"十三五"普通高等教育本科系列教材

（第二版）

基础工程

闫富有 等 编
主 审 李镜培

中国电力出版社
CHINA ELECTRIC POWER PRESS

内 容 提 要

本书为"十三五"普通高等教育本科系列教材。书中系统介绍了基础工程的基本概念、设计原理和设计方法。全书共分五章,主要内容包括地基基础设计的基本原则、浅基础(扩展基础、柱下条形基础、筏形基础)设计、桩基础及沉井简介、基坑支护、地基处理等。本书根据最新的技术规范编写,注重手算或借助于 Excel 进行简单计算和概念设计的培养,并通过大量具体算例说明相关设计方法。书后附有每章习题答案或提示。

本书可作为高等院校土木工程、城市地下空间工程、岩土与水利工程及相近专业教材,也可作为相关专业的教学参考书及工程技术人员的参考用书。

扫码即可观看本书
配套课件

图书在版编目(CIP)数据

基础工程/闫富有等编.—2 版.—北京:中国电力出版社,
2017.1(2022.8 重印)

"十三五"普通高等教育本科规划教材
ISBN 978-7-5198-0138-0

Ⅰ.①基… Ⅱ.①闫… Ⅲ.①地基-基础(工程)-高等学校-教材 Ⅳ.①TU47

中国版本图书馆 CIP 数据核字(2016)第 301788 号

中国电力出版社出版、发行
(北京市东城区北京站西街 19 号 100005 http://www.cepp.sgcc.com.cn)
北京雁林吉兆印刷有限公司印刷
各地新华书店经售

*

2009 年 2 月第一版
2017 年 1 月第二版 2022 年 8 月北京第十四次印刷
787 毫米×1092 毫米 16 开本 21.25 印张 521 千字
定价 59.00 元

前　言

　　《基础工程》（第一版）作为普通高等学校"十一五"规划教材，自 2009 年出版以来，得到了许多高校的支持和采用，学校师生在使用过程中也为本书提出了许多宝贵意见。而高等教育的改革和发展对教材建设提出的新的更高要求，以及《建筑地基基础设计规范》（GB 50007—2011）和其他相关规范、规程的修订或发布，更加使得本书的修订成为当务之急。广泛学习陆续出版的其他《基础工程》教材，给了我们本次教材修订的启发和思路。重新学习、领会本科"基础工程"教学内容和教学目标，在有限的教学学时内让学生充分领会和掌握基础工程设计原理和方法，培养分析和解决地基基础问题的能力，则是本次修订的宗旨。

　　本次修订，力求在有限篇幅内合理处理基本概念、设计原理及计算方法的讲述与规范条文描述之间的关系，既不能是规范的复制，又不能是纯设计理论的讨论；尽量对规范中的一些重要规定给予阐述和解释，让学生理解其用意而不死板记忆；较多具有针对性的例题讲述，让学生参照例题进行设计计算，以便加深对概念的理解；书后增补的每章习题的部分答案或提示是本次修订的初步尝试，有助于学生"答题，解惑，参考，提高"。

　　在内容安排上，本次修订主要进行了以下几个方面的工作：

　　（1）将扩展基础、柱下钢筋混凝土条形基础和筏形基础设计的相关内容合并在"浅基础设计"一章中一并讲述，使内容安排更为紧凑；删除了筏形基础内力计算的具体内容，避免了与其他课程的重复。

　　（2）考虑到学时有限，删除了"箱形基础"和"基础抗震设计和动力机器基础"两章。其中，关于浅基础和桩基础的承载力抗震计算，缩编后合并到相应的章节中。

　　（3）原"沉井基础"的内容经简化后，保留了沉井的一般构造、施工、设计过程荷载效应、下沉计算和刃脚受力计算，并将其合并成一节，放在"桩基础及沉井简介"一章中讲述。

　　（4）为适应《建筑基坑支护技术规程》（JGJ 120—2012）新的要求，原"基坑工程"一章更名为"基坑支护"，且其中内容修订较多。

　　本书共分为五章，其中绪论、第一章、第二章第七～九节由郑州大学闫富有编写，第二章第一、二节由大连海事大学易南概编写，第二章第三～五节由大连海事大学姜谙男编写，第二章第六节由中原工学院祝彦知编写，第三章第一～十一节由郑州大学刘忠玉和闫富有编写，第三章第十二节由闫富有和河南工业大学刘起霞编写，第四章第一～十节由郑州大学综合设计研究院有限公司高伟和珠江水利委员会珠江水利科学研究院胡海英编写，第四章第十一节由机械工业第六设计研究院有限公司王小锋编写，第五章由机械工业第六设计研究院有限公司郭正鹏和岳阳市规划勘察设计院赖广平编写。全书习题答案由王小锋和郑州大学土木工程学院研究生张晓婉提供。全书由闫富有编写大纲、修改并定稿。

　　《基础工程》（第一版）由同济大学李镜培教授主审，审稿中李教授提出了许多宝贵意见，在此深表谢意。

本次修订得到了很多同行、同事的支持与帮助，在编写过程中参考了大量文献，限于篇幅不再一一列举，特向各位学者表示衷心感谢。

限于编者水平与经验，书中难免存在不足之处，恳请读者批评指正！

编　者

2016 年 11 月

第一版前言

为贯彻执行教育部《关于进一步加强高等学校本科教学工作的若干意见》的精神，加强教材建设，确保教材质量，中国电力教育协会组织制订了普通高等教育"十一五"教材规划。该规划强调适应不同层次、不同类型院校，满足学科发展和人才培养的要求，坚持专业基础课教材与专业教材并重、新编与修订相结合。本书为新编教材。

基础工程是土木工程专业和岩土工程专业的重要专业课。本书依据土木工程和岩土工程专业本科教育培养目标和方案以及郑州大学《基础工程》教学大纲，并参照我国现行规范，结合作者多年教学和指导学生毕业设计经验编写。除作为本科教材外，也可作为学生毕业设计参考书，或相关工程技术人员的参考用书。

本书在内容编制上，既注意先进性与实用性的协调，又注重新规范和新成果的引用，既正确讲述基本概念与设计原理，又通过具体算例说明相关设计计算方法，参照算例算法解决实际工程设计问题。在满足培养要求和符合学生认知特点的基础上，遵循如下原则：

（1）力求准确阐述本课程的基本概念和设计原理，设计理论围绕现行规范，力求反映规范的基本原则和基本规定。尽量阐述规范中的用意与结论，在理解规范的基础上详细讲解现代设计原理和设计方法，有利于学生的理解、应用和提高。

（2）侧重设计方法的讲述，强调手算过程和概念设计的培养。安排适当的工程算例与讨论，使学生在学习、理解、体会设计规范的基础上，通过工程算例的学习，加深对概念设计的认识和对设计方法的理解，并参照算例算法解决实际问题。

（3）适当扩展学生的知识面。在传统的基础工程内容的基础上，注意吸收国内外成熟的设计方法，使学生对基础工程设计具有较全面的认识，了解基础工程的设计现状。

（4）内容层次分明，适应多层次教学要求。部分章节编入了一些扩大深度和广度的内容（带 * 的章节），可根据不同学时及教学类别有选择的讲授，也可作为自学阅读材料。

本书共分为十章，其中绪论、第一章、第四章由郑州大学闫富有编写，第二章由大连海事大学易南概编写，第三章由大连海事大学姜谙男编写，第五章由中原工学院祝彦知编写，第六章由郑州大学刘忠玉、闫富有编写，第七章由河南工业大学刘起霞和岳阳市规划勘测设计院赖广平编写，第十章由刘起霞编写，第八章由珠江水利委员会珠江水利科学研究院胡海英、闫富有编写，第九章由胡海英和赖广平编写。全书由闫富有编写大纲、修改并定稿。

全书由同济大学李镜培教授主审，并在审稿中提出了许多宝贵意见，在此深表感谢。

本书在策划和编写过程中得到了郑州大学郭院成教授的指导和帮助，同济大学梁发云博士为本书的编写提出了许多宝贵意见，同时在编写过程中参考了大量文献，限于篇幅不再一一列举，特向各位学者表示衷心感谢。限于作者水平，书中纰漏、错误在所难免，恳请读者批评指正。

编　者

2008 年 10 月

目　录

绪　　论

一、地基基础的概念

支承建筑物荷载的整个地层（土体或岩体）称为地基。在建筑物荷载作用下，地基将产生附加应力和变形，其范围随荷载大小、土层分布和建筑物下部结构的形式不同而变化。虽然地层是广阔的无限大空间体，但从实际意义上来说，地基是指在一定深度范围内产生大部分变形的地层。一般情况下，地基由多层土组成，直接承担建筑物荷载的土层称为持力层，其下的土层称为下卧层。持力层和下卧层都应满足一定的强度要求和变形限制，即地基设计的要求，但对持力层的要求显然比对下卧层的要求要高。地基有土体和岩体之分，本书主要讨论土体地基。

基础是将建筑物荷载传递到地基上的建筑物下部结构，起着承上启下的作用。一般应埋入地下一定深度，进入较好的土层。另外，基础应满足一定的强度和刚度要求。

如果地基是良好的土层，基础可直接做在天然土层上，这种未经人工处理就可以满足设计要求的地基称为天然地基。如果地基软弱，承载力不足或预计变形较大，无法满足设计要求，则需要对地基进行加固处理，如采用换土垫层、深层密实、排水固结以及化学加固等方法，则称为人工地基。

根据基础的埋置深度和施工方法，基础可分为浅基础和深基础。通常把埋置深度不大（一般不超过3～5m），只需经过挖槽、排水等普通施工措施就可建造的基础称为浅基础；反之，若浅层土较软弱，土质不良，需要借助于特殊的施工方法，把基础埋置在较深的土层中，将荷载传递到深部良好土层中，这样所建造的基础称为深基础，如桩基、沉井基础及地下连续墙等。相对深基础而言，浅基础具有施工方法简单、造价较低等优点，因此，在满足地基承载力、变形和稳定性要求的前提下，宜优先考虑采用浅基础。

地基基础设计包括地基设计和基础设计两部分。地基设计包括地基承载力计算、地基沉降验算和地基整体稳定性验算。通过承载力计算来确定基础的埋深和基础底面尺寸，通过沉降验算来控制建筑物的沉降不超过规范规定的允许值，而整体稳定性验算则保证了建在坡上的建筑物不至于发生滑移或倾覆而丧失其整体稳定性。基础设计包括基础的选型、构造设计、内力计算和钢筋混凝土的配筋。由于地基和基础相互作用，基础与上部结构又构成一个整体，因此在地基基础设计时不仅要考虑工程地质和水文地质条件，还要考虑上部结构的特点、建筑物的使用要求以及施工条件等。

在进行地基基础设计时，天然地基上的浅基础是首选方案。此种方案充分利用了天然地基的承载力，可用常规的施工方法来修建，施工比较简单，工程造价较低。如果天然地基的承载力不足或建筑物的沉降不能满足设计要求，则可以考虑采用人工地基或深基础方案。此时，应在综合考虑工程地质条件、结构类型、材料情况、施工条件和工期、环境影响等诸多因素的基础上，因地制宜，从实际出发，在保证安全可靠的前提下，进行技术经济分析后确定。

二、基础工程及其重要性

基础工程是阐述建筑物地基与基础设计和施工问题的技术性学科，是环境岩土工程学的一个重要组成部分，是土木工程学科的一个重要分支。基础工程的研究对象是地基与基础；研究内容是各类建筑物的地基基础和挡土结构物的设计和施工，以及为满足工程要求进行的地基处理方法与基坑支护技术。基础工程是运用工程地质学、土力学、岩体力学以及结构力学和钢筋混凝土结构等的基本理论和方法来解决土木工程中有关地基基础设计和施工中所遇到的各种问题的应用科学。由于基础是建筑物结构的一部分，在基础设计中需要大量的结构计算，因此基础工程也与结构计算理论和计算技术密切相关。

综合地基基础的设计计算内容即为基础工程所解决的基本问题：强度问题、变形问题和稳定性问题。

强度问题是满足承载力的要求。例如根据地基承载力的大小确定基础埋深和基底面积，要满足正常使用极限状态下建筑物的变形和稳定要求。变形问题即地基变形，是指建筑物的整体沉降量、倾斜值和差异沉降，其限值要满足建筑物的功能和使用要求。稳定性问题即地基稳定性，是要保证建筑物承载能力极限状态下的安全性，防止整体倾覆和滑移。对于基础设计，还要满足结构强度（抗弯、抗剪、抗冲切验算）和变形要求。

在实际工程中，往往地基的强度还有潜力可用，但基础的沉降已达到限值，即需要变形控制设计。随着地基承载力理论的发展，因地基承载力不足而导致建筑物工程事故的工程实例很少，在一定程度上，对建筑工程来说，基础工程的基本问题已转变为沉降变形问题。而基础工程所解决的问题，不是凭空想象出来的，而是为满足工程建设需要，在实践中解决工程建设过程中所遇到的各种各样的地基基础问题。

基础工程作为建筑物的根本，是隐蔽工程，它的勘察、设计和施工质量直接关系着建筑物的安危，一旦失误，难以修复。尤其是在复杂建筑环境条件下建设高层建筑，技术难度大，建筑环境要求严格，投资比例高，施工时间长，正确解决地基基础的设计与施工以及与环境的相互作用问题就显得尤为重要。所以，基础工程在整个建筑设计中占有非常重要的地位，必须给予高度的重视。

基础工程是人类在长期的生产实践中发展起来的一门应用学科。巍巍耸立的高塔、宏伟的宫殿寺院，正是由于基础牢固，才历经风雨和地震考验而安然无恙，千百年留存至今。古时人们已认识到基础工程的重要性，但仅停留在能工巧匠的高超技艺上，由于受当时生产力水平的限制，未能形成系统的基础工程科学理论。在 18 世纪以后，随着规模化的城市建设，兴建水利、道路和桥梁，促使人们开始重视基础工程的研究。随着土力学的发展，土压力理论、砂土抗剪强度公式等相继提出，以及 20 世纪 20 年代太沙基（Terzaghi）的《土力学》《工程地质学》等专著的发表，标志着土力学的形成，从而带动了人们对基础工程进行系统地研究和探索。而基础工程学科的迅速发展，则是在近几十年，随着土木工程建设的需要，尤其是城市高层建筑、地铁、大型水坝、大跨度桥梁等的建设，使基础工程无论是在设计理论上，还是施工方法上，都得到了前所未有的发展。

三、基础工程设计

基础工程设计应注意以下几个方面：

（1）在基础工程设计之前，必须了解和认真分析拟建场地的工程地质和水文地质条件。我国地域辽阔，自然历史环境不同，分布着各种各样的土类，包括一些特殊土，如湿陷性黄土、膨胀土、软土、红黏土和冻土等，所以基础工程的设计与施工带有明显的区域性，必须根据所在地区不同、具体要求不同，考虑不同的设计和施工方法所涉及的问题。即使在同一地区小范围内，天然土层的性质和分布也可能有很大变化，所以在基础工程设计时，必须具有可靠的工程地质勘察资料，并要正确理解和运用工程地质勘察资料。如勘察的详细程度，所给的土层参数是现场试验或是室内试验得到的，是采用何种试验方法得到的，其可靠性如何等。

（2）基础工程设计应注重概念设计。概念设计是一种设计思想，其内涵是指综合工程地质条件、上部结构的类型和结构特征以及荷载条件、施工条件与环境条件，牢牢掌握岩土力学和工程的一些基本概念，从分析入手，抓住问题的关键，在定性分析的基础上定量分析，从而制定出设计的总体构思。概念不是直观的感性认识，而是从分散的具体经验中抽象出来的。解决基础工程问题时，既不能仅凭计算结果，也不能仅凭直观或局部经验，应透过现象看本质，举一反三，将基本设计原理与经验相结合。只有基本概念清晰，才能做到理论分析正确，再加上丰富的、有针对性的经验，才能较为完善地解决基础工程中所遇到的各种问题。在《建筑桩基技术规范》（JGJ 94—2008）中的疏桩减沉设计、多桩调平设计等都是基于这种概念设计的思想。在对大量基础工程事故进行分析时发现，造成事故原因除施工方面的因素外，有些是由于缺乏复杂地质条件下的设计经验，表现为设计计算取值欠慎重；有些是由于对某些设计理论特别是其应用范围、假设条件的理解欠深入和全面，虽然设计计算工作做得很细致精确，但所选定的分析模型却并不合适。

（3）基础工程设计应正确把握"度"的概念。由于岩土材料性质的复杂性和参数的相关性、现场与试验室试验土体指标的不一致性、现场原位试验与孔隙水压力的不确定性等，再加上设计计算理论并非完善，使基础工程的设计充满风险与挑战。如果设计过于保守，虽然安全性得到保障，但非常不经济；如果过于考虑如何降低投资，很可能导致设计的安全性降低。安全与经济中间有一个"度"的范畴。所以，应遵循地基基础设计的总原则，即地基基础设计应贯彻执行国家的技术经济政策，做到安全适用、技术先进、经济合理、确保质量、保护环境。

（4）基础工程设计过程中应正确理解和运用规范。基础工程的设计与施工及岩土工程勘察设计都离不开"规范"，"规范"对我国工程建设设计与施工的指导作用举足轻重。国家规范制定的不同时期，体现了国家当时的技术经济水平。我国在 20 世纪 50 年代到 70 年代初使用的是苏联的规范，直到 1974 年才总结多年的实践经验，结合我国国情，编制了《工业与民用建筑地基基础设计规范》（TJ 7—74）。该规范是按照安全系数法制定的。随着基础工程设计理论与施工方法的发展、科技进步和经济实力的提高，1989 年又发布了《建筑地基基础设计规范》（GBJ 7—89），该规范采用了概率极限状态设计方法，通过与 1974 年版的安全系数 2.0 的校准，制定了分项安全系数。2002 年发布《建筑地基基础设计规范》（GB 50007—2002），提出了按变形控制设计的原则，区分了地基基础设计中概率极限状态设计方法的荷载组合条件和适用范围，使地基基础设计的总原则更加明确，也使地基基础的设计与施工跨上了一个新的台阶。在此基础上，总结相关的科研成果和工程实践经验后又进行了修订，形成了现在使用的《建筑地基基础设计规范》（GB 50007—2011），它代表了我国地基基础设计的先进水平。基础工程设计所涉及的规范较多，包括地基基础、高层建筑箱基与筏基、建筑桩基、地基处理、基坑支护、抗震等规范，甚至有些规范之间的规定并非一致。一般来说，为了指导全面和适应各种可能的情况，也为了让一般技术人员能够掌握和使用规范进行检验计算，规范所推荐和使用的理论和方法一般是比较成熟的、简易的和偏于保守的。

例如关于承载力的确定问题，土的应力历史给工程特性带来的影响，规范中无法给出表达式，只能给出强调原位试验和室内试验并结合工程经验综合确定的原则，而设计过程中并非不考虑土的应力历史对工程特性的影响。规范规定了"应""宜"及强制性的条文，应理解其规定的用意，其目的是什么，尤其是要理解规范中公式的来源、使用范围与条件以及该公式所达到的目的，应灵活掌握，而不应死板执行，更不能约束自己对基础工程问题理解的积极性和创造性。

（5）基础工程设计必须考虑施工技术水平和工期。一个优秀的设计人员，应深入施工现场了解情况，认真听取施工单位和监理单位的意见，熟悉施工流程，采纳施工单位的一些合理性建议，设计图纸应尽可能做到配合施工，方便施工，最大限度地防止设计与施工脱节的情况。

（6）认知、理解和掌握地基、基础和上部结构共同作用的概念。建筑物的地基、基础和上部结构，虽各自的功能不同、研究方法各异，然而对一个建筑物来说，在荷载作用下，这三个方面是一个彼此联系、相互制约的整体，虽然目前把这三部分完全统一起来进行设计计算还有很大困难，但在基础工程设计时，应从地基、基础和上部结构共同作用的概念出发，全面考虑，才能收到比较理想的效果。

地基基础设计水平的评价，应该采用技术经济评价方法，即技术先进性、施工可行性和经济指标。考虑到各地区原材料情况、成熟施工技术和设备情况各异，必须因地制宜。一个优秀的地基基础设计成果，必须满足技术先进、施工可行、经济三项指标。

四、课程内容及学习要求

基础工程是土木工程和岩土工程专业的一门重要的专业技术课。以往的大学课程，土力学与基础工程合成一门课讲授。随着城市建设的可持续发展，所遇到的基础工程问题日益增多，且越来越复杂。为了加强对基础工程的学习，大多院校将土力学和基础工程分为连续设置的两门课。本书是已出版的《土力学》教材的续篇。

从多年的土木工程专业学生毕业设计中发现，通常学生比较重视上部结构的设计，对地基基础的设计知识往往较难掌握或不太重视。究其原因，一方面基础工程是一门综合性较强的课程；另一方面，大多基础工程教材偏重于讲解设计原理以及在电算中应用的设计计算方法，手算的例题偏少，学生较难参照例题进行实际工程设计，而毕业设计则是要求理解设计全过程，强调手算或借助 Excel 进行简单计算能力的培养。本书正是在这种背景下编写的。在编写过程中，在有限的篇幅内，尽量强调对规范中的一些重要规定的解释，让学生理解其规定的用意和目的，而不盲目死板地执行，以便使学生加强对设计原理和基本概念的理解。书中每个章节讲述完设计原理和方法后，设计了较多具有针对性的典型例题，尤其是难以理解的内容。通过算例解析，引导学生掌握计算过程和方法，培养解决实际问题的能力，从而进一步理解设计原理和设计方法。各章最后均设计了一定数量的思考题和习题，并在书后给出了习题答案与提示，供解题过程中参考。通过解题、解惑、参考解答的过程，启发学生学有所用，用有所疑，疑有所思，从而将所学知识融会贯通。切勿尚未动手做题便直接参考书后答案。另外，基础工程中多数习题计算比较烦琐，建议学生学会采用 Excel 进行计算。

根据基础的形式和基础施工所涉及的技术问题，本书主要向读者系统介绍基础工程的设计原理和方法，从五个方面加以系统讲述：

第一章介绍了地基基础设计的基本原则、内容、方法和程序，属于地基设计的内容，是学习后续内容的基础。

第二章属于天然地基上浅基础的设计内容，分别讲述了扩展基础、柱下条形基础、筏形基础的设计原理和方法，重点讲述了常规设计方法。内容结合实际工程，参考现行设计规范，分别给出了不同类型基础的构造要求、实用的内力计算方法以及控制配筋的设计表述。

第三章为桩基础的设计内容，介绍了桩基础的设计原理与施工方法。由于桩基础相对比较复杂，本章安排了较多篇幅进行介绍，并就每部分安排了较多的例题，如桩基的沉降计算等。在学习中，可参考例题来体会掌握新的设计计算方法。

第四章系统阐述了基坑工程中常用的支护结构类型的结构特点和设计计算方法、基坑降水设计方法。由于土压力、水压力的计算结果往往与实际测试结果差别较大，书中给出了较多的例题来引导学生对设计过程的理解，并设计了较多的篇幅以及例题讨论来帮助学生认识概念设计。本章是在《建筑地基基础设计规范》（GB 50007—2011）中的"基坑工程"的基础上，主要参考《建筑基坑支护技术规程》（JGJ 120—2012）等相关规范编写而成的。

第五章以复合地基为主线，介绍了地基处理的原理、方法及适用性，属于人工地基的设计内容，对每种软弱地基处理方法基本上都设计了例题，这些例题大多是根据实际工程简化总结而来的。

本课程与工程地质学、土力学和钢筋混凝土设计原理等课程有着密切的关系。在基础工程的学习中，应在对设计原理的理解和设计方法的学习的基础上，加强对设计案例的学习与分析，提高解决实际问题的能力。通过学习例题和完成作业，掌握相应的设计要点，为今后的工作积累经验。

第一章 地基基础设计的基本原则

第一节 浅基础的类型与选用

直接建造在天然地基或经处理的人工地基上，埋置深度较浅，或埋深小于基础宽度的大尺寸的基础，称为浅基础。相对深基础而言，浅基础具有施工方法简单、造价较低等优点，因此，在满足地基承载力、变形和稳定性要求的前提下，宜优先考虑选用浅基础。

浅基础将上部结构传来的应力加以扩散传给地基持力层。设计时，不考虑基础底面以上土的抗剪强度对地基承载力的作用，也不考虑基础侧面与土的摩擦阻力。

一、浅基础的类型

浅基础的分类方法有多种，按照基础的形状、大小和使用的材料与性能，可分为无筋扩展基础、扩展基础、柱下条形基础、筏形基础、箱形基础等。习惯上把柱下条形基础、筏形基础和箱形基础称为连续基础。

1. 无筋扩展基础

无筋扩展基础是指基础截面的台阶宽高比满足表 1-1 允许值，由砖、毛石、混凝土或毛石混凝土、灰土或三合土等材料组成的墙下条形基础或柱下独立基础。其特点是基础材料虽然具有较好的抗压性能，但抗拉、抗剪强度却不高，适用于多层民用建筑和轻型厂房。在地基反力的作用下，该类基础的弯曲拉应力和剪应力小于材料的抗拉强度设计值而无需配置钢筋。

灰土基础是用石灰和黏性土混合材料铺设、压密而成。每层虚铺 220～250mm，压实至 150mm，俗称一步灰。灰土的物理力学性能与其配合比、密实度、含水量及时间等因素有关。试验结果表明，3:7 灰土的物理力学性能较好，4:6 灰土的强度反而不如 3:7 灰土，2:8 灰土强度略低于 3:7 灰土，但具有很好的稳定性。

三合土基础是用石灰、砂、骨料（矿渣、碎砖或碎石）三合一材料铺设、压密而成，其体积比一般为 1:2:4～1:3:6（石灰:砂:骨料）。通常根据夯实厚度，每层约虚铺 220mm，夯实至 150mm。三合土基础的强度与骨料的种类有关，骨料为矿渣的最好（有水硬性），碎砖也较好，较差的是碎石及河卵石。

砖基础是工程中最常见的一种无筋扩展基础，各部分的尺寸应符合砖的模数。砖基础一般做成台阶式，俗称"大放脚"。有等高砌法和二一间隔砌法两种，如图 1-1 所示。在基底宽度相同的情况下，二一间隔砌法可减小基础高度，并节省用砖量。这两种砌法都能符合台阶宽高比的要求。

无筋扩展基础底面的宽度，应满足下式要求

$$b \leqslant b_0 + 2H_0 \tan\alpha \tag{1-1}$$

式中 $\tan\alpha$——基础台阶的宽高比，即 b_2/H_0（见图 1-2），其允许值可按表 1-1 选用。

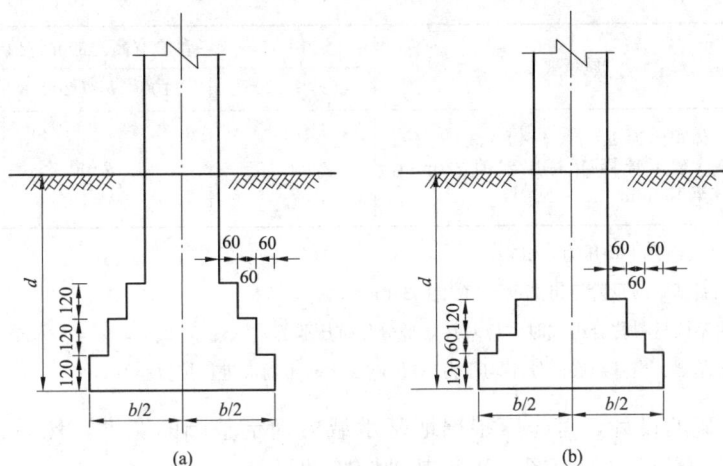

图 1-1　砖基础

（a）等高切法；（b）二一间隔砌法

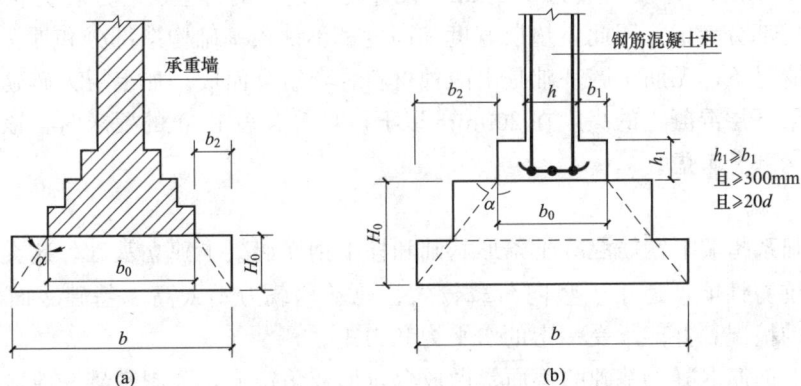

图 1-2　无筋扩展基础

b—基础底面宽度；b_0—基础顶面的墙体宽度或柱脚宽度；b_2—基础台阶宽度；H_0—基础高度

表 1-1　　　　　　　　　　无筋扩展基础台阶宽高比的允许值

基础材料	质量要求	台阶宽高比的允许值		
		$p_k \leqslant 100$	$100 < p_k \leqslant 200$	$200 < p_k \leqslant 300$
混凝土基础	C15 混凝土	1：1.00	1：1.00	1：1.25
毛石混凝土基础	C15 混凝土	1：1.00	1：1.25	1：1.50
砖基础	砖不低于 MU10 砂浆不低于 M5	1：1.50	1：1.50	1：1.50
毛石基础	砂浆不低于 M5	1：1.25	1：1.50	
灰土基础	体积比 3：7 或 2：8 的灰土，其最小干密度：粉土 1.55t/m³；粉质黏土 1.55t/m³；黏土 1.45t/m³	1：1.25	1：1.50	

基础材料	质量要求	台阶宽高比的允许值		
		$p_k \leqslant 100$	$100 < p_k \leqslant 200$	$200 < p_k \leqslant 300$
三合土基础	体积比为 1：2：4～1：3：6（石灰：砂：骨料），每层虚铺 220mm，夯至 150mm	1：1.50	1：2.00	

注　1. p_k 为基础底面处平均压力，kPa；

　　2. 阶梯形毛石基础的每阶伸出宽度不宜大于 200mm；

　　3. 当基础由不同材料叠合组成时，应对接触部分作抗压验算；

　　4. 对混凝土基础、当基础底面处平均压力超过 300kPa 时，尚应进行抗剪验算。

无筋扩展基础的设计，首先应根据地基承载力确定基础的宽度，然后根据式（1-1）确定基础的高度，最后在剖面图上进行基础台阶的设计。

对于砖基础来说，为了保证其砌筑质量，并能起到平整和保护基坑的作用，施工时常在转基础底面以下先做垫层。垫层材料可选用灰土、三合土和混凝土。垫层每边伸出基础底面 50～100mm，厚度一般为 100mm。设计时，这样的薄垫层一般作为构造垫层，不作为基础结构部分考虑。因此，垫层宽度和高度都不计入基础构造部分和埋深范围。

在有些情况下，无筋扩展基础是由两种材料叠合组合而成，如上层为砖砌体，下层为混凝土。如果下层混凝土的高度在 200mm 以下，且符合表 1-1 的要求时，该混凝土层可作为基础结构部分考虑。

2. 扩展基础

扩展基础系指墙下钢筋混凝土条形基础和柱下钢筋混凝土独立基础。这类基础具有良好的抗弯和抗剪性能，适用于竖向荷载较大、地基承载力不太高、基础底面较大的情况和需要浅埋的情况，并能承受一定的水平力和力矩。

现浇柱下钢筋混凝土基础的截面常做成台阶形或角锥形，预制基础一般做成杯形，如图 1-3 所示。

墙下钢筋混凝土条形基础有无肋或配筋的两种，如图 1-4 所示。当基础延伸方向的墙上荷载及地基土的压缩性不均匀时，为了增强基础的整体性和纵向抗弯能力，减小不均匀沉降，常采用带肋的墙下钢筋混凝土条形基础。

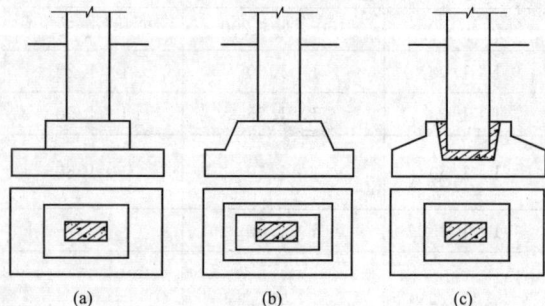

图 1-3　柱下钢筋混凝土独立基础

（a）阶梯形基础；（b）锥形基础；（c）杯形基础

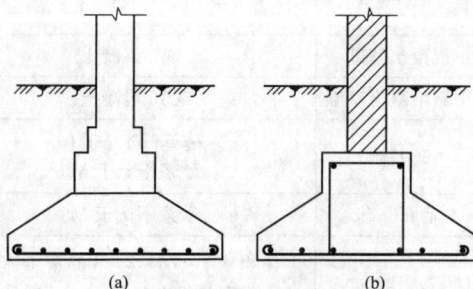

图 1-4　墙下钢筋混凝土条形基础

（a）无肋式；（b）有肋式

3. 柱下条形基础

如果柱子的荷载较大而地基的承载力较低，需要较大的基础面积，或相邻柱子的荷载有差异、地基土压缩性不均匀等情况，可将一个方向的柱下独立基础连成一条，形成柱下条形基础［见图1-5（a）］；当单向条形基础的底面积仍不能满足地基承载力要求或不均匀沉降不能满足规定的允许值，可将基础沿纵横方向连接，形成十字交叉条形基础［见图1-5（b）］。十字交叉条形基础具有较大的整体刚度，可用于多、高层框架结构和多层厂房。对于无地下室要求时，常根据实际情况选用柱下条形基础或交叉条形基础。

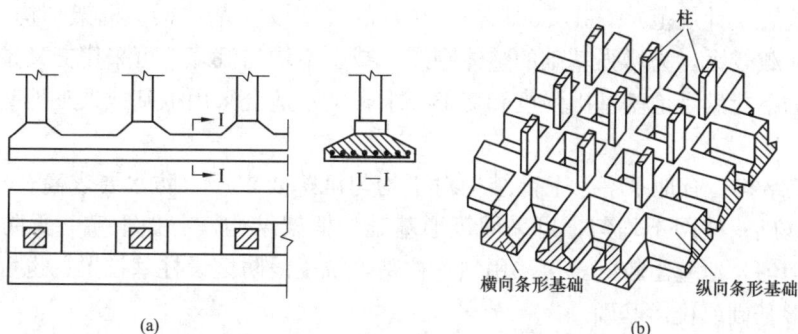

图1-5 柱下条形基础

（a）柱下条形基础；（b）柱下十字交叉条形基础

4. 筏形基础

当十字交叉条形基础的底面积仍不能满足地基设计要求，或相邻基槽距离较小以及地下室需要防水时，可采用筏形基础。筏形基础由于基底面积大，可减小基底压力，并能有效地增强基础的整体性，调整地基的不均匀沉降，是高层建筑常用的结构形式。水池、储料仓等构筑物也适合采用筏基。筏形基础在构造上好像倒置的钢筋混凝土楼盖，可分为平板式和梁板式（见图1-6）。

5. 箱形基础

箱形基础是由顶、底板和纵、横墙板组成的盒式结构（见图1-7），具有极大的整体刚度，能有效地扩散上部结构传下的荷载，调整地基的不均匀沉降。一般有较大的基础宽度和埋深，能显著地提高地基的承载力，增强整体稳定性。箱形基础具有很大的地下空间，代替被挖除的土，因此具有补偿作用，对减少基础沉降和满足地基的承载力要求很有利。剪力墙结构等落地墙体较多，分布比较均匀的结构可考虑采用箱形基础。

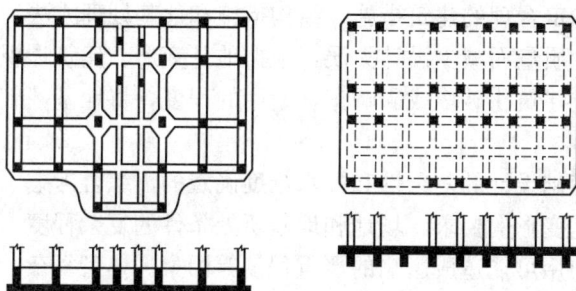

图1-6 筏形基础

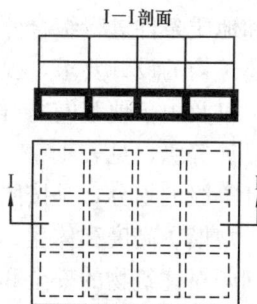

图1-7 箱形基础

二、浅基础类型的选用

选择基础方案，应根据工程地质和水文地质条件、建筑物的功能要求与体型、荷载的大小和分布情况、相邻建筑基础情况、施工条件、材料供应情况以及抗震设防烈度等综合考虑，做到安全适用，经济合理。以下是基础类型选择的一般原则：

（1）砌体结构优先采用无筋扩展基础，当基础宽度大于 2.5m 时，可采用扩展基础。

（2）多层内框架结构，如地基土质较差时，中柱宜选用柱下钢筋混凝土条形基础。

（3）框架结构，无地下室，地基土质较好，荷载较小，可采用独立柱基，在抗震设防区可按《建筑抗震设计规范》（GB 50011—2010）的规定设柱基拉梁。框架结构，无地下室、地基较差，荷载较大，为增强基础的整体刚度，减少不均匀沉降，可采用交叉条形基础。采用上述结构仍不能满足地基基础强度和变形要求，又不适合采用桩基或人工地基时，可采用筏形基础。

（4）框架结构，有地下室、上部结构对不均匀沉降要求严、防水要求高、柱网较均匀，可采用箱形基础；柱网不均匀，可采用筏形基础。框架结构，有地下室，无防水要求，柱网、荷载较均匀，地基土较好，可采用独立柱基，抗震设防区设柱基拉梁；也可采用钢筋混凝土交叉条形基础或筏形基础。

（5）筏形基础上的柱荷载不大、柱网较小或均匀，可采用平板式筏形基础；当柱荷载不同、柱距较大时，宜采用梁板式筏基。

（6）剪力墙结构，无地下室或有地下室，无防水要求，地基较好，宜采用交叉条形基础。当有防水要求时，宜选用筏形基础或箱形基础。

（7）高层建筑一般都设有地下室，可采用筏形基础；如地下室设置有均匀的钢筋混凝土隔墙时，可采用箱形基础。

第二节　地基基础设计的原则、方法和内容

地基基础设计时需要综合考虑建筑物情况和场地工程地质条件，并结合施工条件以及工期、造价等各方面的要求，合理选择地基基础方案，因地制宜，精心设计，做到安全适用、技术先进、经济合理。

一、为提高设计质量减少失误的设计原则

地基基础设计，应考虑上部结构和地基基础的共同作用，对建筑物体型、荷载情况、结构类型和地质条件进行综合分析，确定合理的建筑措施、结构措施和地基处理方法。为了满足各类建筑物的设计要求，提高设计质量而减少设计失误，根据地基变形、建筑物规模和功能特点，以及由于地基问题可能造成建筑物破坏或影响正常使用的程度，将地基基础设计分为三个设计等级，见表 1-2。

设计等级的划分，是按照地基基础设计的复杂性和技术难度确定的，综合考虑了建筑物的性质、规模、高度和体型、对地基变形的要求、场地和地基所处条件的复杂程度，以及由于地基问题对建筑物的安全和正常使用可能造成影响的严重程度等因素。体型复杂、层数相差超过十层的高低连成一体的建筑物，是指平面上和立面上高度变化较大，体型变化复杂且建在同一地基上的高层宾馆、办公楼、商业建筑等。由于高度相差悬殊，结构刚度和构造变化复杂，地基容易出现不均匀变形，地基基础设计的复杂程度和技术要求难度较大，有时

表 1-2   地 基 基 础 设 计 等 级

设计等级	建 筑 和 地 基 类 型
甲 级	重要的工业与民用建筑 30 层以上的高层建筑 体型复杂、层数相差超过十层的高低层连成一体的建筑物 大面积的多层地下建筑物（如地下车库、商场、运动场等） 对地基变形有特殊要求的建筑物 复杂地质条件下的坡上建筑物（包括高边坡） 对原有工程影响较大的新建筑物 场地和地基条件复杂的一般建筑物 位于复杂地质条件及软土地区的二层及二层以上地下室的基坑工程 开挖深度大于 15m 的基坑工程；周边环境条件复杂、环境保护要求高的基坑工程
乙 级	除甲级、丙级以外的工业与民用建筑物 除甲级、丙级以外的基坑工程
丙 级	场地和地基条件简单、荷载分布均匀的七层及七层以下民用建筑及一般工业建筑物；次要的轻型建筑物 非软土地基且场地地质条件简单、基坑周边环境条件简单、环境保护要求不高且开挖深度小于 5.0m 的基坑工程

需要采用多种地基基础类型，或考虑上部结构共同作用的变形分析计算来解决不均匀沉降对基础和上部结构的影响问题；大面积的多层地下建筑物（如地下车库、商场、运动场等）存在基坑开挖和降水、支护和对周围邻近建筑物可能造成严重不良影响等问题，增加了地基基础设计的复杂性，可能还存在抗浮验算问题；对原有工程有较大影响的新建建筑物，是指在原有建筑物旁和在地铁、地下隧道、重要地下管道上或旁边新建的建筑，当新建建筑物对原有工程影响较大时，为了保证原有工程的安全和正常使用，增加了地基基础设计的复杂性和难度。所以，它们均列入甲级。设计时，应根据建筑物和地基的具体情况确定地基基础的设计等级。

二、按变形控制设计的原则

地基基础设计包括承载力计算、变形验算、稳定性验算和抗浮验算。应根据上部结构和工程地质条件等情况，确定设计要求。

地基设计时，应注意区分三种功能要求：①在长期荷载作用下，地基变形不至于造成承重结构的损坏；②在不利荷载作用下，地基不出现失稳现象；③具有足够的耐久性能。因此，在满足第一功能要求时，应以不使地基中出现过大的塑性变形为原则，同时考虑在此条件下各类建筑物可能出现的变形特征和变形量。地基土的变形具有长期的时间效应，与钢、混凝土、砖石等材料相比，它属于大变形材料。对已有的大量地基事故进行分析，绝大多数事故皆由地基变形过大或不均匀沉降而造成。地基基础设计按变形控制的总原则已成为工程界认可的地基基础设计原则。

地基基础的设计年限应不小于建筑结构的设计使用年限。根据地基基础设计等级及长期荷载作用下地基变形对上部结构的影响程度，应符合以下规定：

（1）基础应有足够的强度，刚度与耐久性。

（2）所有建筑物的地基计算均应满足承载力计算的有关规定。

（3）设计等级为甲级、乙级的建筑物，均应进行地基变形验算。

（4）表 1-3 中所列范围内设计等级为丙级的建筑物可不作变形验算，但有下列情况之一时，仍应作变形验算。

　　1）地基承载力特征值小于130kPa，且体型复杂的建筑；

　　2）在基础上及其附近有地面堆载或相邻基础荷载差异较大，可能引起地基产生过大的不均匀沉降时；

表 1-3　　　　　　　可不作地基变形计算设计等级为丙级的建筑物范围

地基主要受力层情况		地基承载力特征值 f_{ak} (kPa)	$80 \leqslant f_{ak} < 100$	$100 \leqslant f_{ak} < 130$	$130 \leqslant f_{ak} < 160$	$160 \leqslant f_{ak} < 200$	$200 \leqslant f_{ak} < 300$
		各土层坡度（%）	$\leqslant 5$	$\leqslant 10$	$\leqslant 10$	$\leqslant 10$	$\leqslant 10$
建筑类型	砌体承重结构、框架结构（层数）		$\leqslant 5$	$\leqslant 5$	$\leqslant 6$	$\leqslant 6$	$\leqslant 7$
	（6m柱距）单层排架结构	单跨 吊车额定起重量（t）	10～15	15～20	20～30	30～50	50～100
		单跨 厂房跨度（m）	$\leqslant 18$	$\leqslant 24$	$\leqslant 30$	$\leqslant 30$	$\leqslant 30$
		多跨 吊车额定起重量（t）	5～10	10～15	15～20	20～30	30～75
		多跨 厂房跨度（m）	$\leqslant 18$	$\leqslant 24$	$\leqslant 30$	$\leqslant 30$	$\leqslant 30$
	烟囱	高度（m）	$\leqslant 40$	$\leqslant 50$	$\leqslant 75$	$\leqslant 100$	
	水塔	高度（m）	$\leqslant 20$	$\leqslant 30$	$\leqslant 30$	$\leqslant 30$	
		容积（m³）	50～100	100～200	200～300	300～500	500～1000

注　1. 地基主要受力层系指条形基础底面下深度为 $3b$（b 为基础底面宽度），独立基础下为 $1.5b$，且厚度均不小于 5m 的范围（二层以下一般民用建筑除外）。

　　2. 地基主要受力层中如有承载力特征值小于130kPa的土层时，表中砌体承重结构的设计，应采取地基处理或采取减轻不均匀沉降的一些措施。

　　3. 表中砌体承重结构和框架结构均指民用建筑，对于工业建筑可按厂房高度、荷载情况折合成与其相当的民用建筑层数。

　　4. 表中吊车额定起重量、烟囱高度和水塔容积的数值系指最大值。

　　3）软弱地基上的建筑物存在偏心荷载或相邻建筑距离过近，可能发生倾斜时；

　　4）地基内有厚度较大或厚薄不均的填土，其自重固结尚未完成时。

　　（5）经常受水平荷载作用的高层建筑、高耸结构、挡土墙等，以及建造在斜坡上或边坡附近的建筑物和构筑物，尚应验算其稳定性。

　　（6）基坑工程应进行稳定性验算。

　　（7）当地下水埋藏较浅，建筑地下室或地下构筑物存在上浮问题时，尚应进行抗浮验算。

三、地基基础设计两种极限状态的荷载组合和抗力条件

　　基于概率极限状态的设计方法，有以下两种极限状态：

　　承载能力极限状态：对应于结构或构件达到最大承载能力或不适于继续承载的变形；

　　正常使用极限状态：对应于结构或构件达到正常使用或耐久性能的某项规定的限值。

　　在承载力设计中，有三种设计理论，即正常使用极限状态的允许承载力理论、承载能力极限状态的承载力设计理论——单一安全系数法、承载能力极限状态的承载力设计理论——分项系数法（又称分项安全系数法）。

　　对于三种设计理论，虽然"分项系数设计法"更为合理，但对地基的设计计算中是否采用与结构工程一样的分项系数法等设计方法，是由地基土相关问题的不确定性来决定的。如地层土与地下水分布的不确定性，现场与试验室岩土指标的不确定性，原位应力与孔隙水压力以及上面荷载的不确定性，计算理论与方法的近似以及岩土材料的复杂性等。地基设计的关键是一个"度"的把握，针对不确定性因素，满足正常使用。所以，地基设计采用正常使用极限状态的允许承载力理论。

基础结构设计，即基础高度的确定和配筋计算，则采用承载能力极限状态的承载力设计理论——单一安全系数法。

地基基础设计应满足承载力极限状态和正常使用极限状态，具体规定为：

（1）按地基承载力确定基础底面积及埋深时，传至基础或承台底面上的荷载效应应按正常使用极限状态下荷载效应的标准组合，相应的抗力应采用地基承载力的特征值或单桩承载力特征值；

（2）计算地基变形时，传至基础底面的荷载效应应采用正常使用极限状态下荷载效应的准永久组合值，且不计入风荷载和地震作用；

（3）验算地基稳定性，计算挡土墙土压力、地基或滑坡稳定性及基础抗浮稳定时，荷载效应应采用承载能力极限状态下荷载效应的基本组合值，但其分项系数均为 1.0；

（4）确定基础或桩基承台高度、支挡结构截面、计算基础或支挡结构的内力，以及确定配筋和验算材料强度时，传至基础的荷载效应应按承载力极限状态下荷载效应的基本组合值，并采用相应的分项系数。

在基础结构设计即基础的有效高度、剪切和冲切等计算时，需要计算承载能力极限状态下荷载效应的基本组合或简化的基本组合。对于由永久荷载效应控制的基本组合，可采用简化规则，荷载效应基本组合的设计值 S 按式（1-2）确定

$$S = 1.35 S_k \leqslant R \tag{1-2}$$

式中　R——结构构件抗力的设计值，按有关建筑结构设计规范的规定选用；

S_k——荷载效应的标准组合值。

天然地基上的浅基础设计可按下列步骤（内容）进行：

（1）选择基础的材料、类型，确定平面布置方案；

（2）选择基础的埋置深度，即确定地基持力层；

（3）确定地基承载力特征值；

（4）根据传至基础底面上的荷载效应和地基承载力特征值，确定基础底面尺寸；

（5）根据传至基础底面上的荷载效应进行相应的地基验算（变形和稳定性验算）；

（6）确定基础构造尺寸，进行必要的结构计算；

（7）绘制基础施工图（包括施工说明）。

上面设计步骤是相互关联的，通常可按顺序逐步进行。当后面的计算出现不能满足设计要求的情况时，应返回前面步骤（1）、（2），重新做出选择后再进行下面的设计，直至完全满足设计要求为止。

第三节　基础的埋置深度

从设计地面到基础底面的深度，称为基础的埋置深度。基础埋置深，基底两侧的超载大，地基承载力高，稳定性好；相反，基础埋置浅，工程造价低，施工期短。选择较适宜的

土层作为持力层，确定基础的埋深，通常应根据建筑物和地层的整体情况，认真分析各方面的因素，进行技术经济比较后确定。

一、建筑物的使用功能设计及基础的形式和构造

确定基础的埋置深度应考虑建筑功能。当建筑物设有地下室时，基础埋深要受地下室底面标高的影响，在平面上仅局部有地下室时，基础可按台阶形式变化埋深或整体加深。当设计冷藏库或高温炉窑时，其基础埋深应考虑热传导引起地基土因低温而冻胀或因高温而干缩的不利影响。

考虑设备条件，如给排水、供热等管道的标高。原则上不允许管道从基础底下通过，一般可以在基础上设洞口，且洞口顶面与管道之间要留有足够的净空高度，以防止基础沉降压裂管道，造成事故。

除岩石地基外，基础埋深不宜小于0.5m。同时，为保护基础不外露，基础顶面应低于室外地面至少0.1m。

二、作用在地基上的荷载大小和性质

对于竖向荷载大，地震力和风力等水平荷载作用比较大的高层建筑，基础埋深应适当增大，以满足稳定性要求。在抗震设防区，除岩石地基外，高层建筑箱形和筏形基础的埋深不宜小于建筑物高度的1/15；桩筏或桩箱基础的埋深（不计桩长）不宜小于建筑物高度的1/18。对于承受上拔力较大的基础，应具有较大的埋深以提供足够的抗拔力。对于室内地面荷载较大或有设备基础的厂房、仓库，应考虑对基础的不利作用。

三、工程地质条件和水文地质条件

在满足地基稳定性和变形要求的前提下，基础宜浅埋。如果上层土软弱，下层土坚实，需要区别对待。当上层软弱土较薄时，可将基础置于下层坚实土层上；当上层软弱土较厚时，可考虑采用宽基浅埋的办法，也可考虑人工加固处理或桩基础方案。必要时，应从施工难易程度，材料用量等方面进行综合分析比较后决定。

基础置于潜水面以上时，无需基坑排水，可避免涌土、流砂现象，施工方便，设计上一般不必考虑地下水的腐蚀作用和地下室的防渗漏问题等。因此，在地基稳定性许可的条件下，基础应尽量置于地下水位面以上。当承压含水层埋藏较浅时，为防止基底因挖土减压而隆起开裂，破坏地基，必须控制基底设计标高。

高层建筑基础的埋置深度应满足地基承载力、变形和稳定性要求。位于岩石地基上的高层建筑，其基础埋深应满足抗滑稳定性要求。位于稳定边坡上的拟建工程，要保证地基有足够的稳定性。

四、相邻建筑物的基础埋深

在城市房屋密集的地方，往往新旧建筑物距离较近。为保证原有建筑物的安全和正常使用，新建建筑物的基础埋深不宜大于原有建筑物基础的埋深，并应考虑新加荷载对原有建筑物的不利作用。当新建基础埋深大于原有建筑物基础埋深时，应根据建筑物的荷载大小、基础形式和土质情况，使基础间保持一定的距离。如果由于地质条件所限，不能达到此要求时，在施工阶段应采用适当措施保证原有建筑物的稳定性。

五、地基土冻胀和融陷的影响

季节性冻土是指一年内冻结与解冻交替出现的土层。在全国分布很广，其厚度一般在

0.5m 以上，最厚达 3m。如果基础埋于冻胀土内，当冻胀力和冻切力足够大时，就会导致建筑物发生不均匀的上抬，门窗不能开启，严重时墙体开裂；当温度升高解冻时，冰晶体融化，含水量增大，土的强度降低，使建筑物产生不均匀的沉陷。

（一）地基土冻胀性分类

地基土冻结后，体积较冻结前增大的现象称为冻胀，以冻胀率表示。土的平均冻胀率 η 定义为

$$\eta = \frac{V' - V}{V} = \frac{\Delta V}{V} \qquad (1-3)$$

式中 V——冻胀前的体积；

V'——冻胀后的体积。

平面冻结条件下，单层土的平均冻胀率为

$$\eta = \frac{\Delta z}{z} \qquad (1-4)$$

式中 Δz——地表最大冻结量；

z——最大冻层厚度减去最大冻胀量。

影响冻胀性的主要因素是土的类别、土中含水量的多少以及地下水的补给条件。根据野外冻胀观测和建筑物的调查，将季节性冻胀土按土的类别、冻结前天然含水量、冻结期间地下水位距冻结面的最小距离、平均冻胀率等，将土的冻胀性划分为不冻胀、弱冻胀、冻胀、强冻胀和特强冻胀五个等级，见表 1-4。

表 1-4 地 基 土 冻 胀 性 分 类

土的名称	冻前天然含水量 w（%）	冻结期间地下水位距冻结面的最小距离 h_w（m）	平均冻胀率 η（%）	冻胀等级	冻胀类别
碎（卵）石，砾、粗、中砂（粒径小于 0.075mm 颗粒含量大于 15%），细砂（粒径小于 0.075mm 颗粒含量大于 10%）	$w \leqslant 12$	>1.0	$\eta \leqslant 1$	I	不冻胀
		$\leqslant 1.0$	$1 < \eta \leqslant 3.5$	II	弱冻胀
	$12 < w \leqslant 18$	>1.0			
		$\leqslant 1.0$	$3.5 < \eta \leqslant 6$	III	冻胀
	$w > 18$	>0.5			
		$\leqslant 0.5$	$6 < \eta \leqslant 12$	IV	强冻胀
粉　砂	$w \leqslant 14$	>1.0	$\eta \leqslant 1$	I	不冻胀
		$\leqslant 1.0$	$1 < \eta \leqslant 3.5$	II	弱冻胀
	$14 < w \leqslant 19$	>1.0			
		>1.0	$3.5 < \eta \leqslant 6$	III	冻胀
	$19 < w \leqslant 23$	>1.0			
		$\leqslant 1.0$	$6 < \eta \leqslant 12$	IV	强冻胀
	$w > 23$	不考虑	$\eta > 12$	V	特强冻胀

续表

土的名称	冻前天然含水量 w（％）	冻结期间地下水位距冻结面的最小距离 h_w（m）	平均冻胀率 η（％）	冻胀等级	冻胀类别
粉　　土	$w \leqslant 19$	＞1.5	$\eta \leqslant 1$	I	不冻胀
		≤1.5	$1 < \eta \leqslant 3.5$	II	弱冻胀
	$19 < w \leqslant 22$	＞1.5			
		≤1.5	$3.5 < \eta \leqslant 6$	III	冻胀
	$22 < w \leqslant 26$	＞1.5			
		≤1.5	$6 < \eta \leqslant 12$	IV	强冻胀
	$26 < w \leqslant 30$	＞1.5			
		≤1.5	$\eta \leqslant 12$	V	特强冻胀
	$w > 30$	不考虑			
黏　性　土	$w \leqslant w_p + 2$	＞2.0	$\eta \leqslant 1$	I	不冻胀
		≤2.0	$1 < \eta \leqslant 3.5$	II	弱冻胀
	$w_p + 2 < w \leqslant w_p + 5$	＞2.0			
		≤2.0	$3.5 < \eta \leqslant 6$	III	冻胀
	$w_p + 5 < w \leqslant w_p + 9$	＞2.0			
		≤2.0	$6 < \eta \leqslant 12$	IV	强冻胀
	$w_p + 9 < w \leqslant w_p + 15$	＞2.0			
		≤2.0	$\eta > 12$	V	特强冻胀
	$w > w_p + 15$	不考虑			

注　1. w_p—塑限含水量（％）；w—在冻土层内冻前天然含水量的平均值。

2. 盐渍化冻土不在表列。

3. 塑性指数大于 22 时，冻胀性降低一级。

4. 粒径小于 0.005mm 的颗粒含量大于 60％时，为不冻胀土。

5. 碎石类土当充填物大于全部质量的 40％时，其冻胀性按充填物土的类别判断。

6. 碎石土、砾砂、粗砂、中砂（粒径小于 0.075mm 的颗粒含量不大于 15％）、细砂（粒径小于 0.075mm 的颗粒含量不大于 10％）均按不冻胀考虑。

（二）场地冻深和基底下允许残留的冻土层厚度

季节性冻土的场地冻深为

$$z_d = z_0 \psi_{zs} \psi_{zw} \psi_{ze} \tag{1-5}$$

式中　z_d——场地冻深，若当地有多年实测资料，可按 $z_d = h' - \Delta z$ 计算，h' 和 Δz 分别为最大冻深出现时的最大冻土层厚度和地表冻胀量；

z_0——标准冻深，系采用在地表平坦、裸露、城市之外的空旷场地中不少于 10 年实测最大冻深的平均值，当无实测资料时，按《建筑地基基础设计规范》（GB 50007—2011）中"中国季节性冻土标准冻深线图"查得；

ψ_{zs}——土的类别对冻深的影响系数，按表 1-5 查得；

ψ_{zw}——土的冻胀性对冻深的影响系数，按表 1-6 查得；

ψ_{ze}——环境对冻深的影响系数，按表 1-7 查得。

季节性冻土地区基础埋置深度宜大于场地冻深。在强冻胀和特强冻胀的地基，不宜实施基础浅埋，即基础埋深应控制在场地冻深以下。对于深厚季节冻土地区，当建筑基础底面土层为不冻胀、弱冻胀、冻胀土时，基础埋置深度可以小于场地冻深，基础底面下允许冻土层最大厚度应根据当地经验确定。没有地区经验时可按表 1-8 查取。此时，基础的最小埋深可按下式计算

$$d_{\min} = z_d - h_{\max} \tag{1-6}$$

式中　$h_{\max}$——基础底面下允许冻土层的最大厚度，按表 1-8 查得。当有充分依据时，也可按当地经验确定。

表 1-5　　　　　　　　　　　土的类别对冻深的影响系数

土的类别	影响系数 ψ_{zs}	土的类别	影响系数 ψ_{zs}
黏 性 土	1.00	中、粗、砾砂	1.30
细砂、粉砂、粉土	1.20	碎 石 土	1.40

表 1-6　　　　　　　　　　　土的冻胀性对冻深的影响系数

冻 胀 性	影响系数 ψ_{zw}	冻 胀 性	影响系数 ψ_{zw}
不 冻 胀	1.00	强 冻 胀	0.85
弱 冻 胀	0.95	特强冻胀	0.80
冻　　胀	0.90		

表 1-7　　　　　　　　　　　环境对冻深的影响系数

周围环境	影响系数 ψ_{ze}	周围环境	影响系数 ψ_{ze}
村、镇、旷野	1.00	城市市区	0.90
城市近郊	0.95		

注　环境影响系数一项，当城市市区人口为 20 万～50 万时，按城市近郊取值；当城市市区人口大于 50 万小于或等于 100 万时，按城市市区取值；当城市市区人口超过 100 万时，按城市市区取值，5km 以内的郊区应按城市近郊取值。

在确定地基冻胀性类别和基础最小埋深时，如果遇有多层地基土的情况，应先根据场地冻深范围内的下层土确定基础埋深。如确定后的基础埋深未至下层土时，则还应按上层土的冻胀性确定其基础埋深。

表 1-8　　　　　　　　　建筑基底下允许残留冻土层厚度 $h_{\max}$　　　　　　　　m

冻胀性	基础形式	采暖情况	基底平均压力（kPa）					
			110	130	150	170	190	210
弱冻胀土	方形基础	采　暖	0.94	0.99	1.04	1.11	1.15	1.20
		不采暖	0.78	0.84	0.91	0.97	1.04	1.10
	条形基础	采　暖	>2.50	>2.50	>2.50	>2.50	>2.50	>2.50
		不采暖	2.20	2.50	>2.50	>2.50	>2.50	>2.50
冻胀土	方形基础	采　暖	0.64	0.70	0.75	0.81	0.86	—
		不采暖	0.55	0.60	0.65	0.69	0.74	—
	条形基础	采　暖	1.55	1.79	2.03	2.26	2.50	—
		不采暖	1.15	1.35	1.55	1.75	1.95	—

注　1. 本表只计算法向冻胀力，如果基侧存在切向冻胀力，应采取防切向力措施。

2. 本表不适用于宽度小于 0.6m 的基础，矩形基础可取短边尺寸按方形基础计算。

3. 表中数据不适用于淤泥、淤泥质土和欠固结土。

4. 表中基底平均压力数值为永久荷载标准值乘以 0.9，可以内插。

【例题 1-1】 拟在某城市近郊建造多层厂房，冬季采暖，采用柱下钢筋混凝土独立基础，按永久荷载标准组合计算的基底平均压力为 145kPa。场地土层依次为：①填土，厚 0.8m；②黏性土，厚度 3.3m，含水量 $w=22\%$，塑限 $w_p=18\%$，液限 $w_L=38\%$，地基承载力特征值 $f_{ak}=170kPa$；③淤泥质土，厚度 10m；④中密细砂。地下水位在地表下 1.5m 处，标准冻深为 2m。试按土的冻胀性确定基础埋置深度。

解 考察黏性土层，$w_p+2=20<w=22<w_p+5=23$，地下水位距冻结面的距离小于 2.0m，查表 1-4，属冻胀土。

分别查表 1-5～表 1-7，得

$$\psi_{zs}=1.00, \quad \psi_{zw}=0.90, \quad \psi_{ze}=0.95$$

场地冻深为

$$z_d=z_0\psi_{zs}\psi_{zw}\psi_{ze}=2.0\times1.0\times0.90\times0.95=1.71(m)$$

按冻胀土、方形基础、采暖、基底平均压力 $145\times0.90=130.5kPa$，查表 1-8，得基底下允许残留冻土层厚度 $h_{max}=0.70m$。

基础的最小埋深为

$$d_{min}=z_d-h_{max}=1.71-0.70=1.01(m)$$

可初步确定基础埋置深度为 $d=1.02m$。

第四节 地基承载力的确定

对于钢筋混凝土结构或砌体结构，相应于某一强度等级就有一个确定的标准值和设计值。而地基承载力的性质与之完全不同，地基承载力并非土的工程特性指标，它不仅与土质、土层顺序有关，而且与基础底面的形状、大小、埋深、上部结构对变形的适应程度、地下水的升降、地区经验的差别等有关。

地基承载力特征值可由载荷试验或其他原位测试、公式计算、并结合工程实践经验等方法综合确定。载荷试验主要有浅层平板载荷试验和深层平板载荷试验，其他原位测试方法有动力触探、静力触探、十字板剪切试验和旁压试验等。设计人员应在对勘查报告深入了解的基础上，确定一个相应于正常使用极限状态下荷载效应标准组合时的修正后的地基承载力特征值。

地基承载力特征值 f_a 的意义是"确保地基不发生剪切破坏而失稳，同时又保证建筑物的沉降不超过允许值的最大荷载"。《建筑地基基础设计规范》（GB 50007—2011）对地基设计采用正常使用极限状态这一原则，所选用的地基承载力是采用控制地基中塑性区发展的修正的临界承载力 $p_{1/4}$ 计算，或通过静荷载试验，在地基土的压力变形曲线线性变形段内相应于不超过比例界限点的地基压力值，即允许承载力，称为地基承载力的特征值。

《建筑地基基础设计规范》（GB 50007—2011）列出了两种确定修正后地基承载力特征值 f_a 的方法：①从载荷试验或其他原位测试、经验值等方法确定的地基承载力特征值 f_{ak} 加以深宽修正；②用理论公式计算确定。采用不同方法确定的地基承载力，得到的数值必然有出入，这就需要设计人员根据自己的经验，从建筑物的重要性、使用时有无特殊要求、场地土质情况与地下水情况、几种测定方法及试验条件的可靠程度等因素出发，综合分析评价后加以确定。

需要说明的是，如果天然地基承载力较弱，不足以满足设计要求时，需要考虑采用各种地基处理措施。没有绝对不可建筑的地基，主要的问题是如何使基础工程既安全又经济。

一、地基承载力特征值的深宽修正

当基础宽度大于 3m 或埋深大于 0.5m 时，由载荷试验或其他原位测试、经验值等方法确定的地基承载力特征值 f_{ak} 尚应按下式修正

$$f_a = f_{ak} + \eta_b \gamma (b-3) + \eta_d \gamma_m (d-0.5) \tag{1-7}$$

式中 f_a——修正后的地基承载力特征值；

f_{ak}——地基承载力特征值；

η_b、η_d——基础宽度和埋深的地基承载力修正系数，按基底下土的类别查表 1-9 取值；

γ——基础底面以下土的重度，地下水位以下取浮重度；

b——基础底面宽度，m，当基宽小于 3m 时按 3m 取值，大于 6m 时按 6m 取值；

γ_m——基础底面以上土的加权平均重度，位于地下水位以下土层取有效重度；

d——基础埋置深度，m，当 $d<0.5$m 时按 0.5m 计。宜自室外地面标高算起。在填方整平地区，可自填土地面标高算起，但填土在上部结构施工后完成时，应从天然地面标高算起。对于地下室，如采用箱形基础或筏基时，基础埋置深度自室外地面标高算起；当采用独立基础或条形基础时，应从室内地面标高算起。

由于基础埋深 d 一般不小于 0.5m，因此该式中深度修正项总是存在的。宽度 b 指的是基础短边的尺寸，当小于或等于 3m 时不计此项。

表 1-9 承载力修正系数

土 的 类 别		η_b	η_d
淤泥和淤泥质土		0	1.0
人工填土 e 或 I_L 大于等于 0.85 的黏性土		0	1.0
红黏土	含水比 $a_w>0.8$	0	1.2
	含水比 $a_w\leqslant0.8$	0.15	1.4
大面积 压实填土	压实系数大于 0.95、黏粒含量 $\rho_c\geqslant10\%$ 的粉土，	0	1.5
	最大干密度大于 2.1t/m³ 的级配砂石	0	2.0
粉 土	黏粒含量 $\rho_c\geqslant10\%$ 的粉土	0.3	1.5
	黏粒含量 $\rho_c<10\%$ 的粉土	0.5	2.0
e 及 I_L 均小于 0.85 的黏性土		0.3	1.6
粉砂、细砂（不包括很湿与饱和时的稍密状态）		2.0	3.0
中砂、粗砂、砾砂和碎石土		3.0	4.4

注 1. 强风化和全风化的岩石，可参照所风化成的相应土类取值，其他状态下的岩石不修正。

2. 地基承载力特征值按 GB 50007—2011 附录 D 中深层平板载荷试验确定时，η_d 取 0。

建筑物的正常使用应满足其功能要求，常常是地基承载力还有潜力可挖，而变形已达到或超过正常使用的限值，即变形控制原则。因此对承载力的宽度修正要采取慎重态度，故规范规定：当 b 大于 6m 时按 6m 取值。

表 1-9 中基础宽度和深度修正系数 η_b 和 η_d，是根据多个不同埋深和不同宽度的基础载荷试验资料整理分析的结果，并与理论公式的承载力系数相对照，考虑不利因素并结合建筑经验综合确定的。特别强调的是，宽度修正项对应的重度 γ 应为基础底面下土层的重度；埋深修正项对应的重度 γ_m 应为基础底面以上土层的加权平均重度，如在地下水位以下则取其浮重度。

深层平板载荷试验和螺旋板载荷试验，由于试验数据中包含了上覆土自重压力的因素，所确定的地基承载力特征值不对深度修正，即 $\eta_d = 0$。

关于基础埋置深度的起算问题，一般自室外地面标高算起。在填方整平地区，由于基础周围填土，在承载力验算中，把基础两侧土重作为均匀分布的超载考虑，有助于地基稳定性和承载力的提高，因此回填即算，只与它的重度有关，并没有规定应是在自重作用下固结完成的土。但如果是在上部结构施工完成后才回填土的，就不应计算这部分填土所产生的超载，仍从原地面算起。当然，在变形计算中，应考虑新填土的影响，满足变形要求。

二、理论公式计算

计算地基承载力的理论公式有很多种，主要划分为假定刚塑性体计算极限承载力的公式和考虑弹塑性影响计算允许承载力的公式两大类。规范采用后者。

当偏心距 e 小于或等于 0.033 倍基础底面宽度时，根据土的抗剪强度指标确定地基承载力特征值可按式（1-8）计算，并应满足变形要求

$$f_a = M_b \gamma b + M_d \gamma_m d + M_c c_k \qquad (1-8)$$

式中　　　f_a——由土的抗剪强度指标确定的地基承载力特征值；

M_b、M_d、M_c——承载力系数，按表 1-10 取值；

　　　　b——基础底面宽度，大于 6m 时按 6m 取值，对于砂土小于 3m 时按 3m 取值；

　　　　c_k——基底下 1 倍短边宽度的深度内土的黏聚力标准值；

　　γ、γ_m——与式（1-7）相同。

表 1-10   承载力系数 M_b、M_d、M_c

土的内摩擦角标准值 φ_k (°)	M_b	M_d	M_c	土的内摩擦角标准值 φ_k (°)	M_b	M_d	M_c
0	0	1.00	3.14	22	0.61	3.44	6.04
2	0.03	1.12	3.32	24	0.80	3.87	6.45
4	0.06	1.25	3.51	26	1.10	4.37	6.90
6	0.10	1.39	3.71	28	1.40	4.93	7.40
8	0.14	1.55	3.93	30	1.90	5.59	7.95
10	0.18	1.73	4.17	32	2.60	6.35	8.55
12	0.23	1.94	4.42	34	3.40	7.21	9.22
14	0.29	2.17	4.69	36	4.20	8.25	9.97
16	0.36	2.43	5.00	38	5.00	9.44	10.80
18	0.43	2.72	5.31	40	5.80	10.84	11.73
20	0.51	3.06	5.66				

注　φ_k—相应于基底下 1 倍短边宽度的深度范围内土的内摩擦角标准值。

对式（1-8）的理解，应注意以下几点：

（1）该公式对应条形基础的临界承载力（$p_{1/4}$）计算公式，并利用大量载荷试验成果与

该计算公式作对比，将内摩擦角 $\varphi=24°$ 以后的承载力系数 M_b 值有所提高。由于试验比较是在取宽度 $b=3m$ 的条件下进行的，故规定对于砂土，b 小于 3m 时按 3m 取值。另一方面，当宽度增大时，计算所得的承载力值增加很快，但基础宽度增大时，必然导致差异沉降增大，从而对结构产生不利的影响，为慎重起见，规定了 b 大于 6m 时按 6m 取值。

（2）该公式是在条形基础、均布荷载、均质土的条件下推导出来的。在偏心荷载作用下，增加了偏心距限制条件。当为独立基础时，结果偏于安全。

（3）当为多层土时，抗剪强度指标 c_k 和 φ_k 应采用相应于基底下 1 倍短边宽度的深度范围内土的加权平均值。c_k 和 φ_k 的取值，要求采用原状土样三轴剪切试验来确定，试验过程的排水条件必须与地基土的实际工作状态相适应。

（4）按土的抗剪强度指标确定的地基承载力特征值，没有考虑建筑物对地基变形的要求。用该理论公式求得的承载力用以确定基础底面尺寸后，还应进行地基特征变形验算。

第五节　基础底面尺寸的确定

基础底面尺寸确定的原则是使通过基础传给地基的基底压力不大于地基的承载力特征值，计算内容包括地基持力层承载力计算和软弱下卧层承载力验算。考虑抗震作用时，天然地基抗震验算在本节一并讲述。

一、按持力层承载力确定基底尺寸

所有建筑物的地基计算，均应满足地基承载力要求。

（一）轴心荷载作用下的基础

在轴心荷载作用下，应满足下列要求

$$p_k \leqslant f_a \tag{1-9}$$

式中　p_k——相应于作用的标准组合时，基础底面处的平均压力值；

f_a——修正后的地基承载力特征值。

基础底面的压力，可按下列公式确定

$$p_k = \frac{F_k + G_k}{A} \tag{1-10}$$

$$G_k = \gamma_G dA$$

式中　F_k——相应于作用的标准组合时，上部结构传至基础顶面的竖向力值；

G_k——基础自重和基础上的土重；

γ_G——基础与回填土的平均重度，一般取 20kN/m³，地下水位面以下取 10kN/m³（浮重度）；

d——基础埋深，一般从室外设计地面或室内外平均设计地面算起；

A——基础底面面积。

将式（1-10）代入式（1-9），整理后，得到中心荷载作用下基础底面积的计算公式

$$A \geqslant \frac{F_k}{f_a - \gamma_G d} \tag{1-11}$$

对于独立基础，按上式计算出基础底面积后，先选定一边长度，再计算另一边长，一般取两边长之比等于 1.0～2.0。

对于条形基础，F_k 为沿墙长方向 1m 范围内上部结构传至基础顶面的竖向力值（kN/m），由式（1-11）求得的 A 就等于条形基础的宽度 b。

在按式（1-11）计算 A 时，需要先确定修正后的地基承载力特征值 f_a，而对地基承载力特征值进行修正时，需要用基底尺寸，此时基底尺寸是未知的。因此，可能要通过反复试算确定。计算时，可先对地基承载力只进行深度修正，计算 f_a 值；然后按式（1-11）求得基础底面尺寸；再考虑是否需要进行宽度修正，使得地基承载力特征值修正时所用的基底尺寸和计算所得的基底尺寸协调一致。

（二）偏心荷载作用下的基础

偏心荷载作用下，除满足式（1-9）的要求外，尚应符合下式要求，即

$$p_{kmax} \leqslant 1.2f_a \tag{1-12}$$

式中 p_{kmax}——相应于作用的标准组合时，基础底面边缘的最大压力值。

基础底面的最大与最小压力值，可按下列公式确定

$$p_{kmax} = \frac{F_k + G_k}{A} + \frac{M_k}{W} \tag{1-13}$$

$$p_{kmin} = \frac{F_k + G_k}{A} - \frac{M_k}{W} \tag{1-14}$$

其中

$$M_k = (F_k + G_k)e_k$$

式中 p_{kmin}——相应于荷载效应标准组合时，基础底面边缘的最小压力值；

M_k——相应于荷载效应标准组合时，作用于基础底面的力矩值；

e_k——偏心距；

W——基础底面的抵抗矩。

对于矩形基础，把 $W = lb^2/6$ 代入式（1-14），其中 b 为偏心距方向基础底面边长，l 为垂直于力矩作用方向的基础底面边长，得

$$p_{kmax \atop kmin} = p_k\left(1 \pm \frac{6e_k}{b}\right) \tag{1-15}$$

当偏心距 $e_k > b/6$ 时，p_{kmax} 应按下式计算，即

$$p_{kmax} = \frac{2 \times (F_k + G_k)}{3la} \tag{1-16}$$

式中 a——合力作用点至基础底面最大压力边缘的距离。

在计算偏心荷载作用下基底尺寸时，通常按下列试算法进行：

（1）先不考虑偏心影响，按中心荷载作用下计算基底面积 A_0，即满足式（1-9）；

（2）考虑偏心荷载的影响，加大 A。一般可根据偏心距的大小把 A 增大 10%～40%，使 $A = (1.1～1.4)A_0$。

（3）计算偏心荷载作用下的 p_{kmax} 和 p_{kmin}，验算是否满足式（1-12）。如果不合适，调整基础底面尺寸 l 和 b，再验算。如此反复一、二次，便能定出合适的基础底面尺寸。

需要指出，基底压力 p_{kmax} 和 p_{kmin} 不能相差过于悬殊，否则容易引起建筑物倾斜。通常要求 $p_{kmin} \geqslant 0$，即偏心距 e_k 不宜大于 $b/6$，防止基础过分倾斜。但对低压缩性地基上的基础，当考虑短期作用的偏心荷载时，对偏心距 e_k 的要求可适当放宽，但也应控制在 $b/4$ 以

内。若上述条件不能满足时，应调整基础底面尺寸，或采用梯形底面形状的基础，使基础底面形心与荷载重心尽量重合或接近。

二、软弱下卧层承载力的验算

软弱下卧层是指在持力层下面，地基土受力范围内，强度相对软弱的土层。设计时，除满足上面持力层承载力的要求外，还必须对软弱下卧层的承载力进行验算。

软弱下卧层的承载力应满足

$$p_z + p_{cz} \leqslant f_{az} \tag{1-17}$$

式中　p_z——相应于作用的标准组合时，软弱下卧层顶面处的附加应力值；

　　　p_{cz}——软弱下卧层顶面处土的自重压力值；

　　　f_{az}——软弱下卧层顶面处经深度修正后地基承载力特征值。

确定分布在软弱下卧层顶面处的附加应力，通常有两种方法。第一种方法为理论解法，按双层地基的不同变形性质求双层地基中的应力分布；第二种方法假定基底附加压力按一定的扩散角 θ 向下传播，由于荷载总值是不变的，于是软弱下卧层顶面上的荷载分布减少了。《建筑地基基础设计规范》（GB 50007—2011）采用后者，并综合理论计算和实测结果分析，对矩形基础或条形基础，提出地基附加压力扩散角的大小见表 1-11。

因此，式（1-17）中的 p_z 值可按下式简化计算（见图 1-8），即

表 1-11　　　　地基压力扩散角 θ

E_{s1}/E_{s2}	$z = 0.25b$	$z = 0.5b$
3	6°	23°
5	10°	25°
10	20°	30°

注　1. E_{s1} 为上层土压缩模量，E_{s2} 为下层土压缩模量。

　　2. $z/b < 0.25$ 时取 $\theta = 0°$，必要时，宜由试验确定；$z/b > 0.5$ 时 θ 值不变；z/b 介于 $0.25 \sim 0.5$ 时可插值使用。

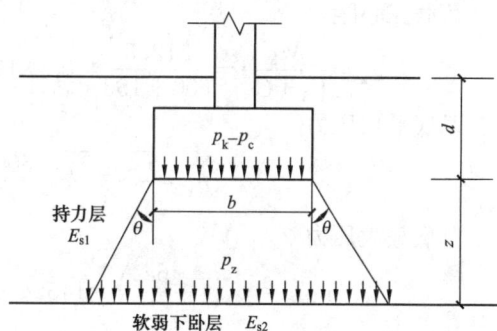

图 1-8　软弱下卧层顶面附加应力计算

条形基础

$$p_z = \frac{b(p_k - p_c)}{b + 2z\tan\theta} \tag{1-18}$$

矩形基础

$$p_z = \frac{lb(p_k - p_c)}{(b + 2z\tan\theta)(l + 2z\tan\theta)} \tag{1-19}$$

式中　b——矩形基础或条形基础底面的宽度；

　　　l——矩形基础底面另一边的长度；

　　　p_c——基础底面处土的自重压力值；

　　　z——基础底面至软弱下卧层顶面的距离；

　　　θ——地基压力扩散线与垂直线的夹角，可按表 1-11 选用。

需要说明的是，表 1-11 中的压力扩散角的值，当上覆硬土层厚度 z 小于 1/4 基底宽度 b 时，取 $\theta = 0°$，即不考虑该层土的压力扩散作用，它仅起到调节变形并保护其下软土层的

作用，地基承载力由软土层控制；当上下两层土压缩模量的比值小于 3.0 时，可按均匀土层考虑应力分布。

【例题 1-2】　某厂房柱子柱脚尺寸 800mm×1000mm，采用无筋扩展基础。传至 ±0.00 处作用的标准组合值为：竖向力 $F_k=600$kN，力矩 $M_k=160$kN·m，水平力 $H_k=35$kN，荷载在基础长边偏心。基底面积 20m×2.6m，基础埋深 1.5m。基础材料采用 C15 混凝土。通过计算完成以下单项选择题：

(1) 基础边缘最大压力最接近于（　　）。

　　A. 235kPa　　　　　　　　　　B. 240kPa

　　C. 245kPa　　　　　　　　　　D. 250kPa

(2) 基础最小高度最接近于（　　）。

　　A. 0.6m　　　　　　　　　　　B. 0.75m

　　C. 0.8m　　　　　　　　　　　D. 1.0m

解　(1) 基底处总弯矩

$$M_k=160+35\times1.5=212.5\ (\text{kN·m})$$

基础与回填土的总重量

$$G_k=\gamma_G Ad=20\times2\times2.6\times1.5=156\ (\text{kN})$$

荷载偏心距

$$e_k=\frac{M_k}{F_k+G_k}=\frac{212.5}{600+156}=0.2811<\frac{b}{6}=\frac{2.6}{6}=0.4333\ (\text{m}),\ p_{kmin}>0$$

基底平均压力

$$p_k=\frac{F_k+G_k}{A}=\frac{600+156}{2\times2.6}=145.4\ (\text{kPa})$$

基底最大压力

$$p_{kmax}=p_k\left(1+\frac{6e_k}{b}\right)=145.4\times\left(1+\frac{6\times0.2811}{2.6}\right)=239.7\ (\text{kPa})$$

选 B。

(2) 基底平均压力为 145.4kPa，查表 1-1，混凝土基础的台阶宽高比允许值 1∶1.00，基础最小高度为

$$H\geqslant\frac{b-b_0}{2\tan\alpha}=\frac{2.6-1.0}{2\times1/1.0}=0.8\ (\text{m})$$

选 C。

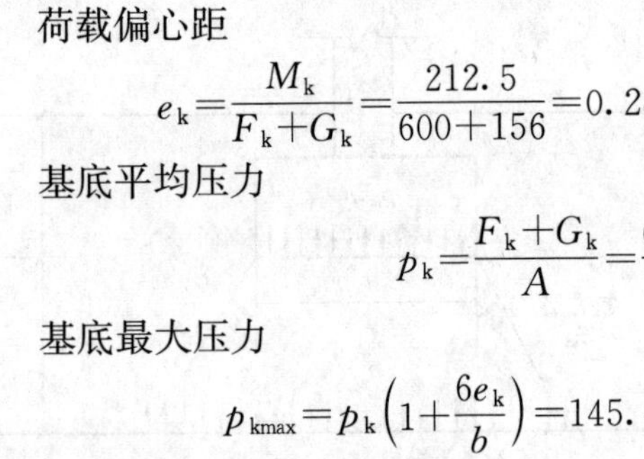

图 1-9　[例题 1-3] 图

【例题 1-3】　某柱下独立基础的底面尺寸为 3m×4.8m，持力层为黏土，$f_{ak}=155$kPa；下卧层为淤泥质土，$f_{ak}=60$kPa，地下水位在天然地面下 1m 深处，荷载效应标准组合值及其他有关数据如图 1-9 所示。试验算该矩形基础底面尺寸是否满足承载力要求。

解　(1) 持力层承载力验算：

按 $e=0.86$ 的黏土查表 1-9，得 $\eta_b=0$，$\eta_d=1.0$。基础底面以上土的加权平均重度为

$$\gamma_m = \frac{18.2 \times 1.0 + 8.9 \times 1.0}{2} = 13.55 (kN/m^3)$$

修正后地基承载力特征值

$$f_a = f_{ak} + \eta_b \gamma (b-3) + \eta_d \gamma_m (d-0.5)$$
$$= 155 + 1.0 \times 13.55 \times (2.0 - 0.5)$$
$$= 175.3 (kPa)$$

基础与回填土的总重量

$$G_k = (20 \times 1.3 + 10 \times 1.0) \times 3 \times 4.8 = 518.4 (kN)$$

基底处总弯矩

$$M_k = 300 + 30 \times 0.8 = 324 (kN \cdot m)$$

偏心距

$$e_k = \frac{M_k}{F_k + G_k} = \frac{324}{2000 + 518.4} = 0.129m < \frac{b}{6} = \frac{4.8}{6} = 0.8(m)$$

则

$$p_{kmin} > 0$$

基底平均压力

$$p_k = \frac{F_k + G_k}{A} = \frac{2000 + 518.4}{3 \times 4.8} = 174.9kPa < f_a = 175.3(kPa) \quad (满足)$$

基底最大压力

$$p_{kmax} = p_k \left(1 + \frac{6e_k}{b}\right) = 174.9 \times \left(1 + \frac{6 \times 0.129}{4.8}\right)$$
$$= 203.1kPa < 1.2f_a = 1.2 \times 175.3 = 210.4(kPa)$$

则持力层承载力满足要求。

（2）软弱下卧层承载力验算：

软弱下卧层埋深 $d = 5.0m$ ，软弱下卧层顶面处土的自重应力

$$\sigma_{cz} = 18.2 \times 1.0 + 8.9 \times 4.0 = 53.8 (kPa)$$

软弱下卧层顶面处土的加权平均重度

$$\gamma_m = \frac{53.8}{2.0 + 3.0} = 10.76 (kN/m^3)$$

查表 1-9，得淤泥质土 $\eta_b = 0$ ， $\eta_d = 1.0$ ，按深度修正后软弱下卧层的承载力特征值

$$f_a = f_{ak} + \eta_d \gamma_m (d-0.5) = 60 + 1.0 \times 10.76 \times (5.0 - 0.5) = 108.4(kPa)$$

由 $E_{s1}/E_{s2} = 9.2/3.0 \approx 3$ ， $z = 3.0m > 0.5b$ ，查表 1-11 得 $\theta = 23°$

$$\sigma_z = \frac{lbp_0}{(l + 2z\tan\theta)(b + 2z\tan\theta)} = \frac{3 \times 4.8 \times (174.9 - 13.55 \times 2.0)}{(4.8 + 2 \times 3\tan23°)(3 + 2 \times 3\tan23°)} = 52.2(kPa)$$

$$\sigma_z + \sigma_{cz} = 52.2 + 53.8 = 106.0kPa < f_a = 108.4(kPa)$$

则软弱下卧层承载力满足要求。

【例题 1-4】 如图 1-10 所示的柱基础，地基承载力特征值 $f_{ak}=190$kPa，试设计该矩形基础底面尺寸。

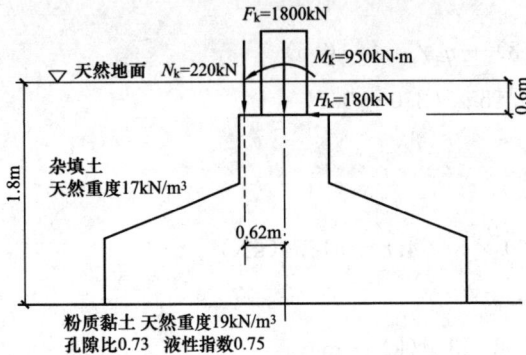

图 1-10 ［例题 1-4］图

解 （1）初步确定基础底面尺寸：

对地基承载力特征值进行深度修正，粉质黏土 $e=0.73$，$I_L=0.75$，查表 1-9，$\eta_b=0.3$，$\eta_d=1.6$，基底以上土的加权平均重度 $\gamma_m=17$kN/m³，按深度修正后的地基承载力特征值

$$f_a = f_{ak} + \eta_d \gamma_m (d-0.5)$$
$$= 190 + 1.6 \times 17 \times (1.8-0.5)$$
$$= 225.36(\text{kPa})$$

按轴心荷载初步估计基底尺寸

$$A_0 \geqslant \frac{F_k + N_k}{f_a - \gamma_G d} = \frac{1800+220}{225.36 - 20 \times 1.8} = 10.7(\text{m}^2)$$

由于荷载偏心较大，把 A_0 扩大 40%，$A=1.4A_0=1.4 \times 10.7=14.98$（m²）。取 $b/l=2$，$b=5.6$m，$l=2.8$m，$A=b \times l=15.68$（m²），荷载沿长边方向偏心。

（2）地基承载力验算：

由于 $l=2.8$m<3m，所以地基承载力仅进行深度修正即可，$f_a=225.36$kPa。基础与回填土的总重量

$$G_k = \gamma_G A d = 20 \times 15.68 \times 1.8 = 564.48(\text{kN})$$

基底平均压力

$$p_k = \frac{F_k + N_k + G_k}{A} = \frac{1800+220+564.48}{15.68} = 164.8 < f_a = 225.36(\text{kPa})$$

荷载偏心距

$$e_k = \frac{M_k + H_k \times 1.2 + N_k \times 0.62}{F_k + N_k + G_k}$$
$$= \frac{950 + 180 \times 1.2 + 220 \times 0.62}{1800+220+564.48} = 0.5 < \frac{b}{6} = \frac{5.6}{6} = 0.9(\text{m})$$

基底最大压力

$$p_{kmax} = p_k \left(1 + \frac{6e_k}{b}\right) = 164.8 \times \left(1 + \frac{6 \times 0.5}{5.6}\right) = 253.0\text{kPa} < 1.2f_a = 270(\text{kPa})$$

地基承载力满足要求，最后确定基础底面尺寸为 $b=5.6$m，$l=2.8$m。

三、天然地基抗震验算

地震时，基础的基底压力增加，地基承载力也将发生变化，所以地震区建筑物设计时

应对地基基础进行抗震验算。关于抗震设计中的场地问题、地震作用与地震反应谱等方面的知识，可参阅相关书籍。这里仅简单介绍天然地基地震作用下竖向承载力验算的基本方法。

抗震设防烈度为 6 度及以上地区的建筑，必须进行抗震设计。下列建筑可不进行天然地基及基础的抗震承载力验算：

（1）《建筑抗震设计规范》（GB 50011—2010）规定的不进行上部结构抗震验算的建筑。

（2）地基主要受力层范围内不存在软弱黏性土层的下列建筑：①一般的单层厂房和单层空旷房屋；②砌体房屋；③不超过 8 层且高度在 25m 以下的一般民用框架和框架—抗震强房屋；④基础荷载与③项相当的多层框架厂房和多层混凝土抗震墙房屋。

天然地基基础抗震验算时，应采用地震作用效应标准组合，且地基抗震承载力应取地基承载力特征值乘以地基抗震承载力调整系数计算，即

$$f_{aE} = \zeta_a f_a \tag{1-20}$$

式中　f_{aE}——调整后的地基抗震承载力；

　　　ζ_a——地基抗震承载力调整系数，应按表 1-12 采用；

　　　f_a——深宽修正后的地基承载力特征值，按《建筑地基基础设计规范》（GB 50007—2011）采用。

表 1-12　　　　　　　　　　　　地基土抗震承载力调整系数

岩土名称和性状	抗震承载力调整系数 ζ_a
岩石，密实的碎石土，密实的砾，粗砂，中砂	1.5
中密、稍密的碎石土，中密和稍密的砾，粗砂，中砂，密实和中密的细砂，粉砂，$150 \leqslant f_{ak} < 300$ 的黏性土和粉土，坚硬黄土	1.3
稍密的细砂、粉砂，$150 \leqslant f_{ak} < 300$ 的黏性土和粉土，可塑黄土	1.1
淤泥，淤泥质土，松散的砂，杂填土，新近堆积黄土及流塑黄土	1.0

验算天然地基地震作用下的竖向承载力时，按地震作用效应标准组合的基础底面平均压力和边缘最大压力应符合下列各式要求

$$p \leqslant f_{aE} \tag{1-21}$$

$$p_{max} \leqslant 1.2 f_{aE} \tag{1-22}$$

式中　p——地震作用效应标准组合的基础底面平均压力；

　　　p_{max}——地震作用效应标准组合的基础边缘的最大压力。

高宽比大于 4 的高层建筑，在地震作用下基础底面不宜出现拉应力；其他建筑，基础底面与地基土之间零应力区面积不应超过基础底面面积的 15%。

【例题 1-5】　某柱下独立基础底面尺寸为 2.9m×2.9m，基础高度 0.8m，埋深为室外地面下 2.0m，按深度修正后地基承载力特征值 $f_a = 300$kPa，经综合分析后基础顶面处各类荷载效应的标准值见表 1-13，持力层土为粉土。（1）验算地基抗震承载力是否满足要求。（2）已知基础埋深范围内土的重度 $\gamma = 18$kN/m³，基底下土层的内摩擦角为 22°，内聚力 $c = 12$kPa，基底与土的摩擦系数按土之间摩擦系数的 1/2 计算，验算水平承载力是否满足要求。

表 1 - 13 　　　　　　　　　　　　　　基础顶面处荷载相应标准值

作用效应类别	竖向力 N（kN）	弯矩 M_x（kN·m）	弯矩 M_y（kN·m）	x 向水平力 V_x（kN）	y 向水平力 V_y（kN）
结构永久荷载	1547.9	−25	0	0	−9.5
屋面及楼面活荷载	451.9	−7.5	0	0	−4.8
x 方向风荷载	0	0	23.0	±6.9	0
y 方向风荷载	∓79.9	±85.1	0	0	±23.6
x 方向水平地震作用	0	0	±235.3	±70.4	0
y 方向水平地震作用	∓216.7	±218.6	0	0	±60.3

解　基底面积 $A=2.9×2.9=8.41$（m²）

$$G_k=\gamma_G A d=20×8.41×2.0=336.4\ (\text{m}^2)$$

基础底面的抵抗矩为

$$W_x=W_y=\frac{2.9×2.9^2}{6}=4.0648\ (\text{m}^3)$$

持力层土为粉土，查表 1 - 12，地基抗震承载力调整系数 $\zeta_a=1.3$，故地基抗震承载力为

$$f_{aE}=\zeta_a f_a=1.3×300=390\ (\text{kPa})$$

（1）荷载效应组合 1：结构永久荷载效应标准值＋0.5×屋面及楼面活荷载标准值

　　　　　　　　＋x 方向水平地震作用效应标准值

$$N=1547.9+0.5×451.9+0=1773.9\ (\text{kN})$$

$$M_x=-25-0.5×7.5+0=-28.8\text{kN·m},\ M_{ky}=-235.3\ (\text{kN·m})$$

$$V_x=-70.4\text{kN},\ V_y=-9.5-0.5×4.8=-11.9\ (\text{kN})$$

$$p=\frac{N_k+G_k}{A}=\frac{1773.9+336.4}{8.41}=250.9\ (\text{kPa})<f_{aE}=390\text{kPa}（满足）$$

$$p_{max}=p+\frac{M_x+V_y h}{W_x}+\frac{M_y+V_x h}{W_y}$$

$$=250.9+\frac{28.8+11.9×0.8}{4.0648}+\frac{235.3+70.4×0.8}{4.0648}$$

$$=250.9+9.43+71.7=332.1\ (\text{kPa})<1.2f_{aE}=468\text{kPa}（满足）$$

$$p_{kmin}=p-\frac{M_x+V_y h}{W_x}-\frac{M_y+V_x h}{W_y}$$

$$=250.9-9.43-71.7=169.8\ (\text{kPa})>0（满足）$$

（2）荷载效应组合 2：结构永久荷载效应标准值＋0.5×屋面及楼面活荷载标准值

　　　　　　　　＋y 方向水平地震作用效应标准值

$$N=1547.9+0.5×451.9+216.7=1990.1\ (\text{kN})$$

$$M_x=-25-0.5×7.5-218.6=-247.4\ (\text{kN·m}),\ M_y=0$$

$$V_x=0,\ V_y=-9.5-0.5×4.8-60.3=-72.2\ (\text{kN})$$

$$p=\frac{N+G_k}{A}=\frac{1990.1+336.4}{8.41}=276.6\ (\text{kPa})<f_{aE}=390\text{kPa}（满足）$$

$$p_{\max} = p + \frac{M_x + V_y h}{W_x}$$

$$= 276.6 + \frac{247.4 + 72.2 \times 0.8}{4.0648} = 276.6 + 75.1$$

$$= 351.7 \text{ (kPa)} < 1.2 f_{aE} = 468 \text{kPa （满足）}$$

$$p_{\min} = p - \frac{M_x + V_y h}{W_x}$$

$$= 276.6 - 75.1 = 201.5 \text{ (kPa)} > 0 \text{ （满足）}$$

（3）验算水平承载力。基础承受水平荷载时，侧面正侧面的水平抗力按被动土压力的 1/3 计算，被动土压力系数为

$$K_p = \tan^2\left(45° + \frac{22°}{2}\right) = 2.198$$

被动土压力为

$$E_p = \frac{1}{2}\gamma H^2 K_p + 2cH\sqrt{K_p} = \frac{1}{2} \times 18 \times 0.8^2 \times 2.198 + 2 \times 12 \times 0.8 \times \sqrt{2.198} = 41.1 \text{ (kN/m)}$$

基础与地基土的摩擦系数 $\mu = 0.5 \tan 22° = 0.20$

对荷载效应组合 1 进行 x 水平承载力验算

$$H = (N + G_k)\mu + \frac{1}{3}lE_p$$

$$= (1773.9 + 336.4) \times 0.2 + \frac{1}{3} \times 2.9 \times 41.1 = 461.7 \text{ (kN)} > 70.4 \text{kN}$$

故满足要求。

同样可对荷载效应组合 2 进行验算（略）。

本例题由于水平方向作用力较小，水平承载力验算已显不出多大意义，这里仅说明计算方法。

第六节　地　基　变　形　验　算

地基竖向压缩变形表现为建筑物基础的沉降，地基变形验算是地基基础设计中的一个重要内容。一方面涉及地基变形特征的选择和地基变形允许值的确定，另一方面要根据地基附加应力在各土层的分布状况及其应力应变关系特征来计算地基变形值。从目前的土力学发展水平看，很多问题至今尚未得到很好解决。现代所采用的方法多是一些相当简化的手段，只考虑最基本的状况，忽略次要因素来进行的。

一、地基变形特征

由于不同建筑物的结构类型、整体刚度、使用要求的差异，对地基变形的敏感程度、危害、变形要求也不同。对于各类建筑物，对其最不利的沉降形式称为地基变形特征。

地基变形特征一般分为沉降量、沉降差、倾斜和局部倾斜。其中最基本的是沉降量计算，其他变形特征均由此推出。

（一）沉降量

沉降量是指基础某一点的沉降量，通常指基础中点的沉降量或基础底面有代表性的若干

点的平均沉降量。若沉降量过大，将影响建筑物的正常使用，如造成室内外上下水管、煤气管道的断裂等。

对于单层排架结构，在低压缩性地基上，一般不会因沉降而破坏；在中高压缩性地基上，应限制柱基沉降量，尤其要注意多跨排架中受荷较大的中排柱基的沉降量不宜过大，以免支撑于其上的相邻屋架发生对倾而使端部接触。

对于整体刚度很好的高层建筑筒体、烟囱、水塔等高耸结构，只要地基土质均匀，沉降也会基本均匀。对于这类情况可在基础底面选取有代表性的若干点，计算其平均沉降量。

（二）沉降差

沉降差一般指相邻柱基中点的沉降量之差。

沉降差控制主要用于排架结构的相邻柱基、框架结构或砌体墙填充的边排柱等，当基础产生不均匀沉降时，不产生附加应力的结构均包括在内。所以，对于框架结构和单层排架结构应由相邻柱基的沉降差控制。

（三）倾斜

倾斜指沿基础倾斜方向两端点的沉降差与其距离的比值。

多层或高层建筑、高耸结构应由倾斜控制。因为这些结构重心高，当荷载不均匀或土层不均匀或有相邻建筑物的影响时，基础倾斜使重心侧向移动所引起的偏心荷载，不仅使基底边缘最大压力增加而影响倾覆稳定性，还会导致附加弯矩的产生。由于倾斜对建筑物的影响很大，造成的后果又很难处理，纠偏困难，因此，多层或高层建筑和高耸结构应由倾斜值控制。

（四）局部倾斜

局部倾斜是指砌体承重结构沿纵墙 6～10m 内基础两点的沉降差与其距离的比值。

砌体承重结构的基础，当由于地基不均匀，局部荷载过大或体型复杂等因素造成不均匀沉降，而需要依靠上部结构的刚度来调整其差异沉降时，由于协调能力不足而产生局部倾斜，房屋因此而破坏，砌体承重结构应由局部倾斜控制。最常见的是房屋外纵墙由于相对挠曲引起的拉应变形成的裂缝，有裂缝呈正八字形的正向挠曲（下凹）和呈倒八字形的反向挠曲（凸起）。

二、地基变形验算

建筑物地基变形特征，不应大于地基变形允许值。即

$$s \leqslant [s] \tag{1-23}$$

式中　s——地基特征变形计算值，按照分层总和法以及《建筑地基基础设计规范》（GB 50007）计算。采用正常使用极限状态下作用的准永久组合值，且不计入风荷载和地震作用；

　　　$[s]$——地基变形允许值，按表 1-14 确定。对于表中未包括的建筑物，其地基变形允许值应根据上部结构对地基变形的适应能力和使用上的要求确定。

在同一整体大面积基础上建有多栋高层和低层建筑，宜考虑上部结构、基础与地基的共同作用进行变形计算。计算地基变形时，土的压缩性指标可采用原状土室内压缩试验、原位浅层或深层平板载荷试验、旁压试验确定。当采用室内压缩试验确定压缩模量时，试验所施加的最大压力应超过土自重压力与预计的附加压力之和，试验成果用 $e-p$ 曲线表示；当考虑土的应力历史进行沉降计算时，应进行高压固结试验，确定先期固结压力、压缩指数，试

验成果用 $e - \lg p$ 曲线表示。

表 1 - 14　　　　　　　　　　　　**建筑物的地基特征变形允许值**

变　形　特　征		地 基 土 类 别	
		中、低压缩性土	高压缩性土
砌体承重结构基础的局部倾斜		0.002	0.003
工业与民用建筑相邻柱基的沉降差	(1) 框架结构	0.002l	0.003l
	(2) 砌体墙填充的边排柱	0.0007l	0.001l
	(3) 当基础不均匀沉降时不产生附加应力的结构	0.005l	0.005l
单层排架结构（柱距为6m）柱基的沉降量（mm）		(120)	200
桥式吊车轨面的倾斜（按不调整轨道考虑）	纵向	0.004	
	横向	0.003	
多层和高层建筑的整体倾斜	$H_g \leqslant 24$	0.004	
	$24 < H_g \leqslant 60$	0.003	
	$60 < H_g \leqslant 100$	0.0025	
	$H_g > 100$	0.002	
体型简单的高层建筑基础的平均沉降量（mm）		200	
高耸结构基础的倾斜	$H_g \leqslant 20$	0.008	
	$20 < H_g \leqslant 50$	0.006	
	$50 < H_g \leqslant 100$	0.005	
	$100 < H_g \leqslant 150$	0.004	
	$150 < H_g \leqslant 200$	0.003	
	$200 < H_g \leqslant 250$	0.002	
高耸结构基础的沉降量（mm）	$H_g \leqslant 100$	400	
	$100 < H_g \leqslant 200$	300	
	$200 < H_g \leqslant 250$	200	

注　1. 表中数值为建筑物地基实际最终变形允许值。

　　2. 括号内数字仅适用于中压缩性土。

　　3. l 为相邻柱基的中心距离（mm），H_g 为自室外地面起算的建筑物高度（m）。

当验算结果不满足要求时，应首先采用建筑措施和结构措施予以减免，如在建筑物的适当部位设置沉降缝，调整各部分荷载分布以及基础宽度或埋置深度，或加强基础刚度等。必要时，修改总体设计方案。

第七节　减轻建筑物不均匀沉降危害的措施

建筑物总会产生一定的沉降和不均匀沉降，特别是软弱地基上的建筑物沉降比较显著，且不均匀。沉降稳定所需的时间很长，若处理不好，往往会造成工程事故。单纯从地基基础的角度出发，防止或减轻不均匀沉降危害的途径通常有：①采用刚度更大、整体性能更好的基础，如筏基或箱基；②采用桩基础或其他深基础；③进行地基处理。地基、基础与上部结构是一个整体，它们共同作用抵抗地基的变形，根据地基土的性质、建筑物的使用要求和结构特征，对地基基础和上部结构作全面的考虑和分析，是基础工程设计中的一个重要课题。

一、建筑措施

（一）建筑体型的合理组合

建筑物的体型是指建筑物的平面形状和立面布置。由于使用或外观上的要求，一些建筑往往采用多单元的组合形式，平面曲折多变，立面上高低参差不齐，从而导致地基土应力分布不均，加上软弱地基本身土层的不均匀和高压缩性，产生不均匀沉降。各种建筑物的空间刚度是不同的，其调整不均匀变形的能力也不同，只有体型简单的墙板结构和框架结构才具有较好的调整不均匀变形的能力。对于平面曲折、立面上高低相差较大的建筑，由于相邻翼刚度相差较大，它们之间不能起共同作用，对地基所产生的较大的不均匀变形难以适应和进行调整，往往造成刚度较差的部分产生裂缝或损坏。

建筑物的平面布置不宜复杂。当建筑平面为∟、匚、凵、工字形时，在纵横单元交接处，地基中附加应力相互重叠，地基土压缩层厚度增加，使拐角处沉降增大。若再在该区域内布置荷载较大、基础密集的楼梯间，则该区域沉降更大，容易造成两翼墙身产生以交接区域为中心的向上斜裂缝。如"工"字形建筑物，在两翼单元和中间单元交接处易形成沉降中心，两翼单元常产生正向挠曲，裂缝呈正八字形分布，中间单元则产生反向挠曲，使墙体产生倒八字形裂缝。

对于立面上各部分高度不相同或荷载相差较大的建筑物，由于作用在地基上的荷载突变，而建筑物高低部分难以起共同作用，使建筑物高低相接处出现过大的差异沉降，往往造成建筑物的轻、低部分向重、高部分的倾斜，或开裂，裂缝向重、高部分偏斜。

当需要将建筑物设计成较复杂体型时，宜根据其平面、立面形状、荷载差异等情况，在适当部位用沉降缝将其划分成若干刚度较好的独立单元；或者将两者隔开一定距离，两者之间采用能自由沉降的联结体或简支、悬挑结构相连接，如图 1-11 所示。

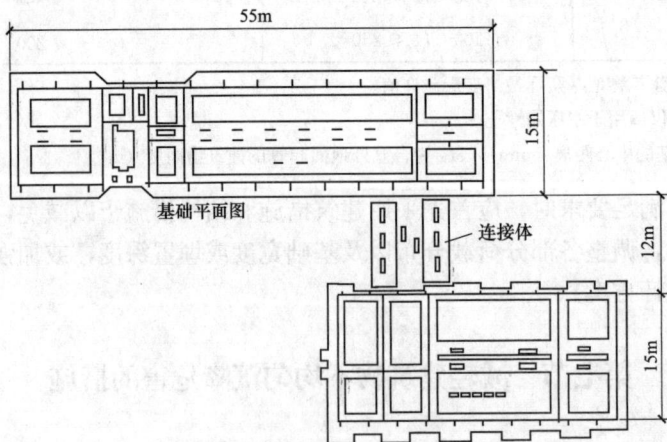

图 1-11　建筑物之间设置的连接体

（二）设置沉降缝

在建筑物的某些特定部位设置沉降缝，是预防由于地基不均匀变形对建筑物造成危害的有效措施之一。沉降缝的作用在于缩短建筑物的变形长度，将建筑物分成若干个长高比较小、整体刚度好、自成沉降体系的单元，这些单元具有较好适应和调整地基不均匀变形的能力。

根据经验，可在建筑物下列部位设置沉降缝：

（1）平面形状复杂的建筑物转折部位；

（2）建筑物高度或荷载差异处；

（3）长高比过大的砌体承重结构或钢筋混凝土框架结构的适当部位；

（4）地基土的压缩性有显著差异处；

（5）建筑结构或基础类型不同处；

（6）分期建造房屋的交界处。

沉降缝的构造合理与否是影响沉降缝能否发挥作用的关键，设计时应慎用。伸缩缝不能作为沉降缝使用，沉降缝应有足够的宽度，可按表 1-15 确定，缝内不可填塞任何材料，防止缝两侧单元有可能内倾而造成顶压、挤压损坏。图 1-12 所示为一沉降缝构造。

表 1-15　　　　　建筑物沉降缝宽度

建筑物层数	沉降缝宽度（mm）
2～3	50～80
4～5	80～120
5 以上	≥120

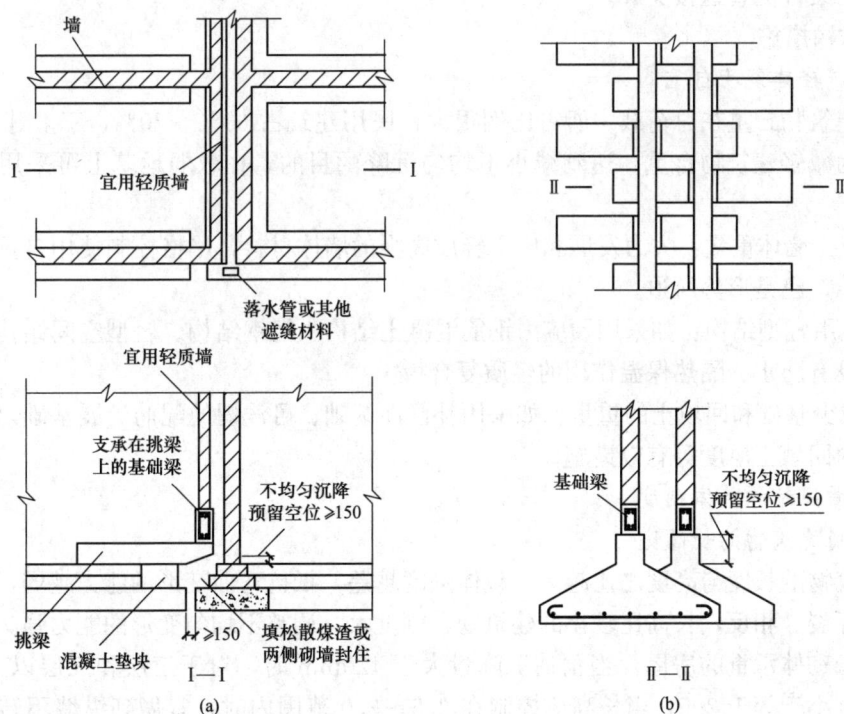

图 1-12　沉降缝构造示意图

（三）控制相邻建筑物基础间的净距

由于地基中附加应力的扩散作用，使距离较近的相邻建筑物间的沉降相互影响。为避免引起地基的不均匀沉降造成建筑物的倾斜或开裂，应控制相邻建筑物基础间的距离。

根据地基的压缩性、产生影响建筑物的规模、重量以及被（受）影响建筑的刚度，相邻建筑物基础间的净距可参考表 1-16 选用。对相邻高耸结构或对倾斜要求严格的构筑物外墙间距，应根据倾斜允许值确定。

表 1-16　　　　相邻建筑物基础间净距　　　　m

影响建筑的预估平均沉降量 s（mm）	被影响建筑的长高比	
	$2.0 \leqslant L/H_f < 3.0$	$3.0 \leqslant L/H_f < 5.0$
70～150	2～3	3～6
160～250	3～6	6～9
260～400	6～9	9～12
>400	9～12	≥12

注　1. 表中 L 为建筑物长度或沉降缝分隔的单元长度（m）；H_f 为自基础底面起算的建筑物高度（m）；

　　2. 当被影响建筑的长高比为 $1.5 < L/H_f < 2.0$ 时，其间净距可适当缩小。

（四）调整建筑物的标高

建筑物的沉降过大时，将会引起管道破损、雨水倒漏、设备运行受阻等情况，从而影响建筑物的正常使用。根据具体情况，可采取如下措施：

室内地坪和地下设施的标高，应根据预估沉降量适当提高；建筑物各部分或设备之间有联系时，可将沉降较大者的标高予以提高。

建筑物与设备之间，应留有足够的净空。当建筑物有管道穿过时，应预留足够尺寸的孔洞，或采用柔性的管道接头等。

二、结构措施

（一）减轻建筑物自重

通常建筑物自重在总荷载中所占比例很大，民用建筑占 60%～70%，工业建筑占 40%～50%，为减轻建筑物自重，达到减小不均匀沉降的目的，在软弱地基上可采用下列一些措施。

（1）减少墙体重量：大力发展和应用轻质高强的墙体材料，严格控制使用自重大又耗农田的黏土砖，已是形势所迫。

（2）选用轻型结构：如采用预应力钢筋混凝土结构、轻钢结构、轻型空间结构等，屋面板可采用具有防水、隔热保温作用的轻质复合板。

（3）减少基础和回填土的重量：如采用补偿性基础、可浅埋的配筋扩展基础以及架空地板减少室内回填土厚度等有效措施。

（二）增强结构整体刚度

1. 控制建筑物的长高比

当建筑物的长度与高度之比越大，整体刚度越差，抵抗弯曲变形的能力越弱，容易导致建筑物的开裂。相反，长高比较小的建筑物，刚度大，调整不均匀变形的能力强。根据工程经验，对于砌体承重的房屋，当预估沉降量大于 120mm 时，对于三层和三层以上的房屋，其长高比宜小于等于 2.5，当长高比控制在 2.5～3.0 范围内时，宜做到纵墙不转折或少转折，并应控制其内横墙间距或增强基础的刚度和强度；当预估沉降量小于或等于 120mm 时，长高比可不受限制。

2. 合理布置纵横墙

合理布置纵横墙，使内外墙贯通，减少墙体转折和中断的情况，是增强建筑物刚度的重要措施。另外，门窗洞口或管道洞口如开设过大，就会削弱墙体刚度，可在洞口周围设置钢筋混凝土边框予以加强。

3. 设置圈梁

当墙体挠曲时，布置在墙体中的圈梁犹如钢筋混凝土梁内的受拉钢筋，它主要承受拉应力，可有效地防止墙体的开裂。

圈梁截面、配筋以及平面布置等，可按建筑抗震设计规范的要求进行。对于多层房屋的基础和顶层宜各设一道，其他可隔层设置；当地基软弱，或建筑体型较复杂、荷载差异较大时，可层层设置。对于单层工业厂房、仓库可结合基础梁、联系梁、过梁等酌情设置。

（三）减小或调整基底附加压力

（1）设置地下室：采用补偿性基础设计方法，以挖除的土重抵消部分建筑物重量，达到减小沉降的目的。

（2）调整基底尺寸：按地基承载力确定出基础底面尺寸后，应用沉降理论和必要的计算，并结合设计经验，调整基底尺寸，以控制不同荷载的基础沉降量相接近。

三、施工措施

在施工中，应合理安排施工顺序，注意某些施工方法，可减小或调整部分不均匀沉降。

（1）合理安排施工顺序：当建筑物各部分高度或荷载差异大时，应按先高后低，先重后轻的顺序进行施工；并注意高低部分相连接的合适时间，一般可根据沉降观测资料确定。

（2）注意施工方法：对于高灵敏度的软黏土，基槽开挖施工中，需注意保护持力层不被扰动，通常可在基底标高以上，保留 20cm 厚的原土层，待基础施工时再予以挖除，可避免基底超挖现象，扰动土的原状结构。如发现坑底软土被扰动，可仔细挖除扰动部分，用砂、碎石压实处理。

（3）控制加荷速率：对活荷载较大的构筑物，为确保加载过程中地基的稳定性和减少塑性变形引起的附加沉降，按照一定指标控制加荷速率是行之有效的方法。

思 考 题

1-1　地基基础设计时，所采用的荷载效应应按哪些规定执行？

1-2　选择基础埋深时，应考虑哪些因素？

1-3　地基土冻胀性分类所考虑的主要因素有哪些？确定基础埋深时，是否必须将基础底面放置到冻深之下？

1-4　对地基承载力特征值进行深宽修正时，基础埋深如何确定？该埋深与计算基础和回填土的重量、基底附加压力时的埋深有何区别？

1-5　根据地基基础设计等级的划分，哪些建筑物需要进行地基变形验算？

1-6　何谓持力层？何谓软弱下卧层？按现行《建筑地基基础设计规范》确定应力扩散

角时，当 z/b 小于 0.25 或大于 0.50 时，应力扩散角如何确定？

1-7　"根据 $p_{kmax} \leqslant 1.2 f_a$，偏心荷载基础的地基承载力可提高 20%"，是否正确？为什么？

1-8　建筑物特征变形有哪些？砌体承重结构、多层和高层建筑、高耸结构分别应由什么特征变形来控制？

1-9　设置沉降缝的目的是什么？通常沉降缝应布置在建筑物哪些部位？伸缩缝是否可兼作沉降缝？沉降缝是否可兼作伸缩缝？

1-10　当拟建的建筑物与其相邻建筑物之间轻（低）重（高）相差悬殊时，如何安排施工顺序？为什么？

习　题

1-1　某拟建工程场地地质条件为：①层：杂填土，层厚 1.0m，$\gamma = 18$kN/m³；②层：粉质黏土，层厚 4.2m，$\gamma = 18.5$kN/m³，$e = 0.85$，$I_L = 0.75$，地基承载力特征值 $f_{ak} = 130$kPa。按以下基础条件，分别计算修正后的地基承载力特征值：

(1) 矩形基础底面尺寸为 4.0m×2.5m，埋深 $d = 1.2$m；

(2) 基底面积为 9.0m×42m 的箱形基础，埋深 $d = 4.2$m。

1-2　某场地土层为粉质黏土，重度 $\gamma = 18$kN/m³，浮重度 $\gamma' = 9$kN/m³，孔隙比 $e = 0.85$，$I_L = 0.88$ 承载力特征值 $f_{ak} = 220$kPa，地下水位在地表下 0.5m 处。荷载的标准组合值为：弯矩 $M_k = 900$kN·m，作用在基础中心处的竖向荷载 $F_k = 1700$kN，作用在距基础中心线 0.6m 处的竖向荷载 $V_k = 210$kN，水平荷载 $H_k = 170$kN 作用在基础顶面处，基础高度 1.2m，埋深 $d = 1.8$m，如图 1-13 所示。取基础的长宽比为 2，确定该矩形基础底面尺寸。

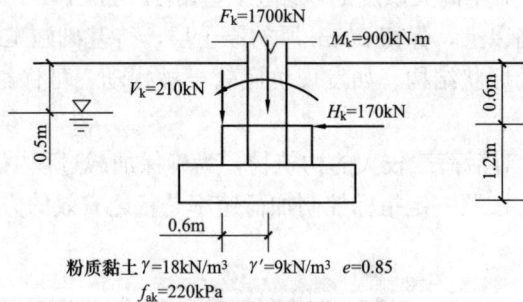

图 1-13　习题 1-2 图

1-3　已知某承重墙厚 240mm，作用于地面标高处的荷载 $F_k = 180$kN/m。拟采用砖基础，埋深 1.2m。地基土为粉质黏土，重度 $\gamma = 18$kN/m³，孔隙比 $e = 0.9$，承载力特征值 $f_{ak} = 170$kPa，试确定砖基础的底面尺寸，并按二皮一收砌法画出基础剖面图。

1-4　某建筑场地，上层土为素填土，$\gamma = 16$kN/m³，厚 0.8m；其下为粉质黏土，$e = 0.72$，$I_L = 0.22$，$\gamma = 18.5$kN/m³，承载力特征值 $f_{ak} = 163$kPa。柱下联合基础的一端不能伸出柱边之外（图 1-14），柱截面尺寸为 0.3m×0.3m，柱荷载的标准组合值为：$F_{k1} = 1000$kN，$F_{k2} = 1500$kN。基础埋深 1.5m。按照柱荷载合力通过联合基础形心的要求，确定基础底面的长度和宽度（提示：首先计算两柱荷载合力的位置，为使基底反力均匀分布，需使荷载合力通过基础的形心，从而确定基础长度。按地基承载力要求确定基础宽度）。

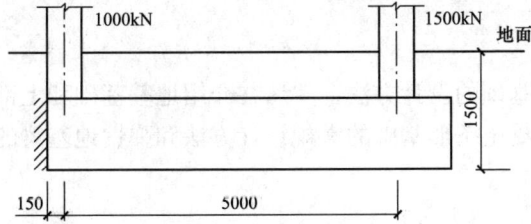

图 1-14 习题 1-4 图

第二章　浅　基　础　设　计

本章首先讲述扩展基础的设计方法，然后在介绍地基基础和上部结构共同作用概念的基础上，讲述柱下钢筋混凝土条形基础的常规设计方法和弹性地基梁的计算理论，最后介绍筏形基础的设计方法。

第一节　钢筋混凝土独立基础

一、构造要求

钢筋混凝土独立基础的构造应满足以下要求：

（1）锥形基础的边缘高度不宜小于 200mm，且两个方向的坡度不宜大于 1∶3；阶梯形基础的每阶高度宜为 300～500mm。

（2）垫层的厚度不宜小于 70mm，垫层混凝土强度等级不宜低于 C10。

（3）受力钢筋的最小配筋率不应小于 0.15%；底板受力钢筋的最小直径不宜小于 10mm，间距不应大于 200mm，也不应小于 100mm。当有垫层时钢筋保护层的厚度不小于 40mm；无垫层时不小于 70mm。

（4）当柱下钢筋混凝土独立基础的边长大于或等于 2.5m 时，底板受力钢筋的长度可取边长或宽度的 0.9 倍并宜交错布置（图 2-1）。

（5）混凝土强度等级不应低于 C20。

（6）钢筋混凝土柱和剪力墙的纵向受力钢筋在基础内的锚固长度 l_a 应根据钢筋在基础内的最小保护层厚度，按《混凝土结构设计规范》（GB 50010）的有关规定确定。现浇柱的基础，其钢筋的数量、直径以及钢筋种类应与柱内纵向受力钢筋相同。

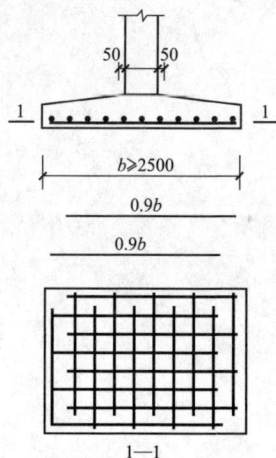

图 2-1　钢筋混凝土独立基础底板受力钢筋布置

二、设计计算

扩展基础的设计计算包括基础底面积确定、抗冲切或抗剪切验算、抗弯验算。当基础的混凝土强度等级小于柱的混凝土强度等级时，尚应验算柱下扩展基础顶面的局部受压承载力。

（一）荷载计算

在进行基础结构计算时，上部结构传至基础的荷载，应采用承载力极限状态下作用的基本组合值。

在中心荷载作用下，基底净反力设计值为

$$p_j = \frac{F}{A} \tag{2-1}$$

式中　p_j——扣除基础自重及其上土重后，相应于荷载效应基本组合时的地基单位面积的净反力；

F——相应于作用的基本组合时上部结构传至基础顶面处的竖向荷载设计值；

A——基底面积。

在偏心荷载作用下，矩形基础边缘处最大和最小地基净反力设计值为

$$p_{\substack{j,\max \\ j,\min}} = \frac{F}{A}\left(1 \pm \frac{6e_{n,0}}{b}\right) \quad \left(e_{n,0} \leqslant \frac{b}{6}\right) \tag{2-2}$$

其中

$$e_{n,0} = M/F$$

式中 $p_{\substack{j,\max \\ j,\min}}$——扣除基础自重及其上土重后，相应于作用的基本组合时基础边缘处最大和

最小地基净反力设计值；

$e_{n,0}$——净偏心距；

M——作用的基本组合时上部结构传至基础的荷载对基础底面中心的总弯矩，不
包括基础自重及其上土重；

b——荷载偏心方向基础底面的宽度。

（二）基础底板厚度的确定

为保证柱下独立基础双向受力状态，基础底面两个方向的边长一般保持在相同或相近的
范围内。在荷载作用下，如果基础高度或基础变台阶处的高度不足，基础将沿柱的周边或变
台阶处产生冲切破坏，形成45°斜裂面的角锥体。当冲切破坏锥体落在基础底面以内时，此
类基础的截面高度由受冲切承载力控制；若基础底面两个方向的边长比值较大，冲切破坏锥体落
在基础底面以外，即基础底面短边尺寸小于或等于柱宽加两倍基础有效高度时，基础的受力状态
接近于单向受力，柱与基础交接处不存在受冲切的问题，应验算柱与基础交接处截面的受剪
承载力。这里所说的"底面短边尺寸"是指垂直于力矩作用方向的基础底边尺寸。

1. 受冲切承载力验算

由冲切破坏锥体以外的地基净反力所产生的冲切力 F_1 应小于冲切面上混凝土的抗冲切
承载力。对于矩形基础，柱短边一侧冲切破坏较柱长边一侧危险，所以，一般只需根据短边
一侧的冲切破坏条件来确定底板厚度。对矩形截面柱的矩形基础，应验算柱与基础交接处和
基础变台阶处的受冲切承载力，如图2-2所示。

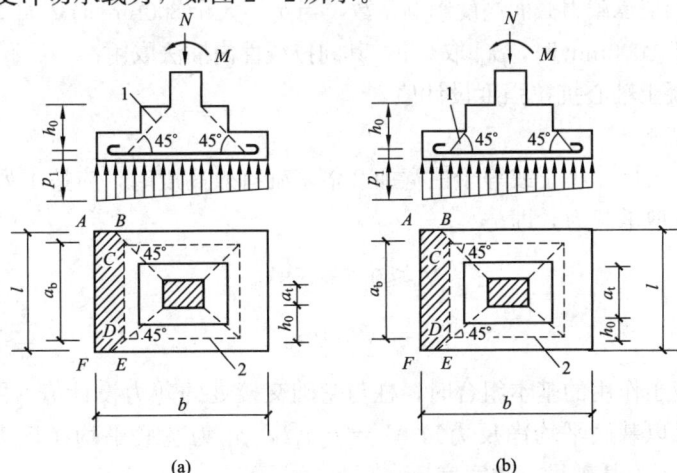

(a)   (b)

图2-2 计算阶形基础的受冲切承载力截面位置

(a) 柱与基础交接处；(b) 基础变台阶处

1—冲切破坏锥体最不利一侧的斜截面；2—冲切破坏锥体的底面线

（1）冲切破坏锥体最不利一侧的计算长度 a_m。计算时，应首先确定冲切破坏锥体最不利一侧斜截面的上边长度 a_t 和下边长度 a_b。对矩形截面柱的矩形基础，a_t 和 a_b 分别为等腰梯形（与竖直面呈 $45°$）的上下边。

a_t 与冲切计算的位置有关。当计算柱与基础交接处的受冲切承载力时，a_t 等于柱的宽度；当计算基础变台阶处的受冲切承载力时，a_t 等于上台阶的宽度。a_b 为冲切破坏锥体在基础底面上的投影长度，$a_b = a_t + 2h_0 \leqslant l$（$h_0$ 为计算截面处基础的有效高度）。这里要求 $a_b \leqslant l$，表示冲切破坏锥体的底面落在基础底面以内。

冲切破坏锥体最不利一侧的计算长度 a_m 等于该锥体斜截面的上边和下边长度的平均值，即

$$a_m = \frac{a_t + a_b}{2} \qquad (2-3)$$

（2）冲切力 F_l。冲切破坏锥体在基础底面的投影以外的基底范围内地基净反力所产生的冲切力 F_l 按下式计算，即

$$F_l = p_j A_l \qquad (2-4)$$

式中　p_j——扣除基础自重及其上土重后相应于作用的基本组合时的地基单位面积的净反力，对偏心受压基础可取基础边缘处最大地基土单位面积净反力；

　　　A_l——冲切验算时取用的部分基底面积［图 2-2（a）、图 2-2（b）中的阴影面积 $ABCDEF$］；

　　　F_l——相应于作用的基本组合时作用在 A_l 上的地基净反力设计值。

冲切破坏面积可按式（2-5）计算

$$A_l = A_{ABCDEF} = (a_l - h_0)l - 2 \times \frac{1}{2} \times \left(\frac{l - a_b}{2}\right)^2 = (a_l - h_0)l - \frac{1}{4}(l - a_b)^2 \qquad (2-5)$$

式中　a_1——计算截面至基底边缘最大反力处的距离。

（3）受冲切承载力验算。基础底板的厚度应满足受冲切承载力要求，可按下式计算

$$F_l \leqslant 0.7\beta_{hp} f_t a_m h_0 \qquad (2-6)$$

式中　β_{hp}——受冲切承载力截面高度影响系数，当 h 不大于 $800mm$ 时，β_{hp} 取 1.0；当 h 大于等于 $2000mm$ 时，β_{hp} 取 0.9，其间按线性内插法取用；

　　　f_t——混凝土轴心抗拉强度设计值。

2. 受剪承载力验算

当基础底面短边尺寸小于或等于柱宽加 2 倍基础有效高度时，应按下列公式验算柱与基础交接处截面的受剪承载力，即

$$V_s \leqslant 0.7\beta_{hs} f_t A_0 \qquad (2-7)$$

$$\beta_{hs} = (800/h_0)^{1/4} \qquad (2-8)$$

式中　V_s——相应于作用的基本组合时，柱与基础交接处的剪力设计值（图 2-3 中阴影面积乘以基底平均净反力），$V_s = p_j a_1 l$，p_j 为基底平均净反力，a_1 见式（2-5），l 为基础另一边宽度；

　　　β_{hs}——受剪承载力截面高度影响系数。计算时，当 $h_0 < 800mm$，取 $h_0 = 800mm$；若 $h_0 > 2000mm$，取 $h_0 = 2000mm$；

A_0——验算截面基础的有效截面面积。

若验算截面为一标准矩形，$A_0 = h_0 l$，其中 l 为验算截面宽度，h_0 为验算截面有效高度。若验算截面为台阶形或锥形，可将其折算成矩形截面。折算方法如下：

(1) 若验算截面为台阶形，如图 2-3 所示的 BD 所对应的柱边验算截面，A_0 等于每个台阶的有效高度乘以相应的宽度后求和，即 $A_0 = h_{01}l + h_{02}a_l$，$h_{01}$ 和 l 分别为下台阶的有效高度和台阶宽度，h_{02} 和 a_l 分别为上台阶的有效高度和台阶宽度，$h_0 = h_{01} + h_{02}$。计算时，上面台阶有效高度可取为台阶高度。

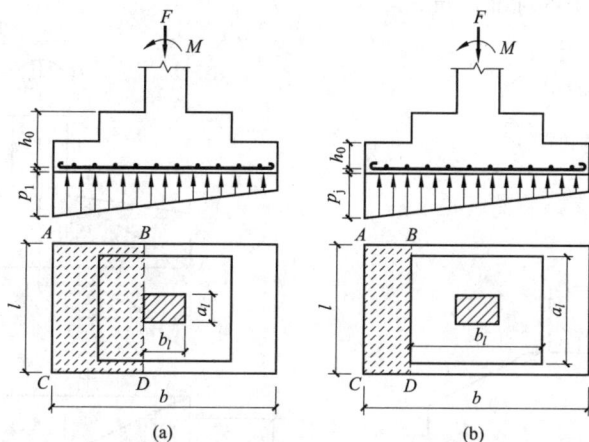

图 2-3　验算阶形基础受剪切承载力示意图
(a) 柱与基础交接处；(b) 基础交接处

(2) 若为锥形基础的验算截面，如图 2-4 的 AA 截面。$A_0 = h_0 b_{y0}$，b_{y0} 按下式计算

$$b_{y0} = \left[1 - 0.5 \frac{h_1}{h_0}\left(1 - \frac{b_{y2}}{b_{y1}}\right)\right]b_{y1} \tag{2-9}$$

式中　h_0、h_1——锥形基础的有效高度和上部锥形部分的高度；

b_{y1}、b_{y2}——基底和计算截面上部的宽度。

(三) 基础底板的配筋计算

在地基净反力 p_j 的作用下，基础在两个方向均发生弯曲，所以两个方向都要进行配筋计算，钢筋面积按两个方向上的最大弯矩分别计算。在基础变截面处，也需要计算。计算时，应符合《混凝土结构设计规范》(GB 50010) 正截面受弯承载力计算公式。

基础底板的配筋，应按抗弯计算确定。在轴心荷载或单向偏心荷载作用下，对于矩形基础，当台阶的宽高比小于或等于 2.5，且偏心距小于或等于 1/6 基础宽度时，任意截面的弯矩可按下列公式计算 (见图 2-5)，即

$$M_{\mathrm{I}} = \frac{1}{12}a_1^2\left[(2l + a')\left(p_{\max} + p - \frac{2G}{A}\right) + (p_{\max} - p)l\right] \tag{2-10}$$

$$M_{\mathrm{II}} = \frac{1}{48}(l - a')^2(2b + b')\left(p_{\max} + p_{\min} - \frac{2G}{A}\right) \tag{2-11}$$

式中　M_{I}、M_{II}——相应于作用的基本组合时，任意截面 Ⅰ—Ⅰ、Ⅱ—Ⅱ 处的弯矩设计值；

a_1——任意截面Ⅰ—Ⅰ至基底边缘最大反力处的距离；

b、l——基础底面的边长；

a'、b'——任意截面Ⅰ—Ⅰ和Ⅱ—Ⅱ的上边长；

p_{max}、p_{min}——相应于基本组合时基础底面边缘最大和最小地基反力设计值；

p——相应于基本组合时在任意截面Ⅰ—Ⅰ处基础底面地基反力设计值；

G——考虑荷载分项系数的基础自重及其上的土自重；当组合值由永久荷载控制时，作用分项系数可取 1.35，即 $G=1.35G_k$，G_k 为基础及其上土的标准自重。

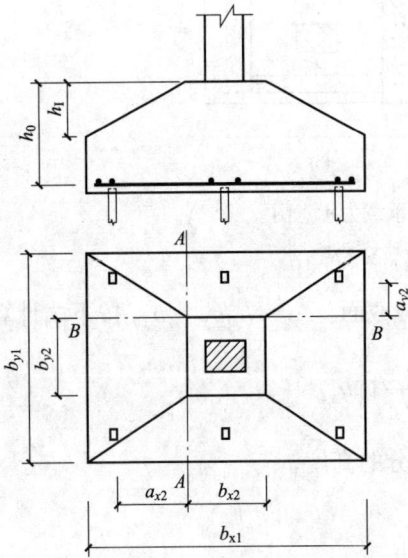

图 2-4　锥形基础计算截面　　　　图 2-5　矩形基础底板弯矩计算示意图

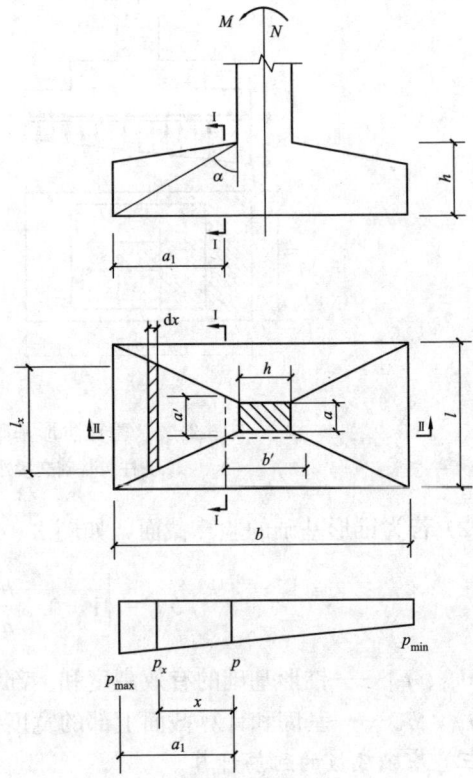

弯矩计算公式也可用地基净反力 p_j 表示。把 $p_{max}=p_{jmax}+G/A$、$p_{min}=p_{jmin}+G/A$、$p=p_j+G/A$（p_{jmax}、p_{jmin}、p_j 分别为作用的基本组合时基底边缘最大、最小和计算截面处地基净反力设计值）代入式（2-10）和式（2-11），得

$$M_I=\frac{1}{12}a_1^2[(2l+a')(p_{jmax}+p_j)+(p_{jmax}-p_j)l] \tag{2-12}$$

$$M_{II}=\frac{1}{48}(l-a')^2(2b+b')(p_{jmax}+p_{jmin}) \tag{2-13}$$

在中心荷载作用下，$p_{max}=p_{min}=p$，弯矩计算公式可简化为

$$M_I=\frac{1}{6}a_1^2(2l+a')\left(p-\frac{G}{A}\right) \tag{2-14}$$

$$M_{II} = \frac{1}{24}(l-a')^2(2b+b')\left(p - \frac{G}{A}\right) \qquad (2-15)$$

或用地基净反力表示为

$$M_I = \frac{1}{6}a_1^2(2l+a')p_j \qquad (2-16)$$

$$M_{II} = \frac{1}{24}(l-a')^2(2b+b')p_j \qquad (2-17)$$

求得基础底板的弯矩后，便可按下式计算基础底板受力钢筋的面积

$$A_s = \frac{M}{0.9h_0 f_y} \qquad (2-18)$$

式中 A_s——基础底板受力钢筋面积；

　　　f_y——钢筋抗拉强度设计值。

基础底板配筋除满足计算和最小配筋率要求外，应满足构造要求。计算最小配筋率时，对于阶形或锥形截面，可按上述（二）中的方法折算成矩形截面。柱下独立基础底面长、短边之比 ω 在大于或等于 2、小于或等于 3 的范围内时，基础底板短向钢筋应按下述方法布置：将短向全部钢筋乘以 λ（$\lambda = 1 - \omega/6$）后求得的钢筋，均匀分布在与柱中心线重合的宽度等于基础短边的中间带宽范围内（见图 2-6），其余的短向钢筋则均匀分布在中间带宽的两侧。长向配筋应均匀分布在基础全宽范围内。

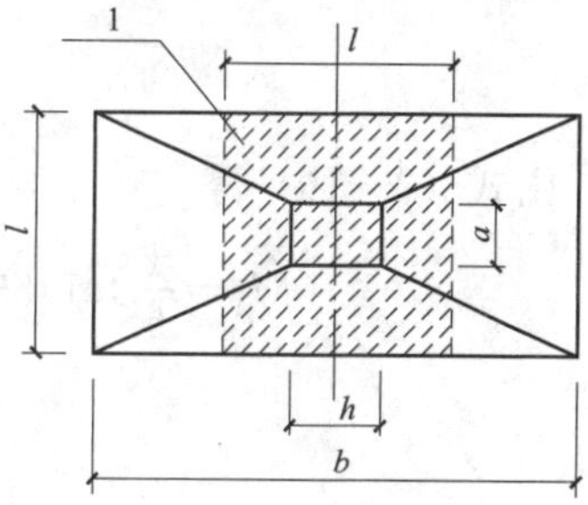

图 2-6 基础底板短向钢筋布置示意
　　［(1-λ) 倍短向钢筋全部
面积均匀配置在阴影范围内］

【例题 2-1】 一轴心受压钢筋混凝土锥形独立基础，基底面积 $b \times l = 2.5\text{m} \times 3.6\text{m}$，混凝土强度等级为 C20。柱截面尺寸为 500mm×500mm，地基净反力设计值 $p_j = 210\text{kN/m}^2$。根据计算完成以下单项选择题：

（1）基础有效高度最合适的尺寸是（　　）。

　　A. 550mm　　　　　　　　B. 600mm

　　C. 650mm　　　　　　　　D. 700mm

（2）若选取基础高度 $h = 650\text{mm}$，$h_0 = 600\text{mm}$，基础边缘高度为 350mm，上部锥形部分高度为 300mm。基础纵向受力筋为（　　）。

　　A. Φ12@110　　　　　　B. Φ14@140

　　C. Φ14@120　　　　　　D. Φ16@175

解　（1）按冲切破坏椎体落在基础底面范围内考虑。由于 $a_b = a_t + 2h_0$，$a_m = a_t + h_0$，由式（2-5）得冲切验算时取用的部分基底面积为

$$A_l = -h_0^2 - a_t h_0 - \frac{1}{4}(l-a_t)^2 + a_1 l$$

把上式代入冲切验算公式（2-6）得

$$h_0^2 + a_t h_0 + \frac{(l-a_t)^2/4 - a_1 l}{1+K} \geqslant 0$$

$$K = \frac{0.70\beta_{hp}f_t}{p_j}$$

求得基础的最小有效高度为

$$h_0 = \frac{a_t}{2}\left[\sqrt{1 + \frac{4a_1 l - (l - a_t)^2}{(1+K)a_t^2}} - 1\right] = \frac{a_t}{2}\left[\sqrt{1 + \frac{2(b-b_t)l - (l-a_t)^2}{(1+K)a_t^2}} - 1\right]$$

本题 $b = 3.6$m，$l = 2.5$m，$a_t = 0.5$m，$a_1 = (3.6-0.5)/2 = 1.55$（m）

$$K = \frac{0.70 \times 1.0 \times 1.1}{210 \times 10^{-3}} = 3.6667$$

$$h_0 = \frac{1.55}{2} \times \left[\sqrt{1 + \frac{4 \times 1.55 \times 2.5 - (2.5-0.5)^2}{(1+3.6667) \times 0.5^2}} - 1\right] = 0.574\text{m} = 574\text{（mm）}\qquad 选 B$$

由于 $h < 800$mm，上式所用的 $\beta_{hp} = 1.0$ 合适；$a_t + 2h_0 = 0.5 + 2 \times 0.6 = 1.7$m $< l =$ 2.5m，合适。

（2）沿基础长边方向配筋计算：

$h = 0.65$m，$h_0 = 0.6$m，$a' = 0.5$m，基础底板的宽厚比为

$$\frac{(3.6-0.5)/2}{0.650} = 2.39 < 2.5$$

由式（2-16）得

$$M_1 = \frac{1}{6} \times 1.55^2 \times (2 \times 2.5 + 0.5) \times 210 = 462.5\text{（kN·m）}$$

$$A_s = \frac{462.5 \times 10^6}{0.9 \times 300 \times 600} = 2855\text{（mm}^2\text{）}$$

按最小配筋率验算。锥形基础有效高度 $h_0 = 0.6$m，折算宽度为

$$b_y = \left[1 - 0.5\frac{h_1}{h_0}\left(1 - \frac{b_{y2}}{b_{y1}}\right)\right]b_{y1}$$

$$= \left[1 - 0.5 \times \frac{300}{600} \times \left(1 - \frac{500}{2500}\right)\right] \times 2500 = 2000\text{（mm）}$$

按最小配筋率计算纵向配筋量

$$0.15\% b_y h_0 = 0.15\% \times 2000 \times 600 = 1800\text{（mm}^2\text{）}$$

按 2855mm² 进行配筋，单位长度配筋量为 2855/2.5 = 1142mm²/m。显然，A 和 B 的配筋量不够，C 和 D 的每米配筋量分别为 1283mm/m 和 1149mm/m，故选 D。

【例题 2-2】　某框架柱下独立基础，柱截面尺寸为 300mm×400mm。基础底面尺寸为 1.6m×2.4m，基础底面距室外地坪及柱底分别为 1.0m 和 0.6m。作用在柱底荷载效应基本组合值为：$F = 950$kN，$M = 108$kN·m，$V = 18$kN。材料选用：C20 混凝土，HPB300 钢筋。设计该独立基础。

　　解　根据柱的截面尺寸和基础构造要求，采用阶梯形基础。初步选择基础高度 $h = 600$mm，从下至上分 350mm 和 250mm 两个台阶，上台阶基础尺寸为 800mm×1200mm，如图 2-9 所示。基础有效高度 $h_0 = 600 - 50 = 550$mm（有垫层）。C20 混凝土，$f_t = 1.1$N/mm²。HPB300 钢筋，$f_y = 270$N/mm²。

（1）计算基底净反力

$$e_{n,0} = \frac{M}{F} = \frac{108 + 18 \times 0.6}{950} = 0.125 (\text{m})$$

$b = 2.4\text{m}$，$l = 1.6\text{m}$，基底面积 $A = 2.4 \times 1.6 = 3.84\text{m}^2$，基础边缘处的最大和最小净反力为

$$p_{\substack{j,\ max \\ j,\ min}} = \frac{F}{A}\left(1 \pm \frac{6e_{n,0}}{b}\right) = \frac{950}{3.84} \times \left(1 \pm \frac{6 \times 0.125}{2.4}\right) = \begin{cases} 324.7(\text{kPa}) \\ 170.1(\text{kPa}) \end{cases}$$

（2）基础高度验算：

1）柱边

$$h_0 = 0.55\text{m}，\quad a_t = 0.3\text{m}$$

$a_b = a_t + 2h_0 = 0.3 + 2 \times 0.55 = 1.4 < l = 1.6$，基础底面短边尺寸大于柱宽加2倍基础有效高度，应进行受冲切承载力验算。取 $a_b = 1.4\text{m}$

$$a_m = \frac{a_t + a_b}{2} = \frac{0.3 + 1.4}{2} = 0.85(\text{m})$$

计算截面至基底边缘最大反力的距离为

$$a_1 = \frac{2.4 - 0.4}{2} = 1.0(\text{m})$$

$$A_l = (a_1 - h_0)l - \frac{1}{4}(l - a_b)^2 = (1.0 - 0.55) \times 1.6 - \frac{1}{4} \times (1.6 - 1.4)^2 = 0.71(\text{m}^2)$$

偏心受压，取 $p_j = p_{jmax} = 324.7\text{kPa}$

$$F_l = p_j A_l = 324.7 \times 0.71 = 230.54(\text{kN})$$

由于 $h = 0.60\text{m} < 0.8\text{m}$，$\beta_{hp} = 1.0$

$0.7\beta_{hp}f_t a_m h_0 = 0.7 \times 1.0 \times 1.10 \times 10^3 \times 0.85 \times 0.55 = 360 > F_l = 230.54$

满足要求。

2）变台阶处

$$h_0 = 0.35 - 0.05 = 0.30(\text{m})，\quad a_t = 0.8\text{m}$$

$$a_b = a_t + 2h_0 = 0.8 + 2 \times 0.30 = 1.4 < l = 1.6$$

$$a_m = \frac{a_t + a_b}{2} = \frac{0.8 + 1.4}{2} = 1.1(\text{m})$$

计算截面至基底边缘最大反力的距离为

$$a_1 = \frac{2.4 - 1.2}{2} = 0.6(\text{m})$$

$$A_l = (a_1 - h_0)l - \frac{1}{4}(l - a_b)^2 = (0.6 - 0.30) \times 1.6 - \frac{1}{4} \times (1.6 - 1.4)^2 = 0.47(\text{m}^2)$$

$$F_l = p_j A_l = 324.7 \times 0.47 = 152.6(\text{kN})$$

$0.7\beta_{hp}f_t a_m h_0 = 0.7 \times 1.0 \times 1.10 \times 10^3 \times 1.1 \times 0.30 = 254.1 > F_l = 152.6$

满足要求。

（3）配筋计算

$$\frac{G}{A}=\frac{1.35G_k}{A}=\frac{1.35\gamma_G Ad}{A}=1.35\gamma_G d=1.35\times20\times1.15=31.05(\text{kN/m}^2)$$

注：当室内外高差较大时，d 取平均值（1.3＋1.0）/2＝1.15。

$$p_{\max}=p_{j\max}+\frac{G}{A}=324.7+31.05=355.75\text{kPa}$$

$$p_{\min}=p_{j\min}+\frac{G}{A}=170.1+31.05=201.15\text{kPa}$$

台阶宽高比为

$$\frac{b/2-bt/2}{h}=\frac{2400/2-400/2}{600}=1.67\leqslant2.5,\text{且偏心距 }e=0.125\leqslant b/6=0.4,\text{可采用简化}$$

公式（2-10）计算。

1）Ⅰ—Ⅰ截面即柱边

$$a_1=1.0\text{m},\quad a'=0.3\text{m},\quad b'=0.4\text{m}$$

Ⅰ—Ⅰ截面处地基反力设计值为

$$p=p_{\min}+\frac{b-a_1}{b}(p_{\max}-p_{\min})$$

$$=201.15+\frac{2.4-1.0}{2.4}\times(355.75-201.15)=291.33(\text{kPa})$$

$$M_{\text{I}}=\frac{1}{12}a_1^2\left[(2l+a')\left(p_{\max}+p-\frac{2G}{A}\right)+(p_{\max}-p)l\right]$$

$$=\frac{1}{12}\times1.0^2\times\left[(2\times1.6+0.3)\times(355.75+291.33-2\times31.05)+(355.75-291.33)\times1.6\right]$$

$$=179.21(\text{kN}\cdot\text{m})$$

$$M_{\text{II}}=\frac{1}{48}(l-a')^2(2b+b')\left(p_{\max}+p_{\min}-\frac{2G}{A}\right)$$

$$=\frac{1}{48}\times(1.6-0.3)^2\times(2\times2.4+0.4)\times(355.75+201.15-2\times31.05)$$

$$=90.59(\text{kN}\cdot\text{m})$$

$$A_{s\text{I}}=\frac{M_{\text{I}}}{0.9h_0 f_y}=\frac{179.21\times10^6}{0.9\times550\times270}=1341(\text{mm}^2)$$

$$A_{s\text{II}}=\frac{M_{\text{II}}}{0.9h_0 f_y}=\frac{90.59\times10^6}{0.9\times550\times270}=678(\text{mm}^2)$$

2）变台阶处Ⅲ—Ⅲ截面

$$a_1=0.6\text{m},\quad a'=0.8\text{m},\quad b'=1.2\text{m},\quad h_0=0.30\text{m}$$

Ⅲ—Ⅲ截面处地基反力设计值为

$$p = p_{min} + \frac{b - a_1}{b}(p_{max} - p_{min})$$

$$= 201.15 + \frac{2.4 - 0.6}{2.4} \times (355.75 - 201.15) = 317.1(\text{kPa})$$

$$M_{\text{III}} = \frac{1}{12}a_1^2 \left[(2l + a')\left(p_{max} + p - \frac{2G}{A}\right) + (p_{max} - p)l \right]$$

$$= \frac{1}{12} \times 0.6^2 \times [(2 \times 1.6 + 0.8) \times (355.75 + 317.1 - 2 \times 31.05) + (355.75 - 317.1) \times 1.6]$$

$$= 75.15(\text{kN} \cdot \text{m})$$

$$M_{\text{IV}} = \frac{1}{48}(l - a')^2(2b + b')\left(p_{max} + p_{min} - \frac{2G}{A}\right)$$

$$= \frac{1}{48} \times (1.6 - 0.8)^2 \times (2 \times 2.4 + 1.2) \times (355.75 + 201.15 - 2 \times 31.05)$$

$$= 39.58(\text{kN} \cdot \text{m})$$

$$A_{\text{sIII}} = \frac{M_{\text{III}}}{0.9h_0f_y} = \frac{75.15 \times 10^6}{0.9 \times 300 \times 270} = 1031(\text{mm}^2)$$

$$A_{\text{sIV}} = \frac{M_{\text{IV}}}{0.9h_0f_y} = \frac{39.58 \times 10^6}{0.9 \times 300 \times 270} = 543(\text{mm}^2)$$

基础沿长边方向，比较 A_{sI} 和 A_{sIII}，应按 A_{sI} 配筋。实际配 12 ϕ 14（1846mm^2）。基础沿短边方向，比较 A_{sII} 和 A_{sIV}，应按 A_{sII} 配筋，实际按构造配筋，配 13 ϕ 10（1020mm^2），如图 2-7 所示。

【例题 2-3】 一轴心受压扩展基础，基底面积 $b \times l = 1.8\text{m} \times 5.0\text{m}$，混凝土强度等级为 C30，其上的柱截面尺寸为 $0.5\text{m} \times 0.5\text{m}$，如图 2-8 所示。基底单位面积地基净反力设计值 $p_j = 315\text{kN/m}^2$。试确定基础有效高度，并进行配筋。

解 基础底面宽度小于柱宽度加两倍有效高度，应验算柱与基础交接处基础的受剪承载力。

（1）确定基础有效高度。计算截面距基础边缘的距离 $a_1 = (5.0 - 0.5)/2 = 2.25$（m），柱与基础交接处的剪力设计值为

$$V_s = a_1 l p_j = 2.25 \times 1.8 \times 315 = 1275.75 \text{ (kN)}$$

先按 $\beta_{hs} = 1$ 考虑，按最大受剪承载力计算

$$A_0 = \frac{V_s}{0.7\beta_{hs}f_t} = \frac{1275.75}{0.7 \times 1.0 \times 1430} = 1.274 \text{ (m}^2)$$

基础有效高度为

$$h_0 = \frac{A_0}{l} = \frac{1.274}{1.8} = 0.708 \text{ (m)}$$

取板厚 850mm，基础沿长边方向采用阶形，两个台阶，下台阶高 450mm，上台阶高 400mm，上台阶长度为 2750mm，沿基础短边方向厚度一致。基础台阶宽厚比近似值为 $(2520 - 250)/850 = 2.67$，接近于 2.5，基本可以。基础有效高度 $h_0 = 800\text{mm}$，上述 $\beta_{hs} = 1$ 合适。

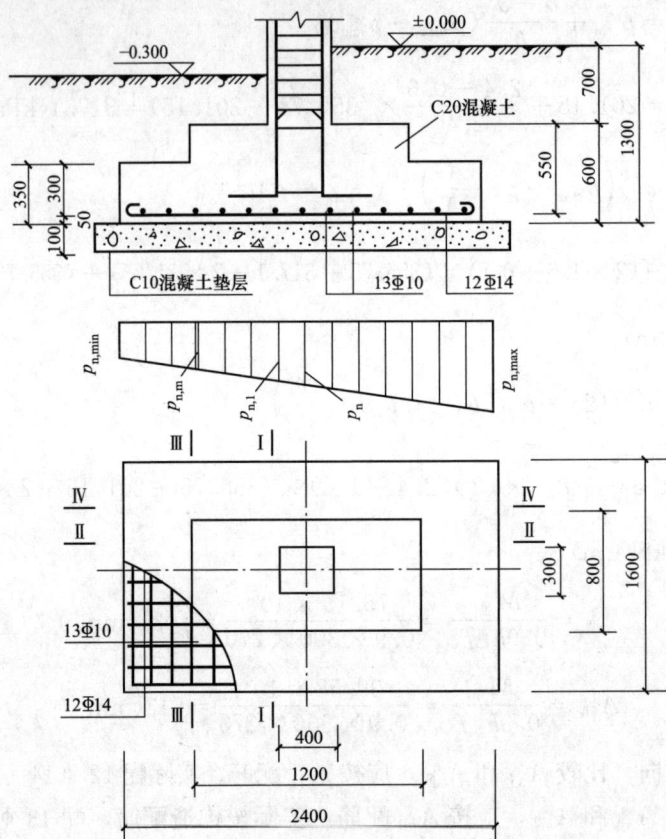

图 2-7 [例题 2-2] 独立基础设计

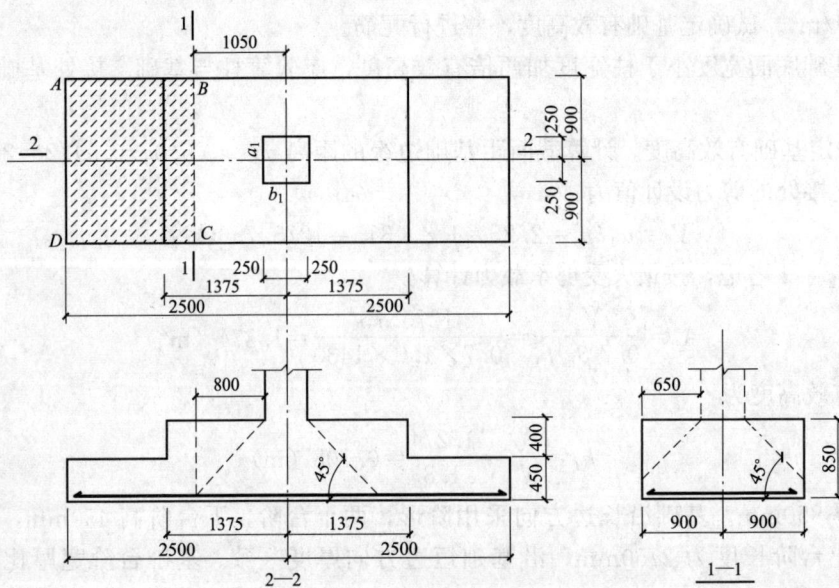

图 2-8 [例题 2-3] 图

（2）配筋计算。由于基础台阶的宽厚比较大，柱与基础交接处的弯矩采用下式计算

$$M_{1x}=a_1lp_j \cdot \frac{1}{2}a_1=\frac{1}{2}a_1^2lp_j=\frac{1}{2}\times 2.25^2\times 1.8\times 315=1435.2 \text{ （kN·m）}$$

$$A_{sx}=\frac{M_{1x}}{0.9h_0f_y}=\frac{1435.2\times 10^6}{0.9\times 300\times 800}=6644.6 \text{ （mm}^2\text{）}$$

x 方向的最小配筋率为

$$0.15\%bh_0=0.15\times 1000\times 800=1200 \text{ （mm}^2/\text{m）}$$

可由此见，x 方向的最小配筋 $1200\times 5=6000$ （mm²），计算配筋量 6644.6mm²，满足该要求。选用 $\Phi 25@125$。

经计算，y 方向计算的钢筋面积较小，采用构造配筋。y 方向分布钢筋取 0.15 的主筋面积，即底板短向钢筋面积为

$$A_{sy}=0.15\times 6644.5=996.7 \text{ （mm}^2\text{）}$$

基础长短边之比 $2<\omega=5/1.8=2.778<3$，沿长边方向宽度为 1.8m 的中间带宽范围内，分布钢筋量为

$$\left(1-\frac{\omega}{6}\right)\times 996.7=\left(1-\frac{2.778}{6}\right)\times 996.7=535.2 \text{ （mm}^2\text{）}$$

故中间带宽内配置分布筋 $\Phi 10@200$，两侧带宽内按构造配置分布筋 $\Phi 8@200$。

第二节 墙下钢筋混凝土条形基础

墙下钢筋混凝土条形基础是承重墙基础的主要形式，一般做成无肋式，但若地基土质不均匀，为了增强基础整体性，减小不均匀沉降，也可做成有肋式的条形基础，如图 2-9 所示。

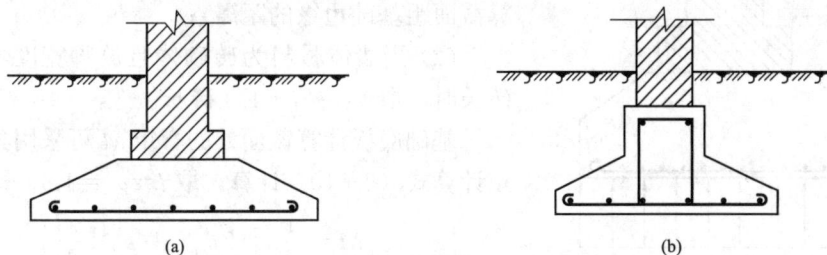

图 2-9 墙下钢筋混凝土条形基础
(a) 无肋式；(b) 有肋式

一、构造要求

墙下钢筋混凝土条形基础的构造除满足钢筋混凝土独立基础的构造要求（2）、（3）和（5）条以及插筋满足相应的构造要求外，还需满足以下要求：

（1）基础纵向分布钢筋的直径不小于 8mm，间距不大于 300mm；每延米分布钢筋的面积应不小于受力钢筋面积的 15%。纵向受力筋的配置常按工程经验确定，也可结合圈梁配筋设置。

（2）基础底板在 T 形及十字形交接处，底板横向受力筋仅沿一个主要受力方向通长布置，另一方向的横向受力钢筋可布置到主要受力方向底板宽度的 1/4 处 [图 2-10 (b)]，在拐角处底板横向受力钢筋应沿两个方向布置 [图 2-10 (c)]。

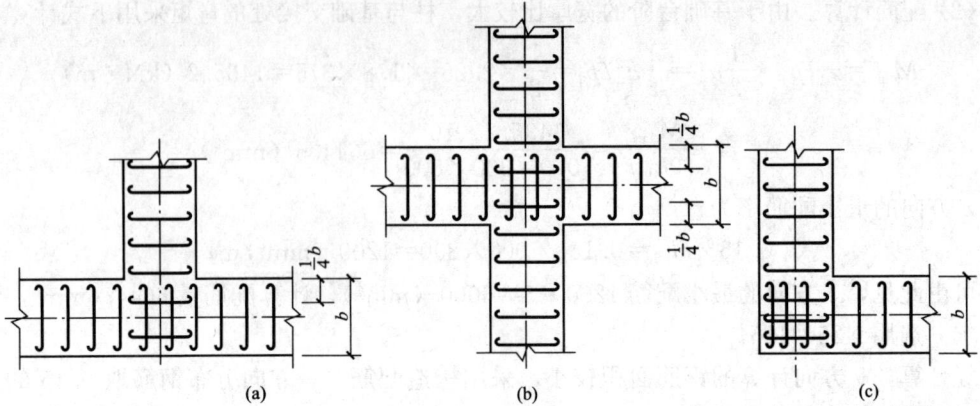

图 2-10　墙下钢筋混凝土条形基础交接处底板受力钢筋布置示意图

二、基础设计

计算地基净反力的方法与独立基础的计算相同，仅沿墙长方向取一个延米即 $l=1\mathrm{m}$ 即可。

基础高度由墙与基础底板交接处截面的受剪承载力确定，采用式（2-7）进行受剪承载力验算。其中，验算截面处基础的有效截面面积 A_0 为验算截面处基础底板的单位长度垂直截面有效面积，柱与基础交接处的剪力设计值 V_s 为墙与基础交接处由基底平均净反力产生的单位长度剪力设计值。

墙下钢筋混凝土条形基础为防止因剪力和弯矩作用而使基础底板发生剪切破坏和弯曲破

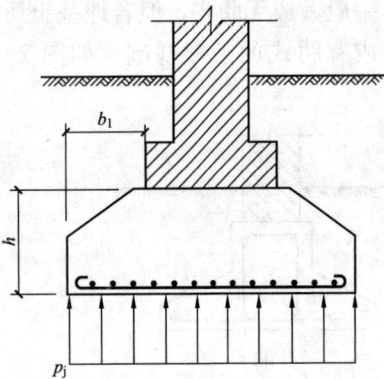

图 2-11　墙下条形基础计算截面

坏，基础底板应有足够的厚度和配筋。其最大弯矩截面的位置，应符合下列规定（见图 2-11）：

（1）当墙体材料为混凝土时，取 $a_1=b_1$（a_1 为计算截面距基础边缘的距离）；

（2）当墙体材料为砖砌体且放脚宽度不大于 1/4 砖长时，取 $a_1=b_1+1/4$ 砖长。

基础底板计算截面处的弯矩 M 可采用独立基础弯矩计算式（2-10）计算，取 $l=a'=1\mathrm{m}$。即

$$M=\frac{1}{6}a_1^2\left(2p_{\max}+p-\frac{3G}{A}\right) \qquad (2-19)$$

或用地基净反力表示为

$$M=\frac{1}{6}a_1^2(2p_{j\max}+p_j) \qquad (2-20)$$

三、条形基础相交处面积的调整

在确定墙下条形基础或柱下条形基础基底面积时，应避免重复记入基础相交处的面积，特别是当基础槽宽较大时，重复计入相交处的面积将造成基底总面积小于所需的总面积，因而增加了基础的沉降量。

传统的砌体结构或钢筋混凝土剪力墙结构的条形基础宽度 B_i，是根据每道墙沿每开间的线性荷载标准组合值 N_{ki}，按下式确定

$$B_i = \frac{N_{ki}}{f_a - \gamma_G d} \qquad (2-21)$$

式中　f_a——修正后地基承载力特征值；

　　　γ_G——基础和其上填土的平均重度；

　　　d——基础埋置深度。

对多道正交条形基础，按式（2-21）计算时，在相交处必然存在基底面积重复计入的问题。在以往的设计中，为解决基底面积重复计入问题，通常根据经验将 B_i 乘以大于 1.0 的增大系数；或逐点将重叠面积算出后，再分配到相关的各道墙的基础宽度中。采用增大系数方法比较盲目，当经验不足时，不能很好地解决问题；逐点计算重叠面积再分配的方法，需要多次逼近方能消除误差，计算较烦琐。具体设计可参考关于一次确定条形基础宽度的简洁计算方法方面的文献。

【例题 2-4】　某多层建筑外墙厚 370mm，采用墙下钢筋混凝土条形基础。上部结构传至基础顶面处竖向力标准组合值 $F_k = 267kN/m$，室内外地面高差 0.9m，基础埋深 1.3m（以室外地面算起），经深度修正后的地基承载力特征值 $f_a = 130kPa$，试设计该基础。

解　(1) 确定条形基础宽度

$$b \geqslant \frac{F_k}{f_a - \gamma_G d} = \frac{267}{130 - 20 \times 1.75} = 2.8 < 3$$

取基础宽度 $b = 2.8m$，不需要对地基承载力特征值进行修正。

(2) 确定基础底板高度

按设计经验，一般条形基础底板厚度取基础宽度的 $1/8$，$h = b/8 = 0.35m$。根据墙下钢筋混凝土条形基础构造要求，初步绘制基础剖面图如图 2-12 所示。受剪承载力验算如下

$$F = 1.35F_k = 1.35 \times 267 = 360(kN/m)$$

地基净反力为

$$p_j = \frac{F}{b} = \frac{360}{2.8} = 129(kPa)$$

墙体材料为混凝土，计算截面即 Ⅰ—Ⅰ 截面取为墙边，距基础边缘的距离为

$$a_1 = \frac{2.8 - 0.37}{2} = 1.215(m)$$

Ⅰ—Ⅰ 截面剪力设计值为

$$V = p_j a_1 = 129 \times 1.215 = 156.7(kPa)$$

选用 C20 混凝土，$f_t = 1.1N/mm^2$。基础有效高度至少为

$$h_0 = \frac{V}{0.7\beta_h f_t} = \frac{156.7}{0.7 \times 1.0 \times 1.1} = 204(mm)$$

实际基础有效高度 $h_0 = 350 - 40 - 20/2 = 300mm > 204mm$（按有垫层并暂按 $\phi 20$ 钢筋计算）。满足。

(3) 基础底板配筋计算

$$M = \frac{1}{6}a_1^2(2p_{jmax} + p_j) = \frac{1}{6} \times 1.215^2 \times (3 \times 129) = 95.2(kN \cdot m/m)$$

选用 HPB300 钢筋，$f_y = 270N/mm^2$。

$$A_s = \frac{M}{0.9 h_0 f_y} = \frac{95.2 \times 10^6}{0.9 \times 300 \times 270} = 1305 (\text{mm}^2)$$

选用 φ16@140（实配 $A_s = 1436\text{mm}^2 > 1305\text{mm}^2$），分布钢筋选用受力筋面积的 0.15%，即 251mm/m，选用 φ8@200，基础剖面如图 2-12 所示。

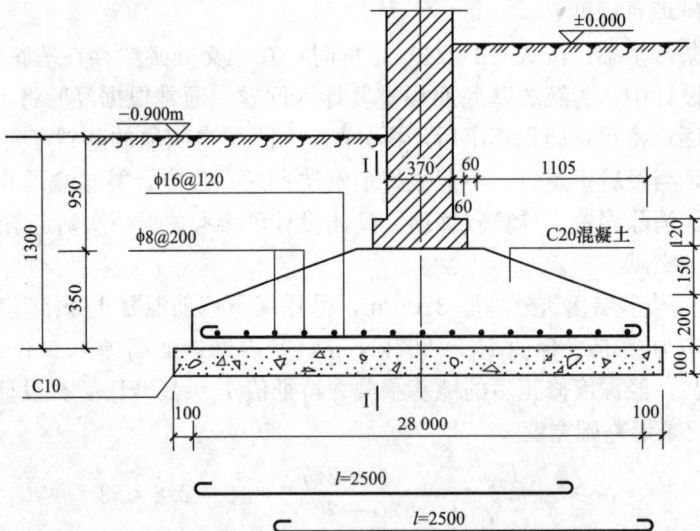

图 2-12 ［例题 2-4］条形基础设计

第三节 共同作用的概念和地基模型

一、概述

对于扩展基础设计，由于建筑物较小，结构较简单，可把上部结构、基础和地基按静力平衡条件简单分割成彼此独立的三个组成部分，分别计算，由此引起的误差一般不至于影响结构安全或增加工程造价，因此为工程界所接受。但对于柱下钢筋混凝土条形基础、筏形基础和箱型基础，由于基础规模较大，与地基的接触面积较大，承受荷载较多和上部结构较为复杂，将上部结构、基础和地基简单分开，仅满足静力平衡条件而不考虑三者之间的相互作用，常常会引起较大的误差。所以，与扩展基础相比，设计这类基础的最大特点就是要考虑上部结构、基础和地基的共同作用，使三者不但要满足静力平衡条件，而且彼此之间还要满足变形协调条件，相互影响，相互制约，以保证建筑物连同地基变形的连续。

第一章所介绍的设计原理、方法和程序，总体来说，这里仍然可以应用。但为了解决变形协调的问题，需要引入一套新的计算理论与分析方法，主要包括：

（1）建立能够较好地反映地基变形特性的地基模型，实质上就是把地基土的刚度量化；

（2）建立上部结构、基础和地基的共同作用理论。实质上就是把上部结构、基础和地基作为一个整体分析，按照各自的刚度进行变形协调，在外力作用下，三者变形一致，从而计算出接触面上的应力。然后再把三者分开，分别计算在接触面上力的作用下各自产生的应力和变形，进行设计。上部结构与基础之间属于一般的结构连接，可采用结构力学的手段解决。基础与地基间的连接则属于不同材料体系之间的连接，需要有专门的理论分析。所以，基础与地基接触面的反力计算是共同作用的核心问题。

本节首先介绍关于共同作用的理论，其目的在于使初学者建立共同作用的基本概念，采用共同作用的理论去思考、分析问题。即使采用传统的设计方法设计，也需要用共同作用的思想认识问题、对设计结果进行合理的调整。在后面几节中，陆续讲述柱下条形基础的简化设计方法以及考虑基础和地基二者相互作用的弹性地基上梁的分析方法；最后介绍筏形基础设计方法。

二、上部结构刚度对基础受力状况的影响

所谓共同作用，系包括地基基础的共同作用、基础与上部结构的共同作用、地基基础与上部结构的共同作用。将地基、基础和上部结构在接触面上分开，不仅各自需要满足静力平衡条件，而且在界面处要满足变形协调、位移连续条件。其作用效果取决于各自的刚度。

目前，梁、板式基础的计算，还不能普遍考虑与上部结构的相互作用。然而，当上部结构具有较大的相对刚度（与基础刚度之比）时，对基础受力状况有很大影响，现用条形基础为例进行讨论。为了便于说明概念，以绝对刚性和完全柔性的两种上部结构对条形基础的影响进行对比。

如图 2-13（a）所示的上部结构假定是绝对刚性的，因而当地基变形时，由于上部结构不发生弯曲，各个柱子只能均匀下沉，约束基础不发生整体弯曲。条形基础的变形相当于在柱位处提供了不动支座，在地基反力作用下，犹如倒置的连续梁，以基底反力为荷载，仅在支座间发生局部弯曲。

如图 2-13（b）所示的上部结构假想为完全柔性，除了传递荷载外对条形基础的变形毫无约束作用，即上部结构不参与相互作用。因而，基础不仅要随结构的变形而产生整体弯曲，同时跨间还受地基反力而产生局部弯曲，二者的叠加将产生较大的变形和内力。

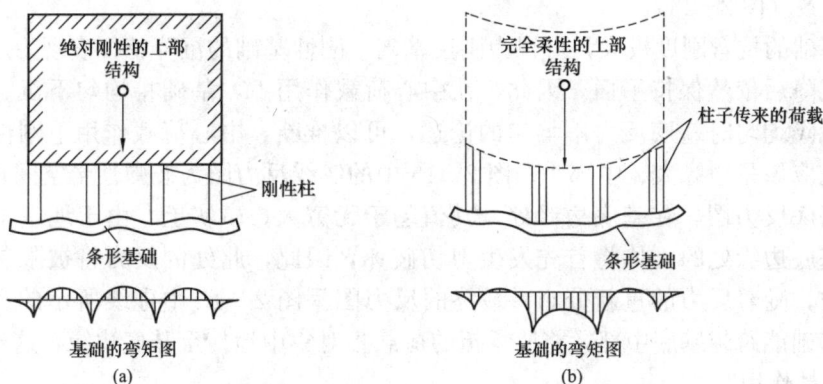

图 2-13　上部结构刚度对基础受力状况的影响
（a）上部结构为绝对刚性时；（b）上部结构为完全柔性时

所以，在上部结构为绝对刚性和完全柔性这两种极端情况下，条形基础的挠曲形式及相应的内力图形差别很大。必须指出，除了像烟囱、高炉等整体构筑物可以认为是绝对刚性者外，绝大多数建筑物的刚度介于绝对刚度和完全柔性之间，但目前还难于定量计算，在实践中往往只能定性地判断比较接近于哪一种极端情况。例如剪力墙体系和筒体结构的高层建筑是接近绝对刚性的，单层排架和静定结构是接近完全柔性的。这些判断将有助于地基基础的设计工作。

增大上部结构的刚度，将减小基础的挠曲和内力。研究表明，框架结构的刚度随层数增加而增加，但增加的速度逐渐减缓，到达一定层数后便趋于稳定。例如，上部结构抵抗不均匀沉降的竖向刚度在层数超过 15 层后就基本上保持不变了。由此可见，在框架结构中下部一定数量的楼层结构明显起着调整不均匀沉降、削减基础整体弯曲的作用，同时自身也将产生较大的次应力，且层次位置越低，其作用也越大。

在考虑了上部结构刚度影响后，常常把建筑结构分为：①柔性结构。以屋架—柱—基础为承重体系的木结构和排架结构，它对基础的不均匀沉降有很大顺从性，沉降差一般不会引起主体结构的附加应力。②敏感性结构：砌体承重结构和钢筋混凝土框架结构，对基础不均匀沉降反应比较灵敏，它们在调整地基不均匀沉降的同时，会引起结构中的次应力，甚至会在构件、墙体中产生裂缝。③刚性结构：高耸结构。此外，体型简单、长高比很小，通常采用框架剪力墙或筒体结构的高层建筑，其下常配置相对挠度很小的箱型基础、桩基及其他形式的深基础，也可作为刚性结构考虑。

如果地基土的压缩性很低，基础的不均匀沉降很小，则考虑地基、基础和上部结构三者相互作用的意义就不大。因此，在相互作用中起主导作用的是地基，其次是基础，而上部结构则是在压缩性地基上基础整体刚度有限时起重要作用的因素。

三、基础与地基相对刚度对受力状况的影响

在常规设计法中，通常假设基底反力呈线性分布。实际上，基底反力的分布非常复杂，除了与地基因素有关外，还受基础及上部结构的制约。为了便于分析，下面仅考虑基础本身刚度的作用而忽略上部结构的影响。

如果基础的抗弯刚度很小，可视为柔性基础。柔性基础犹如一块放在地基上的柔软薄膜，可随地基的变形而任意弯曲。由于不能扩散应力，基底反力分布与作用于基础上的荷载分布完全一致（图 2-14）。

如果基础的抗弯刚度极大，可视为刚性基础。刚性基础的沉降特征表现为原来是平面的基底，沉降后依然保持平面。因此，在中心荷载作用下，基础将均匀下沉。根据上述柔性基础沉降均匀时基底反力不均匀的论述，可以推断，中心荷载作用下刚性基础基底反力分布也应该是边缘大、中部小。图 2-15 中的实线反力图为按弹性半空间理论求得的刚性基础基底反力图，在基底边缘处，其值趋于无穷大。事实上，由于地基土的抗剪强度有限，基底边缘处的土体将首先发生剪切破坏，因此，此处的反力将被限制在一定的数值范围内，随着反力的重新分布，最终的反力图呈图 2-15 中虚线所示的马鞍形。所以，刚性基础能跨越基底中部，将所承担的荷载相对集中地传至基底边缘，这种现象称为基础的"架越作用"。

一般来说，无论是黏性土或无黏性土地基，只要刚性基础埋深和基底面积足够大、而荷载又不太大时，基底反力均呈马鞍形分布。

基础架越作用的强弱取决于基础的相对刚度、土的压缩性以及基底下塑性区的大小。一般来说，基础的相对刚度愈强，沉降就愈均匀，但基础的内力将相应增大，故当地基局部软硬变化较大时，可以采用整体刚度较大的连续基础；而当地基为岩石或压缩性很低的土层时，宜优先考虑采用扩展基础，如采用连续基础，抗弯刚度不宜太大，这样可以取得较为经济的效果。

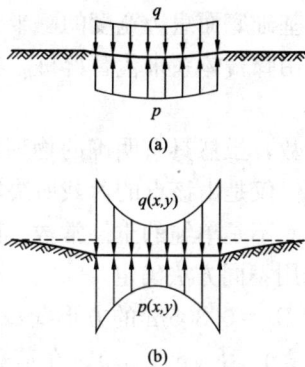

图 2-14 柔性基础的基底反力和沉降

(a) 荷载均布时，$p(x, y)=$常数；

(b) 沉降均布时，$p(x, y)\neq$常数

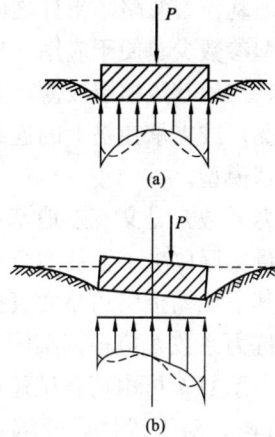

图 2-15 刚性基础

(a) 中心荷载；(b) 偏心荷载

四、弹性地基模型

基础设计的最大难点就是如何描述地基对基础的作用反应，即确定地基反力与地基变形之间的关系。这些问题都涉及土的应力与应变的关系，表达这种关系的模式称为地基计算模型，简称为地基模型。每一模型应尽可能准确地模拟地基与基础相互作用时所表现的主要力学性状，同时又要便于应用。至今已经提出了不少地基模型，然而由于问题的复杂性，不论哪一种模型都难以完全反映地基的实际工作性状，因而都具有一定的局限性。本书仅介绍最简单和常用的三种地基模型。

1. 文克尔地基模型

文克尔（Winkler）地基模型假定地基上任一点所受的压力强度 p 与该点的地基沉降量 s 成正比，即

$$p=ks \qquad (2-22)$$

式中 k——地基抗力系数，或基床反力系数（或简称基床系数），kN/m^3。

文克尔地基模型是把地基视为在刚性基座上由一系列侧面无摩擦的土柱组成，并可以用一系列独立的弹簧来模拟，如图 2-16 所示。这种模型的基底反力图形与基础底面的竖向位移形状是相似的 [图 2-16 (b)]。如果基础刚度非常大，受荷后基础底面仍保持为平面，则基底反力按直线规律变化 [图 2-16 (c)]。这就是在常规设计中所采用的基底反力简化算法所依据的计算图式。

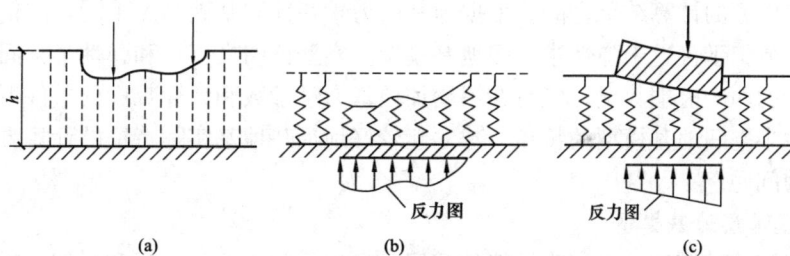

图 2-16 文克尔地基模型

(a) 侧面无摩阻力的土柱体系；(b) 弹簧模型；(c) 文克勒地基上的刚性基础

文克尔地基模型忽略了土柱之间的剪应力，地基变形只限于基础底面范围之内。尽管如此，由于模型参数少、便于应用，所以仍是目前最常用的地基模型之一。对于抗剪强度较低的软土地基，或地基压缩层较薄、其厚度不超过基础底面短边宽度的一半、荷载基本上不向外扩散的情况，或支承在桩上的连续基础，可以用弹簧体系来代替群桩，则可以认为比较符合文克尔地基模型。

地基抗力系数 k 是文克尔地基模型的唯一参数，虽然具有明确的物理意义，但由于地基表面的变形量实际取决于上部的全部荷载，而不仅仅是由该点的荷载所决定，况且地基表面的变形量与其下压缩土层的厚度直接相关，所以 k 不是单纯的土性常数。因此，文克尔地基模型的地基抗力系数 k 应根据实际工程情况，选用不同方法确定。

地基抗力系数 k 可由荷载试验确定：取宽度 $B_1 = 0.305$m 的方形荷载板荷载试验的 $p - s$ 曲线的线性段，对于线性段两端点坐标（p_1, s_1）和（p_2, s_2），在荷载板下的地基抗力系数为

$$k = \frac{p_2 - p_1}{s_2 - s_1} \qquad (2-23)$$

当然，这样确定后，还要考虑基底面积、基础性状和埋深等因素的影响进行适当的修正。

2. 弹性半空间地基模型

弹性半空间地基模型将地基视为均质的半无限弹性体，基础作为放置在半无限弹性体表面上的梁或板，在二者的作用下，某点的沉降不仅与该点的压力有关，与邻近作用的压力也有关。地基上任意点的沉降与整个基底反力以及邻近荷载的分布有关，这是与文克尔地基模型的最大不同。

对于弹性半空间地基模型，可按照布辛奈斯克（J. Boussinesq）课题解答，求得在弹性半空间表面作用一竖向集中力所产生的地表变形值。然后把基底平面划分为多个矩形网格，采用叠加原理计算地表变形，从而建立基础范围内压力与沉降的关系。

弹性半空间地基模型具有能够扩散应力和变形的特点，可以反映邻近荷载的影响，但它的扩散能力往往超过地基的实际情况，所以计算所得的沉降量和地表的沉降范围，常较实测结果为大，同时该模型未能考虑到地基的成层性、非均质性以及土体应力应变关系的非线性等重要因素。

对于常见情况，基础宽度比地基土层厚度小，土也并非十分软弱，较之文克尔地基模型，弹性半空间地基模型更接近实际情况。

从大量实际工程的测试结果来看，基础与地基的相互作用性状基本上都介于文克尔与弹性半空间地基模型的计算结果之间。根据地基的力学特征和基础刚度不同，或偏于接近于文克尔地基模型或偏于接近于弹性半空间地基模型。实践证明文克尔和弹性半空间地基模型反映了地基性状的两个极端状况。能否在不增加地基力学参数和计算难度的条件下，综合考虑文克尔与弹性半空间地基模型的特点，建立能较好地反映地基实际特征的计算方法，是我们一直在研究的问题。

3. 有限压缩层地基模型

有限压缩层地基模型是把沉降计算的分层总和法应用于地基上梁和板的分析，地基沉降等于沉降计算深度范围内各计算分层在侧限条件下的压缩量之和。这种模型能够较好地反映

地基土扩散应力和应变的能力，反映邻近荷载的影响，考虑土层特性沿深度和水平方向的变化，但仍无法考虑土的非线性和基底反力的重分布。

有限压缩层地基模型原理简单，适应性较好，但带有分层总和法的优缺点，尤其是计算工作量大，操作烦琐，是其推广使用的主要困难。

第四节 柱下条形基础常规设计方法

该方法假定基底反力呈直线分布，只满足静力平衡条件，不考虑上部结构、地基和基础在连接部分的变形协调条件而引起的支座与基底反力的重分配和调整。虽然这种方法与实际情况相差较大，理论上有明显的缺陷，但比较简单，易于为工程人员所掌握，有一定的实用性。但从共同作用的概念出发，在设计中作了适当的规定或修正。常用的有静定分析法、倒梁法等。

关于柱下条形基础梁的内力计算，《建筑地基基础设计规范》（GB 50007—2011）规定：在比较均匀的地基上，上部结构刚度较好、荷载分布较均匀，且条形基础梁的高度不小于1/6的柱距时，地基反力可按直线分布考虑，条形基础梁的内力可按连续梁计算，此时边跨跨中弯矩及第一内支座的弯矩值宜乘以1.2的系数。否则，应按弹性地基梁计算。

一、构造要求

柱下条形基础，一般采用倒T形截面，由肋梁和翼板组成（图2-17）。为了具有较大的抗弯刚度以便调整不均匀沉降，肋梁高度不宜太小，一般为柱距的1/8~1/4，并应满足受剪承载力的计算要求。当柱荷载较大时，可在柱两侧局部增高（加腋），如图2-18 (b) 所示。一般肋梁沿纵向取等截面，梁每侧比柱至少宽出50mm。当柱垂直于肋梁轴线方向的截面边长大于400mm时，可仅在柱位处将肋部加宽（图2-18）。翼板厚度不应小于200mm。当翼板厚度为200~250mm时，宜用等厚度翼板；当翼板厚度大于250mm时，宜用变厚度翼板，其坡度小于或等于1:3。

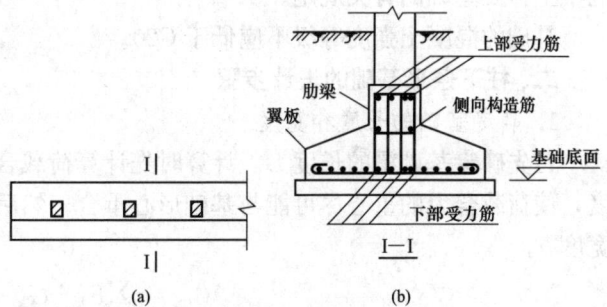

图2-17 柱下条形基础的组成
(a) 平面图；(b) 横剖面图

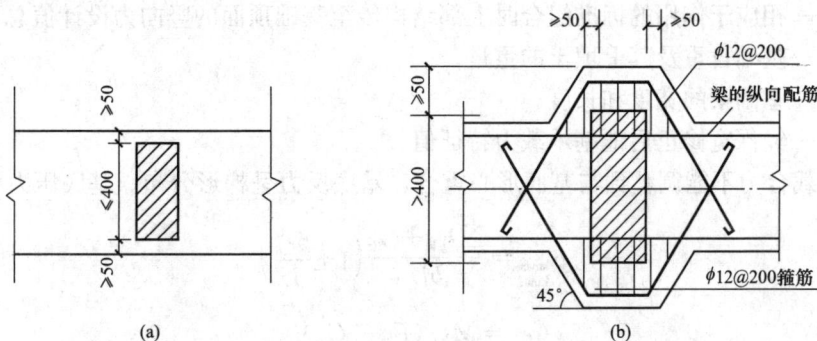

图2-18 现浇柱与肋梁的平面连接和构造配筋
(a) 肋宽不变化；(b) 肋宽变化

　　为了调整基底形心位置，使基底压力分布较为均匀，并使各柱下弯矩与跨中弯矩趋于均衡以利配筋，条形基础端部应沿纵向从两端边柱外伸，外伸长度宜为边跨跨距的 0.25 倍。当荷载不对称时，两端伸出长度可不相等，以使基底形心与荷载合力作用点重合。但也不宜伸出太多，以免基础梁在柱位处正弯矩太大。

　　基础肋梁的纵向受力钢筋、箍筋和弯起筋应按弯矩图和剪力图配置。柱位处的纵向受力钢筋布置在肋梁底面，而跨中则布置在顶面。底面纵向受力钢筋的搭接位置宜在跨中，顶面纵向受力钢筋则宜在柱位处，其搭接长度 l_d 应满足要求。当纵向受力钢筋直径 $d > 22$mm 时，不宜采用非焊接的搭接接头。考虑到条形基础可能出现整体弯曲，且其内力计算往往不很准确，故顶面的纵向受力钢筋宜全部通长配置，底面通长钢筋的面积不应少于底面受力钢筋总面积的 1/3。

　　当基础梁的腹板高度大于或等于 450mm 时，在梁的两侧面应沿高度配置纵向构造钢筋，每侧构造钢筋面积不应小于腹板截面面积的 0.1%，且其间距不宜大于 200mm。梁两侧的纵向构造钢筋，宜用拉筋连接，拉筋直径与箍筋相同，间距 500～700mm，一般为两倍的箍筋间距。箍筋应采用封闭式，其直径一般为 6～12mm，对梁高大于 800mm 的梁，其箍筋直径不宜小于 8mm，箍筋间距按有关规定确定。当梁宽小于或等于 350mm 时，采用双肢箍筋；梁宽在 350～800mm 时，采用四肢箍筋；梁宽大于 800mm 时，采用六肢箍筋。

　　翼板的横向受力钢筋由计算确定，但直径不应小于 10mm，间距宜为 100～200mm。非肋部分的纵向分布钢筋可用直径 8～10mm，间距不大于 300mm。其余构造要求可参照钢筋混凝土扩展基础的有关规定。

　　基础的混凝土强度等级不应低于 C20。

二、柱下条形基础的设计步骤

1. 确定基础的长度和宽度

首先确定基础梁的长度 L。计算时先计算荷载合力的位置，而后调整基础两端的悬臂长度，使荷载合力的重心尽可能与基础形心重合。然后再按照地基承载力的要求确定基础梁的宽度 b。

$$p_k = \frac{\sum F_k + G_k}{bL} \leqslant f_a \tag{2-24}$$

式中　p_k——基底压力；

　　$\sum F_k$——相应于作用的标准组合时上部结构传至基础顶面的竖向力设计值总和；

　　G_k——基础自重及其上填土的重量；

　　b、L——基础梁的宽度和长度；

　　f_a——经深宽修正后地基承载力特征值。

　　如果荷载合力不能调整到与基底形心重合，基底反力呈梯形分布。基底压力为

$$p_{\substack{kmax \\ kmin}} = \frac{\sum F_k + G_k}{bL}\left(1 \pm \frac{6e_k}{L}\right) \tag{2-25}$$

$$e_k = M_k/(F_k + G_k)$$

式中　p_{kmax}、p_{kmin}——相应于作用的标准组合时基底边缘压力的最大和最小值；

　　e_k——荷载合力在基础梁长度方向的偏心距。

除满足式（2-24）外，还需满足

$$\left. \begin{array}{l} p_{kmax} \leqslant 1.2f_a \\ p_{kmin} \geqslant 0 \end{array} \right\}$$ (2-26)

2. 确定基础截面的高度与形状

按照构造要求，确定基础截面高度，包括肋梁高度、翼板厚度等倒 T 形截面尺寸。然后按照墙下条形基础的设计方法与构造要求进行翼板厚度计算及配筋：根据斜截面抗剪承载力确定翼板的厚度，根据受弯要求对翼板进行横向配筋计算。

3. 计算柱下条形基础的内力

对于不考虑共同作用的设计计算，用倒梁法或静力平衡法计算条形基础的内力，然后对肋梁进行正截面强度计算配置纵向受力钢筋，进行斜截面强度计算配置箍筋及构造筋。

三、倒梁法

基本假定：基底压力呈直线分布；基础梁与地基土相比为绝对刚性，基础梁的挠曲不改变地基土应力的重分布。

倒梁法认为上部结构是刚性的，各柱脚之间没有差异沉降，因而把柱脚视为条形基础的铰支座，支座间无相对竖向位移。以柱子作为固定铰支座，基底净反力作为荷载，将基础视为倒置的多跨连续梁，以线性分布的基底净反力作为荷载，按弯矩分配法或经验弯矩系数法计算其内力。所以，倒梁法仅考虑基础梁出现于柱间的局部弯曲，忽略基础全长的整体弯曲。因而计算所得的柱脚处截面的正弯矩与柱间最大负弯矩相比较，比其他方法均衡，所以基础不利截面的弯矩较小。当基础或上部结构的刚度较大，柱距不大且接近等间距，相邻柱荷载相差不大时，用倒梁法计算内力比较接近于实际。倒梁法的计算步骤如下：

（一）计算基底净反力

基底净反力可按下式计算

$$p_{jmax \atop jmin} = \frac{\sum F}{bL} \pm \frac{\sum M}{W}$$ (2-27)

$$W = \frac{1}{6}bL^2$$

式中　p_{jmax}、p_{jmin}——相应于荷载效应基本组合时基底最大和最小净反力；

　　$\sum F$、$\sum M$——相应于荷载效应基本组合时各竖向荷载总和、外荷载对基底形心的弯矩总和；

　　W——基底面积的抵抗矩。

（二）画出计算简图，用弯矩分配法计算连续梁的弯矩

以柱脚作为不动铰支，以基底净反力为荷载，绘制多跨连续梁计算简图，如图 2-19 所示。用弯矩分配法计算连续梁的弯矩分布，进而求得支座剪力，绘制弯矩图和剪力图。

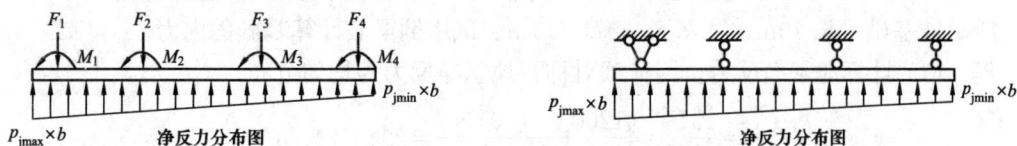

图 2-19　倒梁法计算简图

（三）调整支座的不平衡力

倒梁法计算的支座反力一般不等于柱荷载，主要是由于没有考虑土与基础以及上部结构的共同作用，只考虑出现于柱间的局部弯曲，而略去基础全长发生的整体弯曲，假设地基反力按直线分布与事实不符所致。为了消除这个矛盾，可用逐次渐近的方法调整。具体做法如下：

（1）根据柱荷载 F_i 和支座反力 P_i 求得不平衡力 ΔP_i

$$\Delta P_i = F_i - P_i \tag{2-28}$$

（2）计算不平衡力折算的均布荷载：

对边跨支座

$$q_i = \frac{\Delta P_i}{l_0 + \dfrac{l_i}{3}} \tag{2-29}$$

对中间跨支座

$$q_i = \frac{\Delta P_i}{\dfrac{l_{i-1}}{3} + \dfrac{l_i}{3}} \tag{2-30}$$

式中　q_i——不平衡力折算的均布荷载；

l_0——边跨长度；

l_{i-1}、l_i——支座左右跨长度。

将计算的不平衡力折算的均布荷载均匀分布在本支座左右两侧 1/3 跨度范围内，如图 2-20 所示。

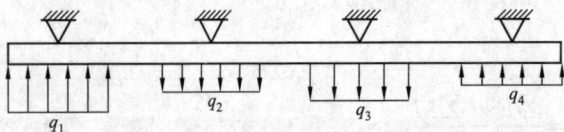

图 2-20　倒梁法不平衡力的调整简图

（3）用阶梯形分布的地基反力进行连续梁计算。用阶梯形分布的地基反力，再次采用弯矩分配法计算，求得支座处的弯矩和剪力，并将其叠加到原支座反力上。

重复步骤（1）～（3），直到不平衡力在允许的误差范围内。该允许误差限一般取柱荷载的 20%，即

$$\Delta P_i \leqslant 20\% F_i \tag{2-31}$$

一般调整 1～3 次就可满足要求。

（4）叠加逐次计算结果，求得多跨连续梁的内力和弯矩。

考虑到实际地基反力沿梁长方向并非均匀分布，一般端部的反力略大于地基土平均反力。边跨跨中弯矩及第一内支座的弯矩宜乘以 1.2 的系数，然后进行受剪及配筋计算。

【例题 2-5】　某柱下钢筋混凝土条形基础，荷载效应基本组合时的竖向荷载如图 2-21（a）所示，基础梁长 20m，宽 2.5m，高 1.1m。试用倒梁法计算基础的内力。

解　（1）计算地基净反力。因荷载对称，地基净反力为均匀分布。

$$p_j = \frac{\sum F}{L} = \frac{(1200+1740)\times 2}{20} = 294 \ (\text{kN/m})$$

在 p_j 作用下，以柱脚为不动铰支的三跨连续梁，计算简图如图 2-21（b）所示。

（2）用弯矩分配法计算内力，弯矩图、剪力图和支座反力如图 2-21 (c)、(d)、(e) 所示。

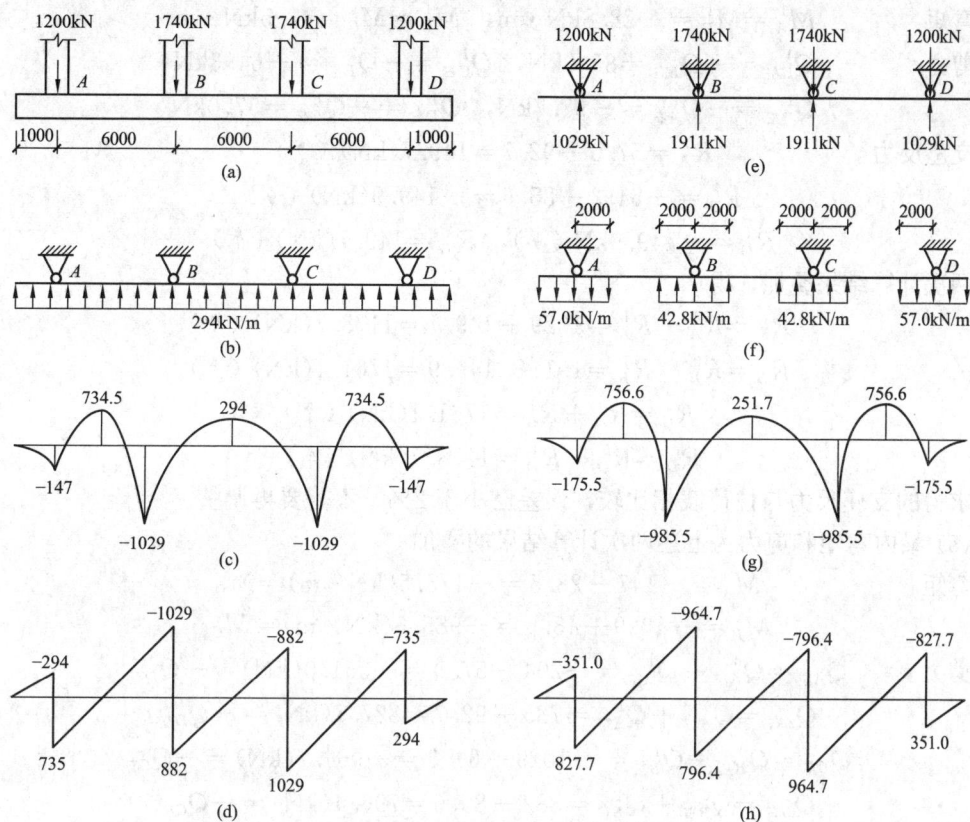

图 2-21 ［例题 2-5］图

（a）基础简图（尺寸单位：mm）；（b）倒梁法简图；（c）弯矩图（单位：kN·m）；（d）剪力图（单位：kN）；
（e）支座反力与柱荷载；（f）不平衡力分布；（g）计算结果：弯矩图；（h）计算结果：剪力图

弯矩 $\qquad M_A^0 = M_D^0 = -147\text{kN·m}, \quad M_B^0 = M_C^0 = -1029\text{kN·m}$

$\qquad M_{AB}^{0中} = M_{CD}^{0中} = -734.5\text{kN·m}, \quad M_{BC}^{0中} = -294\text{kN·m}$

剪力 $\qquad Q_{C左}^0 = -Q_{B右}^0 = -882\text{kN}, \quad Q_{C右}^0 = -Q_{B左}^0 = 1029\text{kN}$

$\qquad Q_{D左}^0 = -Q_{A右}^0 = -735\text{kN}, \quad Q_{D右}^0 = -Q_{A左}^0 = 294\text{kN}$

支座反力 $\qquad R_A^0 = 294 + 735 = 1029\text{kN} = R_D^0$

$\qquad R_B^0 = 1029 + 882 = 1911\text{kN} = R_C^0$

（3）支座反力与原柱荷载不相等，需要进行调整。把差值折算成分布荷载，分布在支座两侧各 1/3 跨内，悬挑部分全部分布。不平衡分布荷载为

$$q_1 = \frac{1200 - 1029}{1 + \dfrac{6}{3}} = 57.0(\text{kN/m})(\downarrow), \quad q_4 = 57.0(\text{kN/m})(\downarrow)$$

$$q_2 = \frac{1740 - 1911}{\dfrac{6}{3} + \dfrac{6}{3}} = -42.8(\text{kN/m})(\uparrow), \quad q_3 = 42.8(\text{kN/m})(\uparrow)$$

如图 2-21 (f) 所示。

（4）用弯矩分配法计算不平衡分布荷载即如图 2-21（f）所示的内力，得：

弯矩　　　　　$M_A^1 = M_D^1 = -28.8\text{kN·m}$，　$M_B^1 = M_C^1 = 43.5\text{kN·m}$

剪力　　　　　$Q_{C左}^1 = -Q_{B右}^1 = 85.6\text{kN}$，　$Q_{C右}^1 = -Q_{B左}^1 = -64.3\text{kN}$

　　　　　　　$Q_{D左}^1 = -Q_{A右}^1 = -92.7\text{kN}$，　$Q_{D右}^1 = -Q_{A左}^1 = 57.0\text{kN}$

支座反力　　　　　$R_A^1 = 57.0 + 92.7 = 149.7(\text{kN})（\uparrow）$

　　　　　　$R_B^1 = -64.3 - 85.6 = -149.9(\text{kN})（\downarrow）$

　　　　$R_C^1 = -149.9\text{kN}（\downarrow）$，　$R_D^1 = 149.7(\text{kN})（\uparrow）$

两次计算结果叠加，得

　　　　$R_A = R_A^0 + R_A^1 = 1029 + 149.7 = 1178.7(\text{kN})（\uparrow）$

　　　　$R_B = R_B^0 + R_B^1 = 1911 - 149.9 = 1761.1(\text{kN})（\uparrow）$

　　　　　　$R_C = R_C^0 + R_C^1 = 1761.1(\text{kN})（\uparrow）$

　　　　　　$R_D = R_D^0 + R_D^1 = 1178.7(\text{kN})（\uparrow）$

求得的支座反力与柱荷载相比较，误差已小于 2%，不需要再调整。

（5）梁内弯矩和剪力为上述两次计算结果的叠加

弯矩　　　　　$M_A = -147 - 28.5 = -175.5(\text{kN·m}) = M_D$

　　　　　　　$M_B = -1029 + 43.5 = -985.5(\text{kN·m}) = M_C$

剪力　　　　$Q_{A左} = Q_{A左}^0 + Q_{A左}^1 = -294 - 57.0 = -351.0(\text{kN}) = -Q_{D右}$

　　　　　　$Q_{A右} = Q_{A右}^0 + Q_{A右}^1 = 735 + 92.7 = 827.7(\text{kN}) = -Q_{D左}$

　　　　　　$Q_{B左} = Q_{B左}^0 + Q_{B左}^1 = -1029 + 64.3 = -964.7(\text{kN}) = -Q_{C右}$

　　　　　　$Q_{B右} = Q_{B右}^0 + Q_{B右}^1 = 882 - 85.6 = 796.4(\text{kN}) = -Q_{C左}$

最终的弯矩图和剪力图如图 2-21（g）、（h）所示。

【例题 2-6】　如图 2-22 所示为某柱网布置图。相应荷载效应基本组合时，B 轴线上边柱荷载设计值 $F_1 = 1080\text{kN}$，中柱 $F_2 = 1310\text{kN}$，初选基础埋深 1.5m，地基土承载力特征值 $f_a = 120\text{kPa}$，试设计 B 轴线上条形基础 JL2。

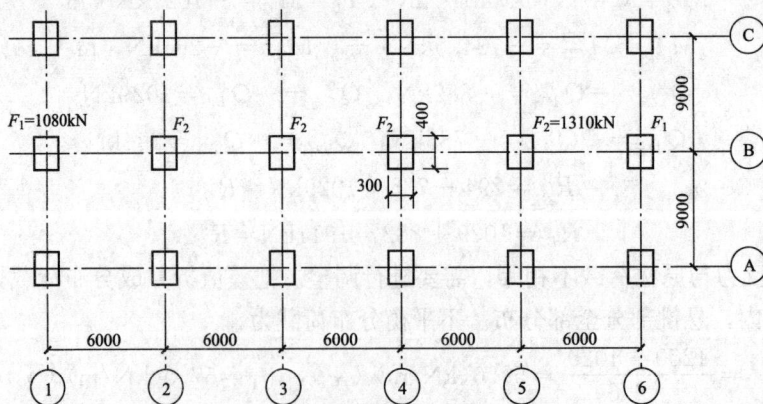

图 2-22　[例题 2-6] 柱网平面布置

解　（1）确定基底面积：

基础两端悬挑出 $\dfrac{l}{3} = \dfrac{6}{3} = 2$（m），梁长 $L = 6 \times 5 + 2 \times 2 = 34$（m）

取荷载分项系数为 1.35，荷载效应标准组合值为

$$F_{1k}=\frac{F_1}{1.35}=\frac{1080}{1.35}=800(kN),\quad F_{2k}=\frac{F_2}{1.35}=\frac{1310}{1.35}=970.4(kN)$$

基础梁宽为

$$b\geqslant\frac{\sum F_k}{L(f_a-20d)}=\frac{800\times2+970.4\times4}{34\times(120-20\times1.5)}=1.79\ (m)$$

综合考虑，取基础梁宽度 $b=2.50m$。

（2）基础梁弯矩计算。在对称荷载作用下，基底反力均匀分布，单位梁长地基净反力为

$$q_j=\frac{\sum F}{L}=\frac{7400}{34}=218\ (kN/m)$$

基础梁可看作在均布荷载 q_j 作用下以柱为支座的 5 跨连续梁，用倒梁法计算内力。为计算方便，可将图 2-23（a）分解为图 2-23（b）、（c）两部分。

如图 2-23（b）所示用力矩分配法计算，A 支座处的固端弯矩为

$$M_A^G=\frac{1}{2}q_jl^2=\frac{1}{2}\times218\times2.0^2=436(kN\cdot m)$$

如图 2-23（c）所示荷载作用下，利用 5 跨等跨连续梁的相应弯矩系数，求得相关界面弯矩如下：

支座 B（和 B'）

$$M_B=m_Bq_jl^2=-0.105\times218\times6^2=-824(kN\cdot m)$$

其余同（略）。

将图 2-23（b）、（c）的弯矩叠加，即为按倒梁法计算的 JL2 梁的弯矩，如图 2-23（d）所示。

（3）梁的剪力计算

$$Q_{A左}=218\times2.0=436(kN)$$

$$Q_{A右}=\frac{q_jl}{2}-\frac{M_B-M_A}{l}=\frac{218\times6}{2}-\frac{700-436}{6}=610(kN)$$

$$Q_{B左}=\frac{q_jl}{2}+\frac{M_B-M_A}{l}=654+\frac{700-436}{6}=698(kN)$$

$$Q_{B右}=654-\frac{651-700}{6}=662(kN)$$

$$Q_{C左}=654+\frac{651-700}{6}=646(kN)$$

$$Q_{C右}=654kN$$

剪力图如图 2-23（e）所示。

（4）梁板部分计算。基底宽 2500mm，主肋宽 500mm（即 400+2×50），翼板外挑长度为 $\frac{1}{2}\times(2500-500)=1000mm$，翼板外边缘厚度 200mm，梁肋处（相当于翼板固定端）翼板厚度 300mm，如图 2-24 所示。采用 C20 混凝土，HPB300 钢筋。

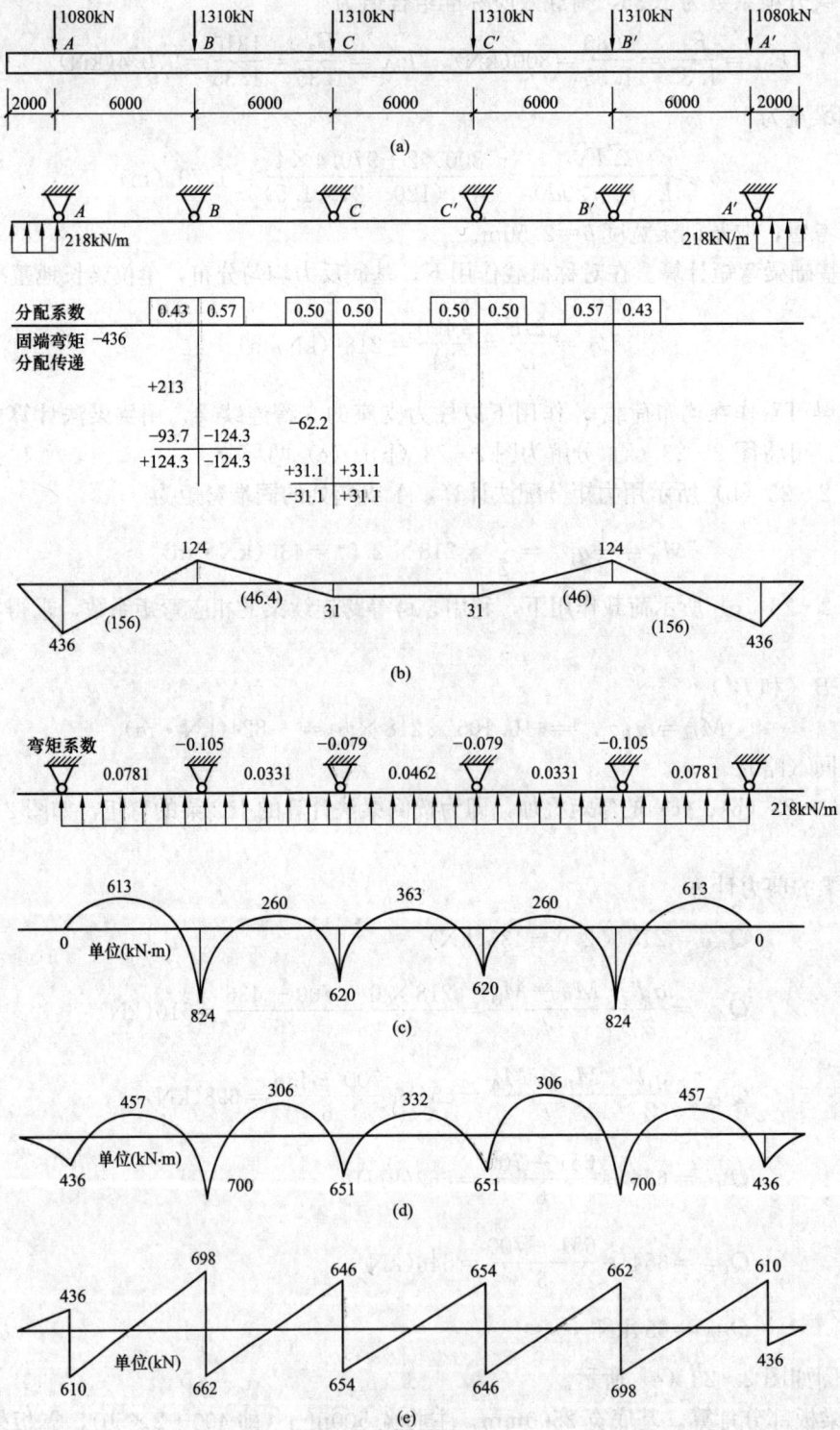

图 2-23　［例题 2-6］基础梁内力分析

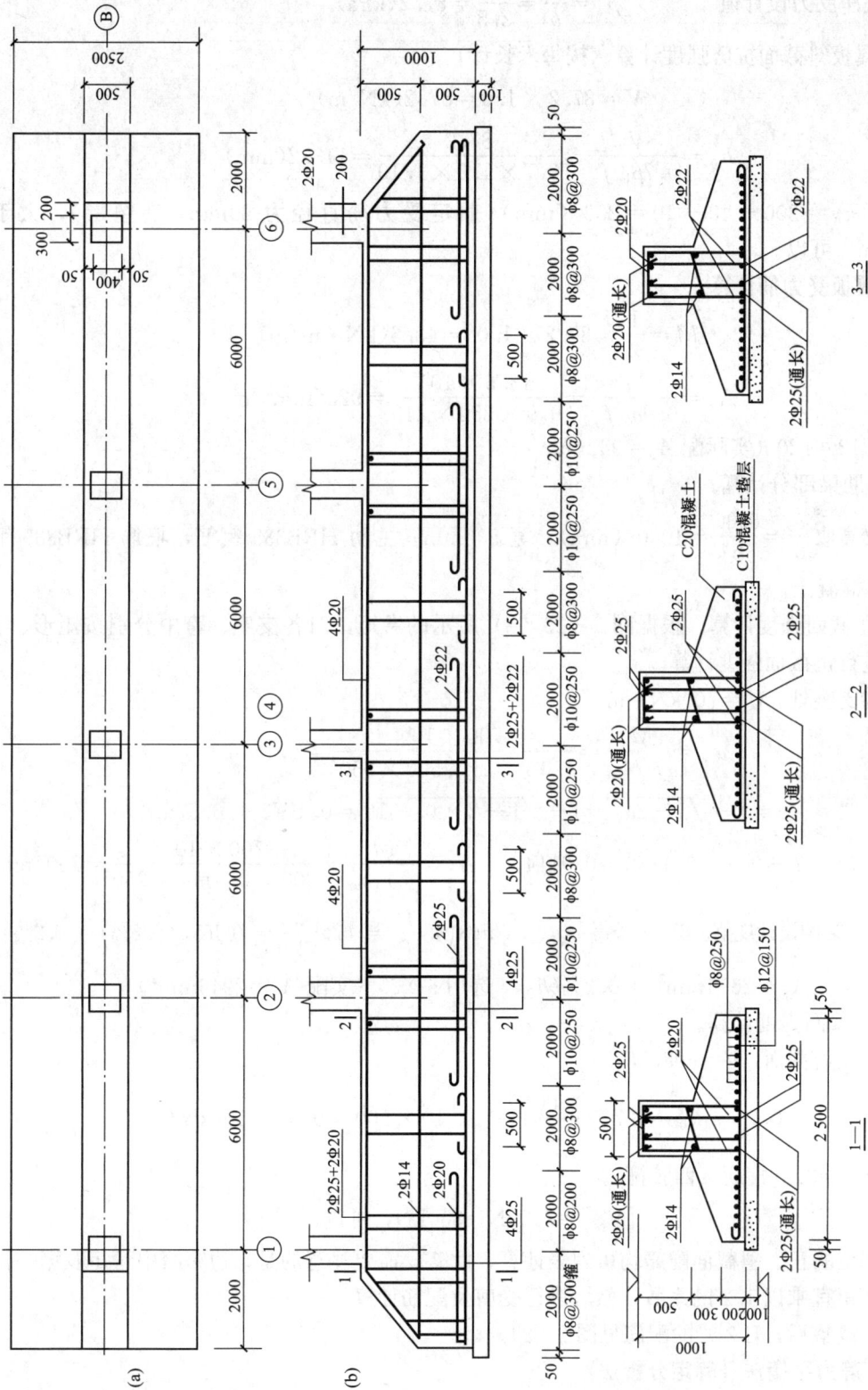

图 2 - 24　基础梁 JL2 配筋详图

(a) 平面图；(b) 配筋图

基底净反力设计值 $\qquad p_{\mathrm{n}} = \dfrac{p_{\mathrm{j}}}{b} = \dfrac{218}{2.5} = 87.2(\mathrm{kPa})$

1）翼板斜截面抗剪强度计算（按每米长计）

$$V = 87.2 \times 1.0 = 87.2(\mathrm{kN/m})$$

$$h_0 = \frac{V}{0.7\beta_{\mathrm{hp}}f_{\mathrm{t}}} = \frac{87.2}{0.7 \times 1.0 \times 1.10} = 113.2(\mathrm{mm})$$

实际 $h_0 = 300 - 40 - 10 = 250$（mm）（假定受力筋直径为 20mm，有垫层），大于 113.2mm，可以。

2）翼板受力筋计算

$$M = \frac{1}{2} \times 87.2 \times 1.0^2 = 43.6(\mathrm{kN \cdot m/m})$$

$$A_{\mathrm{s}} = \frac{M}{0.9h_0 f_{\mathrm{y}}} = \frac{43.6 \times 10^6}{0.9 \times 250 \times 210} = 923(\mathrm{mm}^2/\mathrm{m})$$

配 Φ12@120（实际配 $A_{\mathrm{s}} = 942\mathrm{mm}^2$）

（5）肋梁部分计算。

肋梁高取 $\dfrac{l}{6} = \dfrac{6000}{6} = 1000$（mm），宽 500mm。主肋 HRB335 钢筋，箍筋 HRB335 钢筋，C20 混凝土。

1）正截面强度计算。根据图 2-23（d）所示的弯矩，对各支座、跨中分别按矩形、T 形截面进行正截面强度计算。

轴②支座处，$M = 700\mathrm{kN \cdot m}$

$$\alpha_{\mathrm{s}} = \frac{M}{\alpha f_{\mathrm{c}}bh_0^2} = \frac{700 \times 10^6}{1.0 \times 9.6 \times 500 \times 950^2} = 0.1616$$

$$\varepsilon = 1 - \sqrt{1 - 2\alpha_{\mathrm{s}}} = 1 - \sqrt{1 - 2 \times 0.1616} = 0.1773 < 0.576$$

$r_{\mathrm{s}} = 1 - 0.5\varepsilon = 1 - 0.5 \times 0.1773 = 0.9114$, $\quad A_{\mathrm{s}} = \dfrac{M}{f_{\mathrm{y}}r_{\mathrm{s}}h_0} = \dfrac{700 \times 10^6}{300 \times 0.9114 \times 950} = 2694\mathrm{mm}^2$

查《混凝土结构设计规范》8.5.1 条得 $\quad \rho_{\min} = \max\left(45\dfrac{f_{\mathrm{t}}}{f_{\mathrm{y}}} = 45 \times \dfrac{1.1}{300} = 0.165, \quad 0.2\%\right) = 0.2\%$

$\qquad A_{\mathrm{s}} = 2694\mathrm{mm}^2 > 0.2\%bh_0$，选用 6$\Phi$25（实配 $A_{\mathrm{s}} = 2946\mathrm{mm}^2$）

2）斜截面强度计算。

轴②左边截面，$V = 698\mathrm{kN}$

$$0.7\beta_{\mathrm{h}}f_{\mathrm{t}}h_0 = 0.7 \times \left(\frac{800}{950}\right)^{\frac{1}{4}} \times 1.10 \times 500 \times 950 = 350(\mathrm{kN})$$

配 Φ10@250 箍筋（四肢箍）。

$$[V_{\mathrm{cs}}] = 702\mathrm{kN} > 350\mathrm{kN}，可以。$$

各部位的正、斜截面配筋均可列表计算，此略。需要注意的是，边跨跨中弯矩及第一内支座的弯矩宜乘以 1.2 的系数，然后进行受剪及配筋计算。

统一调整后，JL2 梁的配筋见图 2-24。

四、静力平衡法（静定分析法）

用基础各截面的静力平衡条件求解内力的方法称为静力平衡法。在求得地基净反力后，基础上的所有受力都已确定，任意截面的弯矩和剪力可取隔离体按静力平衡条件求得。

静力平衡法未考虑上部结构刚度对地基变形的影响，因而在荷载按直线分布的基底反力作用下基础产生整体弯曲。与其他方法相比较，计算所得的基础不利截面上的弯矩绝对值一般较大。对于上部结构为刚度较小的柔性结构、自身刚度较大的柱下钢筋混凝土条形基础和联合基础，可近似用静力平衡法计算其内力。

【例题 2 - 7】 用静力平衡法计算 [例题 2 - 5] 基础梁的内力，并比较其结果。

解 基底净反力 $p_j = 294 \text{kN/m}$

$$M_A = \frac{1}{2} \times 294 \times 1.0^2 = 147 (\text{kN} \cdot \text{m})$$

$$V_A^{左} = 294 \times 1.0 = 294 (\text{kN})$$

$$V_A^{右} = 294 - 1200 = -906 (\text{kN})$$

AB 跨内最大负弯矩的截面 1 离 A 点的距离 x_1 为

$$x_1 = \frac{1200}{294} - 1.0 = 3.08 (\text{m})$$

AB 跨内最大弯矩为

$$M_1 = \frac{1}{2} \times 294 \times (3.08 + 1.0)^2 - 1200 \times 3.08 = -1249 (\text{kN} \cdot \text{m})$$

支座 B 处的弯矩为

$$M_B = \frac{1}{2} \times 294 \times (1.0 + 6.0)^2 - 1200 \times 6 = 3 (\text{kN} \cdot \text{m})$$

$$V_B^{左} = 294 \times (1.0 + 6.0) - 1200 = 858 (\text{kN})$$

$$V_B^{右} = 858 - 1740 = -882 (\text{kN})$$

BC 跨中最大负弯矩截面 2 离 B 点的距离 x_2 为

$$x_2 = \frac{1200 + 1740}{294} - 7 = 3.0 (\text{m})$$

BC 跨中最大弯矩为

$$M_2 = \frac{1}{2} \times 294 \times (3.0 + 7.0)^2 - 1200 \times (6.0 + 3.0) - 1740 \times 3.0 = -1320 (\text{kN} \cdot \text{m})$$

$$M_C = \frac{1}{2} \times 294 \times 13^2 - 1200 \times 12 - 1740 \times 6 = 3 (\text{kN} \cdot \text{m})$$

$$V_C^{左} = 294 \times 13 - 1200 - 1740 = 882 (\text{kN})$$

$$V_C^{右} = 882 - 1740 = -858 (\text{kN})$$

根据计算结果，可作出基础梁的剪力图和弯矩图（从略）。

把求得的固端弯矩和跨中弯矩与 [例题 2 - 5] 用倒梁法计算结果对比如表 2 - 1 所示。同一结构在相同外荷载作用下不同方法计算结果相差较大，所以，应根据上部结构、基础和地基的具体情况选择不同的计算方法。

表 2 - 1　　　　　　　　　　倒梁法和静力平衡法弯矩比较

计算方法	支座弯矩（kN·m）		跨中弯矩（kN·m）	
	A、D	B、C	AB、CD	BC
倒 梁 法	175.5	985.5	−756.6	−251.7
静力平衡法	147	3	−1249	−1320

第五节　文克尔地基上梁的计算

一、基本原理

在材料力学中，由梁的纯弯曲得到的挠曲微分方程式为

$$EI\frac{\mathrm{d}^2w}{\mathrm{d}x^2}=-M \tag{2-32}$$

式中　w——梁的挠度，即 z 方向的位移；

　　　M——弯矩；

　　　E——梁材料的弹性模量；

　　　I——梁的截面惯性矩。

由梁的微单元［图 2-25（b）］的静力平衡条件 $\sum M=0$、$\sum V=0$ 得

$$\frac{\mathrm{d}M}{\mathrm{d}x}=V,\quad \frac{\mathrm{d}V}{\mathrm{d}x}=bp-q \tag{2-33}$$

式中　V——剪力；

　　　q——梁上的分布荷载；

　　　p——地基反力；

　　　b——梁的宽度。

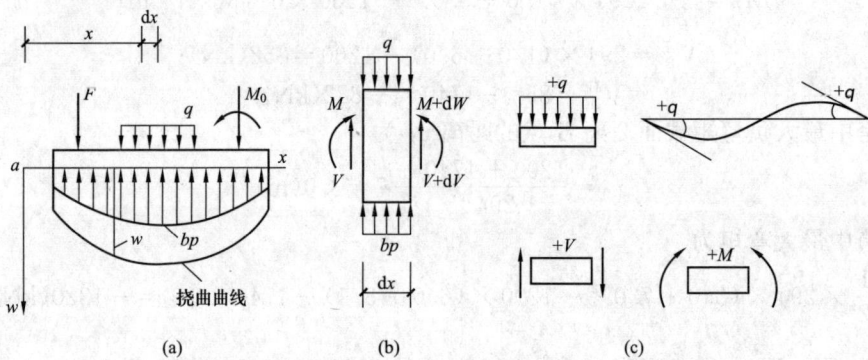

图 2-25　文克尔地基上基础梁的计算图式

（a）梁上荷载和挠曲；（b）梁的微单元；（c）符号规定

将式（2-32）连续对坐标 x 取两次导数，得

$$EI\frac{\mathrm{d}^4w}{\mathrm{d}x^4}=-\frac{\mathrm{d}^2M}{\mathrm{d}x^2}=-\frac{\mathrm{d}V}{\mathrm{d}x}=-bp+q \tag{2-34}$$

对于没有分布外荷载作用（$q=0$）的梁段，上式成为

$$EI\frac{\mathrm{d}^4w}{\mathrm{d}x^4}=-bp \tag{2-35}$$

对于基础梁的挠曲微分方程式（2-35），采用文克尔地基模型，根据变形协调条件，地基沉降等于梁的挠度，即 $s=w$，代入式（2-35），得

$$EI\frac{\mathrm{d}^4w}{\mathrm{d}x^4}=-bkw \tag{2-36}$$

或

$$\frac{\mathrm{d}^4 w}{\mathrm{d}x^4} + \frac{kb}{EI}w = 0 \tag{2-37}$$

上式即为文克尔地基上梁的挠曲微分方程。为了求解的方便,令

$$\lambda = \sqrt[4]{\frac{kb}{4EI}} \tag{2-38}$$

λ 称为梁的柔度特征值或弹性特征系数,是反映地基刚度与梁挠曲刚度之比的系数,量纲为 m^{-1},其倒数 $1/\lambda$ 称为特征长度。弹性特征系数与地基的基床系数和梁的抗弯刚度有关,弹性特征系数越小,基础的相对刚度就越大。

在第四节的基底反力按直线分布简化计算的条件中,即条形基础梁的截面高度不小于 1/6 柱距的条件就是根据文克尔地基模型中弹性特征系数 λ 与柱距 l 的乘积 $\lambda l \leqslant 1.75$ 作对比而得到的。

将式 (2-38) 代入式 (2-37) 得

$$\frac{\mathrm{d}^4 w}{\mathrm{d}x^4} + 4\lambda^4 w = 0 \tag{2-39}$$

上式是四阶常系数线性常微分方程,其通解为

$$w = \mathrm{e}^{\lambda x}(C_1 \cos\lambda x + C_2 \sin\lambda x) + \mathrm{e}^{-\lambda x}(C_3 \cos\lambda x + C_4 \sin\lambda x) \tag{2-40}$$

式中 C_1、C_2、C_3、C_4——积分常数,可按荷载类型(集中力或集中力偶)由已知条件(某些截面的某项位移或内力为已知)来确定;

$\qquad$ e——自然对数的底;

$\qquad$ λx——一个无量纲数,当 $x=l$ (l 为梁长),λl 反映梁对地基的相对刚度。同一地基,l 越长即 λl 值越大,表示梁的柔性越大,故称 λl 为柔度指数。

在分析时,先要区分地基梁的性质。对于文克尔地基上的梁,按柔度指数 λl 值区分为

$\lambda l \leqslant \dfrac{\pi}{4}$ $\qquad$ 短梁(或称刚性梁)

$\dfrac{\pi}{4} < \lambda l < \pi$ $\qquad$ 有限长梁(也称有限刚度梁,或称中长梁)

$\lambda l \geqslant \pi$ $\qquad$ 无限长梁(或称柔性梁)

二、无限长梁的计算

当在梁上任意一点施加荷载时,沿梁长方向各点的挠度随距加荷点的距离的增加而减小,当梁的无荷载端离加荷点的距离无限远时,此端的挠度为零,此地基梁称为无限长梁。实际上,当梁端与加荷点的距离足够大时,其柔度指数 $\lambda l > \pi$ 时,就可视为是无限长梁。

如图 2-26 所示,在竖向集中力 F_0 作用下,取作用点为坐标原点 O,离 O 点无限远处梁的挠度应为零,即当 $x \rightarrow \infty$ 时,$w \rightarrow 0$。此时 $C_1 = C_2 = 0$,在式 (2-40) 中,其解答仅有后一项,即

$$w = \mathrm{e}^{-\lambda x}(C_3 \cos\lambda x + C_4 \sin\lambda x) \tag{2-41}$$

另一方面,梁的挠曲曲线和弯矩图是关于原点对称的,因此,在 $x=0$ 处的导数等于零,即 $\mathrm{d}w/\mathrm{d}x = 0$,代入式 (2-41),得 $C_3 - C_4 = 0$。

令 $C_3 = C_4 = C$,则解为

$$w = \mathrm{e}^{-\lambda x}C(\cos\lambda x + \sin\lambda x) \tag{2-42}$$

再在 O 点处紧靠 F_0 的左、右侧把梁切开，则作用于 O 点左、右两侧截面上的剪力均等于 F_0 之半。且指向上方。根据图 2-25（c）中符号规定，在左右侧截面有 $V=-F_0/2$，由此得

$$C=\frac{F_0\lambda}{2kb} \tag{2-43}$$

$$w=\frac{F_0\lambda}{2kb}e^{-\lambda x}(\cos\lambda x+\sin\lambda x) \tag{2-44}$$

将式（2-44）对 x 求一阶、二阶和三阶导数，得到梁截面的转角 θ、弯矩 M 和剪力 V 为

$$\left.\begin{aligned}
&w=\frac{F_0\lambda}{2kb}A_x \qquad\qquad \theta\approx\frac{\mathrm{d}w}{\mathrm{d}x}=\frac{F_0\lambda^2}{kb}B_x\\
&M=-EI\frac{\mathrm{d}^2x}{\mathrm{d}x^2}=\frac{F_0}{4\lambda}C_x \quad V=-EI\frac{\mathrm{d}^3x}{\mathrm{d}x^3}=-\frac{F_0}{2}D_x
\end{aligned}\right\} \tag{2-45}$$

式中

$$\left.\begin{aligned}
A_x&=e^{-\lambda x}(\cos\lambda x+\sin\lambda x)\\
B_x&=e^{-\lambda x}\sin\lambda x\\
C_x&=e^{-\lambda x}(\cos\lambda x-\sin\lambda x)\\
D_x&=e^{-\lambda x}\cos\lambda x
\end{aligned}\right\} \tag{2-46}$$

式（2-46）中的四个系数都是 λx 的函数，将其制成表格，见表 2-2。

由于以上推导是对梁的右半部（$x>0$）导出的，所以对 F_0 左边的截面（$x<0$），需用 x 的绝对值代入计算，计算结果为 w 和 M 时正负号不变，但 θ 和 V 则取相反的符号。基底反力按 $p=kw$ 计算。w、θ、M 和 V 的分布图如图 2-26（a）所示。

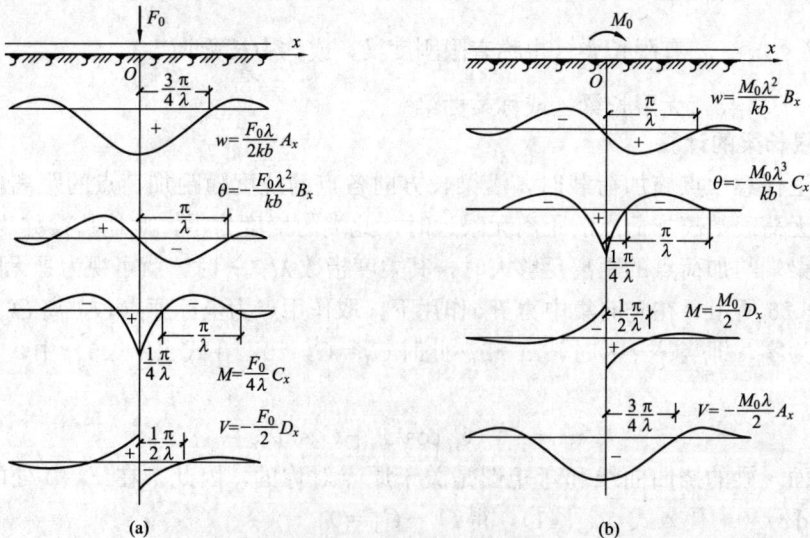

图 2-26　无限长梁的挠度 w、转角 θ、弯矩 M、剪力 V 分布图
（a）竖向集中力作用下；（b）集中力偶作用下

同理可求得集中力偶作用下无限长梁的解答［式（2-47）］，其 w、θ、M 和 V 的分布图如图 2-26（b）所示。

$$w = \frac{M_0\lambda^2}{kb}B_x \qquad \theta = \frac{M_0\lambda^3}{kb}C_x$$

$$M = \frac{M_0}{2}D_x \qquad V = -\frac{M_0\lambda}{2}A_x$$

$$\left.\right\} \qquad (2-47)$$

式（2-47）中的系数 A_x、B_x、C_x 和 D_x 与式（2-46）相同。当计算截面位于 M_0 的左边时，式（2-47）中的 x 取绝对值，w 和 M 取与计算结果相反的符号，θ 和 V 的符号不变。

对于承受若干个集中荷载的无限长梁，可分别求解，然后叠加求和。

三、有限长梁的计算

若梁不是很长，荷载对两端的影响，即梁端的挠度和位移不能忽略，称为有限长梁。有限长梁的长度下限是梁长 $l = \frac{\pi}{4\lambda}$，此时，梁的挠曲很小，可以忽略，称为刚性梁。有限长梁有多种求解方法，下面以无限长梁的计算公式为基础，利用叠加原理来求得满足有限长梁两自由端边界条件的解答。

设想将图 2-27 中的有限长梁（梁Ⅰ）用无限长梁（梁Ⅱ）来代替。显然，如能设法消除梁Ⅱ在 A、B 两截面处的弯矩和剪力，即满足梁Ⅰ两端为自由端的边界条件，则梁Ⅱ AB 段的内力与变形情况就完全等同于梁Ⅰ了。现在梁Ⅱ紧靠 A、B 两截面的外侧各施加一对附加荷载 F_A、M_A 和 F_B、M_B（称为梁端边界条件力，其正方向如图 2-27 所示），要求在梁端边界条件力和已知荷载的共同作用下，A、B 两截面的弯矩和剪力为零。以此条件求出 F_A、M_A 和 F_B、M_B，最后用叠加法计算在已知荷载和边界条件力的共同作用下，梁Ⅱ上相应于梁Ⅰ所求截面处的 w、θ、M 和 V 值，便是所求的结果。

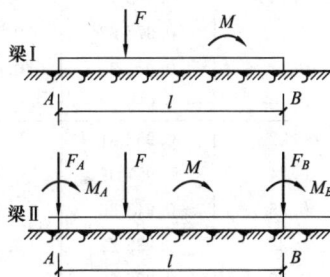

图 2-27 以叠加法计算文克尔地基上的有限长梁

设外荷载在梁Ⅱ A、B 两截面上所产生的弯矩和剪力分别为 M_a、V_a 及 M_b、V_b，则要求两对梁端边界条件力在 A、B 两截面产生的弯矩和剪力分别为 $-M_a$、$-V_a$ 及 $-M_b$、$-V_b$，按此要求利用式（2-45）列出方程组如下

$$\frac{F_A}{4\lambda} + \frac{F_B}{4\lambda}C_l + \frac{M_A}{2} - \frac{M_B}{2}D_l = -M_a$$

$$-\frac{F_A}{2} + \frac{F_B}{2}D_l - \frac{M_A\lambda}{2} - \frac{M_B\lambda}{2}A_l = -V_a$$

$$\frac{F_A}{4\lambda}C_l + \frac{F_B}{4\lambda} + \frac{M_A}{2}D_l - \frac{M_B}{2} = -M_b$$

$$-\frac{F_A}{2}D_l + \frac{F_B}{2} - \frac{M_A\lambda}{2}A_l - \frac{M_B\lambda}{2} = -V_b$$

$$\left.\right\} \qquad (2-48)$$

解上述方程组，得

$$F_A = (E_l + F_l D_l)V_a + \lambda(E_l - F_l A_l)M_a - (F_l + E_l D_l)V_b + \lambda(F_l - E_l A_l)M_b$$

$$M_A = -(E_l + F_l C_l)\frac{V_a}{2\lambda} - (E_l - F_l D_l)M_a + (F_l + E_l C_l)\frac{V_b}{2\lambda} - (F_l - E_l D_l)M_b$$

$$F_B = (F_l + E_l D_l)V_a + \lambda(F_l - E_l A_l)M_a - (E_l + F_l D_l)V_b + \lambda(E_l - F_l A_l)M_b$$

$$M_B = (F_l + E_l C_l)\frac{V_a}{2\lambda} + (F_l - E_l D_l)M_a - (E_l + F_l C_l)\frac{V_b}{2\lambda} + (E_l - F_l D_l)M_b$$

$$(2-49)$$

$$E_l = \frac{2e^\lambda \, \mathrm{sh}\lambda l}{\mathrm{sh}^2\lambda l - \sin^2\lambda l}, \quad F_l = \frac{2e^\lambda \sin\lambda l}{\sin^2\lambda l - \mathrm{sh}^2\lambda l}$$

其中 sh 表示双曲正弦函数，E_l 及 F_l 值按 λl 值由表 2-2 查得。

表 2-2　　　　　　　　　　　　A_x、B_x、C_x、D_x、E_x、F_x 函数表

λx	A_x	B_x	C_x	D_x	E_x	F_x
0	1	0	1	1	∞	$-\infty$
0.02	0.999 61	0.019 60	0.960 40	0.980 00	382 156	−382 105
0.04	0.998 44	0.038 42	0.921 60	0.960 02	48 802.6	−48 776.6
0.06	0.996 54	0.056 47	0.883 60	0.940 07	14 851.3	−14 738.0
0.08	0.993 93	0.073 77	0.846 39	0.920 16	6354.30	−6340.76
0.10	0.990 65	0.090 33	0.809 98	0.900 32	3321.06	−3310.01
0.12	0.986 72	0.106 18	0.774 37	0.880 54	1962.18	−1952.78
0.14	0.982 17	0.121 31	0.739 54	0.860 85	1261.70	−1253.48
0.16	0.977 02	0.135 76	0.705 50	0.841 26	863.174	−855.840
0.18	0.971 31	0.149 54	0.672 24	0.821 78	619.176	−612.524
0.20	0.965 07	0.162 66	0.639 75	0.802 41	461.078	−454.971
0.22	0.958 31	0.175 13	0.608 04	0.783 18	353.904	−348.240
0.24	0.951 06	0.186 98	0.577 10	0.764 08	278.526	−273.229
0.26	0.943 36	0.198 22	0.546 91	0.745 14	223.862	−218.874
0.28	0.935 22	0.208 87	0.517 48	0.726 35	183.183	−178.457
0.30	0.926 66	0.218 93	0.488 80	0.707 73	152.233	−147.733
0.35	0.903 60	0.241 64	0.420 33	0.661 96	101.318	−97.2646
0.40	0.878 44	0.261 03	0.356 37	0.617 40	71.7915	−68.0628
0.45	0.851 50	0.277 35	0.296 80	0.574 15	53.3711	−49.8871
0.50	0.823 07	0.290 79	0.241 49	0.532 28	41.2142	−37.9185
0.55	0.793 43	0.301 56	0.190 30	0.491 86	32.8243	−29.6754
0.60	0.762 84	0.309 88	0.143 07	0.452 95	26.8201	−23.7865
0.65	0.731 53	0.315 94	0.099 66	0.415 59	22.3922	−19.4496
0.70	0.699 72	0.319 91	0.059 90	0.379 81	19.0435	−16.1724
0.75	0.667 61	0.321 98	0.023 64	0.345 63	16.4562	−13.6409
$\pi/4$	0.644 79	0.322 40	0	0.322 40	14.9672	−12.1834
0.80	0.635 38	0.322 33	−0.009 28	0.313 05	14.4202	−11.6477
0.85	0.603 20	0.321 11	−0.039 02	0.282 09	12.7924	−10.0518
0.90	0.571 20	0.318 48	−0.065 74	0.252 73	11.4729	−8.754 91
0.95	0.539 54	0.314 58	−0.089 62	0.224 96	10.3905	−7.687 05
1.00	0.508 33	0.309 56	−0.110 79	0.198 77	9.493 05	−6.797 24
1.05	0.477 66	0.303 54	−0.129 43	0.174 12	8.742 07	−6.047 80

λx	A_x	B_x	C_x	D_x	E_x	F_x
1.10	0.447 65	0.296 66	−0.145 67	0.150 99	8.108 50	−5.410 38
1.15	0.418 36	0.289 01	−0.159 67	0.129 34	7.570 13	−4.863 35
1.20	0.389 86	0.280 72	−0.171 58	0.109 14	7.109 76	−4.390 02
1.25	0.362 23	0.271 89	−0.181 55	0.090 34	6.713 90	−3.977 35
1.30	0.335 50	0.262 60	−0.189 70	0.072 90	6.371 86	−3.615 00
1.35	0.309 72	0.252 95	−0.196 17	0.056 78	6.075 08	−3.294 77
1.40	0.284 92	0.243 01	−0.201 10	0.041 91	5.816 64	−3.010 03
1.45	0.261 13	0.232 86	−0.204 59	0.028 27	5.590 88	−2.755 41
1.50	0.238 35	0.222 57	−0.206 79	0.015 78	5.393 17	−2.526 52
1.55	0.216 62	0.212 20	−0.207 79	0.004 41	5.219 65	−2.319 74
$\pi/2$	0.207 88	0.207 88	−0.207 88	0	5.153 82	−2.239 53
1.60	0.195 92	0.201 81	−0.207 71	−0.005 90	5.067 11	−2.132 10
1.65	0.176 25	0.191 44	−0.206 64	−0.015 20	4.932 83	−1.961 09
1.70	0.157 62	0.181 16	−0.204 70	−0.023 54	4.814 54	−1.804 64
1.75	0.140 02	0.170 99	−0.201 97	−0.030 97	4.710 26	−1.660 98
1.80	0.12 342	0.16 098	−019 853	−0.037 65	4.618 34	−1.528 65
1.85	0.107 82	0.151 15	−0.194 48	−0.043 33	4.537 32	−1.406 38
1.90	0.093 18	0.141 54	−0.189 89	−0.048 35	4.465 96	−1.293 12
1.95	0.079 50	0.132 17	−0.184 83	−0.052 67	4.403 14	−1.187 95
2.00	0.066 74	0.123 06	−0.179 38	−0.056 32	4.347 92	−1.090 08
2.05	0.054 88	0.114 23	−0.173 59	−0.059 36	4.299 46	−0.998 85
2.10	0.043 88	0.105 71	−0.167 53	−0.061 82	4.257 00	−0.913 68
2.15	0.033 73	0.097 49	−0.161 24	−0.063 76	4.219 88	−0.834 07
2.20	0.024 38	0.089 58	−0.154 79	−0.065 21	4.187 51	−0.759 59
2.25	0.015 80	0.082 00	−0.148 21	−0.066 21	4.159 36	−0.689 87
2.30	0.007 96	0.074 76	−0.141 56	−0.066 80	4.134 95	−0.624 57
2.35	0.000 84	0.067 85	−0.134 87	−0.067 02	4.113 87	−0.563 40
$3\pi/4$	0	0.067 02	−0.134 04	−0.067 02	4.111 47	−0.556 10
2.40	−0.005 62	0.061 28	−0.128 17	−0.066 89	4.095 73	−0.506 11
2.45	−0.011 43	0.055 03	−0.121 50	−0.066 47	4.080 19	−0.452 48
2.50	−0.016 63	0.049 13	−0.114 89	−0.065 76	4.066 92	−0.402 29
2.55	−0.021 27	0.043 54	−0.108 36	−0.064 81	4.055 68	−0.355 37
2.60	−0.025 36	0.038 29	−0.101 93	−0.063 64	4.046 18	−0.311 56
2.65	−0.028 94	0.033 35	−0.095 63	−0.062 28	4.038 21	−0.270 70
2.70	−0.032 04	0.028 72	−0.089 48	−0.060 76	4.031 57	−0.232 64
2.75	−0.034 69	0.024 40	−0.083 48	−0.059 09	4.026 08	−0.197 27
2.80	−0.036 93	0.020 37	−0.077 67	−0.057 30	4.021 57	−0.164 45
2.85	−0.038 77	0.016 63	−0.072 03	−0.055 40	4.017 90	−0.134 08
2.90	−0.040 26	0.013 16	−0.066 59	−0.053 43	4.014 95	−0.106 03
2.95	−0.041 42	0.009 97	−0.061 34	−0.051 38	4.012 59	−0.080 20
3.00	−0.042 26	0.007 03	−0.056 31	−0.049 29	4.010 74	−0.056 50
3.10	−0.043 14	0.001 87	−0.046 88	−0.045 01	4.008 19	−0.015 05
π	−0.043 21	0	−0.043 21	−0.043 21	4.007 48	0

λx	A_x	B_x	C_x	D_x	E_x	F_x
3.20	−0.043 07	−0.002 38	−0.038 31	−0.040 69	4.006 75	0.019 10
3.40	−0.040 79	−0.008 53	−0.023 74	−0.032 27	4.005 63	0.068 40
3.60	−0.036 59	−0.012 09	−0.012 41	−0.024 50	4.005 33	0.096 93
3.80	−0.031 38	−0.013 69	−0.004 00	−0.017 69	4.005 01	0.109 69
4.00	−0.025 83	−0.013 86	−0.001 89	−0.011 97	4.004 42	0.111 05
4.20	−0.020 42	−0.013 07	0.005 72	−0.007 35	4.003 64	0.104 68
4.40	−0.015 46	−0.011 68	0.007 91	−0.003 77	4.002 79	0.093 54
4.60	−0.011 12	−0.009 99	0.008 86	−0.001 13	4.002 00	0.079 96
$3\pi/2$	−0.008 98	−0.008 98	0.008 98	0	4.001 61	0.071 90
4.80	−0.007 48	−0.008 20	0.008 92	0.000 72	4.001 34	0.065 61
5.00	−0.004 55	−0.006 46	0.008 37	0.001 91	4.000 85	0.051 70
5.50	0.000 01	−0.002 88	0.005 78	0.002 90	4.000 20	0.023 07
6.00	0.001 69	−0.000 69	0.003 07	0.000 60	4.000 03	0.005 54
2π	0.001 87	0	0.001 87	0.001 87	4.000 01	0
6.50	0.001 79	0.000 32	0.001 14	0.001 47	4.000 01	−0.002 59
7.00	0.001 29	0.000 60	0.000 09	0.000 69	4.000 01	−0.004 79
$9\pi/4$	0.001 20	0.000 60	0	0.000 60	4.000 01	−0.004 82
7.50	0.000 71	0.000 52	−0.000 33	0.000 19	4.000 01	−0.004 15
$5\pi/2$	0.000 39	0.000 39	−0.000 39	0	4.000 00	−0.003 11
8.00	0.000 28	0.000 33	−0.000 38	−0.000 05	4.000 00	−0.002 66

当作用在有限长梁上的外荷载对称时，$V_a = -V_b$，$M_a = -M_b$，则式（2-49）可简化为

$$
\left.
\begin{aligned}
F_A &= F_B = (E_l + F_l)\left[(1+D_l)V_a + \lambda(1-A_l)M_a\right] \\
M_A &= -M_B = -(E_l + F_l)\left[(1+C_l)\frac{V_a}{2\lambda} + (1-D_l)M_a\right]
\end{aligned}
\right\}
\tag{2-50}
$$

有限长梁的计算步骤可归纳如下：

（1）按式（2-45）、式（2-47）以叠加法计算已知荷载在梁Ⅱ上相应于梁Ⅰ两端的 A 和 B 截面引起的弯矩和剪力 M_a、V_a 及 M_b、V_b；

（2）按式（2-49）或式（2-50）计算梁端边界条件力 F_A、M_A 和 F_B、M_B；

（3）再按式（2-45）和式（2-47）以叠加法计算在已知荷载和边界条件力的共同作用下，梁Ⅱ上相应于梁Ⅰ所求截面处的 w、θ、M 和 V 值。

四、半无限长梁的计算

梁的一端作用有荷载，另一端延伸很远，挠曲和位移很小直至为 0，此梁称为半无限长梁。

半无限长梁的边界条件为：当 $x = \infty$ 时，$w \to 0$；$x = 0$ 时，$M = M_0$，$V = F_0$（M_0 和 F_0 分别为梁端部作用的力偶和竖向集中力）。

在梁端受集中力 F_0 作用下，其解为

$$w = \frac{2F_0\lambda}{kb}D_x \qquad \theta = -\frac{2F_0\lambda^2}{kb}A_x \left.\right\}$$
$$M = -\frac{F_0}{\lambda}B_x \qquad V = -F_0C_x \qquad \right\} \qquad (2-51)$$

在梁端受力偶 M_0 作用下，其解为

$$w = -\frac{2M_0\lambda^2}{kb}C_x \qquad \theta = -\frac{4M_0\lambda^2}{kb}D_x \left.\right\}$$
$$M = M_0A_x \qquad\qquad V = -2M_0B_x \right\} \qquad (2-52)$$

对短梁，可采用基底反力呈直线分布的简化方法计算；对长梁，可利用无限长梁或半无限长梁的解答计算。在选择计算方法时，除了按 λl 值划分梁的类型外，还需兼顾外荷载的大小和作用点位置。对于柔度较大的梁，有时可以直接按无限长梁进行简化计算。例如，当梁上的一个集中荷载（竖向力或力偶）与梁端的最小距离 $x > \pi/\lambda$ 时，按无限长梁计算 w、M、V 的误差将不超过 4.3%；而对梁长为 π/λ，对荷载作用于梁中部的梁来说，只能按有限长梁计算。

【例题 2-8】 试推导图 2-28 中外伸半无限长梁（梁 Ⅰ）在集中力 F_0 作用下 O 点的挠度计算公式。

解　外伸半无限长梁 O 点的挠度可以按梁 Ⅱ 所示的无限长梁以叠加法求得，条件是在梁端边界条件力 F_A、M_A 和荷载 F_0 的共同作用下，梁 ⅡA 点的弯矩和剪力为零。根据这一条件，由式（2-49）和式（2-50）得

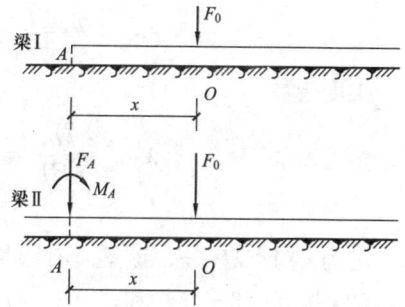

图 2-28　外伸半无限长梁内力计算

$$\begin{cases} \dfrac{F_A S}{4} + \dfrac{M_A}{2} + \dfrac{F_0 S}{2}C_x = 0 \\[3mm] -\dfrac{F_A}{2} - \dfrac{M_A}{2S} + \dfrac{F_0}{2}D_x = 0 \end{cases}$$

$$S = \frac{1}{\lambda} = \sqrt[4]{\frac{4EI}{kb}}$$

解上述方程组，得

$$F_A = F_0(C_x + 2D_x), \qquad M_A = -F_0 S(C_x + D_x)$$

故 O 点的挠度为

$$\begin{aligned}
w_0 &= \frac{F_0}{2kbS} + \frac{F_A}{2kbS}A_x + \frac{M_A}{kbS^2}B_x \\[2mm]
&= \frac{F_0}{2kbS}[1 + (C_x + 2D_x)A_x - 2(C_x + D_x)B_x] \\[2mm]
&= \frac{F_0}{2kbS}[1 + \mathrm{e}^{-2\lambda x}(1 + 2\cos^2\lambda x - 2\cos\lambda x \sin\lambda x)]
\end{aligned}$$

令

$$Z_x = 1 + \mathrm{e}^{-2\lambda x}(1 + 2\cos^2\lambda x - 2\cos\lambda x \sin\lambda x)$$

则

$$w_0 = \frac{F_0}{2kbS}Z_x$$

上述二式在推导交叉条形基础柱荷载分配公式时将被采用。当 $x = 0$ 时（半无限长梁），$Z_x = 4$；当 $x \to \infty$ 时（无限长梁），$Z_x = 1$。

【例题 2-9】 图 2-29 中的条形基础梁抗弯刚度 $EI = 4.3 \times 10^3 \text{MPa} \cdot \text{m}^4$，长 $l = 17\text{m}$，底面宽 $b = 2.5\text{m}$，预估平均沉降量 $s_m = 39.7\text{mm}$。试计算基础中点 C 处的挠度、弯矩和基底净反力。

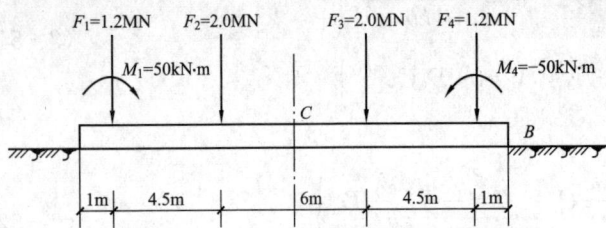

图 2-29　[例题 2-9] 基础梁荷载分布

解　(1) 确定基床系数 k 和梁的柔度指数 λl

设基底附加压力 p_0 约等于基底平均净反力 p_j；

$$p_j = \frac{\sum F}{lb} = \frac{(1200 + 2000) \times 2}{17 \times 2.5} = 150.6 \text{ (kPa)}$$

基床系数为

$$k = \frac{p_0}{s_m} = \frac{0.1506}{0.0397} = 3.8 (\text{MN/m}^3)$$

柔度指数

$$\lambda = \sqrt[4]{\frac{kb}{4EI}} = \sqrt[4]{\frac{3.8 \times 2.5}{4 \times 4.3 \times 10^3}} = 0.1533 (\text{m}^{-1})$$
$$\lambda l = 0.153 \times 17 = 2.606$$

因为 $\pi/4 < \lambda l < \pi$，该梁属有限长梁。

(2) 按式 (2-45) 和式 (2-47) 计算无限长梁分别在集中力和力偶作用下，基础右端 B 处的弯矩 M_b 和剪力 V_b，计算结果列于表 2-3 中。注意，在每一次计算时，均需把坐标原点移到相应的集中荷载作用点处。由于存在对称性，故 $M_a = M_b = 374.3\text{kN} \cdot \text{m}$，$V_a = -V_b = -719.1\text{kN}$。

表 2-3　　　　　　　　　　　　　　　　　　[例题 2-9] 计算

外荷载	x (m)	λx	A_x	C_x	D_x	M_b (kN·m)	V_b (kN)
$F_1 = 1200\text{kN}$	16.0	2.453	—	−0.1211	−0.0664	−237.0	39.8
$M_1 = 50\text{kN} \cdot \text{m}$	16.0	2.453	−0.0117	—	−0.0664	−1.7	0.04
$F_2 = 2000\text{kN}$	11.5	1.763	—	−0.2011	−0.0327	−655.9	32.7
$F_3 = 2000\text{kN}$	5.5	0.843	—	−0.0349	0.2864	−113.8	−286.4
$F_4 = 1200\text{kN}$	1.0	0.153	—	0.7174	0.8481	1403.9	−508.9
$M_4 = -50\text{kN} \cdot \text{m}$	1.0	0.153	0.9769	—	0.8481	−21.2	3.7
总　　计						374.3	−719.1

(3) 计算梁端边界条件力 M_A、F_A 和 F_B、M_B

由 $\lambda l = 2.606$ 查表 2-2 得：$A_1 = -0.025\,79$，$C_1 = -0.101\,17$，$D_1 = -0.063\,48$，$E_1 = 4.045\,22$，$F_1 = -0.306\,66$。代入式 (2-50) 得

$$F_A = F_B = (4.045\,22 - 0.306\,66) \times [(1 - 0.063\,48) \times 719.1 + 0.1533 \times (1 + 0.025\,79) \times 347.3]$$
$$= 2737.8 (\text{kN})$$

$$M_A = -M_B = -(4.045\,22 - 0.306\,66) \times \left[(1 - 0.101\,17) \times \frac{719.1}{2 \times 0.1533} + (1 + 0.063\,48) \times 347.3\right]$$
$$= -9369.5 (\text{kN} \cdot \text{m})$$

（4）计算外荷载与梁端边界条件力同时作用于无限长梁时，基础中点 C 的弯矩 M_c、挠度 w_c 和基底净反力 p_c，计算结果列于例表中。由于对称，只计算 C 点左半部荷载的影响，然后将结果乘 2。计算结果列于表 2-4 中。

表 2-4			[例题 2-9] 计算				
外荷载和 边界条件力	X（m）	λx	A_x	C_x	D_x	M_b （kN·m）	V_b （kN）
$F_1=1200\text{kN}$	7.5	1.150	0.4184	—	-0.1597	—	4.1
$M_1=50\text{kN·m}$	7.5	1.150	—	0.2890	—	0.1293	0.04
$F_2=2000\text{kN}$	3.0	0.460	0.8458	—	0.2857	—	13.6
$F_A=2737.8\text{kN}$	8.5	1.303	0.3340	—	-0.1910	—	7.4
$M_A=-9369.5\text{kN·m}$	8.5	1.303	—	0.2620	—	0.0719	-6.1
总　计						-563.1	19.0

$M_c=2\times(-563.1)=-1126.2$（kN·m）

$w_c=2\times19.0=38.0$（mm）

$p_c=3800\times0.038=144.4$（kPa）

依此方法对其他各点进行计算后，可绘制基底净反力图、剪力图和弯矩图（略）。如按静定分析法计算基础中点 C 处的弯矩（设基底反力为线性分布），其值为 -1348.9kN·m，此值比按文克尔地基模型计算的结果（-1126.2kN·m）大 19.8%。若将例题中的基床系数减小一半，即取 $k=1.9\text{MN/m}^3$，则可算得 $M_c=-1217.6$kN·m、$w_c=77.5$mm、$p_c=147.3$kPa，这些数值分别比原结果增加了 8.1%、103.8% 和 2%。由此可见，基床系数 k 的计算误差对弯矩影响不大，但对基础沉降影响很大。

第六节　柱下十字交叉条形基础

十字交叉条形基础是空间受力体系，应按照地基基础共同作用进行计算，通常采用有限元法计算。本节仅介绍简化计算法。

十字交叉条形基础的构造与条形基础基本相同，实用中需补充以下几点：

（1）为了调整结构荷载重心与基底平面形心相重合，同时改善角柱与边柱下地基的受力条件，在转角和边柱处作构造性延伸。

（2）十字交叉基础梁的断面通常取为 T 形。

（3）在交叉处翼板双向主受力钢筋重叠布置。

（4）基础梁若有扭矩作用时，纵筋应按计算配置受弯和受扭钢筋。

一、节点荷载分配的简化方法

内力分析方法的关键在于如何进行交叉点处柱荷载的分配，一旦确定了柱荷载的分配值，交叉条形基础就可分别按纵、横两个方向的条形基础进行计算。

如图 2-30 所示的交叉条形基础，每个交叉点处都作用有从上部结构传来的竖向荷载 P 和 x、y 方向的力矩 M_x 和 M_y，假设略

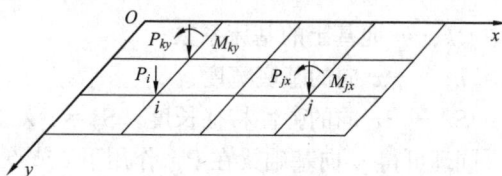

图 2-30　十字交叉条形基础节点荷载分配

去扭转变形的影响，即一个方向的条形基础有转角时，不引起另一方向条形基础的内力，则 M_x 全部由 x 向基础承担，M_y 全部由 y 向基础承担。

对任意节点荷载分配必须满足静力平衡条件和变形协调条件。静力平衡条件即交叉点 i 分配在 x 方向的竖向荷载 P_{ix} 与 y 方向的竖向荷载 P_{iy} 之和等于节点处荷载 P_i；变形协调条件即基础在交叉处 x 方向的沉降量 w_{ix} 和 y 方向的沉降量 w_{iy} 相等。即

$$P_i = P_{ix} + P_{iy} \text{ 和 } w_{ix} = w_{iy} \tag{2-53}$$

根据文克尔地基上无限长梁受集中荷载作用的解可知，随着与集中力作用点距离 x 的增加，梁的挠度迅速减少，当 $x = \pi/\lambda$ 时，该处的挠度为集中力作用点（$x = 0$）挠度的 4.3%，因此，实用上当柱距大于 π/λ 时，就可以忽略相邻柱荷载的影响，根据无限长梁和半无限长梁的解，推导出各种类型节点竖向荷载分配的计算公式，方法简单，也称为节点形状分配系数法。

节点类型如图 2-31 所示。

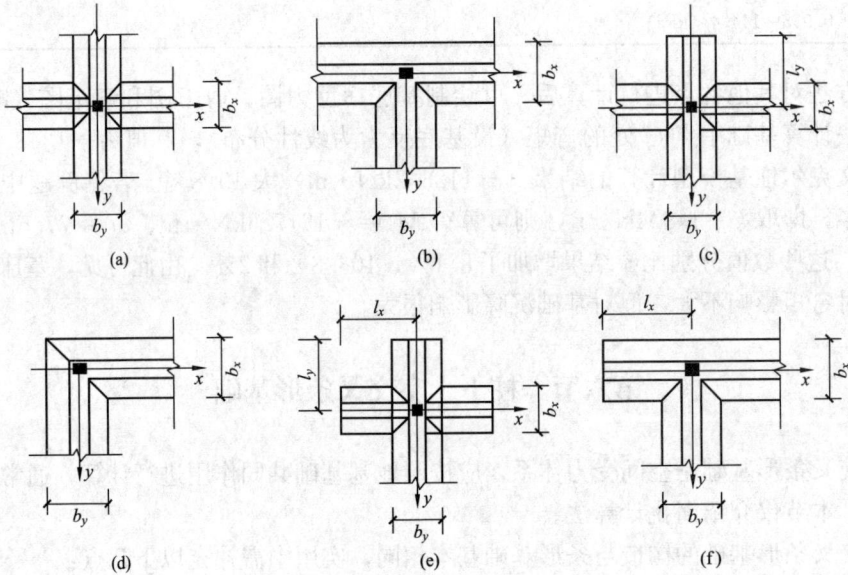

图 2-31 交叉条形基础节点类型

1. 内柱节点

内柱节点如图 2-31（a）所示，根据无限长梁受集中荷载作用的解，可得 x 向基础梁在 P_{ix} 作用下 i 节点产生的沉降为

$$w_{ix} = \frac{P_{ix}\lambda_x}{2kb_x} = \frac{P_{ix}}{2kb_x S_x} \tag{2-54}$$

式中　k——地基土的基床系数；

　　　b_x——x 向的基底宽度；

　　　S_x——x 向的弹性特征长度，$S_x = 1/\lambda_x$。

同理可得 y 向基础梁在 P_{iy} 作用下 i 节点的沉降为

$$w_{iy} = \frac{P_{iy}\lambda_y}{2kb_y} = \frac{P_{iy}}{2kb_yS_y} \qquad (2-55)$$

式中 b_y——y 向的基底宽度；

S_y——y 向的弹性特征长度，$S_y = \frac{1}{\lambda}$。

由节点变形协调条件得

$$\frac{P_{ix}}{2kb_xS_x} = \frac{P_{iy}}{2kb_yS_y} \qquad (2-56)$$

求解方程组（2-53）和式（2-56），得

$$P_{ix} = P_i \cdot \frac{b_xS_x}{b_xS_x + b_yS_y} \qquad (2-57)$$

$$P_{iy} = P_i \cdot \frac{b_yS_y}{b_xS_x + b_yS_y} \qquad (2-58)$$

2. 边柱节点

边柱节点如图 2-31（b）所示，节点荷载可分解为作用在无限长梁上的 P_{ix} 和作用在半无限上梁上的 P_{iy}，同理得

$$P_{ix} = P_i \cdot \frac{4b_xS_x}{4b_xS_x + b_yS_y} \qquad (2-59)$$

$$P_{iy} = P_i \cdot \frac{b_yS_y}{4b_xS_x + b_yS_y} \qquad (2-60)$$

对于边柱有伸出悬臂长度的情况，如图 2-31（c）所示，悬臂长度 $l_y = (0.6 \sim 0.75)S_y$，节点的分配荷载可按下式计算

$$P_{ix} = P_i \cdot \frac{\alpha b_xS_x}{\alpha b_xS_x + b_yS_y} \qquad (2-61)$$

$$P_{iy} = P_i \cdot \frac{b_yS_y}{\alpha b_xS_x + b_yS_y} \qquad (2-62)$$

系数 α 由表 2-5 查得。

表 2-5 α 和 β 取值

l/S	0.60	0.62	0.64	0.65	0.66	0.67	0.68	0.69	0.70	0.71	0.73	0.75
α	1.43	1.41	1.38	1.36	1.35	1.34	1.32	1.31	1.30	1.29	1.26	1.24
β	2.80	2.84	2.91	2.94	2.97	3.00	3.03	3.05	3.08	3.10	3.18	3.23

注 l、S 分别为 x（或 y）方向的悬挑长度和相应方向的弹性特征长度。

3. 角柱节点

对于如图 2-31（d）所示的角柱节点，柱荷载可分解为作用在两个半无限长梁上的荷载 P_{ix} 和 P_{iy}，根据半无限长梁的解，同理可推导出节点荷载的分配公式同内柱［图 2-31（a）］

相同，即式（2-57）和式（2-58）。

　　为减缓角柱节点处地基反力过于集中，常在两个方向伸出悬臂，如图2-31（e）所示，当 $l_x=\xi S_x$，同时 $l_y=\xi S_y$，$\xi=0.6\sim0.75$，节点荷载分配计算公式同内柱［图2-31（a）］相同，即式（2-57）和式（2-58）。

　　当角柱节点仅在一个方向伸出悬臂时，如图2-31（f）所示，节点荷载分配公式为

$$P_{ix}=P_i\cdot\frac{\beta b_x S_x}{\beta b_x S_x+b_y S_y}\qquad(2-63)$$

$$P_{iy}=P_i\cdot\frac{b_y S_y}{\beta b_x S_x+b_y S_y}\qquad(2-64)$$

系数 β 由表2-5查得。

二、节点分配荷载的调整

　　按照以上方法进行柱荷载分配后，可分别按纵、横两个方向的条形基础计算，但这样计算，在交叉点处基底重叠部分的面积重复计算了一次，结果使地基反力减少，致使计算结果偏于不安全，故在节点荷载分配后还需进行调整。调整方法如下：

　　设调整前的地基平均反力为

$$p=\frac{\sum P}{\sum A+\sum\Delta A}\qquad(2-65)$$

式中　$\sum P$——交叉条形基础上竖向荷载的总和；

　　　$\sum A$——交叉条形基础支承总面积；

　　$\sum\Delta A$——交叉条形基础节点处重复面积之和。对中柱取两个方向条基宽度的乘积 $b_{ix}b_{iy}$；对边柱取 $b_{ix}b_{iy}/2$；对无伸臂角柱取 $b_{ix}b_{iy}/4$。

　　调整后地基平均反力 p' 为

$$p'=\frac{\sum P}{\sum A}\qquad(2-66)$$

由以上两式求得

$$p'=\left(1+\frac{\sum\Delta A}{\sum A}\right)p=p+\Delta p\qquad(2-67)$$

$$\Delta p=\frac{\sum\Delta A}{\sum A}p$$

式中　Δp——地基反力增量。

　　将 Δp 按节点分配荷载和节点荷载的比例折算成分配荷载增量，对任意节点 i，分配的荷载增量为

$$\left.\begin{aligned}\Delta p_{ix}&=\frac{P_{ix}}{P_i}\cdot\Delta A_i\cdot\Delta p\\\Delta p_{iy}&=\frac{P_{iy}}{P_i}\cdot\Delta A_i\cdot\Delta p\end{aligned}\right\}\qquad(2-68)$$

式中　Δp_{ix}、Δp_{iy}——节点 i 在 x 方向和 y 方向的分配荷载增量；

　　　ΔA_i——节点 i 的基础重叠面积。

　　于是，调整后节点荷载在 x、y 两向的分配荷载分别为

$$\left.\begin{array}{l} P'_{ix}=P_{ix}+\Delta P_{ix} \\ P'_{iy}=P_{iy}+\Delta P_{iy} \end{array}\right\} \tag{2-69}$$

【例题 2-10】 某框架结构基础采用十字交叉条形基础，如图 3-21 所示，柱荷载 $P_1=1200\text{kN}$，$P_2=2000\text{kN}$，$P_3=2500\text{kN}$，$P_4=3000\text{kN}$，x 轴向基础宽度 $b_x=3\text{m}$，y 轴向基础宽度 $b_y=2\text{m}$，持力层土的基床系数 $k=5\times10^4$ kN/m^3，基础混凝土弹性模量 $E_b=2.55\times10^7\text{kN/m}^2$，试按简化方法计算各节点的分配荷载，并进行调整。

解 (1) 计算 S_x 和 S_y

JL-1 基础：$b_x=3\text{m}$，$I_{bx}=0.127\text{m}^4$

$$S_x=\sqrt[4]{\frac{4E_b I_{bx}}{kb_x}}=\sqrt[4]{\frac{4\times2.55\times10^7\times0.127}{5\times10^4\times3}}$$

$$=3.05(\text{m})$$

JL-2 基础：$b_y=2\text{m}$，$I_{by}=0.11\text{m}^4$

$$S_y=\sqrt[4]{\frac{4E_b I_{by}}{kb_y}}=\sqrt[4]{\frac{4\times2.55\times10^7\times0.11}{5\times10^4\times2}}$$

$$=3.26(\text{m})$$

(2) 计算分配荷载

图 2-32 [例题 2-10] 图

角柱节点 1

$$P_{1x}=P_1\times\frac{b_x S_x}{b_x S_x+b_y S_y}=1200\times\frac{3\times3.05}{3\times3.05+2\times3.26}=701(\text{kN})$$

$$P_{1y}=P_1\times\frac{b_y S_y}{b_x S_x+b_y S_y}=1200\times\frac{2\times3.26}{3\times3.05+2\times3.26}=499(\text{kN})$$

边柱节点 2

$$P_{2x}=P_2\times\frac{4b_x S_x}{4b_x S_x+b_y S_y}=2000\times\frac{4\times3\times3.05}{4\times3\times3.05+2\times3.26}=1697(\text{kN})$$

$$P_{2y}=P_2\times\frac{b_y S_y}{4b_x S_x+b_y S_y}=2000\times\frac{2\times3.26}{4\times2\times3.05+2\times3.26}=303(\text{kN})$$

边柱节点 3

$$P_{3x}=P_3\times\frac{b_x S_x}{b_x S_x+4b_y S_y}=2500\times\frac{3\times3.05}{4\times2\times3.26+3\times3.05}=650(\text{kN})$$

$$P_{3y}=P_3\times\frac{4b_y S_y}{b_x S_x+4b_y S_y}=2500\times\frac{4\times2\times3.26}{4\times2\times3.26+3\times3.05}=1850(\text{kN})$$

内柱节点 4

$$P_{4x}=P_4\times\frac{b_x S_x}{b_x S_x+b_y S_y}=3000\times\frac{3\times3.05}{3\times3.05+2\times3.26}=1752(\text{kN})$$

$$P_{4y}=P_4\times\frac{b_y S_y}{b_x S_x+b_y S_y}=3000\times\frac{3\times3.26}{3\times3.05+2\times3.26}=1248(\text{kN})$$

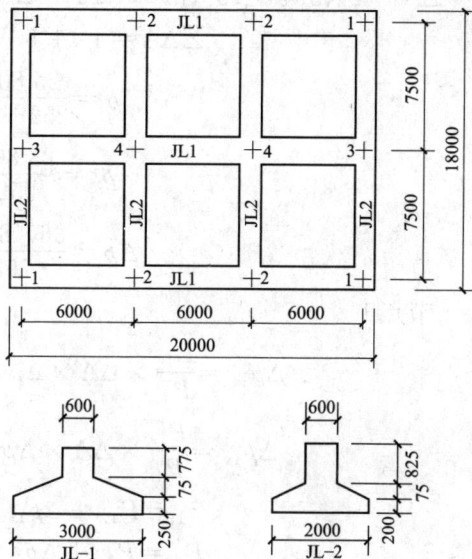

（3）分配荷载的调整

$$\sum P = 1200 \times 4 + 2000 \times 4 + 2500 \times 2 + 3000 \times 2 = 23\,800(\text{kN})$$

$$\sum A = 3 \times 3 \times 20 + 8 \times (7.5 - 3) \times 2 = 252(\text{m}^2)$$

$$\Delta A_1 = 2 \times 3/4 = 1.5\ (\text{m}^2), \quad \Delta A_2 = \Delta A_3 = 2 \times 3/2 = 3.0(\text{m}^2), \quad \Delta A_4 = 2 \times 3 = 6.0(\text{m}^2)$$

$$\sum \Delta A = 4 \times 1.5 + 6 \times 3.0 + 2 \times 6.0 = 36(\text{m}^2)$$

$$p = \frac{23\,800}{252 + 36} = 82.6(\text{kN/m}^2)$$

$$p' = \frac{23\,800}{252} = 94.4(\text{kN/m}^2)$$

$$\Delta p = \frac{36 \times 82.6}{252} = 11.8(\text{kN/m}^2)$$

节点 1

$$\Delta p_{1x} = \frac{P_{1x}}{P_1} \times \Delta A \times \Delta p = \frac{701}{1200} \times 1.5 \times 11.8 = 10.4(\text{kN})$$

$$\Delta p_{1y} = \frac{P_{1y}}{P_1} \times \Delta A \times \Delta p = \frac{499}{1200} \times 1.5 \times 11.8 = 7.4(\text{kN})$$

$$P'_{1x} = P_{1x} + \Delta p_{1x} = 701 + 10.4 = 711.4(\text{kN})$$

$$P'_{1y} = P_{1y} + \Delta p_{1y} = 499 + 7.4 = 506.4(\text{kN})$$

节点 2

$$\Delta p_{2x} = \frac{P_{2x}}{P_2} \times \Delta A \times \Delta p = \frac{1697}{2000} \times 3.0 \times 11.8 = 30.0(\text{kN})$$

$$\Delta p_{2y} = \frac{P_{2y}}{P_2} \times \Delta A \times \Delta p = \frac{303}{2000} \times 3.0 \times 11.8 = 5.4(\text{kN})$$

$$P'_{2x} = P_{2x} + \Delta p_{2x} = 1697 + 30.0 = 1727.0(\text{kN})$$

$$P'_{2y} = P_{2y} + \Delta p_{2y} = 303 + 5.4 = 308.4(\text{kN})$$

节点 3 和节点 4 同理求得（略）。

第七节　筏形基础基底尺寸的确定

一、概述

在采用条形基础、独立基础或交叉条形基础时，由于建筑物越来越大或地基承载力较低，基座所占平面的面积越来越大，当达到 3/4 以上时，人们发现采用整板式基础更经济，于是就产生了筏形基础。从过去给筏形基础的定义"柱下或墙下连续的平板式或梁板式钢筋混凝土基础"来看，筏形基础的应用范围较箱基大得多，使用上也灵活得多。往往箱形基础难以满足应用时，采用筏形基础。

筏形基础常用类型有平板式和梁板式，其选型应根据工程具体条件确定。

与梁板式筏基相比，平板式筏基具有抗冲切及抗剪切能力强的特点，且结构简单、施工便捷。经大量工程实践和部分工程事故分析，平板式筏基具有更好的适应性，其缺点是当柱荷载很大、地基不均匀或差异沉降较大时板的厚度较大。框架-核心筒结构和筒中筒结构宜采用平板式筏形基础。

梁板式筏基是由短梁、长梁和板组成的双向板体系,与平板式相比具有材耗低、刚度大的特点,其应用十分广泛。可分为板底设梁和板顶设梁两种方案(图2-33)。板底设梁的方案有利于地下室空间的利用,但地基开槽施工麻烦,且破坏了地基的连续性、扰动了地基土,导致地基承载力降低;板顶设梁的方案便于施工,但不利于地下室空间的利用。选型时,应根据工程地质、柱距、荷载大小以及施工条件等因素综合确定。

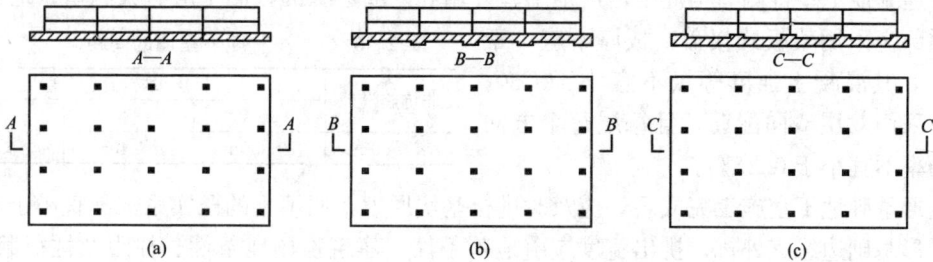

图2-33 筏板基础的基本形式
(a) 平板式;(b) 梁板式—板底设梁;(c) 梁板式—板顶设梁

梁板式筏基又分为单向肋和双向肋两种形式。单向肋指只在一个方向上布置肋梁,双向肋是在纵、横两个方向上都布置肋梁,有时也在柱网之间再布置次肋以减少底板的厚度。

在工程设计中,一般认为对柱距变化和柱间荷载变化不超过20%、柱网间距较小、上部荷载不是很大的结构可选用平板式筏基;对于纵横柱网间尺寸相差较大,上部结构的荷载也较大时,宜选用梁板式筏基。对上部结构为剪力墙体系时,如果每道剪力墙都直通到基础,一般采用平板式;而对于每道剪力墙不都直通到基础的框支剪力墙,须选用梁板式筏基。

需要注意的是,由于筏板的覆盖面积较大而厚度和抗弯刚度有限,无能力调整过大的差异沉降,因此对局部范围内地基土软硬差异过大,上部结构对差异变形很敏感的情况,使用筏形基础时要慎重研究,必要时,可辅以对地基进行局部处理或使用桩筏基础。此外,由于筏基工作条件复杂,内力分析难以完全反映真实的受力情况,设计时需要双向配置受力钢筋,从而提高工程造价,因此需要进行技术经济比较后综合确定。

二、筏形基础的平面布置

筏形基础的平面尺寸,应根据地基承载力、上部结构的布置及荷载分布等因素综合确定。柱或墙的空间分布情况基本确定了筏形基础底面的大小以及肋梁的总体布置。为满足承载力的要求而需扩大基础底面积时,应优先考虑沿底板短边方向的扩展,这样更有利于基础的稳定性。对单栋建筑物,在地基土比较均匀的条件下,基底平面形心宜与结构竖向永久荷载重心重合。当不能重合时,在荷载效应准永久组合下,偏心距 e 宜符合下列要求

$$e \leqslant 0.1 \frac{W}{A} \tag{2-70}$$

式中 W——与偏心距方向一致的基础底面边缘抵抗矩;

A——基础底面积。

在进行上部结构计算时,首先要确定其嵌固部位,嵌固部位又直接影响基础弯矩,所以

它对于结构分析和基础设计非常重要，且直接与建筑物的经济性与安全性有关。对于上部结构为框架、剪力墙或框剪结构的单层或多层地下室，只有当地下一层的结构侧向刚度大于或等于与其相连的上部结构楼层偏移刚度的 1.5 倍，且地下室墙的间距符合表 2-6 的要求时，地下一层结构顶板才可作为上部结构的嵌固部位；否则，认为上部结构嵌固在筏形基础顶部。当地下一层结构顶部作为上部结构的嵌固部位时，应能保证将上部结构的地震作用或水平力传递到地下室抗侧力构件中，沿地下室外墙和内墙边缘的板面不应有大洞口；地下一层结构顶部应采用梁板式楼盖，板厚不应小于 180mm，其混凝土强度等级不宜小于 C30；楼面应采用双层双向配筋，且每层每个方向的配筋率不宜小于 0.25%。

表 2-6 地下室墙的间距

非抗震设计	抗震设防烈度（度）		
	6、7	8	9
$d\leq60m$	$d\leq50m$	$d\leq40m$	$d\leq30m$

筏形基础地下室施工完成后，应及时进行基坑回填，回填土的压实系数不宜小于 0.94。

筏形基础边缘宜外挑，挑出宽度应由地基条件、建筑物场地条件、柱距及柱荷载大小、使地基反力与建筑物重心重合或尽量减少偏心等因素综合确定。一般情况下，挑出宽度为边跨柱距的 1/4~1/3。

对基础梁外伸的梁板式筏基，底板挑出长度，从基础梁外皮起算横向不宜大于 1200mm，纵向不宜大于 800mm；对平板式筏基，其挑出长度从柱外皮起算横向不宜大于 1000mm，纵向不宜大于 600mm。

地下室底层柱、剪力墙与梁板式筏基的基础梁连接的构造应符合下列要求。

柱、墙的边缘至基础梁边缘的距离不应小于 50mm（图 2-34）；当交叉基础梁的宽度小于柱截面的边长时，交叉基础梁连接处应设八字角，柱角与八字角之间的净距不宜小于 50mm [图 2-34（a）]；单向基础梁与柱的连接，可按图 2-34（b）、（c）采用；基础梁与剪力墙的连接，可按图 2-34（d）采用。

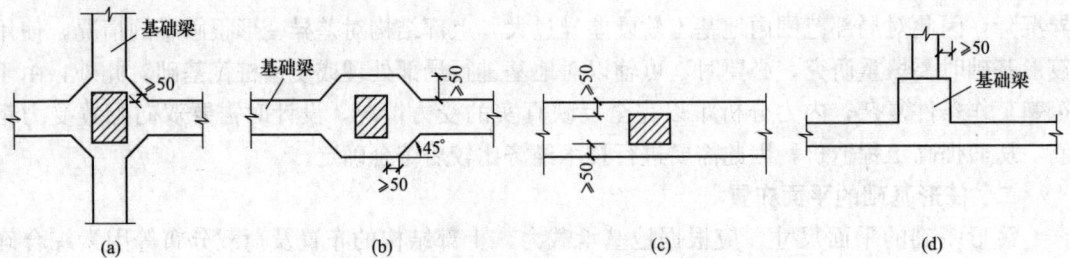

图 2-34 地下室底层柱或剪力墙与基础梁连接的构造要求

筏板基础的厚度由抗冲切和抗剪强度确定，同时满足抗渗要求。局部柱距及柱荷载较大时，可在柱下板底加墩或设置暗梁并配置抗冲切箍筋来增加板的局部抗剪切能力，应避免因少数柱荷载较大而将整个筏板加厚。除强度验算控制外，还要求筏板基础有较强的整体刚度。一般经验是筏板的厚度按地面上楼层数估算，每层约需板厚 50~80mm。

梁板式筏基底板厚度与最大双向板格的短边净跨比不应小于 1/14，且板厚不应小于 400mm。平板式筏基的板厚应不小于 400mm。有悬臂的筏板，可做成坡度，但边缘厚度不宜小于 200mm。

三、地基承载力验算

筏形基础的基底压力应满足下式

$$\left. \begin{array}{l} p_k \leqslant f_a \\ p_{kmax} \leqslant 1.2 f_a \\ p_{kmin} > 0 \end{array} \right\} \tag{2-71}$$

式中　p_k、p_{kmax} 和 p_{kmin}——相应于作用的标准组合时，基底平均压力、基底边缘的最大压力和最小压力值；

f_a——修正后的地基承载力特征值。

基底压力按下式计算

$$p(x,\ y) = \frac{G_k + \sum F_k}{A} \pm \frac{M_x y}{I_x} \pm \frac{M_y x}{I_y} \tag{2-72}$$

式中　G_k——筏形基础自重和其上的土重之和；

$\sum F_k$——相应于作用的标准组合时上部结构传至基础顶面的竖向力值之和；

A——筏形基础的平面面积；

M_x、M_y——相应于作用的标准组合时竖向荷载对通过底面形心 x 轴和 y 轴的力矩；

I_x、I_y——底面积对 x 轴和 y 轴的惯性矩；

x、y——计算点的坐标。

当基础埋置较深、地下水位较高时，式（2-71）中的基底压力应减去基础底面处的浮力。如果基底下存在软弱下卧层，应进行软弱下卧层承载力验算。

对于抗震设防的建筑，筏形基础基底压力除满足式（2-71）要求外，尚应验算抗震承载力。

【例题 2-11】　某多层建筑，上部结构为框架结构，如图 2-35 所示，荷载效应标准组合时柱的轴力如下（自左至右，单位：kN）：

A：2600，3200，3600，3600，2800

B：3100，4200，4600，4600，3500

C：2600，3200，3600，3600，2800

上层土为素填土，厚度 0.7m，重度 $\gamma = 16.5 \text{kN/m}^3$；其下是粉质黏土，$\gamma = 18.0 \text{kN/m}^3$，孔隙比 $e = 1.039$，液性指数 $I_L = 0.925$，压缩模量 $E_s = 5.71 \text{MPa}$，$f_{ak} = 103 \text{kPa}$，地下水位在地表下 0.7m 处。根据上部结构的形式，经综合比较，确定采用梁板式筏形基础，基础埋深 2.0m。设计该基础的尺寸。

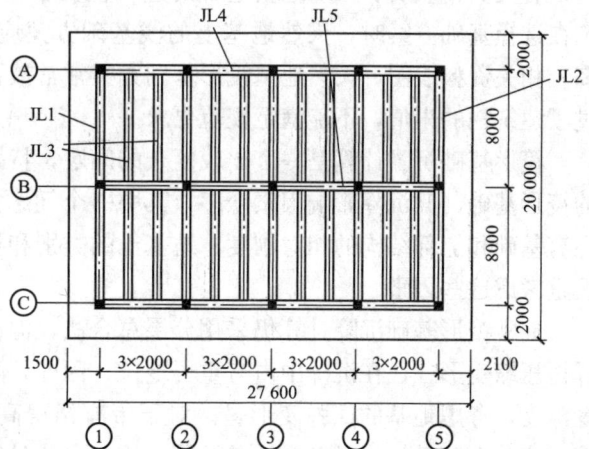

图 2-35　[例题 2-11] 筏形基础（尺寸单位：mm）

解　柱的总荷载 $\sum F_i = 51\ 600 \text{kN}$，其作用点距左边缘柱中心线的距离为

$$x_1 = \frac{\sum(x_i F_i)}{\sum F_i} = \frac{1}{51\ 600}[(3200 \times 2 + 4200) \times 6 + (3600 \times 2 + 4600) \times 12$$

$$+(3600\times2+4600)\times18+(2800\times2+3500)\times24]=12.3(\text{m})$$

基础左边缘外伸长度确定为 1.5m，为使合力作用点与基础形心重合，基础的总长度应为

$$L=(12.3+1.5)\times2=27.6(\text{m})$$

根据持力层粉质黏土的参数，承载力修正系数为 $\eta_b=0$，$\eta_d=1.0$

基底以上土的加权平均重度为

$$\gamma_m=\frac{16.5\times0.7+(18-10)\times1.3}{2}=11.0(\text{kN/m}^3)$$

$$\begin{aligned}f_a&=f_{ak}+\eta_b\gamma(b-3)+\eta_d\gamma_m(d-0.5)\\&=103+1.0\times11.0\times(2.0-0.5)\\&=119.5\ (\text{kPa})\end{aligned}$$

基底面积为

$$A=\frac{\sum F_i}{f_a-\gamma_G d}=\frac{51\ 600}{119.5-(20\times0.7+10\times1.3)}=557.8(\text{m}^2)$$

$$B=\frac{A}{L}=\frac{557.8}{27.6}=20.2(\text{m})$$

取基础宽度 $B=20.0$m，两边柱中心线间距为 16.0m，则基础在宽度方向应从边柱各向外悬挑 $(20.0-16.0)/2=2.0(\text{m})$，如图 2-35 所示。

四、基础沉降计算

筏形基础由于自身所具有的整体性和刚度，即使在地基土不均匀的情况下也会由于跨越作用而调整不均匀沉降，故称其为补偿性基础。一方面筏形基础与地下室墙体的联合作用可以增强这种有利的跨越作用，另一方面还应注意地基土的不均匀性即孔洞或软弱区的范围不可过大。均匀沉降即使超量一般也不会对建筑物造成结构性的破坏，但差异沉降超过某一数值则会直接影响结构的稳定性和建筑物的正常使用。

有关资料表明，天然地基基础的造价仅为桩基础造价的 17%～67%。高层、超高层建筑在选择基础方案时，天然地基上的浅基础方案应是首选方案，其中又以筏形基础应用最多。相关资料表明，天然地基筏形基础方案常常被否决的最主要原因就是沉降和差异沉降超过了建筑物的限值，不能满足规范要求。

筏形基础沉降计算是一个比较复杂的问题，特别是目前大宽度、建筑结构空间形状复杂的筏形基础，其沉降影响因素众多，其中一个问题是压缩层厚度的计算或选取，除此之外，还有基础和上部结构的相对刚度、地基土的类别和均匀性、施工方法等，在沉降计算时，应慎重考虑这些因素。

通常筏形基础沉降计算仍采用分层总合法，但由于筏形基础一般埋置较深，地基土的回弹再压缩变形往往在沉降中占有重要地位，因此，除常规计算的最终沉降量外，应视基础埋置深度，考虑地基的回弹变形量。对于带有裙房高层建筑的大面积整体筏形基础的沉降计算，应按上部结构、基础和地基共同作用的方法计算。

第八节　筏形基础内力计算

筏形基础的内力计算属于高次超静定问题，目前有三种方法，即不考虑共同作用的简化

计算方法，将地基净反力视为线性分布；考虑基础、地基共同作用的弹性地基上梁、板分析方法；考虑上部结构、基础、地基共同作用的分析方法。

刚性板条法和倒楼盖法均是简化计算方法。简化方法都存在不同的缺陷，在采用时应对其适用范围、误差大小等问题具有正确认识。《建筑地基基础设计规范》（GB 50007—2011）规定：当地基土比较均匀、上部结构刚度较好、梁板式筏基梁的高跨比或平板式筏基板的厚跨比不小于 1/6，且相邻柱荷载及柱间距的变化不超过 20%时，筏形基础可仅考虑局部弯曲作用。筏形基础的内力，可按基底反力呈直线分布进行计算，计算时基底反力应扣除底板自重及其上填土的自重。当不满足上述要求时，筏基内力应按弹性地基梁板方法进行分析计算。

一、刚性板条法

在柱荷载比较均匀（或相邻柱荷载变化不超过 20%）及柱距比较一致的情况下，当柱距小于 $1.75/\lambda$ 时，可认为筏板为刚性板，受荷后基底仍保持平面，筏形基础内力可采用刚性板条法计算。λ 由下式确定

$$\lambda = \sqrt[4]{\frac{k_s b}{4 E_c I}} \tag{2-73}$$

式中　k_s——地基基床系数；

　　　b——筏形基础计算条带的宽度，即相邻两行柱的中心距；

　　　E_c——混凝土的弹性模量；

　　　I——宽度为 b 的计算条带的惯性矩。

计算内力时，先计算柱荷载合力的位置，并假定地基反力呈直线分布，采用静力学方法求得地基净反力。

$$p_j = \sum F \cdot \left(\frac{1}{A} \pm \frac{e_x x}{I_y} \pm \frac{e_y y}{I_x} \right) \tag{2-74}$$

式中　$\sum F$——荷载效应基本组合时，基础上竖向荷载的总和；

　　　e_x、e_y——合力$\sum F$ 对 x、y 轴的偏心距。

将筏板划分为互相垂直的条带，条带以相邻柱间的中线作为分界线，假定各条带彼此互不影响，条带上面作用着柱荷载，底面作用着地基净反力 [图 2-36（a）]。从而得到一系列纵向、横向条带，然后用静定分析方法计算各条带截面内力。

计算时，纵向条带和横向条带都采用每个条带上面作用的全部柱荷载和地基净反力，而不考虑纵横向条带对公用柱荷载的分担作用，内力计算结果偏大，偏于保守。同时由于板条法没有考虑相邻板条之间的剪力传递，因此会出现地基净反力与其上的荷载不平衡的问题，应根据实际情况，按经验方法，将荷载按适当的比例进行分配，合理修正竖向力的平衡。

一种简单的条带荷载不平衡调整方法如下：

如图 2-36（b）所示条带的荷载总和为

$$\sum F = F_1 + F_2 + F_3 + F_4 + F_5 \tag{2-75a}$$

基底压力平均值为

$$\bar{p}_j = \frac{1}{2}(p_{jA} + p_{jB}) \tag{2-75b}$$

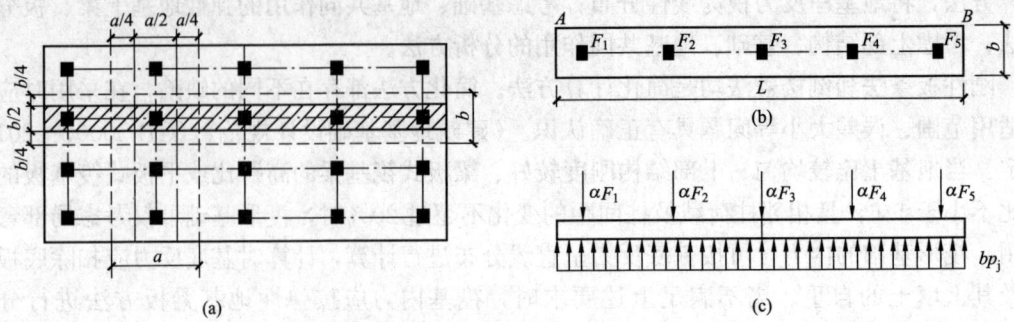

图 2-36 刚性板条法分析筏形基础

(a) 条带划分；(b) 条带；(c) 荷载调整

式中 p_{jA}、p_{jB}——A、B 点的基底净反力。

对于宽度为 b、长度为 L 的板条，基底净反力总和 $\bar{p}_j bL$ 与柱荷载总和 $\sum F$ 往往不相等，二者平均值为

$$\bar{F} = \frac{1}{2}(\sum F + p_j bL) \tag{2-75c}$$

柱荷载修正系数为

$$\alpha = \bar{F}/\sum F \tag{2-75d}$$

各柱荷载的修正值分别为 αF_1、αF_2、$\cdots$。

基底平均净反力的修正值为

$$p_j' = \bar{F}/(bL) \tag{2-75e}$$

【例题 2-12】 某框架结构平板式筏形基础平面尺寸为 $25.6\text{m} \times 16.6\text{m}$，柱距和荷载效应基本组合时的柱荷载如图 2-37 所示。基础埋深 1.5m，板厚 1.0m，计算筏形基础的内力。

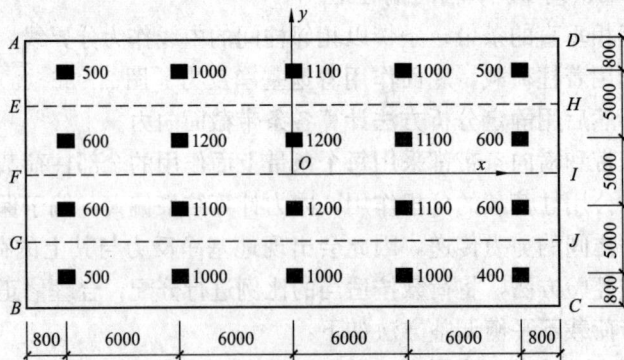

图 2-37 [例题 2-12] 筏基柱距和柱荷载

（尺寸单位：mm；荷载单位：kN）

解 将筏形基础沿 x 轴方向划分为 4 个条带，y 方向划分为 5 个条带。

(1) 计算柱荷载合力的偏心距。

上部荷载基本组合值之和为

$$\sum F = 500\times3+400+600\times4+1000\times5+1100\times4+1200\times3 = 17\ 300(kN)$$

基底面积　$A = 25.6\times16.6 = 424.96(m^2)$

惯性矩　$I_x = \dfrac{25.6\times16.6^3}{12} = 9758.5\ m^4$　　$I_y = \dfrac{16.6\times25.6^3}{12} = 23\ 208.48(m^4)$

上部荷载合力距筏板左边缘的距离为

$$x_1 = [(500\times2+600\times2)\times0.8 + (1000\times2+1200+1100)\times6.8$$
$$+ (1200\times2+1000+1100)\times12.8 + (1000\times2+1100\times2)\times18.8$$
$$+ (500+600\times2+400)\times24.8]/\sum F$$
$$= 219\ 640/17\ 300 = 12.70(m)$$

上部荷载合力距筏板上边缘的距离为

$$y_1 = [(500\times2+1000\times2+1100)\times0.8 + (600\times2+1200\times2+1100)\times5.8$$
$$+ (600\times2+1100\times2+1200)\times10.8 + (500+1000\times3+400)\times15.8]/\sum F$$
$$= 141\ 840/17\ 300 = 8.20(m)$$

偏心距

$$e_x = x_1 - \frac{B}{2} = 12.70 - \frac{25.6}{2} = -0.10(m)$$

$$e_y = \frac{L}{2} - y_1 = \frac{16.6}{2} - 8.20 = 0.10(m)$$

（2）计算基底净反力

$$M_y = e_x\sum F = 0.10\times17\ 300 = 1730(kN\cdot m)$$

$$M_x = e_y\sum F = 0.10\times17\ 300 = 1730(kN\cdot m)$$

基底平均净反力为

$$\bar{p}_j = \frac{\sum F}{A} = \frac{17\ 300}{424.96} = 40.7(kPa)$$

（3）根据式（2-74）计算各点的地基净反力：

A 点　　　$p_{jA} = 64.8 + \dfrac{1730\times12.8}{23\ 208.48} + \dfrac{1730\times8.3}{9758.5}$

　　　　　　$= 40.7 + 0.0745\times12.8 + 0.1773\times8.3 = 43.14(kPa)$

B 点　　$p_{jB} = 40.7 + 0.0745\times12.8 - 0.1773\times8.3 = 40.18(kPa)$

C 点　　$p_{jC} = 40.7 - 0.0745\times12.8 - 0.1773\times8.3 = 38.27(kPa)$

D 点　　$p_{jD} = 40.7 - 0.0745\times12.8 + 0.1773\times8.3 = 41.22(kPa)$

E 点　　$p_{jE} = 40.7 + 0.0745\times12.8 + 0.1773\times5 = 42.54(kPa)$

F 点　　$p_{jH} = 40.7 + 0.0745\times12.8 - 0.1773\times5 = 40.77(kPa)$

（4）计算条带 $AEHD$ 的内力：

条带尺寸为 3.3m×25.6m，基底净反力平均值为 （43.14+41.22）/2＝42.18(kPa)。

条带上柱荷载总和 $\sum F = 500\times2+1000\times2+1100 = 4100(kPa)$。

基底净反力总和与柱荷载总和的平均值为

$$\overline{F} = \frac{1}{2}(\sum F + p_j bL) = \frac{1}{2} \times (4100 + 42.18 \times 3.3 \times 25.6) = 3831.68(\text{kPa})$$

柱荷载修正系数为

$$\alpha = \frac{\overline{F}}{\sum F} = \frac{3831.68}{4100} = 0.9346$$

各柱荷载修正后的基本组合值为

$$F_1 = 0.9346 \times 500 = 467.3(\text{kN}), \quad F_2 = 934.6\text{kN}, \quad F_3 = 1028.1\text{kN}$$

$$F_4 = 934.6\text{kN}, \quad F_5 = 467.3\text{kN}$$

基底平均净反力的修正值为

$$p'_j b = \frac{\overline{F}}{l} = \frac{3831.68}{25.6} = 149.68(\text{kN/m})$$

采用静力平衡法计算条带 $AEHD$ 各截面的剪力和弯矩，如图 2-38 所示。其他条带计算从略。

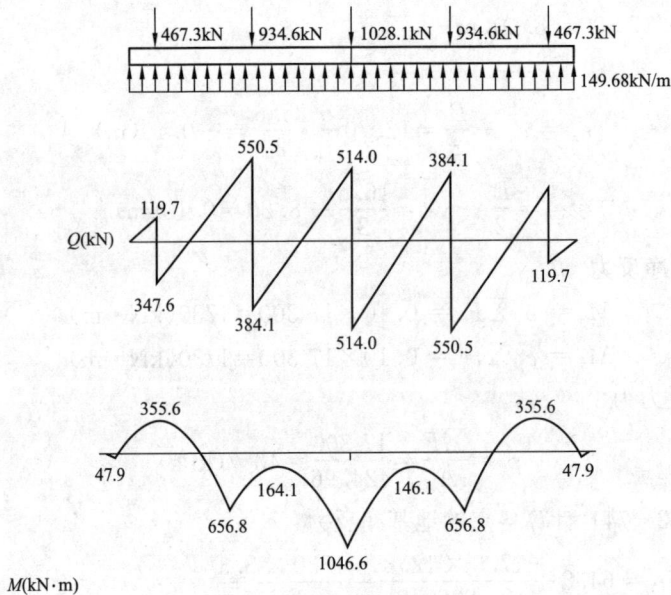

图 2-38 ［例题 2-12］条带 $AEHD$ 内力

二、倒楼盖法

倒楼盖法是目前应用较多的一种筏形基础内力简化计算方法。它是把筏形基础看作倒置在地基上的楼盖，柱、墙视为楼盖的支座，地基净反力视为作用在该楼盖上的外荷载，按混凝土结构中的单向或双向梁板的肋梁楼盖、无肋梁楼盖的方法计算。倒楼盖法由于假定了柱端为不动支座，在地基反力作用下，基础只产生局部弯曲，不产生整体弯曲，相当于结构整体刚度足够大、可不考虑整体挠曲变形的情况。

对于平板式筏基，将筏板在纵横两个方向上划分为柱下板带和柱间板带，柱下板带计算宽度为柱两侧各 1/4 跨度，柱间板带计算宽度取柱距的 1/2。柱下板带与柱形成框架，柱间板带为支撑在另一方向的柱下板带上的连续梁。假定基底净反力呈直线分布，按多跨连续双向板计算板带的内力，可仿效无肋梁楼盖的计算方法计算其内力。

对于梁板式筏基，可将地基净反力按 45°线划分范围，如图 2-39 所示，分别由纵梁和横梁承担。当纵横梁的跨度不相等时，则沿纵横两个方向的梁，荷载分别为梯形分布和三角形分布。把作用在梁上向上的三角形或梯形面积分布荷载等效为均布的当量荷载。等效后，纵横梁就成为下面作用有向上的等效后的当量荷载，上面受柱的作用。然后按多跨连续梁分别计算纵梁和横梁的内力，底板按双向连续板计算。如果柱网间设置有肋梁，则将底板划分为长边与短边之比大于 2 的矩形区格，底板按单向板计算，纵横梁仍按多跨连续梁计算。

用倒楼盖法计算的支座反力与原柱荷载不等，二者存在一个差值。可采用与柱下条形基础"倒梁法"类似的方法进行调整。

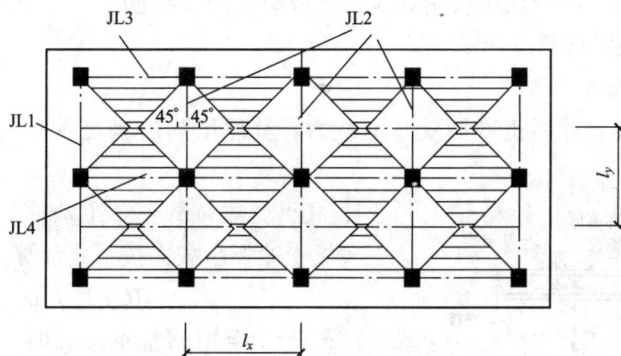

图 2-39　肋梁荷载分布

第九节　筏形基础构造设计

一、构造要求

筏形基础的混凝土强度等级不应低于 C30。当有地下室时应采用防水混凝土，防水混凝土的抗渗等级应根据地下水的最大水头与防渗混凝土厚度的比值，按相关的地下工程防水技术规范选用，但不应小于 0.6MPa。必要时宜设架空排水层。

采用筏形基础的地下室，地下室钢筋混凝土外墙厚度不应小于 250mm，内墙厚度不应小于 200mm。墙的截面设计除满足承载力要求外，尚应考虑变形、抗裂及防渗等要求。墙体内应设置双面钢筋，钢筋不宜采用钢面圆钢筋，竖向和水平钢筋的直径不应小于 12mm，间距不应大于 200mm。

当筏板厚度大于 2000mm 时，宜在板厚中间部位设置直径不小于 12mm、间距不大于 300mm 的双向钢筋网。

按基底反力直线分布计算的梁板式筏基，其基础梁的内力可按连续梁分析，边跨跨中弯矩以及第一支座的弯矩值宜乘以 1.2 的系数。底板和基础梁的配筋除满足计算要求外，纵横方向的底部钢筋尚应有不少于 1/3 贯通全跨，且其配筋率不应小于 0.15％，顶部钢筋按计算配筋全部贯通。

需要注意的是，地下一层的结构顶板应采用梁板式楼盖，板厚不应小于 180mm，其混凝土强度等级不宜小于 C30，楼面应采用双层双向配筋，且每层每个方向的配筋率不宜小于 0.25%。

当平板式筏基厚度大于 2000mm 时，宜在板厚中间部位设置直径不小于 12mm、间距不大于 300mm 的双向钢筋网。

按基底反力直线分布计算的平板式筏基，可按柱下板带和跨中板带分别计算其内力。柱下板带中，柱宽及其两侧各 0.5 倍板厚且不大于 1/4 板跨的有效宽度范围内，其钢筋配置量不应小于柱下板带钢筋数量的一半，且应能承受部分不平衡弯矩 $\alpha_m M_{unb}$，$\alpha_m = 1 - \alpha_s$。柱下板带和跨中板带的底部钢筋应有不少于 1/3 贯通全跨，且配筋率不应小于 0.15%，顶部钢筋按计算配筋全部连通。

平板式筏基板厚往往比较厚，宜每隔 20～40m 设置后绕带，或按超长超宽大体积混凝土进行无缝设计与施工。筏板悬挑板角处应设置放射状附加钢筋。

二、结构构件截面计算

（一）梁板式筏形基础

梁板式筏基底板应计算正截面受弯承载力，其厚度尚应满足受冲切、受剪切承载力的要求。

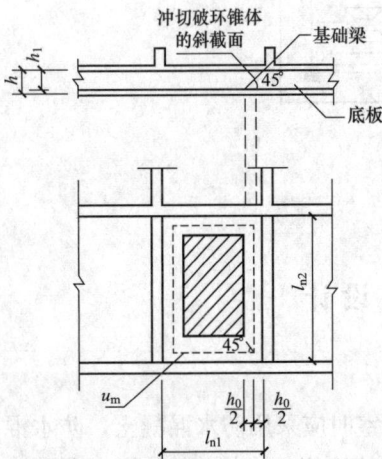

图 2-40 底板冲切计算示意图

1. 底板受冲切承载力计算

底板受冲切承载力按下式计算

$$F_l \leqslant 0.7\beta_{hp}f_t u_m h_0 \qquad (2-76)$$

式中　F_l——作用的基本组合时，在图 2-40 中阴影部分面积上的基底平均净反力设计值；

u_m——距基础梁边 $h_0/2$ 处冲切截面的周长（图 2-40），h_0 为底板有效高度；

β_{hp}——受冲切承载力截面高度影响系数，当 h 不大于 800mm 时，β_{hp} 取 1.0；当 h 大于 2000mm 时，β_{hp} 取 0.9，其间按线性内插法取用；

f_t——混凝土轴心抗拉强度设计值。

当底板区格为矩形双向板时

$$F_l = (l_{n1} - 2h_0)(l_{n2} - 2h_0)p \qquad (2-77)$$

式中　p——扣除底板及其填土自重后，相应于作用的基本组合时，基底土平均净反力设计值；

l_{n1}、l_{n2}——计算板格的短边、长边净长度。

冲切截面的周长为

$$u_m = 2(l_{n1} - h_0) + 2(l_{n2} - h_0) = 2(l_{n1} + l_{n2}) - 4h_0 \qquad (2-78)$$

把上面两式代入式（2-76），整理得

$$2h_0^2 - (l_{n1} + l_{n2})h_0 + \frac{1}{2}\frac{l_{n1}l_{n2}}{p + 0.7\beta_{hp}f_t} \leqslant 0 \qquad (2-79)$$

解此方程，当底板区格为矩形双向板时，底板受冲切承载力所需的有效厚度 h_0 为

$$h_0 \geqslant \frac{(l_{n1} + l_{n2}) - \sqrt{(l_{n1} + l_{n2})^2 - \dfrac{4pl_{n1}l_{n2}}{p + 0.7\beta_{hp}f_t}}}{4} \tag{2-80}$$

2. 底板受剪切承载力计算

底板斜截面受剪承载力应符合下列要求

$$V_s \leqslant 0.7\beta_{hs}f_t(l_{n2} - 2h_0)h_0 \tag{2-81}$$

$$\beta_{hs} = (800/h_0)^{1/4} \tag{2-82}$$

式中　V_s——距梁边缘 h_0 处，作用在图 2-41 中阴影部分面积上的基底平均净反力产生的剪力设计值；

　　　β_{hs}——受剪切时截面高度影响系数，当按式（2-82）计算时，板的有效高度 h_0 小于 800mm 时，h_0 取 800mm；h_0 大于 2000mm 时，h_0 取 2000mm。

实际工程中，梁板式筏形基础底板的厚跨比一般在 6~14 范围内变化，其下土反力存在向墙下集中的现象，一般情况下双向板的跨中土反力约为墙下土反力的 85% 左右，底板的受剪承载力不同于梁的受剪承载力。况且基础底面与土之间的摩擦力使底板实际上处在压弯受力状态，不能将其等同于一般承受均布荷载的楼板。验算时，将距支座边缘 h_0 处梯形受荷面积上的平均净反力分摊在 $(l_{n2} - 2h_0)$ 上进行计算，混凝土强度设计值按现行的混凝土结构设计规范取值。

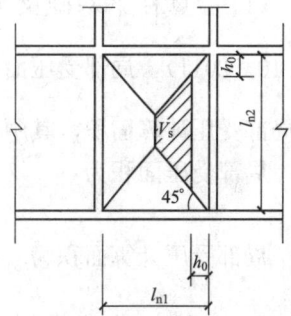

图 2-41　底板剪切计算示意图

3. 基础局部受压承载力验算

当前，高强度混凝土已逐渐用于上部结构竖向构件中，由于基础结构的混凝土体积较大，为防止混凝土硬化过程中产生的水化热以及混凝土收缩引起的裂缝，基础结构一般都采用强度等级较低的混凝土。当基础的混凝土强度等级低于底层柱子的混凝土强度等级时，应按《混凝土结构设计规范》（GB 50010）对底层柱下基础梁顶面局部受压承载力进行验算。验算时局部受压的计算底面积，可根据局部受压面积与计算底面积同心、对称的原则确定。当不能满足时，应适当扩大承压面积，如扩大柱角和基础梁八字角之间的净距，或在柱下基础梁内配置钢筋网，或采取提高基础梁混凝土强度等级等有效措施。

需要说明的是，局部受压承载力验算，由于按《混凝土结构设计规范》进行，所需的地基净反力是作用的标准组合值，而底板剪切及冲切验算则采用作用的基本组合值。

【例题 2-13】　一双向肋梁筏基，柱网尺寸为 6m×7m ［图 2-42（a）］，荷载效应基本组合地基净反力 p=150kPa。基础底板厚度为 0.5m，柱截面尺寸为 500mm×500mm，混凝土强度等级为 C60，荷载效应基本组合的最大荷载柱的轴力 F=4700kN，基础梁混凝土强度等级为 C35。由于基础梁的宽度 b=500mm，把柱与基础梁连接处设计成如图 2-42（b）所示的八字角。试验算柱下基础梁顶面的局部受压承载力、底板受剪和受冲切承载力。

解　荷载效应基本组合地基净反力 p=150kPa，荷载效应标准组合地基净反力为 150/1.35＝111kPa。

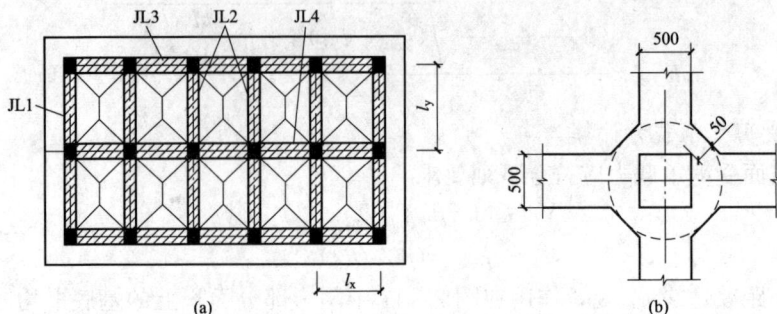

图 2-42 ［例题 2-13］图
(a) 纵横梁荷载分布图；(b) 柱与基础梁连接处

（1）验算柱下基础梁顶面的局部受压承载力。根据《混凝土结构设计规范》（GB 50010—2011），局部受压面积与计算底面积同心、对称原则，以半径为 $\left(\dfrac{b}{2}+a\right)$ 的圆面积作为局部受压计算面积，其中 a 为柱角至基础梁八字角之间的距离，本例 $a=50\mathrm{mm}$。

局部受压面积为

$$A_l=500\times500=2.5\times10^5(\mathrm{mm^2})$$

局部受压计算面积为

$$A_\mathrm{h}=3.14\times\left(\frac{500}{\sqrt2}+50\right)^2=5.114\times10^5(\mathrm{mm^2})$$

混凝土局部受压时的强度提高系数为

$$\beta_l=\sqrt{\frac{A_\mathrm{h}}{A_l}}=\sqrt{\frac{5.114\times10^5}{2.5\times10^5}}=1.43$$

C35 混凝土轴心抗压强度设计值为 16.7MPa，则素混凝土轴心抗压强度设计值为

$$f_\mathrm{cc}=0.85f_\mathrm{c}=0.85\times16.7=14.2(\mathrm{MPa})$$

受压面上局部压力设计值为 $F_l=4700\mathrm{kN}$，基础顶面局部受压承载力为

$$\omega\beta_lf_\mathrm{cc}A_l=1.0\times1.43\times14.2\times2.5\times10^5=5.077\times10^6(\mathrm{N})=5077\mathrm{kN}>F_l$$

筏基基础梁满足局部受压承载力要求。

（2）基础底板受冲切承载力验算。基础底板厚度为 0.5m，布置双排钢筋，上下保护层总计 70mm，底板有效高度为 0.43mm，计算板格的短边和长边净长度 $l_\mathrm{n1}=6.0-0.5=5.5\mathrm{m}$，$l_\mathrm{n2}=7.2-0.5=6.7\mathrm{m}$，受冲切承载力截面高度影响系数 $\beta_\mathrm{hp}=1.0$，C35 混凝土轴心抗拉强度设计值 $f_\mathrm{t}=1570\mathrm{kPa}$。

$$\begin{aligned}h_0&=\frac14\left[(l_\mathrm{n1}+l_\mathrm{n2})-\sqrt{(l_\mathrm{n1}+l_\mathrm{n2})^2-\frac{4pl_\mathrm{n1}l_\mathrm{n2}}{p+0.7\beta_\mathrm{hp}f_\mathrm{t}}}\right]\\&=\frac14\left[(5.5+6.7)-\sqrt{(5.5+6.7)^2-\frac{4\times150\times5.5\times6.7}{150+0.7\times1.0\times1570}}\right]=0.187(\mathrm{m})\end{aligned}$$

满足。

（3）验算距基础梁边缘 $h_0=0.43\mathrm{m}$ 处底板斜截面受剪承载力

$$V_s = p\left(l_{n2} - \frac{l_{n1}}{2} - h_0\right)\left(\frac{l_{n1}}{2} - h_0\right) = 150 \times \left(6.7 - \frac{5.5}{2} - 0.43\right)\left(\frac{5.5}{2} - 0.43\right) = 1225(\text{kN})$$

受剪切时截面高度影响系数 $\beta_{hs} = 1.0$。

$$0.7\beta_{hs}f_t(l_{n2} - 2h_0)h_0 = 0.7 \times 1.0 \times 1570 \times (6.7 - 2 \times 0.43) \times 0.43 = 2760(\text{kN}) > V_s$$

满足。

（二）平板式筏形基础

1. 受冲切承载力计算

（1）柱的冲切临界截面的最大剪应力。平板式筏形基础设计时，首先需要按冲切要求确定筏板的厚度。验算距柱边 $h_0/2$ 处（h_0 为筏板的有效高度）的冲切临界截面的最大剪应力 τ_{max}，除需考虑竖向荷载产生的剪应力外，还应考虑作用在冲切临界截面重心上的不平衡弯矩所产生的附加剪应力（图 2-43），即

$$\tau_{max} = F_l/(u_m h_0) + \alpha_s M_{unb} c_{AB}/I_s \tag{2-83}$$

$$\tau_{max} \leqslant 0.7(0.4 + 1.2/\beta_s)\beta_{hp}f_t \tag{2-84}$$

$$\alpha_s = 1 - \frac{1}{1 + \dfrac{2}{3}\sqrt{c_1/c_2}} \tag{2-85}$$

式中　F_l——相应于荷载效应基本组合时的集中力设计值，对内柱取轴力设计值减去筏板冲切破坏锥体内的地基反力设计值；对边柱和角柱，取轴力设计值减去筏板冲切临界截面范围内的地基反力设计值；地基反力应扣除底板自重；

　　　　u_m——距柱边 $h_0/2$ 处冲切临界截面的周长；

　　　　M_{unb}——作用在冲切临界截面重心上的不平衡弯矩设计值；

　　　　c_{AB}——沿弯矩作用方向，冲切临界截面重心至冲切临界截面最大剪应力点的距离；

　　　　I_s——冲切临界截面对其重心的极惯性矩；

　　　　β_s——柱截面长边与短边的比值，当 $\beta_s < 2$ 时，β_s 取 2，当 $\beta_s > 4$ 时，β_s 取 4；

　　　　c_1——与弯矩作用方向一致的冲切临界截面的边长；

　　　　c_2——垂直于 c_1 的冲切临界截面的边长；

　　　　α_s——不平衡弯矩通过冲切临界截面上的偏心剪力来传递的分配系数。

式（2-83）右端第一项是根据我国《混凝土结构设计规范》在集中力作用下的冲切承载力计算公式换算得到的，第二项是引用美国 ACI 318 规范中的有关计算规定。M_{unb} 是指作用在距柱边 $h_0/2$ 处冲切临界截面重心上的弯矩，对边柱它包括由柱根处轴力设计值 N 和该处筏板冲切临界截面范围内相应的地基反力 P 对临界截面重心产生的弯矩，由于设计中筏板和上部结构是分别计算的，因此计算 M_{unb} 时尚应包括柱子根部弯矩 M_c，如图 2-43 所示。

$$M_{unb} = Ne_N - Pe_P \pm M_c \tag{2-86}$$

对于内柱，由于对称关系，柱截面形心与冲切临界截面重心重合，$e_N = e_P = 0$，因此冲切临界截面重心上的弯矩，取柱根弯矩。

当柱荷载较大，等厚度筏板的受冲切承载力不能满足要求时，可在筏板上面增设柱墩或在筏板下局部增加板厚或采用抗冲切箍筋来提高受冲切承载力。但需验算筏板变厚度处的冲切承载力。

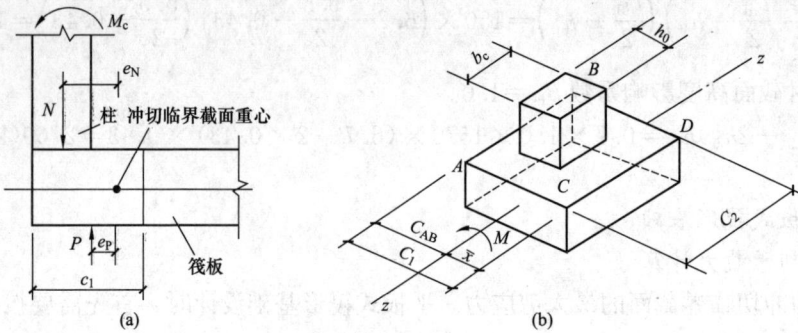

图 2 - 43 平板式筏基冲切计算示意图

(a) M_{unb} 计算；（b）冲切临界截面

冲切临界截面的周长 u_m 以及冲切临界截面对其形心的极惯性矩 I_s 应根据柱所处的位置来确定。

1) 对内柱 ［图 2 - 43（b）］

$$c_1 = h_c + h_0, \quad c_2 = b_c + h_0 \tag{2 - 87a}$$

冲切临界截面周长

$$u_m = 2(c_1 + c_2) \tag{2 - 87b}$$

平行于弯矩作用方向的极惯性矩

$$I_{xx} + I_{yy} = 2\left(\frac{1}{12}c_1 h_0^3 + \frac{1}{12}c_1^3 h_0\right) \tag{2 - 87c}$$

垂直于弯矩作用方向的极惯性矩

$$I = 2 \times c_2 h_0 \left(\frac{c_1}{2}\right)^2 \tag{2 - 87d}$$

冲切临界截面对其形心的极惯性矩

$$I_s = I_{xx} + I_{yy} + I = \frac{1}{6}c_1 h_0^3 + \frac{1}{6}c_1^3 h_0 + \frac{1}{2}c_2 h_0 c_1^2 \tag{2 - 87e}$$

$$c_{AB} = \frac{c_1}{2} \tag{2 - 87f}$$

式中 h_c——与弯矩作用方向一致的柱截面的边长；

b_c——垂直于 h_c 的柱截面的边长。

2) 对边柱 ［图 2 - 44（a）］

$$c_1 = h_c + \frac{h_0}{2}, \quad c_2 = b_c + h_0 \tag{2 - 87g}$$

冲切临界截面周长

$$u_m = 2c_1 + c_2 \tag{2 - 87h}$$

冲切临界截面重心位置

$$\overline{X} = \frac{c_1^2}{2c_1 + c_2} \tag{2 - 87i}$$

平行于弯矩作用方向的极惯性矩

$$I_{xx} + I_{yy} = 2 \times \left[\frac{1}{12}c_1 h_0^3 + \frac{1}{12}c_1^3 h_0 + c_1 h_0 \left(\frac{c_1}{2} - \overline{X} \right)^2 \right] \quad (2\text{-}87\text{j})$$

垂直于弯矩作用方向的极惯性矩

$$I = c_2 h_0 \overline{X}^2 \quad (2\text{-}87\text{k})$$

冲切临界截面对其形心的极惯性矩

$$I_s = I_{xx} + I_{yy} + I = \frac{1}{6}c_1 h_0^3 + \frac{1}{6}c_1^3 h_0 + 2c_1 h_0 \left(\frac{c_1}{2} - \overline{X} \right)^2 + c_2 h_0 \overline{X}^2 \quad (2\text{-}87\text{l})$$

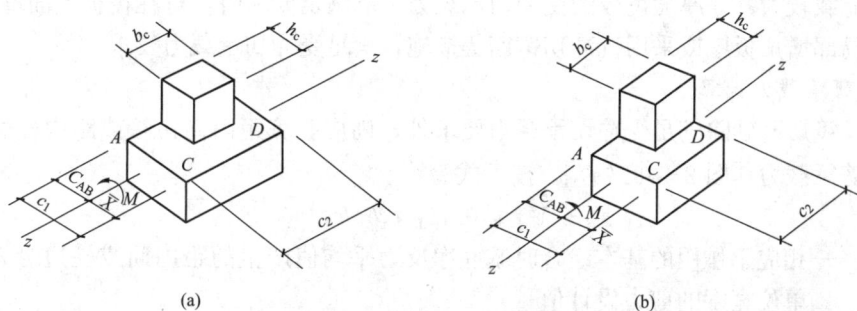

图 2-44 冲切计算示意图

(a) 边柱；(b) 角柱

$$c_{AB} = c_1 - \overline{X} \quad (2\text{-}87\text{m})$$

3）对角柱［图 2-44（b）］

$$c_1 = h_c + \frac{h_0}{2}, \quad c_2 = b_c + \frac{h_0}{2} \quad (2\text{-}87\text{n})$$

冲切临界截面周长

$$u_m = c_1 + c_2 \quad (2\text{-}87\text{o})$$

冲切临界截面重心位置

$$\overline{X} = \frac{c_1^2}{2c_1 + 2c_2} \quad (2\text{-}87\text{p})$$

平行于弯矩作用方向的极惯性矩

$$I_{xx} + I_{yy} = \frac{1}{12}c_1 h_0^3 + \frac{1}{12}c_1^3 h_0 + c_1 h_0 \left(\frac{c_1}{2} - \overline{X} \right)^2 \quad (2\text{-}87\text{q})$$

垂直于弯矩作用方向的极惯性矩

$$I = c_2 h_0 \overline{X}^2 \quad (2\text{-}87\text{r})$$

冲切临界截面对其形心的极惯性矩

$$I_s = I_{xx} + I_{yy} + I = \frac{1}{12}c_1 h_0^3 + \frac{1}{12}c_1^3 h_0 + c_1 h_0 \left(\frac{c_1}{2} - \overline{X} \right)^2 + c_2 h_0 \overline{X}^2 \quad (2\text{-}87\text{s})$$

$$c_{AB} = c_1 - \overline{X} \quad (2\text{-}87\text{t})$$

（2）内筒的冲切承载力。高层建筑在楼梯、电梯间大多设置内筒，平板式筏形基础内筒下的板厚也应满足冲切承载力的要求。按下式计算

$$F_l / (u_m h_0) \leqslant 0.7 \beta_{hp} f_t / \eta \quad (2\text{-}88)$$

式中 F_l——相应于作用的基本组合时，内筒所承受的轴力设计值减去内筒下筏板冲切破坏锥体范围内的基底反力设计值；

u_m——距内筒外表面 $h_0/2$ 处冲切临界截面的周长；

h_0——距内筒外表面 $h_0/2$ 处筏板的截面有效厚度；

η——内筒冲切临界截面周长影响系数，取 1.25。

当需要考虑内筒根部弯矩的影响时，距内筒外表面 $h_0/2$ 处冲切临界截面的最大剪应力可按式（2-83）计算，此时 $\tau_{max} \leqslant 0.7\beta_{hp}f_t/\eta$。

当柱荷载较大，等厚度筏板的受冲切承载力不能满足要求时，可在筏板上面增设柱墩或在筏板下局部增加板厚或采用抗冲切钢筋等措施，满足受冲切承载力要求。

2. 受剪承载力计算

平板式筏形基础除满足受冲切承载力要求外，尚应验算距内筒边缘或距内柱边缘 h_0 处筏板的受剪承载力 [图 2-45（a）]。按下式验算

$$V_s \leqslant 0.7\beta_{hs}f_t b_w h_0 \qquad (2-89)$$

式中 V_s——相应于作用的基本组合时基底净反力平均值产生的距内筒或柱边缘 h_0 处筏板单位宽度的剪力设计值；

b_w——筏板计算截面单位宽度；

h_0——距内筒或柱边缘 h_0 处筏板的截面有效高度。

角柱下验算筏板受剪的部位取距柱角 h_0 处，如图 2-45（b）所示，V_s 为作用在图 2-45（b）中阴影面积上的地基净反力平均设计值除以距角柱角点 h_0 处 45°斜线的长度。

当筏板变厚度时，尚应验算变厚度处筏板的受剪承载力。

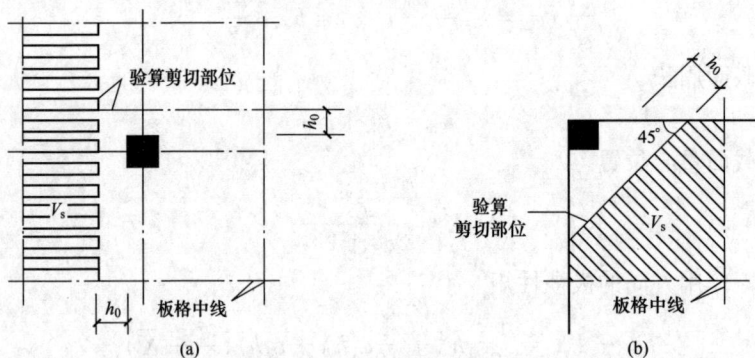

图 2-45 筏板剪切验算部位
(a) 内柱（筒）下验算部位；(b) 角柱下验算部位

【例题 2-14】 一框剪结构底层内柱，截面尺寸为 500mm×500mm，混凝土强度等级为 C60，荷载效应标准组合时柱的轴力为 8140kN，弯矩为 90kN·m。柱网尺寸为 7200mm×6000mm，采用平板式筏形基础，荷载效应标准组合时的地基净反力为 205kPa，筏板的混凝土强度等级为 C30。试按受冲切承载力确定筏板厚度。

解 （1）初步选定筏板厚度 $h=0.8m$，有效厚度 $h_0=0.73m$，验算筏板受冲切承载力。

$$h_c=b_c=0.5m$$

$$c_1=c_2=h_c+h_0=0.5+0.73=1.23(m)$$

冲切临界截面周长

$$u_m = 2(c_1 + c_2) = 2 \times (1.23 + 1.23) = 4.92(\text{m})$$

冲切临界截面对其形心的极惯性矩

$$I_s = \frac{1}{6}c_1 h_0^3 + \frac{1}{6}c_1^3 h_0 + \frac{1}{2}c_2 h_0 c_1^2$$

$$= \frac{1.23 \times 0.73^3}{6} + \frac{1.23^3 \times 0.73}{6} + \frac{1.23 \times 0.73 \times 1.23^2}{2}$$

$$= 0.9854(\text{m}^4)$$

$$c_{AB} = \frac{c_1}{2} = \frac{1.23}{2} = 0.615(\text{m})$$

相应于荷载效应基本组合时的集中力设计值

$$F_1 = 1.35[N_k - p_k(h_c + 2h_0)(b_c + 2h_0)]$$

$$= 1.35 \times [8140 - 205 \times (0.5 + 2 \times 0.73)^2] = 9925.8(\text{kN})$$

作用在冲切临界截面重心上的不平衡弯矩设计值

$$M_{unb} = 1.35 \times 90 = 121.5(\text{kN} \cdot \text{m})$$

平衡弯矩通过冲切临界截面上的偏心剪力来传递的分配系数

$$\alpha_s = 1 - \frac{1}{1 + \frac{2}{3}\sqrt{c_1/c_2}} = 1 - \frac{1}{1 + \frac{2}{3}\sqrt{1.23/1.23}} = 0.4$$

冲切临界截面的最大剪应力

$$\tau_{max} = F_1/(u_m h_0) + \alpha_s M_{unb} c_{AB}/I_s$$

$$= \frac{9925.8}{4.92 \times 0.73} + \frac{0.4 \times 121.5 \times 0.615}{0.9854}$$

$$= 2794(\text{kPa})$$

柱截面边长相等，$\beta_s = 1$，按规定取 $\beta_s = 2$，$h = 800\text{mm}$，受冲切承载力截面高度影响系数 $\beta_{hp} = 1.0$。受冲切混凝土剪应力设计值为

$$\tau_c = 0.7(0.4 + 1.2/\beta_s)\beta_{hp}f_t$$

$$= 0.7 \times \left(0.4 + \frac{1.2}{2}\right) \times 1.0 \times 1430$$

$$= 1001(\text{kPa})$$

显然 τ_c 远小于 τ_{max}，筏板厚度太小，不满足底板受冲切承载力要求。

(2) 为了满足受冲切承载力要求，应在柱下加厚底板。如图 2-46 所示，验算柱边受冲切承载力。

$$h = 1.4\text{m}, \quad h_0 = 1.33\text{m}$$

$$c_1 = c_2 = 0.5 + 1.33 = 1.83(\text{m})$$

$$u_m = 2(c_1 + c_2) = 2 \times (1.83 + 1.83) = 7.32(\text{m})$$

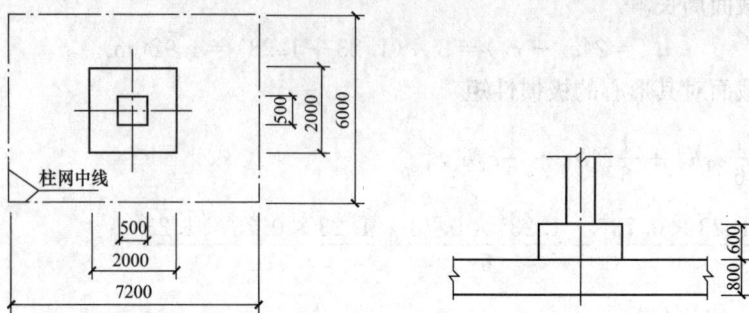

图 2-46　柱下加厚底板

$$I_s = \frac{1}{6}c_1 h_0^3 + \frac{1}{6}c_1^3 h_0 + \frac{1}{2}c_2 h_0 c_1^2$$

$$= \frac{1.83 \times 1.33^3}{6} + \frac{1.83^3 \times 1.33}{6} + \frac{1.83 \times 1.33 \times 1.83^2}{2} = 6.1515(\text{m}^4)$$

$$c_{AB} = \frac{c_1}{2} = \frac{1.83}{2} = 0.915(\text{m})$$

$$F_l = 1.35[N_k - p_k(h_c + 2h_0)(b_c + 2h_0)]$$

$$= 1.35 \times [8140 - 205 \times (0.5 + 2 \times 1.33)^2] = 8825.5(\text{kN})$$

$$\alpha_s = 0.4$$

$$\tau_{max} = F_l/(u_m \times h_0) + \alpha_s M_{unb} c_{AB}/I_s$$

$$= \frac{8825.5}{7.32 \times 1.33} + \frac{0.4 \times 121.5 \times 0.915}{6.1515} = 913.7(\text{kPa})$$

$$\beta_s = 2$$

受冲切承载力截面高度影响系数为

$$\beta_{hp} = 1.0 - \frac{h - 0.8}{1.2} \times 0.1 = 1.0 - \frac{1.4 - 0.8}{1.2} \times 0.1 = 0.95$$

$$\tau_c = 0.7(0.4 + 1.2/\beta_s)\beta_{hp}f_t$$

$$= 0.7 \times \left(0.4 + \frac{1.2}{2}\right) \times 0.95 \times 1430 = 951(\text{kPa}) > \tau_{max} = 913.7\text{kPa}$$

柱边受冲切承载力满足要求。

（3）验算筏板变厚度处的受冲切承载力

$$h = 0.8\text{mm}, \quad h_0 = 0.73\text{m}, \quad h_c = b_c = 2.0\text{m}$$

$$c_1 = c_2 = h_c + h_0 = 2.0 + 0.73 = 2.73(\text{m})$$

$$u_m = 2(c_1 + c_2) = 2 \times (2.73 + 2.73) = 10.92(\text{m})$$

$$I_s = \frac{1}{6}c_1 h_0^3 + \frac{1}{6}c_1^3 h_0 + \frac{1}{2}c_2 h_0 c_1^2$$

$$= \frac{2.73 \times 0.73^3}{6} + \frac{2.73^3 \times 0.73}{6} + \frac{2.73 \times 0.73 \times 2.73^2}{2} = 10.079(\text{m}^4)$$

$$c_{AB} = \frac{c_1}{2} = \frac{2.73}{2} = 1.365(\text{m})$$

$$F_l = 1.35 [N_k - p_k (h_c + 2h_0)(b_c + 2h_0)]$$
$$= 1.35 \times [8140 - 205 \times (2.0 + 2 \times 0.73)^2] = 7675.9 (kN)$$

$$M_{unb} = 121.5 kN \cdot m, \quad \alpha_s = 0.4$$

$$\tau_{max} = F_l / (u_m \times h_0) + \alpha_s M_{unb} c_{AB} / I_s$$
$$= \frac{7675.9}{10.92 \times 0.73} + \frac{0.4 \times 121.5 \times 1.365}{10.79} = 970 (kPa)$$

$$\beta_s = 2, \quad \beta_{hp} = 1.0$$

$$\tau_c = 0.7(0.4 + 1.2/\beta_s)\beta_{hp} f_t = 1001 (kPa) > \tau_{max} = 970 kPa$$

筏板变厚度处的受冲切承载力满足要求。

（4）验算筏板变厚度处的受剪承载力。地基净反力平均值产生的单位宽度的剪力设计值 V_s 为

$$V_s = 1.35 \times 205 \times \left(\frac{7.2 - 2.0}{2} - 0.73\right) = 517.5 (kN/m)$$

$$\beta_{hs} = \left(\frac{800}{h_0}\right)^{1/4} = \left(\frac{800}{800}\right)^{1/4} = 1.0$$

$$0.7\beta_{hs} f_t b_w h_0 = 0.7 \times 1.0 \times 1430 \times 1.0 \times 0.73 = 730 (kN/m) > V_s = 517.5 kN/m$$

筏板变厚度处的受剪承载力满足要求。

思 考 题

2-1 何谓扩展基础？

2-2 比较地基承载力计算所用的基底压力 p_k、扩展基础抗冲切验算时所用的地基净反力 p_j 和扩展基础底板弯矩计算时用的 p 三者的意义及关系。

2-3 墙下钢筋混凝土条形基础，其底板横向配筋如何确定？纵向构造配筋应符合哪些要求？

2-4 什么叫基础的"架越作用"？其影响因素是什么？

2-5 按照《建筑地基基础设计规范》（GB 50007—2011），柱下钢筋混凝土条形基础在何时可以按基底压力线性分布来设计计算？

2-6 倒梁法和静力平衡法的原理及适用条件分别是什么？

2-7 为什么用倒梁法计算肋梁内力时，支座反力与柱荷载不等？

2-8 何谓补偿性基础？在实践中如何实现基础的补偿？

2-9 在文克尔地基模型中，什么是特征长度？梁的刚度与其特征长度有何关系？什么是短梁、有限长梁、无限长梁？

2-10 为满足承载力的要求而需扩大筏形基础的底面积时，为什么应优先考虑沿底板短边方向的扩展？

2-11 筏形基础的内力计算，在何情况下才能按基底反力呈直线分布进行计算？

2-12 按基底反力直线分布计算的梁板式筏基，边跨跨中以及第一支座的弯矩宜乘以1.2的系数。为什么？对基础梁和底板的配筋有何要求？

2-13 筏形基础在什么情况下可以按倒楼盖法进行内力计算？

习　题

2-1　某厂房柱脚断面尺寸 800mm×1000mm，采用钢筋混凝土独立基础。按荷载效应标准组合计算，传至±0.00 处的竖向力为 $F_k=1200kN$，力矩 $M_k=160kN \cdot m$，水平力 $H_k=35kN$。基底面积为 2.0m×2.6m，外力偏心作用在基础长边方向，设计基础埋深 1.5m，基础材料采用 C20 混凝土，基础的最小高度应为多少？

2-2　某教学楼柱尺寸 800mm×600mm，采用钢筋混凝土独立基础，截面锥形。按荷载效应标准组合计算，传至±0.00 处的竖向力为 $F_k=600kN$，力矩 $M_k=160kN \cdot m$，水平力 $H_k=35kN$，作用荷载以永久荷载为主。基础底面积为 2.0m×2.6m，设计埋深 1.5m，垫层 C10，100mm 厚。基础材料采用 C20 混凝土，初步选定基础高度为 500mm，验算并完成该独立基础设计。

2-3　某教学楼外墙材料为混凝土，墙厚 370mm。基础采用钢筋混凝土墙下条形基础，相应于荷载效应标准组合时作用在基础顶面的竖向力 $F_k=163kN/m$，基础埋深 $d=0.8m$（从室外地面算起），地基承载力特征值 $f_{ak}=180kPa$，采用 C20 混凝土，$f_t=1.1N/mm^2$，采用 HPB235 钢筋，$f_y=210N/mm^2$，设计该基础。

2-4　某柱下条形基础，相应于荷载效应基本组合时柱荷载及柱距如图 2-47 所示，基础总长度为 34m，宽度为 1.6m，梁高 1.4m。设 E_I 为常数，试用倒梁法计算基础的内力。

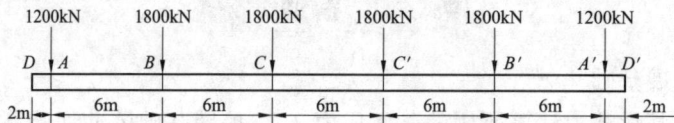

图 2-47　习题 2-4 图

2-5　某教学楼外墙基础采用柱下条形基础，荷载效应标准组合时柱荷载及柱距如图 2-48 所示。基础埋深 $d=1.9m$，地基承载力特征值 $f_{ak}=180kPa$，试确定基础底面尺寸，并用静力平衡法计算基础的内力。

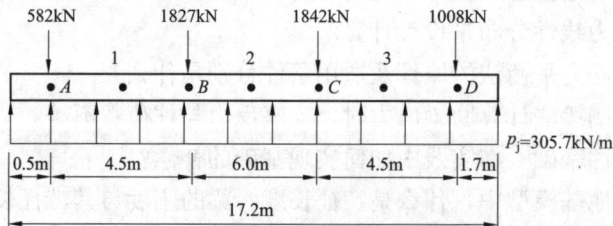

图 2-48　习题 2-5 图

2-6　某过江隧道底面宽度为 33m，隧道 A、B 段下的土层分布依次为：A 段：粉质黏土，软塑，厚度 2m，$E_a=4.2MPa$，其下为基岩；B 段：黏土，硬塑，厚度 12m，$E_a=18.4MPa$，其下为基岩。试分别计算 A、B 段的地基基床系数，并比较计算结果。

2-7　如图 2-49 所示，承受集中荷载的钢筋混凝土条形基础的刚度 $E_I=2×10^6 kN/m^3$，梁长 $l=10m$，底面宽度 $b=2m$，基床系数 $k=4199kN/m^3$，试计算基础中点 C 的挠度、弯矩和基底净反力。

2-8 一高层建筑钢筋混凝土内柱，其截面尺寸为 1450mm×1450mm，柱的混凝土强度等级为 C60，柱的轴力设计值为 40 000kN，柱网尺寸为 8.7m×8.7m，柱下四周有基础梁，梁宽 450mm，基础梁混凝土强度等级为 C35，荷载标准组合的地基净反力为 450kPa。把柱与基础纵横梁连接处设计成八字角，如图 2-34（a）所示，柱的中心线与纵横梁的中心线相重合，柱角至基础梁八字角之间的净距为 100m。验算柱下基础梁顶面的局部受压承载力、梁板式筏形基础底板受冲切和受剪承载力是否满足要求。

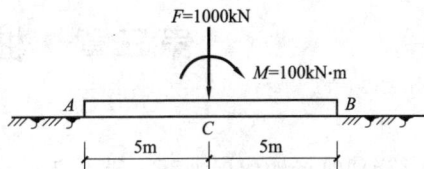

图 2-49 习题 2-7 图

2-9 一高层框剪结构底层内柱，截面尺寸为 600mm×1650mm，柱的混凝土强度等级为 C60，按荷载效应标准组合的柱轴力为 16 000kN，弯矩 200kN·m，柱网尺寸为 7m×9.45m，采用平板式筏形基础，荷载标准组合的地基净反力为 242kPa，筏板的混凝土强度等级为 C30。筏板在柱下局部加厚（图 2-50），加厚部分的尺寸为 2400mm×4000mm，总厚度为 1.8m。试按受冲切和受剪切承载力验算筏板的厚度。

2-10 图 2-51 为一高层框剪结构底层边柱，其截面尺寸为 750mm×750mm，柱的混凝土强度等级为 C60，荷载效应标准组合时柱的轴力为 6500kN，柱网尺寸为 7m×9.45m，采用平板式筏基，荷载效应标准组合的地基净反力为 242kPa，筏板混凝土强度等级为 C30。试按受冲切和受剪切承载力验算筏板的厚度。

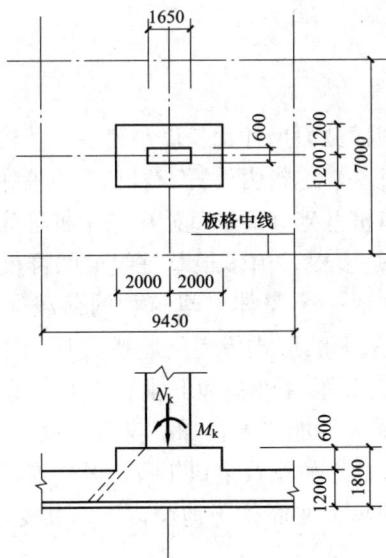

图 2-50 习题 2-9 图（单位：mm）

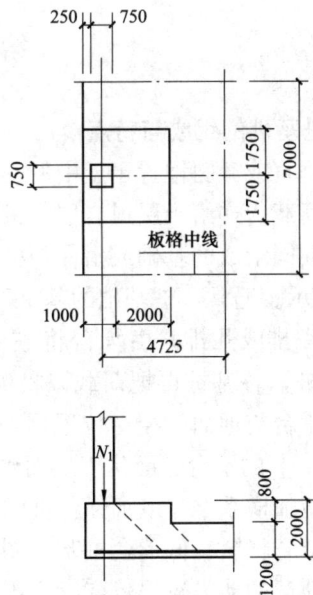

图 2-51 习题 2-10 图（单位：mm）

第三章 桩基础及沉井简介

当建筑场地浅层地基土质不良，不能满足建筑物对地基承载力、变形和稳定性的要求，也不宜采用地基处理等措施时，可利用深部较为坚实的土层或岩层作为地基持力层，即采用深基础方案。深基础主要有桩基础、沉井基础、墩基础和地下连续墙等几种形式，其中以桩基础的历史最为悠久，其应用也十分广泛。近年来，随着生产力水平的提高和科学技术的发展，桩的种类和形式、施工机具、施工工艺以及桩基设计理论和设计方法等，都在高速发展。目前，我国桩基础的桩身混凝土强度可达 C80 以上，最大直径已超过 5m，最大入土长度已达 107m。

《建筑桩基技术规范》（JGJ 94—2008）把桩基概念设计视为桩基设计的核心。桩基概念设计的内涵是指综合工程地质条件、上部结构类型、施工技术条件与环境诸多因素制定桩基设计的总体构思。它包括桩型、成桩工艺、桩端持力层、桩径、桩长、单桩承载力、布桩、承台形式、是否设置后浇带等。这是施工图设计的基础。概念设计应在规范框架内，考虑桩、土、承台、上部结构相互作用对于承载力和变形的影响，既满足荷载与抗力的整体平衡，又兼顾荷载与抗力的局部平衡，以优化桩型选择和布桩为重点，力求减少差异变形，降低承台内力和上部结构的次应力，实现节约资源、增强可靠性和耐久性的目的。

第一节 概　　述

一、桩基础的组成与特点

桩是垂直或微斜埋置于土中的受力杆件，它的横截面尺寸比长度小得多，其作用是将上部结构的荷载传递给土层或岩层。桩基础（简称桩基）是指由设置于岩土中的桩和与桩顶联结的承台共同组成的基础或由柱与桩直接联结的单桩基础，而桩基础中的单桩称为基桩，如图 3-1 所示。通常，桩基础的基桩不止 1 根，而是多根。由多根基桩组成的群桩在平面上可布置为一排或几排，由承台将桩群在上部联结成一个整体，建筑物的荷载通过承台分配给各基桩，各基桩再把荷载以桩侧阻力和桩端阻力的形式传递到地基土中（图 3-2）。

根据承台与地面的相对位置，一般把桩基分为高承台桩基和低承台桩基。高承台桩基〔图 3-1(a)〕的承台底面位于地面以上，其水平受力性能较差，如桩身露在地面上较高时，在桩之间应加横系梁，以加强各桩的横向联系，多用于桥梁及港口工程，其优点是可避免水下施工及省材料；低承台桩基〔图 3-1(b)〕的承台底面位于地面以下，其受力性能好，抵抗水平荷载的能力较强，广泛应用于工业与民用建筑中。

二、桩基础的适用性

桩基础通常作为荷载较大的建筑物的基础，具有承载力高、稳定性好、沉降量小而均匀、便于机械化施工、适应性强等特点。对下述情况，一般可考虑选用桩基础方案：

（1）地基上层土的土质太差而下层土的土质较好，或地基土软硬不均，或荷载不均，不能满足上部结构对不均匀变形限制的要求。

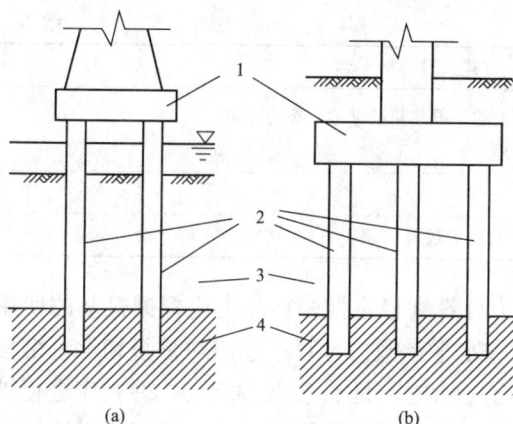

图 3-1　桩基础示意图

(a) 高承台桩基；(b) 低承台桩基

1—承台；2—基桩；3—软弱土层；4—持力层

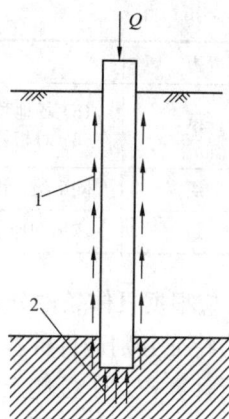

图 3-2　基桩受力简图

1—桩侧阻力；2—桩端阻力

（2）地基软弱或地基土性特殊，如存在较深厚的软土、可液化土层、自重湿陷性黄土、膨胀土及季节性冻土等，采用地基处理或加固措施不合适。

（3）除承受较大竖向荷载外，尚有较大的偏心荷载、水平荷载、动力或周期性荷载作用。

（4）上部结构对基础的不均匀沉降相当敏感，或建筑物受到大面积地面超载的影响。

（5）地下水位很高，采用其他基础形式施工困难；或位于水中的构筑物基础，如桥梁、码头、采油平台等。

（6）需要长期保存、具有重要历史意义的建筑物。

通常，当软弱土层很厚，桩端达不到良好地层时，桩基设计时应考虑基础沉降问题。如果桩穿过较好土层而桩端位于软弱土层时，则不宜采用桩基。目前，桩基设计思想正在由过去单纯的承载力控制向承载力和变形双控制过渡，按地基允许沉降量的大小设计桩基的思想正在逐步得到推广。例如，软土地区的多层建筑，若采用天然地基，其承载力许多情况下满足要求，但最大沉降往往超过 20cm，差异变形超过允许值，引发墙体开裂者多见。自 20 世纪 90 年代以来，首先在上海采用了以减小沉降为目标的疏布小截面预制桩复合桩基，简称减沉复合疏桩基础，上海称其为沉降控制复合桩基。近年来，这种减沉复合疏桩基础在温州、天津、济南等地也相继应用。

三、桩基设计原则

根据建筑规模、功能特征、对差异变形的适应性、场地地基和建筑物体型的复杂性以及由于桩基问题可能造成建筑物破坏或影响正常使用的程度，《建筑桩基技术规范》将桩基设计分为表 3-1 所列的三个设计等级，并要求进行如下计算和验算。

表 3-1　　　　　　　　　　　　　建筑桩基设计等级

设计等级	建筑类型
甲　级	（1）重要的建筑 （2）30 层以上或高度超过 100m 的高层建筑 （3）体型复杂且层数相差超过 10 层的高低层（含纯地下室）连体建筑 （4）20 层以上框架-核心筒结构及其他对差异沉降有特殊要求的建筑

设计等级	建 筑 类 型
甲　级	(5) 场地和地基条件复杂的 7 层以上的一般建筑及坡地、岸边建筑 (6) 对相邻既有工程影响较大的建筑
乙　级	除甲级、丙级以外的建筑
丙　级	场地和地基条件简单、荷载分布均匀的 7 层及 7 层以下的一般建筑

(1) 应根据具体条件分别进行下列承载能力计算和稳定性验算：①应根据桩基的使用功能和受力特征分别进行桩基的竖向承载力计算和水平承载力计算；②应对桩身和承台结构承载力进行计算；对于桩侧土不排水抗剪强度小于 10kPa，且长径比大于 50 的桩应进行桩身压屈验算；对于混凝土预制桩应按吊装、运输和锤击作用进行桩身承载力验算；对于钢管桩应进行局部压屈验算；③当桩端平面以下存在软弱下卧层时，应进行软弱下卧层承载力验算；④对位于坡地、岸边的桩基应进行整体稳定性验算；⑤对于抗浮、抗拔桩基，应进行基桩和群桩的抗拔承载力计算；⑥对于抗震设防区的桩基应进行抗震承载力验算。

(2) 下列建筑桩基应进行沉降计算：①地基基础设计等级为甲级的建筑物桩基；②体型复杂、荷载分布不均匀或桩端平面以下存在软弱土层的设计等级为乙级的建筑物桩基；③摩擦型桩基。

(3) 对受水平荷载较大，或对水平位移有严格限制的建筑桩基，应计算其水平位移。

(4) 应根据桩基所处的环境类别和相应的裂缝控制等级，验算桩和承台正截面的抗裂和裂缝宽度。

桩基设计时，所采用的作用效应组合与相应的抗力应符合下列规定：

(1) 确定桩数和布桩时，应采用传至承台底面的荷载效应标准组合；相应的抗力应采用基桩或复合基桩承载力特征值。

(2) 计算荷载作用下的桩基沉降和水平位移时，应采用荷载效应准永久组合；计算水平地震作用、风载作用下的桩基水平位移时，应采用水平地震作用、风载效应标准组合。

(3) 验算坡地、岸边建筑桩基的整体稳定性时，应采用荷载效应标准组合；抗震设防区，应采用地震作用效应和荷载效应的标准组合。

(4) 在计算桩基结构承载力、确定尺寸和配筋时，应采用传至承台顶面的荷载效应基本组合。当进行承台和桩身裂缝控制验算时，应分别采用荷载效应标准组合和荷载效应准永久组合。

(5) 桩基结构设计安全等级、结构设计使用年限和结构重要性系数 γ_0 应按现行有关建筑结构规范的规定采用，除临时性建筑外，重要性系数 γ_0 不应小于 1.0。

(6) 当对桩基结构进行抗震验算时，其承载力调整系数 γ_{RE} 应按《建筑抗震设计规范》(GB 50011—2010) 的规定采用。

对软土、湿陷性黄土、季节性冻土和膨胀土、岩溶地区以及坡地岸边上的桩基和可能出现负摩阻力的桩基，均应根据各自不同的特殊条件，遵循相应的设计原则。

第二节　桩和桩基础的类型

合理地选择基桩和桩基础的类型是桩基设计中十分重要的环节之一。分类的目的是为了掌握其不同的特点，以供设计时根据现场的具体条件选择适当的桩型。

一、基桩的分类

基桩的分类方法较多，常用的有如下几种。

（一）按桩体材料分类

根据桩体材料，基桩可分为木桩、混凝土桩、钢桩以及组合材料桩等。

1. 木桩

木桩常用松木、杉木或橡木等硬质木材做成，一般桩径 160～200mm，桩长 4～6m，桩顶锯平并加铁箍，桩尖削成棱锥形。木桩制作和运输方便、打桩设备简单，在古代直至上世纪初有大量应用，随着建筑物向高、重、大方向的发展，木桩因其长度较小、不易接桩、承载力较低以及在干湿交替变化环境中极易腐烂等缺点而受到很大限制，目前已很少使用，只在某些加固工程或能就地取材的临时工程中采用。

2. 混凝土桩

混凝土桩是当前使用最广泛的桩，可分为素混凝土桩、钢筋混凝土桩和预应力混凝土桩三大类。

素混凝土桩仅由混凝土制作而成，由于混凝土的抗压强度较高而抗拉强度较低，一般仅在桩承压条件下采用，不适于荷载条件复杂多变的情况，因此在桩基方面的应用很少。不过，近年来随着复合地基理论的发展，素混凝土桩已广泛用作复合地基中的竖向增强体。另外，素混凝土桩也可用于基坑工程中钢筋混凝土支护桩之间的咬合桩。

钢筋混凝土桩由混凝土与钢筋或钢丝制成，其桩体具有较高的抗压和抗拉强度，可适应较复杂的荷载情况，因而其应用相当广泛。此类桩的长度主要受到接桩方法的限制，其截面形状可以是方形、圆形、管形、三角形等，也有 T 形、H 形等异形；可以是实心的或空心的。此类桩一般做成等截面，也有因土层性质变化而采用变截面的桩体，如支盘桩等。

为减少钢筋混凝土桩的钢筋用量和桩身裂缝，又发展了预应力钢筋混凝土桩。此类桩通常在地表预制，其截面多是圆形的，特别适用于冲击与振动荷载的情况，在海港、码头等工程中已普遍使用，近年来在工业与民用建筑工程中也在逐步推广。

3. 钢桩

钢桩一般用型钢或钢管制作，主要有钢管桩、钢板桩和 H 形钢桩等。一般钢管桩的直径为 250～1200mm。钢桩的穿透能力强，自重轻，锤击沉桩效果好，承载能力高，无论起吊、运输或是沉桩、接桩都很方便。其最大的缺点是耗钢量大、成本高，目前只在特别重大的或特殊的工程项目中应用。另外，钢桩还存在环境腐蚀等问题，在设计与施工中需作特殊考虑。

4. 组合材料桩

桩身分段采用木材、钢桩或混凝土材料的桩称为组合材料桩。一般在地下水位以下用木材或钢材，而桩身上段多采用现浇混凝土而成桩，主要用于特殊地质条件及施工技术等情况。

（二）按桩的承载性状和使用功能分类

按使用功能，基桩可分为竖向抗压桩、侧向受荷桩、竖向抗拔桩和复合受荷桩。

1. 竖向抗压桩

一般的建筑工程桩基，在正常工作条件下，主要承受从上部结构传下来的竖向荷载。竖向抗压桩按承载性状，可划分为摩擦型桩和端承型桩两大类。

（1）摩擦型桩。摩擦型桩是指在承载能力极限状态下，桩顶竖向荷载全部或主要由桩侧摩阻力承担的桩。根据桩侧摩阻力分担荷载的比例，摩擦型桩又可分为摩擦桩和端承摩擦桩两个亚类。

1）摩擦桩 [图 3-3 (a)]：在承载能力极限状态下，桩顶竖向荷载由桩侧阻力承受，桩端阻力小到可忽略不计。以下几种情况可视为摩擦桩：①当桩的长径比很大，桩顶竖向荷载仅通过桩身压缩产生的桩侧阻力传递给桩周土，桩端土层分担荷载可忽略不计；②桩端下无较坚实的持力层；③桩底残留虚土或沉渣较厚的灌注桩；④桩端出现脱空的打入桩等。

2）端承摩擦桩 [图 3-3 (b)]：在承载能力极限状态下，桩顶竖向荷载主要由桩侧阻力承受。当桩的长径比较大，桩端土为较坚实的黏性土、粉土和砂土时，除桩侧阻力外，还有一定的桩端阻力。

（2）端承型桩。端承型桩是指在承载能力极限状态下，桩顶竖向荷载全部或主要由桩端阻力承担的桩。根据桩端阻力分担荷载的比例，端承型桩又可分为摩擦端承桩和端承桩两个亚类。

1）摩擦端承桩 [图 3-3 (c)]：在承载能力极限状态下，桩顶竖向荷载主要由桩端阻力承受。通常此类桩的桩端进入中密以上的砂类、碎石类土层中或位于中、微风化及新鲜基岩顶面。

2）端承桩 [图 3-3 (d)]：在承载能力极限状态下，桩顶竖向荷载由桩端阻力承受，桩侧阻力小到可忽略不计。桩的长径比比较小（一般小于 10），桩端设置在密实砂类、碎石类土层中的桩以及位于中、微风化及新鲜基岩中的嵌岩桩为端承桩。

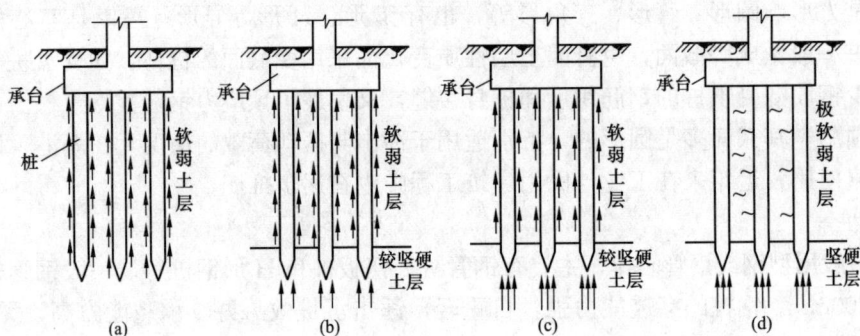

图 3-3 基桩的计算图示

(a) 摩擦桩；(b) 端承摩擦桩；(c) 摩擦端承桩；(d) 端承桩

2. 侧向受荷桩

港口码头工程中的桩、基坑工程中的桩等，都是主要承受作用在桩上的侧向荷载。

3. 抗拔桩

抗拔桩是指主要抵抗拉拔荷载的桩，如抗浮桩、板桩墙后的锚桩等。拉拔荷载依靠桩侧摩阻力来承担。

4. 复合受荷桩

在桥梁工程中，桩除了要承担较大的竖向荷载外，往往由于波浪、风、地震动、船舶的撞击力以及车辆荷载的制动力等使桩承受较大的侧向荷载，从而导致桩的受力条件更为复杂，尤其是大跨径桥梁更是如此。

（三）按桩轴方向分类

按桩轴方向，基桩可分为竖直桩、单向斜桩和多向斜桩（图3-4）。竖直桩能承受较大的竖向荷载，同时也可承受一定的水平荷载，工业民用建筑大多以承受竖向荷载为主，因而多用竖直桩。斜桩的特点是能够承受较大的水平荷载，但需要有相应的施工设备和工艺，在桥梁工程中的拱桥墩台等推力体系结构物中的桩基往往通过设置斜桩来承受上部结构传来的较大的水平荷载。

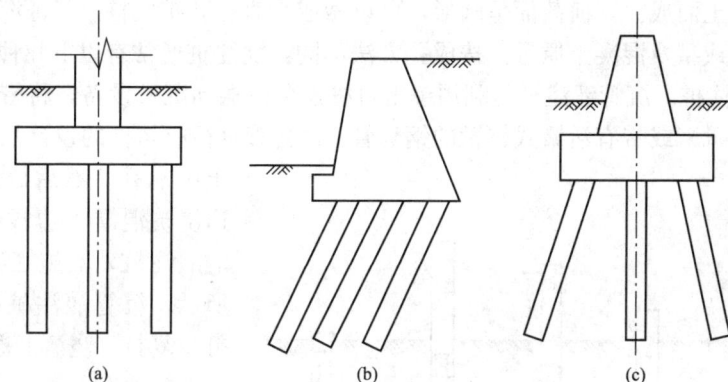

图3-4 竖直桩与斜桩

(a) 竖直桩；(b) 单向斜桩；(c) 多向斜桩

（四）按施工方法分类

按施工方法，基桩可分为预制桩和灌注桩两大类。

1. 预制桩

预制桩桩体可以在施工现场或工厂预制，然后运至桩位处，再经锤击、振动、静压或旋入等方式设置就位。预制桩除木桩、钢桩外，目前大量应用的是钢筋混凝土桩或预应力钢筋混凝土桩。

钢筋混凝土预制桩的长度和截面形状、尺寸可在一定范围内根据需要选择，质量易于保证，桩端（桩尖）可达坚硬黏性土或强风化基岩，承载能力高，耐久性能好。这种桩的横截面有方、圆等多种形状。一般普通实心方桩的截面边长为300～500mm，桩长为25～30m，工厂预制时分节长度小于12m，沉桩时在现场连接到所需桩长。为保证分节接头满足桩身承受轴力、弯矩和剪力的要求，通常采用钢板、角钢焊接，并涂以沥青防腐。也可采用钢板垂直插头加水平销连接，其施工快捷，不影响桩的强度和承载力。

大截面实心桩自重大，用钢量大，其配筋主要受起吊、运输、吊立和沉桩等各阶段的应力控制。当持力层顶面起伏不平时，实际桩长常与设计和预制的不一致。为了节省钢材和提高桩身的抗裂性，可采用预应力钢筋混凝土桩。

预应力混凝土管桩采用先张法预应力工艺和离心成型法制作，未经高压蒸汽养护生产的为PC管桩，其桩身混凝土强度为C60～C80；如生产中经高压蒸汽养护则为PHC管桩，其桩身混凝土强度等级大于C80。建筑工程中常用的PHC、PC管桩的外径一般为300～800mm，每节长5～13m。桩的下端设置开口的钢桩尖或封口十字刃钢桩尖。沉桩时桩节处可采用端板焊接连接、法兰连接、机械啮合连接、螺纹连接接长。每根桩的接头数量不宜超过 3 个。

预制桩沉桩深度一般应根据地质资料及结构设计要求估算。施工时以最后贯入度和桩尖设计标高两方面控制。最后贯入度是指最后一击桩的入土深度，通常取最后一阵的平均贯入度。锤击法常以 10 次锤击为一阵，振动沉桩以 1min 为一阵。最后贯入度需根据计算或地区经验确定，一般要求最后两阵的平均贯入度为 10～50mm。

2. 灌注桩

灌注柱是直接在所设计桩位处成孔，然后在孔内下放钢筋笼（也有直接插筋或省去钢筋的）再浇灌混凝土而成。其横截面呈圆形，可以做成大直径和扩底桩。保证灌注桩承载力的关键在于桩身的成型及混凝土质量。按成孔方法不同，灌注桩通常有以下几种类型。

（1）沉管灌注桩。沉管灌注桩是利用锤击打桩设备或振动沉桩设备，将带有钢筋混凝土的桩尖（或钢板靴）或带有活瓣式桩靴的钢套管（钢套管直径应与桩的设计尺寸一致）沉入土中成孔，然后放入钢筋笼，并边浇筑混凝土边拔钢套管而形成的灌注桩，其施工程序如图 3－5 所示。沉管灌注桩一般可分为单打、复打（浇灌混凝土并拔管后，立即在原位再次沉管及浇灌混凝土）和反插法（灌满混凝土后，先振动再拔管，一般拔 0.5～1.0m，再反插 0.3～0.5m）三种。复打后的桩横截面面积增大，承载力提高，但其造价也相应提高。

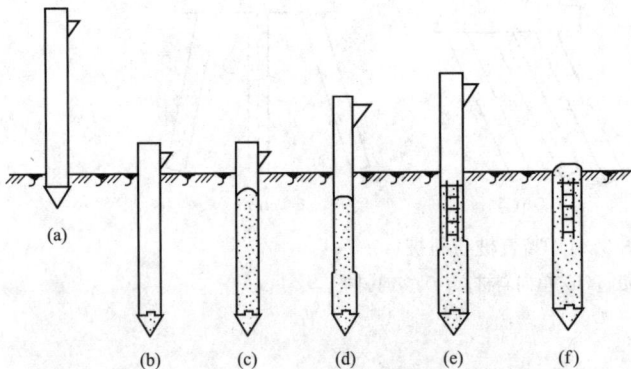

图 3－5　沉管灌注桩的施工程序示意图

（a）打桩机就位；（b）沉管；（c）浇灌混凝土；（d）边拔管，边振动；
（e）安放钢筋笼，继续浇灌混凝土；（f）成型

1）锤击沉管灌注桩的桩径一般为 300～500mm，桩长受桩架高度限制，常在 20m 以内，可打至硬塑黏土层或中、粗砂层。其优点是设备简单、打桩进度快、成本低，但可能存在缩径（桩身截面局部缩小）、断桩、局部夹土、混凝土离析及强度不足等质量事故。缩颈一般发生在软、硬土层交界处或软弱土层处，此时通常可放慢拔管速度，加大灌注管内混凝土量，充盈系数一般应达 1.10～1.15。断桩则可能是由于邻桩挤压或其他振动作用等多种原因使土体上隆造成的。

2）振动沉管灌注桩的钢套管底端带有活瓣桩尖（沉管时桩尖闭合，拔管时活瓣张开以便浇灌混凝土），或套上预制混凝土桩尖。桩径一般为 400～500mm，常用振动锤的振动力为 70、100kN 和 160kN。与锤击沉管灌注桩相比，振动沉管灌注桩在黏性土中的沉管穿透能力稍差，承载力也要低。

3）内击式沉管灌注桩（也称弗朗基桩，Franki Pile）施工时先在竖起的钢套管内放进约 1m 高的混凝土或碎石，用吊锤在套管内锤打，形成"塞头"。以后锤击时，塞头带动套管下沉，至设计标高后，吊住套管，浇灌混凝土并继续锤击，使塞头脱出管口，可形成直径达桩身直径 2～3 倍的扩大桩端。当桩端不再扩大而使套管上升时，吊放钢筋笼，并开始浇注桩身混凝土，同时边拔套管边锤击，直到所需高度为止。其优点是混凝土密实且与土层紧密接触，同时桩头扩大，承载力较高，效果较好，但穿越厚砂层的能力较低，打入深度难以

掌握。

（2）钻（冲）孔灌注桩。钻（冲）孔灌注桩是指用钻机（如螺旋钻、振动钻、冲抓锥钻、旋转水冲钻等）钻土成孔，然后消除孔底残渣，安放钢筋笼，最后浇灌混凝土而成的桩，其施工程序如图3-6所示。有的钻机成孔后，可撑开钻头的扩孔刀刃使之旋转切土扩大桩孔，浇灌混凝土后在底端形成扩大桩端，但扩底直径不宜大于3倍桩身直径。钻（冲）孔灌注桩在桩径选择上比较灵活，常用桩径为800、1000、1300mm等，其最大优点是入土深，几乎适用于任何复杂地层，尤其是可以穿透地基中的坚硬夹层进入岩层，刚度大，承载力高，桩身变形小，并可方便地进行水下施工。

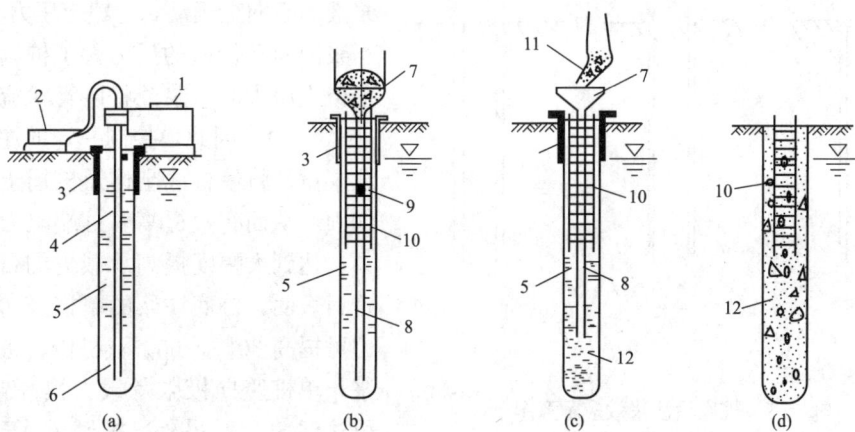

图3-6 钻（冲）孔灌注桩施工程序示意图
(a) 成孔；(b) 下导管和钢筋笼；(c) 浇筑水下混凝土；(d) 成桩
1—钻机；2—泥浆泵或高压水泵；3—护筒；4—钻杆；5—泥浆；6—钻头；7—料斗；
8—导管；9—隔水栓；10—钢筋笼；11—混凝土输送装置；12—混凝土

目前国内钻（冲）孔灌注桩多用泥浆护壁，泥浆应选用膨润土或高塑性黏土在现场加水搅拌制成，一般要求其比重为1.1～1.15，黏度为10～25s，含砂率小于6%，胶体率大于95%。施工时泥浆水面应高出地下水位面1m以上，清孔后在水下浇灌混凝土。

（3）挖孔灌注桩。挖孔灌注桩是指采用人工或机械挖掘成孔，逐段边开挖边支护，达到所需深度后再进行扩孔、安装钢筋笼及浇灌混凝土而成的桩。挖孔桩一般内径应大于800mm，开挖直径大于1000mm，护壁厚度大于100mm，分节支护，每节高500～1000mm，可用混凝土浇筑或砖砌筑，桩身长度宜限制在40m以内。

挖孔桩的优点是可直接观察地层情况，孔底易清除干净，设备简单，噪声小，场区内各桩可同时施工，且桩径大、适应性强，比较经济。但由于挖孔时可能存在塌方、缺氧、有害气体、触电等危险，易造成安全事故。此外，由于难以克制流砂现象，因此挖孔桩适用于无水或渗水量较小的地层。

（4）后注浆灌注桩。由于受现有施工工艺的限制，钻孔灌注桩在成孔过程中孔壁土体易受扰动，以及成桩后桩底沉渣较厚和桩侧泥皮过厚等因素，严重影响钻孔灌注桩的竖向承载力。为提高钻孔灌注桩的竖向承载力，工程技术人员曾采用过许多方法，后注浆法就是其中较常用且有效的一种。所谓后注浆灌注桩，就是灌注桩成桩后一定时间，通过预设于桩身内的注浆导管及与之相连的桩端、桩侧注浆阀注入水泥浆，使桩端、桩侧土体（包括沉渣和泥皮）得到加固，从而提高单桩承载力，减小沉降。注浆部位常为桩底，对旧的灌注桩进行加固时，也可桩侧注浆。

桩底后注浆技术是利用预先埋设于桩体内的注浆系统，通过高压注浆泵将高压浆液压入桩底，浆液克服土粒之间抗渗阻力，不断渗入桩底沉渣及桩底周围土体孔隙中，排走孔隙中水分，充填于孔隙中。由于浆液的充填胶结作用，在桩底形成一个扩大头。另一方面，随着注浆压力及注浆量的增加，一部分浆液克服桩侧摩阻力及上覆土压力沿桩土界面不断向上泛浆，高压浆液破坏泥皮，渗入（挤入）桩侧土体，使桩周松动（软化）的土体得到挤密加强。浆液不断向上运动，上覆土压力不断减小，当浆液向上传递的反力大于桩侧摩阻力及上覆土压力时，浆液将以管状流溢出地面（图 3-7）。因此，控制一定的注浆压力和注浆量，将使桩底土体及桩周土体均得到加固，从而有效提高了桩端阻力和桩侧阻力，达到大幅度提高承载力的目的。有关资料表明，桩底注浆的单桩竖向极限承载力可提高 30%～60%；桩侧、桩底同时注浆，单桩竖向极限承载力提高幅度更大，可达到 85%。另外，桩底进入砂层越深，后注浆后单桩竖向承载力提高幅度越大。

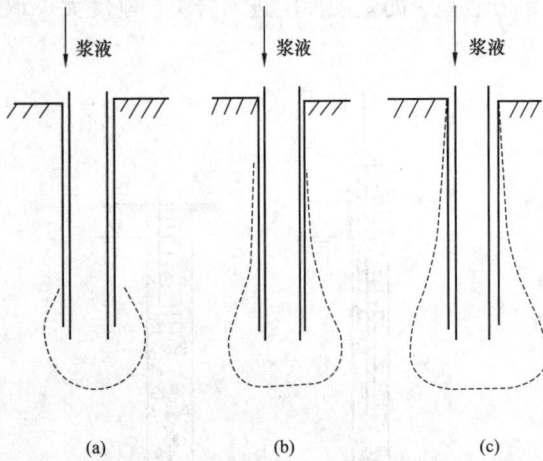

图 3-7　桩底后注浆效应示意图
(a) 注浆初期；(b) 持续注浆；(c) 溢出地面

目前后注浆有以下几种工艺：①在孔底设置注浆室，采用该工艺时钢筋笼需下到桩底；②灌注桩成孔后，在孔内设置注浆管，注浆管的下端设出浆口，并用胶带或塑料膜包住。出浆口的位置高出孔底 30～50cm。灌注混凝土前先往孔底倒入碎石或块石，使出浆口埋入碎石或块石内，然后再进行混凝土灌注；③将注浆管固定在钢筋笼上（钢管或黑铁管），出浆口采用单向截流阀并压入桩底土中 30～50cm。由于采用单向截流阀，在进行桩身混凝土浇筑时浆液不会灌入阀内，注浆时浆液也不会回流。第一种方法工艺比较复杂，成本高，国内很少使用。第二种方法主要用于桩底加固，在国内已有过多次实验或使用，但由于工艺过于简单，容易发生出浆口堵塞导致注浆失败。第三种工艺由于采用单向截流阀作出浆口，注浆成功率可达 97% 以上，且压力相对稳定，注浆效果显著。

（五）按成桩方法分类

不同的成桩方法对桩周围土层的排挤作用不同。排挤作用将使土的天然结构、应力状态和性质发生很大变化，从而影响到桩的承载力和变形性质。这些影响统称为成桩过程的挤土效应。按成桩挤土效应，一般可把基桩分为挤土桩、部分挤土桩和非挤土桩三类。

1. 挤土桩

挤土桩主要包括沉管灌注桩、沉管夯（挤）扩灌注桩、打入（静压）预制桩、闭口预应力混凝土空心桩和闭口钢管桩等。此类桩在成桩过程中，桩周围的土被压密或挤开，因而使周围土层受到严重扰动，土的原始结构遭到破坏，土的工程性质有很大改变（与原始状态相比）。

成桩过程的挤土效应在饱和黏性土中是负面的，会引发灌注桩断桩、缩颈等质量事故，对于挤土预制混凝土桩和钢桩会导致桩体上浮，降低承载力，增大沉降；挤土效应还会造成周边房屋、市政设施受损；在松散土和非饱和填土中则是正面的，会起到加密、提高承载力的作用。

2. 部分挤土桩

部分挤土桩主要包括长螺旋压灌灌注桩、冲孔灌注桩、钻孔挤扩灌注桩、搅拌劲芯桩、预钻孔打入（静压）预制桩、打入（静压）式敞口钢管桩、敞口预应力混凝土空心桩和 H 型钢桩。此类桩在成桩过程中，桩周围的土受到相对较少的扰动，土的原状结构和工程性质的变化不明显。

3. 非挤土桩

非挤土桩主要包括干作业法钻（挖）孔灌注桩、泥浆护壁法钻（挖）孔灌注桩、套管护壁法钻（挖）孔灌注桩等。此类桩在成桩过程中，将与桩体积相同的土挖出，因而桩周围的土受到较轻的扰动，但有应力松弛现象。

（六）按桩径大小分类

按桩径（设计直径 d）大小，基桩可分为三类：①小直径桩：$d \leqslant 250mm$；②中等直径桩：$250mm < d < 800mm$；③大直径桩：$d \geqslant 800mm$。

桩径大小影响桩的承载力性状，大直径钻（挖、冲）孔桩成孔过程中，孔壁的松弛变形导致桩侧阻力降低的效应随桩径增大而增大，桩端阻力则随直径增大而减小。这种尺寸效应与土的性质有关，黏性土、粉土与砂土、碎石类土相比，尺寸效应相对较弱。

二、基桩选型的常见误区

1. 凡嵌岩桩必为端承桩

将嵌岩桩一律视为端承桩会导致将桩端嵌岩深度不必要地加大，施工周期延长，造价增加。

2. 将挤土灌注桩应用于高层建筑

沉管挤土灌注桩无需排土排浆，造价低。20 世纪 80 年代曾风行于南方各省，由于设计施工对于这类桩的挤土效应认识不足，造成的事故极多，因而 21 世纪以来趋于淘汰。然而，重温这类桩使用不当的教训仍属必要。某 28 层建筑为框架-剪力墙结构，场地地层自上而下为饱和粉质黏土、粉土、黏土。采用直径 500mm、长 22m 的沉管灌注桩，梁板式筏形承台，桩距 3.6d，均匀满堂布桩。成桩过程出现明显地面隆起和桩上浮。建至 12 层底板即开裂，建成后梁板式筏形承台的主次梁及部分与核心筒相连的框架梁开裂。最后采取加固措施，将梁板式筏形承台主次梁两侧加焊钢板，梁与梁之间充填混凝土变为平板式筏形承台。

鉴于沉管灌注桩应用不当的普遍性及其严重后果，《建筑桩基技术规范》严格控制了沉管灌注桩的应用范围，在软土地区仅限于多层住宅单排桩条基使用。

3. 预制桩的质量稳定性高于灌注桩

近年来，由于沉管灌注桩事故频发，PHC 和 PC 管桩迅猛发展，大有取代沉管灌注桩之势。毋庸置疑，预应力管桩不存在缩颈、夹泥等质量问题，其质量稳定性优于沉管灌注桩，但是与钻、挖、冲孔灌注桩比较则不然。首先，沉桩过程的挤土效应常常导致断桩（接头处）、桩端上浮、增大沉降，以及对周边建筑物和市政设施造成破坏等；其次，预制桩不能穿透硬夹层，往往使得桩长过短，持力层不理想，导致沉降过大；其三，预制桩的桩径、桩长、单桩承载力可调范围小，不能或难于按变刚度调平原则优化设计。因此，预制桩的使用要因地、因工程对象制宜。

4. 人工挖孔桩质量稳定可靠

人工挖孔桩在低水位非饱和土中成孔，可彻底清孔，直观检查持力层，因此质量稳定性较高。但是，设计者对于高水位条件下采用人工挖孔桩的潜在隐患认识不足。有的边挖孔边抽水，以至将桩侧细颗粒淘走，引起地面下沉，甚至导致护壁整体滑脱，造成人身事故；还有的将相邻桩新灌注混凝土的水泥颗粒带走，造成离析；在流动性淤泥中实施强制性挖孔，引起大量淤泥发生侧向流动，导致土体滑移将桩体推歪、推断。

5. 灌注桩不适当扩底

扩底桩用于持力层较好、桩较短的端承型灌注桩，可取得较好的技术经济效益。但是，若将扩底不适当应用，则可能走进误区。例如：在饱和单轴抗压强度高于桩身混凝土强度的基岩中扩底，是不必要的；在桩侧土层较好、桩长较大的情况下扩底，一则损失扩底端以上部分的侧阻力，二则增加扩底费用，可能得失相当或失大于得；将扩底端置于有软弱下卧层的薄硬土层上，不仅无增强效应，还可能留下安全隐患。

近年来，全国各地研发的新桩型，有的已取得一定的工程应用经验，编制了推荐性专业标准或企业标准，各有其适用条件。由于选用不当，造成事故者也较为常见。

三、高层建筑桩基础的基本形式

桩基础的结构形式主要取决于上部结构的形式与布置、地质条件和桩型等方面。由于高层建筑结构体系多种多样，地基条件千变万化，桩基施工技术不断进步，从而使得高层建筑桩基础的结构形式也灵活多样。归纳起来，主要有桩柱基础、桩梁基础、桩墙基础、桩筏基础和桩箱基础几种。下面分别说明它们的特点和适用条件。

1. 桩柱基础

桩柱基础即柱下独立桩基础，可采用一柱一桩或一柱数桩基础。采用桩柱基础时，通常要在各个桩柱基础之间设置拉梁，或将地下室底板适当加强，其目的是为了加强基础结构的整体性，特别是提高桩基抵御水平荷载的能力。桩柱基础可应用于框架结构或框剪、框支剪、框筒等结构，且造价较低，但它的适用条件比较严格。

单桩柱基一般只适用于端承桩。这是因为各个基础之间只有拉梁相连，几乎没有调整差异沉降的能力，而框架结构又对差异沉降很敏感。如深圳蛇口金融中心，框架结构，21 层，高 76.6m，由 12 根大柱和 10 根小柱支撑在 22 根人工挖孔桩基础上，桩径 $\phi 1200 \sim \phi 2800$mm，桩端嵌入硬质基岩微风化层，十分稳固。

群桩桩基主要用于摩擦型桩的情况，且一般仅当持力层比较坚硬且无软弱下卧层的地质条件下采用，以免产生过大的沉降与差异沉降。例如，深圳科技园宿舍楼，17 层，高 53.5m，除电梯井和楼梯井为井筒剪力墙，以及沿建筑物四角布置局部剪力墙外，全部为框架结构，共有 24 根柱，均采用钢筋混凝土预制方桩 450mm×450mm 的小群桩基础支承，桩数 3～7 根不等，视柱荷载大小而定。各承台之间以拉梁连接。该工程选用摩擦型小群桩的理由是：①建筑物荷载适中，用所选摩擦型桩基本可满足承载力要求；②持力层为低压缩性土，且不存在可压缩性下卧层（持力层为砾质粉质黏土，以下为强风化花岗岩），故沉降与差异沉降均很小；③比采用穿过强风化岩的大直径挖孔桩基础方案施工速度快、造价低。

2. 桩梁基础

桩梁基础系指框架柱荷载通过基础梁（或称承台梁）传递给桩的桩基础。此时沿柱网轴线布置一排或多排桩，桩顶用大刚度的基础梁相连，以便将柱网荷载较均匀地分配给每根桩。比起桩柱基础，桩梁基础具有较高的整体刚度和稳定性，且在一定程度上具有调整不均匀沉降的能力。

桩梁基础一般只适用于端承型桩的情况。这主要是考虑到端承型桩承载力高，桩数可以较少，承台梁不必过宽，否则就失去了经济性；若用摩擦型桩，为了调整不均匀沉降则需要加大基础梁断面，是不经济的。

3. 桩墙基础

桩墙基础系指剪力墙或实腹筒壁下的单排或多排桩基础。剪力墙可视为深梁，因其巨大的刚度足以把荷载较均匀地传给各支承桩，故无需再设置基础梁；但因剪力墙厚度较小（一般为 200～800mm），筒壁厚度也不大（一般为 500～1000mm），而桩径一般大于墙的厚度，为了保证桩与墙体或筒体很好地共同工作，通常需在桩顶做一条形承台，其尺寸按构造要求设计。

桩墙基础亦常用于筒体结构。一般做法是沿筒壁轴线布桩，桩顶不设承台梁，而是通过整块筏板与筒壁相连；或在桩顶之间设拉梁，并与地下室底板及筒壁浇成整体。

4. 桩筏基础

当受地质条件限制，单桩承载力不很高，必须满堂布桩或局部满堂布桩才足以支承建筑荷载时，常在其上设置整块钢筋混凝土筏板，以便把柱、墙（筒）荷载分配给各桩，这种桩基础称为桩筏基础。

桩筏基础主要适用于软土地基上的筒体结构、框剪结构和剪力墙结构，因为这些结构的高层建筑刚度巨大，可弥补基础刚度的不足。另外，若为端承桩基，也可用于框架结构。例如，天津凯悦饭店，20 层，高 71.8m，框架-剪力墙结构，采用钢筋混凝土预制方桩 350mm×350mm，长 21m，支承于 26m 深处的粉质黏土中，单桩允许承载力 882.5kN，满堂布桩，框架柱和剪力墙均往下延伸到底板，地下室不设内隔墙，底板厚 2000mm。

从设计观点看，应注意鉴别某种形似桩筏而实为桩柱或桩墙的基础形式。例如，有时将柱下或墙下端承桩顶承台之间的拉梁省去，而代之以整块现浇板，这种板实际上仅能传递水平荷载，起着增强建筑物基础横向整体稳定性的作用，并不传递竖向荷载。因此，这类板的设计不同于桩筏基础的筏板，不应混淆。

5. 桩箱基础

桩箱基础系由底、顶板、外墙和若干纵横内隔墙构成的箱形结构把上部荷载传递给桩的基础形式。由于其刚度很大，具有调整各桩受力和沉降的良好性能，因此，在软弱地基上建造高层建筑时较多地采用桩箱基础。它适用于包括框架在内的任何结构形式。采用桩箱基础的框剪结构高层建筑的高度可达 100m 以上。可以说，桩箱基础是一种可以在任何适合于桩基的地质条件下建造任何结构形式的高层建筑的"万能式桩基"。但这并不是说它在任何情况下都是"合适"的，关键是造价。桩箱基础是各种桩基中最贵的，因此，必须在全面技术经济分析的基础上作出选择。上海电信大楼是采用桩箱基础的一个很好的实例。该高层建筑 24 层，高 151.8m，筒中筒结构，桩箱基础含两层地下室，高度 9.25m，埋深 12.65m，底板厚 1500mm，顶板厚 750mm，外墙厚 600mm，在箱体内设置了两道纵隔墙、八道横隔墙，底板下满堂布桩 408 根，采用钢筋混凝土预制方桩 500mm×500mm，长 33m，支承于 45.65m 深的粉细砂层，桩距 2.0～2.45m，单桩允许承载力 2059kN。

应注意形似桩箱实为桩筏的基础形式。其主要区别在于是否按箱基要求设置纵横贯通的内隔墙，桩-箱结构能否形成整体刚度。

第三节　竖向压力作用下单桩工作性状

单桩工作性状的研究是揭示桩土之间力的传递与变形协调的规律、单桩承载力的构成及其发展过程，以及单桩的破坏机理等，因此它是桩的承载力机理和桩-土共同作用分析的重要理论依据。

桩顶荷载一般包括轴向力、水平力和力矩。为简化起见，在研究桩的受力性能以及计算桩的承载力时，往往首先对桩受竖向压力的情况单独进行研究。

一、竖向压力下单桩的荷载传递

在竖向压力下，土对桩的支承力由桩侧阻力和桩端阻力两部分组成，但桩侧阻力和桩端阻力并不是同时发挥的，二者的发挥过程就是桩-土体系荷载的传递过程。桩顶受竖向压力后，桩身压缩产生向下的位移，桩侧表面受到土的向上摩阻力的作用，桩侧土体产生剪切变形，并使桩身荷载传递到桩周土层中，从而使桩身荷载与桩身压缩变形随深度递减。随着荷载增加，桩端出现竖向位移和桩端反力。桩端位移加大了桩身各截面的位移，并促使桩侧阻力进一步发挥。一般说来，靠近桩身上部土层的侧阻力先于下部土层发挥，而桩侧阻力先于桩端阻力发挥出来。

如图 3-8 所示，桩顶在竖向压力 Q 的作用下，桩身任一深度 z 处横截面上引起的轴力 $Q(z)$ 将使该截面向下位移 $S(z)$，桩顶和桩端分别下沉 S_0 和 S_b，桩侧产生摩阻力 $q_s(z)$。此时

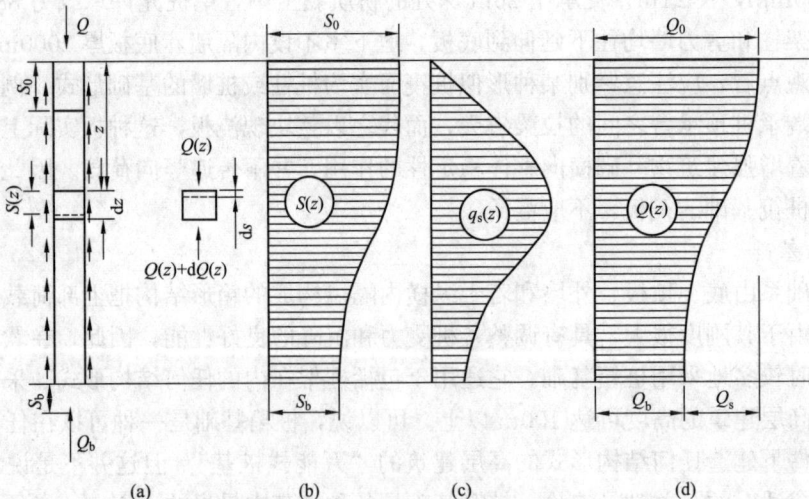

图 3-8　桩-土体系荷载传递分析
（a）轴向受压的桩；（b）截面位移；（c）摩阻力分布；（d）轴力分布

$$Q(z) = Q - u\int_0^z q_s(z)\mathrm{d}z \tag{3-1}$$

竖向位移为

$$S(z) = S_0 - \frac{1}{E_p A} \int_0^z Q(z) \mathrm{d}z \qquad (3-2)$$

由微分段 $\mathrm{d}z$ 的竖向平衡可求得 $q_s(z)$ 为

$$q_s = -\frac{1}{u} \frac{\mathrm{d}Q(z)}{\mathrm{d}z} \qquad (3-3)$$

微分段 $\mathrm{d}z$ 的压缩量为

$$\mathrm{d}S(z) = \frac{Q(z)}{E_p A} \mathrm{d}z \qquad (3-4)$$

由式（3-3）和式（3-4）得

$$q_s(z) = -\frac{E_p A}{u} \frac{\mathrm{d}^2 S(z)}{\mathrm{d}z^2} \qquad (3-5)$$

式中 A——桩身截面面积；

    E_p——桩身弹性模量；

    u——桩身周长。

式（3-5）就是桩土体系荷载传递分析计算的基本微分方程。通过在桩身埋设应力或位移测试元件，即可求得轴力和侧阻力沿桩身的变化曲线。

设桩侧总摩阻力为 Q_s，桩端总阻力为 Q_b，根据力的竖向平衡可得

$$Q = Q_s + Q_b \qquad (3-6)$$

根据 Q_s/Q 和 Q_b/Q 的大小，定量地将桩分为摩擦桩（Q_s/Q 大致在 0.8 以上）、端承摩擦桩（Q_s/Q 大致为 0.6~0.75）、端承桩（Q_b/Q 大致在 0.8 以上）和摩擦端承桩（Q_b/Q 大致为 0.6~0.75）。桩侧阻力与桩端阻力相对大小与桩径、桩长、桩身的压缩性、桩间距，以及桩侧土体性状、桩端土体性状、成桩方式、荷载水平等因素有关，其中任何一个因素的变化都将影响 Q_s/Q 和 Q_b/Q 的大小，进而会影响桩类的判断。试验研究与理论分析表明，单桩竖向荷载传递的一般规律如下：

（1）桩端土与桩侧土的模量比 E_b/E_s 越小，桩身轴力沿深度衰减越快，即传递到桩端的荷载越小。

（2）随桩土刚度比 E_p/E_s（桩身刚度与桩侧土刚度之比）的增大，传递到桩端的荷载增加；但当 $E_p/E_s \geqslant 1000$ 后，Q_b/Q 的变化不明显。

（3）随桩的长径比 l/d（l 为桩长，d 为桩径）增大，传递到桩端的荷载减小，桩身下侧阻发挥值相应降低；当 $l/d \geqslant 40$ 时，在均匀土层中，Q_b/Q 趋于零；当 $l/d \geqslant 100$ 时，不论桩端土刚度多大，其 Q_b/Q 值小到可忽略不计。即使嵌岩桩，当其长径比 $l/d > 15 \sim 20$ 时，也属于摩擦型桩，其桩端总阻力也较小。

（4）扩大桩端面积，桩端传递荷载的比率 Q_b/Q 增大。

二、桩侧摩阻力与桩端阻力

1. 桩侧摩阻力

桩侧摩阻力与桩土间的相对位移、土的性质、桩的刚度、时间因素、土中应力状态以及施工方法等因素有关。

一般来说，随着桩土间相对位移的增大，桩侧摩阻力随之增大，但当前者增大到某一极限 S_u 后，桩侧摩阻力达到极限值。试验发现，S_u 基本上只与土的类别有关，一般黏性土为 4~6mm，砂土为 6~10mm；而桩侧极限摩阻力不仅与土的类别有关，还与所在的深度、成

桩方法等因素有关。砂土中模型桩试验表明，桩侧极限摩阻力随深度而线性增大，但当入土深度超过某一临界深度（为桩径的 5～10 倍）后，桩侧极限摩阻力不再随深度增加，该现象称为侧阻的深度效应。

桩的刚度对桩侧阻力的影响主要体现在：当桩的刚度较小时，桩顶截面的位移较大而桩底较小，因此桩顶处桩侧摩阻力常较大；当桩的刚度较大时，桩身各截面位移比较接近，但由于桩下部侧面的法向应力较大，土的抗剪强度也大，因此桩下部的侧摩阻力较大。

时间因素主要体现在土体的固结上。由于桩端土的压缩是逐渐完成的，因此桩侧阻力所承担的荷载将随时间由桩身上部向下部转移。

2. 桩端阻力

桩端阻力与土的性质、桩端位移、覆盖层厚度、桩径、桩底作用力、时间以及桩端进入持力层的深度等因素有关，其中最主要的影响因素是桩端持力层的性质。桩端持力层的受压刚度和抗剪强度越大，桩端阻力就越大。

桩端阻力的发挥不仅滞后于桩侧摩阻力，而且其充分发挥所需要的桩底位移值比桩侧摩阻力到达极限所需要的桩身截面位移值大得多。试验表明，桩底极限位移与桩径的比值，对砂类土为 0.08～0.1，一般黏性土约为 0.25，硬黏土约为 0.1。因此，在工作状态下，单桩桩端阻力的安全储备一般都大于桩侧阻力的安全储备。

另外，试验表明，与侧阻的深度效应类似，当桩端入土深度小于某一临界深度时，极限端阻随深度线性增加，而大于该深度后则保持不变，且侧阻与端阻的临界深度之比为 0.3～1.0。

三、单桩的破坏模式

在竖向压力作用下，单桩的破坏模式主要取决于桩周土的抗剪强度、桩端支承情况、桩的尺寸与类型等因素，可分为如图 3-9 所示的三种。

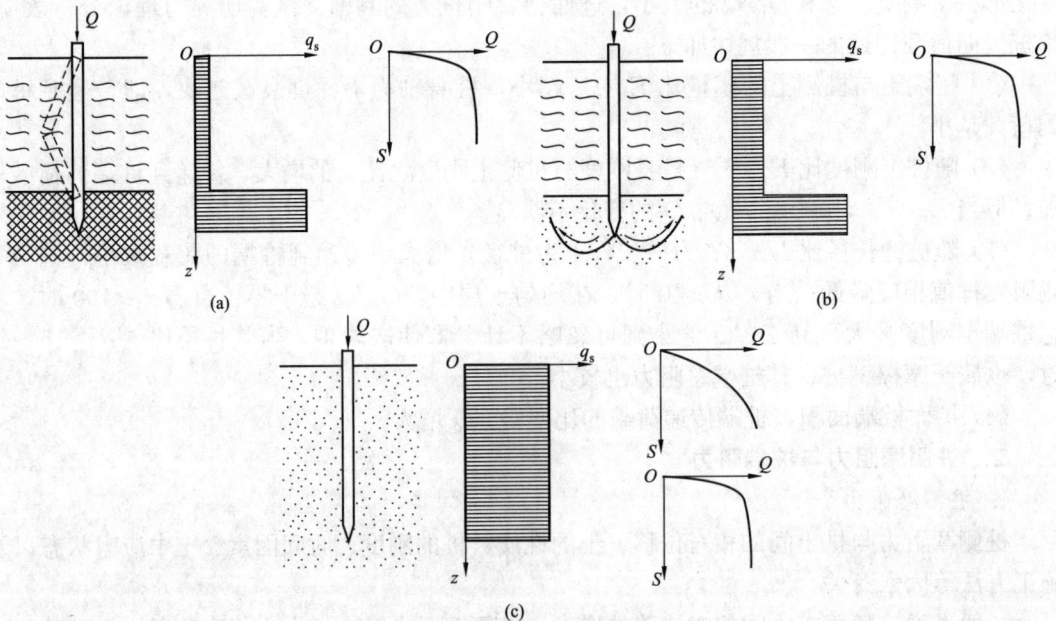

图 3-9　竖向压力作用下单桩的破坏模式

(a) 屈曲破坏；(b) 整体剪切破坏；(c) 刺入破坏

1. 屈曲破坏

如图 3-9（a）所示，当桩底支承在坚硬的土层或岩层上，且桩周土层极为软弱时，桩身无约束或侧向抵抗力。桩在竖向压力作用下，就如同一细长压杆可发生侧向失稳，出现屈曲破坏，荷载-沉降（Q-S）曲线为"急剧破坏"的陡降型，沉降量很小，此时其承载力取决于桩身的材料强度。穿越深厚淤泥质土层中的小直径端承桩或嵌岩桩等多发生此种破坏。

2. 整体剪切破坏

对于桩身强度足够且长度不大的桩，当其穿过抗剪强度较低的土层，而达到强度较高的土层时，在竖向压力作用下，由于桩底上部土层不能阻止滑动土楔的形成，桩底土体可形成滑动面而出现整体剪切破坏，如图 3-9（b）所示。此时桩的沉降量较小，桩侧摩阻力难以充分发挥，竖向压力主要由桩端阻力承受，Q-S 曲线也为陡降型，可求得确定的极限荷载。桩的承载力主要取决于桩端土的支承力。一般打入式短桩、钻扩短桩等均发生此种破坏。

3. 刺入破坏

当桩的入土深度较大或桩周土层抗剪强度较均匀时，在竖向压力作用下，桩将出现刺入破坏，如图 3-9（c）所示。此时桩顶竖向压力主要由桩侧摩阻力承受，桩端阻力很小，桩的沉降量较大。一般情况下，当桩周土质较软弱时，Q-S 曲线为"渐进破坏"的缓变型，无明显拐点，极限荷载难以判断，桩的承载力主要取决于上部结构所能要求的极限沉降 S_u；当桩周土的抗剪强度较高时，Q-S 曲线可能为陡降型，有明显拐点，桩的承载力主要取决于桩周土的强度。常规设置的钻孔灌注桩，其破坏多属于此种类型。

第四节　竖向荷载下单桩承载力的确定

一、单桩竖向承载力的概念和确定原则

单桩承载力是指单桩在荷载作用下，不丧失其稳定性、不产生过大变形时的承载能力。

《建筑桩基技术规范》规定的单桩竖向极限承载力标准值 Q_{uk} 是指单桩在竖向荷载作用下到达破坏状态前或出现不适于继续承载的变形时所对应的最大荷载，它取决于土对桩的支承阻力和桩身承载力。另外，该规范还定义单桩竖向承载力特征值 R_a 为单桩竖向极限承载力标准值 Q_{uk} 除以安全系数（一般为 2）后的承载力值，这一点与《建筑地基基础设计规范》（GB 50007—2011）相同。

《公路桥涵地基与基础设计规范》（JTG D63—2007）规定单桩轴向受压承载力容许值 $[R_a]$ 是指单桩在轴向压力作用下，地基土和桩本身的强度和稳定性均得到满足，变形也在容许范围内所容许承受的最大荷载，它由单桩极限承载力考虑必要的安全度后求得。由此可见，《建筑桩基技术规范》和《建筑地基基础设计规范》的单桩竖向承载力特征值与《公路桥涵地基与基础设计规范》的单桩轴向受压承载力容许值的意义是一致的，只是由于不同的设计规范在计算单桩承载力时所采用的经验系数不同，计算的结果有些差异。另外，还可以看出，利用这些规范进行桩基设计，均应确定单桩竖向极限承载力。

《建筑桩基技术规范》对设计采用的单桩竖向极限承载力标准值 Q_{uk} 的确定方法规定如下：

（1）设计等级为甲级的建筑桩基，应通过单桩静载试验确定；

（2）设计等级为乙级的建筑桩基，当地质条件简单时，可参照地质条件相同的试桩资料，结合静力触探等原位测试和经验参数综合确定；其余均应通过单桩静载试验确定；

（3）设计等级为丙级的建筑桩基，可根据原位测试和经验参数确定。

上述规定明确了静载试验是确定单桩竖向承载力的基本标准，其他方法是静载试验的补充。

《建筑地基基础设计规范》规定，在桩身混凝土强度应满足桩的承载力设计要求的前提下，单桩竖向承载力特征值 R_a 的确定方法如下：

（1）单桩竖向承载力特征值应通过单桩竖向静载试验确定。在同一条件下的试桩数量，不宜小于总桩数的 1%，且不应小于 3 根。

当桩端持力层为密实砂卵石或其他承载力类似的土层时，对单桩承载力很高的大直径端承型桩，可采用深层平板载荷试验确定桩端土的承载力特征值。

（2）地基基础设计等级为丙级的建筑物，可采用静力触探及标贯试验参数确定 R_a 值。

（3）初步设计时单桩竖向承载力特征值 R_a 可按下式估算

$$R_a = q_{pa}A_p + u_p \sum q_{sia} l_i \tag{3-7}$$

式中　q_{pa}、q_{sia}——桩端阻力、桩侧阻力特征值，由当地静载荷试验结果统计分析算得；

　　　　A_p——桩底端横截面面积；

　　　　u_p——桩身周边长度；

　　　　l_i——第 i 层岩土的厚度。

桩端嵌入完整及较完整的硬质岩中，当桩长较短且入岩较浅时，可按下式估算单桩竖向承载力特征值 R_a。

$$R_a = q_{pa}A_p \tag{3-8}$$

式中　q_{pa}——桩端岩石承载力特征值。

二、单桩竖向极限承载力的确定方法

下面根据《建筑桩基技术规范》介绍单桩竖向极限承载力标准值的确定方法。

（一）单桩竖向抗压静载试验

单桩竖向抗压静载试验应按《建筑基桩检测技术规范》（JGJ 106—2014）执行。该检测规范规定：在同一条件下的试桩数量不宜少于总桩数的 1%，且不应少于 3 根；当预计工程桩总数在 50 根以内时不应少于 2 根。

承载力检测前的休止时间应满足受检桩的混凝土龄期达到 28d，或受检桩同条件养护试件强度达到设计强度要求，当无成熟的地区经验时还要求：砂土不得少于 7d；粉土不得少于 10d；非饱和黏性土不得少于 15d；饱和黏性土不得少于 25d；对于泥浆护壁灌注桩，还宜适当延长。

1. 试验装置

单桩竖向抗压静载荷试验装置主要有荷载系统和观测系统两部分组成。加载反力装置常用压重平台反力装置（堆载法）和锚桩横梁反力装置（锚桩法）两种，如图 3-10 所示，根据现场实际情况，也可采用锚桩压重反力装置和地锚反力装置。

荷载测量可用放置在千斤顶上的荷重传感器直接测定，或根据并联于千斤顶油路的压力表或压力传感器测定油压，根据千斤顶率定曲线换算荷载。

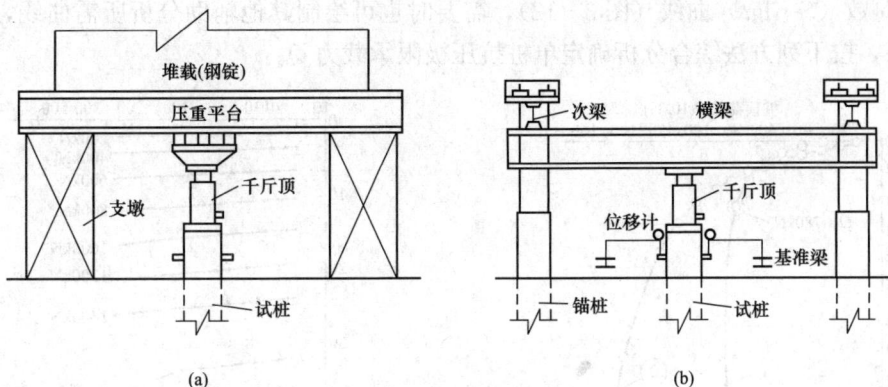

图 3-10 单桩竖向抗压静载试验装置

(a) 堆载法；(b) 锚桩法

沉降测量宜采用位移传感器或大量程百分表。对直径或边宽大于 500mm 的桩，应在其两个方向对称安置 4 个位移测量仪表，直径或边宽小于或等于 500mm 的桩可对称安置 2 个位移测量仪表。沉降测量平面宜在桩顶 200mm 以下位置，测点应牢固地固定于桩身。基准梁应具有一定的刚度，梁的一端固定在基准桩上，另一端简支于基准桩上。固定和支撑位移测量仪表的夹具及基准梁应避免气温、振动及其他外界因素的影响。

2. 测试方法

为设计提供依据的试验桩，应加载至破坏；当桩的承载力以桩身强度控制时，可按设计要求的加载量进行；对工程桩抽样检测时，加载量不应小于设计要求的单桩承载力特征值的 2 倍。

试验加卸载方式为：加载应分级进行，采用逐级等量加载；分级荷载宜为最大加载量或预估极限承载力的 1/10，其中第一级可取分级荷载的 2 倍。卸载也应分级进行，每级卸载量取加载时分级荷载的 2 倍，逐级等量卸载。

为设计提供依据的竖向抗压静载荷试验应采用慢速维持荷载法（慢维法），即每级加载后，按每第 5、15、30、45、60min 测读一次桩顶沉降量，以后每隔 30min 测读一次。在每级荷载作用下，桩的沉降量连续两次（从分级荷载施加后第 30min 开始，按 1.5h 连续三次每 30min 的沉降观测值计算）在每小时内小于 0.1mm 时可视为试桩沉降相对稳定，然后施加下一级荷载。当出现下列情况之一时，可终止加载：

(1) 某级荷载作用下，桩顶沉降量大于前一级荷载作用下沉降量的 5 倍。当桩顶沉降能相对稳定且总沉降量小于 40mm 时，宜加载至总沉降量超过 40mm。

(2) 某级荷载作用下，桩顶沉降量大于前一级荷载作用下沉降量的 2 倍，且经 24 小时尚未达到相对稳定标准。

(3) 已达到设计要求的最大加载量，且桩顶沉降到相对稳定标准。

(4) 当工程桩作锚桩时，锚桩上拔量已达到允许值。

(5) 当荷载—沉降曲线呈缓变型时，可加载至桩顶总沉降量大于 60~80mm；在桩端阻力尚未充分发挥时，可加载至桩顶累积沉降量超过 80mm。

3. 按试验成果确定单桩竖向抗压极限承载力

确定单桩竖向抗压极限承载力时，应绘制竖向荷载-沉降（Q-S）曲线（图 3-11）、沉降-时间对数（S-$\lg t$）曲线（图 3-12），需要时也可绘制其他辅助分析所需曲线，并根据试验成果，按下列方法综合分析确定单桩抗压极限承载力 Q_u：

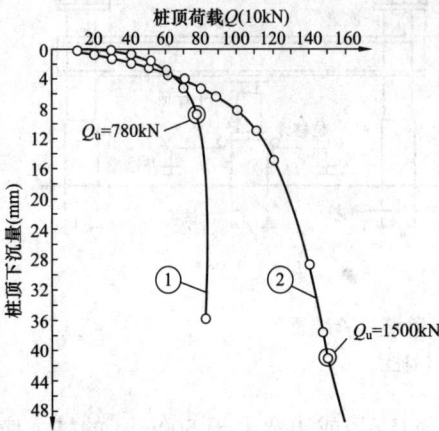

图 3-11　单桩 Q-S 曲线

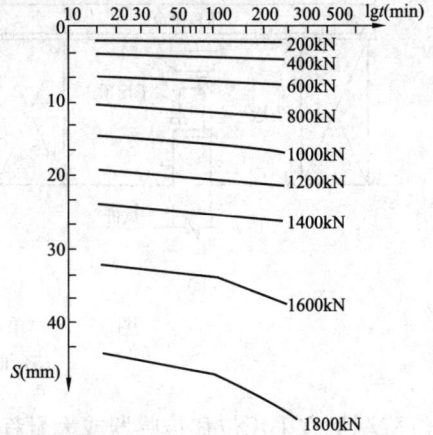

图 3-12　单桩 S-$\lg t$ 曲线

（1）根据沉降随荷载的变化特征确定：对于陡降型 Q-S 曲线，取其发生明显陡降的起始点对应的荷载值。

（2）根据沉降随时间的变化特征确定：取 S-$\lg t$ 曲线尾部出现明显向下弯曲的前一级荷载值。

（3）出现终止加载情况（2）时，取前一级荷载值。

（4）对于缓变型 Q-S 曲线可根据沉降量确定，宜取 $S=40\text{mm}$ 对应的荷载值；对桩端直径 D 大于或等于 800mm 的桩，可取 $S=0.05D$ 所对应的荷载值；当桩长大于 40m 时，宜考虑桩身弹性压缩。

（5）不满足上述 4 种情况时，桩的竖向抗压极限承载力应取最大试验荷载值。

对于每个单项工程，参加统计的试桩，当满足其极差不超过平均值的 30% 时，可取其平均值为单桩竖向极限承载力标准值（统计值）Q_{uk}。极差超过平均值的 30% 时，宜增加试桩数量并分析离差过大的原因，结合工程具体情况确定极限承载力，必要时可增加试桩数量。当试验桩少于 3 根，或桩基承台下的桩数不多于 3 根时，应取低值。

（二）原位测试法

1. 按单桥探头静力触探试验确定

当根据单桥探头（圆锥底面积为 15cm^2，底部带 7cm 高滑套，锥角 60°）静力触探资料确定混凝土预制桩单桩竖向极限承载力标准值时，如无当地经验，可按下式计算

$$Q_{uk}=Q_{sk}+Q_{pk}=u\sum q_{sik}l_i+\alpha p_{sk}A_p \tag{3-9}$$

当 $p_{sk1}\leqslant p_{sk2}$ 时

$$p_{sk}=\frac{1}{2}(p_{sk1}+\beta p_{sk2}) \tag{3-10}$$

当 $p_{sk1}>p_{sk2}$ 时

$$p_{sk}=p_{sk2} \tag{3-11}$$

式中 Q_{sk}、Q_{pk}——总极限侧阻力标准值和总极限端阻力标准值；

u——桩身周长；

q_{sik}——用静力触探比贯入阻力值估算的桩周第 i 层土的极限侧阻力，应结合土工试验资料，依据土的类别、埋藏深度、排列次序，按图 3-13 折线取值；

l_i——桩周第 i 层土的厚度；

α——桩端阻力修正系数，可按表 3-2 取值；

p_{sk}——桩端附近的静力触探比贯入阻力标准值（平均值）；

A_p——桩端面积；

p_{sk1}——桩端全截面以上 8 倍桩径范围内的比贯入阻力平均值；

p_{sk2}——桩端全截面以下 4 倍桩径范围内的比贯入阻力平均值，如桩端持力层为密实的砂土层，其比贯入阻力平均值 p_s 超过 20MPa 时，则需乘以表 3-3 中系数 C 予以折减后，再计算 p_{sk2} 及 p_{sk1} 值；

β——折减系数，按表 3-4 选用。

注意：按图 3-13 所示折线取 q_{sik} 值时，直线Ⓐ（线段 gh）适用于地表下 6m 范围内的土层；折线Ⓑ（$oabc$）适用于粉土及砂土土层以上（或无粉土及砂土土层地区）的黏性土；折线Ⓒ（线段 $odef$）适用于粉土及砂土土层以下的黏性土；折线Ⓓ（线段 oef）适用于粉土、粉砂、细砂及中砂。注意，当桩端穿过粉土、粉砂、细砂及中砂层底面时，折线Ⓓ估算的 q_{sik} 值需乘以表 3-5 中系数 η_s 值。表 3-5 中，p_{sk} 为桩端穿过的中密至密实砂土、粉土的比贯入阻力平均值；p_{sl} 为砂土、粉土的下卧软土层的比贯入阻力平均值。

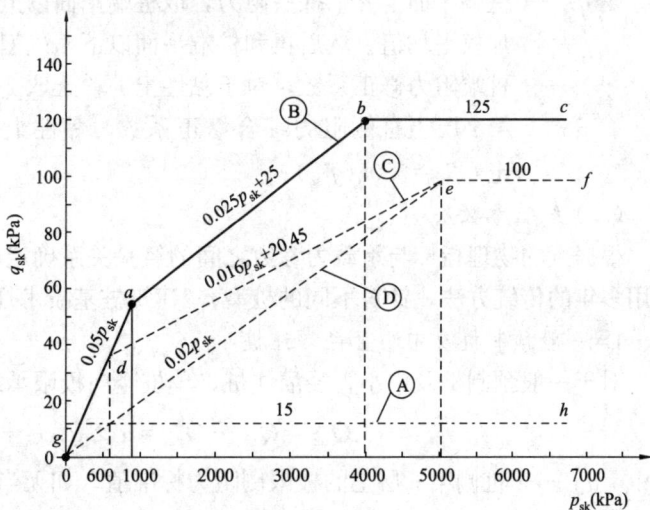

图 3-13 q_{sk}-p_{sk} 曲线

表 3-2		桩端阻力修正系数 α 值	
桩长（m）	$l<15$	$15\leqslant l\leqslant30$	$30<l\leqslant60$
α	0.75	0.75~0.90	0.90

注 15m≤桩长 l≤30m，α 值按 l 值直线内插；桩长 l 不包括桩尖高度。

表 3-3		系数 C 值	
p_{sk}（MPa）	20~30	35	>40
C	5/6	2/3	1/2

表 3-4　　　　　　　　　　　　　　　　**折减系数 β 值**

p_{sk2}/p_{sk1}	$\leqslant 5$	7.5	12.5	$\geqslant 15$
β	1	5/6	2/3	1/2

注　表 3-3、表 3-4 可内插取值。

表 3-5　　　　　　　　　　　　　　　　**系数 η_s 值**

p_{sk}/p_{sl}	$\leqslant 5$	7.5	$\geqslant 10$
η_s	1.00	0.50	0.33

2. 按双桥探头静力触探确定

当根据双桥探头（圆锥底面积 15cm^2，锥角 60°，摩擦套筒高 21.85cm，侧面积 300cm^2）静力触探资料确定混凝土预制桩单桩竖向极限承载力标准值时，对于黏性土、粉土和砂土，如无当地经验时可按下式计算

$$Q_{uk}=Q_{sk}+Q_{pk}=u\sum l_i\beta_i f_{si}+\alpha q_c A_p \tag{3-12}$$

式中　f_{si}——第 i 层土的探头平均侧阻力；

　　　q_c——桩端平面上、下探头阻力，取桩端平面以上 $4d$ 范围内按土层厚度的探头阻力加权平均值，然后再和桩端平面以下 $1d$ 范围内的探头阻力进行平均；

　　　α——桩端阻力修正系数，对于黏性土、粉土取 2/3，饱和砂土取 1/2；

　　　β_i——第 i 层土桩侧阻力综合修正系数，黏性土、粉土：$\beta_i=10.04(f_{si})^{-0.55}$；砂土：$\beta_i=5.05(f_{si})^{-0.45}$。

（三）经验参数法

根据土的物理指标与承载力参数之间的经验关系确定单桩竖向极限承载力标准值是一种沿用多年的传统方法，针对不同的桩型，《建筑桩基技术规范》推荐了下列估算方法。

1. 一般预制桩及中小直径灌注桩

对于一般预制桩及中小直径灌注桩，单桩竖向极限承载力标准值宜按式（3-13）估算

$$Q_{uk}=Q_{sk}+Q_{pk}=u\sum q_{sik}l_i+q_{pk}A_p \tag{3-13}$$

式中　q_{sik}——桩侧第 i 层土的极限侧阻力标准值，如无当地经验时，可按表 3-6 取值；

　　　q_{pk}——极限端阻力标准值，如无当地经验时，可按表 3-7 取值。

2. 大直径桩

对于大直径桩，单桩极限承载力标准值时可按式（3-14）计算

$$Q_{uk}=Q_{sk}+Q_{pk}=u\sum\Psi_{si}q_{sik}l_i+\Psi_p q_{pk}A_p \tag{3-14}$$

式中　q_{sik}——桩侧第 i 层土极限侧阻力标准值，如无当地经验值时，可按表 3-6 取值，对于扩底桩变截面以上 $2d$ 长度范围不计侧阻力；

　　　q_{pk}——桩径为 800mm 的极限端阻力标准值，对于干作业挖孔（清底干净）可采用深层载荷板试验确定；当不能进行深层载荷板试验时，可按表 3-8 取值；

　　Ψ_{si}、Ψ_p——大直径桩侧阻、端阻尺寸效应系数，按表 3-9 取值；

　　　u——桩身周长，当人工挖孔桩桩周护壁为振捣密实的混凝土时，桩身周长可按护壁外直径计算。

表 3 - 6 桩的极限侧阻力标准值 q_{sik} kPa

土的名称	土的状态		混凝土预制桩	泥浆护壁钻(冲)孔桩	干作业钻孔桩
填土	—		22~30	20~28	20~28
淤泥	—		14~20	12~18	12~18
淤泥质土	—		22~30	20~28	20~28
黏性土	流塑 软塑 可塑 硬可塑 硬塑 坚硬	$I_L>1$ $0.75<I_L\leqslant1$ $0.50<I_L\leqslant0.75$ $0.25<I_L\leqslant0.50$ $0<I_L\leqslant0.25$ $I_L\leqslant0$	24~40 40~55 55~70 70~86 86~98 98~105	21~38 38~53 53~68 68~84 84~96 96~102	21~38 38~53 53~66 66~82 82~94 94~104
红黏土	$0.7<a_w\leqslant1$ $0.5<a_w\leqslant0.7$		13~32 32~74	12~30 30~70	12~30 30~70
粉土	稍密 中密 密实	$e>0.9$ $0.75\leqslant e\leqslant0.9$ $e<0.75$	26~46 46~66 66~88	24~42 42~62 62~82	24~42 42~62 62~82
粉细砂	稍密 中密 密实	$10<N\leqslant15$ $15<N\leqslant30$ $N>30$	24~48 48~66 66~88	22~42 46~64 64~86	22~46 46~64 64~86
中砂	中密 密实	$15<N\leqslant30$ $N>30$	54~74 74~95	53~72 72~94	53~72 72~94
粗砂	中密 密实	$15<N\leqslant30$ $N>30$	74~95 95~116	74~95 95~116	76~98 98~120
砾砂	稍密 中密(密实)	$5<N_{63.5}\leqslant15$ $N_{63.5}>15$	70~110 116~138	50~90 116~130	60~100 112~130
圆砾、角砾	中密、密实	$N_{63.5}>10$	160~200	135~150	135~150
碎石、卵石	中密、密实	$N_{63.5}>10$	200~300	140~170	150~170
全风化软质岩	—	$30<N\leqslant50$	100~120	80~100	80~100
全风化硬质岩	—	$30<N\leqslant50$	140~160	120~140	120~150
强风化软质岩	—	$N_{63.5}>10$	160~240	140~200	140~220
强风化硬质岩	—	$N_{63.5}>10$	220~300	160~240	160~260

注 1. 对于尚未完成自重固结的填土和以生活垃圾为主的杂填土,不计算其侧阻力。

2. a_w 为含水比,$a_w=w/w_L$,w 为土的天然含水量,w_L 为土的液限。

3. N 为标准贯入击数;$N_{63.5}$ 为重型圆锥动力触探击数。

4. 全风化、强风化软质岩和全风化、强风化硬质岩系指其母岩分别为饱和单轴抗压强度标准值 $f_{rk}\leqslant15MPa$、$f_{rk}>30MPa$ 的岩石。

kPa

表 3 - 7　桩的极限端阻力标准值 q_{pk}

土名称	土的状态		混凝土预制桩桩长 l (m)				泥浆护壁钻(冲)孔桩桩长 l (m)				干作业钻孔桩桩长 l (m)		
			l≤9	9<l≤16	16<l≤30	l>30	5≤l<10	10≤l<15	15≤l<30	30≤l	5≤l<10	10≤l<15	15≤l
黏性土	软塑	0.75<I_L≤1	210~850	650~1400	1200~1800	1300~1900	150~250	250~300	300~450	300~450	200~400	400~700	700~950
	可塑	0.50<I_L≤0.75	850~1700	1400~2200	1900~2800	2300~3600	350~450	450~600	600~750	750~800	500~700	800~1100	1000~1600
	硬可塑	0.25<I_L≤0.50	1500~2300	2300~3300	2700~3600	3600~4400	800~900	900~1000	1000~1200	1200~1400	850~1100	1500~1700	1700~1900
	硬塑	0<I_L≤0.25	2500~3800	3800~5500	5500~6000	6000~6800	1100~1200	1200~1400	1400~1600	1600~1800	1600~1800	2200~2400	2600~2800
粉土	中密	0.75<e≤0.9	950~1700	1400~2100	1900~2700	2500~3400	300~500	500~650	650~750	750~850	800~1200	1200~1400	1400~1600
	密实	e<0.75	1500~2600	2100~3000	2700~3600	3600~4400	650~900	750~950	900~1100	1100~1200	1200~1700	1400~1900	1600~2100
粉砂	稍密	10<N≤15	1000~1600	1500~2300	1900~2700	2100~3000	350~500	450~600	600~700	650~750	500~950	1300~1600	1500~1700
	中密、密实	N>15	1400~2200	2100~3000	3000~4500	3800~5500	600~750	750~900	900~1100	1100~1200	900~1000	1700~1900	1700~1900
细砂	中密、密实	N>15	2500~4000	3600~5000	4400~6000	5300~7000	650~850	900~1200	1200~1500	1500~1800	1200~1600	2000~2400	2400~2700
中砂		N>15	4000~6000	5500~7000	6500~8000	7500~9000	850~1050	1100~1500	1500~1900	1900~2100	1800~2400	2800~3800	3600~4400
粗砂		N>15	5700~7500	7500~8500	8500~10000	9500~11000	1500~1800	2100~2400	2400~2600	2600~2800	2900~3600	4000~4600	4600~5200
砾砂		N>15	6000~9500		9000~10500		1400~2000		2000~3200			3500~5000	
角砾、圆砾	中密、密实	N_63.5>10	7000~10000		9500~11500		1800~2200		2200~3600			4000~5500	
碎石、卵石		N_63.5>10	8000~11000		10500~13000		2000~3000		3000~4000			4500~6500	
全风化软质岩		30<N≤50	4000~6000				1000~1600				1200~2000		
全风化硬质岩		30<N≤50	5000~8000				1200~2200				1400~2400		
强风化软质岩		N_63.5>10	6000~9000				1400~2200				1600~2600		
强风化硬质岩		N_63.5>10	7000~11000				1800~2800				2000~3000		

注：1. 砂土和碎石类土中桩的极限端阻力取值，宜综合考虑土的密实度，桩端进入持力层的深径比 h_b/d，土越密实，h_b/d 越大，取值越高。

2. 预制桩的岩石极限端阻力是指桩端支承于中、微风化基岩表面或进入强风化岩、软质岩一定深度条件下的极限端阻力。

3. 全风化、强风化软质岩和强风化硬质岩是指其母岩分别为 $f_{rk}≤15MPa$、$f_{rk}>30MPa$ 的岩石。

表3-8　　　　　干作业挖孔桩（清底干净，$D=800\text{mm}$）极限端阻力标准值 q_{pk}　　　kPa

土 名 称		状　　　态		
黏 性 土		$0.25<I_L\leqslant0.75$	$0<I_L\leqslant0.25$	$I_L\leqslant0$
		$800\sim1800$	$1800\sim2400$	$2400\sim3000$
粉　　土		—	$0.75\leqslant e\leqslant0.9$	$e<0.75$
		—	$1000\sim1500$	$1500\sim2000$
砂土、碎石类土		稍　　密	中　　密	密　　实
	粉　砂	$500\sim700$	$800\sim1100$	$1200\sim2000$
	细　砂	$700\sim1100$	$1200\sim1800$	$2000\sim2500$
	中　砂	$1000\sim2000$	$2200\sim3200$	$3500\sim5000$
	粗　砂	$1200\sim2200$	$2500\sim3500$	$4000\sim5500$
	砾　砂	$1400\sim2400$	$2600\sim4000$	$5000\sim7000$
	圆砾、角砾	$1600\sim3000$	$3200\sim5000$	$6000\sim9000$
	卵石、碎石	$2000\sim3000$	$3300\sim5000$	$7000\sim11\,000$

注　1. 当桩进入持力层的深度 h_b 分别为 $h_b\leqslant D$（桩端扩底设计直径）、$D<h_b\leqslant4D$、$h_b>4D$ 时，q_{pk} 可相应取低、中、高值。

2. 砂土密实度可根据标贯击数判定，$N\leqslant10$ 为松散，$10<N\leqslant15$ 为稍密，$15<N\leqslant30$ 为中密，$N>30$ 为密实。

3. 当桩的长径比 $l/d\leqslant8$ 时，q_{pk} 宜取较低值。

4. 当对沉降要求不严格时，q_{pk} 可取高值。

表3-9　　　　大直径灌注桩侧阻尺寸效应系数 Ψ_{si}、端阻尺寸效应系数 Ψ_p

土类型	黏性土、粉土	砂土、碎石类土	土类型	黏性土、粉土	砂土、碎石类土
Ψ_{si}	$(0.8/d)^{1/5}$	$(0.8/d)^{1/3}$	Ψ_p	$(0.8/D)^{1/4}$	$(0.8/D)^{1/3}$

注　当为等直径桩时，表中 $D=d$。

3. 钢管桩

钢管桩的单桩竖向极限承载力标准值可按式（3-15）计算

$$Q_{uk}=Q_{sk}+Q_{pk}=u\sum q_{sik}l_i+\lambda_p q_{pk}A_p \qquad (3-15)$$

式中　q_{sik}、q_{pk}——分别按表3-6、表3-7取与混凝土预制桩相同的值；

λ_p——桩端土塞效应系数，对于闭口钢管桩，$\lambda_p=1$；对于敞口钢管桩，当 $h_b/d<5$ 时，$\lambda_p=0.16h_b/d$，当 $h_b/d\geqslant5$ 时，$\lambda_p=0.8$；

h_b——桩端进入持力层深度；

d——钢管桩外径。

对于带隔板的半敞口钢管桩，应以等效直径 d_e 代替 d 确定 λ_p；$d_e=d/\sqrt{n}$，其中 n 为桩端隔板分割数（图3-14）。

4. 混凝土空心桩

敞口预应力混凝土空心桩的单桩竖向极限承载力标准值可按式（3-16）计算

$$Q_{uk}=Q_{sk}+Q_{pk}=u\sum q_{sik}l_i+q_{pk}(A_j+\lambda_p A_{pl}) \qquad (3-16)$$

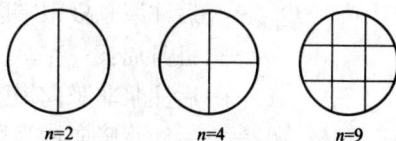

$n=2$　　$n=4$　　$n=9$

图3-14　隔板分割

式中 q_{sik}、q_{pk}——分别按表 3-6、3-7 取与混凝土预制桩相同的值；

A_j——空心桩桩端净面积，对管桩，$A_j=\frac{\pi}{4}(d^2-d_1^2)$；对空心方桩，$A_j=b^2-\frac{\pi}{4}d_1^2$；

A_{p1}——空心桩敞口面积，$A_{p1}=\frac{\pi}{4}d_1^2$；

λ_p——桩端土塞效应系数，当 $h_b/d<5$ 时，$\lambda_p=0.16h_b/d_1$；当 $h_b/d\geqslant5$ 时，$\lambda_p=0.8$；

d、b——空心桩外径、边长；

d_1——空心桩内径。

5. 嵌岩桩

桩端置于完整、较完整基岩的嵌岩桩的单桩竖向极限承载力，由桩周土总极限侧阻力和嵌岩段总极限阻力组成。当根据岩石单轴抗压强度确定单桩竖向极限承载力标准值时，可按式（3-17）计算

$$Q_{uk}=Q_{sk}+Q_{rk}=u\sum q_{sik}l_i+\zeta_r f_{rk}A_p \tag{3-17}$$

式中 Q_{sk}、Q_{rk}——土的总极限侧阻力、嵌岩段总极限阻力；

q_{sik}——桩周第 i 层土的极限侧阻力，无当地经验时，可根据成桩工艺按表 3-6 取值；

f_{rk}——岩石饱和单轴抗压强度标准值，黏土岩取天然湿度单轴抗压强度标准值；

ζ_r——嵌岩段侧阻和端阻综合系数，与嵌岩深径比 h_r/d、岩石软硬程度和成桩工艺有关，可按表 3-10 采用；表中数值适用于泥浆护壁成桩，对于干作业成桩（清底干净）和泥浆护壁成桩后注浆，ζ_r 应取表列数值的 1.2 倍。

表 3-10   嵌岩段侧阻和端阻综合系数 ζ_r

嵌岩深径比 h_r/d	0	0.5	1.0	2.0	3.0	4.0	5.0	6.0	7.0	8.0
极软岩、软岩	0.60	0.80	0.95	1.18	1.35	1.48	1.57	1.63	1.66	1.70
较硬岩、坚硬岩	0.45	0.65	0.81	0.90	1.00	1.04	—	—	—	—

注 1. 极软岩、软岩指 $f_{rk}\leqslant15MPa$ 的岩石，较硬岩、坚硬岩指 $f_{rk}>30MPa$ 的岩石，介于二者之间可内插取值。
2. h_r 为桩身嵌岩深度，当岩面倾斜时，以坡下方嵌岩深度为准；当 h_r/d 为非表列值时，ζ_r 可内差取值。

6. 后注浆灌注桩

后注浆灌注桩的单桩极限承载力，应通过静载试验确定，也可按式（3-18）估算

$$Q_{uk}=Q_{sk}+Q_{gsk}+Q_{gpk}=u\sum q_{sjk}l_j+u\sum\beta_{si}q_{sik}l_{gi}+\beta_p q_{pk}A_p \tag{3-18}$$

式中 Q_{sk}——后注浆非竖向增强段的总极限侧阻力标准值；

Q_{gsk}——后注浆竖向增强段的总极限侧阻力标准值；

Q_{gpk}——后注浆总极限端阻力标准值；

u——桩身周长；

l_j——后注浆非竖向增强段第 j 层土厚度；

l_{gi}——后注浆竖向增强段内第 i 层土厚度：对于泥浆护壁成孔灌注桩，当为单一桩端后注浆时，竖向增强段为桩端以上 12m；当为桩端、桩侧复式注

　　　　　　浆时，竖向增强段为桩端以上 12m 及各桩侧注浆断面以上 12m，重叠部
　　　　　　分应扣除；对于干作业灌注桩，竖向增强段为桩端以上、桩侧注浆断面
　　　　　　上下各 6m；

q_{sik}、q_{sjk}、q_{pk}——后注浆竖向增强段第 i 土层初始极限侧阻力标准值、非竖向增强段第 j
　　　　　　土层初始极限侧阻力标准值、初始极限端阻力标准值，可查表 3-6 和表
　　　　　　3-7 确定；

β_{si}、β_p——分别为后注浆侧阻力、端阻力增强系数，无当地经验时，可按表 3-11
　　　　　　取值。对于桩径大于 800mm 的桩，应按表 3-9 进行侧阻和端阻尺寸效
　　　　　　应修正。

表 3-11　　　　　　　　　后注浆侧阻力增强系数 β_{si}、端阻力增强系数 β_p

土层名称	淤泥、淤泥质土	黏性土、粉土	粉砂、细砂	中砂	粗砂、砾砂	砾石、卵石	全风化岩、强风化岩
β_{si}	1.2～1.3	1.4～1.8	1.6～2.0	1.7～2.1	2.0～2.5	2.4～3.0	1.4～1.8
β_p	—	2.2～2.5	2.4～2.8	2.6～3.0	3.0～3.5	3.2～4.0	2.0～2.4

　　注　干作业钻、挖孔桩，β_p 按表列值乘以小于 1.0 的折减系数。当桩端持力层为黏性土或粉土时，折减系数取 0.6；
　　　　为砂土或碎石土时，折减系数取 0.8。

　　7. 液化效应
　　对于桩身周围有液化土层的低承台桩基，当承台底面上下分别有厚度不小于 1.5m、
1.0m 的非液化土或非软弱土层时，可将液化土层极限侧阻力乘以土层液化折减系数计算单
桩极限承载力标准值。土层液化折减系数 Ψ_l 可按表 3-12 确定。当承台底面上下非液化土
层厚度小于以上规定时，土层液化折减系数 Ψ_l 取 0。

表 3-12　　　　　　　　　　　　　土层液化折减系数 Ψ_l

$\lambda_N = \dfrac{N}{N_{cr}}$	自地面算起的液化土层深度 d_L(m)	Ψ_l	$\lambda_N = \dfrac{N}{N_{cr}}$	自地面算起的液化土层深度 d_L(m)	Ψ_l
$\lambda_N \leqslant 0.6$	$d_L \leqslant 10$ $10 < d_L \leqslant 20$	0 1/3	$0.8 < \lambda_N \leqslant 1.0$	$d_L \leqslant 10$ $10 < d_L \leqslant 20$	2/3 1.0
$0.6 < \lambda_N \leqslant 0.8$	$d_L \leqslant 10$ $10 < d_L \leqslant 20$	1/3 2/3			

　　注　1. N 为饱和土标贯击数实测值；N_{cr} 为液化判别标贯击数临界值；λ_N 为土层液化指数。
　　　　2. 对于挤土桩当桩距小于 $4d$，且桩的排数不少于 5 排、总桩数不少于 25 根时，土层液化系数可按表列值提高
　　　　　　一档取值；桩间土标贯击数达到 N_{cr} 时，取 $\Psi_l = 1$。

三、单桩竖向承载力特征值

　　按上述方法确定单桩竖向极限承载力标准值 Q_{uk} 后，单桩竖向承载力特征值 R_a 为

$$R_a = \frac{1}{K} Q_{uk} \qquad (3-19)$$

式中　K——安全系数，取 $K=2$。

　　【例题 3-1】　某预制桩截面尺寸为 450mm×450mm，桩长 16m（从地面起算），依次
穿越：①厚度 $h_1=4$m、液性指数 $I_L=0.75$ 的黏土层；②厚度 $h_2=5$m、孔隙比 $e=0.805$ 的
粉土层；③厚度 $h_3=4$m、中密的粉细砂层。进入密实的中砂层 3m，假定承台埋深 1.5m。

试确定该预制桩的竖向承载力特征值。

解 由表 3-6 查得桩的极限侧阻力标准值 q_{sik} 为

黏土层 $\qquad\qquad\qquad\qquad q_{s1k}=55\text{kPa}$

粉土层 $\qquad\qquad q_{s2k}=46\sim66\text{kPa}$，取 $q_{s2k}=56\text{kPa}$

粉细砂层 $\qquad q_{s3k}=48\sim66\text{kPa}$，取 $q_{s3k}=57\text{kPa}$

中砂层 $\qquad\quad q_{s4k}=74\sim95\text{kPa}$，取 $q_{s4k}=85\text{kPa}$

桩的入土深度 $16-1.5=14.5\text{m}$，由表 3-7 查得桩的极限端阻力标准值 $q_{pk}=5500\sim7000\text{kPa}$，取 $q_{pk}=6300\text{kPa}$。

单桩竖向极限承载力标准值为

$$Q_{uk}=Q_{sk}+Q_{pk}=u\sum q_{sik}l_i+q_{pk}A_p$$

$$=4\times0.45\times(55\times2.5+56\times5.0+57\times4.0+85\times3.0)+0.45\times0.45\times6300=2896.65\text{kN}$$

该预制桩的竖向承载力特征值为

$$R_a=\frac{1}{K}Q_{uk}=\frac{2896.65}{2}=1448.3\text{kN}$$

第五节　桩侧负摩阻力

一、负摩阻力及其产生的条件

桩土之间相对位移的方向决定了桩侧摩阻力的方向，当桩周土层相对于桩侧向下位移时，桩侧摩阻力方向向下［图 3-15（a）］，称为负摩阻力。负摩阻力的存在，增大了桩身荷载和桩基的沉降。通常，在下列情况下应考虑桩侧负摩阻力作用：①桩穿越较厚松散填土、自重湿陷性黄土、欠固结土、液化土层进入相对较硬土层时；②桩周存在软弱土层，邻近桩侧地面承受局部较大的长期荷载，或地面大面积堆载（包括填土）时；③由于降低地下水位，使桩周土有效应力增大，并产生显著压缩沉降时。

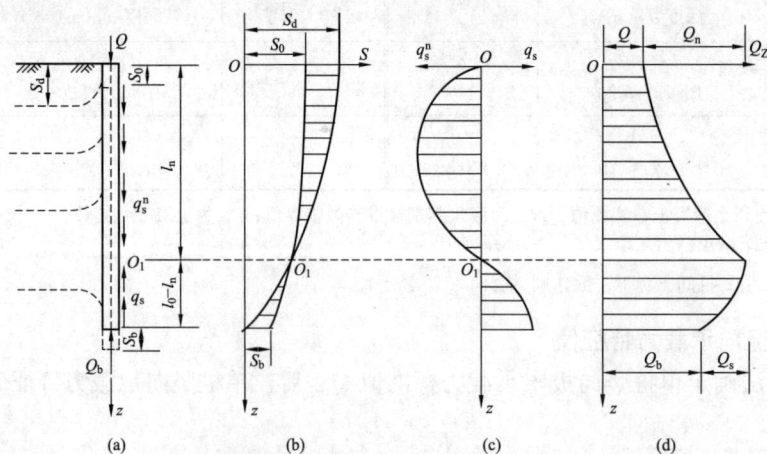

图 3-15　基桩产生负摩阻力时的荷载传递

（a）示意图；（b）位移；（c）侧阻；（d）轴力

二、负摩阻力的计算

要确定桩侧负摩阻力值，首先就需要确定产生负摩阻力的深度及其强度。桩身负摩阻力并不一定发生在整个软弱压缩土层中，而是在桩侧土相对于桩向下位移的范围内，且与桩侧土体的压缩、固结、桩身压缩以及桩底沉降等直接相关。如图 3-15 所示，当桩穿越厚度为 l_0 的高压缩土层，桩端设置于较坚硬的持力层时，在桩的某一深度 l_n 以上，土的沉降大于桩的沉降，在该段桩长内，桩侧产生负摩阻力；l_n 深度以下的可压缩层内，土的沉降小于桩的沉降，土对桩产生正摩阻力，在 l_n 深度处，桩土相对位移为零，摩阻力为零，习惯上称该截面为中性点。图 3-15（c）、（d）分别为桩侧摩阻力和桩身轴力分布曲线，其中，Q_n 和 Q_s 分别为桩身总的负摩阻力（又称下拉荷载）和总的正摩阻力。很明显，在中性点截面处桩身的轴力最大，其值为 $Q+Q_n$，而桩端阻力 Q_b 等于 $Q+Q_n-Q_s$。

由于桩侧土体的固结随时间而变化，则土层和桩身截面的竖向位移也都将随时间而变化，这样，中性点位置、摩阻力以及轴力等也都是时间的函数。当桩身截面位移稳定后，土层固结的程度和速率是影响 Q_n 大小及其分布的主要因素。固结程度高、地面沉降大，则中性点往下移；固结速率大，则 Q_n 增长快。但 Q_n 的增长需经过一定的时间才能达到极限值。在该过程中，桩身在 Q_n 作用下产生压缩。随着 Q_n 的产生和增大，桩端阻力增加，沉降也相应增大，由此导致桩土相对位移减少，Q_n 降低，而逐渐达到稳定状态。

中性点深度 l_n 应按桩周土层沉降与桩沉降相等的条件计算确定，也可参照表 3-13 确定。

表 3-13　　　　　　　　　　　　　　中 性 点 深 度 l_n

持力层性质	黏性土、粉土	中密以上砂	砾石、卵石	基　岩
中性点深度比 l_n/l_0	0.5~0.6	0.7~0.8	0.9	1.0

注　1. l_n、l_0 分别为自桩顶算起的中性点深度和桩周软弱土层下限深度。

　　2. 桩穿过自重湿陷性黄土层时，l_0 可按表列值增大 10%（持力层为基岩除外）。

　　3. 当桩周土层固结与桩基沉降同时完成时，取 $l_0=0$。

　　4. 当桩周土层计算沉降量小于 20mm 时，l_n 应按表列值乘以 0.4~0.8 折减。

负摩阻力对基桩而言是一种主动作用。大量试验与工程实测结果表明，以负摩阻力有效应力法计算较接近于实际。因此桩基规范规定，当无实测资料时，中性点以上单桩桩周第 i 层土负摩阻力标准值可按下式计算

$$q_{si}^n = \xi_{ni}\sigma_i' \qquad\qquad (3-20)$$

式中　q_{si}^n——第 i 层土桩侧负摩阻力标准值；当按式（3-20）计算值大于正摩阻力标准值时，取正摩阻力标准值进行设计；

　　　ξ_{ni}——桩周第 i 层土负摩阻力系数，可按表 3-14 取值；

　　　σ_i'——桩周第 i 层土平均竖向有效应力。

表 3-14　　　　　　　　　　　　　　负 摩 阻 力 系 数 ξ_n

土　类	ξ_n	土　类	ξ_n
饱和软土	0.15~0.25	砂土	0.35~0.50
黏性土、粉土	0.25~0.40	自重湿陷性黄土	0.20~0.35

注　1. 在同一类土中，对于挤土桩，取表中较大值；对于非挤土桩，取表中较小值。

　　2. 填土按其组成取表中同类土的较大值。

当填土、自重湿陷性黄土湿陷、欠固结土层产生固结和地下水降低时，$\sigma_i'=\sigma_{\gamma i}'$；当地面分布大面积荷载时，$\sigma_i'=p+\sigma_{\gamma i}'$，其中，$p$ 为地面均布荷载；$\sigma_{\gamma i}'$ 为由土自重引起的桩周第 i

层土平均竖向有效应力，应按下式计算

$$\sigma'_{\gamma i}=\sum_{j=1}^{i-1}\gamma_j\Delta z_j+\frac{1}{2}\gamma_i\Delta z_i \tag{3-21}$$

式中 γ_i、γ_j——第 i 计算土层和其上第 j 土层的重度，地下水位以下取浮重度；

Δz_i、Δz_j——第 i、第 j 层土的厚度。

计算 $\sigma'_{\gamma i}$ 时要注意，桩群外围桩自地面算起，桩群内部桩自承台底算起。

基桩下拉荷载 Q_n 为

$$Q_n=u\sum_{i=1}^{n}q_{si}^n l_i \tag{3-22}$$

式中 n——中性点以上土层数；

u——桩的周长；

l_i——中性点以上第 i 土层的厚度。

当考虑群桩效应时，基桩下拉荷载应按下式计算

$$Q_g^n=\eta_n u\sum_{i=1}^{n}q_{si}^n l_i \tag{3-23}$$

$$\eta_n=s_{ax}s_{ay}/\left[\pi d\left(\frac{q_s^n}{\gamma_m}+\frac{d}{4}\right)\right] \tag{3-24}$$

式中 η_n——负摩阻力群桩效应系数；

s_{ax}、s_{ay}——纵横向桩的中心距；

q_s^n——中性点以上桩周土层厚度加权平均负摩阻力标准值；

γ_m——中性点以上桩周土层厚度范围内土的加权平均重度（地下水位以下取浮重度）。

对于单桩基础或按式（3-24）计算的群桩效应系数 $\eta_n>1$ 时，取 $\eta_n=1$。

三、考虑桩侧负摩阻力的桩基承载力和沉降问题

桩周负摩阻力对基桩承载力和沉降的影响，取决于桩周负摩阻力强度、桩的竖向承载类型，因此分以下三种情况验算。

（1）对于摩擦型桩，由于受负摩阻力的影响，桩基沉降增大，中性点随之上移，即负摩阻力、中性点与桩顶荷载处于动态平衡。作为一种简化，取假想中性点（按桩端持力层性质取值）以上摩阻力为零，验算基桩承载力。

（2）对于端承型桩，由于桩受负摩阻力后桩不发生沉降或沉降量很小，桩土无相对位移或相对位移很小，中性点无变化，故负摩阻力构成的下拉荷载应作为附加荷载考虑。

（3）当土层分布不均匀或建筑物对不均匀沉降较敏感时，由于下拉荷载是附加荷载的一部分，故应将其计入附加荷载进行沉降验算。

【例题 3-2】   某单桩桩径 $d=0.5m$，桩长 20m，采用螺旋钻施工。自桩顶（地面）向下土层参数为：①水力冲填砂，厚度 5m，$\gamma=18kN/m^3$；②软黏土，厚度 12m，$w_L\geqslant 50\%$，$\gamma=18.5kN/m^3$，地下水位面在该层土上层面下 3m 处；③密实砂土，较厚，$N>20$。试求该桩的下拉荷载。

解   桩在三层土中的入土深度分别为 5、12、3m。根据桩端土层性质，确定中性点的位置。

桩端为密实砂土，标贯试验锤击数 $N>20$，查表 3-13，取 $l_n/l_0=0.72$，则中性点以

上的桩长为

$$l_n = 0.72 \times l = 0.72 \times 20 = 14.4 \text{m}$$

查表 3 - 14，桩在①和②层土中的负摩阻力系数分别为 $\xi_{n1} = 0.35$ 和 $\xi_{n2} = 0.15$。地面至深度 5m 处的上覆土压力的平均值为

$$\sigma'_1 = 0 + \frac{18 \times 5}{2} = 45 \text{kPa}$$

自 5m 深至 14.4m 处上覆土压力的平均值为

$$\sigma'_2 = 18 \times 5 + \frac{18.5 \times 3 + (18.5 - 10) \times (14.4 - 5 - 3)}{2} = 144.95 \text{kPa}$$

单桩负摩阻力标准值为

$$q^n_{s1} = \xi_{n1} \sigma'_1 = 0.35 \times 45 = 15.8 \text{kPa}$$
$$q^n_{s2} = \xi_{n2} \sigma'_2 = 0.15 \times 144.95 = 21.7 \text{kPa}$$

桩周长 $u = \pi d = 1.57 \text{m}$，下拉荷载为

$$Q_n = u \sum_{i=1}^n q^n_{si} l_i = 1.57 \times (15.8 \times 5 + 21.7 \times 9.4) = 444.3 \text{kN}$$

第六节　桩基的抗拔承载力

对于高耸结构桩基（如高压输电塔、电视塔、微波通讯塔等）、承受巨大浮托力作用的基础（如地下室、地下油罐、取水泵房等）以及承受巨大水平荷载的桩结构（如码头、桥台、挡土墙等），桩侧部分可能全部承受上拔力，此时需验算桩基的抗拔承载力。

桩基的抗拔承载力破坏可能呈单桩拔出或群桩整体拔出，即呈非整体破坏或整体破坏模式，对两种破坏的承载力均应进行验算。按《建筑桩基技术规范》的规定，对于设计等级为甲、乙级建筑，桩基应通过单桩现场上拔试验确定单桩抗拔极限承载力，而群桩的抗拔极限承载力难以通过试验确定，故可通过计算确定；对于设计等级为丙级建筑桩基可通过计算确定单桩抗拔极限承载力，但应进行工程桩抗拔静载试验检测。

一、单桩抗拔静荷载试验

单桩抗拔静载荷试验及抗拔极限承载力标准值的取值可按《建筑基桩检测技术规范》（JGJ 106—2014）进行。该检测规范规定，试验反力装置宜采用反力桩（或工程桩）提供支座反力，也可根据现场情况采用天然地基提供支座反力。单桩抗拔静载荷试验宜采用慢维法，需要时，也可采用多循环加、卸载法。慢维法的加卸载分级、试验方法及稳定标准类似于竖向抗压静载试验，并应仔细观察桩身混凝土开裂情况，当出现下列情况之一时，可停止加载：

（1）在某级荷载作用下，桩顶上拔量大于前一级上拔荷载作用下的上拔量的 5 倍。

（2）按桩顶上拔量控制，当累计桩顶上拔量超过 100mm 时。

（3）按钢筋抗拉强度控制，钢筋应力达到钢筋强度设计值，或某根钢筋拉断。

（4）对于验收抽样检测的工程桩，达到设计或抗裂要求的最大上拔量或上拔荷载值。

数据整理时，应绘制上拔荷载-桩顶上拔量（U-δ）关系曲线和桩顶上拔量-时间对数

（$\delta-\lg t$）关系曲线。单桩抗拔极限承载力可按下列方法综合确定：

（1）根据上拔量随荷载变化的特征确定：对陡变型 $U-\delta$ 曲线，取陡升起始点对应的荷载值；

（2）根据上拔量随时间变化的特征确定：取 $\delta-\lg t$ 曲线斜率明显变陡或曲线尾部明显弯曲的前一级荷载值；

（3）当在某级荷载下抗拔钢筋断裂时，取其前一级荷载值。

单桩抗拔极限承载力标准值（统计值）的确定方法与单桩竖向极限承载力标准值相同。单位工程同一条件下的单桩抗拔承载力特征值等于单桩抗拔极限承载力标准值的一半。但须注意，当工程桩不允许带裂缝工作时，取桩身开裂的前一级荷载作为抗拔承载力特征值，并与按极限荷载一半取值确定的承载力特征值相比较，取其小值。

二、单桩抗拔承载力的计算方法

单桩抗拔承载力计算分为两大类：一类为理论计算模式，以土的抗剪强度及侧压力系数为参数按不同破坏模式建立的计算公式；另一类是以抗拔桩试验资料为基础，采用抗压极限承载力计算模式乘以抗拔系数 λ（抗拔极限承载力与抗压极限承载力的比值）的经验公式。前一类公式影响其剪切破坏面模式的因素较多，包括桩的长径比、有无扩底、成桩工艺、地层土性等，不确定因素多，计算较为复杂。因此《建筑桩基技术规范》中采用后者。

1. 群桩呈非整体破坏

群桩呈非整体破坏时，基桩的抗拔极限承载力标准值可按式（3-25）计算

$$T_{uk}=\sum \lambda_i q_{sik} u_i l_i \tag{3-25}$$

式中 u_i——桩身周长，对于等直径桩取 $u=\pi d$；对于扩底桩按表3-15取值；

q_{sik}——桩侧表面第 i 层土的抗压极限侧阻力标准值，可按表3-6取值；

λ_i——抗拔系数，可按表3-16取值。

表 3-15　扩底桩破坏表面周长 u_i

自桩底起算的长度 l_i	$\leqslant(4\sim10)d$	$>(4\sim10)d$
u_i	πD	πd

注　l_i 对于软土取低值，对于卵石、砾石取高值；l_i 取值按内摩擦角增大而增加；D 为桩端扩底设计直径。

表 3-16　抗拔系数 λ

土　类	λ 值
砂　土	$0.50\sim0.70$
黏性土、粉土	$0.70\sim0.80$

注　桩长 l 与桩径 d 之比小于20时，λ 取小值。

2. 群桩呈整体破坏

群桩呈整体破坏时，基桩的抗拔极限承载力标准值可按下式计算

$$T_{gk}=\frac{1}{n}u_l\sum \lambda_i q_{sik}l_i \tag{3-26}$$

式中 u_l——桩群外围周长。

第七节　竖向荷载作用下群桩的承载力

实际工程中，桩基承台下往往是由多根基桩组成的群桩，这样，在竖向荷载作用下，各桩的承载力发挥和沉降性状往往与相同情况下的单桩有明显差异；对于低承台桩基，承台底产生的土反力也可以分担部分荷载，使得这种差异更加显著。因此，在设计时必须综合考虑群桩的工作特点，以确定群桩的承载能力。

一、群桩的工作性状

对于群桩基础，作用于承台上的荷载实际上是由桩和地基土共同承担，由于承台、桩、地基土的相互作用情况不同，使得桩端、桩侧阻力和地基土的阻力因桩基类型而异。

1. 端承型群桩

由于端承型桩基持力层坚硬，桩顶沉降较小，桩侧摩阻力不易发挥，桩顶荷载基本上通过桩身直接传到桩端处土层上。而桩端处承压面积很小，各桩端的压力彼此互不影响或相互影响较小，因此可近似认为端承型群桩基础中的基桩与（独立）单桩相近（图 3 - 16）；同时，由于桩的变形很小，桩间土基本不承受荷载，端承型群桩的承载力就等于各单桩的承载力之和；群桩的沉降量也与单桩基本相同，即群桩效应系数（群桩中各基桩平均极限承载力与单桩极限承载力的比值）$\eta=1$。

2. 摩擦型群桩

摩擦型群桩主要通过每根桩侧的摩擦阻力将上部荷载传递到桩周及桩端土层中。一般假定桩侧摩阻力在土中引起的附加应力按某一角度 α，沿桩长向下扩散分布，至柱端平面处，压力分布如图 3 - 17 中阴影部分所示。

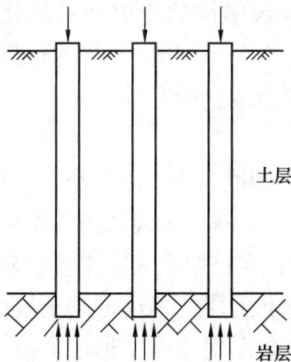

图 3 - 16　端承型群桩

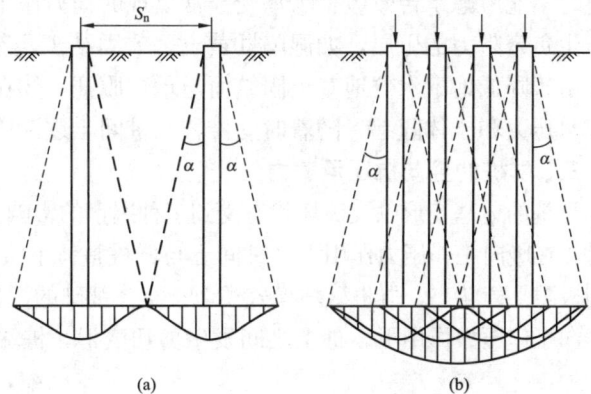

图 3 - 17　摩擦型群桩
(a) 桩数少，桩中心距较大时；(b) 桩数多，桩中心距较小时

当桩数少，桩中心距 s_n 较大（如大于 $6d$）时，桩端平面处各桩传来的压力互不重叠或重叠不多，如图 3 - 17 (a) 所示。此时群桩中基桩的工作性状与单桩的一致，故群桩的承载力等于各单桩承载力之和。

当桩数较多、桩中心距 s_n 较小［如 $(3\sim4)\,d$］时，桩端处地基中各桩传来的压力将相互重叠，如图 3 - 17 (b) 所示。此时，桩端处压力一般明显大于单桩，桩端以下压缩土层的厚度也比单桩要深，这样群桩中基桩的工作状态与单桩显著不同，群桩承载力不等于各单桩承载力之和，群桩的沉降也明显地超过单桩，称为群桩效应。显然，若限制群桩的沉降量与单桩沉降量相同，则群桩中每一根桩的平均承载力就比单桩时要低，也就是说群桩效应系数 $\eta<1$。

二、承台效应

摩擦型群桩在竖向荷载作用下，由于桩土相对位移，桩间土对承台产生一定竖向抗力，成为桩基竖向承载力的一部分而分担荷载，称为承台效应。承台底地基土承载力特征值发挥率称为承台效应系数。考虑承台效应，即由基桩和承台下地基土共同承担荷载的桩基础，称为复合桩基，单桩及其对应面积的承台下地基土组成的复合承载基桩称为复合基桩。

研究表明，承台效应和承台效应系数主要随桩距大小、承台宽度与桩长的比值、区位和桩的排列以及荷载大小等因素的变化而变化。《建筑桩基技术规范》规定了考虑承台土抗力的四种情况：一是上部结构刚度较大、体型简单的建（构）筑物，由于其可适应较大的变形，承台分担的荷载份额往往也较大；二是对于差异变形适应性较强的排架结构和柔性构筑物桩基，采用考虑承台效应的复合桩基不至于降低安全度；三是按变刚度调平原则设计的核心筒外围框架柱桩基，适当增加沉降、降低基桩支撑刚度，可达到减小差异沉降、降低承台外围基桩反力、减小承台整体弯矩的目的；四是软土地区减沉复合疏桩基础，考虑承台效应按复合桩基设计是该方法的核心。以上四种情况，在近年工程实践中的应用已取得成功经验。

设计复合桩基时需要注意的是，承台分担荷载是以桩基的整体下沉为前提，所以只有在桩基沉降不会危及建筑物安全和正常使用，且承台底不与软土直接接触时，才宜于开发承台底土抗力的潜力。因此，对于端承型桩基、桩数少于4根的摩擦型柱下独立桩基，以及下列情况时不能考虑承台效应：①承受经常出现的动力作用，如铁路桥梁桩基；②承台下存在可能产生负摩阻力的土层，如湿陷性黄土、欠固结土、新填土、高灵敏度软土以及可液化土，或者由于降低地下水位地基土固结而与承台脱开；③在饱和软土中沉入密集桩群，引起超静孔隙水压力和土体隆起，随着时间推移，桩间土逐渐固结下沉而与承台脱开等。

三、群桩的竖向抗压承载力

群桩的地基变形以及破坏状态受到多种因素的影响。试验结果表明，当桩距较小、土质较硬时，在竖向工作压力作用下，桩间土与群桩整体下沉，桩端土被压缩，在极限荷载作用下，达到极限平衡状态，群桩破坏模式类似于实体基础的"整体破坏"；在桩距较大、土质较软时，在竖向工作压力作用下，桩土之间发生剪切变形，桩端刺入桩端下土层，不仅桩端土层受压缩，桩间土也会发生压缩变形，类似于单桩的刺入破坏，也称"非整体破坏"。实际的桩基，不同程度地兼有这两种变形特性。因此，群桩的竖向极限抗压承载力通常按这两种破坏模式计算。

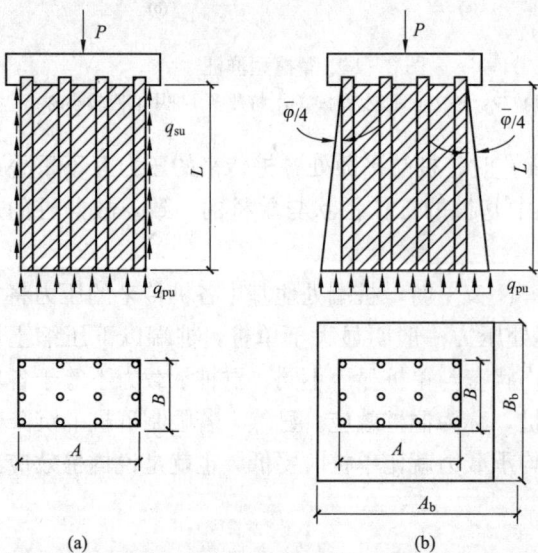

图 3-18　群桩整体破坏的计算模式
(a) 不考虑应力扩散；(b) 考虑应力扩散

1. 按非整体破坏模式计算

群桩的竖向极限抗压承载力 P_u 等于各基桩竖向极限抗压承载力 Q_{ui} 之和，即

$$P_u = \sum Q_{ui} \qquad (3-27)$$

2. 按整体破坏模式计算

此时，群桩的极限承载力计算可视群桩为实体深基础，取下面两种计算模式之较小值。

一是群桩极限承载力 P_u 为实体深基础总侧阻 P_{su} 与总端阻力 P_{pu} 之和 [图 3-18 (a)]。

$$P_u = P_{su} + P_{pu} = 2(A+B)\sum q_{sui}l_i + ABq_{pu} \tag{3-28}$$

二是假定实体深基础外围侧阻传递的荷载呈 $\alpha = \overline{\varphi}/4$ 扩散分布于基底 [图 3-18 (b)]，即

$$P_u = A_b B_b q_{pu} \tag{3-29}$$

式中　$\overline{\varphi}$——桩侧各土层内摩擦角的加权平均值；

q_{sui}——桩侧第 i 层土的极限侧阻力，可根据群桩外围土的抗剪强度按有关方法或经验值确定；

q_{pu}——实体深基础底面土的极限承载力，可按有关深基础极限承载力理论进行计算或按经验值确定。

四、基桩竖向承载力特征值

《建筑桩基技术规范》（JGJ 94—2008）规定，不宜考虑承台效应时，基桩竖向承载力特征值 R 应取单桩竖向承载力特征值 R_a；考虑承台效应的复合基桩竖向承载力特征值可按下列公式确定

不考虑地震作用时　　　　　$R = R_a + \eta_c f_{ak} A_c \tag{3-30}$

考虑地震作用时　　　　　$R = R_a + \dfrac{\zeta_a}{1.25}\eta_c f_{ak} A_c \tag{3-31}$

$$A_c = (A - nA_{ps})/n \tag{3-32}$$

式中　η_c——承台效应系数，可按表 3-17 取值；

f_{ak}——承台下 1/2 承台宽度且不超过 5m 深度范围内各层土的地基承载力特征值按厚度加权的平均值；

A_c——计算基桩所对应的承台底净面积；

A_{ps}——桩身截面面积；

A——承台计算域面积。对于柱下独立桩基，A 为承台总面积；对于桩筏基础，A 为柱、墙筏板的 1/2 跨距和悬臂边 2.5 倍筏板厚度所围成的面积；桩集中布置于单片墙下的桩筏基础，取墙两边各 1/2 跨距围成的面积，按条基计算 η_c；

ζ_a——地基抗震承载力调整系数，应按《建筑抗震设计规范》（GB 50011—2010）采用。

表 3-17　　　　　　　　　　　　　承台效应系数 η_c

B_c/l \ s_a/d	3	4	5	6	>6
≤0.4	0.06~0.08	0.14~0.17	0.22~0.26	0.32~0.38	
0.4~0.8	0.08~0.10	0.17~0.20	0.26~0.30	0.38~0.44	0.50~0.80
>0.8	0.10~0.12	0.20~0.22	0.30~0.34	0.44~0.50	
单排桩条形承台	0.15~0.18	0.25~0.30	0.38~0.45	0.50~0.60	

注　1. 表中 s_a/d 为桩中心距与桩径之比，B_c/l 为承台宽度与桩长之比。当计算基桩为非正方形排列时，$s_a = \sqrt{A/n}$，A 为承台计算域面积，n 为总桩数。

2. 对于桩布置于墙下的箱、筏承台，η_c 可按单排桩条形承台取值。

3. 对于单排桩条形承台，当承台宽度小于 $1.5d$ 时，η_c 按非条形承台取值。

4. 对于采用后注浆灌注桩的承台，η_c 宜取低值。

5. 对于饱和黏性土中的挤土桩基、软土地基上的桩基承台，η_c 宜取低值的 0.8 倍。

当承台底为可液化土、湿陷性黄土、高灵敏度软土、欠固结土、新填土，或沉桩引起超孔隙水压力和土体隆起时，不考虑承台效应，取 $\eta_c=0$。

【例题 3-3】 某场地土层情况自上而下为：①杂填土，厚度 1.0m；②粉土，厚度

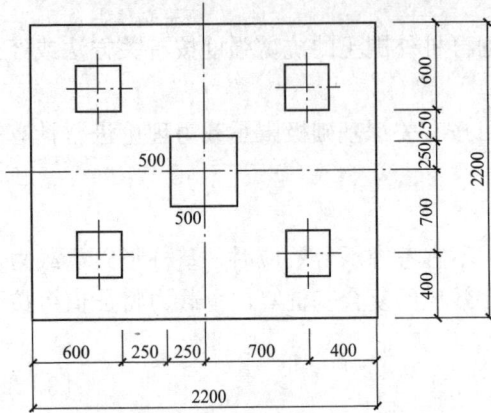

图 3-19　[例题 3-3] 桩基承台尺寸

6.5m，中密，$e=0.85$，$f_{ak}=145$kPa；③粉质黏土，很厚，$I_L=0.50$，$f_{ak}=160$kPa。承台尺寸如图 3-19 所示，承台底埋深 2.0m，其下有 4 根截面为 350mm×350mm 的混凝土预制桩，桩长 16m。不考虑地震效应，试按经验法预估考虑承台效应后基桩承载力特征值。

解　查表 3-6 和表 3-7，混凝土预制桩在②层土中的极限侧阻力标准值取 $q_{s1k}=50$kPa；在③层土中取 $q_{s2k}=80$kPa，极限端阻力标准值 $p_{pk}=2300$kPa。桩周长 $u=4\times0.35=1.4$m，截面面积 $A_p=0.1225$m^2，单桩竖向极限承载力标准值为

$$Q_{uk}=Q_{sk}+Q_{pk}=u\sum q_{sik}l_i+q_{pk}A_p$$
$$=1.4\times(50\times5.5+80\times10.5)+0.1225\times2300=1842.8(\text{kN})$$

单桩竖向承载力特征值为

$$R_a=\frac{1842.8}{2}=921.4(\text{kN})$$

基桩所对应的承台底净面积为

$$A_c=\frac{A-nA_{ps}}{n}=\frac{2.2\times2.2-4\times0.1225}{4}=1.0875(\text{m}^2)$$

承台宽度 2.2m，其 0.5 的宽度深度等于 1.1m＜5m，取承台底 1.1m 范围内土的承载力特征值 $f_{ak}=145$kPa。桩的等效直径为

$$d=\frac{2b}{\sqrt{\pi}}=\frac{2\times0.35}{\sqrt{3.14}}=0.395(\text{m})$$

$s_a=1.4$m，$\dfrac{s_a}{d}=\dfrac{1.4}{0.395}=3.54$，$\dfrac{B_c}{l}=\dfrac{2.2}{16}=0.1375$，查表 3-17，取 $\eta_c=0.11$，则考虑承台效应后基桩承载力特征值为

$$R=R_a+\eta_cf_{ak}A_c=921.4+0.11\times145\times1.0875=938.8(\text{kN})$$

第八节　水平荷载作用下桩基的承载力

单桩或群桩一般都受有竖向荷载、水平荷载和力矩的共同作用。除桥梁工程中的桩基外，高层建筑基础的水平荷载验算也十分重要。这主要是因为高层建筑承受巨大的风荷载和地震作用，基底剪力一般虽不超过建筑物总重的 5%，但由于自重大，短期水平荷载在数值上相当可观，在个别情况下甚至可能成为基础设计的控制因素。

一、水平荷载作用下单桩的工作性状

水平承载桩的工作性能是桩—土共同工作的问题。桩在水平荷载的作用下发生变位，迫

使桩周土发生相应的变形而产生抗力，从而阻止了桩变形的进一步发展。当水平荷载较低时，这一抗力是由靠近地面的土提供的，而且土的变形主要为弹性的，即桩周土处于弹性压缩阶段。随着水平荷载的加大，表层土将逐渐发生塑性屈服，从而使水平荷载向更深处的土层传递。当变形增大到桩所不能允许的程度或桩周土失去稳定时，桩—土体系便趋于破坏。

影响单桩水平承载力和位移的因素包括桩身截面抗弯刚度、材料强度、桩侧土质条件、桩的入土深度、桩顶约束条件等。如对于低配筋率的灌注桩，通常是桩身先出现裂缝，随后断裂破坏；此时，单桩水平承载力由桩身强度控制。对于抗弯性能强的桩，如高配筋率的混凝土预制桩和钢桩，桩身虽未断裂，但由于桩侧土体塑性隆起，或桩顶水平位移大大超过使用允许值，也认为桩的水平承载力达到极限状态。此时，单桩水平承载力由位移控制。

桩在水平荷载作用下的理论分析方法有很多种，我国多采用线弹性地基反力法，即假定土体为弹性体，用梁的弯曲理论求解桩的水平抗力，并假定水平抗力 σ_x 与水平位移 y 成正比，且不计桩土之间的摩阻力。其表达式为

$$\sigma_x = k_h y \tag{3-33}$$

式中　k_h——地基土水平抗力系数。

关于地基土水平抗力系数沿桩长的变化关系有多种试验关系，若假定地基土水平抗力系数随深度 z 呈线性增加，即 $k_h = mz$，m 称为桩侧土水平抗力系数的比例系数（kN/m^4），或地基土比例系数，这种分析方法称为 m 法。

桩的刚度与入土深度不同，其受力及破坏特性也不同。对于桩身抗弯刚度为 EI，桩的入土深度为 h，计算宽度为 b_0 的桩，则定义桩的水平变形系数为

$$\alpha = \sqrt[5]{\frac{mb_0}{EI}} \tag{3-34}$$

这样，根据桩的无量纲入土深度 αh（h 为桩的入土深度），可把桩分为刚性短桩（$\alpha h \leqslant 2.5$）、弹性长桩（$\alpha h > 4.0$）和有限长度的弹性中长桩（$2.5 < \alpha h < 4$）。

刚性桩入土较浅，而表层土的性质一般较差，桩的刚度远大于土层的刚度，桩周土体水平抗力较低，水平荷载作用下整个桩身易被推倒或发生倾斜。故单桩的水平承载力主要由桩的水平位移和倾斜控制。

桥梁工程和高层建筑桩基一般为弹性长桩，桩、土相对刚度较低，故在水平荷载作用下会发生桩身挠曲变形（水平位移和转角），且由于桩是无限长的（超过一定入土长度的弹性长桩可视为无限长），故桩下段可视为嵌固于土中而不能转动，由逐渐发展的桩截面抗矩和土抗力来承担逐渐增大的水平荷载。当桩中弯矩超过其截面抗矩或土失去稳定时，弹性长桩便趋于破坏。桩顶嵌固于承台底板的弹性长桩，其极限抗矩可能在嵌固处和土中两处出现。故单桩的水平承载力将由桩身强度控制和桩顶水平位移控制。

桩身强度控制和桩顶水平位移控制两种工况均受桩侧土水平抗力系数的比例系数 m 的影响，但是，前者受影响较小，呈 $m^{1/5}$ 的关系；后者受影响较大，呈 $m^{3/5}$ 的关系。

二、单桩水平承载力

确定单桩水平承载力的方法，以水平静载试验最能反映实际情况，可以得到承载力和地基土水平抗力系数，如预先埋设量测元件，还能反映出加载过程中桩身截面的内力和位移。此外，单桩水平承载力还可采用理论计算，根据桩顶水平位移容许值，或材料强度、抗裂验算等确定，也可参照当地经验加以确定。

1. 单桩水平静载试验

《建筑桩基技术规范》规定，对于受水平荷载较大的设计等级为甲级、乙级的建筑桩基，单桩水平承载力特征值应通过单桩水平静载试验确定，试验方法可按《建筑基桩检测技术规范》（JGJ 106—2014）执行。

（1）试验装置。一般采用千斤顶施加水平力，水平力作用点宜与实际工程的桩基承台标高一致；千斤顶与试桩接触处应设置球形支座，千斤顶作用力应水平通过桩身轴线。量测水平位移时，应在水平力作用平面的受检桩两侧对称安装两个位移计；当需要测量桩顶转角时，尚应在水平力作用平面以上 50cm 的受检桩两侧对称安装两个位移计。位移测量的基准点应设置在与作用力垂直且与位移方向相反的试桩侧面，与试桩静距不应小于 1 倍桩径。整个试验装置如图 3-20 所示。

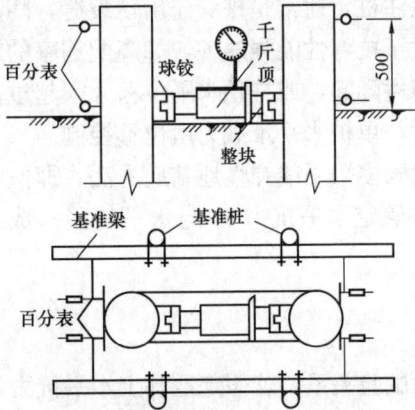

图 3-20　单桩水平静载试验装置

（2）试验加载方法。宜根据工程桩视其受力特性选用单向多循环加载法或类似于单桩抗压静载试验的慢维法。需要量测桩身应力或应变的试桩宜采用慢维法。其中，单向多循环加卸载法的分级荷载增量应小于预估水平极限承载力或最大试验荷载的 1/10。每级荷载施加后，恒载 4min 测读水平位移，然后卸载至零，停 2min 测读残余水平位移，如此循环 5 次，再施加下一级荷载。试验不得中间停顿。

（3）终止条件。当桩身折断、桩顶水平位移超过 30～40mm（软土中的桩或大直径桩取 40mm）或水平位移达到设计要求的允许值时，即可终止试验。

（4）数据整理。采用单向多循环加卸载法时应绘制水平力-时间-作用点位移（H-t-Y_0）关系曲线（图 3-21）和水平力-位移梯度（H-$\Delta Y_0/\Delta H$）关系曲线（图 3-22）；采

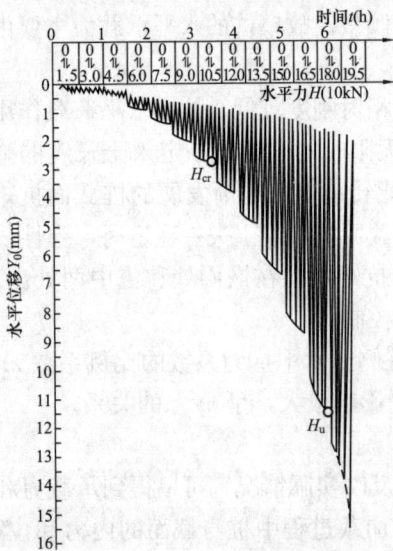

图 3-21　单桩 H-t-Y_0 曲线

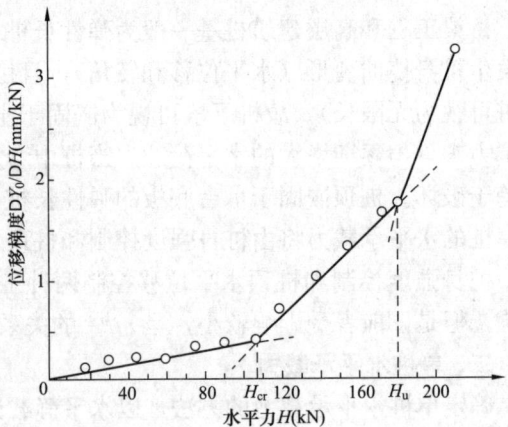

图 3-22　单桩 H-$\Delta Y_0/\Delta H$ 曲线

用慢速维持荷载法时应绘制水平力-力作用点位移（H-Y_0）关系曲线、水平力-位移梯度（H-$\Delta Y_0/\Delta H$）关系曲线、力作用点位移-时间对数（Y_0-$\lg t$）关系曲线和水平力-力作用点位移双对数（$\lg H$-$\lg Y_0$）关系曲线。另外，还要绘制水平力、力作用点位移-地基土水平抗力系数的比例系数（H-m，Y_0-m）关系曲线。

（5）承载力确定。试验资料表明，上述曲线中通常有两个特征点，分别对应于水平临界荷载 H_{cr} 和水平极限承载力 H_u。水平临界荷载 H_{cr} 是相应于桩身开裂、受拉区混凝土不参加工作时的桩顶水平力，水平极限承载力 H_u 是相当于桩身应力达到强度极限时的桩顶水平力，其确定方法如下。

单桩的水平临界荷载 H_{cr} 可按下列方法综合确定：①取单向多循环加卸载法时的 H-t-Y_0 曲线或慢维法时的 H-Y_0 曲线出现拐点的前一级水平荷载值；②取 H-$\Delta Y_0/\Delta H$ 曲线或 $\lg H$-$\lg Y_0$ 关系曲线上第一拐点对应的水平荷载值；③取水平力-最大弯矩截面钢筋拉应力（H-σ_s）曲线第一拐点对应的水平荷载值。

单桩的水平极限承载力 H_u 可按下列方法综合确定：①取单向多循环加卸载法时的 H-t-Y_0 曲线产生明显陡降的前一级、或慢维法时的 H-Y_0 曲线产生明显陡降的起始点对应的水平荷载值；②取慢维法时的 H-$\lg t$ 曲线尾部出现明显弯曲的前一级水平荷载值；③取 H-$\Delta Y_0/\Delta H$ 曲线或 $\lg H$-$\lg Y_0$ 关系曲线上第二拐点对应的水平荷载值；④取桩身折断或受拉钢筋屈服时的前一级水平荷载值。

单桩的水平极限承载力和水平临界荷载统计值的确定方法与单桩抗压极限承载力相同。对于钢筋混凝土预制桩、钢桩、桩身正截面配筋率不小于 0.65% 的灌注桩，可根据静载试验结果取地面处水平位移 10mm（对于水平位移敏感的建筑物取水平位移 6mm）所对应的荷载的 75% 为单桩水平承载力特征值；当桩身不允许开裂或桩身配筋率小于 0.65% 的灌注桩，可取单桩水平静载试验的临界荷载的 75% 为单桩水平承载力特征值；或取设计要求的水平允许位移对应的荷载作为单桩水平承载力特征值，且应满足桩身抗裂要求。

2. 理论公式

（1）桩身配筋率小于 0.65% 的灌注桩。当缺少单桩水平静载试验资料时，此类桩的单桩水平承载力特征值可按下式估算

$$R_{ha}=\frac{0.75\alpha\gamma_m f_t W_0}{v_M}(1.25+22\rho_g)\left(1\pm\frac{\zeta_N N_k}{\gamma_m f_t A_n}\right) \qquad (3-35)$$

式中　α——桩的水平变形系数；

$\quad R_{ha}$——单桩水平承载力特征值，$\pm$ 号根据桩顶竖向力性质确定，压力取"$+$"，拉力取"$-$"；

$\quad\gamma_m$——桩截面模量塑性系数，圆形截面 $\gamma_m=2$，矩形截面 $\gamma_m=1.75$；

$\quad f_t$——桩身混凝土抗拉强度设计值；

$\quad W_0$——桩身换算截面受拉边缘的截面模量，圆形截面 $W_0=\frac{\pi d}{32}\left[d^2+2(\alpha_E-1)\rho_g d_0^2\right]$；

$\qquad$ 方形截面 $W_0=\frac{b}{6}\left[b^2+2(\alpha_E-1)\rho_g b_0^2\right]$，其中 d 为桩直径，d_0 为扣除保护层厚度的桩直径；b 为方形截面边长，b_0 为扣除保护层厚度的桩截面宽度；α_E 为钢

筋弹性模量与混凝土弹性模量的比值；

v_M——桩身最大弯矩系数，按表 3-18 取值，当单桩基础和单排桩基纵向轴线与水平力方向相垂直时，按桩顶铰接考虑；

ρ_g——桩身配筋率；

A_n——桩身换算截面积，圆形截面 $A_n = \dfrac{\pi d^2}{4}\left[1+(\alpha_E-1)\rho_g\right]$，方形截面 $A_n = b^2\left[1+(\alpha_E-1)\rho_g\right]$；

ζ_N——桩顶竖向力影响系数，竖向压力取 0.5，竖向拉力取 1.0；

N_k——在荷载效应标准组合下桩顶的竖向力。

对于混凝土护壁的挖孔桩，计算单桩水平承载力时，其设计桩径取护壁内直径。

表 3-18 **桩顶（身）最大弯矩系数 v_M 和桩顶水平位移系数 v_y**

桩顶约束情况	桩的换算埋深（αh）	v_M	v_y
铰接、自由	4.0	0.768	2.441
	3.5	0.750	2.502
	3.0	0.703	2.727
	2.8	0.675	2.905
	2.6	0.639	3.163
	2.4	0.601	3.526
固　接	4.0	0.926	0.940
	3.5	0.934	0.970
	3.0	0.967	1.028
	2.8	0.990	1.055
	2.6	1.018	1.079
	2.4	1.045	1.095

注 1. 铰接（自由）的 v_M 系桩身的最大弯矩系数，固接的 v_M 系桩顶的最大弯矩系数。

  2. 当 $\alpha h > 4$ 时取 $\alpha h = 4.0$。

（2）预制桩、钢桩、桩身配筋率不小于 0.65% 的灌注桩。当桩的水平承载力由水平位移控制，且缺少单桩水平静载试验资料时，此类桩的单桩水平承载力特征值可按下式估算

$$R_{ha} = 0.75\,\frac{\alpha^3 EI}{v_y}Y_{0a} \tag{3-36}$$

式中　EI——桩身抗弯刚度，对于钢筋混凝土桩，$EI=0.85E_cI_0$，其中 I_0 为桩身换算截面惯性矩。圆形截面 $I_0=W_0d_0/2$，矩形截面 $I_0=W_0b_0/2$；

　　Y_{0a}——桩顶允许水平位移；

　　v_y——桩顶水平位移系数，按表 3-18 取值，取值方法同 v_M。

另外，《建筑桩基技术规范》规定，验算永久荷载控制的桩基的水平承载力时，应将按上述方法确定的单桩水平承载力特征值乘以调整系数 0.80；验算地震作用桩基的水平承载力时，宜将按上述方法方法确定的单桩水平承载力特征值乘以调整系数 1.25。

三、水平荷载作用下单桩的内力与位移

将桩视为置于弹性土介质中的梁，在水平荷载作用下梁产生挠曲变形，使土体产生一定抗力。常采用"m 法"进行计算。

1. 计算参数

单桩在水平荷载作用下所引起的桩侧土的抗力不仅分布于荷载作用平面内，而且受桩截

面形状的影响，计算时简化为平面受力，相应桩的计算宽度 b_0 可按下述方法计算：

圆形桩：当直径 $d \leqslant 1m$ 时，$b_0 = 0.9(1.5d + 0.5)$；当直径 $d > 1m$ 时，$b_0 = 0.9(d+1)$。

方形桩：当边宽 $b \leqslant 1m$ 时，$b_0 = 1.5b + 0.5$；当边宽 $b > 1m$ 时，$b_0 = b + 1$。

计算桩身抗弯刚度 EI 时，对于钢筋混凝土桩，可取 $EI = 0.85E_c I_0$，其中 E_c 为混凝土的弹性模量，I_0 为桩身换算截面惯性矩：圆形截面为 $I_0 = W_0 d_0/2$，矩形截面为 $I_0 = W_0 b_0/2$。这里 d_0 为扣除保护层厚度的桩直径，b_0 为扣除保护层厚度的桩截面宽度。

地基土水平抗力系数的比例系数可根据单桩水平静载试验的 H-Y_0 曲线反算确定，即

$$m = \frac{(v_y H)^{\frac{5}{3}}}{b_1 Y_0^{\frac{5}{3}} (EI)^{\frac{2}{3}}}$$ (3-37)

计算一般采用试算法，即先假定 m，按式（3-34）试算 α，根据 αh 按表 3-18 确定 v_y，再代入式（3-37）计算 m。如计算值与假定值一致，则停止计算；否则，再假定 m 试算。

当无静载荷试验资料时，可按表 3-19 取值。当基桩侧面为几种土层组成时，应求得主要影响深度 $h_m = 2(d+1)m$ 范围内的 m 值作为计算值，即

表 3-19 地基土水平抗力系数的比例系数 m 值

序号	地基土类别	预制桩、钢桩		灌注桩	
		m (MN/m⁴)	相应单桩在地面处水平位移 (mm)	m (MN/m⁴)	相应单桩在地面处水平位移 (mm)
1	淤泥；淤泥质土；饱和湿陷性黄土	2~4.5	10	2.5~6	6~12
2	流塑（$I_L > 1$）、软塑（$0.75 < I_L \leqslant 1$）状黏性土；$e > 0.9$ 粉土；松散粉细砂；松散、稍密填土	4.5~6.0	10	6~14	4~8
3	可塑（$0.25 < I_L \leqslant 0.75$）状黏性土、湿陷性黄土；$e = 0.75 \sim 0.9$ 粉土；中密填土；稍密细砂	6.0~10	10	14~35	3~6
4	硬塑（$0 < I_L \leqslant 0.25$）、坚硬（$I_L \leqslant 0$）状黏性土、湿陷性黄土；$e < 0.75$ 粉土；中密的中粗砂；密实老填土	10~22	10	35~100	2~5
5	中密、密实的砾砂、碎石类土	—	—	100~300	1.5~3

注 1. 当桩顶水平位移大于表列数值或灌注桩配筋率较高（≥0.65%）时，m 值应适当降低；当预制桩的水平向位移小于 10mm 时，m 值可适当提高。

2. 当水平荷载为长期或经常出现的荷载时，应将表列数值乘以 0.4 降低采用。

3. 当地基为可液化土层时，应将表列数值乘以表 3-12 中相应的系数 Ψ_l。

当 h_m 深度内存在两层不同土时

$$m = \frac{m_1 h_1^2 + m_2(2h_1 + h_2)h_2}{h_m^2}$$ (3-38)

当 h_m 深度内存在三层不同土时

$$m = \frac{m_1 h_1^2 + m_2(2h_1 + h_2)h_2 + m_3(2h_1 + 2h_2 + h_3)h_3}{h_m^2}$$ (3-39)

2. 桩的挠曲微分方程及其解答

将桩视为置于弹性土介质中的竖向地基梁，其基本挠曲微分方程可表示为

$$\frac{\mathrm{d}^4 y}{\mathrm{d}z^4} + \alpha^5 z y = 0 \tag{3-40}$$

采用幂级数对上式可求得桩身深度 z 处的水平位移 $y(z)$、转角 $\varphi(z)$、弯矩 $M(z)$ 和剪力 $Q(z)$ 为

$$y(z) = y_0 A_1 + \frac{\varphi_0}{\alpha} B_1 + \frac{M_0}{\alpha^2 EI} C_1 + \frac{H_0}{\alpha^3 EI} D_1 \tag{3-41}$$

$$\varphi(z) = \alpha \left(y_0 A_2 + \frac{\varphi_0}{\alpha} B_2 + \frac{M_0}{\alpha^2 EI} C_2 + \frac{H_0}{\alpha^3 EI} D_2 \right) \tag{3-42}$$

$$M(z) = \alpha^2 EI \left(y_0 A_3 + \frac{\varphi_0}{\alpha} B_3 + \frac{M_0}{\alpha^2 EI} C_3 + \frac{H_0}{\alpha^3 EI} D_3 \right) \tag{3-43}$$

$$Q(z) = \alpha^3 EI \left(y_0 A_4 + \frac{\varphi_0}{\alpha} B_4 + \frac{M_0}{\alpha^2 EI} C_4 + \frac{H_0}{\alpha^3 EI} D_4 \right) \tag{3-44}$$

式中 y_0、φ_0、M_0、H_0——桩在地面处的水平位移、转角、弯矩和水平力；

         A_j、B_j、C_j、D_j——无量纲系数（$j=1$、2、3、4），查表 3-20 可得。

表 3-20   无量纲系数 A_j、B_j、C_j、D_j

换算深度 αz	A_1	B_1	C_1	D_1	A_2	B_2	C_2	D_2
0.0	1.0000	0.0000	0.0000	0.0000	0.0000	1.0000	0.0000	0.0000
0.1	1.0000	0.1000	0.0050	0.0002	0.0000	1.0000	0.1000	0.0050
0.2	1.0000	0.2000	0.0200	0.0013	−0.0001	1.0000	0.2000	0.0200
0.3	0.9999	0.3000	0.0450	0.0045	−0.0003	0.9999	0.3000	0.0450
0.4	0.9999	0.3999	0.0800	0.0107	−0.0011	0.9998	0.3999	0.0800
0.5	0.9997	0.4999	0.1250	0.0208	−0.0026	0.9995	0.4999	0.1249
0.6	0.9994	0.5999	0.1799	0.0360	−0.0054	0.9987	0.5998	0.1799
0.7	0.9986	0.6997	0.2449	0.0572	−0.100	0.9972	0.6995	0.2449
0.8	0.9973	0.7993	0.3199	0.0853	−0.0171	0.9945	0.7989	0.3198
0.9	0.9951	0.8985	0.4047	0.1214	−0.0273	0.9902	0.8978	0.4046
1.0	0.9917	0.9972	0.4994	0.1666	−0.0417	0.9833	0.9958	0.4992
1.1	0.9866	1.0951	0.6038	0.2216	−0.0610	0.9732	1.0926	0.6035
1.2	0.9793	1.1917	0.7179	0.2876	−0.0863	0.9586	1.1876	0.7172
1.3	0.9691	1.2866	0.8413	0.3654	−0.1188	0.9382	1.2799	0.8400
1.4	0.9552	1.3791	0.9737	0.4559	−0.1597	0.9105	1.3687	0.9716
1.5	0.9368	1.4684	1.1148	0.5599	−0.2103	0.8737	1.4526	1.1115
1.6	0.9128	1.5535	1.2640	0.6784	−0.2719	0.8257	1.5302	1.2587
1.7	0.8820	1.6331	1.4206	0.8119	−0.3460	0.7641	1.5996	1.4125
1.8	0.8437	1.7058	1.5836	0.9611	−0.4341	0.6865	1.6587	1.5715
1.9	0.7947	1.7697	1.7519	1.1264	−0.5377	0.5897	1.7047	1.7342
2.0	0.7350	1.8882	1.9240	1.3080	−0.6582	0.4706	1.7346	1.8987
2.2	0.5749	1.8871	2.2722	1.7204	−0.9562	0.1513	1.7311	2.2229
2.4	0.3469	1.8745	2.6088	2.1954	−1.3389	−0.3027	1.6129	2.5187
2.6	0.0331	1.7547	2.9067	2.7237	−1.8148	−0.9260	1.3349	2.7497
2.8	−0.3855	1.4904	3.1284	3.2877	−2.3876	−0.7548	0.8418	2.8665
3.0	−0.9281	1.0368	3.2247	3.8584	−3.0532	−2.8241	0.0684	2.8041
3.5	−2.9279	−1.2717	2.4630	4.9798	−4.9806	−6.7081	−3.5865	1.2702
4.0	−5.8533	−5.9409	−0.9268	4.5478	−6.5332	−12.1581	−10.6084	−3.7665

换算深度 αz	A_3	B_3	C_3	D_3	A_4	B_4	C_4	D_4
0	0.0000	0.0000	1.0000	0.0000	0.0000	0.0000	0.0000	1.0000
0.1	−0.0001	0.0000	1.0000	0.1000	−0.0050	−0.0003	0.0000	1.0000
0.2	−0.0013	−0.0001	0.9999	0.2000	−0.0200	−0.0027	−0.0002	0.9999
0.3	−0.0045	−0.0007	0.9999	0.3000	−0.0450	−0.0090	−0.0010	0.9999
0.4	−0.0107	−0.0021	0.9997	0.3599	−0.0800	−0.0213	−0.0032	0.9996
0.5	−0.0208	0.0052	0.9992	0.4999	−0.1249	−0.0417	−0.0078	0.9989
0.6	−0.0360	−0.0108	0.9981	0.5997	−0.1799	−0.0719	−0.0162	0.9974
0.7	−0.0572	−0.0200	0.9958	0.4994	−0.2449	−0.1143	−0.0300	0.9944
0.8	−0.0853	−0.0341	0.9918	0.7985	−0.3198	−0.1706	−0.0512	0.9891
0.9	−0.1214	−0.0547	0.9852	0.8971	−0.4044	−0.2428	−0.0819	0.9803
1.0	−0.1665	−0.0833	0.9750	0.9945	−0.4988	−0.3329	−0.1249	0.9667
1.1	−0.1225	−0.1219	0.9598	1.0902	−0.6027	−0.4429	−0.1829	0.9463
1.2	−0.2874	−0.1726	0.9378	1.1834	−0.7257	−0.5745	−0.2589	0.9172
1.3	−0.3649	−0.2376	0.9073	1.2732	−0.8375	−0.7295	−0.3563	0.8764
1.4	−0.4552	−0.3196	0.8657	1.3582	−0.9675	−0.9075	−0.4788	0.8210
1.5	−0.5587	−0.4204	0.8105	1.4368	−1.1047	−1.1161	−0.6303	0.7475
1.6	−0.6763	−0.5435	0.7386	1.5069	−1.2481	−1.3504	−0.8147	0.6516
1.7	−0.8085	−0.6914	0.6464	1.5662	−0.3962	1.6134	−1.0362	0.5287
1.8	−0.9556	−0.8672	0.5299	1.6116	−1.5473	−1.9058	−1.2991	0.3737
1.9	−1.1179	−1.0736	0.3850	1.6397	−1.6988	−2.2275	−1.6077	0.1807
2.0	−1.2954	−1.3136	0.2068	1.6463	−1.8482	−2.5779	−1.9662	−0.0565
2.2	−1.6933	−1.9057	−0.2709	1.5754	−2.1248	−3.3595	−2.8486	−0.6976
2.4	−2.1412	−2.6633	−0.9489	1.3520	−2.3390	−4.2281	−3.9732	−1.5915
2.6	−2.6213	−3.5999	−1.8773	0.9168	−2.4369	−5.1402	−5.3554	−2.8211
2.8	−3.1034	−4.7175	−3.1079	0.1973	−2.3456	−6.0229	−6.9901	−4.4449
3.0	−3.5406	−5.9998	−4.6879	−0.8913	−1.9693	−6.7646	−8.8403	−6.5197
3.5	−3.9192	−9.5437	−10.3404	−5.8540	1.0741	−6.7889	−13.6924	−13.8261
4.0	−1.6143	−11.7307	−17.9186	−15.0755	9.2437	−0.3576	−15.6105	−23.1404

据此，桩的内力和变形随深度的变化如图3-23所示，其中规定位移 y、剪力 Q 的方向与 y 轴正方向一致时为正；M 使桩的右侧受拉时为正；φ 为逆时针方向为正，反之为负。

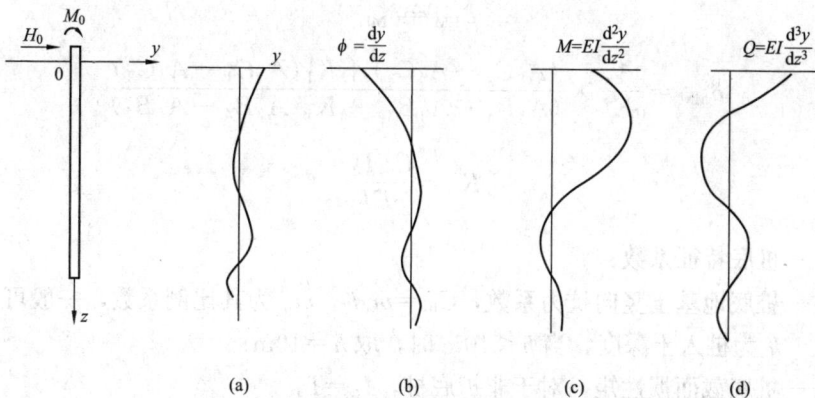

图3-23 水平承载桩的内力与变位曲线
(a) 挠曲 y；(b) 转角 φ；(c) 弯矩 M；(d) 剪力 Q

3. 单桩柔度系数与桩身内力及变位

为确定桩顶变位 y_0、φ_0，需求出单桩的柔度系数。水平荷载作用下单桩的柔度系数 δ_{AB}

定义为：作用于地面处桩上 B 方向的单位荷载在 A 方向产生的变位，如图 3-24 所示。由桩底出发，利用其边界条件和式（3-41）～式（3-44）可求得在 $H_0=1$ 和 $M_0=0$ 作用下桩身地面处的位移 $y_0=\delta_{HH}$ 和转角 $\varphi_0=-\delta_{MH}$，其量纲分别为 m/kN 和 1/kN，δ_{HH}、δ_{MH} 即为水平力 H 作用下桩的柔度系数。

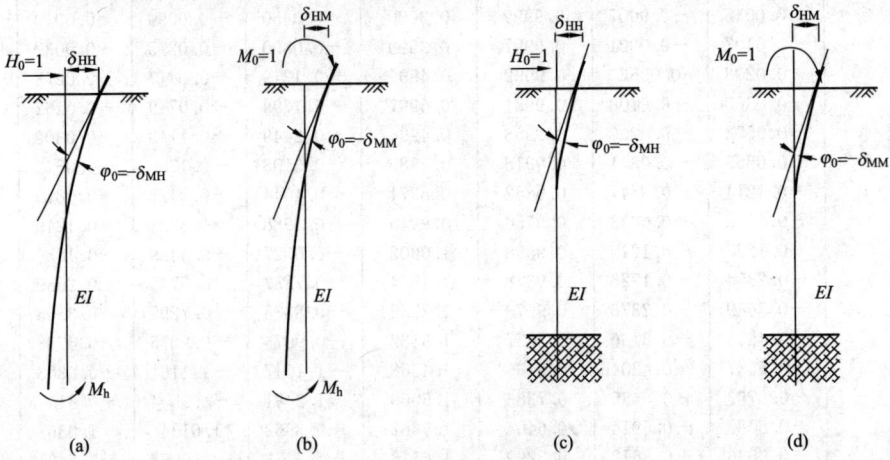

图 3-24 柔度系数图示

(a)、(b) 桩底支承在非岩石类土中或基岩面；(c)、(d) 桩底嵌固于基岩

$$\delta_{HH}=\frac{1}{\alpha^3 EI}\times\frac{(B_3 D_4 - B_4 D_3)+K_h(B_2 D_4 - B_4 D_2)}{(A_3 B_4 - A_4 B_3)+K_h(A_2 B_4 - A_4 B_2)} \tag{3-45}$$

$$\delta_{MH}=\frac{1}{\alpha^2 EI}\times\frac{(A_3 D_4 - A_4 D_3)+K_h(A_2 D_4 - A_4 D_2)}{(A_3 B_4 - A_4 B_3)+K_h(A_2 B_4 - A_4 B_2)} \tag{3-46}$$

用类似方法可求得在 $H_0=0$ 和 $M_0=1$ 作用下桩身地面处的位移 $y_0=\delta_{HM}$ 和转角 $\varphi_0=-\delta_{MM}$，其量纲分别为 1/kN 和 1/(kN·m)。δ_{HM} 和 δ_{MM} 即为弯矩 M 作用下桩的柔度系数

$$\delta_{HM}=\delta_{MH} \tag{3-47}$$

$$\delta_{MM}=\frac{1}{\alpha EI}\times\frac{(A_3 C_4 - A_4 C_3)+K_h(A_2 C_4 - A_4 C_2)}{(A_3 B_4 - A_4 B_3)+K_h(A_2 B_4 - A_4 B_2)} \tag{3-48}$$

$$K_h=\frac{C_{0s} I_0}{\alpha EI} \tag{3-49}$$

式中 K_h——桩底特征系数；

       C_{0s}——桩底地基土竖向抗力系数，$C_{0s}=m_0 h$，m_0 为其比例系数，一般可取 $m_0=m$，h 为桩入土深度，当 $h<10m$ 时，取 $h=10m$；

       I_0——桩底截面惯性矩，对于非扩底桩，$I_0=I$。

当桩底支承于非岩石类土中且 $h\geqslant 2.5/\alpha$ 或桩底支承基岩面上且 $h\geqslant 3.5/\alpha$［图 3-24 (a)、(b)］时，可令 $K_h=0$，此时式（3-45）～式（3-48）可简化为

$$\delta_{HH}=\frac{1}{\alpha^3 EI}\times\frac{B_3 D_4 - B_4 D_3}{A_3 B_4 - A_4 B_3}=\frac{1}{\alpha^3 EI}A_0 \tag{3-50}$$

$$\delta_{MH} = \delta_{HM} = \frac{1}{\alpha^2 EI} \times \frac{(A_3 D_4 - A_4 D_3)}{(A_3 B_4 - A_4 B_3)} = \frac{1}{\alpha^2 EI} B_0 \tag{3-51}$$

$$\delta_{MM} = \frac{1}{\alpha EI} \times \frac{(A_3 C_4 - A_4 C_3)}{(A_3 B_4 - A_4 B_3)} = \frac{1}{\alpha EI} C_0 \tag{3-52}$$

对于桩顶自由、桩底嵌固于基岩的情况［图 3-24（c）、(d)］，其柔度系数可表示为

$$\delta_{HH} = \frac{1}{\alpha^3 EI} \times \frac{B_2 D_1 - B_1 D_2}{A_2 B_1 - A_1 B_2} = \frac{1}{\alpha^3 EI} A_0 \tag{3-53}$$

$$\delta_{MH} = \delta_{HM} = \frac{1}{\alpha^2 EI} \times \frac{A_2 D_1 - A_1 D_2}{A_2 B_1 - A_1 B_2} = \frac{1}{\alpha^2 EI} B_0 \tag{3-54}$$

$$\delta_{MM} = \frac{1}{\alpha EI} \times \frac{A_2 C_1 - A_1 C_2}{A_2 B_1 - A_1 B_2} = \frac{1}{\alpha EI} C_0 \tag{3-55}$$

为便于应用，将无量纲系数 A_0、B_0 和 C_0 列于表 3-21。这样，当在地面处桩上作用 H_0、M_0 时，地面处的水平位移 y_0 和转角 φ_0（rad）为

$$y_0 = H_0 \delta_{HH} + M_0 \delta_{HM} \tag{3-56}$$

$$\varphi_0 = -(H_0 \delta_{MH} + M_0 \delta_{MM}) \tag{3-57}$$

表 3-21　　　　　　　　　　　　　　　**无量纲系数 A_0、B_0 和 C_0**

αh	桩底支承于普通土中			桩底嵌固于基岩		
	A_0	B_0	C_0	A_0	B_0	C_0
4.0	2.441	1.625	1.751	2.401	1.599	1.732
3.5	2.502	1.641	1.757	2.389	1.584	1.711
3.0	2.727	1.758	1.818	2.385	1.586	1.691
2.8	2.905	1.869	1.889	2.371	1.593	1.687
2.6	3.161	2.048	2.013	2.329	1.596	1.687
2.4	3.526	2.327	2.227	2.239	1.586	1.685

地面以下任一深度处的桩身变位和内力为

$$y(z) = \frac{H_0}{\alpha^3 EI} A_y + \frac{M_0}{\alpha^2 EI} B_y \tag{3-58}$$

$$\varphi(z) = \frac{H_0}{\alpha^2 EI} A_\varphi + \frac{M_0}{\alpha EI} B_\varphi \tag{3-59}$$

$$M(z) = \frac{H_0}{\alpha} A_M + M_0 B_M \tag{3-60}$$

$$Q(z) = H_0 A_Q + \alpha M_0 B_Q \tag{3-61}$$

其中：$A_y = A_1 A_0 - B_1 B_0 + D_1$，$B_y = A_1 B_0 - B_1 C_0 + C_1$，$A_\varphi = A_2 A_0 - B_2 B_0 + D_2$，$B_\varphi = A_2 B_0 - B_2 C_0 + C_2$，$A_M = A_3 A_0 - B_3 B_0 + D_3$，$B_M = A_3 B_0 - B_3 C_0 + C_3$，$A_Q = A_4 A_0 - B_4 B_0 + D_4$，$B_Q = A_4 B_0 - B_4 C_0 + C_4$。

当桩顶嵌固时，令式（3-59）中 $\varphi(z=0)=0$，得

$$M_0 = -\frac{H_0}{\alpha}\frac{A_\varphi^0}{B_\varphi^0} \qquad (3-62)$$

$$y(z) = \frac{H_0}{\alpha^3 EI}\left(A_y + \frac{A_\varphi^0}{B_\varphi^0}B_y\right) = \frac{H_0}{\alpha^3 EI}A_{yF} \qquad (3-63)$$

$$M(z) = \frac{H_0}{\alpha}\left(A_M + \frac{A_\varphi^0}{B_\varphi^0}B_M\right) = \frac{H_0}{\alpha}A_{MF} \qquad (3-64)$$

$$Q(z) = H_0\left(A_Q + \frac{A_\varphi^0}{B_\varphi^0}B_Q\right) = H_0 A_{QF} \qquad (3-65)$$

式中　A_φ^0、B_φ^0——$\alpha z=0$ 时的 A_φ 和 B_φ 值。

从上述推导可知，在表 3-18 中，桩顶铰接时桩顶水平位移系数 v_y 即为桩底支承于普通土中的 A_0；桩顶固接时桩顶水平位移系数 v_y 即为桩底支承于普通土中 $\alpha z=0$ 时的 A_{yF}；桩顶铰接时的桩身最大弯矩系数 v_M 即为桩底支承于普通土中的 A_M 最大值；桩顶固接时桩顶弯矩系数 v_M 即为桩底支承于普通土中 $\alpha z=0$ 时的 A_{MF}。

4. 桩身最大弯矩及位置

由于桩身最大弯矩的截面位于剪力为零处，由式（3-61），令 $Q(z)=0$ 得

$$C_I = \frac{\alpha M_0}{H_0} \qquad (3-66)$$

根据 αh 和 C_I 值查表 3-22 得相应的 αz_{max}，此 z 即为桩身最大弯矩的位置 z_{max}

$$z_{max} = (\alpha z_{max})/\alpha \qquad (3-67)$$

由与 C_I 值对应的 αz 值查表 3-22 得 C_{II} 值，可由下式得桩身最大弯矩 M_{max}

$$M_{max} = M_0 C_{II} \qquad (3-68)$$

表 3-22　　　　　　　桩基最大弯矩截面系数 C_I 和最大弯矩系数 C_{II}

换算深度 αz	C_I						C_{II}					
	$\alpha h=4.0$	$\alpha h=3.5$	$\alpha h=3.0$	$\alpha h=2.8$	$\alpha h=2.6$	$\alpha h=2.4$	$\alpha h=4.0$	$\alpha h=3.5$	$\alpha h=3.0$	$\alpha h=2.8$	$\alpha h=2.6$	$\alpha h=2.4$
0.0	∞	∞	∞	∞	∞	∞	1	1	1	1	1	1
0.1	131.252	129.489	120.507	112.954	102.805	90.196	1.001	1.001	1.001	1.001	1.001	1.001
0.2	34.186	33.699	31.158	29.090	26.326	22.939	1.004	1.004	1.004	1.005	1.005	1.005
0.3	15.544	15.282	14.013	13.003	11.671	10.064	1.012	1.013	1.014	1.015	1.017	1.019
0.4	8.781	8.605	7.799	7.176	6.368	5.409	1.029	1.030	1.033	1.036	1.040	1.047
0.5	5.539	5.403	4.821	4.385	3.829	3.183	1.057	1.059	1.066	1.073	1.083	1.100
0.6	3.710	3.597	3.141	2.811	2.400	1.931	1.101	1.105	1.120	1.134	1.158	1.196
0.7	2.566	2.465	2.089	1.826	1.506	1.150	1.169	1.176	1.209	1.239	1.291	1.380
0.8	1.791	1.699	1.377	1.160	0.902	0.623	1.274	1.289	1.358	1.426	1.549	1.795
0.9	1.238	1.151	0.867	0.683	0.471	0.248	1.441	1.475	1.635	1.807	2.173	3.230
1.0	0.824	0.740	0.484	0.327	0.149	−0.032	1.728	1.814	2.252	2.861	5.076	−18.277
1.1	0.503	0.420	0.187	0.049	−0.100	−0.247	2.299	2.562	4.543	14.411	−5.649	−1.684

续表

换算深度 αz	C_I						C_{II}					
	$ah=4.0$	$ah=3.5$	$ah=3.0$	$ah=2.8$	$ah=2.6$	$ah=2.4$	$ah=4.0$	$ah=3.5$	$ah=3.0$	$ah=2.8$	$ah=2.6$	$ah=2.4$
1.2	0.246	0.163	−0.052	−0.172	−0.299	−0.418	3.876	5.349	−12.716	−3.165	−1.406	−0.714
1.3	0.034	−0.049	−0.249	−0.355	−0.465	−0.557	23.408	−14.587	−2.093	−1.178	−0.675	−0.381
1.4	−0.145	−0.229	−0.416	−0.508	−0.597	−0.672	−4.596	−2.572	−0.936	−0.628	−0.383	−0.220
1.5	−0.299	−0.384	−0.559	−0.639	−0.712	−0.769	−1.876	−1.265	−0.574	−0.378	−0.233	−0.131
1.6	−0.434	−0.521	−0.634	−0.753	−0.812	−0.853	−1.128	−0.772	−0.365	−0.240	−0.146	−0.078
1.7	−0.555	−0.645	−0.796	−0.854	−0.898	−0.025	−0.740	−0.597	−0.242	−0.157	−0.091	−0.046
1.8	−0.665	−0.756	−0.896	−0.943	−0.975	−0.987	−0.530	−0.366	−0.164	−0.103	−0.057	−0.026
1.9	−0.768	−0.862	−0.988	−1.024	−1.043	−1.043	−0.396	−0.263	−0.112	−0.067	−0.034	−0.014
2.0	−0.865	−0.961	−1.073	−1.098	−1.105	−1.092	−0.304	−0.194	−0.076	−0.042	−0.020	−0.006
2.2	−1.048	−1.148	−1.225	−1.227	−1.210	−1.176	−0.187	−0.106	−0.033	−0.015	−0.005	−0.001
2.4	−1.230	−1.328	−1.360	−1.338	−1.299	0	−0.118	−0.057	−0.012	−0.004	−0.001	0
2.6	−1.420	−1.507	−1.482	−1.434	0.333		−0.074	−0.028	−0.003	−0.001	0	
2.8	−1.635	−1.692	−1.593	0.056			−0.045	−0.003	−0.001	0		
3.0	−1.893	−1.886	0				−0.045		−0.011			
3.5	−2.994	1.000					−0.003	0				
4.0	−0.045						−0.011					

【例题 3-4】 某单桩，$d=1.0$m，入土深度 $h=10$m，作用于桩顶的水平力 $H_0=80$kN，弯矩 $M_0=150$kN·m；桩侧地基土水平抗力系数的比例系数 $m=2\times10^4$kN/m⁴；桩身混凝土为 C30，配筋率 $\rho_g=4.0\%$。试计算桩顶位移 y_0、转角 φ_0 及桩身最大弯矩。

解 （1）求桩-土变形系数 α。钢筋弹性模量与混凝土弹性模量的比值 $\alpha_E\approx7$

桩身截面抵抗矩

$$W_0=\frac{\pi d}{32}[d^2+2(\alpha_E-1)\rho_g d_0^2]$$

$$=\frac{3.14159\times1.0}{32}[1.0^2+2\times(7-1)\times0.004\times0.9^2]=0.1020(\text{m}^3)$$

桩截面惯性矩　　　　　　$I_0=W_0\frac{d_0}{2}=0.1020\times\frac{0.9}{2}=0.04590(\text{m}^4)$

桩身抗弯刚度　　$EI=0.85E_cI_0=0.85\times3.0\times10^7\times0.04590=1.170\times10^6(\text{kN·m}^2)$

桩身计算宽度　　　　　　　　$b_0=0.9(1.5\times1.0+0.5)=1.8(\text{m})$

$$\alpha=\sqrt[5]{\frac{mb_0}{EI}}=\sqrt[5]{\frac{2\times10^4\times1.8}{1.170\times10^6}}=0.4985(\text{m}^{-1})$$

（2）计算桩的柔度系数。因 $ah=0.4985\times10=4.985>4.0$，属弹性长桩，故可取 $K_h=0$，由表 3-21 查得：$A_0=2.441$，$B_0=1.625$，$C_0=1.751$，所以

$$\delta_{HH}=\frac{1}{\alpha^3EI}A_0=\frac{2.441}{0.4985^3\times1.170\times10^6}=1.6842\times10^{-5}(\text{m/kN})$$

$$\delta_{MH}=\delta_{HM}=\frac{1}{\alpha^2EI}B_0=\frac{1.625}{0.4985^2\times1.170\times10^6}=5.5890\times10^{-6}(\text{kN}^{-1})$$

150　　　　　　　　　　　　　　　　基础工程（第二版）

$$\delta_{MM} = \frac{1}{\alpha EI}C_0 = \frac{1.751}{0.4985 \times 1.170 \times 10^6} = 3.0022 \times 10^{-6}\ [(kN \cdot m)^{-1}]$$

（3）计算地面处桩的变位。桩的水平位移和转角分别为

$$y_0 = H_0 \delta_{HH} + M_0 \delta_{HM} = 80 \times 1.6842 \times 10^{-5} + 150 \times 5.5890 \times 10^{-6}$$

$$= 218.57 \times 10^{-5} m = 2.19 (mm)$$

$$\varphi_0 = -(H_0 \delta_{MH} + M_0 \delta_{MM}) = -(80 \times 5.5890 \times 10^{-6} + 150 \times 3.0022 \times 10^{-6})$$

$$= -8.97 \times 10^{-4} (rad)$$

（4）计算桩身最大弯矩。

由式（3-66）　　　　　　$C_I = \frac{\alpha M_0}{H_0} = 0.4985 \times 150/80 = 0.935$

由 $\alpha h > 4.0$，$C_I = 0.935$，查表 3-22 得 $\alpha z_{max} = 0.973$

由式（3-67），最大弯矩截面位置为 $z_{max} = \alpha z_{max}/\alpha = 0.973/0.4985 = 1.95$（m）

由 $\alpha z_{max} = 0.973$，$ah > 4.0$，查表 3-22 得 $C_{II} = 1.651$

故最大弯矩 $M_{max} = M_0 C_{II} = 150 \times 1.651 = 247.6$（kN · m）。

四、群桩基础的水平承载力

群桩基础（不含水平力垂直于单排桩基纵向轴线和力矩较大的情况）的基桩水平承载力特征值应考虑由承台、桩群、土相互作用产生的群桩效应，可按下列公式确定

$$R_h = \eta_h R_{ha} \tag{3-69}$$

考虑地震作用且 $s_a/d \leqslant 6$ 时

$$\eta_h = \eta_i \eta_r + \eta_l \tag{3-70}$$

$$\eta_i = \frac{\left(\dfrac{s_a}{d}\right)^{0.015n_2 + 0.45}}{0.15n_1 + 0.10n_2 + 1.9} \tag{3-71}$$

$$\eta_l = \frac{m Y_{0a} B'_c h_c^2}{2 n_1 n_2 R_{ha}} \tag{3-72}$$

$$Y_{0a} = \frac{R_{ha} v_y}{\alpha^3 EI} \tag{3-73}$$

其他情况

$$\eta_h = \eta_i \eta_r + \eta_l + \eta_b \tag{3-74}$$

$$\eta_b = \frac{\mu P_c}{n_1 n_2 R_{ha}} \tag{3-75}$$

$$P_c = \eta_c f_{ak}(A - n A_{ps}) \tag{3-76}$$

式中　　η_h——群桩效应综合系数；

　　　　η_i——桩的相互影响效应系数；

η_r——桩顶约束效应系数（桩顶嵌入承台长度为 50～100mm 时），按表 3-23 取值；

η_l——承台侧向土抗力效应系数（承台侧面回填土为松散状态时取 $\eta_l = 0$）；

η_b——承台底摩阻效应系数；

s_a/d——沿水平荷载方向的距径比；

n_1、n_2、n——沿水平荷载方向与垂直水平荷载方向每排桩中的桩数和总桩数；

m——承台侧面土水平抗力系数的比例系数；

Y_{0a}——桩顶（承台）的水平位移允许值，当以位移控制时，可取 $Y_{0a} = 10mm$（对水平位移敏感的结构物取 $Y_{0a} = 6mm$）；当以桩身强度控制（低配筋率灌注桩）时，可近似按式（3-73）确定；

B_c'——承台受侧向土抗力一边的计算宽度，$B_c' = B_c + 1(m)$，B_c 为承台宽度；

h_c——承台高度；

μ——承台底与基土间的摩擦系数；

P_c——承台底地基土分担的竖向总荷载标准值；

η_c——承台效应系数；

A——承台总面积；

A_{ps}——桩身截面面积。

表 3-23   桩顶约束效应系数 η_r

换算深度 ah	2.4	2.6	2.8	3.0	3.5	≥4.0
位移控制	2.58	2.34	2.20	2.13	2.07	2.05
强度控制	1.44	1.57	1.71	1.82	2.00	2.07

第九节 基桩承载力验算

一、桩顶作用效应计算

对于一般建筑物和受水平力（包括力矩与水平剪力）较小的高层建筑群桩基础，按承台为刚性板和反力呈线性分布的假定（图 3-25），可得计算柱、墙、核心筒群桩中基桩或复合基桩的桩顶作用效应如下。

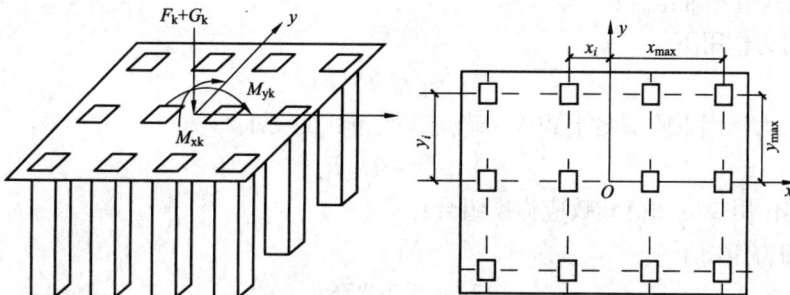

图 3-25 基桩的桩顶效应计算简图

轴心竖向力作用下

$$N_k = \frac{F_k + G_k}{n} \tag{3-77}$$

偏心荷载作用下

$$N_{ik} = \frac{F_k + G_k}{n} \pm \frac{M_{xk} y_i}{\sum y_j^2} \pm \frac{M_{yk} x_i}{\sum x_j^2} \tag{3-78}$$

水平力

$$H_{ik} = \frac{H_k}{n} \tag{3-79}$$

式中　　　　　F_k——荷载效应标准组合下，作用于承台顶面的竖向力；

　　　　　　　G_k——桩基承台和承台上土自重标准值，对稳定的地下水位以下部分应扣除水的浮力；

　　　　　　　N_k——荷载效应标准组合轴心竖向力作用下，基桩或复合基桩的平均竖向力；

　　　　　　　N_{ik}——荷载效应标准组合偏心竖向力作用下，第 i 基桩或复合基桩的竖向力；

　　　M_{xk}、M_{yk}——荷载效应标准组合下，作用于承台底面，绕通过桩群形心的 x、y 主轴的力矩；

x_i、x_j、y_i、y_j——第 i、j 基桩或复合基桩至 y、x 轴的距离；

　　　　　　　H_k——荷载效应标准组合下，作用于桩基承台底面的水平力；

　　　　　　　H_{ik}——荷载效应标准组合下，作用于第 i 基桩或复合基桩的水平力；

　　　　　　　n——桩基中的桩数。

对于主要承受竖向荷载的抗震设防区低承台桩基，在同时满足下列条件时，桩顶作用效应计算可不考虑地震作用：①按《建筑抗震设计规范》(GB 50011—2010) 规定可不进行桩基抗震承载力验算的建筑物；②建筑场地位于建筑抗震的有利地段。

另外，属于下列情况之一的桩基，计算各基桩的作用效应、桩身内力和位移时，宜考虑承台（包括地下墙体）与基桩协同工作和土的弹性抗力作用：①位于 8 度和 8 度以上抗震设防区的建筑，当其桩基承台刚度较大或由于上部结构与承台协同作用能增强承台的刚度时；②其他受较大水平力的桩基。

二、桩基竖向承载力计算

桩基竖向承载力计算应符合下列要求：

(1) 荷载效应标准组合：

轴心竖向力作用下

$$N_k \leqslant R \tag{3-80}$$

偏心竖向力作用下除满足上式外，尚应满足下式的要求

$$N_{kmax} \leqslant 1.2R \tag{3-81}$$

(2) 地震作用效应和荷载效应标准组合：

轴心竖向力作用下

$$N_{Ek} \leqslant 1.25R \tag{3-82}$$

偏心竖向力作用下，除满足上式外，尚应满足下式的要求

$$N_{Ekmax} \leqslant 1.5R \tag{3-83}$$

式中　N_k——荷载效应标准组合轴心竖向力作用下，基桩或复合基桩的平均竖向力；

N_{kmax}——荷载效应标准组合偏心竖向力作用下，桩顶最大竖向力；

N_{Ek}——地震作用效应和荷载效应标准组合下，基桩或复合基桩的平均竖向力；

N_{Ekmax}——地震作用效应和荷载效应标准组合下，基桩或复合基桩的最大竖向力；

R——基桩或复合基桩竖向承载力特征值。

三、软弱下卧层承载力验算

桩距不超过 $6d$ 的群桩基础，当桩端平面以下软弱下卧层承载力与桩端持力层相差过大（低于持力层的 1/3）且荷载引起的局部压力超出其承载力过多时，将引起软弱下卧层侧向挤出，桩基偏沉，严重者引起整体失稳。采用与浅基础类似的方法，按下列公式验算软弱下卧层的承载力（图 3-26）

$$\sigma_z + \gamma_m z \leqslant f_{az} \qquad (3-84)$$

$$\sigma_z = \frac{(F_k+G_k)-3/2(A_0+B_0)\sum q_{sik}l_i}{(A_0+2t\tan\theta)(B_0+2t\tan\theta)}$$

$$(3-85)$$

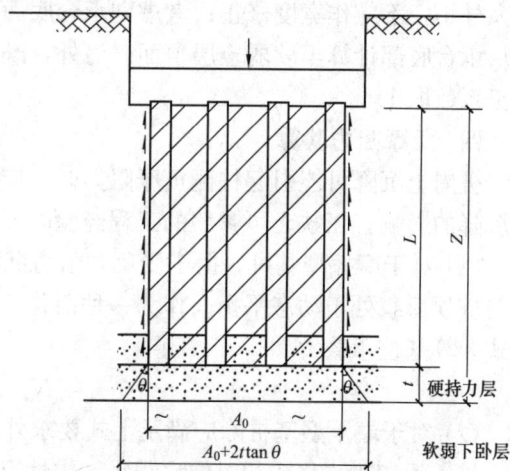

图 3-26 软弱下卧层承载力验算

式中 σ_z——作用于软弱下卧层顶面的附加应力；

γ_m——软弱层顶面以上各土层重度（地下水位以下取浮重度）的厚度加权平均值；

t——硬持力层厚度；

f_{az}——软弱下卧层经深度 z 修正的地基承载力特征值；

A_0、B_0——桩群外缘矩形底面的长、短边边长；

q_{sik}——桩周第 i 层土的极限侧阻力标准值，无当地经验时，可根据成桩工艺按表 3-6 取值；

θ——桩端硬持力层压力扩散角，按表 3-24 取值。

表 3-24　　　　　　　　　　　桩端硬持力层压力扩散角 θ

E_{s1}/E_{s2}	$t=0.25B_0$	$t\geqslant0.50B_0$	E_{s1}/E_{s2}	$t=0.25B_0$	$t\geqslant0.50B_0$
1	4°	12°	5	10°	25°
3	6°	23°	10	20°	30°

注 1. E_{s1}、E_{s2} 为硬持力层、软弱下卧层的压缩模量。

2. 当 $t<0.25B_0$ 时，取 $\theta=0°$，必要时，宜通过试验确定；当 $0.25B_0<t<0.50B_0$ 时，可内插取值。

验算过程中需要注意的是：

（1）验算范围。规定在桩端平面以下受力层范围存在低于持力层承载力 1/3 的软弱下卧层时进行验算。实际工程中持力层以下存在相对软弱土层是常见现象，只有当强度相差过大时才有必要验算。当下卧层地基承载力与桩端持力层差异过小，土体的塑性挤出和失稳也不致出现。

（2）传递至桩端平面的荷载，按扣除实体基础外表面总极限侧阻力的 3/4 而非 1/2 总极限侧阻力。这是主要考虑荷载传递机理，在软弱下卧层进入临界状态前基桩侧阻平均值已接近于极限。

（3）桩端荷载扩散。持力层刚度越大扩散角越大是基本性状，这里所规定的压力扩散角与《建筑地基基础设计规范》一致。

（4）软弱下卧层承载力只进行深度修正。这是因为下卧层受压区应力分布并非均匀，呈内大外小，不应作宽度修正；考虑到承台底面以上土已挖除且可能和土体脱空，因此修正深度从承台底部计算至软弱土层顶面。另外，既然是软弱下卧层，即多为软弱黏性土，故深度修正系数取 1.0。

四、负摩阻力验算

桩周土沉降可能引起桩侧负摩阻力时，应根据工程具体情况考虑负摩阻力对桩基承载力和沉降的影响；当缺乏可参照的工程经验时，可按下列规定验算：

（1）对于摩擦型基桩，由于受负摩阻力沉降增大，中性点随之上移，即负摩阻力、中性点与桩顶荷载处于动态平衡。作为一种简化，可取桩身计算中性点以上侧阻力为零，并可按下式验算基桩承载力

$$N_k \leqslant R_a \qquad (3-86)$$

（2）对于端承型基桩除应满足上式要求外，由于受负摩阻力后桩不发生沉降或沉降量很小，桩土无相对位移或相对位移很小，中性点无变化，尚应考虑负摩阻力引起基桩的下拉荷载 Q_g^n，并可按式（3-87）验算基桩承载力

$$N_k + Q_g^n \leqslant R_a \qquad (3-87)$$

（3）当土层不均匀或建筑物对不均匀沉降较敏感时，由于下拉荷载是附加荷载的一部分，尚应将负摩阻力引起的下拉荷载计入附加荷载验算桩基沉降。

注意：这里基桩的竖向承载力特征值 R_a 只计中性点以下部分侧阻值及端阻值。

五、抗拔桩基承载力验算

承受拉拔力的桩基，应按下列公式同时验算群桩基础呈整体破坏和呈非整体破坏时基桩的抗拔承载力

$$N_k \leqslant T_{gk}/2 + G_{gp} \qquad (3-88)$$

$$N_k \leqslant T_{uk}/2 + G_p \qquad (3-89)$$

式中　　N_k——按荷载效应标准组合计算的基桩拔力；

　　　　T_{gk}——群桩呈整体破坏时基桩的抗拔极限承载力标准值；

　　　　T_{uk}——群桩呈非整体破坏时基桩的抗拔极限承载力标准值；

　　　　G_{gp}——群桩基础所包围体积的桩土总自重除以总桩数，地下水位以下取浮重度；

　　　　G_p——基桩自重，地下水位以下取浮重度，对于扩底桩应按表 3-15 确定桩、土柱体周长，计算桩、土自重。

另外，季节性冻土上轻型建筑的短桩基础，应验算其抗冻拔稳定性；膨胀土上轻型建筑的短桩基础，应验算群桩基础呈整体破坏和非整体破坏的抗拔稳定性，具体规定见《建筑桩基技术规范》的有关章节。

六、桩基水平承载力验算

受水平荷载的一般建筑物和水平荷载较小的高大建筑物的单桩基础和群桩中的基桩应满足下式要求

$$H_{ik} \leqslant R_h \qquad (3-90)$$

式中　H_{ik}——在荷载效应标准组合下，作用于基桩 i 桩顶处的水平力；

　　　R_h——单桩基础或群桩中基桩的水平承载力特征值，对于单桩基础，可取单桩的水平承载力特征值 R_{ha}。

【例题 3-5】　一建筑物采用矩形承台，埋深 2.0m，基础高度 0.8m，基底尺寸 2.6m×2.6m。由于地基承载力不够，在其下布置 4 根泥浆护壁钻孔灌注桩，桩截面为圆形，桩径350mm，桩长 12m，按正方形布置 2 排，基础兼作承台。桩中心距 1750mm，桩截面中心至基础边缘的距离为 425mm。建筑场地土层及其参数自上而下依次为（无液化土层）：①杂填土，层厚 2.0m，重度 $\gamma=17.5kN/m^2$；②褐色粉土，层厚 3.0m，中密，孔隙比 $e=0.80$，$\gamma=18.0kN/m^2$，$f_{ak}=130kPa$，极限侧阻力标准值 $q_{sk}=45.0kPa$；③褐色粉质黏土，层厚2.5m，可塑，$I_L=0.75$，$\gamma=18.5kN/m^2$，$q_{sk}=56.0kPa$；④灰色粉土，层厚 3.5m，稍密，$e=0.88$，$q_{sk}=52.0kPa$；⑤灰色粉土，含有黏性土夹层，层厚 4.0m，中密，$e=0.70$，$q_{sk}=64.0kPa$，极限端阻力标准值 $q_{pk}=750kPa$；黏性土，较厚，硬塑。地下水位在地表下5.0m 处。桩身抗弯刚度 $EI=5.08\times10^4 kN\cdot m$。相应于荷载效应标准组合时作用在基础顶面的结构永久荷载、屋面及楼面荷载、风荷载标准值和地震荷载标准值组合后为：竖向力$N=1773kN$，弯矩 $M_x=80kN\cdot m$，$M_y=80kN\cdot m$，水平力 $V_x=150kN$，$V_y=150\ kN$。设抗震设防烈度 8 度，试进行桩基抗震承载力验算。

解　桩径 $d=0.35m$，桩长 $l=12m$，周长 $u=1.099m$，桩截面面积 $A_p=0.096m^2$，桩中心距 $s_a=1.75m$，以基础中心作为坐标原点，每根桩的坐标均为（0.875，0.875）。基础（承台）边长 $l_c=B_c=2.6m$，面积 $A=6.76m^2$。

1. 验算竖向抗震承载力

（1）计算单桩竖向承载力。

单桩竖向极限承载力标准值为

$$Q_{ak}=u\sum q_{sik}l_i+A_p q_{pk}=1.099\times(45.0\times3+56.0\times2.5+52.0\times3.5+64.0\times3)$$
$$+0.096\times750=713.3+72=785.3\ (kN)$$

单桩竖向承载力特征值为

$$R_a=\frac{Q_{uk}}{K}=\frac{785.3}{2}=392.7\ (kN)$$

（2）计算复合桩基承载力特征值。

计算基桩所对应的承台底净面积为

$$A_c=\frac{A-nA_{ps}}{n}=\frac{6.76-4\times0.096}{4}=1.594\ (m^2)$$

由于 $s_a/d=1.75/0.35=5$，$B_c/l=2.6/12=0.2167$，查表 3-17，承台效应系数 $\eta_c=0.24$，根据地基土的性质，查《建筑抗震设计规范》（GB 50011—2010）中表 4.2.3 得抗震承载力调整系数 $\xi_a=1.1$。

考虑承台效应后复合桩基承载力特征值为

$$R=R_a+\frac{\xi_a}{1.25}\eta_c f_{ak}A_c=392.7+\frac{1.1}{1.25}\times0.24\times130\times1.594=436.5\ (kN)$$

（3）计算基桩荷载。

基础及上覆土重量为

$$C_k = \gamma_G A d = 20 \times 6.76 \times 2.0 = 270.4 \text{ (kN)}$$

基桩平均竖向力

$$N_{Ek} = \frac{F+G}{n} = \frac{1773+270.4}{4} = 510.9 \text{ (kN)} < 1.25R = 545.6 \text{ (kN)} \text{ (满足)}。$$

基桩竖向力最大、最小值分别为

$$N_{Ek,\,max \atop Ek,\,min} = N_{Ek} \pm \frac{(M_x+V_yh)y_i}{\sum y_i^2} \pm \frac{(M_y+V_xh)x_i}{\sum x_i^2} = 510.9 \pm \frac{(80+150\times0.8)\times0.875}{4\times0.875^2}$$

$$\pm \frac{(80+150\times0.8)\times0.875}{4\times0.875^2} = 510.9 \pm 57.14 \pm 57.14 = \begin{cases} 625.2 \text{ (kN)} \\ 396.6 \text{ (kN)} \end{cases}$$

$$N_{Ek,\,max} = 625.2 \text{ kN} < 1.5R = 654.8 \text{ (kN)} \text{ (满足)}。$$

2. 验算水平抗震承载力

(1) 计算单桩水平承载力。桩基上部受力土层为粉土，孔隙比 $e = 0.80$，查表 3-19，取地基土水平抗力系数的比例系数 $m = 20 \text{MN/m}^4$，桩身计算宽度为

$$b_0 = 0.9(1.5d+0.5) = 0.9 \times (1.5 \times 0.35+0.5) = 0.9225 \text{ (m)}$$

桩的水平变形系数为

$$\alpha = \sqrt[5]{\frac{mb_0}{EI}} = \sqrt[5]{\frac{20 \times 10^3 \times 0.9225}{5.08 \times 10^4}} = 0.8166 \text{ (1/m)}$$

框架结构，对水平位移比较敏感，取桩顶水平位移允许值 $\chi_{0a} = 6 \text{mm}$。

桩的入土深度为桩长，换算深度 $\alpha h = 0.8166 \times 12 = 9.7992$，按 $\alpha h = 4$，按固接考虑，查表 3-18，得桩顶最大弯矩系数和桩顶水平位移系数 $v_M = 0.926$，$v_y = 0.940$；按位移控制，查表 3-23，得桩顶约束效应系数 $\eta_r = 2.05$。

单桩水平承载力特征值为

$$R_{ha} = 0.75 \frac{\alpha^3 EI}{v_y} Y_{0a} = 0.75 \times \frac{0.8166^3 \times 5.08 \times 10^4}{0.940} \times 6 \times 10^{-3} = 132.4 \text{ (kN)}$$

(2) 计算基桩水平承载力。由于承台埋置较浅，取承台侧向水平抗力系数 $\eta_l = 0$。沿水平荷载作用方向与垂直于水平荷载作用方向每排桩中的桩数 $n_1 = n_2 = 2$，承台受侧向土抗力一边的计算长度 $B'_c = 2.6 \text{m}$，承台高度 $h_c = 0.8 \text{m}$。

$$\eta_i = \frac{(s_a/d)^{0.015n_2+0.45}}{0.15n_1+0.10n_2+1.9} = \frac{5^{0.015\times2+0.45}}{0.15\times2+0.10\times2+1.9} = 0.9022$$

$$\eta_h = \eta_i\eta_r + \eta_l = 0.9022 \times 2.05 + 0 = 1.8495$$

考虑群桩效应后基桩水平承载力特征值为

$$R_h = \eta_h R_{ha} = 1.8495 \times 132.4 = 244.9 \text{ (kN)}$$

(3) 计算桩的水平荷载

$$H_{Ek} = \frac{V_x}{n} = \frac{150}{4} = 37.5 \text{ (kN)} < R_h = 244.9 \text{kN} \text{ (满足)}$$

由于结构和受力在 x、y 方向完全一样，只验算一个方向即可。

第十节　桩基沉降计算

《建筑桩基技术规范》规定，对于设计等级为甲级的非嵌岩桩和非深厚坚硬持力层的建筑桩基，或设计等级为乙级的体型复杂、荷载分布显著不均匀或桩端平面以下存在软弱土层的建筑桩基，或软土地基多层建筑减沉复合疏桩基础等，需要进行桩基沉降变形计算。

在工作荷载作用下，桩基沉降由桩间土以及桩端以下土的压缩、桩端刺入变形和桩身弹性压缩变形等组成，也就是说桩基沉降是桩、承台和土共同作用的结果，其影响因素很多。由于建筑物设计时对承台、桩和土体共同作用的考虑侧重点不同，按不同设计原则设计的桩基础，其变形特性可能就有较大的差异，这更增加了桩基沉降计算的难度，因此难以对所有桩基础采用一种统一的沉降计算方法。

一、桩中心距不大于 6 倍桩径的桩基

对于桩距小于或等于 $6d$ 的群桩基础，可采用等效作用分层总和法计算其沉降。该方法采用如图 3 - 27 所示的计算模式，等效作用面位于桩端平面，等效作用面积为桩承台投影面积，等效作用附加压力近似取承台底平均附加压力。等效作用面以下的附加应力分布采用各向同性均质直线变形体理论，并按 Boussinesq 解计算。桩基沉降计算深度 z_n 按应力比法确定，即计算深度处的附加应力 σ_z 等于土的自重应力 σ_c 的 0.2 倍。这样，桩基任一点最终沉降量 s 可用角点法按下式计算

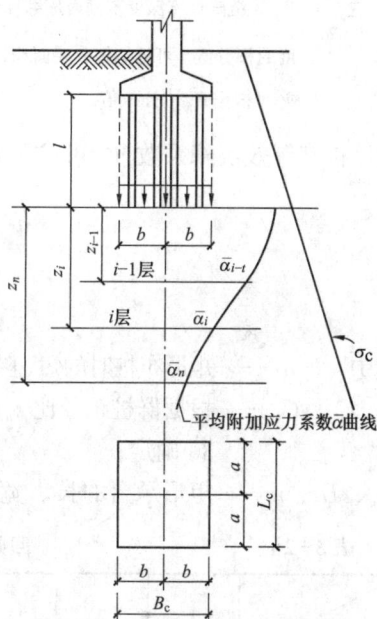

图 3 - 27　桩基沉降计算示意图

$$s = \Psi\Psi_e s' = \Psi\Psi_e \sum_{j=1}^{m} p_{0j} \sum_{i=1}^{n} \frac{z_{ij}\bar{\alpha}_{ij} - z_{(i-1)j}\bar{\alpha}_{(i-1)j}}{E_{si}} \qquad (3-91)$$

式中　　s'——采用 Boussinesq 解，按实体深基础分层总和法计算出的桩基沉降量；

m——角点法计算点对应的矩形荷载分块数；

p_{0j}——第 j 块矩形底面在荷载效应准永久组合下的附加压力；

n——桩基沉降计算深度范围内所划分的土层数；

E_{si}——等效作用面以下第 i 层土的压缩模量，采用地基土在自重压力至自重压力加附加压力作用时的压缩模量；

z_{ij}、$z_{(i-1)j}$——桩端平面第 j 块荷载作用面至第 i 层土、第 $i-1$ 层土底面的距离；

$\bar{\alpha}_{ij}$、$\bar{\alpha}_{(i-1)j}$——桩端平面第 j 块荷载计算点至第 i 层土、第 $i-1$ 层土底面深度范围内平均附加应力系数，按 Boussinesq 课题计算，可按《建筑桩基技术规范》中附录 D 确定。

桩基沉降计算经验系数 Ψ，应按当地可靠经验确定；当无经验时，可按表 3 - 25 选用。在选用时，对于采用后注浆施工工艺的灌注桩，桩基沉降计算经验系数应根据桩端持力土层

类别，乘以 0.7（砂、砾、卵石）～0.8（黏性土、粉土）折减系数；饱和土中采用预制桩（不含复打、复压、引孔沉桩）时，应根据桩距、土质、沉桩速度和顺序等因素，乘以 1.3～1.8 的挤土效应系数，土的渗透性低，桩距小，桩数多，沉桩速率快时取大值。

表 3-25 桩基沉降计算经验系数 Ψ

$\overline{E}_s$(MPa)	≤10	15	20	35	≥50
Ψ	1.2	0.9	0.65	0.50	0.40

注 1. $\overline{E}_s$ 为沉降计算深度范围内压缩模量的当量值，$\overline{E}_s = \sum A_i / \sum \dfrac{A_i}{E_{si}}$，其中 A_i 为第 i 层土附加压力系数沿土层厚度的积分值，可近似按分块面积计算。

　　2. Ψ 可根据 $\overline{E}_s$ 内插取值。

桩基等效沉降系数 Ψ_e 可按下式计算

$$\Psi_e = C_0 + \frac{n_b - 1}{C_1(n_b - 1) + C_2} \tag{3-92}$$

$$n_b = \sqrt{nB_c/L_c} \tag{3-93}$$

式中　　n_b——矩形布桩时的短边布桩数，当布桩不规则时可按式（3-93）近似计算，$n_b > 1$；

C_0、C_1、C_2——根据群桩距径比 s_a/d、长径比 l/d 及基础长宽比 L_c/B_c，按表 3-26～表 3-30 确定；

L_c、B_c、n——矩形承台的长、宽及总桩数。

表 3-26 回归系数 C_0、C_1、C_2（$s_a/d = 2$）

l/d	L_c/B_c	1	2	3	4	5	6	7	8	9	10
5	C_0	0.203	0.282	0.329	0.363	0.389	0.410	0.428	0.443	0.456	0.468
	C_1	1.543	1.687	1.797	1.845	1.915	1.949	1.981	2.047	2.073	2.098
	C_2	5.563	5.356	5.086	5.020	4.878	4.843	4.817	4.704	4.690	4.681
10	C_0	0.125	0.188	0.228	0.258	0.282	0.301	0.318	0.333	0.346	0.357
	C_1	1.487	1.573	1.653	1.676	1.731	1.750	1.768	1.828	1.844	1.860
	C_2	7.000	6.260	5.737	5.535	5.292	5.191	5.114	4.949	4.093	4.865
15	C_0	0.093	0.146	0.180	0.207	0.228	0.246	0.262	0.275	0.287	0.298
	C_1	1.508	1.568	1.637	1.647	1.696	1.707	1.718	1.776	1.787	1.798
	C_2	8.413	7.252	6.520	6.208	5.878	5.722	5.604	5.393	5.320	5.259
20	C_0	0.075	0.120	0.151	0.175	0.194	0.211	0.225	0.238	0.249	0.260
	C_1	1.548	1.592	1.654	1.656	1.701	1.706	1.712	1.770	1.777	1.783
	C_2	9.783	8.236	7.310	6.897	6.486	6.280	6.123	5.870	5.771	5.689
25	C_0	0.063	0.103	0.131	0.152	0.170	0.186	0.199	0.211	0.221	0.231
	C_1	1.596	1.628	1.686	1.679	1.722	1.722	1.724	1.783	1.786	1.789
	C_2	11.118	9.205	8.094	7.583	7.095	6.841	6.647	6.353	6.230	6.128

续表

L_c/B_c		1	2	3	4	5	6	7	8	9	10
l/d											
30	C_0	0.055	0.090	0.116	0.135	0.152	0.166	0.179	0.190	0.200	0.209
	C_1	1.646	1.669	1.724	1.711	1.753	1.748	1.745	1.806	1.806	1.806
	C_2	12.426	10.159	8.868	8.264	7.700	7.400	7.170	6.836	6.689	6.568
40	C_0	0.044	0.073	0.095	0.112	0.126	0.139	0.150	0.160	0.169	0.177
	C_1	1.754	1.761	1.812	1.787	1.827	1.814	1.803	1.867	1.861	1.855
	C_2	14.984	12.036	10.396	9.610	8.900	8.509	8.211	7.797	7.605	7.446
50	C_0	0.036	0.062	0.081	0.096	0.108	0.120	0.129	0.138	0.147	0.154
	C_1	1.865	1.860	1.909	1.873	1.911	1.889	1.872	1.939	1.927	1.916
	C_2	17.492	13.885	11.905	10.945	10.090	9.613	9.247	8.755	8.519	8.323
60	C_0	0.031	0.054	0.070	0.084	0.095	0.105	0.114	0.122	0.130	0.137
	C_1	1.979	1.962	2.010	1.962	1.999	1.970	1.945	2.016	1.998	1.981
	C_2	19.967	15.719	13.406	12.274	11.278	10.715	10.284	9.713	9.433	9.200
70	C_0	0.028	0.048	0.063	0.075	0.085	0.094	0.102	0.110	0.117	0.123
	C_1	2.095	2.067	2.114	2.055	2.091	2.054	2.021	2.097	2.072	2.049
	C_2	22.423	17.546	14.901	13.602	12.465	11.818	11.322	10.627	10.349	10.080
80	C_0	0.025	0.043	0.056	0.067	0.077	0.085	0.093	0.100	0.106	0.112
	C_1	2.213	2.174	2.220	2.150	2.185	2.139	2.099	2.178	2.147	2.119
	C_2	24.868	19.370	16.398	14.933	13.655	12.925	12.364	11.635	11.270	10.964
90	C_0	0.022	0.039	0.051	0.061	0.070	0.078	0.085	0.091	0.097	0.103
	C_1	2.333	2.283	2.328	2.245	2.280	2.225	2.177	2.261	2.223	2.189
	C_2	27.307	21.195	17.897	16.267	14.849	14.036	13.411	12.603	12.194	11.853
100	C_0	0.021	0.036	0.047	0.057	0.065	0.072	0.078	0.084	0.090	0.095
	C_1	2.453	2.392	2.436	2.341	2.375	2.311	2.256	2.344	2.299	2.259
	C_2	29.744	23.024	19.400	17.608	16.049	15.153	14.464	13.575	13.123	12.745

表 3 - 27　　　　　　　　　回归系数 C_0、C_1、C_2 ($s_a/d=3$)

L_c/B_c		1	2	3	4	5	6	7	8	9	10
l/d											
5	C_0	0.203	0.318	0.377	0.416	0.445	0.468	0.486	0.502	0.516	0.528
	C_1	1.483	1.723	1.875	1.955	2.045	2.098	2.144	2.218	2.256	2.290
	C_2	3.679	4.036	4.006	4.053	3.995	4.007	4.014	3.938	3.944	3.948
10	C_0	0.125	0.213	0.263	0.298	0.324	0.346	0.364	0.380	0.394	0.406
	C_1	1.419	1.559	1.662	1.705	1.770	1.801	1.828	1.891	1.913	1.935
	C_2	4.861	4.723	4.460	4.384	4.237	4.193	4.158	4.038	4.017	4.000

续表

l/d	L_c/B_c	1	2	3	4	5	6	7	8	9	10
15	C_0	0.093	0.166	0.209	0.240	0.265	0.285	0.302	0.317	0.330	0.342
	C_1	1.430	1.533	1.619	1.646	1.703	1.723	1.741	1.801	1.817	1.832
	C_2	5.900	5.435	5.010	4.855	4.641	4.559	4.496	4.340	4.300	4.267
20	C_0	0.075	0.138	0.176	0.205	0.227	0.246	0.262	0.276	0.288	0.299
	C_1	1.461	1.542	1.619	1.635	1.687	1.700	1.712	1.772	1.783	1.793
	C_2	6.879	6.137	5.570	5.346	5.073	4.958	4.869	4.679	4.623	4.577
25	C_0	0.063	0.118	0.153	0.179	0.200	0.218	0.233	0.246	0.258	0.268
	C_1	1.500	1.565	1.637	1.644	1.693	1.699	1.706	1.767	1.774	1.780
	C_2	7.822	6.826	6.127	5.839	5.511	5.364	5.252	5.030	4.958	4.899
30	C_0	0.055	0.104	0.136	0.160	0.180	0.196	0.210	0.223	0.234	0.244
	C_1	1.542	1.595	1.663	1.662	1.709	1.711	1.712	1.775	1.777	1.780
	C_2	8.741	7.506	6.680	6.331	5.949	5.772	5.638	5.383	5.297	5.226
40	C_0	0.044	0.085	0.112	0.133	0.150	0.165	0.178	0.189	0.199	0.208
	C_1	1.632	1.667	1.729	1.715	1.759	1.750	1.743	1.808	1.804	1.799
	C_2	10.535	8.845	7.774	7.309	6.822	6.588	6.410	6.093	5.978	5.883
50	C_0	0.036	0.072	0.096	0.114	0.130	0.143	0.155	0.165	0.174	0.182
	C_1	1.726	1.746	1.805	1.778	1.819	1.801	1.786	1.855	1.843	1.832
	C_2	12.292	10.168	8.860	8.284	7.694	7.405	7.185	6.805	6.662	6.543
60	C_0	0.031	0.063	0.084	0.101	0.115	0.127	0.137	0.146	0.155	0.163
	C_1	1.822	1.828	1.885	1.845	1.885	1.858	1.834	1.907	1.888	1.870
	C_2	14.029	11.486	9.944	9.259	8.568	8.224	7.962	7.520	7.348	7.206
70	C_0	0.028	0.056	0.075	0.090	0.103	0.114	0.123	0.132	0.140	0.147
	C_1	1.920	1.913	1.968	1.916	1.954	1.918	1.885	1.962	1.936	1.911
	C_2	15.756	12.801	11.029	10.237	9.444	9.047	8.742	8.238	8.038	7.871
80	C_0	0.025	0.050	0.068	0.081	0.093	0.103	0.112	0.120	0.127	0.134
	C_1	2.019	2.000	2.053	1.988	2.025	1.979	1.938	2.019	1.985	1.954
	C_2	17.478	14.120	12.117	11.220	10.325	9.874	9.527	8.959	8.731	8.540
90	C_0	0.022	0.045	0.062	0.074	0.085	0.095	0.103	0.110	0.117	0.123
	C_1	2.118	2.087	2.139	2.060	2.096	2.041	1.991	2.076	2.036	1.998
	C_2	19.200	15.442	13.210	12.208	11.211	10.705	10.316	9.684	9.427	9.211
100	C_0	0.021	0.042	0.057	0.069	0.079	0.087	0.095	0.102	0.108	0.114
	C_1	2.218	2.174	2.225	2.133	2.168	2.103	2.044	2.133	2.086	2.042
	C_2	20.925	16.770	14.307	13.201	12.101	11.541	11.110	10.413	10.127	9.886

表 3-28　　　　　　　　　　回归系数 C_0、C_1、C_2（$s_a/d=4$）

l/d	L_c/B_c	1	2	3	4	5	6	7	8	9	10
5	C_0	0.203	0.354	0.422	0.464	0.495	0.519	0.538	0.555	0.568	0.580
	C_1	1.445	1.786	1.986	2.101	2.213	2.286	2.349	2.434	2.484	2.530
	C_2	2.633	3.243	3.340	3.444	3.431	3.466	3.488	3.433	3.447	3.457
10	C_0	0.125	0.237	0.294	0.332	0.361	0.384	0.403	0.419	0.433	0.445
	C_1	1.378	1.570	1.695	1.756	1.830	1.870	1.906	1.972	2.000	2.027
	C_2	3.707	3.873	3.743	3.729	3.630	3.612	3.597	3.500	3.490	3.482
15	C_0	0.093	0.185	0.234	0.269	0.296	0.317	0.335	0.351	0.364	0.376
	C_1	1.384	1.524	1.626	1.666	1.729	1.757	1.781	1.843	1.863	1.881
	C_2	4.571	4.458	4.188	4.107	3.951	3.904	3.866	3.736	3.712	3.693
20	C_0	0.075	0.153	0.198	0.230	0.254	0.275	0.291	0.306	0.319	0.331
	C_1	1.408	1.521	1.611	1.638	1.695	1.713	1.730	1.791	1.805	1.818
	C_2	5.361	5.024	4.636	4.502	4.297	4.225	4.169	4.009	3.973	3.944
25	C_0	0.063	0.132	0.173	0.202	0.225	0.244	0.260	0.274	0.286	0.297
	C_1	1.441	1.534	1.616	1.633	1.686	1.698	1.708	1.770	1.779	1.786
	C_2	6.114	5.578	5.081	4.900	4.650	4.555	4.482	4.293	4.246	4.208
30	C_0	0.055	0.117	0.154	0.181	0.203	0.221	0.236	0.249	0.261	0.271
	C_1	1.477	1.555	1.633	1.640	1.691	1.696	1.701	1.764	1.768	1.771
	C_2	6.843	6.122	5.524	5.298	5.004	4.887	4.799	4.581	4.524	4.477
40	C_0	0.044	0.095	0.127	0.151	0.170	0.186	0.200	0.212	0.223	0.233
	C_1	1.555	1.611	1.681	1.673	1.720	1.714	1.708	1.774	1.770	1.765
	C_2	8.261	7.195	6.402	6.093	5.713	5.556	5.436	5.163	5.085	5.021
50	C_0	0.036	0.081	0.109	0.130	0.148	0.162	0.175	0.186	0.196	0.205
	C_1	1.636	1.674	1.740	1.718	1.762	1.745	1.730	1.800	1.787	1.775
	C_2	9.648	8.258	7.277	6.887	6.424	6.227	6.077	5.749	5.650	5.569
60	C_0	0.031	0.071	0.096	0.115	0.131	0.144	0.156	0.166	0.175	0.183
	C_1	1.719	1.742	1.805	1.768	1.810	1.783	1.758	1.832	1.811	1.791
	C_2	11.021	9.319	8.152	7.684	7.138	6.902	6.721	6.338	6.219	6.120
70	C_0	0.028	0.063	0.086	0.103	0.117	0.130	0.140	0.150	0.158	0.166
	C_1	1.803	1.811	1.872	1.821	1.861	1.824	1.789	1.867	1.839	1.812
	C_2	12.387	10.381	9.029	8.485	7.856	7.580	7.369	6.929	6.789	6.672
80	C_0	0.025	0.057	0.077	0.093	0.107	0.118	0.128	0.137	0.145	0.152
	C_1	1.887	1.882	1.940	1.876	1.914	1.866	1.822	1.904	1.868	1.834
	C_2	13.753	11.447	9.911	9.291	8.578	8.262	8.020	7.524	7.362	7.226
90	C_0	0.022	0.051	0.071	0.085	0.098	0.108	0.117	0.126	0.133	0.140
	C_1	1.972	1.953	2.009	1.931	1.967	1.909	1.857	1.943	1.899	1.858

l/d	L_c/B_c	1	2	3	4	5	6	7	8	9	10
90	C_2	15.119	12.518	10.799	10.102	9.305	8.949	8.674	8.122	7.938	7.782
100	C_0	0.021	0.047	0.065	0.079	0.090	0.100	0.109	0.117	0.123	0.130
	C_1	2.057	2.025	2.079	1.986	2.021	1.953	1.891	1.981	1.931	1.883
	C_2	16.490	13.595	11.691	10.918	10.036	9.639	9.331	8.722	8.515	8.339

表 3 - 29　　　　　　　　　　回归系数 C_0、C_1、C_2（$s_a/d=5$）

l/d	L_c/B_c	1	2	3	4	5	6	7	8	9	10
5	C_0	0.203	0.389	0.464	0.510	0.543	0.567	0.587	0.603	0.617	0.628
	C_1	1.416	1.864	2.120	2.277	2.416	2.514	2.599	2.695	2.761	2.821
	C_2	1.941	2.652	2.824	2.957	2.973	3.018	3.045	3.008	3.023	3.033
10	C_0	0.125	0.260	0.323	0.364	0.394	0.417	0.437	0.453	0.467	0.480
	C_1	1.349	1.593	1.740	1.818	1.902	1.952	1.996	2.065	2.099	2.131
	C_2	2.959	3.301	3.255	3.278	3.208	3.206	3.201	3.120	3.116	3.112
15	C_0	0.093	0.202	0.257	0.295	0.323	0.345	0.364	0.379	0.393	0.405
	C_1	1.351	1.528	1.645	1.697	1.766	1.800	1.829	1.893	1.916	1.938
	C_2	3.724	3.825	3.649	3.614	3.492	3.465	3.442	3.329	3.314	3.301
20	C_0	0.075	0.168	0.218	0.252	0.278	0.299	0.317	0.332	0.345	0.357
	C_1	1.372	1.513	1.615	1.651	1.712	1.735	1.755	1.818	1.834	1.849
	C_2	4.407	4.316	4.036	3.957	3.792	3.745	3.708	3.566	3.542	3.522
25	C_0	0.063	0.145	0.190	0.222	0.246	0.267	0.283	0.298	0.310	0.322
	C_1	1.399	1.517	1.609	1.633	1.690	1.705	1.717	1.781	1.791	1.800
	C_2	5.049	4.792	4.418	4.301	4.096	4.031	3.982	3.812	3.780	3.754
30	C_0	0.055	0.128	0.170	0.199	0.222	0.241	0.257	0.271	0.283	0.294
	C_1	1.431	1.531	1.617	1.630	1.684	1.692	1.697	1.762	1.767	1.770
	C_2	5.668	5.258	4.796	4.644	4.401	4.320	4.259	4.063	4.022	3.990
40	C_0	0.044	0.105	0.141	0.167	0.188	0.205	0.219	0.232	0.243	0.253
	C_1	1.498	1.573	1.650	1.646	1.695	1.689	1.683	1.751	1.746	1.741
	C_2	6.865	6.176	5.547	5.331	5.013	4.902	4.817	4.568	4.512	4.467
50	C_0	0.036	0.089	0.121	0.144	0.163	0.179	0.192	0.204	0.214	0.224
	C_1	1.569	1.623	1.695	1.675	1.720	1.703	1.868	1.758	1.743	1.730
	C_2	8.034	7.085	6.296	6.018	5.628	5.486	5.379	5.078	5.006	4.948
60	C_0	0.031	0.078	0.106	0.128	0.145	0.159	0.171	0.182	0.192	0.201
	C_1	1.642	1.678	1.745	1.710	1.753	1.724	1.697	1.772	1.749	1.727
	C_2	9.192	7.994	7.046	6.709	6.246	6.074	5.943	5.590	5.502	5.429

续表

l/d	L_c/B_c	1	2	3	4	5	6	7	8	9	10
70	C_0	0.028	0.069	0.095	0.114	0.130	0.143	0.155	0.165	0.174	0.182
	C_1	1.715	1.735	1.799	1.748	1.789	1.749	1.712	1.791	1.760	1.730
	C_2	10.345	8.905	7.800	7.403	6.868	6.664	6.509	6.104	5.999	5.911
80	C_0	0.025	0.063	0.086	0.104	0.118	0.131	0.141	0.151	0.159	0.167
	C_1	1.788	1.793	1.854	1.788	1.827	1.776	1.730	1.812	1.773	1.737
	C_2	11.498	9.820	8.558	8.102	7.493	7.258	7.077	6.620	6.497	6.393
90	C_0	0.022	0.057	0.079	0.095	0.109	0.120	0.130	0.139	0.147	0.154
	C_1	1.861	1.851	1.909	1.830	1.866	1.805	1.749	1.835	1.789	1.745
	C_2	12.653	10.741	9.321	8.805	8.123	7.854	7.647	7.138	6.996	6.876
100	C_0	0.021	0.052	0.072	0.088	0.100	0.111	0.120	0.129	0.136	0.143
	C_1	1.934	1.909	1.966	1.871	1.905	1.834	1.769	1.859	1.805	1.755
	C_2	13.812	11.667	10.089	9.512	8.755	8.453	8.218	7.657	7.495	7.358

表 3-30 回归系数 C_0、C_1、C_2 ($s_a/d=6$)

l/d	L_c/B_c	1	2	3	4	5	6	7	8	9	10
5	C_0	0.203	0.423	0.506	0.555	0.588	0.613	0.633	0.649	0.663	0.674
	C_1	1.393	1.956	2.277	2.485	2.658	2.789	2.902	3.021	3.099	3.179
	C_2	1.438	2.152	2.365	2.503	2.538	2.581	2.603	2.586	2.596	2.599
10	C_0	0.125	0.281	0.350	0.393	0.424	0.449	0.468	0.485	0.499	0.511
	C_1	1.328	1.623	1.793	1.889	1.983	2.044	2.096	2.169	2.210	2.147
	C_2	2.421	2.870	2.881	2.927	2.879	2.886	2.887	2.818	2.817	2.815
15	C_0	0.093	0.219	0.279	0.318	0.348	0.371	0.390	0.406	0.419	0.423
	C_1	1.327	1.540	1.671	1.733	1.809	1.848	1.882	1.949	1.975	1.999
	C_2	3.126	3.366	3.256	3.250	3.153	3.139	3.126	3.024	3.015	3.007
20	C_0	0.075	0.182	0.236	0.272	0.300	0.322	0.340	0.355	0.369	0.380
	C_1	1.344	1.513	1.625	1.669	1.735	1.762	1.785	1.850	1.868	1.884
	C_2	3.740	3.815	3.607	3.565	3.428	3.398	3.374	3.243	3.227	3.214
25	C_0	0.063	0.157	0.207	0.024	0.266	0.287	0.304	0.319	0.332	0.343
	C_1	1.368	1.509	1.610	1.640	1.700	1.717	1.731	1.796	1.807	1.816
	C_2	4.311	4.242	3.950	3.877	3.703	3.659	3.625	3.468	3.445	3.427
30	C_0	0.055	0.139	0.184	0.216	0.240	0.260	0.276	0.291	0.303	0.314
	C_1	1.395	1.516	1.608	1.627	1.683	1.692	1.699	1.765	1.769	1.773
	C_2	4.858	4.659	4.288	4.187	3.977	3.921	3.879	3.694	3.666	3.643
40	C_0	0.044	0.114	0.153	0.181	0.203	0.221	0.236	0.249	0.261	0.271

续表

l/d	L_c/B_c	1	2	3	4	5	6	7	8	9	10
40	C_1	1.455	1.545	1.627	1.626	1.676	1.671	1.664	1.733	1.727	1.721
	C_2	5.912	5.477	4.957	4.804	4.528	4.447	4.386	4.151	4.111	4.078
	C_0	0.036	0.097	0.132	0.157	0.177	0.193	0.207	0.219	0.230	0.240
50	C_1	1.517	1.584	1.659	1.640	1.687	1.669	1.650	1.723	1.707	1.691
	C_2	6.939	6.287	5.624	5.423	5.080	4.974	4.896	4.610	4.557	4.514
	C_0	0.031	0.085	0.116	0.139	0.157	0.172	0.185	0.196	0.207	0.216
60	C_1	1.581	1.627	1.698	1.662	1.706	1.675	1.645	1.722	1.697	1.672
	C_2	7.956	7.097	6.292	6.043	5.634	5.504	5.406	5.071	5.004	4.948
	C_0	0.028	0.076	0.104	0.125	0.141	0.156	0.168	0.178	0.188	0.196
70	C_1	1.645	1.673	1.740	1.688	1.728	1.686	1.646	1.726	1.692	1.660
	C_2	8.968	7.908	6.964	6.667	6.191	6.035	5.917	5.532	5.450	5.382
	C_0	0.025	0.068	0.094	0.113	0.129	0.142	0.153	0.163	0.172	0.180
80	C_1	1.708	1.720	1.783	1.716	1.754	1.700	1.650	1.734	1.692	1.652
	C_2	9.981	8.724	7.640	7.293	6.751	6.569	6.428	5.994	5.896	5.814
	C_0	0.022	0.062	0.086	0.104	0.118	0.131	0.141	0.150	0.159	0.167
90	C_1	1.772	1.768	1.827	1.745	1.780	1.716	1.657	1.744	1.694	1.648
	C_2	10.997	9.544	8.319	7.924	7.314	7.103	6.939	6.457	6.342	6.244
	C_0	0.021	0.057	0.079	0.096	0.110	0.121	0.131	0.140	0.148	0.155
100	C_1	1.835	1.815	1.872	1.775	1.808	1.733	1.665	1.755	1.698	1.646
	C_2	12.016	10.370	9.004	8.557	7.879	7.639	7.450	6.919	6.787	6.673

注 L_c—群桩基础承台长度；B_c—群桩基础承台宽度；l—桩长；d—桩径；S_a—桩与桩之间的中心距。

计算矩形桩基中点沉降时，把矩形面积分为相等的 4 部分用角点法计算附加应力，桩基沉降量可按下式简化计算

$$s = \Psi\Psi_e s' = 4\Psi\Psi_e p_0 \sum_{i=1}^{n} \frac{z_i\bar{\alpha}_i - z_{i-1}\bar{\alpha}_{i-1}}{E_{si}} \tag{3-94}$$

式中　p_0——在荷载效应准永久组合下承台底的平均附加压力；

$\bar{\alpha}_i$、$\bar{\alpha}_{i-1}$——平均附加应力系数。

需要注意的是，计算桩基沉降时，应考虑相邻基础的影响，采用叠加原理计算；桩基等效沉降系数可按独立基础计算；当桩基形状不规则时，可采用等代矩形面积计算桩基等效沉降系数，等效矩形的长宽比可根据承台实际尺寸和形状确定；当布桩不规则时，等效距径比可按下列公式近似计算：

圆形桩　　　　　　　　　　$s_a/d = \sqrt{A}/(\sqrt{n}d)$ 　　　　　　　　　　(3-95)

方形桩　　　　　　　　　　$s_a/d = 0.886\sqrt{A}/(\sqrt{n}b)$ 　　　　　　　　(3-96)

式中　A——桩基承台总面积；

　　　b——方形桩截面边长。

【例题 3 - 6】 某 6 桩矩形承台桩基，平面布置如图 3 - 28 所示，承台埋深 2m，相应于荷载效应准永久组合时作用于承台的竖向荷载为 9200kN。采用沉管灌注桩，桩径 0.35m，桩长 16m。桩端以上土的平均重度均按 18.5kN/m³ 计算，地下水位面在地表下 6m 处。桩端平面以下土层参数依次为：①暗绿色黏土，厚 2m，$\gamma = 19.2$kN/m³，$E_s = 20$MPa；②灰色粉土，厚 2.5m，$\gamma = 18.5$kN/m³，$E_s = 16$MPa；③褐色黏土，厚 3m，$\gamma = 20$kN/m³，$E_s = 18$MPa；④褐色粉土，厚 3.5m，$\gamma = 18.7$kN/m³，$E_s = 17$MPa；⑤草黄色粉砂，厚 2.4m，$\gamma = 18.7$kN/m³，$E_s = 21$MPa；⑥细砂，厚 4m，$\gamma = 19.6$kN/m³，$E_s = 22$MPa。计算桩基的最终沉降量（$\Psi = 0.7$）。

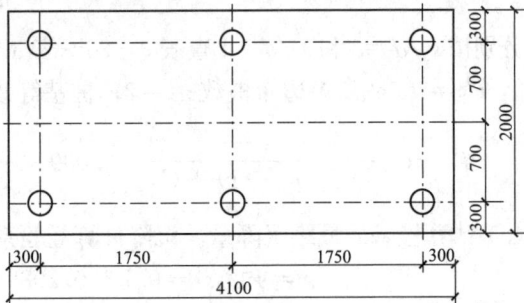

图 3 - 28 ［例题 3 - 6］桩基平面布置

解 桩的纵向中心距 $s_a = 1.75$m，$s_a/d = 1.75/0.35 = 5$，沉降计算按桩中心距不大于 6 倍桩径的桩基沉降量计算方法计算。

（1）计算附加压力。

$L_c = 4.1$m，$B_c = 2.0$m，承台面积 $A = 8.2\text{m}^2$，埋深 $d = 2.0$m，承台下基底压力为

$$p = \frac{F}{A} + \gamma_G d = \frac{9200}{8.2} + 20 \times 2 = 1162.0 \text{(kPa)}$$

承台下基底附加压力为

$$p_0 = p - \gamma d = 1162.0 - 18.5 \times 2 = 1125.0 \text{(kPa)}$$

（2）确定沉降计算深度。自中心把承台分为 4 部分，采用叠加原理计算土中附加应力。$b = B_c/2 = 1.0$（m），$a = L_c/2 = 2.05$（m），$a/b = 2.05$。

桩端平面处土的自重应力为

$$\sigma_{c1} = 18.5 \times 6 + (18.5 - 10) \times 10 = 196 \text{(kPa)}$$

桩端平面下 9m 处土的自重应力为

$$\sigma_c = 196 + 9.2 \times 2 + 8.5 \times 2.5 + 10 \times 3 + 8.7 \times 1.5 = 278.7 \text{(kPa)}$$

桩端平面下 $z = 9$m，$z/b = 9$，查表得矩形面积作用均布荷载角点附加应力系数 $\alpha = 0.011$，该处的附加应力为

$$\sigma_z = 4\alpha p_0 = 4 \times 0.011 \times 1125.0 = 49.5 \text{kPa} < 0.2\sigma_c = 0.2 \times 278.7 = 55.7 \text{(kPa)}$$

故沉降计算深度取 $z_n = 9$m。

（3）计算桩基沉降量 s'。把计算深度内的土分为 4 层，每层厚度分别为 2、2.5、3、1.5m。$z_i = 0$、2、4.5、7.5、9m（$i = 0$、1、2、3、4）。$z_i/b = 0$、2、4.5、7.5、9。查相关表格，得矩形面积作用均布荷载角点平均附加应力系数 $\bar{\alpha}_i = 0.2500$、0.1958、0.1260、0.0856、0.0735。

$$s' = 4p_0 \sum_{i=1}^{n} \frac{z_i\bar{\alpha}_i - z_{i-1}\bar{\alpha}_{i-1}}{E_{si}} = 4 \times 1125.0 \left(\frac{2 \times 0.1958}{20} + \frac{4.5 \times 0.1260 - 2 \times 0.1958}{16} \right.$$

$$\left. + \frac{7.5 \times 0.0856 - 4.5 \times 0.1260}{18} + \frac{9 \times 0.0735 - 7.5 \times 0.0856}{17} \right) = 161.4 \text{(mm)}$$

（4）确定桩基等效沉降系数。圆形桩，桩径 $d=0.35\text{m}$，桩长 $l=16\text{m}$，$l/d=16/0.35=45.71$，$L_C/B_C=4.1/2=2.05$，等效桩距比为

$$s_a/d=\sqrt{A}/(\sqrt{n}d)=\frac{\sqrt{8.2}}{\sqrt{6}\times0.35}=3.34$$

分别按 $s_a/d=3$ 和 $s_a/d=4$ 查表 3-26～表 3-30 并进行线性内插，得 $C_0=0.099$，$C_1=1.439$，$C_2=7.658$。短边布桩数 $n_b=2$，桩基等效沉降系数为

$$\varPsi_e=C_0+\frac{n_b-1}{C_1(n_b-1)+C_2}=0.099+\frac{2-1}{1.439\times(2-1)+7.658}=0.2089$$

（5）计算桩基的最终沉降量。沉降计算经验系数 $\varPsi=0.7$，桩基的最终沉降量为
$$s=\varPsi\varPsi_e s'=0.7\times0.2089\times161.4=24(\text{mm})$$

二、单桩、单排桩、疏桩基础

工程实际中，采用一柱一桩或单排桩、桩距大于 $6d$ 的疏桩基础并非罕见。例如：按变刚度调平设计的框架—核心筒结构工程中，刚度相对弱化的外围桩基，柱下布 1～3 根桩者居多；剪力墙结构，常采取墙下布桩（单排桩）；框架和排架结构建筑桩基按一柱一桩或一柱二桩布置也不少。有的设计考虑承台分担荷载，即设计为复合桩基，此时承台多数为平板式或梁板式筏形承台；另一种情况是仅在柱、墙下单独设置承台，或即使设计为满堂筏形承台，由于承台底土层为软土、欠固结土、可液化、湿陷性土等原因，承台不分担荷载，或因使用要求，变形控制严格，只能考虑桩的承载作用。首先，就桩数、桩距等而言，这类桩基不能应用等效作用分层总和法，一般按 Mindlin 应力公式法计算，即基桩引起的附加应力应根据考虑桩径影响的 Mindlin 解计算，采用单向压缩分层总和法计算土层的沉降。其次，对于复合桩基和普通桩基的计算模式应予区分。

1. 考虑桩径影响的 Mindlin 应力公式

如图 3-29 所示，假定单桩在竖向荷载 Q 作用下，桩端阻力 $Q_p=\alpha Q$ 均匀分布；桩侧阻力则由沿桩身均匀分布和沿桩身线性增长分布两种形式组成，其值分别为 $Q_{s1}=\beta Q$ 和 $Q_{s2}=(1-\alpha-\beta)Q$。α 为桩端阻力比，即端阻在所承担的总荷载中所占的比例，β 为均匀分布侧阻

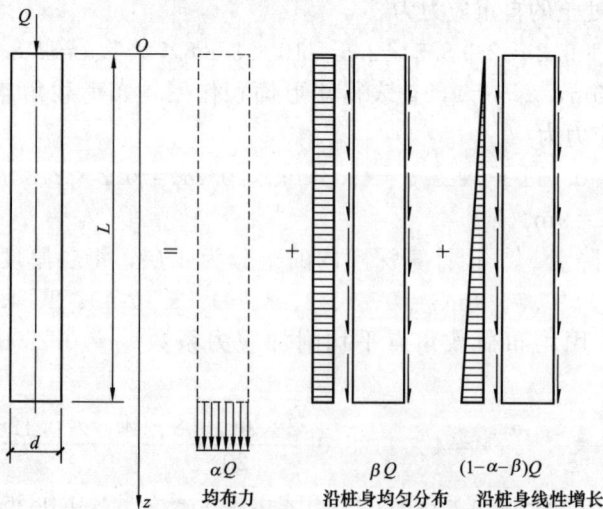

图 3-29　单桩荷载分担及侧阻力、端阻力分布

力比。基桩侧阻力分布可简化为沿桩身均匀分布的模式，即取 $\beta=1-\alpha$，$Q_{s2}=0$。当有测试依据时，可根据测试结果分别采用不同的侧阻分布模式。

在确定阻力分布参数 α 和 β 后，土中任一点处的附加应力由这三部分荷载所产生的附加应力叠加而成

$$\sigma_z = \sigma_{zp} + \sigma_{zsr} + \sigma_{zst} \tag{3-97}$$

端阻力 Q_p 在应力计算点所引起的附加应力 σ_{zp} 可由 Mindlin 解导出，即

$$\sigma_{zp} = \frac{\alpha Q}{l^2} I_p \tag{3-98}$$

均匀分布的侧阻力 Q_{s1} 在应力计算点所引起的附加应力 σ_{zsr} 为

$$\sigma_{zsr} = \frac{\beta Q}{l^2} I_{sr} \tag{3-99}$$

三角形分布的侧阻力 Q_{s2} 在应力计算点所引起的附加应力 σ_{zst} 为

$$\sigma_{zst} = \frac{(1-\alpha-\beta)Q}{l^2} I_{st} \tag{3-100}$$

式中　　　l——桩长；

I_p、I_{sr}、I_{st}——考虑桩径影响的明德林解应力影响系数，可参阅《建筑桩基技术规范》中附录 F 给出的公式或表 F 查得。

确定这些参量时，需用到：①地基土的泊松比 μ，$\mu=0.25\sim0.42$，由于 μ 对计算结果不敏感，故统一取 $\mu=0.35$ 计算应力系数；②桩身半径 r；③计算应力点离桩顶的竖向距离 z；④桩长 l。

对于群桩，计算土中某一点的附加应力时，可先分别计算各基桩在该点分别产生的附加应力，然后叠加即可。如叠加结果为负值，应按零取值。

2. 沉降量计算

《建筑桩基技术规范》规定，沉降计算点为底层柱、墙中心点，应力计算点取与沉降计算点最近的桩中心点。当沉降计算点与应力计算点不重合时，二者的沉降并不相等，但由于承台刚度的作用，在工程实践的意义上，近似取二者相同。应力计算点的沉降包含桩端以下土层的压缩和桩身压缩，桩端以下土层的压缩应按桩端以下轴线处的附加应力计算（桩身以外土中附加应力远小于轴线处）。

对于承台底地基土不分担荷载的桩基，首先将以沉降计算点为圆心，0.6 倍桩长为半径的水平面影响范围内的基桩对应力计算点产生的附加应力叠加，然后采用单向压缩分层总和法计算土层的沉降，并计入桩身压缩 s_e，即桩基的最终沉降量可按下列公式计算

$$s = \Psi \sum_{i=1}^{n} \frac{\sigma_{zi}}{E_{si}} \Delta z_i + s_e \tag{3-101}$$

$$\sigma_{zi} = \sum_{j=1}^{m} \frac{Q_j}{l_j^2} [\alpha_j I_{p,\,ij} + (1-\alpha_j) I_{s,\,ij}] \tag{3-102}$$

$$s_e = \xi_e \frac{Q_j l_j}{E_c A_{ps}} \tag{3-103}$$

对于承台底地基土分担荷载的复合桩基，除计算基桩产生的附加应力外，还要按 Boussinesq 课题计算承台底土压力（假定为均布）对计算点的附加应力，并与前者叠加。其最终沉降量可按下列公式计算

$$s = \Psi \sum_{i=1}^{n} \frac{\sigma_{zi} + \sigma_{zci}}{E_{si}} \Delta z_i + s_e \tag{3-104}$$

$$\sigma_{zci} = \sum_{k=1}^{u} \alpha_{ki} \cdot p_{c,k} \tag{3-105}$$

式中　　m——以沉降计算点为圆心，0.6 倍桩长为半径的水平面影响范围内的基桩数；

n——沉降计算深度范围内土层的计算分层数；分层数应结合土层性质，分层厚度不应超过计算深度的 0.3 倍；

σ_{zi}——水平面影响范围内各基桩对应力计算点桩端平面以下第 i 层土 1/2 厚度处产生的附加竖向应力之和；应力计算点应取与沉降计算点最近的桩中心点；

σ_{zci}——承台压力对应力计算点桩端平面以下第 i 计算土层 1/2 厚度处产生的应力；可将承台板划分为 u 个矩形块，按 Boussinesq 课题采用角点法计算；

Δz_i——第 i 计算土层厚度；

E_{si}——第 i 计算土层的压缩模量，采用土的自重压力至土的自重压力加附加压力作用时的压缩模量；

Q_j——第 j 桩在荷载效应准永久组合作用下（对于复合桩基应扣除承台底土分担荷载）桩顶的附加荷载；当地下室埋深超过 5m 时，取荷载效应准永久组合作用下的总荷载为考虑回弹再压缩的等代附加荷载；

l_j——第 j 桩桩长；

A_{ps}——桩身截面面积；

α_j——第 j 桩总桩端阻力与桩顶荷载之比，近似取极限总端阻力与单桩极限承载力之比；

$I_{p,ij}$、$I_{s,ij}$——第 j 桩的桩端阻力、桩侧阻力对计算轴线第 i 计算土层 1/2 厚度处的应力影响系数，可按《建筑桩基技术规范》中附录 F 确定；

E_c——桩身混凝土的弹性模量；

$p_{c,k}$——第 k 块承台底均布压力，$p_{c,k} = \eta_{c,k} \cdot f_{ak}$，其中 $\eta_{c,k}$ 为第 k 块承台底板的承台效应系数，按 $s_a > 6d$ 查表 3-17 确定；f_{ak} 为承台底地基承载力特征值；

α_{ki}——第 k 块承台底角点处，桩端平面以下第 i 计算土层 1/2 厚度处的附加应力系数，按 Boussinesq 课题计算，可按《建筑桩基技术规范》中附录 D 确定；

s_e——计算桩身压缩；

ξ_e——桩身压缩系数。端承型桩，取 $\xi_e = 1.0$；摩擦型桩，当 $l/d \leqslant 30$ 时，取 $\xi_e = 2/3$；$l/d \geqslant 50$ 时，取 $\xi_e = 1/2$；介于两者之间可线性插值；

Ψ——沉降计算经验系数，无当地经验时，可取 1.0。

此时最终沉降计算深度 z_n，仍可按应力比法确定，即 z_n 处由桩引起的附加应力 σ_z、由承台土压力引起的附加应力 σ_{zc} 之和不大于土的自重应力 σ_c 的 0.2 倍。

【例题 3-7】　某联合基础如图 3-30 所示，基础尺寸 2.2m×7.2m×0.45m，混凝土强度等级 C25。其上有 2 个柱，相应于荷载效应准永久组合时每个柱的竖向荷载为 4200kN，

荷载效应标准组合时每个柱的竖向荷载为 4350kN。基础埋深 3m，基底下地基承载力特征值 $f_{ak}=160$kPa。基础下布置 3 根截面为 $0.4m\times0.4m$ 的钢筋混凝土预制方桩，桩长 12m，单桩承载力特征值 $R_a=3000$kN，端阻特征值为 900kN。土层分布为：①0～15m，土层平均重度=18.5kN/m³；②15～17m 为中砂层，$\gamma=19.2$kN/m³，$E_s=28$MPa；③17～19.5m 为卵石层，$\gamma=19.6$kN/m³，$E_s=60$MPa；④19.5～22.2m 为黏土层，$\gamma=18.5$kN/m³，$E_s=16$MPa；⑤22.2～25m 为细砂层，$\gamma=17$kN/m³，$E_s=42$MPa；⑥25～39m 为卵石层，$\gamma=20$kN/m³，$E_s=120$MPa。地下水位面在地表下 8m 处。计算该基础中心点的沉降量（沉降计算经验系数 $\Psi=0.7$）。

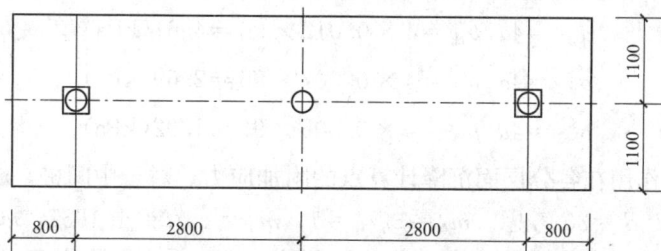

图 3-30　[例题 3-7] 单排桩基础

解　承台（基础）尺寸 $L_c=7.2$m，$B_c=2.2$m，面积 $A=7.2\times2.2=15.84$（m²），桩径 $b=0.4$m，桩截面面积 $A_p=0.16$m²，桩的等效截面圆直径为

$$d=1.128b=1.128\times0.4=0.45(\text{m})$$

基桩所对应的承台底净面积为

$$A_c=\frac{A-nA_{ps}}{n}=\frac{15.84-3\times0.16}{3}=5.12(\text{m}^2)$$

桩距 $s_a=2.8$m，距径比 $s_a/d=2.8/0.45=6.22$，单排桩，查表 3-17，$\eta_c=0.6$，则考虑承台效应后基桩承载力特征值为

$$R=R_a+\eta_c f_{ak}A_c=3000+0.6\times160\times5.12=3491.5(\text{kN})$$

如承台上不覆土，则承台自重为

$$G_k=25\times15.84\times0.45=178.2(\text{kN})$$

基桩承担荷载标准值为

$$N_k=\frac{F_k+G_k}{n}=\frac{2\times4350+178.2}{3}=2959.4(\text{kN})$$

显然 $N_k<R$，承载力满足要求。

承台底均布压力为

$$p_{ck}=\eta_{ck}f_{ak}=0.6\times160=96(\text{kPa})$$

在荷载效应准永久组合作用下，基桩桩顶的附加荷载为

$$Q_j=\frac{F+G_k}{n}-p_{ck}A_c=\frac{2\times4200+178.2}{3}-96\times5.12=2367.9(\text{kN})$$

水平计算范围为 0.6 倍桩长，即 $0.6\times12=7.2$（m），本例共 3 根桩，均包括在内。计算基础中心点的沉降量，沉降计算点为中心桩的中心点。

(1) 计算承台底压力 $p_{ck}=0.6\times160=96$（kPa）作用下桩端平面下中心点土层的附加应力。把承台等分为4部分，$b=2.2/2=1.1$（m），$a=7.2/2=3.6$（m），$a/b=3.3$。土的分层采用不同土性的分界面，各分层面距承台底面的距离分别为：$z_0=12$m（桩端平面处），$z_1=14$m，$z_2=16.5$m，$z_3=19.2$m。$z_0/b=10.9$，$z_1/b=12.7$，$z_2/b=15.0$，$z_3/b=17.5$。查《建筑桩基技术规范》中附表 D.0.1-1，并线性插值得

$$\alpha_0=0.0123, \quad \alpha_1=0.012, \quad \alpha_2=0.007, \quad \alpha_3=0.005$$

从而求得每个分层面处的附加应力为

$$\sigma_{zc0}=4\alpha_0 p_{ck}=4\times0.0123\times96=4.72(\text{kPa})$$

$$\sigma_{zc1}=4\alpha_1 p_{ck}=4\times0.012\times96=4.61(\text{kPa})$$

$$\sigma_{zc2}=4\alpha_2 p_{ck}=4\times0.007\times96=2.69(\text{kPa})$$

$$\sigma_{zc3}=4\alpha_3 p_{ck}=4\times0.005\times96=1.92(\text{kPa})$$

(2) 计算基桩作用在各分层面沉降计算点的附加应力。对于中间桩，$n=\rho/l=0$，$l/d=12/0.45=27$，按 $l/d=30$ 考虑。$m_0=z_0/l=1$，$m_1=z_1/l=1.1667$，$m_2=z_2/l=1.375$，$m_3=z_3/l=1.6$，查《建筑桩基技术规范》中附表 F.0.2-1 和附表 F.0.2-2，并线性插值得

$$I_{p0}=536.535, \quad I_{p1}=7.069, \quad I_{p2}=1.579, \quad I_{p2}=0.623$$

$$I_{s0}=8.359, \quad I_{s1}=1.181, \quad I_{s2}=0.531, \quad I_{s2}=0.298$$

对于两侧的桩，距计算点距离相等，$\rho=2.8$m，$n=\rho/l=0.2323$，按 $l/d=30$ 考虑。对不同的 m 查表得

$$I_{p0}=0.107, \quad I_{p1}=0.768, \quad I_{p2}=0.746, \quad I_{p2}=0.461$$

$$I_{s0}=0.608, \quad I_{s1}=0.548, \quad I_{s2}=0.385, \quad I_{s2}=0.261$$

每根基桩总端阻力与桩顶荷载之比为

$$\alpha_j=\frac{900}{3000}=0.3$$

$$\frac{Q_j}{l^2}=\frac{2367.9}{12^2}=16.44$$

基桩作用在各分层面沉降计算点的附加应力为

$$\sigma_{z0}=\sum_{j=1}^{m}\frac{Q_j}{l_j^2}[\alpha_j I_{p,\,ij}+(1-\alpha_j)I_{s,\,ij}]$$

$$=16.44\times(0.3\times536.535+0.7\times8.359)+2\times16.44\times(0.3\times0.107+0.7\times0.608)$$

$$=2758.11(\text{kPa})$$

$$\sigma_{z1}=16.44\times(0.3\times7.069+0.7\times1.181)+2\times16.44\times(0.3\times0.768+0.7\times0.548)$$

$$=68.66(\text{kPa})$$

同样 $\sigma_{z2}=29.92$kPa，$\sigma_{z3}=17.06$kPa

(3) 计算各分层面①和②两部分附加应力之和并确定沉降计算深度

$$\sigma_{zc0} + \sigma_{z0} = 4.72 + 2758.11 = 2762.82 (\text{kPa})$$

$$\sigma_{zc1} + \sigma_{z1} = 4.61 + 68.66 = 73.27 (\text{kPa})$$

$$\sigma_{zc2} + \sigma_{z2} = 2.69 + 29.92 = 32.61 (\text{kPa})$$

$$\sigma_{zc3} + \sigma_{z3} = 1.92 + 17.06 = 18.98 (\text{kPa})$$

每个层面的自重应力为

$$\sigma_{c0} = 18.5 \times 8 + (18.5 - 10) \times 7 = 207.5 (\text{kPa})$$

$$\sigma_{c1} = 207.5 + (19.2 - 10) \times 2 = 225.9 (\text{kPa})$$

$$\sigma_{c2} = 207.5 + (19.6 - 10) \times 2.5 = 249.9 (\text{kPa})$$

$$\sigma_{c3} = 249.9 + (18.5 - 10) \times 2.7 = 272.9 (\text{kPa})$$

因 $\sigma_{zc2} + \sigma_{z2} = 32.61$（kPa）$< 0.2\sigma_{c2} = 49.98$（kPa），沉降计算深度取为 $z_n = 16.5\text{m}$（自基础地面下起算）是合适的。计算深度范围内共两个分层。

（4）计算沉降量。

每个分层 1/2 厚度处的附加应力为

$$\bar{\sigma}_{z1} = \frac{2762.82 + 73.27}{2} = 1418.05 (\text{kPa})$$

$$\bar{\sigma}_{z2} = \frac{73.27 + 32.61}{2} = 52.94 (\text{kPa})$$

$$s' = \sum_{i=1}^{n} \frac{\bar{\sigma}_{zi}}{E_{si}} \Delta z_i = \frac{1418.05}{28} \times 2 + \frac{52.94}{60} \times 2.5 = 103.50 (\text{mm})$$

桩的混凝土弹性模量 $E_c = 3.15 \times 10^4 \text{N/mm}^2$，桩身压缩量为

$$s_e = \xi_e \frac{Q_j l_j}{E_c A_p} = \frac{2}{3} \times \frac{2367.9 \times 12}{3.15 \times 10^4 \times 0.16} = 3.76 (\text{mm})$$

则基础中点的最终沉降量为

$$s = \Psi s' + s_e = 0.7 \times 103.50 + 3.76 = 76.21 (\text{mm})$$

本题主要在于说明计算方法，计算时，可采用表格表示计算过程以示简洁。

三、软土地基减沉复合疏桩基础

当软土地基上多层建筑，地基承载力基本满足要求（以底层平面面积计算）时，为控制地基沉降，可设置穿过软土层进入相对较好土层的疏布摩擦型桩，由桩和桩间土共同分担荷载。此时往往桩数不多，桩距较大，一般为 $(4\sim6)d$，甚至更大，这种以控制沉降为目的，直接用沉降量指标来确定桩数的桩基，称为减沉复合疏桩基础。减沉桩在承台产生一定沉降时，桩可充分发挥其承载力并允许进入极限承载状态，同时承台也类似于浅基础或复合桩基，很大部分的荷载加在桩间土上，是一种承台发挥较大作用的复合桩基。此时可按下列公式确定承台面积和桩数

$$A_c = \xi \frac{F_k + G_k}{f_{ak}} \tag{3-106}$$

$$n \geqslant \frac{F_k + G_k - \eta_c f_{ak} A_c}{R_a} \qquad (3-107)$$

式中　A_c——桩基承台总净面积；

　　　f_{ak}——承台底地基承载力特征值；

　　　ξ——承台面积控制系数，$\xi \geqslant 0.60$；

　　　n——基桩数；

　　　η_c——桩基承台效应系数，可按表 3-17 取值。

减沉复合疏桩基础中点沉降量 s（图 3-31）

可按下列公式计算

$$s = \Psi(s_s + s_{sp}) \qquad (3-108)$$

$$s_s = 4p_0 \sum_{i=1}^{m} \frac{z_i \bar{\alpha}_i - z_{(i-1)} \bar{\alpha}_{(i-1)}}{E_{si}} \qquad (3-109)$$

$$s_{sp} = 280 \frac{\bar{q}_{su}}{\bar{E}_s} \frac{d}{(s_a/d)^2} \qquad (3-110)$$

$$p_0 = \eta_p \frac{F - nR_a}{A_c} \qquad (3-111)$$

式中　s_s——由承台底地基土附加压力作用下产生的中点沉降；

　　　s_{sp}——由桩土相互作用产生的沉降；

　　　p_0——按荷载效应准永久值组合计算的假想天然地基平均附加压力；

　　　E_{si}——承台底以下第 i 层土的压缩模量，应取自重压力至自重压力与附加压力段的模量值；

　　　m——地基沉降计算深度范围的土层数；沉降计算深度按 $\sigma_z = 0.1\sigma_c$ 确定，σ_z 按 Boussinesq 课题计算；

$\bar{q}_{su}$、$\bar{E}_s$——桩身范围内按厚度加权的平均桩侧极限摩阻力、平均压缩模量；

　　　d——桩身直径，当为方形桩时，$d = 1.27b$（b 为方形桩截面边长）；

　　　s_a/d——等效距径比，可按式（3-95）和式（3-96）计算；

z_i、$z_{(i-1)}$——承台底至第 i 层、第 $i-1$ 层土底面的距离；

$\bar{\alpha}_i$、$\bar{\alpha}_{(i-1)}$——承台底至第 i 层、第 $i-1$ 层土层底范围内的角点平均附加应力系数；根据承台等效面积的计算分块矩形长宽比 a/b 及深宽比 $z_i/b = 2z_i/B_c$，按 Boussinesq 课题计算，可按《建筑桩基技术规范》中附录 D 确定；其中承台等效宽度 $B_c = B\sqrt{A_c}/L$；B、L 为建筑物基础外缘平面的宽度和长度；

　　　F——荷载效应准永久值组合下，作用于承台底的总附加荷载；

　　　η_p——基桩刺入变形影响系数，按桩端持力层土质确定，砂土为 1.0，粉土为 1.15，黏性土为 1.30。

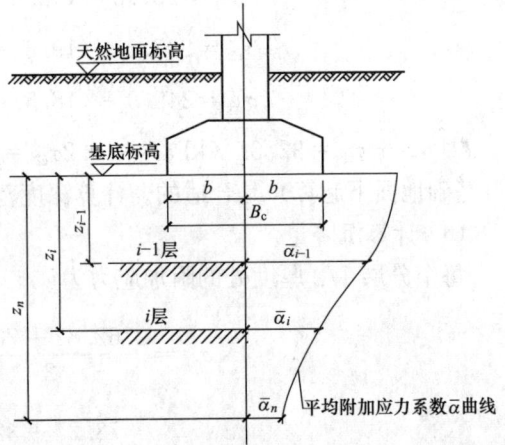

图 3-31　复合疏桩基础沉降计算分层示意图

四、桩基沉降验算

建筑桩基沉降变形计算值不应大于桩基沉降变形允许值。桩基沉降变形指标包括沉降量、沉降差、整体倾斜和局部倾斜，建筑桩基沉降变形允许值应按表 3-31 的规定采用。

表 3-31　　　　　　　　　　　　建筑桩基沉降变形允许值

变 形 特 征		允许值
砌体承重结构基础的局部倾斜		0.002
各类建筑相邻柱（墙）基的沉降差： （1）框架、框架-剪力墙、框架-核心筒结构 （2）砌体墙填充的边排柱 （3）当基础不均匀沉降时不产生附加应力的结构		$0.002l_0$ $0.0007l_0$ $0.005l_0$
单层排架结构（柱距为 6m）桩基的沉降量（mm）		120
桥式吊车轨面的倾斜（按不调整轨道考虑） 纵向 横向		0.004 0.003
多层和高层建筑的整体倾斜	$H_g \leqslant 24$ $24 < H_g \leqslant 60$ $60 < H_g \leqslant 100$ $H_g > 100$	0.004 0.003 0.0025 0.002
高耸结构桩基的整体倾斜	$H_g \leqslant 20$ $20 < H_g \leqslant 50$ $50 < H_g \leqslant 100$ $100 < H_g \leqslant 150$ $150 < H_g \leqslant 200$ $200 < H_g \leqslant 250$	0.008 0.006 0.005 0.004 0.003 0.002
高耸结构基础的沉降量（mm）	$H_g \leqslant 100$ $100 < H_g \leqslant 200$ $200 < H_g \leqslant 250$	350 250 150
体型简单的剪力墙结构 高层建筑桩基最大沉降量（mm）	—	200

注　l_0—相邻柱（墙）二测点间距离；H_g—自室外地面算起的建筑物高度。

第十一节　桩 基 础 设 计

桩基础的设计应力求选型恰当、经济合理、安全适用，桩和承台应有足够的强度、刚度和耐久性，地基则应有足够的承载力和不产生过大的变形。在充分掌握必要的设计资料后，低承台桩基的设计和计算可按下列步骤进行：

（1）选择桩的持力层、桩的类型和几何尺寸，初拟承台底面标高。

（2）确定单桩或基桩承载力特征值。

（3）确定桩的数量及其平面布置。

（4）验算桩基承载力和沉降量。

（5）必要时，验算桩基水平承载力和变形。

（6）桩身结构设计。

（7）承台设计与计算。

（8）绘制桩基施工图。

一、桩型、桩长和截面尺寸的选择

桩型与成桩工艺应根据建筑结构类型、荷载性质、桩的使用功能、穿越土层、桩端持力层、地下水位、施工设备、施工环境、施工经验、制桩材料及供应条件等，按安全适用、经济合理的原则选择。对于框架-核心筒等荷载分布很不均匀的桩筏基础，宜选择基桩尺寸和承载力可调性较大的桩型和工艺。挤土沉管灌注桩用于淤泥和淤泥质土层时，应局限于多层住宅桩基。

桩的长度主要取决于桩端持力层的选择。桩端持力层是影响基桩承载力的关键性因素，不仅制约桩端阻力，而且影响侧阻力的发挥，因此选择较硬土层为桩端持力层至关重要；其次，应确保桩端进入持力层的深度，有效发挥其承载力。进入持力层的深度除考虑承载性状外尚应同成桩工艺可行性相结合。

桩端宜进入坚硬土层或岩层，采用端承型桩或嵌岩桩；当坚硬土层的埋深很深时，则宜采用摩擦型桩，桩端应尽量达到低压缩性、中等强度的土层上。一般情况下，桩端进入持力层的深度，对于黏性土、粉土不宜小于 $2d$，砂土不宜小于 $1.5d$，碎石类土不宜小于 $1d$；当存在软弱下卧层时，桩端以下硬持力层厚度不宜小于 $3d$。对于嵌岩桩，嵌岩深度应综合荷载、上覆土层、基岩、桩径、桩长诸因素确定；对于嵌入倾斜的完整和较完整岩体的全断面，深度不宜小于 $0.4d$ 且不小于 $0.5m$，倾斜度大于 30% 的中风化岩，宜根据倾斜度及岩石完整性适当加大嵌岩深度；对于嵌入平整、完整的坚硬岩和较硬岩，深度不宜小于 $0.2d$，且不应小于 $0.2m$。

当硬持力层较厚且施工条件许可时，桩端进入持力层的深度应尽可能达到桩端阻力的临界深度，以提高桩端阻力。该临界深度值，对于砂、砾土为 $(3\sim6)d$，对于黏性土、粉土为 $(5\sim10)d$。

桩型及桩长初步确定以后，根据单桩或基桩承载力大小的要求，定出桩的截面尺寸，并初步确定承台底面标高。一般情况下，承台埋深的选择主要从结构要求和方便施工的角度来考虑，并且不得小于 $600mm$。

二、桩数及桩位布置

1. 桩的数量

根据前述方法确定出单桩的承载力特征值后，在初步确定桩数时，可暂不考虑群桩效应和承台底面处地基土的承载力。当桩基为轴心受压时，桩数 n 可按下式估算

$$n \geqslant \frac{F_k}{R_a} \tag{3-112}$$

偏心受压时，对于偏心距固定的桩基，如果桩的布置使得群桩横截面的形心与上部结构荷载合力作用点重合，桩数仍可按式（3-112）确定；否则，应将上式确定的桩数增加 $10\%\sim20\%$。所选的桩数是否合适，尚待验算各桩受力后决定。

承受水平荷载的桩基，桩数的确定还应满足对桩的水平承载力的要求。此时，可以简单地以各单桩水平承载力之和作为桩基的水平承载力。这样处理是偏于安全的。

应指出，在灵敏度高的软弱黏土中，宜采用桩距大、桩数少的桩基。

2. 桩的间距

基桩最小中心距应基于两个因素确定：①有效发挥桩的承载力。群桩试验表明，对于非挤土桩，桩距为 $(3\sim4)d$ 时，侧阻和端阻的群桩效应系数接近或略大于 1；砂土、粉土略

高于黏性土。考虑承台效应的群桩效率则均大于1。但桩基的变形因群桩效应而增大，亦即桩基的竖向支承刚度因桩土相互作用而降低。②成桩工艺。对于非挤土桩而言，无需考虑挤土效应问题；对于挤土桩，为减小挤土负面效应，在饱和黏性土和密实土层条件下，桩距应适当加大。因此确定最小桩距时，应考虑非挤土、部分挤土和挤土效应，同时考虑桩的排列与数量等因素。《建筑桩基技术规范》规定了一般桩的最小中心距，如表3-32所示。当施工中采取减小挤土效应的可靠措施时，可根据当地经验适当减小。

表 3-32   **基桩的最小中心距**

土类与成桩工艺		排数不少于3排且桩数不少于9根的摩擦型桩桩基	其他情况
非挤土灌注桩		$3.0d$	$3.0d$
部分挤土桩	非饱和土、饱和非黏性土	$3.5d$	$3.0d$
	饱和非黏性土	$4.0d$	$3.5d$
挤土桩	非饱和土、饱和非黏性土	$4.0d$	$3.5d$
	饱和黏性土	$4.5d$	$4.0d$
钻、挖孔扩底桩		$2D$ 或 $D+2.0\text{m}$（当 $D>2\text{m}$）	$1.5D$ 或 $D+1.5\text{m}$（当 $D>2\text{m}$）
沉管夯扩、钻孔挤扩桩	非饱和土、饱和非黏性土	$2.2D$ 且 $4.0d$	$2.0D$ 且 $3.5d$
	饱和黏性土	$2.5D$ 且 $4.5d$	$2.2D$ 且 $4.0d$

注   1. d—圆桩直径或方桩边长；D—扩大端设计直径。

     2. 当纵横向桩距不相等时，其最小中心距应满足"其他情况"一栏的规定。

     3. 当为端承型桩时，非挤土灌注桩的"其他情况"一栏可减小至 $2.5d$。

3. 桩位的布置

桩在平面上可布置成方形或矩形、三角形和梅花形 [图3-32（a）]，条形基础下的桩，可采用单排或双排布置 [图3-32（b）]，也可采用不等距布置。

排列基桩时，宜使桩群承载力合力点与竖向永久荷载合力作用点重合，并使基桩受水平力和力矩较大方向有较大抗弯截面模量。对墙下柱基，可在外纵墙之外布设1~2根"探头"桩（图3-33）。对于桩箱基础、剪力墙结构桩筏（含平板和梁板式承台）基础，为改善承台的

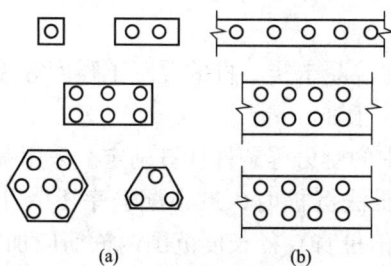

图 3-32 桩的平面布置示例

（a）柱下桩基；（b）墙下桩基

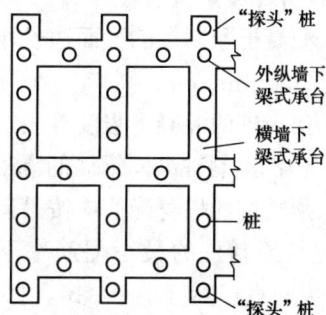

图 3-33 横墙下"探头"桩的布置

受力状态，特别是降低承台的整体弯矩、冲切力和剪切力，宜将桩布置于墙下和梁下，并适当弱化外围。对于框架-核心筒结构，桩筏基础应按荷载分布考虑相互影响，将桩相对集中布置于核心筒和柱下，外围框架柱宜采用复合桩基，桩长宜小于核心筒下基桩（有合适桩端持力层时）。

三、变刚度调平设计

《建筑桩基技术规范》提出了变刚度调平设计的概念，即考虑上部结构形式、荷载和地层分布以及相互作用效应，通过调整桩径、桩长、桩距等改变基桩支承刚度分布（图 3-34），以使建筑物沉降趋于均匀、承台内力降低的设计方法。其目的在于减小差异变形、降低承台内力和上部结构次内力，以节约资源，提高建筑物使用寿命，确保正常使用功能。当采用变刚度调平概念设计时，宜结合具体条件按下列规定实施：①对于主裙楼连体建筑，当高层主体采用桩基时，裙房（含纯地下室）的地基或桩基刚度宜相对弱化，可采用天然地基、复合地基、疏桩或短桩基础；②对于框架-核心筒结构高层建筑桩基，应强化核心筒区域桩基刚度（如适当增加桩长、桩径、桩数、采用后注浆等措施），相对弱化核心筒外围桩基刚度（采用复合桩基，视地层条件减小桩长）；③对于框架-核心筒结构高层建筑天然地基承载力满足要求的情况下，宜于核心筒区域局部设置增强刚度、减小沉降的摩擦型桩；④对于大体量筒仓、储罐的摩擦型桩基，宜按内强外弱原则布桩；⑤对上述按变刚度调平设计的桩基，宜进行上部结构—承台—桩—土共同工作分析。

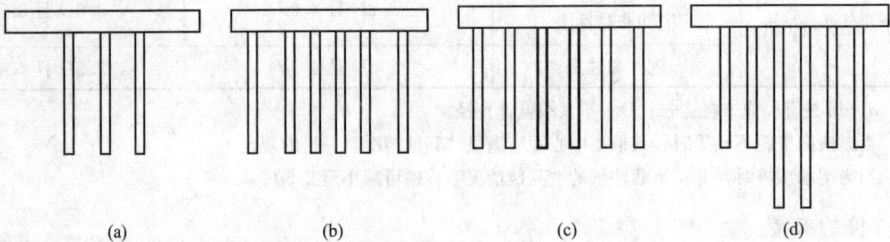

图 3-34 变刚度调平概念设计示意图
(a) 局部增强；(b) 变桩距；(c) 变桩径；(d) 变桩长

四、桩身截面强度计算

（一）基桩构造

1. 钢筋混凝土预制桩

（1）混凝土预制桩的截面边长不应小于 200mm；预应力混凝土预制实心桩的截面边长不宜小于 350mm。

（2）预制桩的混凝土强度等级不宜低于 C30；预应力混凝土实心桩的混凝土强度等级不应低于 C40；预制桩纵向钢筋的混凝土保护层厚度不宜小于 30mm。

（3）预制桩的桩身配筋应按吊运、打桩及桩在使用中的受力等条件计算确定。采用锤击法沉桩时，预制桩的最小配筋率不宜小于 0.8%。静压法沉桩时，最小配筋率不宜小于 0.6%，主筋直径不宜小于 $\phi 14$，打入桩桩顶以下 4~5 倍桩身直径长度范围内箍筋应加密，并设置钢筋网片。

（4）预制桩的分节长度应根据施工条件及运输条件确定；每根桩的接头数量不宜超过 3 个。

2. 灌注桩

（1）灌注桩的桩身混凝土强度等级不得小于 C25，主筋的混凝土保护层厚度不应小于 35mm，水下灌注桩的主筋混凝土保护层厚度不得小于 50mm。

（2）配筋率：当桩身直径为 300～2000mm 时，正截面配筋率可取 0.65%～0.2%（小直径桩取高值）；对受荷载特别大的桩、抗拔桩和嵌岩端承桩应根据计算确定配筋率，并不应小于上述规定值。

（3）配筋长度：①端承型桩和位于坡地岸边的基桩应沿桩身等截面或变截面通长配筋。②桩径大于 600mm 的摩擦型桩配筋长度不应小于 2/3 桩长；当受水平荷载时，配筋长度尚不宜小于 $4.0/\alpha$（α 为桩的水平变形系数）。③对于受地震作用的基桩，桩身配筋长度应穿过可液化土层和软弱土层，桩进入液化土层以下稳定土层的长度（不包括桩尖部分）应按计算确定；对于碎石土，砾、粗、中砂，密实粉土，坚硬黏性土，尚不应小于 2～3 倍桩身直径；对其他非岩石土，尚不宜小于 4～5 倍桩身直径。④受负摩阻力的桩、因先成桩后开挖基坑而随地基土回弹的桩，其配筋长度应穿过软弱土层进入稳定土层，进入的深度不应小于 2～3 倍桩身直径。⑤抗拔桩及因地震作用、冻胀或膨胀力作用而受拉拔力的桩，应等截面或变截面通长配筋。

（4）对于受水平荷载的桩，主筋不应小于 $8\phi12$；对于抗压桩和抗拔桩，主筋不应少于 $6\phi10$；纵向主筋应沿桩身周边均匀布置，其净距不应小于 60mm。

（5）箍筋应采用螺旋式，直径不应小于 6mm，间距宜为 200～300mm；受水平荷载较大桩基、承受水平地震作用的桩基以及考虑主筋作用计算桩身受压承载力时，桩顶以下 $5d$ 范围内的箍筋应加密，间距不应大于 100mm；当桩身位于液化土层范围内时箍筋应加密；当考虑箍筋受力作用时，箍筋配置应符合《混凝土结构设计规范》（GB 50010）的有关规定；当钢筋笼长度超过 4m 时，应每隔 2m 设一道直径不小于 12mm 的焊接加劲箍筋。

（二）桩身承载力与裂缝控制计算

在考虑桩身材料强度、成桩工艺、吊运与沉桩、约束条件、环境类别诸因素的基础上，桩身应进行下列承载力和裂缝控制计算。另外，尚应符合《混凝土结构设计规范》（GB 50010）、《钢结构设计规范》（GB 50017）和《建筑抗震设计规范》（GB 50011）的有关规定。

钢筋混凝土轴心受压桩正截面受压承载力应符合下列规定：

（1）当桩顶以下 $5d$ 范围的桩身螺旋式箍筋间距不大于 100mm，且符合基桩构造及承载力要求时，尚应满足下式

$$N \leqslant \Psi_c f_c A_{ps} + 0.9 f'_y A'_s \tag{3-113}$$

（2）当桩身配筋不满足（1）的规定时，应满足式（3-114）

$$N \leqslant \Psi_c f_c A_{ps} \tag{3-114}$$

式中　N——荷载效应基本组合下的桩顶轴向压力设计值；

Ψ_c——基桩成桩工艺系数，混凝土预制桩、预应力混凝土空心桩，$\Psi_c=0.85$；干作业非挤土灌注桩，$\Psi_c=0.90$；泥浆护壁和套管护壁非挤土灌注桩、部分挤土灌注桩、挤土灌注桩，$\Psi_c=0.7\sim0.8$；软土地区挤土灌注桩，$\Psi_c=0.6$；

f_c——混凝土轴心抗压强度设计值；

f'_y——纵向主筋抗压强度设计值；

A_{ps}——桩身截面面积；

A'_s——纵向主筋截面面积。

计算轴心受压混凝土桩正截面受压承载力时，一般取稳定系数 $\varphi=1.0$。对于高承台基桩、桩身穿越可液化土或不排水抗剪强度小于 10kPa 的软弱土层的基桩，应考虑压屈影响，可按式（3-113）、式（3-114）计算所得桩身正截面受压承载力乘以 φ 折减。其稳定系数 φ 可根据桩身压屈计算长度 l_c 和桩的设计直径 d（或矩形桩短边尺寸 b）确定。

五、桩基承台设计

桩基承台可分为柱下独立承台、柱下或墙下条形承台（梁式承台），以及筏板承台和箱形承台等。承台的作用是将桩联结成一个整体，并把建筑物的荷载传到桩上，因而承台应有足够的强度和刚度。承台设计包括确定承台的材料、形状、高度、底面标高、平面尺寸，以及局部受压、受冲切、受剪及受弯承载力计算，并应符合构造要求。

（一）承台的外形尺寸及构造要求

（1）独立柱下桩基承台的最小宽度不应小于 500mm，边桩中心至承台边缘的距离不应小于桩的直径或边长，且桩的外边缘至承台边缘的距离不应小于 150mm。对于墙下条形承台梁，桩的外边缘至承台梁边缘的距离不应小于 75mm。承台的最小厚度不应小于 300mm。高层建筑平板式和梁板式筏形承台的最小厚度不应小于 400mm，墙下布桩的剪力墙结构筏形承台的最小厚度不应小于 200mm。高层建筑箱形承台的构造应符合《高层建筑箱形与筏形基础技术规范》（JGJ 6—2011）的规定。

（2）承台的钢筋配置应符合下列规定：

1）柱下独立桩基承台纵向受力钢筋应通长配置［图 3-35（a）］，对四桩以上（含四桩）承台宜按双向均匀布置，对三桩的三角形承台应按三向板带均匀布置，且最里面的三根钢筋围成的三角形应在柱截面范围内［图 3-35（b）］。纵向钢筋锚固长度自边桩内侧（当为圆桩时，应将其直径乘以 0.8 等效为方桩）算起，不应小于 $35d_g$（d_g 为钢筋直径）；当不满足时，应将纵向钢筋向上弯折，此时水平段的长度不应小于 $25d_g$，弯折段长度不应小于 $10d_g$。承台纵向受力钢筋的直径不应小于 12mm，间距不应大于 200mm。柱下独立桩基承台的最小配筋率不应小于 0.15%。

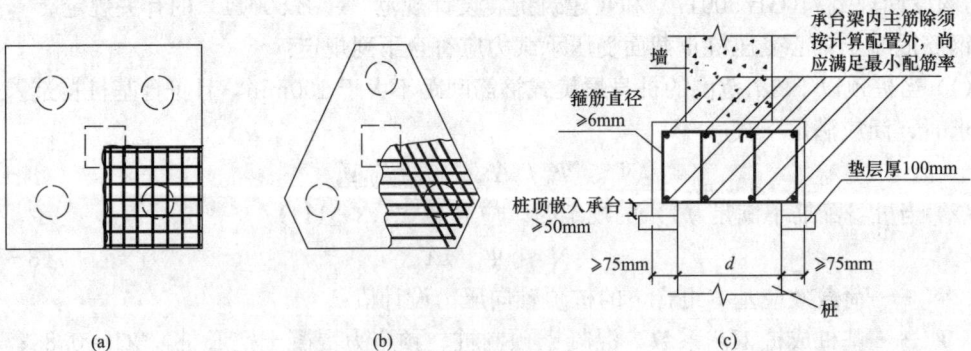

图 3-35　承台配筋示意图
(a) 矩形承台配筋；(b) 三桩承台配筋；(c) 墙下承台梁配筋图

2）柱下独立两桩承台，应按《混凝土结构设计规范》（GB 50010）中的深受弯构件配置纵向受拉钢筋、水平及竖向分布钢筋。承台纵向受力钢筋端部的锚固长度及构造应与柱下多桩承台的规定相同。

3）条形承台梁的纵向主筋应符合《混凝土结构设计规范》中关于最小配筋率的规定［图 3-35（c）］，主筋直径不应小于 12mm，架立筋直径不应小于 10mm，箍筋直径不应小于 6mm。承台梁端部纵向受力钢筋的锚固长度及构造应与柱下多桩承台的规定相同。

4）筏形承台板或箱形承台板在计算中当仅考虑局部弯矩作用时，考虑到整体弯曲的影响，在纵横两个方向的下层钢筋配筋率不宜小于 0.15%；上层钢筋应按计算配筋率全部连通。当筏板的厚度大于 2000mm 时，宜在板厚中间部位设置直径不小于 12mm、间距不大于 300mm 的双向钢筋网。

5）承台底面钢筋的混凝土保护层厚度，当有混凝土垫层时，不应小于 50mm，无垫层时不应小于 70mm；此外尚不应小于桩头嵌入承台内的长度。

（3）桩与承台的连接构造应符合下列规定：

1）桩嵌入承台内的长度，对中等直径桩不宜小于 50mm，对大直径桩不宜小于 100mm。

2）混凝土桩的桩顶纵向主筋应锚入承台内，其锚入长度不宜小于 35 倍纵向主筋直径。对于抗拔桩，桩顶纵向主筋的锚固长度应按《混凝土结构设计规范》确定。

3）对于大直径灌注桩，当采用一柱一桩时可设置承台或将桩与柱直接连接。

（4）柱与承台的连接构造应符合下列规定：

1）对于一柱一桩基础，柱与桩直接连接时，柱纵向主筋锚入桩身内的长度不应小于 35 倍纵向主筋直径。

2）对于多桩承台，柱纵向主筋锚入承台不应小于 35 倍纵向主筋直径；当承台高度不满足锚固要求时，竖向锚固长度不应小于 20 倍纵向主筋直径，并向柱轴线方向呈 90°弯折。

3）当有抗震设防要求时，对于一、二级抗震等级的柱，纵向主筋锚固长度应乘以 1.15 的系数；对于三级抗震等级的柱，纵向主筋锚固长度应乘以 1.05 的系数。

（5）承台与承台之间的连接构造应符合下列规定：

1）一柱一桩时，应在桩顶两个主轴方向上设置联系梁。当桩与柱的截面直径之比大于 2 时，可不设联系梁。

2）两桩桩基的承台，应在其短向设置联系梁。

3）有抗震设防要求的柱下桩基承台，宜沿两个主轴方向设置联系梁。

4）联系梁顶面宜与承台顶面位于同一标高。联系梁宽度不宜小于 250mm，其高度可取承台中心距的 1/15～1/10，且不宜小于 400mm。

5）联系梁配筋应按计算确定，梁上下部配筋不宜小于 2 根直径 12mm 钢筋；位于同一轴线上的联系梁纵筋宜通长配置。

（6）承台和地下室外墙与基坑侧壁间隙应灌注素混凝土，或采用灰土、级配砂石、压实性较好的素土分层夯实，其压实系数不宜小于 0.94。

（二）承台的内力计算

1．受弯计算

桩基承台应进行正截面受弯承载力验算，计算受弯承载力和配筋可按《混凝土结构设计规范》的规定进行。

（1）两桩条形承台和多桩矩形承台。大量模型试验表明，柱下多桩矩形承台呈"梁式破坏"，即弯曲裂缝在平行于柱边两个方向交替出现，承台在两个方向交替呈梁式承担荷载，如图 3-36（a）所示，最大弯矩产生在平行于柱边两个方向的屈服线处。计算截面取在柱边和承台变阶处，利用极限平衡原理导得柱下多桩矩形承台两个方向的承台正截面弯矩为〔图 3-36（a）〕：

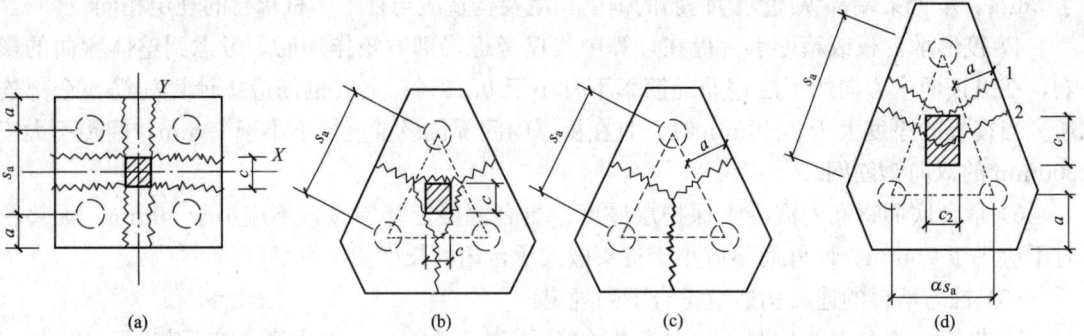

图 3-36　承台破坏模式

(a) 四桩承台；(b)、(c) 等边三桩承台；(d) 等腰三桩承台

$$M_x = \sum N_i y_i \tag{3-115}$$

$$M_y = \sum N_i x_i \tag{3-116}$$

式中　M_x、M_y——绕 X 轴和绕 Y 轴方向计算截面处的弯矩设计值；

　　x_i、y_i——垂直于 Y 轴和 X 轴方向自桩轴线到相应计算截面的距离；

　　　　N_i——不计承台及其上土重，在荷载效应基本组合下的第 i 基桩或复合基桩竖向反力设计值。

（2）三桩承台：

1）等边三桩承台〔图 3-36（b）〕。其破坏模式也为"梁式破坏"。由于三桩承台的钢筋一般均平行于承台边呈三角形配置，因而等边三桩承台具有代表性的破坏模式见图 3-36（b），而其最不利破坏模式如图 3-36（c）所示，取这两种破坏模式对应的正截面弯矩的平均值，计算参数如图 3-37（b）所示。

$$M = \frac{N_{\max}}{3}\left(s_a - \frac{\sqrt{3}}{4}c\right) \tag{3-117}$$

式中　M——通过承台形心至各边边缘正交截面范围内板带的弯矩设计值；

　　$N_{\max}$——不计承台及其上土重，在荷载效应基本组合下三桩中最大基桩或复合基桩竖向反力设计值；

　　　　s_a——桩中心距；

　　　　c——方柱边长，圆柱时 $c=0.8d$，d 为圆柱直径。

2）等腰三桩承台〔图 3-36（c）〕。其典型的屈服线基本上都垂直于等腰三桩承台的两个腰，试件通常在长跨发生弯曲破坏，取对应于屈服线通过柱中心和通过柱边的计算弯矩的平均值，计算参数如图 3-37（c）所示。

$$M_1 = \frac{N_{\max}}{3}\left(s_a - \frac{0.75}{\sqrt{4-\alpha^2}}c_1\right) \tag{3-118}$$

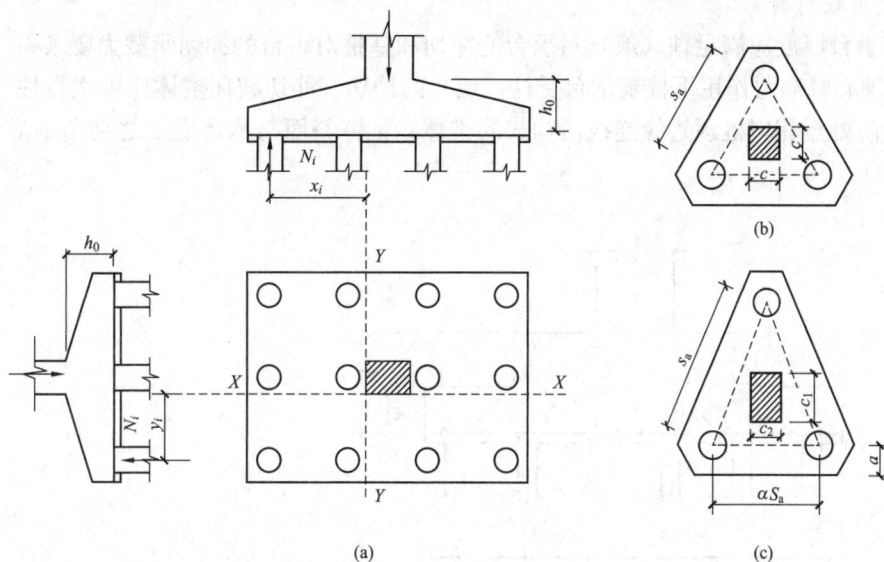

图 3-37　承台弯矩计算示意

(a) 矩形多桩承台；(b) 等边三桩承台；(c) 等腰三桩承台

$$M_2 = \frac{N_{max}}{3}\left(\alpha s_a - \frac{0.75}{\sqrt{4-\alpha^2}}c_2\right) \tag{3-119}$$

式中　M_1、M_2——通过承台形心至两腰边缘和底边边缘正交截面范围内板带的弯矩设计值；

　　　　s_a——长向桩中心距；

　　　　α——短向桩中心距与长向桩中心距之比，当 $\alpha < 0.5$ 时，应按变截面的二桩承台设计；

　　　　c_1、c_2——垂直于、平行于承台底边的柱截面边长。

(3) 箱形承台和筏形承台。箱形承台和筏形承台的弯矩宜考虑地基土层性质、基桩分布、承台和上部结构类型和刚度，按地基—桩—承台—上部结构共同作用原理分析计算。

对于箱形承台，当桩端持力层为基岩、密实的碎石类土、砂土且深厚均匀时、当上部结构为剪力墙或当上部结构为框架—核心筒结构且按变刚度调平原则布桩时，箱形承台底板可仅按局部弯矩作用进行计算。

对于筏形承台，当桩端持力层深厚坚硬、上部结构刚度较好，且柱荷载及柱间距的变化不超过 20% 时；或当上部结构为框架—核心筒结构且按变刚度调平原则布桩时，可仅按局部弯矩作用进行计算。

(4) 条形承台梁。柱下条形承台梁的弯矩可按弹性地基梁（地基计算模型应根据地基土层特性选取）进行分析计算；当桩端持力层深厚坚硬且桩柱轴线不重合时，可视桩为不动铰支座，按连续梁计算。

砌体墙下条形承台梁，可按倒置弹性地基梁计算弯矩和剪力，具体计算见《建筑桩基技术规范》中附录 G 的要求。对于承台上的砌体墙，尚应验算桩顶部位砌体的局部承压强度。

2. 受冲切计算

桩基承台厚度应满足柱（墙）对承台的冲切和基桩对承台的冲切承载力要求。

（1）轴心竖向力作用下桩基承台受柱（墙）的冲切。冲切破坏锥体应采用自柱（墙）边或承台变阶处至相应桩顶边缘连线所构成的锥体，锥体斜面与承台底面之夹角不应小于 45°（图 3－38）。

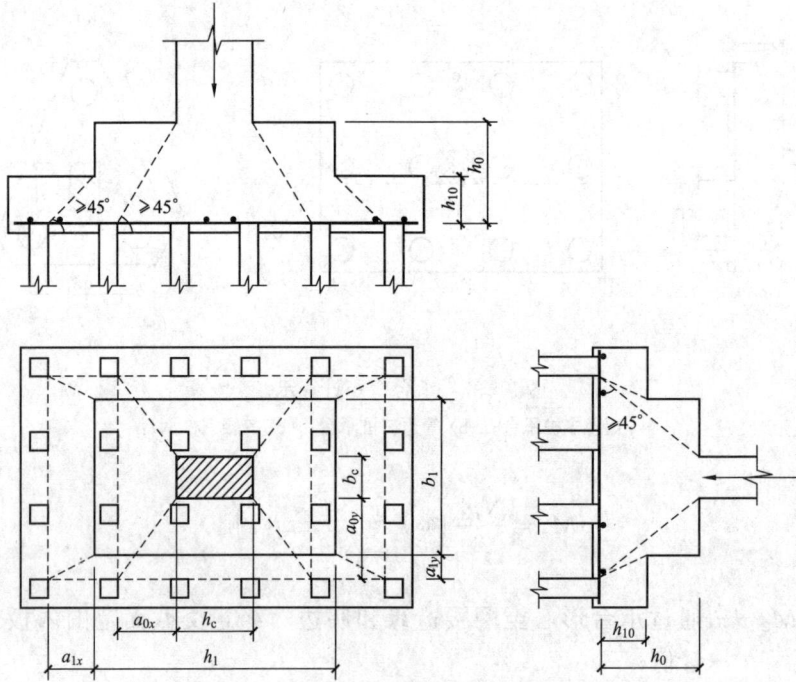

图 3－38　柱对承台的冲切计算示意

1）受柱（墙）冲切承载力可按下列公式计算

$$F_l \leqslant \beta_{hp}\beta_0 u_m f_t h_0 \qquad (3-120)$$

$$F_l = F - \sum Q_i \qquad (3-121)$$

$$\beta_0 = \frac{0.84}{\lambda + 0.2} \qquad (3-122)$$

式中　F_l——不计承台及其上土重，在荷载效应基本组合下作用于冲切破坏锥体上的冲切力设计值；

f_t——承台混凝土抗拉强度设计值；

β_{hp}——承台受冲切承载力截面高度影响系数，当 $h \leqslant 800$mm 时，β_{hp} 取 1.0；$h \geqslant 2000$mm 时，β_{hp} 取 0.9；其间按线性内插法取值；

u_m——承台冲切破坏锥体一半有效高度处的周长；

h_0——承台冲切破坏锥体的有效高度；

β_0——柱（墙）冲切系数；

λ——冲跨比，$\lambda = a_0/h_0$，a_0 为柱（墙）边或承台变阶处到桩边水平距离；当 $\lambda <$

0.25 时，取 $\lambda=0.25$；当 $\lambda>1.0$ 时，取 $\lambda=1.0$；

　　F——不计承台及其上土重，在荷载效应基本组合作用下柱（墙）底的竖向荷载设计值；

　　ΣQ_i——不计承台及其上土重，在荷载效应基本组合下冲切破坏锥体内各桩或复合基桩的反力设计值之和。

　　2）对于柱下矩形独立承台受柱冲切的承载力可按下式计算

$$F_l \leqslant 2[\beta_{0x}(b_c+a_{0y})+\beta_{0y}(h_c+a_{0x})]\beta_{hp}f_t h_0 \qquad (3-123)$$

式中　β_{0x}、β_{0y}——由式（3-122）求得，$\lambda_{0x}=a_{0x}/h_0$，$\lambda_{0y}=a_{0y}/h_0$；λ_{0x}、λ_{0y} 均应满足 0.25~1.0 的要求；

　　　　h_c、b_c——x、y 方向的柱截面的边长；

　　　　a_{0x}、a_{0y}——x、y 方向柱边离最近桩边的水平距离。

　　3）对于柱下矩形独立阶形承台受上阶冲切的承载力可按下列公式计算

$$F_l \leqslant 2[\beta_{1x}(b_1+a_{1y})+\beta_{1y}(h_1+a_{1x})]\beta_{hp}f_t h_{10} \qquad (3-124)$$

式中　β_{1x}、β_{1y}——由式（3-122）求得，$\lambda_{1x}=a_{1x}/h_{10}$，$\lambda_{1y}=a_{1y}/h_{10}$；$\lambda_{1x}$、$\lambda_{1y}$ 均应满足 0.25~1.0 的要求；

　　　　h_1、b_1——x、y 方向承台上阶的边长；

　　　　a_{1x}、a_{1y}——x、y 方向承台上阶边离最近桩边的水平距离。

　　对于圆柱及圆桩，计算时应将其截面换算成方柱及方桩，即取换算柱截面边长 $b_c=0.8d_c$（d_c 为圆柱直径），换算桩截面边长 $b_p=0.8d$（d 为圆桩直径）。对于柱下两桩承台，宜按深受弯构件（$l_0/h<5.0$，$l_0=1.15l_n$，l_n 为两桩净距）计算受弯、受剪承载力，不需要进行受冲切承载力计算。

　　（2）位于柱（墙）冲切破坏锥体以外的基桩：

　　1）四桩以上（含四桩）承台受角桩冲切的承载力可按下列公式计算

$$N_l \leqslant [\beta_{1x}(c_2+a_{1y}/2)+\beta_{1y}(c_1+a_{1x}/2)]\beta_{hp}f_t h_0 \qquad (3-125)$$

$$\beta_{1x}=\frac{0.56}{\lambda_{1x}+0.2} \qquad (3-126)$$

$$\beta_{1y}=\frac{0.56}{\lambda_{1y}+0.2} \qquad (3-127)$$

式中　N_l——不计承台及其上土重，在荷载效应基本组合作用下角桩（含复合基桩）反力设计值；

　　β_{1x}、β_{1y}——角桩冲切系数；

　　a_{1x}、a_{1y}——从承台底角桩顶内边缘引 45°冲切线与承台顶面相交点至角桩内边缘的水平距离；当柱（墙）边或承台变阶处位于该 45°线以内时，则取由柱（墙）边或承台变阶处与桩内边缘连线为冲切锥体的锥线（图3-39）；

　　　　h_0——承台外边缘的有效高度；

　　λ_{1x}、λ_{1y}——角桩冲跨比，$\lambda_{1x}=a_{1x}/h_0$，$\lambda_{1y}=a_{1y}/h_0$，其值均应满足 0.25~1.0 的要求。

　　2）对于三桩三角形承台可按下列公式计算受角桩冲切的承载力（图3-40）：

底部角桩

$$N_l \leqslant \beta_{11}(2c_1 + a_{11})\beta_{hp}\tan\frac{\theta_1}{2}f_t h_0 \qquad (3-128)$$

$$\beta_{11} = \frac{0.56}{\lambda_{11} + 0.2} \qquad (3-129)$$

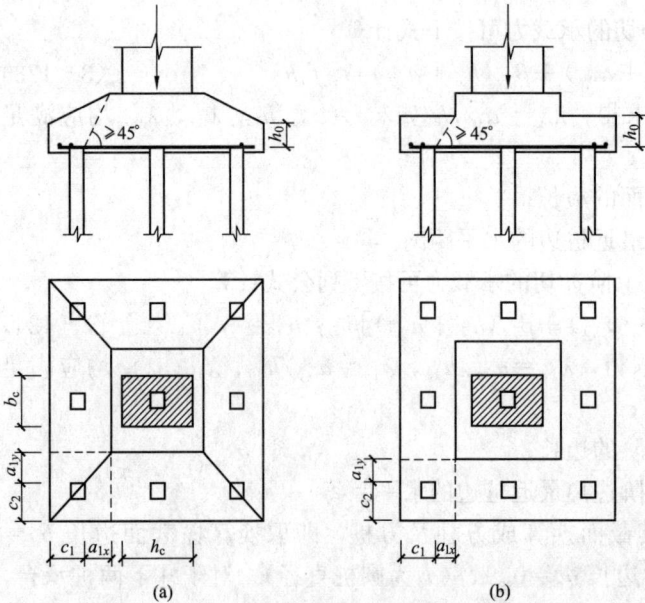

图 3-39　四桩以上（含四桩）承台角桩冲切计算示意图
(a) 锥形承台；(b) 阶形承台

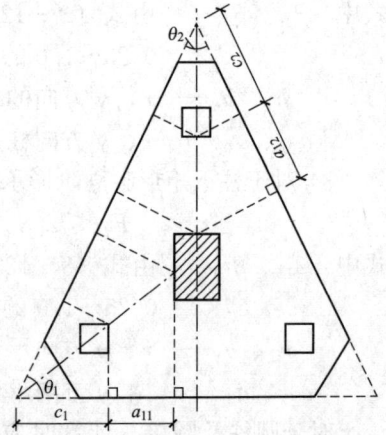

图 3-40　三桩三角形承台角桩
冲切计算示意图

顶部角桩

$$N_l \leqslant \beta_{12}(2c_2 + a_{12})\beta_{hp}\tan\frac{\theta_2}{2}f_t h_0 \qquad (3-130)$$

$$\beta_{12} = \frac{0.56}{\lambda_{12} + 0.2} \qquad (3-131)$$

式中　λ_{11}、λ_{12}——角桩冲跨比，$\lambda_{11} = a_{11}/h_0$，$\lambda_{12} = a_{12}/h_0$，其值均应满足 0.25～1.0 的要求；

　　　a_{11}、a_{12}——从承台底角桩顶内边缘引 45°冲切线与承台顶面相交点至角桩内边缘的水平距离；当柱（墙）边或承台变阶处位于该 45°线以内时，则取由柱（墙）边或承台变阶处与桩内边缘连线为冲切锥体的锥线。

（3）箱形、筏形承台。

对于箱形、筏形承台，应分别计算受内部基桩和受桩群的冲切承载力。

内部基桩冲切 ［图 3-41 (a)］

$$N_l \leqslant 2.8(b_p + h_0)\beta_{hp}f_t h_0 \qquad (3-132)$$

桩群冲切 ［图 3-41 (b)］

$$\sum N_i \leqslant 2[\beta_{0x}(b_y + a_{0y}) + \beta_{0y}(b_x + a_{0x})]\beta_{hp}f_t h_0 \qquad (3-133)$$

式中 β_{0x}、β_{0y}——由式（3-122）求得，其中 $\lambda_{0x}=a_{0x}/h_0$，$\lambda_{0y}=a_{0y}/h_0$，λ_{0x}、λ_{0y} 均应满足 0.25～1.0 的要求；

N_l、$\sum N_i$——不计承台和其上土重，在荷载效应基本组合下，基桩或复合基桩的净反力设计值、冲切锥体内各基桩或复合基桩反力设计值之和。

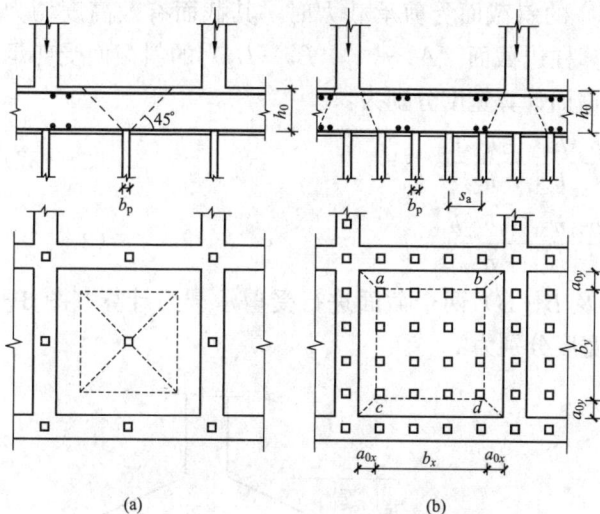

图 3-41 基桩对筏形承台的冲切和墙对
筏形承台的冲切计算示意
（a）受基桩的冲切；（b）受桩群的冲切

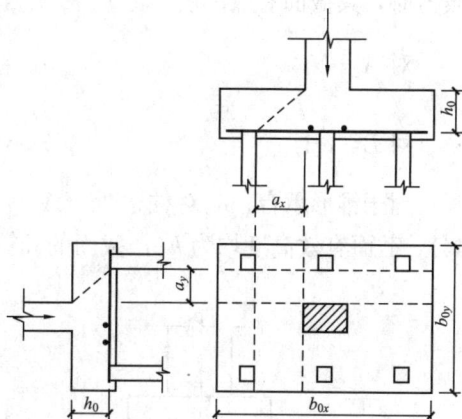

图 3-42 承台斜截面受剪计算示意

3. 受剪计算

柱（墙）下桩基承台，由于剪切破坏面通常发生在柱边（墙边）与桩边连线形成的贯通承台的斜截面处，如图 3-42 所示，因而受剪计算斜截面取在柱边处。当柱（墙）承台悬挑边有多排基桩时，应对每个斜截面的受剪承载力进行计算。

（1）柱下桩基独立承台。柱下桩基独立承台斜截面受剪承载力可按下列公式计算

$$V \leqslant \beta_{hs}\alpha f_t b_0 h_0 \tag{3-134}$$

$$\alpha = \frac{1.75}{\lambda+1} \tag{3-135}$$

$$\beta_{hs} = \left(\frac{800}{h_0}\right)^{1/4} \tag{3-136}$$

式中 V——不计承台及其上土自重，在荷载效应基本组合下，斜截面的最大剪力设计值；

f_t——混凝土轴心抗拉强度设计值；

b_0——承台计算截面处的计算宽度；

h_0——承台计算截面处的有效高度；

α——承台剪切系数；

λ——计算截面的剪跨比，$\lambda_x=a_x/h_0$，$\lambda_y=a_y/h_0$，此处，a_x，a_y 为柱边（墙边）或承台变阶处至 y、x 方向计算一排桩的桩边的水平距离，当 $\lambda<0.25$ 时，取 $\lambda=0.25$；当 $\lambda>3$ 时，取 $\lambda=3$；

　　β_{hs}——受剪切承载力截面高度影响系数；当 $h_0<800mm$ 时，取 $h_0=800mm$；当 $h_0>$
2000mm 时，取 $h_0=2000mm$；其间按线性内插法取值。

　　对于阶梯形承台，应分别在变阶处（A_1-A_1、B_1-B_1）及柱边处（A_2-A_2、B_2-
B_2）进行斜截面受剪承载力计算（图 3-43）。

　　计算变阶处截面（A_1-A_1、B_1-B_1）的斜截面受剪承载力时，其截面有效高度均为
h_{01}，截面计算宽度分别为 b_{y1} 和 b_{x1}。计算柱边截面（A_2-A_2、B_2-B_2）的斜截面受剪承
载力时，其截面有效高度均为 $h_{01}+h_{02}$，截面计算宽度分别为：

$$对 A_2-A_2 \qquad\qquad b_{y0}=\frac{b_{y1}h_{01}+b_{y2}h_{02}}{h_{01}+h_{02}} \tag{3-137}$$

$$对 B_2-B_2 \qquad\qquad b_{x0}=\frac{b_{x1}h_{01}+b_{x2}h_{02}}{h_{01}+h_{02}} \tag{3-138}$$

　　对于锥形承台，应对柱边处（$A-A$ 及 $B-B$）两个截面进行受剪承载力计算（图 3-
44），截面有效高度均为 h_0，截面的计算宽度分别为：

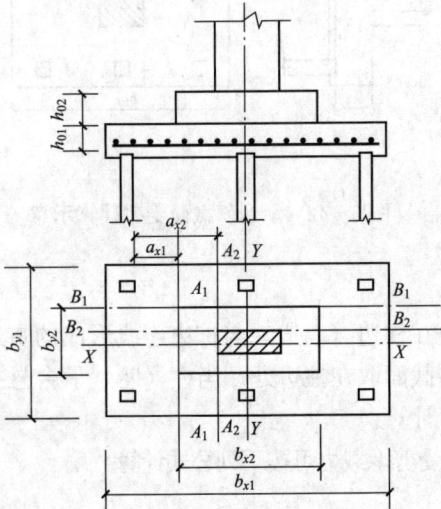

图 3-43　阶梯形承台斜截面受剪计算　　　　　图 3-44　锥形承台斜截面受剪计算

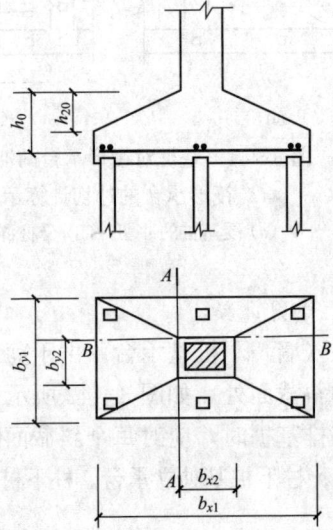

$$对 A-A \qquad\qquad b_{y0}=\left[1-0.5\frac{h_{20}}{h_0}\left(1-\frac{b_{y2}}{b_{y1}}\right)\right]b_{y1} \tag{3-139}$$

$$对 B-B \qquad\qquad b_{x0}=\left[1-0.5\frac{h_{20}}{h_0}\left(1-\frac{b_{x2}}{b_{x1}}\right)\right]b_{x1} \tag{3-140}$$

　　（2）梁板式筏形承台的梁。其受剪承载力可按《混凝土结构设计规范》计算。

　　（3）砌体墙下条形承台梁。当配有箍筋，但未配弯起钢筋时，砌体墙下承台梁斜截面的
受剪承载力可按下式计算

$$V\leqslant 0.7f_t bh_0+1.25f_{yv}\frac{A_{sv}}{s}h_0 \tag{3-141}$$

式中　V——不计承台及其上土自重，在荷载效应基本组合下，计算截面处的剪力设计值；

　　　　A_{sv}——配置在同一截面内箍筋各肢的全部截面面积；

　　　　s——沿计算斜截面方向箍筋的间距；

　　　f_{yv}——箍筋抗拉强度设计值；

　　　　b——承台梁计算截面处的计算宽度；

　　　h_0——承台梁计算截面处的有效高度。

当配有箍筋和弯起钢筋时，砌体墙下承台梁斜截面的受剪承载力可按下式计算

$$V \leqslant 0.7 f_t b h_0 + 1.25 f_y \frac{A_{sv}}{s} h_0 + 0.8 f_y A_{sb} \sin\alpha_s \tag{3-142}$$

式中　A_{sb}——同一截面弯起钢筋的截面面积；

　　　f_y——弯起钢筋的抗拉强度设计值；

　　　α_s——斜截面上弯起钢筋与承台底面的夹角。

（4）柱下条形承台梁。

当配有箍筋但未配弯起钢筋时，其斜截面的受剪承载力可按下式计算

$$V \leqslant \frac{1.75}{\lambda+1} f_t b h_0 + f_y \frac{A_{sv}}{s} h_0 \tag{3-143}$$

式中　λ——计算截面的剪跨比，$\lambda=a/h_0$，a 为柱边至桩边的水平距离；当 $\lambda<1.5$ 时，取 $\lambda=1.5$；当 $\lambda>3$ 时，取 $\lambda=3$。

4. 局部受压计算

对于柱下桩基，当承台混凝土强度等级低于柱或桩的混凝土强度等级时，应验算柱下或桩上承台的局部受压承载力。

5. 抗震验算

当进行承台的抗震验算时，应根据《建筑抗震设计规范》（GB 50011—2010）的规定对承台顶面的地震作用效应和承台的受弯、受冲切、受剪承载力进行抗震调整。

【例题 3-8】 某建筑场地地层分布及土性指标从上到下依次为：①人工填土，厚 1.3m，$\gamma=18.0\text{kN/m}^3$；②粉质黏土，厚 11.0m，饱和，$\gamma=18.0\text{kN/m}^3$，$E_s=8.6\text{MPa}$；③密实中砂，厚 4.0m，饱和，$\gamma=20.0\text{kN/m}^3$，$E_s=20.0\text{MPa}$；④粉质黏土，厚度大于 8.0m，饱和，$\gamma=18.0\text{kN/m}^3$，$E_s=8.0\text{MPa}$。该场地拟建乙级建筑桩基如图 3-45 所示，柱截面尺寸为 450mm×600mm，荷载效应标准组合下作用于承台顶面的竖向力为 $F_k=2074\text{kN}$，力矩 $M_k=155.6\text{kN·m}$（作用于长边方向），水平力 $H_k=107.4\text{kN}$，拟采用截面为 350mm×350mm 的预制混凝土方桩，桩长 12m，已确定基桩竖向承载力特征值 $R=400.0\text{kN}$，水平承载力特征值 $R_h=45\text{kN}$，承台混凝土强度等级为 C20，配置 HRB335 级钢筋。（1）不考虑承台效应，试设计该桩基础；（2）已知相应于

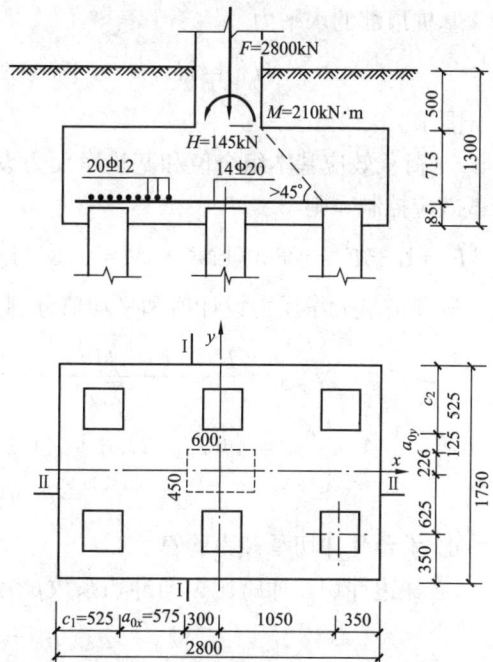

图 3-45　[例题 3-8] 桩基示意图

荷载效应准永久组合时，竖向力为 $F=2000\text{kN}$，试计算该桩基中点沉降。

解 （1）桩基设计：C20 混凝土，$f_t=1100\text{kPa}$，$f_c=9600\text{kPa}$；HRB335 级钢筋，$f_y=300\text{N/mm}^2$。

1) 基桩持力层、桩材、桩型、外形尺寸及单桩承载力设计值均已选定，桩身结构设计从略。

2) 确定桩数及布桩：

初选桩数
$$n \geqslant \frac{F_k}{R_a}=\frac{2074}{400}=5.1$$

暂取 6 根，桩距 $s_a=3d=3\times0.35=1.05$（m），按矩形布置如图 3-45 所示。

3) 初选承台尺寸。取承台长边和短边分别为

$$L_c=2\times(0.35+1.05)=2.8(\text{m}), \quad B_c=2\times0.35+1.05=1.75(\text{m})$$

承台埋深 1.3m，承台高 0.8m，桩顶伸入承台 50mm，钢筋保护层取 50mm，则承台有效高度为

$$h_0=0.8-0.05-0.05=0.7\text{m}=700(\text{mm})$$

4) 桩基竖向和水平承载力验算。取承台及其上土的平均重度 $\gamma_G=20\text{kN/m}^3$，则基桩的平均竖向力和桩顶最大竖向力

$$N_k=\frac{F_k+G_k}{n}=\frac{2074+20\times2.8\times1.75\times1.3}{6}=366.9(\text{kN})<R=400\text{kN}$$

$$N_{k\,max}=\frac{F_k+G_k}{n}+\frac{(M_k+H_kh)x_{max}}{\sum x_j^2}=366.9+\frac{(155.6+107.4\times0.8)\times1.05}{4\times1.05^2}$$

$$=366.9+57.5=424.4 \ (\text{kN})<1.2R=480 \ (\text{kN})$$

基桩顶部的水平力

$$H_{1k}=H_k/n=107.4/6=17.9(\text{kN})<R_h=45\text{kN}$$

符合要求。

5) 荷载效应基本组合值和基桩净反力设计值。假设该桩基荷载效应基本组合值为永久荷载效应控制，则

$$F=1.35F_k=2800(\text{kN}), \quad M=1.35M_k=210(\text{kN·m}), \quad H=1.35H_k=145(\text{kN})$$

则基桩最大净反力设计值和平均值分别为

$$N_{max}=\frac{F}{n}+\frac{(M+Hh)x_{max}}{\sum x_j^2}=\frac{2800}{6}+\frac{(210+145\times0.8)\times1.05}{4\times1.05^2}$$

$$=466.7+77.6=544.3 \ (\text{kN})$$

$$N=F/n=466.7(\text{kN})$$

6) 承台受冲切承载力验算。

① 柱边冲切，冲跨比 λ 与冲切系数 β 为

$$\lambda_{0x}=a_{0x}/h_0=0.575/0.7=0.821$$

$$\lambda_{0y}=a_{0y}/h_0=0.125/0.7=0.178<0.25, \quad 取\lambda_{0y}=0.25$$

$$\beta_{0x} = \frac{0.84}{\lambda_{0x} + 0.2} = \frac{0.84}{0.821 + 0.2} = 0.823$$

$$\beta_{0y} = \frac{0.84}{\lambda_{0y} + 0.2} = \frac{0.84}{0.25 + 0.2} = 1.867$$

由于承台高度 $h = 800\text{mm}$，因此 $\beta_{\text{hp}} = 1$

$$F_l = 2800 - 0 = 2800(\text{kN})$$

$$2[\beta_{0x}(b_c + a_{0y}) + \beta_{0y}(h_c + a_{0x})]\beta_{\text{hp}} f_t h_0$$
$$= 2[0.823 \times (0.45 + 0.125) + 1.867 \times (0.600 + 0.575)] \times 1 \times 1100 \times 0.7$$
$$= 4106.5(\text{kN}) > F_l = 2800\text{kN}（可以）$$

② 角桩向上冲切，$c_1 = c_2 = 0.525\text{m}$，$a_{1x} = a_{0x}$，$\lambda_{1x} = \lambda_{0x}$，$a_{1y} = a_{0y}$，$\lambda_{1y} = \lambda_{0y}$

$$\beta_{1x} = \frac{0.56}{\lambda_{1x} + 0.2} = \frac{0.56}{0.821 + 0.2} = 0.548$$

$$\beta_{1y} = \frac{0.56}{\lambda_{1y} + 0.2} = \frac{0.56}{0.25 + 0.2} = 1.244$$

$$N_l = N_{\max} = 544.3\text{kN}$$

$$[\beta_{1x}(c_2 + a_{1y}/2) + \beta_{1y}(c_1 + a_{1x}/2)]\beta_{\text{hp}} f_t h_0$$
$$= [0.548 \times (0.525 + 0.125/2) + 1.244 \times (0.525 + 0.575/2)] \times 1100 \times 0.7$$
$$= 1026(\text{kN}) > N_l = 544.3\text{kN}（可以）$$

7）承台受剪切承载力计算。剪跨比与以上冲跨比相同，故对 Ⅰ—Ⅰ 斜截面，$\lambda_x = \lambda_{0x} = 0.821$，所以剪切系数

$$\alpha = \frac{1.75}{\lambda_x + 1} = \frac{1.75}{0.821 + 1} = 0.961$$

$$V = 2N_{\max} = 1088.5(\text{kN})$$

由于 $h_0 = 700\text{mm} < 800\text{mm}$，因此 $\beta_{\text{hs}} = 1.0$

$\beta_{\text{hs}} \alpha f_t b_0 h_0 = 1 \times 0.961 \times 1100 \times 1.75 \times 0.7 = 1294.9(\text{kN}) > V = 1088.5\text{kN}（可以）$

对 Ⅱ—Ⅱ 斜截面，$\lambda_y = \lambda_{0y} = 0.25$，$\alpha = \dfrac{1.75}{\lambda_y + 1} = \dfrac{1.75}{0.25 + 1} = 1.40$，$V = 3N = 1400.0(\text{kN})$，$\beta_{\text{hs}} = 1.0$

$\beta_{\text{hs}} \alpha f_t b_0 h_0 = 1 \times 1.40 \times 1100 \times 2.8 \times 0.7 = 3018.4(\text{kN}) > V = 1400.0\text{kN}（可以）$

8）承台受弯承载力计算

$$M_x = \sum N_i y_i = 3 \times 466.7 \times 0.3 = 420.0(\text{kN} \cdot \text{m})$$

$$A_s = \frac{M_x}{0.9 f_y h_0} = \frac{420 \times 10^6}{0.9 \times 300 \times 700} = 2222.2(\text{mm}^2)$$

选用 20 Φ 12，$A_s = 2262\text{mm}^2$，沿平行 y 轴方向均匀布置，有

$$M_x = \sum N_i y_i = 2 \times 544.3 \times 0.75 = 816.5(\text{kN} \cdot \text{m})$$

$$A_s = \frac{M_x}{0.9 f_y h_0} = \frac{816.5 \times 10^6}{0.9 \times 300 \times 700} = 4320.1 (\text{mm}^2)$$

选用 14 Φ 20，$A_s = 4398\text{mm}^2$，沿平行 x 轴方向均匀布置。

9）承台局部受压验算（略）。

（2）桩基中心沉降计算：

1）计算相应于荷载效应准永久组合时承台底面的附加压力

$$p_0 = \frac{F + G_k}{L_c B_c} - \gamma_m d = \frac{2000 + 20 \times 2.8 \times 1.75}{2.8 \times 1.75} - 18.0 \times 1.3 = 410.76 (\text{kPa})$$

2）确定沉降计算深度：

桩底 $z = 4.0\text{m}$ 处，查《建筑桩基技术规范》中附录 D 得 $\alpha_c = 0.033$，则 $\sigma_z = 52.6\text{kPa}$。由于 $\sigma_c = 319.4\text{kPa}$，则 $\sigma_z = 52.6\text{kPa} \leqslant 0.2\sigma_c (63.8\text{kPa})$，故沉降计算深度 $z_n = 4.0\text{m}$。

3）确定平均附加应力系数 $\bar{\alpha}$

查《建筑桩基技术规范》中附录 D 得，桩底 $z = 3.0\text{m}$ 处，$\bar{\alpha}_1 = 0.1433$；桩底 $z = 4.0\text{m}$ 处，$\bar{\alpha}_2 = 0.1207$。

4）确定桩基沉降计算经验系数 Ψ。沉降计算深度范围内压缩模量的当量值 $\bar{E}_s = \sum A_i / \sum \frac{A_i}{E_{si}} = 17.2\text{MPa}$，查表 3-25 得 $\Psi = 0.791$。

表 3-25 中，饱和土中采用预制桩（不含复打、复压、引孔沉桩）时，应根据桩距、土质、沉桩速率和顺序等因素，应乘以 1.3~1.8 的挤土效应系数，此处取 1.5，所以 $\Psi = 0.791 \times 1.5 = 1.187$。

5）确定桩基等效沉降系数 Ψ_e。已知 $n_b = 2$，$s_a/d = 3$，$L_c = 2.8\text{m}$，$B_c = 1.75\text{m}$，$l = 12\text{m}$，$d = 0.35\text{m}$，$L_c/B_c = 1.6$，$l/d = 34.3$。$L_c/B_c = 1.6$，$l/d = 30$ 时，查表 3-26~表 3-30，得 $C_0 = 0.0844$，$C_1 = 1.574$，$C_2 = 8.000$，故

$$\Psi_{e1} = C_0 + \frac{n_b - 1}{C_1(n_b - 1) + C_2} = 0.189$$

$L_c/B_c = 1.6$，$l/d = 40$ 时，查表 3-26~表 3-30，$C_0 = 0.0686$，$C_1 = 1.653$，$C_2 = 9.521$

$$\Psi_{e2} = C_0 + \frac{n_b - 1}{C_1(n_b - 1) + C_2} = 0.158$$

插值得 $L_c/B_c = 1.6$，$l/d = 34.3$ 时，$\Psi_e = 0.176$

6）计算桩基中心沉降量

$$s = \Psi \Psi_e s' = 4\Psi \Psi_e p_0 \sum_{i=1}^{2} \frac{z_i \bar{\alpha}_i - z_{i-1} \bar{\alpha}_{i-1}}{E_{si}}$$

$$= 4 \times 1.187 \times 0.176 \times 410.76 \times \left(\frac{3 \times 0.1433}{20} + \frac{4 \times 0.1207 - 3 \times 0.1433}{8} \right) = 9.6 (\text{mm})$$

第十二节 沉 井 简 介

沉井是一种在地面上制作、通过取出井内土体的方法使之沉到地下某一深度的井体结

构。用一个事先筑好的可充当桥梁墩台或结构物基础的井筒状结构物，一边进行井内挖土，一边靠井筒的自重克服井壁摩阻力后不断下沉到设计标高，经过混凝土封底并填塞井孔，最后浇筑沉井顶盖。

沉井下沉过程中，在取土作业时排除井内积水，称为排水下沉；在取土作业时不排除井内积水，称为不排水下沉。干式沉井是指使用时井内无水的沉井。

利用沉井作为挡土的支护结构，可以建造各种类型或各种用途的地下工程构筑物，如用于桥梁、烟囱、水塔的基础，水泵房、地下油库、水池竖井等深井构筑物以及盾构或顶管的工作井等。用沉井施工法修筑的基础称为沉井基础。

本节简要介绍沉井的结构与施工过程；然后讲述沉井结构上的荷载作用；最后分析沉井设计过程的下沉计算和刃脚受力计算。沉井其他设计计算，如下沉前井壁竖向弯曲计算、井壁受力计算、封底混凝土厚度计算、钢筋混凝土底板计算、盖板计算等多属于结构计算的内容，可参考其他书籍。

一、概述

沉井一般由钢筋混凝土制成，其横截面形状有圆形、圆端形和矩形等。根据井孔的布置方式，又有单孔、双孔及多孔之分，如图 3 - 46 所示。

沉井的形式虽有所不同，但在构造上主要有由外井壁、刃脚、隔墙、井孔、凹槽、射水管、封底及盖板等组成，一般构造如图 3 - 47 所示。

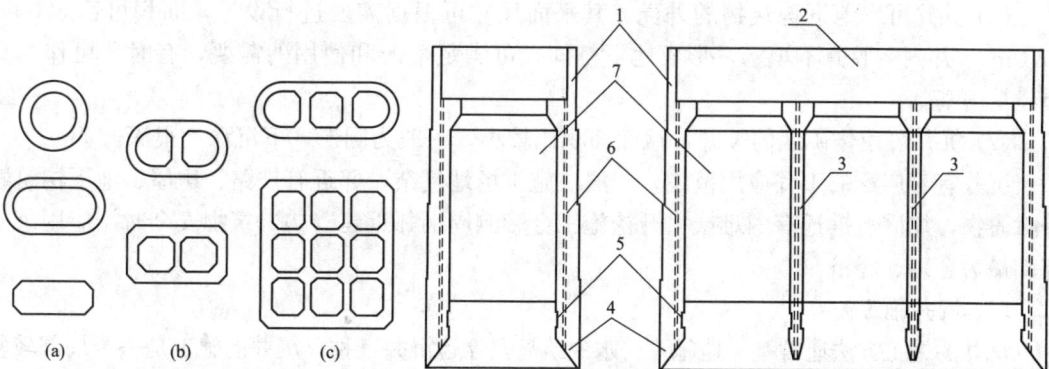

图 3 - 46　沉井平面形式
（a）单孔沉井；（b）双孔沉井；（c）多孔沉井

图 3 - 47　沉井构造示意图
1—井壁；2—顶盖和封底；3—隔墙；
4—刃脚；5—凹槽；6—射水管；7—井孔图

井壁即沉井的外壁，是沉井的主体部分，在沉井下沉过程中起挡土、挡水及利用本身重量克服土与井壁之间的摩阻力的作用。当沉井施工完毕后，它就成为基础或基础的一部分而将上部荷载传到地基。为使其能抵抗四周的土压力和水压力并在自重作用下顺利下沉，沉井要有足够的强度和重量。由于使用或结构上的需要，常需在沉井井筒内设置隔墙，从而使沉井的刚度也得到了加强。

刃脚位于井壁的最下端，是沉井壁板下端带有斜面的部分，用于支承沉井重量并切土下沉。要求刃脚应具备足够的强度，以免产生挠曲或被破坏。刃脚踏面底宽一般为 150～400mm，刃脚斜面与水平面夹角为 50°～60°。为防止刃脚损坏，宜在刃脚的踏面外缘端部设置钢板护角。

凹槽位于刃脚内侧的上方，其作用在于沉井封底时使井壁与封底混凝土连接在一起，以使封底底面反力更好的传递给井壁。待沉井下沉到设计标高后，在沉井下端的刃脚踏面以上至凹槽处浇筑混凝土，形成封底。封底可防止地下水涌入井内，因此通常称为干封底。

当封底达到设计强度后，在凹槽处浇筑钢筋混凝土底板。若采用水下封底时，待水下混凝土达到强度时，抽干水后再浇筑钢筋混凝土底板。

遵循"经济上合理、施工上可能"的原则，通常在下列情况下，可优先考虑采用沉井：

（1）在城市市区采用沉井作为地下构筑物时无需打围护桩（钢板桩或其他围护桩），也不影响周围建（构）筑物，不需要支撑土壁及防水。因其本身刚度较大，沉井外侧井墙就能防止侧面土层的坍塌。

（2）如因场地狭窄，同时受附近建筑物或其他因素的限制，而不适宜采用大开挖的地点，可采用沉井法施工。

（3）当地下水位较高、土的渗透性较大，或存在易产生涌流或塌陷的不稳定土层时，可采用沉井不排水下沉和水下浇筑混凝土封底。

（4）埋置较深的构筑物采用沉井法施工，从经济和技术角度来看，也比其他施工方法更为合理。

（5）给排水工程的地下构筑物，多采用沉井，如江心及岸边的取水构筑物、城市污水泵站及其下部结构等。

（6）沉井可作地下构筑物的外壳。其平面尺寸可根据需要进行设计，面积可达 3000～4000m²，井内空腔并不填塞，形成地下空间，可满足生产和使用的需要，有时还可作为高层建筑的基础。

（7）沉井可用作矿区的竖井，截面面积比较小，一般为圆形，下沉深度很深。

沉井有着广泛的工程应用范围，一般在施工场地复杂，邻近有铁路、房屋、地下构筑物等障碍物，加固、拆迁有困难或大开挖施工会影响周围邻近建（构）筑物安全时，应用沉井基础最为合理、经济。

二、沉井施工

沉井的施工方法通常有旱地施工、水中筑岛及浮运沉井三种。沉井的施工是一个局部较复杂的系统工程，施工前一定要有详尽的岩土工程勘察资料，充分掌握场地的水文地质、工程地质条件和气象资料。筑岛和浮运沉井还应做好河流汛期、河床冲刷、通航和漂流物等的调查研究，应充分利用枯水季节，制订出详细的施工计划及必要的措施。施工过程中必须严格执行相关规范和设计要求的规定，对施工的每一个环节都要作充分考虑，对每一道工序都应做出详细的安排，对施工中可能出现的不良情况要认真考虑并制定相应的对策，确保施工安全。

沉井施工工艺包括施工准备、地基处理、井墙制作、沉井下沉、沉井封底五个大部分。旱地沉井施工顺序如图 3-48 所示。

1. 基坑开挖

旱地沉井施工前，应先根据设计图纸提供的坐标，放出沉井纵横两个方向的中心轴线和沉井的轮廓线，以及水准标高等，作为沉井施工的依据。

基坑底部的平面尺寸，一般要比沉井的平面尺寸大一些。当设计采用承垫木时，则在沉井四周各加宽一根垫木长度以上，以保证垫木在必要时能向外抽出，同时考虑支模、搭设脚手架及排水等项工作的需要。

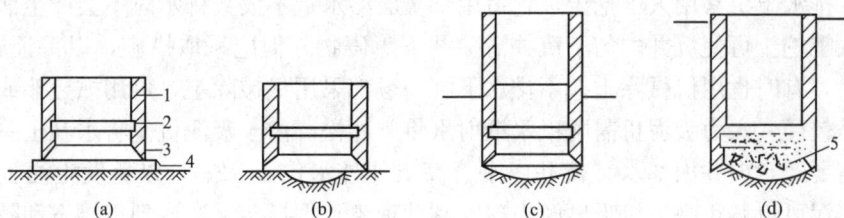

图 3-48　沉井施工顺序

(a) 制作第一节沉井；(b) 抽垫木、挖土下沉；(c) 接高下沉；(d) 封底

1—井壁；2—凹槽；3—刃脚；4—承垫木；5—素混凝土封底

基坑开挖的深度需视水文、地质条件而定，一般情况下，基坑开挖深度等于要铺筑的砂垫层厚度，为 1～2m。在地下水位较低的地区，有时为减少沉井下沉深度，可加深基坑的开挖深度，但必须确保坑底高出施工期间可能出现的最高地下水位 0.5m 以上。

2. 垫层

通常第一节制作的沉井较重，而刃脚支承面积又小，常沿井壁周边刃脚下铺设承垫木，以加大支承面积。当采用承垫木施工时，为便于整平、支模及下沉时抽除承垫木，需在承垫木下铺设一层砂垫层，将沉井重量扩散到更大的面积上，使表面土层的强度足以支持第一节沉井的重量，保证沉井第一节混凝土在浇筑过程中的稳定性，并使沉井的下沉量控制在允许范围内。

当沉井采用无承垫木施工时，沉井第一节高度不宜过大，通常为 5～6m；当荷载小于地基的允许承载力时，砂垫层厚度可以减薄，作为找平层使用。

3. 沉井制作

待承垫木或素混凝土垫层铺设好后，在刃脚位置处放上刃脚角钢，竖立内模，绑扎钢筋，立外模，最后浇灌第一节沉井混凝土，如图 3-49 所示。模板和支撑应有较大的刚度，以免发生挠曲变形。外模板应平滑以利下沉。钢模较木模刚度大，周转次数多，并易于安装。

在内模（井孔）支立完毕，外模尚未扣合时进行钢筋绑扎。先将制好的焊有锚固筋的刃脚踏面摆放在刃脚画线位置，进行焊接后绑扎刃脚筋、内壁纵横筋、外壁纵横筋。为加快进度，可在钢筋棚将墙筋组成大片，用吊机移动定位焊接组成整体。

当混凝土强度达到 2.5MPa 以上时，拆除直立的侧面模板。拆除时应先内后外。混凝土强度达 70%（或达设计要求）后，拆除隔墙底面、刃脚斜面的支撑与模板。拆

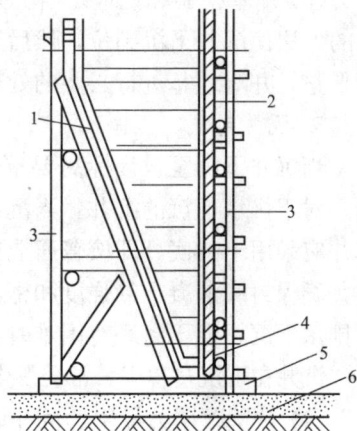

图 3-49　沉井刃脚立模

1—内膜；2—外膜；3—立柱；
4—角钢；5—垫木；6—砂垫层

模顺序为：井孔模板→外侧模板→隔墙支撑及模板→刃脚斜面支撑及模板。拆除隔墙及刃脚下的支撑应对称依次进行，宜从隔墙中部向两边拆除。

4. 沉井下沉

(1) 挖土下沉第一节沉井。沉井下沉施工可分为排水下沉和不排水下沉。当沉井穿过的土层较稳定，不会因排水而产生大量流砂时，可采用排水下沉。土的挖除可采用人工挖土或

机械除土，排水下沉常用人工挖土，它适用于土层渗水量不大且排水时不会产生涌土或流砂的情况。人工挖土可使沉井均匀下沉并清除井下障碍物，但应采取措施，以保证施工安全。排水下沉时，有时也用机械除土。不排水下沉一般都采用机械除土，可用抓土斗或水力吸泥机，如土质较硬，水力吸泥机需配以水枪射水将土冲松。由于吸泥机是将水和土一起吸出井外，因此需要经常向井内加水维持井内水位高出井外水位 $1\sim2m$，以免发生涌土或流砂现象。抓斗抓泥可以避免吸泥机吸砂时出现的翻砂现象，但抓斗无法达到刃脚下和隔墙下的死角，其施工效率也会随深度的增加而降低。

正常下沉时，应从中间向刃脚处均匀对称除土。对于排水除土下沉的底节沉井，设计支承位置处的土应在分层除土后最后同时挖除。由数个井室（隔墙）组成的沉井，应控制各井室之间除土面的高差，并避免内隔墙底部在下沉时受到下面土层的顶托，以减少倾斜。

（2）接高第二节沉井。第一节沉井下沉至顶面距地面还有 $1\sim2m$ 时，应停止挖土，保持第一节沉井位置竖直。第二节沉井的竖向中轴线应与第一节的重合，凿毛顶面，然后立模均匀对称地浇筑混凝土。接高沉井的模板，不得直接支承在地面上，而应固定在已浇筑好的前一节沉井上，并应预防沉井接高后使模板及支撑与地面接触，以免沉井因自重增加而下沉，造成新浇筑的混凝土由于拉力而出现裂缝。待混凝土强度达到设计要求后可进行拆模。

（3）逐节下沉及接高。第二节沉井拆模后，按上述方法继续挖土下沉，接高沉井。随着多次挖土下沉与接高，沉井入土深度越来越大。

（4）加设井顶围堰。当沉井顶面需要下沉至水面或岛面下一定深度时，需在井顶加筑围堰挡水挡土。井顶围堰是临时性的，可用各种材料建成，与沉井的联接应采用合理的结构形式，以避免围堰因变形不协调或突变而造成严重漏水现象。

（5）地基检验和处理。当沉井沉至离规定标高尚差 2m 左右时，须用调平与下沉同时进行的方法使沉井下沉到位，然后进行基底检验。检验内容包括地基土质是否和设计相符，是否平整，并对地基进行必要的处理。

5. 沉井封底

当沉井下沉至设计标高要求范围内，且地基经检验及处理符合要求后，应立即进行封底。对于排水下沉的沉井，当沉井穿越的土层透水性低，井底涌水量小，且无流砂现象时，沉井应采用干封底，即按普通混凝土浇筑方法进行封底。因为干封底能节约混凝土等大量材料，确保封底混凝土的强度和密实性，并能加快工程进度。当沉井采用不排水下沉，或虽采用排水下沉，但干封底有困难时，可用导管法灌注水下混凝土。

沉井在下沉过程中，常会发生各种问题，必须事先预防。现将经常遇到的问题简述如下：

（1）井壁摩阻力异常。沉井设计时，在一般地质情况下，在井内不停挖土的同时依靠沉井自重，沉井就能顺利下沉到位。但随下沉深度的增加，土层与井壁摩擦力增大，沉井可能出现下沉停止的现象。此时，可采用增加沉井的重量或降低井壁与土层之间摩阻力的方法来解决。如果在沉井设计计算中已能预见到摩阻力过大，可在设计中采取泥浆润滑、壁后压气等施工措施来解决。

（2）流砂问题。由于不同的地质情况，如在粉、细砂层下沉沉井时，经常会遇到流砂现象，对施工影响很大。有时因设计和施工单位事先未采取适当的措施，结果在沉井下沉过程中（一般沉井下沉到地面下 3m 左右），由于井内大量抽水，流砂将随地下水大量涌入井内。

防止发生流砂现象的措施主要有：①向井内灌水：采用水下挖土。②井点降水：降水后，井内土体基本上没有水，挖土时砂土不受动水力作用，从根本上排除流砂产生的条件。③地基处理：在条件允许时，通过地基处理（如注浆加固等），改变土体可能产生流砂的特性。

（3）沉井突沉。沉井在淤泥质黏土层中下沉时，可能发生突然下沉，下沉量一次可达3m以上。在发生突沉之前，往往是一开始正常下沉停止，然后发生突然下沉，此种现象称为沉井突沉。

产生突沉的原因，一方面是由于淤泥质黏土具有触变性，摩擦力变化范围很大，这是造成沉井突沉的内因；另一方面，施工时在井内挖土不注意，掏挖锅底太深，这是造成沉井突沉的外因。

防止突沉的具体措施一般是控制均匀挖土，在刃脚处挖土不宜过深。此外，设计时可增大刃脚踏面宽度，并设置一定数量的下框架梁，承受一部分土的反力。

（4）沉井偏斜。沉井的偏斜包括倾斜和位移两种。产生偏斜的原因很多，主要包括沉井在下沉过程中，由于土质不均匀或出现个别障碍物，以及施工时要求不严等。例如：在下沉挖土时，由于挖土不对称、不均匀，未从中间开始先挖，刃脚掏空过多等因素，引起沉井突然下沉；抽水后（井内）造成涌砂，引起井外地层土面坍塌；井外弃土堆得太高、太近造成偏压等原因使沉井产生倾斜。

通常可采用除土、压重、顶部施加水平力或刃脚下支垫等方法纠正偏斜，空气幕下沉也可采用单侧压气纠偏。

三、沉井结构上的作用

沉井结构上的作用可分为永久作用和可变作用两类。永久作用包括结构自重、土的侧向压力、沉井内的静水压力；可变作用包括沉井顶板和平台活荷载、地面活荷载、地下水压力（侧压力、浮托力）、顶管的顶力、流水压力、融流冰块压力等。进行沉井结构设计时，不同荷载应采用不同的代表值：对永久荷载，应采用标准值作为代表值；对可变荷载，应根据设计要求采用标准值、组合值或准永久值作为代表值。

当结构承受两种或两种以上可变作用，承载能力极限状态按作用效应基本组合计算或正常使用极限状态按作用效应标准组合验算时，应采用标准值和组合值作为可变作用的代表值。可变作用组合值应为可变作用的标准值乘以作用组合值系数。

当正常使用极限状态按作用效应的准永久组合验算时，应采用准永久值作为可变作用的代表值。可变作用准永久值应为可变作用的标准值乘以准永久值系数。

（一）永久作用标准值

1. 沉井自重标准值

结构自重的标准值，可按结构构件的设计尺寸与相应材料的重度计算确定，钢筋混凝土重度可取 $25kN/m^3$，素混凝土重度可取 $23kN/m^3$。永久设备的自重标准值，可按设备样本提供的数据采用；构件上设备转动部分的自重和轴流泵的轴向力应乘以动力系数后作为标准值计算，动力系数可取 2.0。

2. 侧向主动土压力标准值

作用在沉井井壁上的侧向主动土压力标准值按朗肯土压力理论计算。对黏性土，将黏聚力 c（kPa）和内摩擦角 φ 折算成等效内摩擦角 φ_D

$$\tan\left(45°-\frac{\varphi_D}{2}\right)=\tan\left(45°-\frac{\varphi}{2}\right)-\frac{2c}{\gamma z} \tag{3-144}$$

式中 γ——土的重度，kN/m^3；

z——自地面至计算截面处的深度，m。

在计算水、土压力时，需要注意的是，当沉井为不排水下沉时，水压力计算应考虑井内外水位差 2～3m；计算土压力时，水下部分应取浮重度。当沉井为井内排水下沉时，对于砂类土，宜将水压力与土压力分别计算再叠加。根据经验，对于砂类土，一般采用水土压力分算；对于黏性土，可采用水土压力合算。

实际上，沉井受到各个方向的压力并不均匀，甚至局部还会产生被动土压力，其计算值远比主动土压力更大，在进行结构配筋时，应予适当考虑。

3. 沉井外壁与土的单位摩阻力标准值

在沉井下沉计算时，需要采用井壁与土的摩阻力。沉井外壁单位面积的摩阻力标准值，应根据工程地质条件、井壁外形和施工方法等，通过试验或经验资料综合确定。当无试验资料时，可按表 3-33 选用。

表 3-33　　　　　　　　　　　单位摩阻力标准值 f_k

土层类别	f_k	土层类别	f_k
流塑状态黏性土	10～15	砂性土	12～25
可塑～软塑状态黏性土	10～25	砂砾石	15～20
硬塑状态黏性土	25～50	砂卵石	18~30
泥浆套	3～5		

注　井壁外侧为阶梯式且采用灌砂助沉时，灌砂段的单位摩阻力标准值可取 $(0.5～0.7)f_k$。

沉井下沉时，井壁摩阻力沿井壁深度方向的分布，根据工程经验，一般按如下假设计算：在深度 0～5m 范围内，单位面积摩阻力从零按直线逐渐增加，在深度达到 5m 以后为常数，如图 3-50 所示。

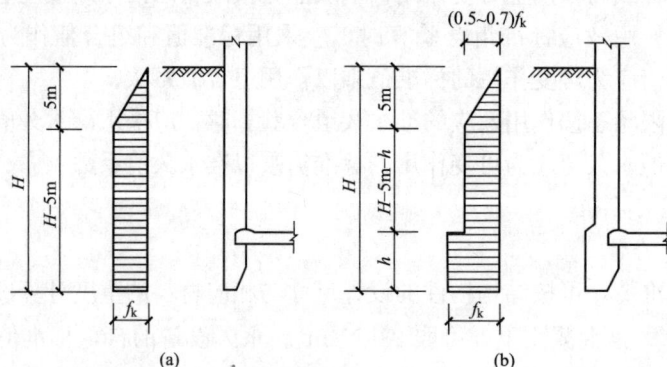

图 3-50　沉井外壁的摩阻力分布

(a) 直壁式井壁外侧；(b) 阶梯式井壁外侧

通常沿沉井深度的土层为多种类别，为方便计算，可取各层土的单位摩阻力标准值沿深度的加权平均值进行计算。

$$f_{ka} = \frac{\sum f_{ki} h_{si}}{\sum h_{si}} \tag{3-145}$$

式中　f_{ka}——多土层的加权平均单位摩阻力标准值，kPa；

$\quad\quad$ h_{si}——第 i 层土的厚度，m；

$\quad\quad$ f_{ki}——第 i 层土单位摩阻力标准值，kPa。

因此，沉井下沉时，井壁与土的总摩阻力 F_{fk} 为

$$F_{fk} = U f_A \tag{3-146}$$

式中　U——沉井的周长，m；

$\quad\quad$ f_A——单位周长摩阻力，kN/m。

对于直壁式井壁，$f_A = (H - 2.5) f_k$，H 为沉井的入土深度；对于阶梯式井壁，可根据不同的阶梯尺寸和台阶设置进行计算。

（二）可变作用标准值和准永久值系数

1. 地面活荷载作用在沉井壁上的侧压力标准值

地面活荷载可分为地面堆积荷载和地面车辆荷载。地面堆积荷载作用在沉井壁上的侧压力标准值，可折算为等效的土层厚度进行计算。当无明确要求时，地面堆积荷载标准值可取 $10kN/m^3$。地面车辆荷载作用在沉井壁上的侧压力标准值，应为该荷载标准值传递到计算深度处的竖向压力标准值乘以计算深度处土层的主动土压力系数。地面堆积荷载和地面车辆荷载作用在沉井井壁上的侧压力标准值取二者中的较大值，准永久值系数可取 0。

2. 水压力

作用在沉井外壁上的水压力按静水压力计算，其计算公式为

$$p_w = \alpha \gamma_w h_w \tag{3-147}$$

式中　p_w——井壁所承受水平方向的单位面积水压力，kPa；

$\quad\quad$ γ_w——水的容重，取 $10kN/m^3$；

$\quad\quad$ h_w——最高地下水位至计算点的深度，m，施工阶段和使用阶段应取相应的不同水位；

$\quad\quad$ α——折减系数，强透水性土（如砂土）取 1.0；对于黏性土，一般在施工阶段取 0.7，使用阶段取 1.0。

水压力标准值的相应设计水位，应根据对结构的作用效应取最低水位或最高水位。当取最低水位时，相应的准永久值系数取 1.0；当取最高水位时，相应的准永久值系数取平均水位与最高水位的比值。

3. 地下水对沉井浮托力的标准值

地下水对沉井浮托力的标准值应按最高水位乘以浮托力折减系数确定。浮托力折减系数，对非岩质地基取 1.0；对岩石地基按其破碎程度确定，当基岩面设置滑动层时取 1.0。

四、沉井下沉计算

为了选择合适的井壁厚度和各部位截面尺寸，使沉井有足够的重量克服摩阻力下沉至设计标高，应进行下沉计算，保证沉井的下沉系数及下沉稳定性要求。

（一）下沉计算

1. 下沉系数

为保证沉井能顺利下沉，下沉系数应满足下式要求

$$k_{st} = \frac{G_k - F_{fw,k}}{F_{fk}} \geqslant 1.05 \qquad (3-148)$$

式中　k_{st}——下沉系数；

G_k——井体自重标准值（必要时需加助沉器重量的标准值），kN；

$F_{fw,k}$——下沉过程中水对沉井的浮力标准值，kN，当排水下沉时为 0；

F_{fk}——井壁总摩阻力标准值，kN。

根据施工经验，沉井下沉时的正常下沉系数一般小于 1.25 为宜。

2. 下沉稳定系数

沉井在软弱土中下沉，当下沉系数较大（一般大于 1.5），或在下沉过程中遇有特别软弱土层时，需进行下沉稳定验算，以防止突沉或下沉标高不能控制。沉井下沉稳定系数应满足下式要求

$$k_{st,s} = \frac{G_k - F_{fw,k}}{F_{fk} + R_b} = 0.8 \sim 0.9 \qquad (3-149)$$

式中　$k_{st,s}$——下沉稳定系数，可取 0.8～0.9；

R_b——沉井刃脚、隔墙和横梁下地基土极限承载力之和，kN，可参考表 3-34 选用。

需要注意的是，式（3-149）中的 $F_{fw,k}$ 和 F_{fk} 应为验算状态下的值。

表 3-34　　　　　　　　　地基土的极限承载力

土层类别	极限承载力（kPa）	土层类别	极限承载力（kPa）
淤泥	100～200	软可塑状态亚黏土	200～300
淤泥质土	200～300	坚硬、硬塑状态亚黏土	300～400
细砂	200～400	软可塑状态黏性土	200～400
中砂	300～500	坚硬、硬塑状态黏性土	300～500
粗砂	400～600		

（二）抗浮验算

沉井抗浮验算应按沉井封底和使用两阶段，分别根据实际可能出现的最高水位验算。

1. 施工阶段

在施工阶段，当沉井下沉到设计标高，并浇筑封底混凝土后或干封底是在浇筑底板后施工时，应进行抗浮验算。

$$k_{fw} = \frac{G_k}{F_{kw,k}^b} \qquad (3-150)$$

式中　k_{fw}——沉井抗浮系数，不计侧壁摩阻力时，取 $k_{fw} \geqslant 1.0$；计侧壁摩阻力时，取 $k_{fw} \geqslant 1.25$；

$F_{kw,k}^b$——水浮托力标准值，kN。

当封底混凝土与底板间有拉结钢筋等可靠连接时，封底混凝土的自重可作为沉井使用阶段抗浮重量的一部分。

一般沉井依靠自重获得抗浮稳定。当井体重量不能抵抗浮力时，施工期间除增加自重

外，可采取临时降低地下水位、配重等措施。

2. 正常使用阶段

正常使用阶段，应按照使用期内可能出现的最高地下水位进行抗浮验算，抗浮重量应考虑沉井在使用阶段上部建筑的重量，按式（3-150）验算。如果抗浮验算不满足，可采取拉锚、设立抗浮板等措施。

位于江（河、湖、水库、海）岸的沉井，若前后两面水平作用相差较大，应验算沉井的滑移和倾覆稳定性。靠近江、河、海岸边的沉井，应进行土体边坡在沉井荷重作用下整体滑动稳定性的验算。

【例题 3-9】　一矩形沉井，采用排水法施工，有上部结构，依靠加载下沉，单格小型矩形沉井。地质资料见图 3-51。

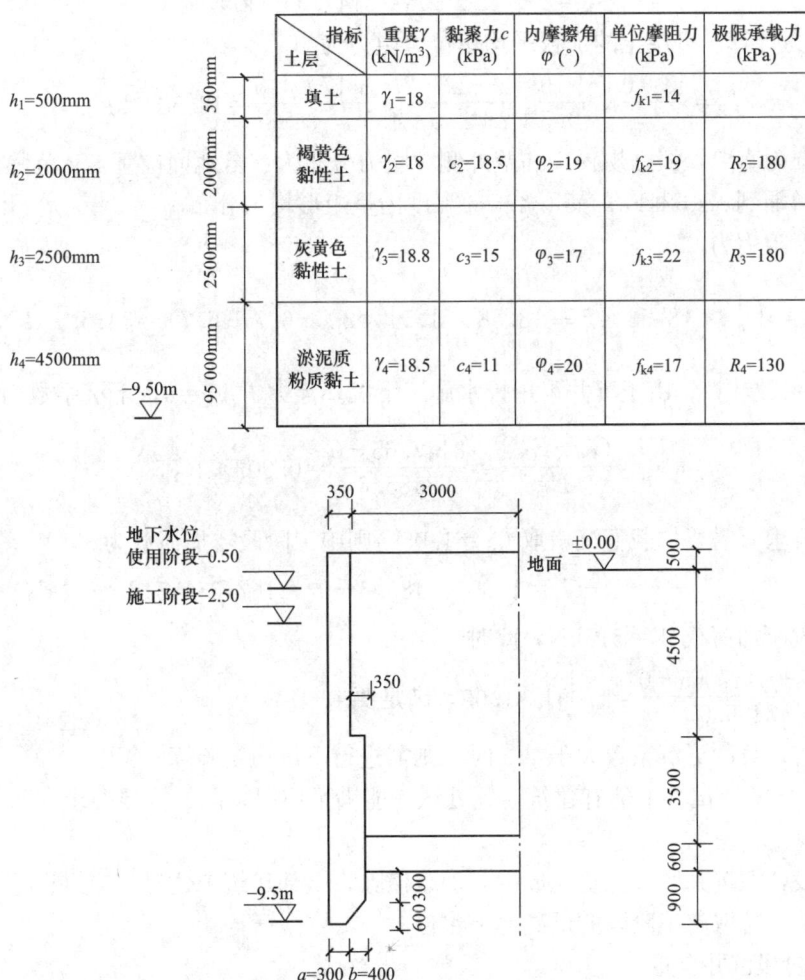

土层＼指标	重度γ (kN/m³)	黏聚力c (kPa)	内摩擦角φ(°)	单位摩阻力 (kPa)	极限承载力 (kPa)
填土 $h_1=500mm$	$\gamma_1=18$			$f_{k1}=14$	
褐黄色黏性土 $h_2=2000mm$	$\gamma_2=18$	$c_2=18.5$	$\varphi_2=19$	$f_{k2}=19$	$R_2=180$
灰黄色黏性土 $h_3=2500mm$	$\gamma_3=18.8$	$c_3=15$	$\varphi_3=17$	$f_{k3}=22$	$R_3=180$
淤泥质粉质黏土 $h_4=4500mm$	$\gamma_4=18.5$	$c_4=11$	$\varphi_4=20$	$f_{k4}=17$	$R_4=130$

图 3-51　矩形沉井结构简图

矩形沉井的截面尺寸（图 3-51）为：外壁 6.7m×6.7m，内壁 6.0m×6.0m，结构总高度 $H=10$m，沉井高出地面 0.5m，上部壁厚 $t_1=0.35$m，高度 $H_1=5.0$m；下部壁厚 $t_2=0.70$m，高度 $H_2=5.0$m。最高水位使用阶段位于设计地面下 0.5m，施工阶段位于设计地面下 2.5m。采用两次制作，一次下沉。第一节的制作高度为 5m。

刃脚踏面宽度 $a=0.3$m，刃脚高度 $h_l=0.6$m，刃脚斜面高度在水平面上的投影宽度 $b=0.4$m，底板厚度 $h=0.6$m。

沉井材料：混凝土采用 C25；钢筋为热轧钢筋。

试进行下沉计算和抗浮验算。

解　（1）下沉计算：

1）井壁自重。下部沉井净空 $6-0.35\times2=5.3$（m），井壁体积为

$$V=(6.7^2-6^2)\times5+(6.7^2-5.3^2)\times5-\left(\frac{1}{2}\times0.4\times0.6\times5.3\right)\times4=125.906(\text{m}^3)$$

井壁自重标准值为

$$G_k=25\times125.906=3147.65\ （\text{kN}）$$

2）摩阻力计算。多层土的加权平均单位摩阻力为

$$f_k=\frac{14\times0.5+19\times2+22\times2.5+17\times4.5}{0.5+2+2.5+4.5}=18.58\ （\text{kPa}）$$

沉井外壁为直壁，根据规程，井壁外侧摩阻力分布为：自地面向下 5m 范围内呈三角形分布，由 0 增加到 18.58kPa；其下 4.5m 深度内呈矩形均匀分布。

井壁总摩阻力为

$$F_{fk}=\left(\frac{1}{2}\times18.58\times5+18.58\times4.5\right)\times2\times(6.7+6.7)=3485.6\ （\text{kN}）$$

3）下沉系数计算。由于沉井采用排水施工下沉，浮力 $F_{fw,k}=0$，下沉系数为

$$k_{st}=\frac{G_k-F_{fw,k}}{F_{fk}}=\frac{3147.65-0}{3485.6}=0.903<1.05$$

不满足要求，需要加载下沉，取 $k_{st}=1.05$，则施工阶段需加荷载为

$$W=k_{st}F_{fk}+F_{fw,k}-G_k=1.05\times3485.6+0-3147.65=512.23\ （\text{kN}）$$

取施工时所加荷载 $W=515$kN，此时

$$k_{st}=\frac{515+3147.65-0}{3485.6}=1.051\geqslant1.05，满足要求$$

注意：若计算的下沉系数大于 1.5 时，则需进行下沉稳定验算。

（2）抗浮验算。沉井上部有建筑，此处认为能满足使用阶段的抗浮要求，不再进行使用阶段抗浮验算。

施工阶段，在沉井底板浇筑完成后，加载撤除，上部建筑未建时，应进行施工阶段的抗浮验算。地下水位取施工阶段的最高地下水位。

1）施工阶段沉井自重

$$G=G_k+25\times5.3\times5.3\times0.6=3569.0\ （\text{kN}）$$

2）施工阶段沉井浮力

$$F_{fw,k}^b=10\times\left[6.7^2\times(10-3)-5.3^2\times0.3-\frac{0.6}{3}\times(5.3^2+6.1^2+5.3\times6.1)\right]=2862.84\ （\text{kN}）$$

注意：计算浮力的排水体积时，不包括封底混凝土的体积。

3）抗浮系数

$$k_{fw}=\frac{G}{F_{kw,k}^{b}}=\frac{3569.0}{2862.84}=1.247>1.0，满足抗浮要求。$$

五、刃脚受力计算

刃脚受力计算是指在沉井下沉阶段，选择最不利情况，分别计算刃脚内、外侧的竖向钢筋及水平向钢筋，验算竖向和水平向的弯曲强度。其计算荷载为沉井下沉时，作用在刃脚侧面和斜面的水、土压力，刃脚侧面与土的摩擦力，以及沉井自重在刃脚踏面和斜面上产生的垂直反力和水平推力。

沉井刃脚一方面可看作固定在刃脚根部的悬臂梁，梁长等于外壁刃脚斜面部分的高度；另一方面，刃脚又可看作一个封闭的水平框架。因此，作用在刃脚侧面的水平力将由两种不同的构件即悬臂梁和框架共同承担，即部分水平力竖向由刃脚根部承担（悬臂部分），部分由框架承担（框架作用）。按变形协调关系导得分配系数如下

悬臂作用

$$\alpha=\frac{0.1l_{1}^{4}}{h^{4}+0.05l_{1}^{4}}\leqslant1.0 \tag{3-151}$$

框架作用

$$\beta=\frac{h^{4}}{h^{4}+0.05l_{2}^{4}} \tag{3-152}$$

式中　l_1、l_2——沉井外壁的最大和最小计算跨度，m；

　　　　h——刃脚斜面部分的高度，m；

　　　α、β——分配系数，当 $\alpha>1$ 时，取 $\alpha=1$。

上述公式适用于当内隔墙或底梁的底面距刃脚底面距离不大于 0.5m，或者大于 0.5m 但有竖直承托加强时的情况；否则，全部水平力都由悬臂梁即刃脚承担（即 $\alpha=1$）。

（一）悬臂作用

1. 刃脚竖向向外弯曲

计算的最不利工况，根据《给水排水工程钢筋混凝土沉井结构设计规程》（CECS 137—2015）按沉井自地面开始下沉，刃脚已嵌入土中的工况计算，并忽略刃脚外侧水、土压力[图 3-52（a）]。当沉井高度较大时，可采用分节浇筑多次下沉的方法减小刃脚向外弯曲受力。

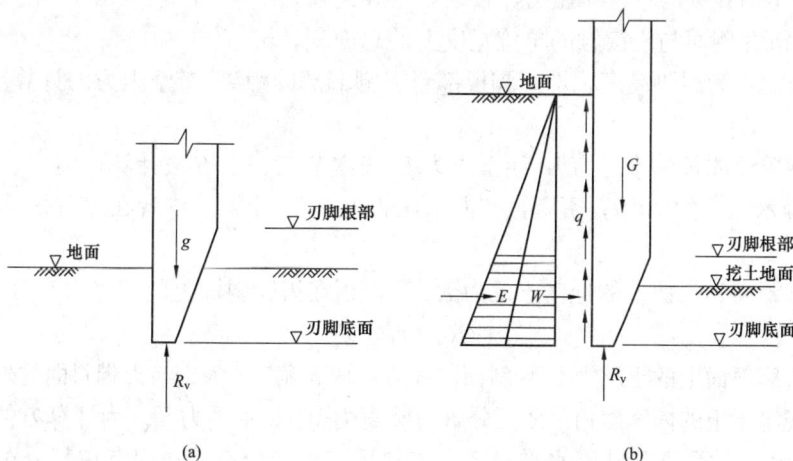

图 3-52　刃脚竖向向外弯曲计算的工作状况
（a）CECS 137—2015；（b）JTG D63—2007

　　计算的最不利工况，按《公路桥涵地基与基础设计规范》（JTG D63—2007）规定，在沉井下沉途中，刃脚已切入土中 1m 左右，沉井顶部露出水面尚有一定高度（多节沉井约为一节沉井高度）时 [图 3 - 52（b）]，验算刃脚因受井孔内土体的侧向压力而向外弯曲的强度。

　　下面以《公路桥涵地基与基础设计规范》为例说明内力计算方法。若令井壁外侧面的摩阻力、水、土压力均等于 0，即为按照《给水排水工程钢筋混凝土沉井结构设计规程》的情况。

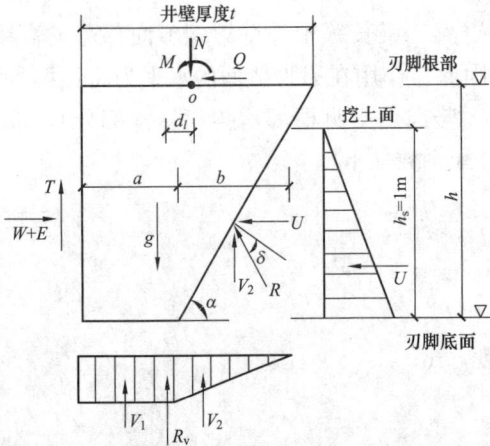

图 3 - 53　刃脚竖向向外弯曲验算受力简图

　　刃脚受力分析：沿井壁单位周长自重设计值 G，刃脚侧面受到与土的摩阻力 T，刃脚单位周长的水压力 W 和土压力 E，刃脚踏面和斜面上的地基土反力 R_v，作用在刃脚斜面上的水平力 U，刃脚重力 g，如图 3 - 53 所示，单位均为 kN/m。

　　（1）沿井壁单位周长自重设计值 G，等于该高度沉井总重力设计值除以沉井的周长，在不排水挖土下沉时，还应扣除淹没水中部分的浮力。

　　（2）刃脚侧面受到与土的摩阻力 T 即为在刃脚部分作用在井壁外侧单位宽度上的摩阻力，应按本节三、中的规定与方法，按下列两式计算，取其较小值，即

$$T=\mu E=E\tan\varphi=0.5E \tag{3-153}$$

$$T=qA \tag{3-154}$$

式中　μ——井壁与土的摩擦系数，$\mu=\tan\varphi$；

　　　φ——土的内摩擦角，为计算方便，一般在水中的内摩擦角可取 26°30′，$\tan26°30′=0.5$；

　　　q——土与井壁的单位摩阻力，按表 3 - 33 选取；

　　　A——沉井侧面与土接触的单位宽度上的总面积，m^2。

　　$A=1\times h$（h 为刃脚高度，即刃脚根部至刃脚端部的距离）。摩阻力的计算应按本节三、中的规定计算。

　　（3）刃脚单位周长的水压力 W 和土压力 E 按本节三、中方法计算，但水、土压力的总和不应大于静水压力的 70%；否则，按静水压力的 70% 计算。二者在刃脚根部至底面呈梯形分布。

　　（4）刃脚踏面和斜面上的地基土反力 R_v 和作用在刃脚斜面上的水平力 U

$$R_v=G-T \tag{3-155}$$

　　作用在刃脚斜面上的土反力 R 与斜面法线方向成 δ 角，δ 为土与刃脚斜面的外摩擦角，一般取 $\delta=30°$ 或等于土的内摩擦角。R 可分解为竖直力 V_2 和水平力 U。为计算方便，假定竖直力 V_2 和水平力 U 的强度分别沿水平和竖直方向呈三角形分布，作用点在其分布的三角形形心，如图 3 - 53 所示。所以，R_v 由刃脚踏面部分土反力 V_1 和斜面部分土反力 V_2 两部分组成，即

$$R_v = V_1 + V_2 \tag{3-156}$$

$$\frac{V_1}{V_2} = \frac{af}{0.5bf} = \frac{2a}{b} \tag{3-157}$$

$$b = \frac{h_s}{\tan\alpha}$$

式中　f——竖直反力强度，kN/m；

　　　a——刃脚踏面宽度，m；

　　　b——刃脚入土斜面的水平投影，m；

　　　h_s——刃脚入土深度（一般取 1m）；

　　　α——刃脚斜面与水平面的夹角。

$$V_1 = \frac{2a}{2a+b}R_v, \quad V_2 = \frac{b}{2a+b}R_v \tag{3-158}$$

$$U = V_2\tan(\alpha-\delta) = \frac{R_v h_s \tan(\alpha-\delta)}{2a\tan\alpha + h_s} \tag{3-159}$$

R_v 的作用点距刃脚根部截面中心 O 点的水平距离为

$$d_l = \frac{h_l}{2\tan\alpha} - \frac{h_l(3a+2b)}{6h_s + 12a\tan\alpha} \tag{3-160}$$

式中　h_l——刃脚高度，m。

（5）刃脚重力 g。刃脚重力 g 可按下式计算

$$g = \gamma_h h \frac{t+a}{2} \tag{3-161}$$

式中　t——刃脚根部的厚度，m；

　　　γ_h——混凝土重度，kN/m³，不排水下沉时，应扣除水的浮力。

　　求得作用在刃脚上的所有外力的大小、方向和作用点后，即可求算刃脚根部截面上每单位周长井壁的轴向力 N、水平剪力 Q 及对根部截面中心点的弯矩 M（图 3-53），并据此计算在刃脚内侧的竖向钢筋。此项钢筋应伸至刃脚根部以上 $0.5l_1$（l_1 为沉井外壁的最大计算跨径）。

　　作用在刃脚部分的各水平力均应按规定考虑分配系数 α，一般刃脚钢筋截面积不宜少于刃脚根部截面积的 0.1%。

　　2. 刃脚向内弯曲

　　当沉井沉到设计标高，刃脚下的土已被挖空而尚未浇筑封底混凝土（图 3-54）时，此时刃脚处于向内弯曲的不利情况。应按此情况确定刃脚外侧竖向钢筋。

　　作用在刃脚外侧的外力，沿沉井周边取一单位周长计算，计算步骤与"向外弯曲"中的情况相似，计算方法简述如下：

　　（1）计算刃脚外侧的土压力和水压力。土压力

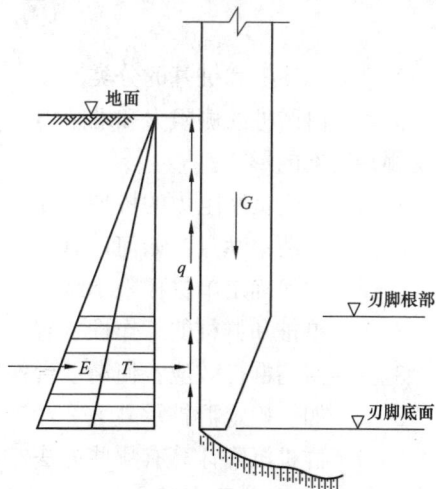

图 3-54　刃角向内挠曲受力情况

的计算与"向外弯曲"中的计算方法相同。水压力计算,当不排水下沉时,井壁外侧水压力按 100% 计算,井内水压力一般按 50% 计算,但也可按施工中可能出现的水头差计算。当排水下沉时,在透水不良的土中,外侧水压力可按静水压力的 70% 计算,但此时水土压力总和不受前面的"不超过 70% 的静水压力"的限制。

(2) 由于刃脚下的土已被掏空,故刃脚下的垂直反力 R_v 和刃脚斜面水平力 U 均等于 0。

(3) 作用在井壁外侧的摩阻力 T 与"向外弯曲"中的计算方法相同,但取较小值。

(4) 刃脚重力按式 (3-161) 计算。

根据以上计算的所有外力,可算出刃脚根部截面上每单位周长(外侧)内的轴向力 N、水平剪力 Q 及对根部截面中心点的弯矩 M,并与"向外弯曲"一样进行配筋计算。

(二) 刃脚作为水平框架计算其水平方向的弯曲强度

沉井沉至设计标高,刃脚下的土已挖空,此时刃脚受到最大的水平力。作用于刃脚上的外力与计算刃脚向内挠曲时一样,且所有水平力应乘以分配系数 β,由此可求算水平框架中控制断面上的内力,设计水平钢筋。

对不同形式框架的内力可按一般结构力学方法计算。作用在矩形沉井上的最大弯矩 M、轴向力 N、剪力 Q 可按下列公式近似计算

$$M = \frac{q l_1^2}{16} \tag{3-162}$$

$$N = \frac{q l_2}{2} \tag{3-163}$$

$$Q = \frac{q l_1}{2} \tag{3-164}$$

式中 q——作用在刃脚水平框架上的水平均布荷载;

l_1、l_2——沉井外壁的最大和最小计算跨径。

根据以上计算的 M、N、Q,设计刃脚的水平钢筋。为便于施工,不必按正负弯矩将钢筋弯起,可按正负弯矩的需要布置成内、外两圈。

思 考 题

3-1 试述桩和桩基的分类。

3-2 何谓桩的侧阻力和端阻力?桩受力后这两种阻力是如何发挥的?它们能否充分发挥受哪些因素的影响?

3-3 产生负摩阻力的机理是什么?哪些情况下可能出现负摩阻力?

3-4 何谓中性点?如何计算下拉荷载?

3-5 如何确定单桩极限承载力?

3-6 单桩和群桩的工作性状有何差异?

3-7 何谓群桩效应?何谓承台效应?

3-8 如何确定群桩承载力?

3-9 群桩沉降计算有哪些方法?各方法的基本假定是什么?有何特点?

3-10 单桩水平承载力的影响因素有哪些?如何计算单桩水平承载力和变位?其基本

思想是什么？

3-11 如何计算群桩水平承载力？其基本思想是什么？

3-12 何谓复合桩基？

3-13 设计桩基要进行哪些验算？相应每项验算都采用哪些荷载组合？

3-14 桩基承台应进行哪些内力计算？如何计算？

3-15 何谓变刚度调平设计？

习 题

3-1 某场地地基土质剖面及土性指标从上到下依次为：①粉质黏土，$\gamma=18.4kN/m^3$，$w=30.6\%$，$w_L=35\%$，$w_p=18\%$，$f_{ak}=100kPa$，厚 2m；②粉土，$\gamma=18.9kN/m^3$，$w=24.5\%$，$w_L=25\%$，$w_p=16.5\%$，$e=0.78$，$f_{ak}=150kPa$，厚 2m；③中砂，$\gamma=19.2kN/m^3$，$N=20$，中密，$f_{ak}=350kPa$，未揭穿。根据上部结构和荷载性质，该工程采用桩基础，承台底面埋深 1m，采用钢筋混凝土预制方桩，边长 300mm，设计桩长 9m。试确定单桩承载力特征值。

3-2 土层和桩的尺寸同习题 3-1，拟按复合桩基设计，承台尺寸为 2.2m×2.2m，均匀布置 9 根桩，边桩至承台边净距为 150mm。试确定复合基桩承载力特征值。

3-3 土层、桩和承台的尺寸同习题 3-1，但是为抗拔桩基，则群桩分别呈非整体破坏或整体破坏时，基桩的抗拔极限承载力标准值各有多大（抗拔系数取中间值）？

3-4 某实验大厅地层分布及土性指标从上到下依次为：①人工填土，$\gamma=16.0kN/m^3$，厚 1.7m；②粉质黏土，$\gamma=18.7kN/m^3$，$E_s=8.5MPa$，$q_{sik}=56kPa$，厚 2.0m；③黏土，$\gamma=19.1kN/m^3$，$E_s=6.0MPa$，$q_{sik}=40kPa$，厚 4.5m；④中砂，$\gamma=20.0kN/m^3$，$N_{63.5}=20$，$E_s=20.0MPa$，$q_{sik}=66.6kPa$，$q_{pk}=5066kPa$，厚 4.6m；⑤粉质黏土，$\gamma=19.8kN/m^3$，$E_s=8.0MPa$，厚 8.6m；⑥密实砾石层，$\gamma=20.2kN/m^3$，$N_{63.5}=40$，未贯穿。设上部结构传至设计地面处，相应于荷载效应的标准组合的竖向力 $F_k=2035kN$，弯矩 $M_k=330kN\cdot m$，水平力 $H_k=55kN$。经过经济技术比较后决定，以第④层中砂层为桩端持力层，采用钢筋混凝土预制桩，截面 300mm×300mm，桩端进入持力层 1.5m，桩长 8m，承台埋深 1.7m。不考虑承台效应，试设计该桩基础。

3-5 已知如习题 3-4 所述，当相应于荷载效应准永久组合时，竖向力 $F=1950kN$。承台的平面尺寸为 1.6m×2.6m，其下 5 根桩，边桩至承台边净距为 150mm，试计算该桩基沉降量。

第四章 基 坑 支 护

基坑是指为进行建（构）筑物地下部分的施工由地面向下开挖出的空间。与基坑开挖相互影响的周边建（构）筑物、地下管线、道路、岩土体与地下水体统称为基坑周边环境。在基坑开挖过程中，需要考虑对基坑周边环境的影响。支挡或加固基坑侧壁的结构称为支护结构。为保护地下主体结构施工和基坑周边环境的安全，对基坑采用的临时性支挡、加固、保护与地下水控制的措施，称为基坑支护。通常把基坑支护这项综合性的工程统称为基坑工程。

基坑工程是地下工程施工中的重要组成部分，要求具有安全性、可靠性和经济性。基坑开挖支护方案的合理性对整个地下工程造价和进度均具有重要影响。由于基坑支护工程属于临时性的工程，起初并没有引起岩土工程师们的足够重视，国内外发生了很多工程事故，尤其在建筑物及地下设施密集的地区，因基坑工程事故引发的后果将十分严重。可见基坑工程的重要性及其技术难度并不因其临时性而降低。

本章将介绍基坑工程学的入门知识，主要内容包括和深基坑支护工程设计与施工有关的工程勘察、作用于支护结构上的荷载计算，并介绍目前常用的支护结构，如水泥土挡土墙、土钉墙、排桩支护等的设计与施工。

第一节 概　　述

一、基坑支护体系的作用与要求

要保证基坑工程土方开挖的作业条件和地下室施工条件，就要求基坑支护体系能够起到挡土和止水作用。建筑基坑工程一般要求将基坑区域地下水降到基坑底下 $0.5 \sim 1.0 \mathrm{m}$。为了在基坑开挖和地下室施工过程中保证基坑相邻建（构）筑物和地下管线的安全及正常使用，要求基坑支护体系能限制周围土体的变形，使其不会对相邻建（构）筑物和地下管线以及主体结构基础产生损害。支护结构破坏后果分为很严重、严重及不严重三种情况，《建筑基坑支护技术规程》（JGJ 120—2012）将基坑侧壁安全等级分为如表 4-1 所示的三级。

表 4-1　基坑侧壁安全等级

安全等级	破 坏 后 果
一级	支护结构破坏，土体失稳或过大变形对基坑周边环境及地下结构施工影响很严重
二级	支护结构破坏，土体失稳或过大变形对基坑周边环境及地下结构施工影响一般
三级	支护结构破坏，土体失稳或过大变形对基坑周边环境及地下结构施工影响不严重

注　有特殊要求的建筑基坑侧壁安全等级可根据具体情况另行确定。

因此，对基坑支护体系的要求可以分为三个方面：

（1）保证基坑四周边坡的稳定性，满足地下室施工有足够空间的要求。基坑支护体系要起到挡土的作用，这是土方开挖和地下室施工的必要条件。

（2）保证基坑四周相邻建（构）筑物和地下管线在基坑施工期间不受损害。这要求在支护体系施工、土方开挖及地下室施工过程中对土体的变形进行控制，使基坑周围地面沉降和水平位移控制在允许范围以内。

（3）保证基坑工程施工作业面干燥。支护体系通过截水、降水、排水等措施，保证基坑工程施工作业面在地下水位以上。

对支护体系的三个要求应视具体工程而定。一般来说，每一基坑支护体系都要满足第一和第三方面的要求。第二方面要求需视周围建（构）筑物和地下管线的位置、承受变形的能力、重要性及被损害可能发生的后果等因素来确定其具体要求。有时还需要确定应控制的变形量，按变形要求进行设计。

如果基坑支护体系部分或全部作为主体结构的一部分，将支护结构做成地下室的外墙，实行"两墙合一"，支护结构还应满足作为主体结构一部分的结构及安全要求。当支护结构是临时结构时，主体结构是永久性结构，两者的要求是不一样的，而"两墙合一"后，支护结构要按永久性结构的要求处理，在强度、变形、防渗方面的要求都将提高。

二、基坑工程的特点

1. 基坑工程是岩土工程中综合性较强的学科

基坑工程不仅涉及工程地质、土力学、渗流理论、结构工程、施工技术和监测设计，同时还涉及这些学科之间的交叉范围，如地下水的渗流对土压力、土体稳定的影响；考虑土与支护结构相互作用对土压力大小、分布形式的影响；土体的卸载和加载的不同过程以及所表现出的不同特性对支护体系的影响；基坑施工中的时空效应；对地下水位、土压力、支护和支撑体系的变形等数据的监测及信息化施工；基坑工程引起周围土体应力场、位移场、地下水位的变化等对周围环境的影响等。

2. 临时性和风险性大

一般情况下，基坑支护是临时措施，支护结构的安全储备较小，风险大。有时基坑工程的经济指标要求特别苛刻，有时甚至是不合理的低安全度；而在城市密集建筑群中的深基坑工程，周围环境条件要求严格，基坑工程必须安全可靠，工程造价高。因此，临时性和安全性要求的经济指标之间的矛盾便显得比较突出。

3. 基坑工程的地区性差别大

各地区基坑工程的地质条件不同，如软土地区和黄土地区的工程地质和水文地质条件不同，将造成基坑工程差异性很大，即使是同一城市不同区域也存在差异。因此，设计要因地制宜，不能简单照搬。

4. 基坑工程具有较强的时空效应

基坑的深度和平面形状对基坑支护体系的稳定性和变形有较大影响。在基坑支护体系设计中要注意基坑工程的空间效应。土体，特别是软黏土，具有较强的蠕变性，作用在支护结构上的土压力会随时间变化。蠕变将使土体强度降低，土坡稳定性变小。所以对基坑工程的时间效应也必须给予充分的重视。

5. 基坑工程具有环境效应

基坑周围的环境条件要求严格，邻近的高大建筑、地下结构、管线、地铁等对基坑的变形限制要求严格，施工因素复杂多变，气候、季节、周围水文条件均可对施工环境造成重大影响。

以上几个特点决定了基坑工程设计、施工的复杂性，多种不确定因素导致在基坑工程中经常发生设计错误和施工问题，发生基坑事故。

三、基坑工程勘察

基坑工程的工程地质勘察一般可结合拟建工程的详细勘察同时进行。然而，拟建建筑物的勘探点，往往只是在建筑物轮廓线附近布置，这样尚不能满足基坑工程设计和施工的需要。因此，基坑工程的勘察范围应在基坑的水平方向向外扩展到基坑深度的 1～2 倍，勘探点的深度一般不应小于基坑深度的 2 倍，在软土地区或在工程地质、水文地质条件复杂的情况下，宜为基坑深度的 2～3 倍。

基坑工程勘察，应查明场地的土层分布，获取土的物理力学性质指标，尤其是土的抗剪强度指标和渗透系数、压缩模量和回弹模量，以满足基坑水土压力计算、支护结构内力和变形分析、基坑稳定性及渗流稳定性验算等的需要。

基坑工程施工时需要采用降水或止水帷幕等方法控制地下水的运动，因此，勘察时应查明各含水层的类型、埋藏条件、补给条件及水力联系、渗透系数等水文地质条件。对含水层的渗透系数、储水系数、影响半径等水文地质参数宜采用现场抽水试验确定，并对流砂、流土、管涌等现象可能产生的影响进行评价。

基坑工程设计前，应对基坑周围的环境条件进行详细调查，查明周围建筑物、构筑物的现状、基础形式、埋深和荷载大小及使用要求。查明四周有无地下埋设物，以及市政管道、电缆、通信设施等的埋设情况。

基坑工程设计时，土性指标、计算方法、安全度是统一考虑的，故土的抗剪强度指标应慎重选取，这一点必须加以强调。三轴试验受力明确，又可控制排水条件，因此，在基坑工程中确定土的强度指标时规定，应采用三轴剪切试验方法。为减少取土时对土样的扰动，应采用薄壁取土器取样。由于基坑用机械开挖，速度较快，支护结构上的土压力形成很快，为与其相适应，采用不排水剪是合理的。剪切前的固结条件，应根据土的渗透性而定。对饱和软黏土，由于其灵敏度高，取土易扰动，为使试验结果不致过低，可在土体自重压力下进行固结后再进行不排水剪。

四、基坑支护的类型及适用条件

基坑支护结构体系一般包括挡土结构和降水止水体系两部分。支护结构可分为桩、墙式支护结构和重力式支护结构两种类型。桩、墙式支护结构常采用钢板桩、钢筋混凝土板桩、柱列式灌注桩、地下连续墙等，根据土质条件及基坑规模，可以设计成悬臂式、内支撑式或锚拉式。重力式支护结构多采用水泥土搅拌桩挡墙、土钉墙等，当支护结构不能起到止水作用时，可同时设置止水帷幕或采取坑外降水的方法，以达到控制地下水的目的，使基坑土方工程可在干作业条件下开挖。每种支护方式均有其自身的特点和适用条件。

对于周围场地开阔、无重要建筑物、只要求稳定、位移控制无严格要求的基坑工程，可采用放坡开挖形式。其优点是经济，但回填土方量较大。

（一）基坑支护结构的分类与特点

1. 桩、墙式支护结构

钢板桩、钢筋混凝土板桩、柱列式灌注桩、地下连续墙等均属于该种支护结构形式。支护桩、墙插入坑底土中一定深度（一般均插入至较坚硬土层），上部呈悬臂或设置锚撑体系，形成一梁式受力构件，其结构计算可简化成在土压力作用下的一静定梁的计算，或按插入土中的竖向弹性地基梁求解。

此类支护结构应用较为广泛，适用性强，支护结构的变形易于控制，尤其适用于开挖深度较大的深基坑，并能适应各种复杂的地质条件，设计计算理论较为成熟，各地区的工程经验也较多，是基坑工程中经常采用的主要形式。

2. 实体重力式支护结构

水泥土搅拌桩和高压旋喷桩挡墙、土钉墙等类似于重力式挡土墙属于该种支护结构形式。该类支护结构截面尺寸较大，依靠实体墙身的重力起挡土作用。墙身也可设计成格构式、阶梯式等多种形式，墙身主要承受压力，一般不承受拉力，可按重力式挡土墙的设计原则计算。由于无锚拉或内支撑系统，土方开挖施工方便。当土质条件较差时，基坑开挖深度不宜过大。实体重力式支护结构适用于小型基坑工程。

（二）常用的支护结构形式及适用条件

1. 水泥土重力式挡墙

形成连续多排的水泥土搅拌桩（墙），水泥土桩（墙）中的桩与桩之间或排与排之间互相咬合紧密排列，或按网格式排列，如图 4-1 所示，适用于比较软弱、厚度较大的土层，特别是软塑或流塑土层，一般开挖深度小于 6m。设计时，现场条件需具备重力式挡墙的施工宽度，设计与施工时应确保重力式挡土结构的整体性，进行基坑整体稳定性验算。对基坑周边土体水平控制位移要求较高时，不宜采用此法。

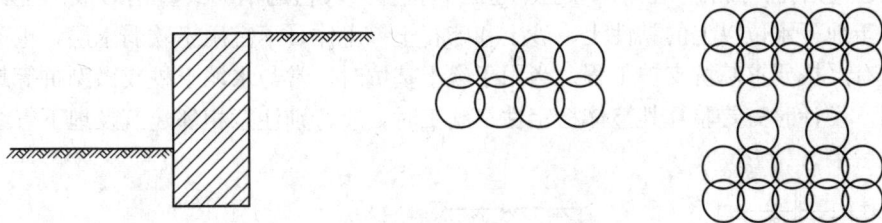

图 4-1 水泥土重力挡墙简图

2. 悬臂式排桩支护结构

将没有内支撑和锚拉的人工挖孔桩、灌注桩、钢筋混凝土板桩、钢板桩等打入土中，在基坑开挖过程中，桩体呈悬臂状态（图 4-2）。桩体依靠足够的入土深度和结构的抗弯能力来维持坑壁的稳定性和结构安全。当变形较大时，可采用双排桩，适用于基坑周围不具备放坡或施工重力式挡墙的宽度、开挖深度不大、邻近基坑边无建筑物或地下管线的情况。对基坑周边土体水平控制位移要求较高时，不宜采用此法。

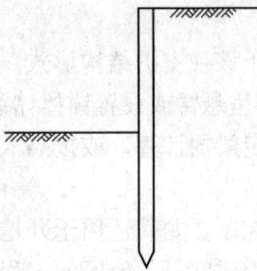

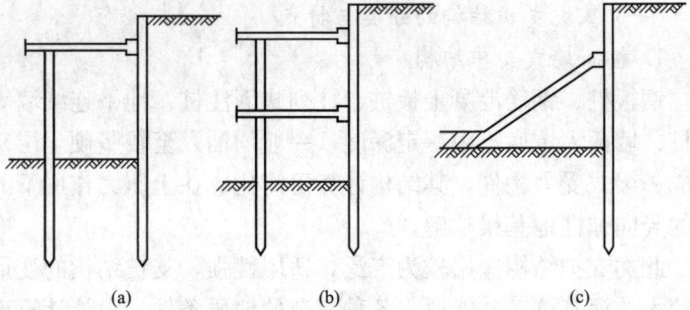

图4-2　悬臂式排桩支　　　　　　图4-3　内支撑支护结构示意图
护结构简图　　　　　　　　（a）单支撑；（b）双支撑；（c）竖向支撑

3. 排桩式挡土结构（有支撑、内锚）

排桩与内支撑（图4-3）或锚拉式（图4-4）支护结构相结合，支护桩采用混凝土板桩、灌注桩、钢板桩等，内支撑采用木方、钢筋混凝土或钢管（或型钢）做成，对于平面尺寸较大、形状比较复杂和环境保护要求严格的基坑，宜采用现浇混凝土支撑结构，内支撑需要占用一定的施工空间。内锚可采用地面拉锚、锚桩或土层锚杆等方法。

排桩式挡土结构适用于基坑周围施工场地狭小、邻近基坑周边有建筑物或地下管线需要保护的情况。对于基坑周边土层较好，且邻近基坑边无深基础建筑物或基坑用地允许占用地下空间的工程，可选用锚杆排桩支护形式。如果基坑平面较小，或相邻基坑边有深基础建筑物，或基坑用地不允许占用地下空间，可选择内支撑排桩支护形式。在软土地区的基坑支护，宜优先考虑内支撑排桩支护形式。

4. 土钉墙支护结构

土钉墙支护结构是由被加固的土体、布置较密的土钉和喷射的混凝土面层组成（图4-5）。土钉一般通过钻孔、插筋、注浆来设置，也可直接打入较粗的钢筋或型钢形成。土钉墙支护结构适合于地下水位以上的黏性土、砂土和碎石土等土体，不宜用于软弱土层，也不宜用于对基坑边有严格要求基坑支护工程。当用于软土基坑时，常与水泥土桩或微型桩等超前支护混合使用。设计时需要验算其整体稳定性。施工时，应特别注意相邻建筑及地下管线可能引起的不良后果。

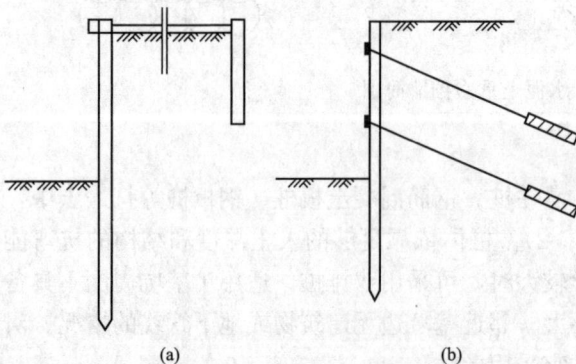

图4-4　拉锚支护结构　　　　　　图4-5　土钉墙支护结构简图
（a）地面拉锚；（b）锚杆

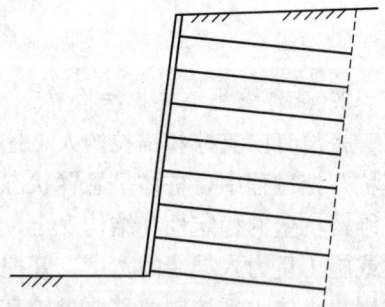

5. 其他支护结构

其他支护结构包括大型内支撑桩墙支护结构、地下连续墙支护结构、双排桩支护结构、桩锚与土钉联合支护、连拱式支护结构、加筋水泥土拱墙支护以及组合式支护结构等。

桩锚与土钉联合支护（图 4-6）是将桩锚与土钉支护结构联合使用，构成一个整体共同受力。土钉支护结构部分土体产生水平侧压力的同时，也使作用于桩锚结构上的水平侧压力的分布特征发生改变，土钉底部水平摩擦阻力的存在还可有效地降低桩锚结构中桩体嵌入深度和锚杆预应力水平。此外，桩锚结构强度的预先形成，可显著提高土钉支护结构的施工进度，并有效提高土钉结构的内部稳定性。目前，桩锚和土钉联合支护结构在工程中已取得了较为广泛的实践应用，但二者共同作用的机理以及选型原则、设计计算方法等方面的研究还存在很多有待解决的问题。

连拱式支护结构（图 4-7）通常采用钢筋混凝土桩与深层搅拌水泥土拱以及支锚结构组成。水泥土抗拉强度较小、抗压强度较大，形成水泥土拱可有效地利用材料抗压强度。拱脚采用钢筋混凝土桩，承受由水泥土拱传来的土压力，如果采用支锚结构承担一定的荷载，则会取得更好的效果。

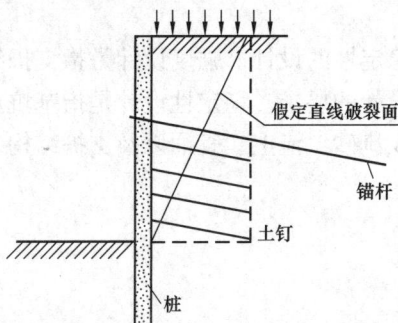

图 4-6 桩锚与土钉联合支护   图 4-7 连拱式支护结构

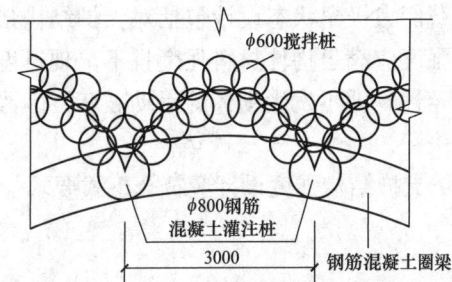

地下连续墙支护结构刚度大，止水效果好，是支护结构中效果最好的支护形式，适用于地质条件差或复杂、基坑深度大、周边环境要求高的基坑支护，但其造价较高，施工要求专用设备。

基坑工程支护结构的选型，应结合场地工程地质和水文地质条件、基坑深度、施工条件、地区工程经验等综合分析确定。

第二节　基坑支护结构设计原则和内容

一、基坑支护结构设计的极限状态

基坑支护结构设计应满足两种极限状态的要求：

1. 承载能力极限状态

要求不能出现以下各种情况：

（1）支护结构的结构性破坏。支护结构及支撑系统的折断、压屈失稳、锚杆的断裂、拔出等使结构失去承载能力的破坏形式。

（2）基坑内外土体失稳。基坑内外土体中出现整体滑动面，土体呈现整体滑动现象；坑底土体过量隆起出现塑性流动现象，基坑内被动区土体被动抗力不足，结构倾倒或踢脚等破坏形式。

（3）止水帷幕失效。坑内出现渗流破坏、管漏、流土或流砂、水土流失、坑外地面塌陷而导致基坑土体失稳。

2. 正常使用极限状态

要求不能出现以下各种情况：

（1）支护结构位移造成周边建（构）筑物、地下管线、道路等损坏或影响其正常使用；

（2）因地下水位下降、地下水渗流或施工因素导致土体变形，造成基坑周边建（构）筑物、地下管线、道路等损坏或影响其正常使用；

（3）影响主体地下结构正常施工的支护结构位移；

（4）影响主体地下结构正常施工的地下水渗流。

二、基坑支护结构的设计要求和原则

（一）设计要求

基坑支护结构应从承载能力极限状态和正常使用极限状态两个方面进行设计：

1. 承载能力极限状态

承载能力极限状态设计包括对支护结构强度和稳定性的设计。强度设计是指支护结构或连接的强度应满足构件材料强度且不出现过度变形设计的要求。稳定性设计是指基坑周围土体的稳定性，即不发生土体的滑动破坏，因渗流造成流砂、流上、管涌以及支护结构、支撑体系的失稳。

（1）支护结构强度设计应符合下式要求

$$\gamma_0 S_d \leqslant R_d \qquad (4-1)$$

式中 γ_0——支护结构重要性系数，对于安全等级为一级、二级、三级的支护结构，分别不应小于 1.1、1.0、0.9；

S_d——作用基本组合的效应（轴力、弯矩等）设计值；

R_d——结构构件的抗力设计值。

对临时性支护结构，作用基本组合的效应设计值应按下式确定

$$S_d = \gamma_F S_k \qquad (4-2)$$

式中 γ_F——作用基本组合的综合分项系数，不应小于 1.25；

S_k——作用标准组合的效应。

（2）坑体滑动、坑底隆起、挡土构件嵌固段推移、锚杆与土钉拔动、支护结构倾覆与滑移、基坑土的渗透变形等稳定性计算和验算，均应符合下式要求

$$\frac{R_k}{S_k} \geqslant K \qquad (4-3)$$

式中 R_k——抗滑力、抗滑力矩、抗倾覆力矩、锚杆和土钉的极限抗拔承载力等土的抗力标准值；

S_k——滑动力、滑动力矩、倾覆力矩、锚杆和土钉的拉力等作用标准值的效应；

K——稳定性安全系数。

2. 正常使用极限状态

由支护结构水平位移、基坑周边建筑物和地面沉降等控制的正常使用极限状态，应符合下式要求

$$S_d \leqslant K \qquad (4-4)$$

式中 R_k——抗滑力、抗滑力矩、抗倾覆力矩、锚杆和土钉的极限抗拔承载力等土的抗力标准值；

S_k——滑动力、滑动力矩、倾覆力矩、锚杆和土钉的拉力等作用标准值的效应；

K——稳定性安全系数。

基坑支护设计相应于承载力极限状态要有足够的安全系数，不致使支护结构产生失稳，而在保证不出现失稳的条件下，还要控制位移量，使之不致影响周边构筑物的安全使用，即在正常使用极限状态之内。因而，作为设计的计算理论，不但要保证支护结构的稳定性，还应计算其形变，并根据周边环境条件，将变形控制在一定的范围内。

（二）设计原则

基坑工程设计的原则为：

（1）安全可靠。满足支护结构本身强度、稳定性以及变形的要求，确保周围环境的安全。

（2）经济合理。在支护结构安全可靠的前提下，要从工期、材料、设备、人工以及环境保护等方面综合确定具有明显技术经济效果的方案。

（3）施工便利并保证工期。在安全可靠经济合理的情况下，最大限度地满足方便施工（如合理的支撑布置，便于挖土施工），缩短工期。

（三）支护结构的荷载效应

支护结构的荷载效应应包括下列各项：

（1）土压力。

（2）潜水压力、渗流压力、承压水压力。

（3）基坑开挖影响范围以内建（构）筑物荷载、地面超载、施工荷载及邻近场地施工的作用影响。

（4）温度变化（包括冻胀）对支护结构产生的影响。

（5）临水支护结构尚应考虑波浪作用和水流退落时的渗透力。

（6）作为永久结构使用时尚应按有关规范考虑相关荷载作用。

三、基坑支护结构设计内容

基坑工程设计时，首先应掌握以下设计资料：

（1）岩土工程勘察报告。

（2）建筑总平面图、工程用地红线图、地下工程的建筑、结构设计图。

（3）邻近建筑物的平面位置，基础类型及结构图、埋深及荷载，周围道路、地下设施、市政管道及通信工程管线图、基坑周围环境对基坑支护结构系统的设计要求。

基坑的开挖与支护结构设计包括以下内容：

（1）支护结构体系的选型及地下水控制方式。

（2）支护结构的承载力、稳定与变形计算。

（3）基坑内外土体稳定性计算。

（4）基坑降水、止水帷幕设计。

（5）基坑土方开挖方案。

（6）基坑施工监测设计及其应急措施的制定。

以上设计内容，可以分成三个部分：第一部分是支护结构的强度变形和基坑内外土体稳定性设计；第二部分是对基坑地下水的控制设计；第三部分是施工监测，包括对支护结构的监测和周边环境的监测。

施工监测是基坑工程中的一项重要内容。随着基坑开挖，通过对支护结构桩、墙及其支撑系统的内力、变形的测试，掌握其工作性能和状态；通过对影响区域内的建筑物、地下管线的变形监测，了解基坑降水和开挖过程中对其影响的程度，作出在施工过程中基坑安全性的评价。

基坑支护结构方案要做到因地制宜，在相同条件下，对基坑的允许变形值大小的规定不同，支护结构所需的费用相差可能很大。因此，优秀的方案设计，应做到较好地把握支护结构体系的安全和合理的变形量，既保证结构本身的安全，又使周围环境不受或少受影响，且造价经济。

第三节　作用在支护结构上的荷载

作用于支护结构上的荷载主要有：土压力，水压力，渗流压力，基坑影响区范围内建筑物、结构物、施工荷载、汽车、吊车及场地堆载等所引起的侧向压力等。准确确定作用在支护结构上的荷载效应是设计中的重要环节。

在进行支护结构计算时，作用在支护结构与土体界面上的压力即为土压力。土压力的大小及其分布规律同支护结构的水平位移的方向和大小、土的物理力学性质、支护结构物的刚度及高度等因素有关。

作用在支护结构上的土压力按以下规定计算：

（1）作用在支护结构上的土压力包括主动土压力、被动土压力以及超载等产生的附加压力，当计算点位于水位以下时，还应计算水压力作用。

（2）当计算出的基坑开挖面以上的水平荷载标准值小于零时，由于支护结构与土之间不可能产生拉应力，故取为零。

（3）计算土压力强度标准值时荷载效应应按基本组合考虑，荷载分项系数取 1.0，土体抗剪强度指标取标准值。

（4）对于市政或周围建筑环境对挡土结构和地基的位移有较严格的要求时，支护结构不允许产生侧向位移，此时可按静止土压力计算。

（5）一般情况下，主动和被动土压力系数可采用朗肯土压力系数。

（6）对地下水位以下的碎石土、砂性土和砂质粉土，可按水土分算原则进行，即分别计算土压力和水压力，然后两者相加。对地下水位以下的黏性土和黏质粉土，可根据现场情况和工程经验，按水土分算或水土合算进行。

（7）当按变形原则设计支护结构时，作用在支护结构上的计算土压力可按支护结构与土体相互作用原理确定，也可按地区可靠经验确定。

一、土压力

刚性墙体受墙后填土的作用将绕墙身底部向外转动或平行移动，作用在墙背上的土压力从静止土压力值逐渐减小，直到填土内出现滑动面。在滑动面以上的土体（滑动楔体）将沿着这一滑动而向下向前滑动。此时，作用在墙背上的土压力减小到最小值，即为主动土压力，而土体内相应的应力状态称为主动极限平衡状态。相反，如墙身受外力作用挤压墙后的填土，则土压力从静止土压力逐渐增大，直到填土内出现滑动面、滑动楔体将沿着某一滑动面向上向后推出，发生破坏。此时作用在墙背上的土压力增加到最大值，即为被动土压力，而土体内相应的应力状态称为被动极限平衡状态。所以主动土压力和被动土压力是墙后填土处于两种不同极限平衡状态时作用在墙背上的可以计算的两个土压力。而介于这两个极限平衡状态之间的情况，除静止土压力这一特殊情况可以简单计算出来外，其他情况均无法简单地算出来，只能根据墙后填土处于弹性平衡状态，应用墙体的位移和土体的本构关系按相互作用原则确定。

（一）静止土压力

支护结构不允许产生侧向位移时，可按静止土压力计算。计算公式为

$$p_0 = \sigma_{0k} K_0 \tag{4-5}$$

式中 p_0——计算点处的静止土压力强度；

σ_{0k}——作用于基坑外侧计算深度处竖向应力标准值，包括上覆土层的重力。无附加荷载作用时，$\sigma_{0k} = \sum \gamma_i h_i$，$\gamma_i$ 为计算点以上第 i 层土的重度，h_i 为计算点以上第 i 层土的厚度；在地面大面积均布荷载 q_0 作用下，$\sigma_{0k} = \sum \gamma_i h_i + q_0$。

K_0——计算点处土的静止土压力系数，可由试验确定。当有工程经验时，对于正常固结土可近似取 $K_0 = 1 - \sin\varphi'$，φ' 为土的有效内摩擦角，也可查表 4-2 估算；对于超固结土，可取 $K_0 = (1 - \sin\varphi')^{0.5}$。

表 4-2　　　　　　　　　　静止土压力系数 K_0

土类	坚硬土	硬～可塑黏性土、粉土、砂土	可～软塑黏性土	软塑黏性土	流塑黏性土
K_0	0.2～0.4	0.4～0.5	0.5～0.6	0.6～0.75	0.75～0.8

（二）朗肯土压力

当墙背竖直、光滑且填土面水平时，朗肯主动土压力为

$$p_a = \sigma_{1k} K_a - 2c \sqrt{K_a} \tag{4-6}$$

$$K_a = \tan^2 \left(45° - \frac{\varphi}{2}\right) \tag{4-7}$$

$$z_0 = \frac{2c}{\gamma \sqrt{K_a}} \tag{4-8}$$

朗肯被动土压力为

$$p_p = \sigma_{1k} K_p - 2c\sqrt{K_p} \tag{4-9}$$

$$K_p = \tan^2\left(45° + \frac{\varphi}{2}\right) \tag{4-10}$$

式中　p_a、p_p——朗肯主动土压力强度和被动土压力强度；

　　　　K_a、K_p——朗肯主动土压力系数和被动土压力系数；

　　　　z_0——朗肯主动土压力计算时的临界深度；

　　　　σ_{1k}——基坑外侧计算深度处竖向应力标准值，对于如图 4-8 所示情况，σ_{1k} $=\sigma_{0k}$；

　　　　c——土的黏聚力；

　　　　φ——土的内摩擦角。

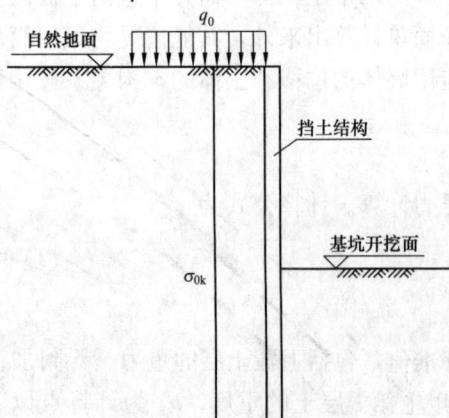

由于朗肯土压力理论没有考虑墙背和填土之间的摩擦力，求得的主动土压力偏大，被动土压力偏小。因此，用朗肯土压力理论来设计挡土结构总是偏于安全的。

当支护结构经受的侧向变形条件不符合主动、被动极限平衡状态条件时，土压力可采用实际值或按下式对主动与被动土压力系数近似进行调整

$$K_{ma} = \frac{1}{2}(K_a + K_0) \tag{4-11}$$

$$K_{mp} = (0.5 \sim 0.7)K_p \tag{4-12}$$

图 4-8　附加荷载

二、水压力

（一）水压力的计算

基坑施工时，在基坑四周设置止水帷幕，因坑内降水，将形成支护结构内外水头差。如果采用水、土压力分算原则时，需要计算作用在支护结构上的水压力。当无地下水渗流或者不考虑地下水渗流时，作用在支护结构上的水压力，可根据基坑内外的水位，分别按静水压力计算。计算公式为

$$\Delta p = \gamma_w z \tag{4-13}$$

式中　Δp——静水压力；

　　　　γ_w——水的重度，取 $10 kN/m^3$；

　　　　z——在地下水位以下，计算点至地下水位面的距离。

静水压力从计算点至地下水位面的距离 z 范围内呈三角形分布。当作用在基坑内外的部分水压力相互抵消后，在坑内水位以下，水压力将呈矩形均匀分布，如图 4-9 所示。

（二）水土压力的水土分算法和水土合算法

水土分算法的土压力和水压力用有效应力表示为两部分，即有效土压力和水压力。在地下水位下，按朗肯土压力理论表示的主动和被动土压力强度分别为

$$p_a = (q_0 + \sum\gamma_i'h_i)K_a - 2c'\sqrt{K_a} + \gamma_w z \tag{4-14}$$

$$K_a = \tan^2\left(45° - \frac{\varphi'}{2}\right) \tag{4-15}$$

$$p_p = (q_0 + \sum \gamma'_i h_i)K_p + 2c'\sqrt{K_p} + \gamma_w z \tag{4-16}$$

$$K_p = \tan^2\left(45° + \frac{\varphi'}{2}\right) \tag{4-17}$$

式中　γ'_i、h_i——第 i 层土的有效重度和厚度；

　　　c'、φ'——土的有效内聚力和有效内摩擦角。

水土合算法是以饱和重度表示土中水和土粒的总重量，土压力和水压力总和用总应力按下列公式计算

$$p_a = (q_0 + \sum \gamma_{sati} h_i)K_a - 2c\sqrt{K_a} \tag{4-18}$$

$$K_a = \tan^2\left(45° - \frac{\varphi}{2}\right) \tag{4-19}$$

$$p_p = (q_0 + \sum \gamma_i h_i)K_p + 2c\sqrt{K_p} \tag{4-20}$$

$$K_p = \tan^2\left(45° + \frac{\varphi}{2}\right) \tag{4-21}$$

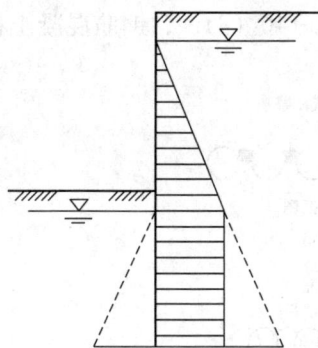

图 4-9　无地下水渗流时作用
在支护结构上的水压力

土压力的水土分算法或水土合算法涉及的问题比较多，难以作出简单的结论，《建筑基坑支护技术规程》（JGJ 120—2012）中总结了各地工程经验，将对水土合算和分算及抗剪强度指标的选取归纳如下：

地下水位以上的黏性土、黏质粉土，采用三轴固结不排水抗剪强度指标（φ_{cu}，c_{cu}）或直剪固结快剪强度指标（φ_{cq}，c_{cq}），地下水位以上的砂质粉土、砂土、碎石土应采用有效应力强度指标（φ'，c'）；

地下水位以下的黏性土、黏质粉土，可采用水土合算方法；此时对正常固结土和超固结土，图的抗剪强度指标应采用三轴固结不排水抗剪强度指标（φ_{cu}，c_{cu}），对欠固结土，宜采用有效自重压力下预固结的三轴不固结不排水抗剪强度指标（φ_{uu}，c_{uu}）；

对下水位以下的砂质粉土、砂土及碎石土，应采用水土分算方法；此时，土的抗剪强度指标应采用有效应力抗剪强度指标（φ'，c'）。由于实际工程中孔隙水应力的大小难以测定，在缺少有效应力强度指标时，可采用三轴固结不排水抗剪强度或直剪固结快剪强度指标代替。

第四节　桩墙式支护结构设计计算

一、概述

桩墙式支护结构包括柱列式排桩、连续排桩和组合式排桩支护等形式。排桩支护可采用钻孔灌注桩、人工挖孔桩、预制钢筋混凝土板或钢板桩等。

1. 柱列式排桩支护

当边坡土质尚好、地下水位较低时，可利用土拱作用，以稀疏钻孔灌注桩或人工挖孔桩支挡土坡［图 4-10（a）］。

2. 连续排桩支护

在软土中一般不能形成土拱，支挡桩应该连续密排。密排的钻孔桩可以互相搭接

［图 4 - 10（b）］，或在桩身混凝土强度尚未形成时，在相邻桩之间做一根素混凝土树根桩将钻孔桩排连起来［图 4 - 10（c）］。也可以采用钢板桩［图 4 - 10（d）］、钢筋混凝土板桩［图 4 - 10（e）］。

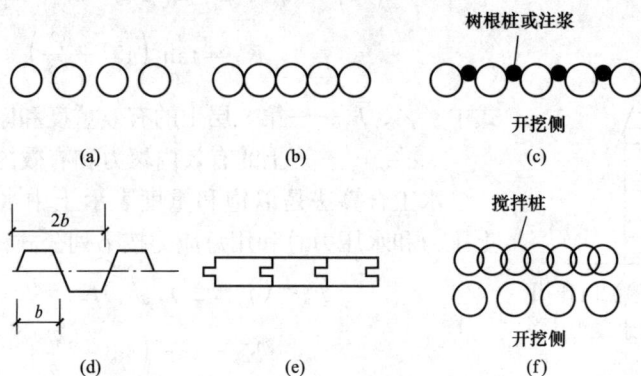

图 4 - 10 排桩支护类型

3. 组合式排桩支护

当地下水位较高的软土地区，可采用钻孔灌注桩排桩与水泥土防渗墙组合的形式［图 4 - 10（f）］。

按基坑开挖深度及支护结构受力情况，排桩支护可分为悬臂式支护结构、单支撑结构和多支撑结构。

桩墙式支护结构设计时，应针对已选定的支护方案，按基坑开挖过程的实际进行工况设计。对于各个开挖阶段不同的开挖深度，桩体受力、支撑条件均不相同，还要考虑基坑底板施工完成后，逐步进行支撑拆除时的受力工况等。

工况设计时，应根据场地的实际土层分布、地下水位条件、开挖深度等因素综合考虑。

桩、墙式支护结构的设计计算包括以下内容：

（1）支护桩插入深度的确定。

（2）支护结构体系的内力分析和结构强度设计。

（3）基坑内外土体的稳定性验算。

（4）基坑降水设计和渗流稳定验算。

（5）基坑周围地面变形的控制措施。

（6）施工监测设计。

基坑支护体系的设计是一项综合性很强的设计，应做到设计要求明确，施工工况合理，决不能出现漏项的情况。

土方开挖后，在土压力及水压力作用下，支护桩的两侧将形成很大的压差。支护桩可以出现倾覆、滑移、踢脚等破坏现象，桩体结构将产生很大的内力和变位。对于此种情况常用的分析计算方法有极限平衡法和弹性支点法两种。

目前，桩墙式支护结构一般按《建筑基坑支护技术规程》（JGJ 120—2012）中推荐的弹性支点法进行分析计算。由于极限平衡法的一些假定与实际受力状态有一定差别，且不能计算支护结构位移，在实际工程中一般不再采用。但极限平衡法易于手算，有助于理解支护结构受力状态，故仍作为本章介绍的重点。

极限平衡法是假设桩体左右两侧土体都处于极限平衡状态的一种计算方法，即支护桩在一定的插入深度下，基坑外侧土体处于主动极限平衡状态，基坑内侧土体处于被动极限平衡状态，桩墙在水、土压力等侧向荷载作用下满足平衡条件，作为设计计算的原则。极限平衡法常用方法有静力平衡法和等值梁法。

二、悬臂式支护结构

悬臂式支护桩主要靠插入土内深度形成嵌固端，以平衡上部土压力、水压力及地面荷载形成的侧压力，如图 4-11 所示。下面采用静力平衡法对悬臂式支护桩进行受力分析。

悬臂桩在基坑底面以上外侧主动土压力作用下，桩将向基坑内侧倾移，而下部则反方向变位，即桩绕基坑底以下某点 [图 4-11（b）中 C 点] 旋转。C 点处墙体无变位，故受到大小相等、方向相反的二力作用，其净压力为零。C 点以上墙体向左移动，其左侧作用被动土压力，右侧作用主动土压力；C 点以下则相反，其右侧作用被动土压力，左侧作用主动土压力，如图 4-11（c）所示。因此，作用在墙体上各点的净土压力为各点两侧的被动土压力和主动土压力之差，其沿墙身的分布情况如图 4-11（d）所示，各段的合力分别用 E_a、E_p 和 R_c 表示。由此可根据静力平衡条件计算板桩的入土深度和内力。由于点 O 以下的土压力难以计算，H. Blum 建议将其用作用于 C 点的集中力表示，即桩的插入深度达到旋转点以下部分的作用力用一个单力 R_c 表示，如图 4-12 所示。

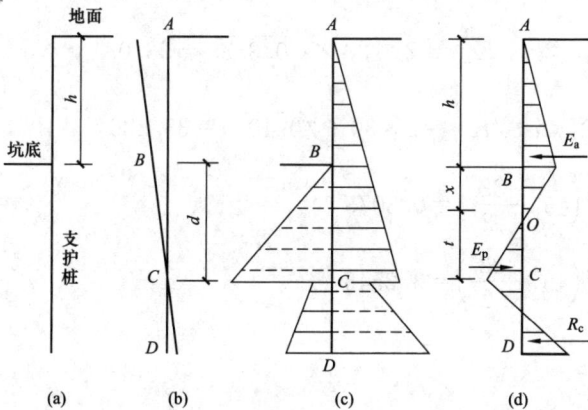

图 4-11 悬臂板桩的变位及在无黏性土中土压力分布
（a）基坑；（b）变位示意图；（c）土压力分布；（d）两侧土压力之差分布

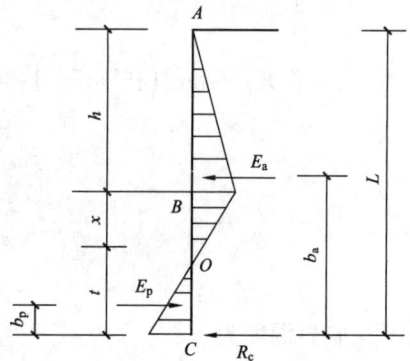

图 4-12 H. Blum 法计算悬臂桩在无黏性土中土压力分布

1. 计算嵌固深度

在满足绕桩脚 C 点弯矩等于 0，即 $\sum M = 0$ 的条件下，求得悬臂桩所需的极限嵌固深度

$$E_a b_a = E_p b_p \tag{4-22}$$

或对分层土

$$\sum_{n=1}^{n} E_{ai} b_{ai} = \sum_{n=1}^{n} E_{pi} b_{pi} \tag{4-23}$$

式中 E_{ai}、E_{pi}——作用在支护桩个层土的净主动土压力和净被动土压力的合力；

b_{ai}、b_{pi}——E_{ai} 和 E_{pi} 对 C 点的距离，其值与嵌固深度有关。

计算时，假定不同的 t 值，代入式（4-23），就可确定真正的 t 值。为安全计，还要乘以 1.2 的经验系数，则支护桩总的进入坑底的深度为 $x + 1.2t$，支护桩的总长度为

$$L=h+x+1.2t \tag{4-24}$$

在实际工程中，支护桩嵌固深度除应满足静力平衡条件外，还应满足嵌固稳定性、抗隆起以及整体稳定性要求。

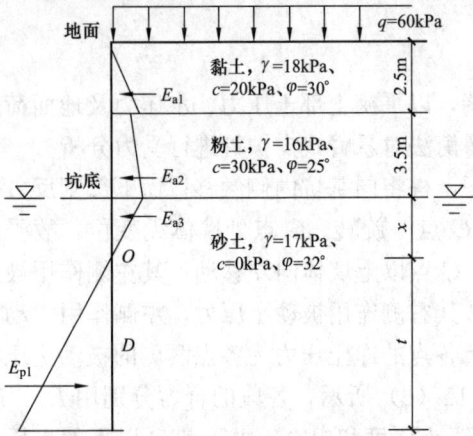

图 4-13 ［例题 4-1］图

2. 计算最大弯矩

按结构力学分析，最大弯矩位于零剪应力截面处。计算 $\sum\limits_{n=1}^{n} E_{ai} = \sum\limits_{n=1}^{n} E_{pi}$ 的桩截面处，即可求得零剪应力截面，则最大弯矩为

$$M_{max} = \sum_{n=1}^{n} E_{ai} z_{ai} - \sum_{n=1}^{n} E_{pi} z_{pi} \tag{4-25}$$

式中 z_{ai}、z_{pi}——E_{ai} 和 E_{pi} 至计算的零剪应力截面的距离。

【例题 4-1】 某建筑基坑开挖深度为 6.0m，拟采用悬臂式板桩支护。土层情况如图 4-13 所示。坑内外地下水位面在地表下与坑底齐平处。试确定其嵌固深度及支护桩总长度，并计算在该桩长条件下桩身最大弯矩的大小及位置。

解 （1）计算各点的土压力

$$K_{a1} = \tan^2\left(45° - \frac{30°}{2}\right) = 0.3333, \quad 2c_1\sqrt{K_{a1}} = 2 \times 20 \times \sqrt{0.3333} = 23.094$$

$$K_{a2} = \tan^2\left(45° - \frac{25°}{2}\right) = 0.4059, \quad 2c_2\sqrt{K_{a2}} = 2 \times 30 \times \sqrt{0.4059} = 38.226$$

$$K_{a3} = \tan^2\left(45° - \frac{32°}{2}\right) = 0.3073$$

$$K_{p3} = \tan^2\left(45° + \frac{32°}{2}\right) = 3.2546$$

1）第一层土：

临界深度为

$$z_0 = \frac{2c_1}{\gamma_1\sqrt{K_{a1}}} - \frac{q}{\gamma_1} = \frac{2 \times 20}{18 \times \sqrt{0.3333}} - \frac{60}{18} = 0.516(\text{m})$$

底部土压力强度为

$$p_{a1} = (q_0 + \gamma_1 h_1)K_{a1} - 2c_1\sqrt{K_{a1}} = (60 + 18 \times 2.5) \times 0.3333 - 23.094 = 11.902(\text{kN/m}^2)$$

主动土压力为

$$E_{a1} = \frac{1}{2}p_{a1}(h_1 - z_0) = \frac{1}{2} \times 11.902 \times (2.5 - 0.516) = 11.807(\text{kN/m})$$

E_{a1} 距坑底的距离为 $3.5 + \dfrac{2.5 - 0.516}{3} = 4.161$ （m）

2）第二层土：

层顶面土压力强度为

$$p_{a2} = (q_0 + \gamma_1 h_1)K_{a2} - 2c_2\sqrt{K_{a2}} = (60 + 18 \times 2.5) \times 0.4059 - 38.226 = 4.394 \ (\text{kN/m}^2)$$

层底面土压力强度为

$$p'_{a2}=(q_0+\gamma_1h_1+\gamma_2h_2)K_{a2}-2c_2\sqrt{K_{a2}}=4.394+16\times3.5\times0.4059=27.124\ (\text{kN/m}^2)$$

主动土压力为

$$E_{a2}=\frac{p_{a2}+p'_{a2}}{2}h_2=\frac{4.394+27.124}{2}\times3.5=55.157\ (\text{kN/m})$$

E_{a2} 距坑底的距离可按一次求矩法求得

$$\frac{4.394\times3.5\times\frac{3.5}{2}+\frac{1}{2}\times(27.124-4.394)\times3.5\times\frac{3.5}{3}}{55.157}=1.329(\text{m})$$

3）第三层土：

顶面的主动土压力强度为

$$p_{a3}=(q_0+\gamma_1h_1+\gamma_2h_2)K_{a3}=(60+18\times2.5+16\times3.5)\times0.3073=49.475(\text{kN/m}^2)$$

O 点的主动土压力强度为

$$p'_{a3}=p'_{a3}+\gamma_3xK_{a3}=49.475+17\times0.3073x=49.475+5.2241x$$

顶面的被动土压力强度为

$$p_{p3}=0$$

O 点的被动土压力强度为

$$p'_{p3}=p'_{a3}+\gamma_3xK_{a3}=17\times3.2546x=55.3282x$$
$$49.475+5.2241x=55.3282x$$
$$x=0.987\text{m}$$

O 点以上的净主动土压力呈倒三角形分布，其值为

$$E_{a3}=\frac{1}{2}p_{a3}x=\frac{1}{2}\times49.475\times0.987=24.416(\text{kN/m})$$

E_{a3} 据坑底的距离为

$$\frac{0.987}{3}=0.329\ (\text{m})$$

嵌固深度处的被动土压力强度与主动土压力强度之差为

$$\gamma_3tK_{p3}-\gamma_3tK_{a3}=17\times t\times(3.2546-0.3073)=50.1041t$$

净被动土压力为

$$E_{p1}=\frac{1}{2}t\times50.1041t=25.0521t^2$$

E_{p1} 距嵌固点的距离为 $\frac{1}{3}t$。

（2）计算嵌固深度。

计算各力对嵌固深度处的总弯矩

$$E_{a1}(4.161+x+t)+E_{a2}(1.329+x+t)+E_{a3}(x-0.329+t)=E_{p1}\frac{1}{3}t$$

把各个力代入上式，整理得

$$8.3507t^3-91.38t-204.5918=0$$

通过试算求得嵌固深度 $t=4.111$m

支护桩的总长度为

$$L = h + x + 1.2t = 6 + 0.987 + 1.2 \times 4.111 = 11.92(\text{m})$$

（3）计算最大弯矩及其截面位置。

计算支护桩零剪应力的位置为 D 点，设 OD 的距离为 z，则有

$$\frac{1}{2}\gamma_3 z^2 K_{p3} - \frac{1}{2}\gamma_3 z^2 K_{a3} = \sum_{i-1}^{3} E_{ai}$$

$$\frac{1}{2} \times 17 \times (3.2456 - 0.3073)z^2 = 11.807 + 55.157 + 24.416$$

$$z = 1.91\text{m}$$

D 点在坑底下深度为 $0.987 + 1.91 = 2.90\text{m}$

$$M_{\max} = 11.807 \times (2.90 + 4.161) + 55.157 \times (1.329 + 2.90) + 24.416 \times (-0.329 + 2.90)$$

$$- \frac{1}{2} \times 17 \times 1.91^2 \times (3.2546 - 0.3073) \times \frac{1}{3} \times 1.91 = 321.2(\text{kN} \cdot \text{m/m})$$

有了 $M_{\max}$，即可验算支护桩墙是否满足抗弯刚度的要求。

在工程设计时，支护柱嵌固深度应先验算满足各项稳定性指标后再进行桩身内力的计算。

三、单支点支护结构

当基坑开挖深度较大时，可以在围护结构顶部附近设置一单支撑（或拉锚）形成单支点支护结构。其常见的几种破坏方式主要是：

（1）锚定系统破坏：可能由于墙后横向土压力或墙后填土本身沉陷，致使拉杆（线）断裂，支护上横梁破坏，锚定物脱开或连接件失效等。

（2）支护桩底部向前移动：桩入土深度不够，或基坑土方超挖、水流冲刷等原因造成的。

（3）支护结构的弯曲破坏：土压力计算不足，基坑边缘支护结构附近增加较大荷载，墙前挖土超深等原因都可以造成这种破坏。

（4）整体滑动破坏：对于软黏土，整体沿圆弧的滑动引起基坑鼓起，坑外地面沉陷。

实际工程可能还有其他破坏形式，或者是以上几种破坏形式的组合。第一种破坏形式可通过正确的锚固系统设计，保证拉锚系统具有足够的刚度来预防。整体滑动设计计算在下节讲述，本节主要针对第二和第三种破坏形式进行设计计算。

对于单支点支护结构，桩的入土深度不同，因桩侧不同的土压力分布，使得桩体产生的变形不同：

（1）支护桩入土深度较浅，支护桩前的被动土压力全部发挥，支撑点的主动土压力的力矩和被动土压力的力矩相等［图 4 - 14（a）］。此时墙体处于极限平衡状态，由此得出的跨间正弯矩 $M_{\max}$ 值最大，但入土深度最浅为 $t_{\min}$。此时墙前被动土压力全部被利用，支护桩底端可能有少许向坑内移动的现象。

（2）支护桩入土深度增加大于 $t_{\min}$ 时［图 4 - 14（b）］，桩前的被动土压力得不到充分发挥与利用，此时桩底端仅在原位置转动一角度而不致有位移现象发生，桩底的土压力便等于零。未发挥的被动土压力可作为安全度储备。

（3）支护桩入土深度继续增加，墙前墙后都出现被动土压力，支护桩在土中处于嵌固状态，相当于上端简支下端嵌固的超静定梁。它的弯矩已大大减小而出现正负两个方向的弯矩。其底端的嵌固弯矩 M_2 的绝对值略小于跨间弯矩 M_1 的值，压力零点与弯矩零点大致吻合［图 4 - 14（c）］。

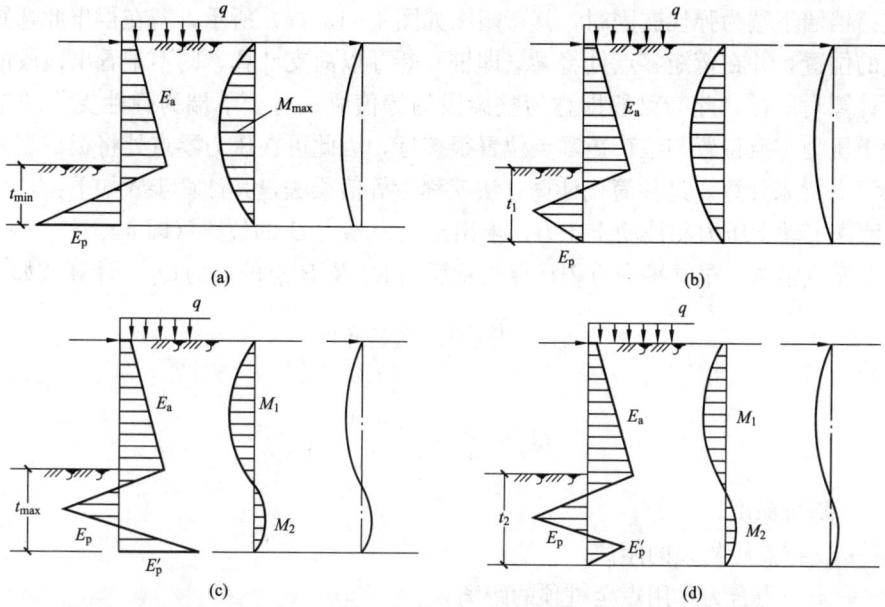

图 4-14　入土深度不同的板桩墙的土压力分布、弯矩及变形图

（4）支护桩的入土深度进一步增加［图 4-14（d）］。此时桩的入土深度略微过深，墙前墙后的被动土压力都不能充分发挥和利用，它对跨间弯矩的减小不起太大的作用，因此支护桩入土深度过深是不经济的。

以上四种状态中，第四种设计时不采用。第三种是目前常采用的工作状态，一般以正弯矩为负弯矩的 110%～115% 作为设计依据，但有时也采用正负弯矩相等作为依据。由该状态得出的桩虽然较长，但因弯矩较小，可以选择较小的断面，同时因入土较深，比较安全可靠。若按第一、第二种情况设计，可得较小的入土深度和较大的弯矩，对于第一种情况，桩底可能有少许位移。自由支承比嵌固支承受力情况明确，造价经济合理。

下面介绍等值梁法的计算方法：

按第三种情况，即视桩体为一端弹性嵌固另一端简支的梁。挡墙两侧作用着分布荷载，即主动土压力和被动土压力，如图 4-15 所示。在计算过程中需要计算的是桩的入土深度、支撑反力及跨中最大弯矩。

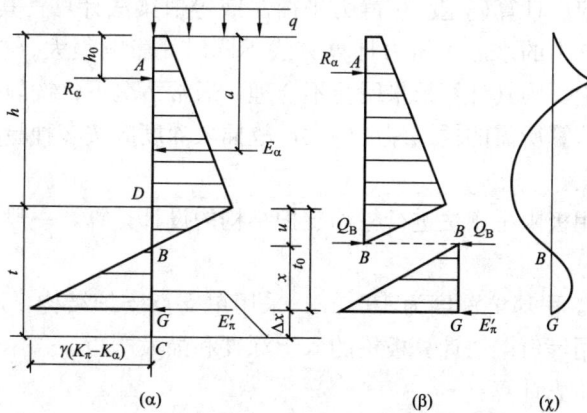

图 4-15　等值梁法计算简图

单支撑挡墙下端为弹性嵌固时，其弯矩图如图 4-15（c）所示，若在得出此弯矩前已知弯矩零点的位置，并在弯矩零点处将梁（即桩）断开以简支计算，则不难看出该段的弯矩图将同整梁计算时一样，此断梁段即称为整梁段的等值梁。对于下端为弹性支承的单支撑挡墙，其净土压力零点位置与该弯矩零点位置很接近，因此可在压力零点处将板桩划开作为两个相连的简支梁来计算。这种简化计算方法就称为等值梁法，其计算步骤如下：

（1）计算主动土压力和被动土压力，求出土压力零点 B 的位置（即 u）。

（2）由等值梁 AB 根据平衡方程计算支承反力 R_a 及 B 点的剪力 Q_B。计算式如下

$$R_a = \frac{E_a(h+u-a)}{h+u-h_0} \tag{4-26}$$

$$Q_B = \frac{E_a(a-h_0)}{h+u-h_0} \tag{4-27}$$

式中　h——基坑深度；

　　　h_0——支撑点距桩顶的距离；

　　　a——土压力合力作用点至桩顶的距离；

　　　u——坑底至压力零点的距离。

（3）由等值梁 BG 求算板桩的入土深度，取 $\sum M_G=0$ 即可。当土质均匀且为砂土时

$$Q_B x = \frac{1}{6}\left[K_p\gamma(u+x)-K_a\gamma(h+u+x)\right]x^2 \tag{4-28}$$

化简后可得

$$x = \sqrt{\frac{6Q_B}{\gamma(K_p-K_a)}} \tag{4-29}$$

所以，桩的最小入土深度为

$$t_0 = u+x \tag{4-30}$$

为安全起见，按桩底土层硬软条件不同，取经验嵌固系数（1.1～1.2），即 $t=(1.1～1.2)t_0$。在实际工程中，支护桩嵌固深度除应满足静力平衡条件外，还应满足嵌固稳定性、抗隆起以及整体稳定性要求。

（4）由等值梁求算最大弯矩 M_{max} 的值。影响支护桩插入深度的因素主要是基坑底下的土质条件，插入深度应由计算确定。用静力平衡法或等值梁法计算，其结果一般偏于安全。尤其是当作用在支护桩上的水、土压力计算方法不同时，影响很大。在 $\varphi=0$ 的软土地区，如采用朗肯土压力理论，则其计算结果明显不合理。通常情况下，按静力平衡条件确定的插入深度较整体稳定性验算所需的插入深度要大，故插入深度应按多种验算条件，结合工程经验，经综合分析后确定。

需要说明的是，用极限平衡法进行桩墙支护结构的设计计算，一般仅用于地形条件和环境条件较好的基坑。

【例题 4-2】 某工程基坑深度为 10.0m，采用单支点支护结构，地质资料和地面荷载如图 4-16 所示，采用等值梁法计算板桩的入土深度和最大弯矩。

解　（1）主动土压力计算：

1）计算 E_{a1}

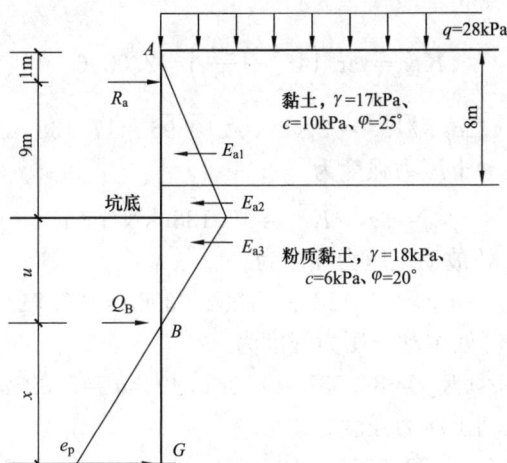

图 4 - 16 [例题 4 - 2] 图

$$K_{a1} = \tan^2\left(45° - \frac{25°}{2}\right) = 0.4059$$

$$2c_1\sqrt{K_{a1}} = 2 \times 10 \times \sqrt{0.4059} = 12.742$$

临界深度为

$$z_0 = \frac{2c_1}{\gamma_1\sqrt{K_{a1}}} - \frac{q}{\gamma_1} = \frac{2 \times 10}{17 \times \sqrt{0.4059}} - \frac{28}{17} = 0.20(\text{m})$$

黏土层底面主动土压力强度为

$$p_{a1} = (q + \gamma_1 h_1)K_{a1} - 2c_1\sqrt{K_{a1}} = (28 + 17 \times 8) \times 0.4059 - 12.742 = 53.826(\text{kN/m}^2)$$

主动土压力为

$$E_{a1} = \frac{1}{2}p_{a1}(h_1 - z_0) = \frac{1}{2} \times 53.826 \times (8 - 0.20) = 209.921(\text{kN/m})$$

E_{a1} 距坑底的距离

$$b_1 = 2 + \frac{8 - 0.20}{3} = 4.6 \text{ (m)}$$

2) 计算 E_{a2}：

第二层土

$$K_{a2} = \tan^2\left(45° - \frac{20°}{2}\right) = 0.4903$$

$$2c_2\sqrt{K_{a2}} = 2 \times 6 \times \sqrt{0.4903} = 8.403$$

第二层土顶面主动土压力强度为

$$p'_{a2} = (q + \gamma_1 h_1)K_{a2} - 2c_2\sqrt{K_{a2}} = (28 + 17 \times 8) \times 0.4903 - 8.403 = 72.006(\text{kN/m}^2)$$

坑底标高处主动土压力强度为

$$p_{a2} = (q + \gamma_1 h_1 + \gamma_2 h_2)K_{a2} - 2c_2\sqrt{K_{a2}} = 72.006 + 18 \times 2 \times 0.4903 = 89.657(\text{kN/m}^2)$$

$$E_{a2} = \frac{p'_{a2} + p_{a2}}{2}h_2 = \frac{72.006 + 89.657}{2} \times 2 = 161.663(\text{kN/m})$$

E_{a2} 距坑底的距离

$$b_2 = \frac{72.006 \times 2 \times \frac{2}{2} + \frac{1}{2} \times (89.657 - 72.006) \times 2 \times \frac{1}{3} \times 2}{161.823} = 0.964 \text{ (m)}$$

3) 计算 E_{a3}

$$K_{p2} = \tan^2\left(45° + \frac{20°}{2}\right) = 2.0396$$

$$2c_2\sqrt{K_{p2}} = 2 \times 6 \times \sqrt{2.0396} = 17.138$$

桩左侧坑底标高处被动土压力强度为

$$p'_{p1} = 2c_2\sqrt{K_{p2}} = 17.138(\text{kN/m}^2)$$

桩左侧再向下深度 u 处被动土压力强度为

$$p_{p1} = \gamma_2 u K_{p2} + p'_{p2} = 17.138 + 18 \times 2.0396u = 36.713u + 17.138$$

桩右侧与 p_{p1} 对应深度处主动土压力强度为

$$p_{a3} = p_{a2} + \gamma_2 u K_{a2} = 89.657 + 18 \times 0.4903u = 8.825u + 89.657$$

支护桩两侧主动与被动土压力强度之差为

$$p_{a3} - p_{p1} = (8.825u + 89.657) - (36.713u + 17.138) = 72.519 - 27.888u$$

令

$$72.519 - 27.888u = 0$$

得土压力零点位置

$$u = 2.60\text{m}$$

呈三角形分布的土压力强度之差的最大值为 $e_{a1} = 89.657 - 17.138 = 72.519$ (kN/m²)，则

$$E_{a3} = \frac{1}{2}e_{a1}u = \frac{1}{2} \times 72.519 \times 2.60 = 94.275(\text{kN/m})$$

E_{a3} 距坑底的距离

$$b_3 = \frac{1}{3} \times 2.60 = 0.87 \text{ (m)}$$

(2) 上段等值梁计算：

对等值梁 B 点求矩，设 E_{ai} 距坑底距离为 b_i

$$R_a(9+u) = E_{a1}(b_1+u) + E_{a2}(b_2+u) + E_{a3}(-b_3+u)$$

$$R_a = \frac{E_{a1}(b_1+u) + E_{a2}(b_2+u) + E_{a3}(-b_3+u)}{9+u}$$

$$= \frac{209.921 \times (4.6+2.60) + 161.663 \times (0.964+2.60) + 94.275 \times (-0.87+2.60)}{9+2.60}$$

$$= 194.03(\text{kN/m})$$

$$Q_B = \frac{E_{a1}(9-b_1) + E_{a2}(9-b_2) + E_{a3}(9+b_3)}{9+u}$$

$$= \frac{209.921 \times (9-4.6) + 161.663 \times (9-0.964) + 94.275 \times (9+0.87)}{9+2.60}$$

$$= 271.83(\text{kN/m})$$

(3) 下段等值梁计算：

对另一段等值梁求矩，得

$$x = \sqrt{\frac{6Q_B}{\gamma_2(K_{p2}-K_{a2})}} = \sqrt{\frac{6 \times 271.83}{18 \times (2.0396-0.4903)}} = 7.65(\text{m})$$

$$t_0 = u + x = 2.60 + 7.65 = 10.25(\text{m})$$

桩的最小入土深度为

$$t = 1.2 t_0 = 1.2 \times 10.25 = 12.30(\text{m})$$

桩长

$$L = 10 + 12.30 = 22.30 \ (\text{m})$$

（4）计算最大弯矩：

先求 $Q = 0$ 的位置，再求该点的弯矩。设该点在 B 点下深度为 z，则

$$\frac{1}{2}\gamma_2 z^2 K_{p2} - \frac{1}{2}\gamma_2 z^2 K_{a2} + R_a = \sum_{i=1}^{3} E_{ai}$$

$$z = \sqrt{\frac{2\left(\sum\limits_{i=1}^{3} E_{ai} - R_a\right)}{\gamma_2 (K_{p2} - K_{a2})}} = \sqrt{\frac{2 Q_B}{\gamma_2 (K_{p2} - K_{a2})}} = \sqrt{\frac{2 \times 271.83}{18 \times (2.0396 - 0.4903)}} = 4.41(\text{m})$$

R_a 至零剪应力的距离为 $9 + 2.60 + 4.41 = 16.01$ （m）；

E_{a1} 至零剪应力的距离为 $4.6 + 2.60 + 4.41 = 11.61$ （m）；

E_{a2} 至零剪应力的距离为 $0.964 + 2.60 + 4.41 = 8.13$ （m）；

E_{a3} 至零剪应力的距离为 $-0.868 + 2.60 + 4.41 = 6.14$ （m）。

$$M_{max} = 11.61 \times 209.921 + 8.13 \times 161.663 + 6.14 \times 94.275 - 16.01 \times 194.03 - \frac{1}{2}$$

$$\times 18 \times (2.0396 - 0.4903) \times \frac{1}{3} \times 4.41^3 = 799.44(\text{kN} \cdot \text{m/m})$$

四、多支点支护结构

当基坑比较深时，为了减少支护桩的弯矩可以设置多层支撑。支撑层数及位置应根据土质、坑深、桩的直径（厚度）、支撑结构的材料强度，以及施工要求等因素拟定。

目前对多层支撑围护结构的计算方法较多，一般有等值梁法（连续梁法）、支撑荷载的 1/2 分担法、逐层开挖支撑力不变法、弹性支点法和有限元法等。

（一）等值梁法

用等值梁法计算多支点支护结构，是把多支点支护结构当作刚性支承的连续梁计算（即支座无位移），并对每一施工阶段建立静力计算体系，按各个施工阶段的情况分别进行计算。

（1）如图 4 - 17 所示，在设置支撑 A 以前的开挖阶段 [图 4 - 17（a）]，可将挡墙作为一端嵌固在土中的悬臂桩。

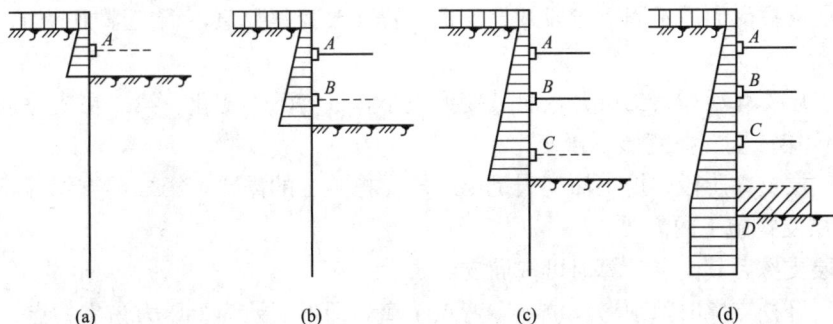

图 4 - 17　各施工阶段的计算简图

（2）在设置支撑 B 以前的开挖阶段［图 4-17（b）］，挡墙是两个支点的静定梁，两个支点分别是 A 及土中净土压力为零的一点。

（3）在设置支撑 C 以前的开挖阶段［图 4-17（c）］，挡墙是具有三个支点的连续梁，三个支点分别为 A、B 及土中的土压力零点。

（4）在浇筑底板以前的开挖阶段［图 4-17（d）］，挡墙是具有四个支点的三跨连续梁。

以上各施工阶段，挡墙在土内的下端支点，取土压力零点，即地面以下的主动土压力与被动土压力平衡之点。但是对第二阶段以后的情况，也有其他一些假定，常见的有：

1）最下一层支撑以下，主动土压力弯矩和被动土压力弯矩平衡之点，即为零弯矩点；

2）开挖工作面以下，其深度相当于开挖高度 20% 左右的一点；

3）上端固定的半无限长弹性支承梁的第一个不动点；

4）对于最终开挖阶段，其连续梁在土内的理论支点取在基坑底面以下 $0.6t$ 处（t 为基坑底面以下墙的入土深度）。

（二）支撑荷载的 1/2 分担法

支撑荷载的 1/2 分担法是等值梁法的一种简化计算方法。它假定中间支撑承受上下各半距的土压力，各力对最上层支撑点取力矩，得最小入土深度 z_0，下端视为铰支或固定端，计算多层支撑所受的反力，然后求出正负弯矩和最大弯矩，核定支护结构的截面及配筋，如图 4-18 所示。这种方法不考虑支护桩体的变形，因此计算较为方便。

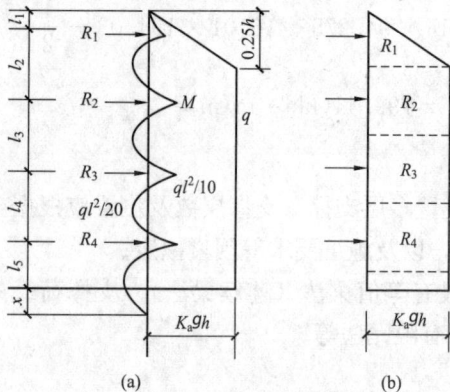

图 4-18　支撑荷载的 1/2 分担法

（三）逐层开挖支撑力不变法

逐层开挖支撑力不变法也是等值梁法的一种简化计算方法。多支点支护结构的施工是先施工挡土墙（桩），然后开挖第一层土，挖到第一层支撑或锚杆点以下一定距离，进行第一层支撑或锚杆施工。紧接着再第二次挖第二层土，挖到第二层支撑（锚杆）支点下若干距离，进行第二层支撑或锚杆施工，如此顺序作业，直到坑底为止。逐层开挖支撑力不变的计算方法是根据实际施工，按每层支撑受力后不因下阶段支撑及开挖而改变数值的假设进行的，即：

（1）每层支撑受力后不因下阶段开挖支撑设置而改变其数值，钢支撑加轴力，锚杆加预应力。

（2）第一层支撑后，第二层开挖时其变形很小，认为不再变化。第二层支撑后开挖第三层土方，认为第二层支撑变形不再变化。

（3）第一层支撑阶段，挖土深度满足第二层支撑施工的需要，第二层支撑时，其挖土深度满足第三层支撑施工的需要。

（4）每层支撑后其支点计算时可按简支考虑。

（5）逐层开挖支撑时都须考虑坑下零弯点距离，即近似认为土压力为零的点。

如图 4-19 所示，计算方法如下：

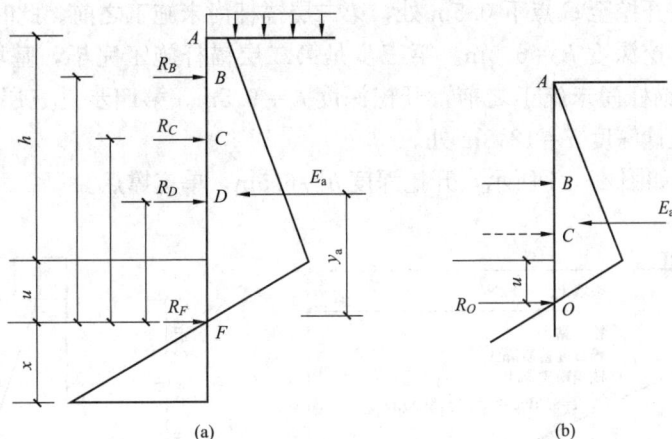

图 4-19 逐层开挖支撑力不变法计算简图

（1）求 R_B 支点水平力。基坑开挖到 B 点以下若干距离（满足支撑或锚杆施工的距离），在未做 B 点支撑（锚杆）时必须考虑悬臂桩的要求，如弯矩、位移等。在做第一层支撑 B 点时要满足第二阶段挖土第二支撑 C 点尚未施工时的水平力。算法是：按理论公式求出或按图表经验值查得（表 4-3）C 点零弯矩点距离 u，然后求出 O 点以上的土压力 E_a（包括主动土压力、水压力及地面荷载），此时 C 点尚未支撑或未做锚杆。这部分水平压力将由 R_B 及被动土压力部分的 R_O 承担。对 O 点取矩可以求出 R_B，$R_O = E_a - R_B$。

表 4-3　　　　　　　　　　各阶段弯矩零点距坑底面距离 u 的数值

砂 性 土		黏 性 土	
$\varphi = 20°$	$0.25h$	$N < 2$	$0.4h$
$\varphi = 25°$	$0.16h$	$2 \leqslant N < 10$	$0.3h$
$\varphi = 30°$	$0.08h$	$10 \leqslant N < 20$	$0.2h$
$\varphi = 35°$	$0.035h$	$N \geqslant 20$	$0.1h$

注　φ—土的内摩擦角；h—分阶段挖土深度；N—标准贯入试验锤击数。

（2）求 C 点支撑的支撑力 R_C。同样，在第二层支撑 C 点时须考虑第三阶段挖土在 D 点尚未支撑时的各种水平力。要求出坑下的零弯点的距离与前述相同，求出 R_C，R_O 为被动土压力部分。

（3）用同样的办法求出 R_D，如果还有支撑，则用同样方法求出支撑力。

（4）如将桩视为梁，支撑点为支点，则在这连续梁上各支点为已知，可以求出各断面弯矩，一般简支梁最大弯矩在剪力为零处。对于连续梁，往往支座负弯矩大于跨中弯矩，可求几个支座弯矩，选取最大的作为核算强度的依据。

【例题 4-3】　某工程基坑深度 12.8m，采用桩锚支护，设置三层锚杆。地面超载按 $q = 105$kPa 考虑，场地土层参数如图 4-20 所示，采用连续梁法和逐层开挖支撑力不变法分别对支护结构进行设计计算。

解　上面的杂填土和粉质黏土按一层土考虑。计算过程分为四步：第一步为基坑开挖至 B 点下一定深度处（施工机械要求，设为 0.5m），在第一层锚杆施工之前。此时桩墙处于悬臂状态，按悬臂式支护结构计算。由于开挖深度不大，此处不再计算。第二步是第一层锚杆施工完毕，基坑开挖至 C 点下 0.5m 处，第二层锚杆尚未施工之前。此时支护结构处于单支点支护状态，开挖深度 $h=6.5$m。第三步是第二层锚杆施工完毕，基坑开挖至 D 点下 0.5m 处，第三层锚杆尚未施工之前，开挖深度 $h=9.5$m。第四步是三层锚杆都已施工完毕，基坑开挖至设计深度 $h=12.8$m 处。

（1）计算简图如图 4 - 21 所示，开挖深度 $h=6.5$m，单支撑点。

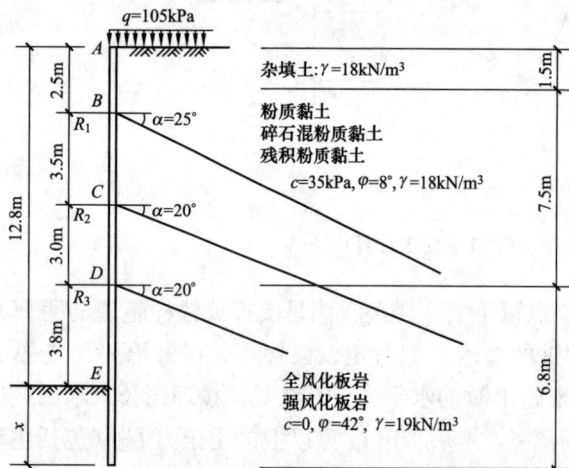

图 4 - 20　［例题 4 - 3］支护结构地质资料简图

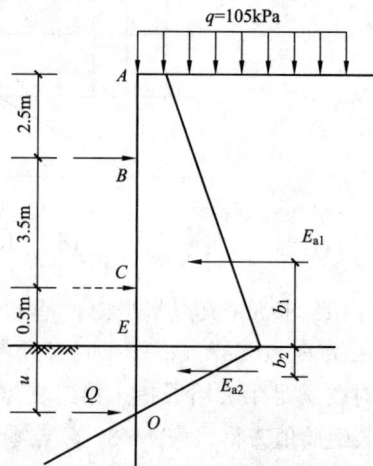

图 4 - 21　计算简图

$$K_{a1} = \tan^2\left(45° - \frac{8°}{2}\right) = 0.7557$$

$$K_{p1} = \tan^2\left(45° + \frac{8°}{2}\right) = 1.3233$$

$$p_{aA} = qK_{a1} - 2c_1\sqrt{K_{a1}} = 105 \times 0.7557 - 2 \times 35 \times \sqrt{0.7557} = 18.50 \ (\text{kN/m}^2)$$

$$p_{aE} = p_{aA} + \gamma hK_{a1} = 18.50 + 18 \times 6.5 \times 0.7557 = 106.92 \ (\text{kN/m}^2)$$

$$E_{a1} = \frac{p_{aA} + p_{aE}}{2}h = \frac{18.50 + 106.92}{2} \times 6.5 = 407.62 \ (\text{kN/m})$$

E_{a1} 距开挖面的距离为

$$b_1 = \frac{18.5 \times 6.5 \times \frac{6.5}{2} + \frac{1}{2} \times (106.92 - 18.5) \times 6.5 \times \frac{6.5}{3}}{407.62} = 2.486 \ (\text{m})$$

开挖面以下深度 u 处主动土压力强度为

$$p_a = p_{aE} + \gamma_1 uK_{a1} = 106.92 + 18 \times 0.7557u = 106.92 + 13.602u$$

开挖面处的被动土压力为

$$p_{pE} = 2c_1\sqrt{K_{p1}} = 2 \times 35 \times \sqrt{1.3233} = 80.52 \ (\text{kN/m}^2)$$

开挖面以下深度 u 处被动土压力强度为

$$p_p = p_{pE} + \gamma_1 uK_{p1} = 80.52 + 18 \times 1.3233u = 80.52 + 23.819u$$

二者之差为

$$\Delta p_a = p_a - p_p = (106.92 + 13.602u) - (80.52 + 23.819u) = 26.4 - 10.217u$$

土压力零点位置为

$$\Delta p_a = 26.4 - 10.217u = 0$$

$$u = 2.584\text{m}$$

该部分三角形分布的土压力为

$$E_{a2} = \frac{26.4}{2} \times 2.584 = 34.12(\text{kN/m})$$

E_{a2} 作用点位于开挖面下，距开挖面的距离为

$$b_2 = \frac{1}{3} \times 2.584 = 0.861 \ (\text{m})$$

对等值梁 AO 的 O 点取矩，得

$$R_B = \frac{E_{a1}(b_1 + u) + E_{a2}(-b_2 + u)}{4 + u}$$

$$= \frac{407.62 \times (2.486 + 2.584) + 34.12 \times (-0.861 + 2.584)}{4 + 2.584}$$

$$= 322.82(\text{kN/m})$$

此时尚未开挖到设计深度，不需要计算桩墙的入土深度。

（2）如图 4-22（a）所示，开挖深度 $h = 9.5\text{m}$，2 个支撑点。

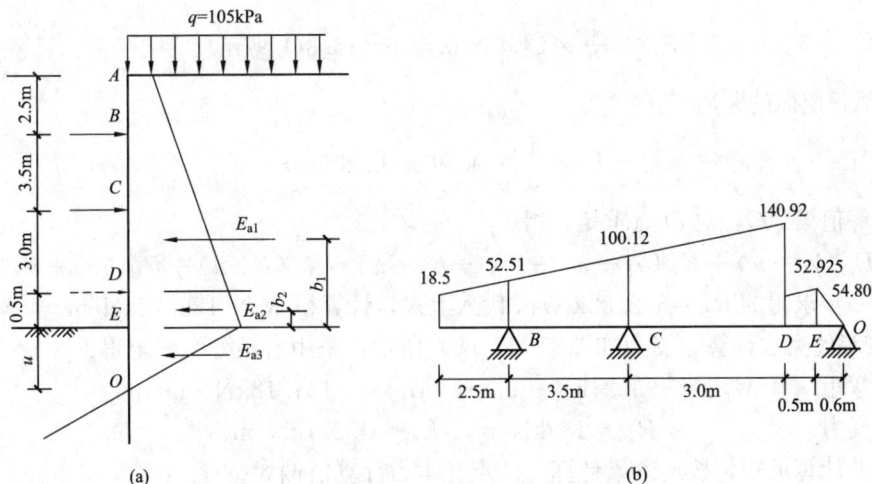

图 4-22　计算简图

(a) 计算模型；(b) 等值梁受力简图

上部 9m 厚土层底主动土压力强度为

$$p_{a1} = p_{aA} + \gamma h K_{a1} = 18.50 + 18 \times 9 \times 0.7557 = 140.92(\text{kN/m}^2)$$

主动土压力为

$$E_{a1} = \frac{p_{aA} + p_a}{2} h = \frac{18.50 + 140.92}{2} \times 9 = 717.40(\text{kN/m})$$

E_{a1} 距开挖面的距离为

$$b_1 = 0.5 + \frac{18.5 \times 9 \times \frac{9}{2} + \frac{1}{2} \times (140.92 - 18.5) \times 9 \times \frac{9}{3}}{717.40} = 3.848(\text{m})$$

计算其下 0.5m 厚（开挖面以上）无黏性土的主动土压力 E_{a2}

$$K_{a2} = \tan^2\left(45° - \frac{42°}{2}\right) = 0.1982$$

$$K_{p2} = \tan^2\left(45° + \frac{42°}{2}\right) = 5.0447$$

$$p_{a\overline{DF}} = (q + \gamma_1 h_1)K_{a2} = (105 + 18 \times 9) \times 0.1982 = 52.92(\text{kN/m}^2)$$

$$p_{aE} = p_{a\overline{DF}} + \gamma_2 h K_{a2} = 52.92 + 19 \times 0.5 \times 0.1982 = 54.80(\text{kN/m}^2)$$

$$E_{a2} = \frac{p_{a\overline{DF}} + p_{aE}}{2}h = \frac{52.92 + 54.80}{2} \times 0.5 = 26.93(\text{kN/m})$$

E_{a2} 距开挖面的距离为 $\qquad b_2 = 0.249\text{m}$

计算土压力零点位置

$$u = \frac{p_{aE}}{\gamma_2(K_{p2} - K_{a2})} = \frac{54.8}{19 \times (5.0447 - 0.1982)} = 0.595(\text{m})$$

1) 采用逐层开挖支撑力不变法计算：

求 E 点下三角形分配的土压力合力

$$E_{a3} = \frac{1}{2} \times 54.8 \times 0.595 = 16.3(\text{kN/m})$$

E_{a3} 距开挖面的距离

$$b_3 = \frac{1}{3} \times 0.595 = 0.20(\text{m})$$

对于等值梁 AO，对 O 点求矩，得

$$E_{a1}(b_1 + u) + E_{a2}(b_2 + u) + E_{a3}(-b_3 + u) = R_B(7 + u) + R_C(3.5 + u)$$

将上一步求得的 $R_B = 322.82\text{kN/m}$ 代入上式，计算得 $R_C = 186.77\text{kN/m}$

2) 按等值梁法计算，受力如图 4-22（b）所示，采用弯矩分配法求得：

固端弯矩 $\qquad M_B = -93.24\text{kN·m/m}$，$M_C = -161.12\text{kN·m/m}$

支撑反力 $\qquad R_B = 189\text{kN/m}$，$R_C = 453.1\text{kN/m}$

由以上计算可知，按连续梁计算，C 点支承力计算值偏大。

（3）计算简图如图 4-23（a）所示。

上一步已求得 $E_{a1} = 717.40\text{kN/m}$，$E_{a1}$ 距开挖面（坑底）的距离为 $b_1 = 3.3 + 3.848 = 7.148$（m）

$$p_{aE} = p_{a\overline{DF}} + \gamma_2 h K_{a2} = 52.92 + 19 \times 3.8 \times 0.1982 = 67.23(\text{kN/m}^2)$$

$$E_{a2} = \frac{p_{aD} + p_{aE}}{2}h = \frac{52.92 + 67.23}{2} \times 3.8 = 228.29(\text{kN/m})$$

E_{a2} 距开挖面（坑底）的距离为

$$b_2 = \frac{52.92 \times 3.8 \times \frac{3.8}{2} + \frac{1}{2} \times (67.23 - 52.92) \times 3.8 \times \frac{3.8}{3}}{228.29} = 1.82(\text{m})$$

计算土压力零点位置

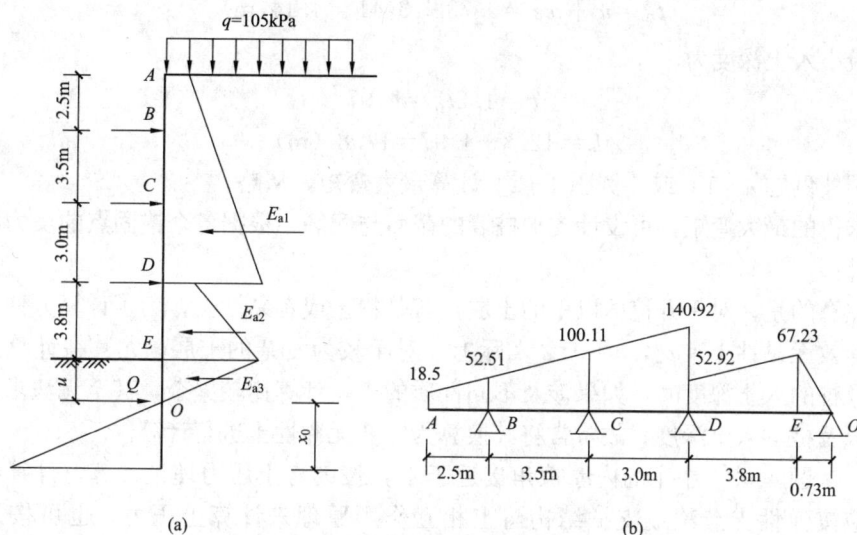

图 4-23 计算简图

（a）计算模型；（b）等值梁受力简图

$$u = \frac{p_{aE}}{\gamma_2(K_{p2} - K_{a2})} = \frac{67.23}{19 \times (5.0447 - 0.1982)} = 0.73(\text{m})$$

1）采用逐层开挖支撑力不变法计算：

求 E 点下三角形分配的土压力合力

$$E_{a3} = \frac{1}{2} \times 67.23 \times 0.73 = 24.54(\text{kN/m})$$

E_{a3} 距开挖面的距离

$$b_3 = \frac{1}{3} \times 0.73 = 0.243(\text{m})$$

对于等值梁 AO，对 O 点求矩，得

$$E_{a1}(b_1 + u) + E_{a2}(b_2 + u) + E_{a3}(-b_3 + u) = R_B(10.3 + u) + R_C(6.8 + u) + R_D(3.8 + u)$$

将上一步求得的 $R_B = 322.82\text{kN/m}$、$R_C = 186.77\text{kN/m}$ 代入上式，得 $R_D = 282.27\text{kN/m}$

对于等值梁 AO，对 B 点求矩，得

$$E_{a1}(10.3 - b_1) + E_{a2}(10.3 - b_2) + E_{a3}(10.3 + b_3) = Q(10.3 + u) + 3.5R_C + 6.5R_D$$

计算得

$$Q = 178.37\text{kN/m}$$

2）按等值梁法计算，受力如图 4-23（b）所示，采用弯矩分配法求得：

固端弯矩 $M_B = -93.24\text{kN} \cdot \text{m/m}$，$M_C = -161.12\text{kN} \cdot \text{m/m}$，$M_D = -145.54\text{kN} \cdot \text{m/m}$

支撑反力 $R_B = 215.8\text{kN/m}$，$R_C = 284.6\text{kN/m}$，$R_D = 386.5\text{kN/m}$，$Q = 98.4\text{kN/m}$

（4）计算桩墙最小入土深度。

等值梁在土压力零点的支承反力按逐层开挖支撑力不变法计算值选取，$Q = 178.37\text{kN/m}$。

$$x_0 = \sqrt{\frac{6Q}{\gamma(K_{p2} - K_{a2})}} = \sqrt{\frac{6 \times 178.37}{19 \times (5.0447 - 0.1982)}} = 3.41(\text{m})$$

$$t_0 = u + x_0 = 0.73 + 3.41 = 4.14 (\text{m})$$

桩的最小入土深度为

$$t = 1.2 t_0 = 4.97$$

桩长　　　　　　　　　$L = 12.8 + 4.97 = 17.8 (\text{m})$

可参照［例题 4-1］或［例题 4-2］计算最大弯矩，从略。

根据求得的最大弯矩，可设计支护桩墙的截面与配筋，根据各个锚固点的反力即可对锚杆进行设计。

需要注意的是，对于开挖面以下的土层，若是粉土或者黏性土，为了计算方便，一般将其换算为等效无黏性土（φ_d，$c=0$）。实际上，对于较为复杂的土层，尤其在计算土压力零点位置以及桩的入土深度时，如果涉及不同性质的土，计算比较繁杂，甚至无法求出土压力零点位置以及桩的入土深度，故常常将其换算为等效无黏性土进行计算。

由于［例题 4-3］中土的内摩擦角接近于 0°，按朗肯土压力理论计算，计算结果明显不合理。应按弹性支点法或支护结构与土相互作用原理来计算土压力，也可按地区经验确定。

（四）弹性支点法

弹性支点法是在弹性地基梁分析方法的基础上形成的一种计算方法，也称为侧向弹性地基反力法或土抗力法，是《建筑基坑支护技术规程》（JGJ 120—2012）推荐使用的支护结构设计计算方法。该法将挡土结构视为竖直放置的弹性地基梁，支点假定成弹簧支座，基坑内开挖面以下的土体与支护结构的相互作用采用文克尔地基模型，支护结构外侧即主动侧水平荷载标准值 p_{ak} 采用已知的主动土压力和水压力，如图 4-24 所示，此时的基坑开挖深度为 h。

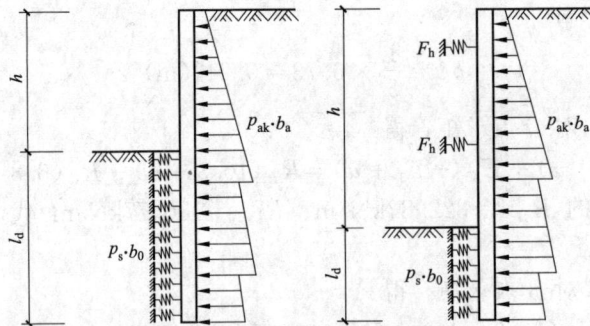

图 4-24　弹性支点法计算简图

对于文克尔地基模型，其压力等于 ky，y 为作用点的地基变形量，k 为基床系数。基床系数常采用 $k = mz$ 表示。对于支护桩来说，$k = m(z-h)$，m 为地基土水平抗力系数的比例系数，z 为地面下的深度。因此，宽度为 b_0 的支护结构的挠曲方程为

$$EI \frac{\mathrm{d}^4 y}{\mathrm{d}z^4} - p_{ak} b_s = 0 \quad (0 \leqslant z \leqslant h_n) \tag{4-31}$$

$$EI \frac{\mathrm{d}^4 y}{\mathrm{d}z^4} + mb_0(z - h_n)y - p_{ak} b_s = 0 \quad (z \geqslant h_n) \tag{4-32}$$

式中　EI——支护结构计算宽度的抗弯刚度；

z——支护结构顶部至计算点的距离；

y——计算点的水平变形；

h_n——第 n 工况基坑开挖深度；

b_s——荷载计算宽度，排桩可取桩中心距，地下连续墙取单位宽度；

b_0——抗力计算宽度；对于圆形桩，$b_0=0.9(1.5d+0.5)$，$d\leqslant1m$；$b_0=0.9(d+1.0)$，$d>1m$。对于方形桩或工字形桩，$b_0=1.5d+0.5$，$d\leqslant1m$；$b_0=d+1.0$，$d>1m$。d 为桩的直径或边长。

p_{ak}——作用在支护结构上深度 z 处的水平荷载标准值。

地基土水平反力系数的比例系数 m 值的确定比较复杂，在实际工程中，宜根据试验或当地经验确定，也可按下式估算

$$m_i=\frac{1}{\Delta}(0.2\varphi_i^2-\varphi_i+c_i) \tag{4-33}$$

式中 φ_i、c_i——第 i 层土的抗剪强度指标，采用固结不排水剪或固结快剪测得；

Δ——挡土构件在基坑底面处的位移量，mm，按地区经验确定。水平位移不大于 10mm 时可取 10mm。

锚杆和内支撑对挡土构件的作用可按下式确定

$$F_h=k_R(v_R-v_{R0})+P_h \tag{4-34}$$

式中 F_h——挡土构件计算宽度内的弹性支点水平反力，kN；

k_R——计算宽度内弹性支点刚度系数；

v_R——挡土构件在支点处的水平位移值，m；

v_{R0}——设置支点时，支点的初始水平位移值，m；

P_h——挡土构件计算宽度内的法向预加力，kN；采用锚杆或竖向斜撑时，取 $P_h=Pcos\alpha b_a/s$；采用水平对撑时，取 $P_h=Pb_a/s$；对不预加轴向压力的支撑，取 $P_h=0$；锚杆的预加轴向拉力（P）宜取（$0.75N_k\sim0.9N_k$），支撑的预加轴向压力（P）宜取（$0.5N_k\sim0.8N_k$），此处，P 为锚杆的预加轴向拉力值或支撑的预加轴向压力值，α 为锚杆倾角或支撑仰角，b_a 为结构计算宽度，s 为锚杆或支撑的水平间距，N_k 为锚杆轴向拉力标准值或支撑轴向压力标准值。

支点水平刚度系数 k_R，对于锚杆应由试验确定，当无试验资料时，可按下式计算

$$k_R=\frac{3E_sE_cA_pAb_a}{(3E_cAl_f+E_sA_pl_a)s} \tag{4-35}$$

式中 A、A_p——锚固体、杆体截面面积；

l_f、l_a——锚杆自由段和锚固段长度；

E_s——杆件弹性模量；

E_c——锚固体组合弹性模量，按下式计算

$$E_c=\frac{E_sA_p+E_m(A-A_p)}{A} \tag{4-36}$$

式中 E_m——锚固体中注浆体的弹性模量。

支撑体系（含具有一定刚度的冠梁）或其与锚杆混合的支撑体系水平刚度系数 k_R 应按支撑体系与排桩、地下连续墙的空间作用协同分析方法确定。对水平对撑，当支撑腰梁或冠

梁的挠度可忽略不计时，水平刚度系数 k_R 可按下式计算

$$k_R = \frac{\alpha_R E A b_a}{\lambda l_0 s} \tag{4-37}$$

式中　λ——支撑不动点调整系数：支撑两对边基坑的土性、深度、周边荷载等条件相近，且分层对称开挖时，取 $\lambda = 0.5$；支撑两对边基坑的土性、深度、周边荷载等条件或开挖时间有差异时，对土压力较大或先开挖的一侧，取 $\lambda = 0.5 \sim 1.0$，且差异大时取大值，反之取小值；对土压力较小或后开挖的一侧，取 $(1-\lambda)$；当基坑一侧取 $\lambda = 1$ 时，基坑另一侧应按固定支座考虑；对竖向斜撑构件，取 $\lambda = 1$；

　　　　α_R——支撑松弛系数，对混凝土支撑和预加轴向压力的钢支撑，取 $\alpha_R = 1.0$，对不预加支撑轴向压力的钢支撑，取 $\alpha_R = 0.8 \sim 1.0$；

　E、A——支撑构件材料的弹性模量和截面面积；

　　　　l_0——支撑构件的受压计算长度；

　　　　s——支撑的水平间距；

挡土构件嵌固段上的基坑内侧分布土反力为

$$p_s = k_s v - p_{s0} \tag{4-38}$$

式中　p_s——分布土反力；

　　　　k_s——土的水平反力系数；

　　　　v——挡土构件在分布土反力计算点的水平位移值；

　　　　p_{s0}——初始土反力强度；

挡土构件嵌固段上的基坑内侧分布土反力的合力 p_s 不应大于该侧的被动土压力 E_p，即 $p_s \leqslant E_p$。当不符合该计算条件时，应增加挡土构件的嵌固长度或取 $p_s = E_p$ 时的分布土反力。

第五节　基坑稳定性验算

因基坑底土体破坏导致支护结构的失稳可能是由于桩、墙后土和地面的荷载所引起的，也可能是由于渗流所引起的，都应进行验算。基坑稳定性验算包括如下内容：

(1) 嵌固稳定性验算。

(2) 整体稳定性验算。

(3) 抗倾覆和抗滑移稳定性验算。

(4) 坑底抗渗流稳定性验算。

(5) 坑底抗隆起稳定性验算。

一、悬臂式和单排支点式支护结构嵌固稳定性验算

对悬臂式支护结构嵌固稳定性验算，是绕挡土构件底部转动的整体极限平衡，控制挡土构件的倾覆稳定性。对单排支点式支护结构嵌固稳定性验算，是绕支点转动的极限平衡，控制挡土构件嵌固段的踢脚稳定性。悬臂结构绕挡土构件底部转动的力矩平衡和单支点绕支点转动的力矩平衡都是嵌固段土的抗力对转动点的抵抗力矩起稳定性控制作用。其安全系数称为嵌固稳定安全系数。

悬臂式和单排支点式支护结构的嵌固深度 l_d 应满足嵌固稳定性要求

$$\frac{M_p}{M_a} \geqslant K_e \qquad (4-39)$$

式中　K_e——嵌固稳定安全系数，安全等级为一级、二级、三级的悬臂式支护结构分别不应小于 1.25、1.20、1.15；

M_p、M_a——嵌固段土的抗力对转动点的抵抗力矩、支护结构荷载对转动点的转动力矩。对于悬壁式支护结构［图 4-25（a）］，$M_p = E_{pk}a_{p1}$，$M_a = E_{ak}a_{a1}$，E_{ak} 和 E_{pk} 分别为基坑外侧主动土压力、基坑内侧被动土压力标准值，a_{a1} 和 a_{p1} 分别为基坑外侧主动土压力、基坑内侧被动土压力合力作用点至挡土构件底端的距离；对于单排支点式支护结构［图 4-25（b）］，$M_p = E_{pk}a_{p2}$，$M_a = E_{ak}a_{a2}$，a_{a1} 和 a_{p1} 分别为基坑外侧主动土压力、基坑内侧被动土压力合力作用点至支点的距离。

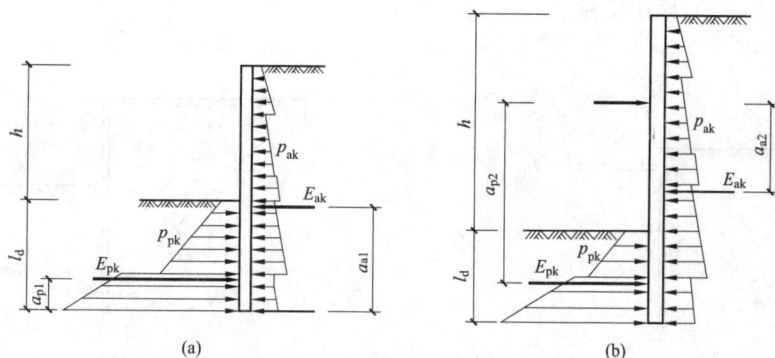

图 4-25　嵌固稳定性验算
（a）悬臂式支护结构；（b）单支点锚拉式和支撑式支护结构

二、整体稳定性验算

对于不同的支护形式，基坑整体稳定性失稳破坏的计算模式有所差异，如图 4-26 所示。因而，验算时也存在一些差异。

（1）锚拉式、悬臂式支挡结构和双排桩支护结构应验算其整体稳定性。当挡土构件底端以下存在软弱下卧土层时，整体稳定性验算滑动面中应包括由圆弧与软弱土层层面组成的复合滑动面。当设置多道支撑时，可不作整体稳定性验算。

可采用条分法之一的瑞典圆弧滑动法进行验算。考虑地下水的影响，在力的极限平衡关系上，增加锚杆拉力对圆弧滑动体圆心抗滑力矩的影响项后（图 4-27），得到其稳定安全系数公式，即

$$K_s = \frac{\sum[c_j l_j + (\Delta G_j \cos\theta_j - u_j l_j)\tan\varphi_j] + \sum R'_{k,h}[\cos(\beta_k + \alpha_k) + \psi_v]/s_{x,k}}{\sum \Delta G_j \sin\theta_j} \qquad (4-40)$$

式中　　　　K_s——圆弧滑动整体稳定安全系数；安全等级为一级、二级、三级的锚拉式支挡结构，K_s 分别不应小于 1.35、1.3、1.25；

ΔG_j、b_j、l_j、θ_j——第 j 土条的自重、宽度、滑动圆弧长度及圆弧面中点处的法线与垂直面的夹角，$l_j = b_j/\cos\theta_j$，当土条上作用有附加分布荷载时，用（$q_j b_j + \Delta G_j$）代替 ΔG_j，q_j 为第 j 土条上的附加分布荷载标准值；

c_j、φ_j ——第 j 土条滑动圆弧面处土的黏聚力和内摩擦角；

u_j ——第 j 土条滑动圆弧面上的水压力，采用落地式截水帷幕时，对地下水位以下的砂土、碎石土、砂质粉土，在基坑外侧，可取 $u_j = \gamma_w h_{wa,j}$，在基坑内侧，可取 $u_j = \gamma_w h_{wp,j}$；对滑动圆弧面在地下水位以上或对地下水位以下的黏性土，取 $u_j = 0$，$h_{wa,j}$ 和 h_{wp} 分别为基坑外侧、内侧第 j 土条滑动圆弧面中点的压力水头；

β_k、α_k、$s_{x,k}$ ——滑动圆弧面在第 k 层锚杆处的法线与垂直面的夹角、第 k 层锚杆的倾角和水平间距；

ψ_v ——计算系数，可按 $\psi_v = 0.5\sin(\beta_k + \alpha_k)$ 取值；

$R'_{k,k}$ ——第 k 层锚杆在滑动面以外的锚固段的极限抗拔承载力标准值与锚杆杆体受拉承载力标准值的较小值。对悬臂式、双排桩支挡结构，不考虑该影响项。

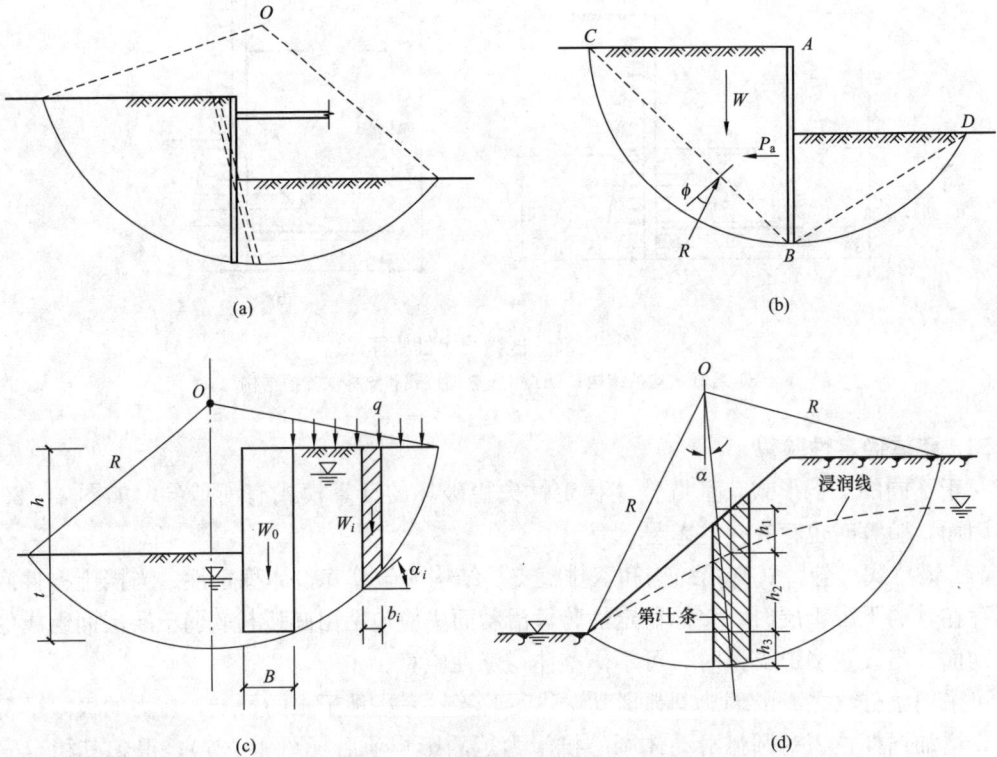

图 4-26 基坑整体失稳破坏计算模式

(a) 单支撑体系圆弧滑动分析；(b) 悬壁墙整体滑动；
(c) 重力式围护结构整体稳定性计算；(d) 放坡开挖边坡稳定性验算

(2) 锚拉式支挡结构和支撑式支挡结构，当坑底以下为软土时，其嵌固深度应符合下列以最下层支点为轴心的圆弧滑动稳定性要求（图 4-28），即

$$\frac{\sum(c_j l_j + \Delta G_j \cos\theta_j \tan\varphi_j)}{\sum \Delta G_j \sin\theta_j} \geqslant K_r \tag{4-41}$$

式中 K_r——以最下层支点为轴心的圆弧滑动稳定安全系数；安全等级为一级、二级、三级的支挡式结构，分别不应小于2.2、1.9、1.7；其他参数含义同式（4-40）。

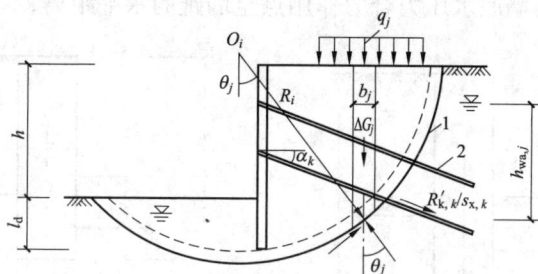

图4-27 圆弧滑动条分法整体稳定性验算

在实际工程中，对于软土地区，常以这种方法作为挡土构件嵌固深度的控制条件。

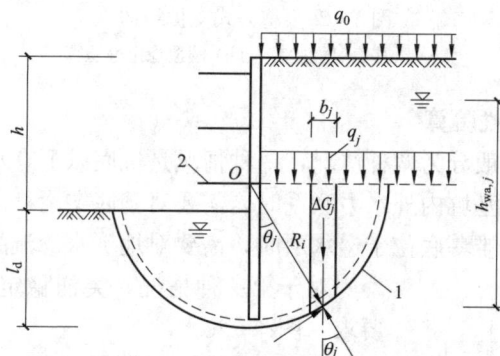

图4-28 以最下层支点为轴心的圆弧滑动稳定性验算
1—任意圆弧滑动面；2—最下层支点

三、抗倾覆和抗滑移稳定性验算

重力式支护结构，如重力式水泥土墙，应满足抗滑移和抗倾覆稳定性要求。其滑移稳定性应满足以下要求 [图4-29（a）]

$$\frac{E_{pk}+(G-u_m B)\tan\varphi+cB}{E_{ak}} \geqslant K_{sl} \qquad (4-42)$$

式中 K_{sl}——抗滑移安全系数，其值不应小于1.2；

G、B——墙自重、墙底面宽度；

E_{ak}、E_{pk}——墙上的主动土压力、被动土压力标准值；

c、φ——墙底面下土层的黏聚力和内摩擦角；

u_m——墙底面上的水压力；墙底位于含水层时，可取 $u_m=\gamma_w(h_{wa}+h_{wp})$，在地下水位以上时，取 $u_m=0$，h_{wa} 和 h_{wp} 分别为基坑外侧、内侧墙底处的压力水头。

重力式支护结构的倾覆稳定性应符合以下规定 [图4-29（b）]

$$\frac{E_{pk}a_p+(G-u_m B)a_G}{E_{ak}a_a} \geqslant K_{ov} \qquad (4-43)$$

式中 K_{ov}——抗倾覆安全系数，其值不应小于1.3；

a_a、a_p——墙外侧主动土压力合力作用点、墙内侧被动土压力合力作用点至墙趾的竖向
　　　　距离；

　　a_G——墙自重与墙底水压力合力作用点至墙趾的水平距离。

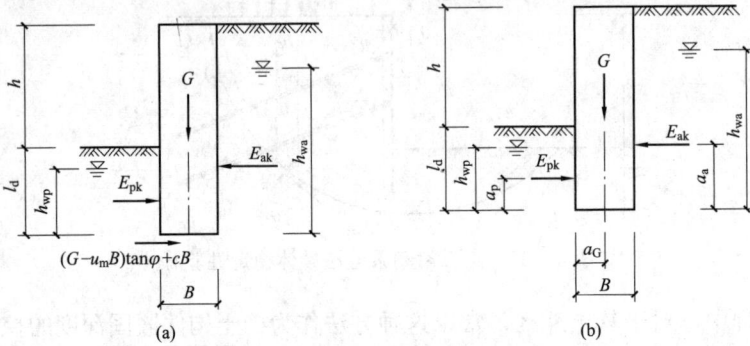

图 4-29　重力式支护结构
(a) 滑移稳定性验算；(b) 倾覆稳定性验算

四、坑底抗渗流稳定性验算

　　基坑的渗流稳定性一般分为两种情况，一种情况是坑底以下有水头高于基底的承压水含水层，且无止水帷幕隔断基坑内外水力联系时，需要对基底突涌稳定性进行验算，另一种情况是当基坑有止水帷幕但帷幕底位于透水层时，需要对地下水渗流的流土稳定性进行验算。

　　对于第一种情况，突涌稳定性安全系数应满足下式要求（图 4-30）

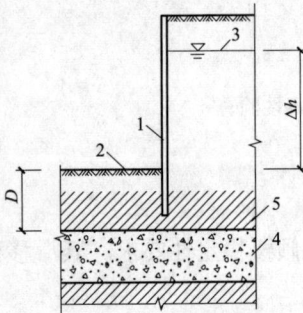

图 4-30　坑底土体的突涌稳定性验算
1—截水帷幕；2—基底；3—承压水测管水位；4—承压水含水层；5—隔水层

$$\frac{D\gamma}{(\Delta h + D)\gamma_w} \geq K_{ty} \qquad (4-44)$$

式中　K_{ty}——突涌稳定性安全系数，取值不应小于 1.1；

　　　　D——承压含水层顶面至坑底的土层厚度；

　　　　γ——承压含水层顶面至坑底土层的加权平均重度；

　　　　Δh——基坑内外的水头差；

　　　　γ_w——水的重度。

　　悬挂式截水帷幕底端位于碎石土、砂土或粉土含水层时，对均质含水层，地下水渗流的流土稳定性应符合下式规定（图 4-31）

$$\frac{(2D + 0.8D_1)\gamma}{\Delta h \gamma_w} \geq K_{se} \qquad (4-45)$$

式中　D——截水帷幕底面至坑底的土层厚度；

　　　D_1——潜水水面或承压水含水层顶面至基坑底面的土层厚度；

　　　γ_w、γ'——水的重度、土的有效重度（浮容重）；

　　　Δh——基坑内外的水头差；

　　　K_{se}——流土稳定性安全系数，安全等级为一、二、三级的支护结构，K_{se} 分别不应小于 1.6、1.5、1.4。

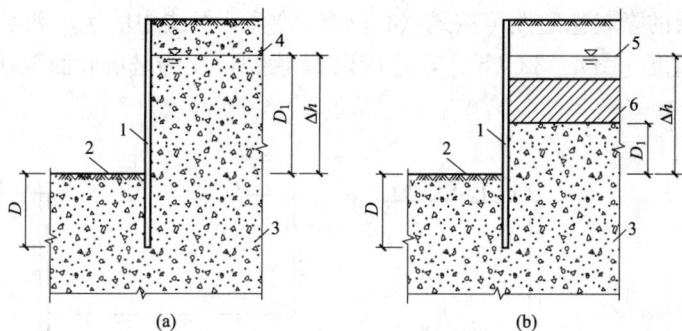

图 4-31 采用悬挂式帷幕截水时的流土稳定性验算

(a) 潜水；(b) 承压水

1—截水帷幕；2—基坑底面；3—含水层；4—潜水水位；

5—承压水测管水位；6—承压含水层顶面

五、坑底抗隆起稳定性验算

当基坑底土层较为软弱时，若基坑较深，开挖后可能会发生坑底土向上隆起、支护桩顶地面土层下沉和桩体向坑内倾斜的现象，这主要是由于地基土的平衡状态受到破坏所造成的。常见的验算方法是基于太沙基极限承载力理论，保证支护桩端以下土体的极限承承载力大于作用在其上的荷载。

对于饱和软黏土，抗隆起稳定性验算是基坑设计的一项重要内容，需避免因基坑外的荷载及由于土方开挖造成基坑内外的压差，使支护桩端以下土体向上涌土的可能性。

对深度较大的基坑，当嵌固深度较小、土的强度较低时，土体从挡土构件底端以下向基坑内隆起挤出是锚拉式支挡结构和支撑式支挡结构的一种破坏模式。这是一种土体丧失竖向平衡状态的破坏模式，由于锚杆和支撑只能对支护结构提供水平方向的平衡力，对隆起破坏不起作用，对特定基坑深度和土性，只能通过增加挡土构件嵌固深度来提高抗隆起稳定性。因此，支挡式结构的嵌固深度应符合坑底隆起稳定性要求。

（1）锚拉式支挡结构和支撑式支挡结构的嵌固深度应符合下列规定 ［图 4-32（a）］

$$\frac{cN_c + \gamma_{m2} l_d N_q}{\gamma_{m1}(h + l_d) + q_0} \geqslant K_b \tag{4-46a}$$

$$N_q = \tan^2\left(45° + \frac{\varphi}{2}\right) e^{\pi\tan\varphi} \tag{4-46b}$$

$$N_c = (N_q - 1)/\tan\varphi \tag{4-46c}$$

式中 K_b——抗隆起安全系数；安全等级为一级、二级、三级的支护结构，K_b 分别不应小于 1.8、1.6、1.4；

γ_{m1}、γ_{m2}——基坑外、基坑内挡土构件底面以上土的天然重度；对多层土，取各层土按厚度加权的平均重度；

l_d、h、q_0——挡土构件的嵌固深度、基坑深度、地面均布荷载；

c、φ——挡土构件底面以下土的黏聚力、内摩擦角；

N_c、N_q——Prandtl 承载力系数。

（2）当挡土构件底面以下有软弱下卧层时，坑底隆起稳定性的验算部位尚应包括软弱下卧层。软弱下卧层的隆起稳定性可按式（4-46）验算，但式中的 γ_{m1} 和 γ_{m2} 应取软弱下卧层顶面以上土的重度 [图4-32（b）]，l_d 应以 D 代替，D 为基坑底面至软弱下卧层顶面的土层厚度。

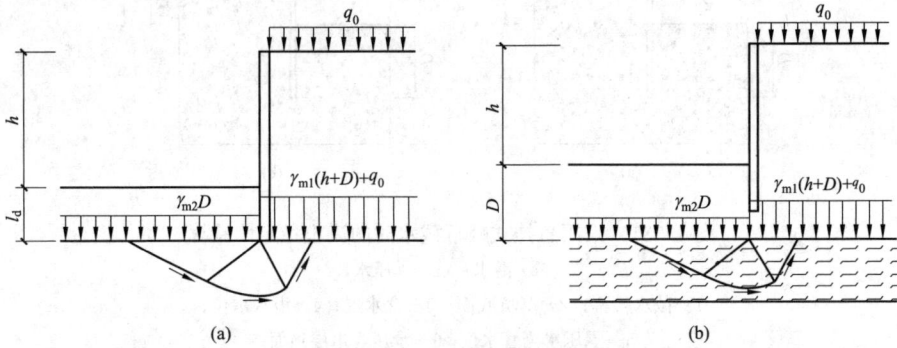

图4-32　隆起稳定性验算

（a）挡土构件底端平面下土的隆起稳定性验算；（b）软弱下卧层的隆起稳定性验算

当挡土构件嵌固深度很小时，不能采用以上公式验算坑底隆起稳定性。悬臂式支挡结构可不进行隆起稳定性验算。

（3）基坑底面下有软土层的土钉墙结构应进行坑底隆起稳定性验算。在式（4-46）的基础上具体化为（图4-33）

$$\frac{cN_c + \gamma_{m2}DN_q}{(q_1b_1 + q_2b_2)/(b_1 + b_2)} \geqslant K_b \qquad (4-47)$$

其中　　　　　　$q_1 = 0.5\gamma_{m1}h + \gamma_{m2}D, \qquad q_2 = \gamma_{m1}h + \gamma_{m2}D + q_0$

式中　b_1——土钉墙坡面的宽度，当土钉墙坡面垂直时，取 $b_1 = 0$；

　　　b_2——地面均布荷载的计算宽度，可取 $b_2 = h$，h 为基坑深度；

　　　D——基坑底面至抗隆起计算平面之间土层的厚度，当抗隆起计算平面为基坑底平面时，取 $D = 0$；

　　　γ_{m1}——基坑底面以上土的天然重度，对多层土，取各层土按厚度加权的平均重度；

　　　γ_{m2}——基坑底面至抗隆起计算平面之间土层的天然重度，对多层土取各层土按厚度加权的平均重度，其他参数含义与式（4-46）相同。

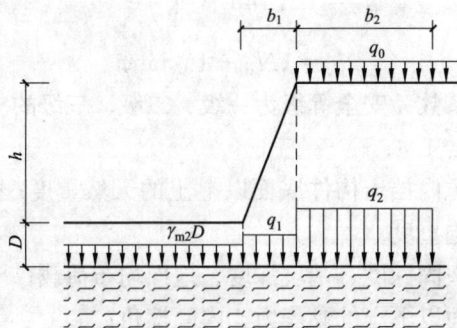

图4-33　基坑底面下有软土层的土钉墙隆起稳定性验算

第六节 内支撑系统设计

内支撑结构可选用钢支撑、混凝土支撑、钢与混凝土的混合支撑。由支护桩、墙与内支撑系统形成的支护体系是目前基坑工程中采用较多的一种形式，结构受力明确，计算方法比较成熟，施工经验丰富，在基坑工程中应用广泛。

内支撑结构选型应符合下列原则：①宜采用受力明确、连接可靠、施工方便的结构形式；②宜采用对称平衡性、整体性强的结构形式；③应与主体地下结构的结构形式、施工顺序协调，应便于主体结构施工；④应利于基坑土方开挖和运输；⑤需要时，可考虑内支撑结构作为施工平台。

内支撑结构应综合考虑基坑平面形状及尺寸、开挖深度、周边环境条件、主体结构形式等因素，选用有立柱或无立柱的下列内支撑形式：①水平对撑或斜撑，可采用单杆、桁架、八字形支撑；②正交或斜交的平面杆系支撑；③环形杆系或环形板系支撑；④竖向斜撑。

内支撑结构宜采用超静定结构。对个别次要构件失效会引起结构整体破坏的部位，宜设置冗余约束。内支撑结构的设计应考虑地质和环境条件的复杂性、基坑开挖步序的偶然变化的影响。支撑设计应包括以下内容和要求：

（1）支撑材料的选择。设计选用的材料必须强度高、稳定性好。

（2）支撑体系形式。支撑布置应尽可能简单，支撑的杆件应尽可能少。

（3）支撑结构的内力计算和变形验算。计算假定要符合工程实际条件和施工具体情况。

（4）支撑构件的强度和稳定性验算。

（5）支撑构件的节点设计。节点设计应当方便施工，安全可靠。

（6）支撑在施工中的替换与拆除方案设计。

（7）支撑设计施工图及说明。要强调对施工的要求。

（8）支撑体系在施工阶段的监测和控制要求。

一、支撑体系的布置

内支撑结构的常用形式有平面支撑体系和竖向斜撑体系。

（一）平面支撑体系

一般情况下，平面支撑体系由腰梁（环梁）、水平支撑和立柱三部分构件组成。腰梁的作用是加强支护桩的整体性，并将支护墙所受到的水平力传递给支撑构件，因此要求腰梁有较大的平面刚度，且与支护桩可靠连接。水平支撑应具有较强的整体性和平面刚度，使支撑系统各部分传力均匀。立柱是水平支撑系统在坑内的竖向支承构件，保证水平支撑的竖向稳定，承受水平支撑的自重及其他垂直荷载，要求有较好的刚度和较小的竖向位移。

根据基坑平面形状和施工要求，水平支撑可以用对撑、斜角撑和八字撑等形式组成平面结构体系，如图4-34所示。

在竖向平面内可布置一道或多道水平支撑，需根据基坑深度及施工要求由计算确定。上、下层水平支撑轴线应布置在同一竖向平面内。因工作高度的需要，竖向相邻水平支撑的净距不宜小于3m，若机械挖土，不宜小于4m；设定的各层水平支撑标高，不得妨碍主体

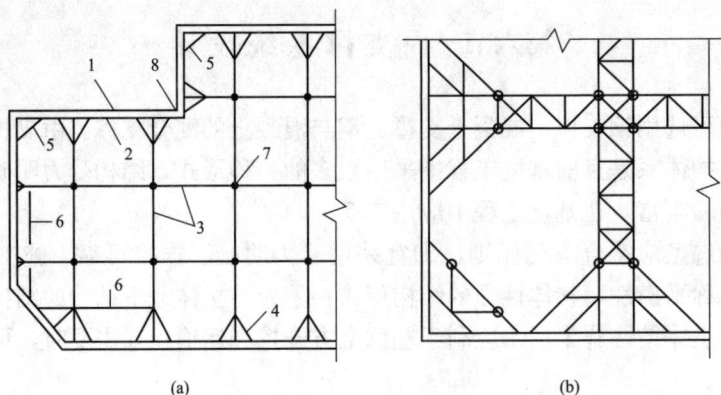

图 4-34　水平支撑体系布置

1—支护墙；2—腰梁；3—对撑；4—八字撑；5—角撑；6—系杆；7—立柱

工程地下结构底板和楼板构件的施工。一般情况下应利用支护桩顶的水平冠梁兼作第一道水平支撑的腰梁。

立柱应布置在纵横向支撑的交点处，并应避开主体工程梁、柱及承重墙的位置。立柱的间距一般不宜超过 15m。立柱下端应支承在较好的土层上，开挖面以下的入土长度应满足支撑结构对立柱承载力和变形的要求。

平面支撑系统一般优先采用钢结构支撑，对于形状比较复杂、环境保护要求较高的基坑，宜采用现浇混凝土结构支撑。

钢结构支撑具有自重小、安装和拆除都很方便、可以重复使用等优点。根据土方开挖进度，钢支撑可以做到随挖随撑，并可施加预应力，这对控制墙体变形是十分有利的。因此，一般情况下应优先采用钢支撑。由于钢结构支撑整体刚度较差，安装节点比较多，当节点构造不合理、施工不当或不符合设计要求时，往往容易造成因节点变形导致钢支撑变形，进而造成基坑过大的水平位移。有时由于节点破坏，造成断一点而破坏整体的后果。对此，应通过合理设计、严格现场管理和提高施工技术水平等措施加以控制。

现浇钢筋混凝土结构支撑具有较大的刚度，适用于各种复杂平面形状的基坑。现浇节点不会产生松动而增加墙体位移。工程实践表明，在钢结构支撑施工技术不高的情况下，钢筋混凝土支撑具有更高的可靠性。但混凝土支撑有自重大、材料不能重复使用、安装和拆除需要较长工期等缺点。当采用爆破方法拆除支撑时，会出现噪声、震动以及碎块飞出等危害，在闹市区施工时应予注意。由于混凝土支撑从钢筋、模板、浇捣至养护的整个施工过程需要较长的时间，因此不能做到随挖随撑，这对控制墙体变形是不利的，对于大型基坑的下部采用钢筋混凝土支撑时应特别慎重。

（二）竖向斜撑体系

竖向斜撑体系的作用是将支护桩上侧压力通过斜撑传到基坑开挖面以下的地基上。通常由斜撑、腰梁和斜撑基础等构件组成，如图 4-35 所示。当斜撑长度大于 15m 时，宜在斜撑中部设置立柱。一般情况下应优先采用平面支撑体系，对于符合下列条件的基坑也可以采用竖向斜撑体系：

1) 基坑开挖深度一般不大于 6m，在地下水位较高的软土地区不大于 5m。

2）场地的工程地质条件能满足基坑内预留土堤的斜撑安装和预留边坡的稳定。

3）斜撑基础具有足够的水平方向和垂直方向的承载能力。

4）基坑平面尺度较大，形状比较复杂。

斜撑宜采用型钢或组合型钢截面；竖向斜撑宜均匀对称布置，水平间距不宜大于 6m；斜撑与基坑底面之间的夹角一般情况下不宜大于 35°，在地下水位较高的软土地区不宜大于 26°，并与基坑内土堤的稳定边坡相一致。斜撑基础与支护桩之间的水平距离不宜小于支护桩在开挖面以下插入深度的 1.5 倍；斜撑与腰梁、斜撑与基础以及腰梁与围护墙之间的连接应满足斜撑水平分力和垂直分力的传递要求。

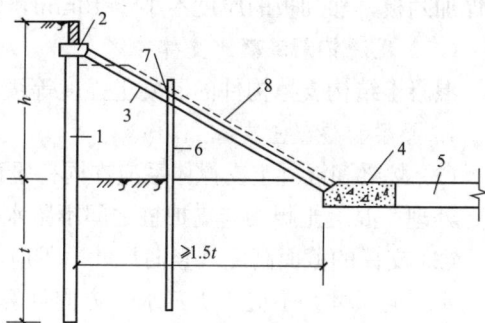

图 4-35 竖向斜撑体系

1—支护桩；2—冠梁；3—斜撑；4—斜撑基础；
5—基础压杆；6—立柱；7—系杆；8—土堤

竖向斜撑体系的施工流程是：支护桩完成后，先对基坑中部的土层进行放坡开挖，然后安装斜撑，再挖除四周留下的土坡。对于平面尺寸较大，形状不规则，但深度较浅的基坑采用竖向斜撑体系施工比较简单，也可节省支撑材料。

采用竖向斜撑体系时，由于基坑中部土方采用放坡开挖，比较方便，基坑平面尺寸越大，这部分土方量所占的比例也就越大，有利于加快施工进度。对于平面形状复杂的基坑，布置竖向斜撑体系相对比平面支撑体系使用更为方便。

二、支撑系统的构造要求

（一）钢支撑

钢结构支撑构件长度的拼接宜采用高强螺栓连接或焊接，拼接点的强度不应低于构件的截面强度。对于格构式组合构件，不应采用钢筋作为缀条连接。

1. 钢腰梁的构造要求

（1）钢腰梁的截面宽度应大于 300mm，其截面形式可采用工字钢或槽钢等。

（2）钢腰梁的现场拼装点位置应尽量设置在支撑点附近，且不应超过腰梁计算跨度的三分点。

（3）钢腰梁与混凝土围护墙之间应留设宽度不小于 60mm 的水平向通长空隙。其间用强度等级不低于 C30 的细石混凝土填嵌。

（4）支撑与腰梁斜交时，在腰梁与围护墙之间应设置经过验算的剪力传递构造。

（5）在基坑平面转角处，当纵横向腰梁不在同一平面上相交时，其节点构造应满足两个方向腰梁端部的相互支承要求。

2. 钢支撑的构造要求

（1）钢支撑的截面形式可以采用钢管、工字钢或槽钢，以及其组合截面。

（2）水平支撑的现场安装节点应尽量设置在纵横向支撑的交汇点附近。相邻横向（或纵向）水平支撑之间的纵向（或横向）支撑的安装节点数不宜多于两个。

（3）纵向和横向支撑的交汇点宜在同一标高上连接。当纵横向支撑采用重叠连接时，其连接构造及连接件的强度应满足支撑在平面内的稳定要求。

钢支撑与钢腰梁的连接可采用焊接或螺栓连接。节点处支撑与腰梁的翼缘和腹板连接应加焊加劲板，加劲板的厚度不小于 10mm，焊缝高度不小于 6mm。

（二）现浇钢筋混凝土支撑

混凝土结构支撑构件的混凝土强度等级不应低于 C20。

1. 腰梁和混凝土支撑

（1）腰梁和混凝土支撑体系应在同一平面内整浇。基坑平面转角处的纵横向腰梁应按刚节点处理；混凝土腰梁与支护桩之间不留水平间隙。

（2）支撑的截面高度（竖向尺寸）不应小于其竖向平面计算跨度的 1/20；腰梁的截面高度（水平向尺寸）不应小于其水平方向计算跨度的 1/12；腰梁的截面宽度不应小于支撑的截面高度。

（3）支撑和腰梁内的纵向钢筋直径不宜小于 16mm，沿截面四周纵向钢筋的最大间距应小于 200mm。箍筋直径不应小于 8mm，间距不大于 250mm。支撑的纵向钢筋在腰梁内的锚固长度不宜小于 30 倍钢筋直径。

2. 立柱

考虑到主体工程底板钢筋施工的方便，立柱在基坑开挖面以上通常采用格构式钢柱，开挖面以下部分通常采用灌注桩，立柱插入桩的长度宜大于立柱截面边长的 4 倍，并一次成桩。立柱穿过主体结构底板时，应在立柱相应位置设置止水板，防止地下水通过立柱与底板混凝土接触面渗入地下室。

三、内支撑体系的计算

内支撑承受的荷载大而复杂，计算时应包括最不利工况。支撑的每根杆件都要满足强度和稳定性要求，以保证整个支护结构的安全。

（一）内力分析

（1）内支撑结构分析时，应同时考虑下列荷载作用：

1）由挡土构件传至内支撑结构的水平荷载。

2）支撑结构自重。

3）当支撑作为施工平台时，尚应考虑施工当温度改变引起的支撑结构内力不可忽略不计时，应考虑温度应力。

4）当支撑立柱下沉或隆起量较大时，应考虑支撑立柱与挡土构件之间差异沉降产生的作用。

（2）内支撑结构分析应符合下列原则：

1）水平对撑与水平斜撑，应按偏心受压构件进行计算；支撑的轴向压力应取支撑间距内挡土构件的支点力之和；腰梁或冠梁应按以支撑为支座的多跨连续梁计算，计算跨度可取相邻支撑点的中心距。

2）矩形基坑的正交平面杆系支撑，可分解为纵横两个方向的结构单元，并分别按偏心受压构件进行计算。

3）平面杆系支撑、环形杆系支撑，可按平面杆系结构采用平面有限元法进行计算；计算时应考虑基坑不同方向上的荷载不均匀性。建立的计算模型中，约束支座的设置应与支护结构实际位移状态相符，内支撑结构边界向基坑外位移处应设置弹性约束支座，向基坑内位移处不应设置支座，与边界平行方向应根据支护结构实际位移状态设置支座。

4）内支撑结构应进行竖向荷载作用下的结构分析；设有立柱时，在竖向荷载作用下内支撑结构宜按空间框架计算，当作用在内支撑结构上的竖向荷载较小时，内支撑结构的水平构件可按连续梁计算，计算跨度可取相邻立柱的中心距。

5）竖向斜撑应按偏心受压杆件进行计算。

6）当有可靠经验时，宜采用三维结构分析方法，对支撑、腰梁与冠梁、挡土构件进行整体分析。

（二）构件截面设计

支撑构件的内力主要是由作为永久荷载的水、土压力及构件自重引起的，可变荷载对内力的影响通常很小。土体自重及土压力的分项系数为 1.0，按本章所述的水、土压力的算法，求得的支护结构的内力均为内力设计值。支撑构件截面的抗压、抗弯及抗剪等承载力设计应根据所选择的构件材料，按相应的结构设计规范执行。

1. 支撑及其连接

混凝土支撑及其连接、钢支撑结构构件及其连接的受压、受弯、受剪承载力计算以及钢支撑结构稳定性计算应满足相应的规范要求。支撑的承载力计算应考虑施工偏心误差的影响，按偏心受压构件计算，偏心距取值不宜小于支撑计算长度的 1/1000，且对混凝土支撑不宜小于 20mm，对钢支撑不宜小于 40mm。

支撑构件的受压计算长度选取，①对于水平支撑在竖向平面内的受压计算长度，不设置立柱时，应取支撑的实际长度；设置立柱时，应取相邻立柱的中心间距。②对于水平支撑在水平平面内的受压计算长度，对无水平支撑杆件交汇的支撑，应取支撑的实际长度；对有水平支撑杆件交汇的支撑，应取与支撑相交的相邻水平支撑杆件的中心间距；当水平支撑杆件的交汇点不在同一水平面内时，水平平面内的受压计算长度宜取与支撑相交的相邻水平支撑杆件中心间距的 1.5 倍。

2. 立柱

立柱的受压承载力可按下列规定计算：

（1）在竖向荷载作用下，内支撑结构按框架计算时，立柱应按偏心受压构件计算；内支撑结构的水平构件按连续梁计算时，立柱可按轴心受压构件计算。

（2）立柱的受压计算长度确定：单层支撑的立柱、多层支撑底层立柱的受压计算长度应取底层支撑至基坑底面的净高度与立柱直径或边长的 5 倍之和；相邻两层水平支撑间的立柱受压计算长度应取此两层水平支撑的中心间距；立柱的基础应满足抗压和抗拔的要求。

3. 腰梁

腰梁的截面承载力计算，一般情况下，可按水平方向的受弯构件计算。当腰梁与水平支撑斜交，或腰梁作为边桁架的弦杆时，还应按偏心受压构件进行验算，此时腰梁的受压计算长度可取相邻支撑点的中心距。

现浇混凝土腰梁的支座弯矩，可乘以 0.8～0.9 的调幅系数，但跨中弯矩需相应增加。

第七节　水泥土桩墙支护结构

利用水泥土搅拌桩技术，在基坑周围的土体中形成具有一定厚度的墙体，用于支挡基坑周边的土体，同时利用水泥土很弱的透水性，对基坑起到隔水止水作用。由水泥土桩形成的支护墙具有造价低、无振动、无噪声、无污染、施工简便和工期短等优点，适合于对环境污染要求较严、对漏水要求较高且施工场地较宽阔的软土地层，支护深度一般不大于7m，如果采用加筋水泥土桩墙等复合式水泥土桩墙，则支护深度可达到10m。

一、一般规定

由于水泥土桩是由一种具有一定刚性的脆性材料所构成，其抗拉强度比抗压强度小很多，所以在工程中要充分利用抗压强度高的优点，回避其抗拉强度低的缺点，即按重力式挡土墙设计。

水泥土桩墙是将搅拌桩相互搭接而成，平面布置应采用连续型或格栅型。格栅型是在支护结构宽度内，不需整个土体都进行搅拌加固，可按一定间距将土体加固成相互平行的纵向壁，再沿纵向一定间距加固肋体，用肋体将纵向壁连接起来。为保证水泥土挡土墙形成连续的挡土结构，搅拌桩的搭接宽度不宜小于150mm。为保证形成复合体，格栅结构的格子不宜过大。格栅的置换率，对淤泥质土，不宜小于0.7；对一般黏性土，不宜小于0.6。纵向墙肋之净距不宜大于1.3m，横向墙肋之净距不宜大于1.8。

为保证水泥土的质量，水泥掺入量不宜小于15%，标号不宜低于425号，水泥土28d龄期时的无侧限抗压强度不宜小于1MPa，同时应在水泥土强度达到设计要求时开挖。

水泥土桩墙顶部宜设置混凝土连接面板，面板厚度不宜小于150mm，混凝土强度等级不宜低于C15。

二、设计计算

尽管水泥土桩墙支护结构的工作原理与重力式挡土墙类似，但设计方面的特性有很大不同，主要表现在：

（1）由于水泥土桩墙具有一定的嵌固深度，其稳定性主要受抗倾覆条件控制，无嵌固深度的重力式挡土墙的稳定性同时受抗滑移和抗倾覆条件控制。

（2）仅靠增加嵌固深度来提高水泥土桩墙的抗倾覆安全系数难以达到满意的效果。因为在某些情况下，随着嵌固深度的增加，水泥土桩墙的抗倾覆安全系数不但不会提高，反而还会有一定的降低。

（3）对于水泥土桩墙和传统的重力式挡土墙，在某一确定的嵌固深度条件下，无论是为满足抗倾覆稳定性还是抗滑移稳定性，增加墙宽都是最有效而经济的措施。

水泥土桩墙的计算包括整体稳定性验算、抗倾覆和抗滑动稳定性验算、坑底隆起稳定性验算、墙体应力验算等。因地基承载力一般都能满足要求，可不必进行地基承载力验算。若地基土质确实很差，如为较厚的软黏土层时，应对地基承载力进行验算，可参照地基基础规范进行。

根据土质情况和基坑开挖深度，先按经验设定桩插入基坑底面以下的深度（嵌固深度）t 和墙的宽度B，即

$$\left.\begin{array}{l} t = (0.8 \sim 1.2)h \\ B = (0.6 \sim 0.8)h \end{array}\right\} \tag{4-48}$$

式中　h——基坑深度。

（一）墙体嵌固深度

重力水泥土桩墙的墙体嵌固深度应符合坑底抗隆起稳定性要求。在采用式（4-46a）～

(4-46c) 验算时，公式中的 γ_{m1} 应取基坑外墙底面以上土的重度，γ_{m2} 应取基坑内墙底面以上土的重度，l_a 应取水泥土墙的嵌固深度，黏聚力和内摩擦角应取水泥土墙底面以下土相应参数。

当重力式水泥土墙底面以下有软弱下卧层时，隆起稳定性验算的部位应包括软弱下卧层，此时，式（4-46a）中 γ_{m1} 和 γ_{m2} 应取软弱下卧层顶面以上土的重度，挡土构件的嵌固深度 l_a 应以坑底至软弱下卧层顶面的土层厚度 D 代替。

（二）墙体应力验算

在侧向土压力作用下，墙身产生弯矩，墙体偏心受压，应验算墙体正截面应力。水泥土桩墙的墙体正截面应力可按下式验算（图4-36），即

1）拉应力

$$\frac{6M_i}{B^2} - \gamma_{cs}z \leqslant 0.15f_{cs} \qquad (4-49)$$

2）压应力

$$\gamma_0\gamma_F\gamma_{cs}z + \frac{6M_i}{B^2} \leqslant f_{cs} \qquad (4-50)$$

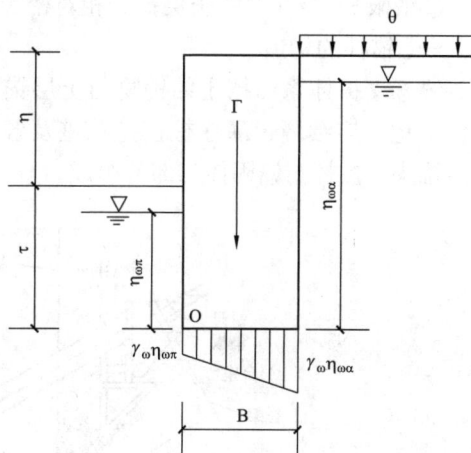

图4-36 水泥土桩墙计算断面简图

3）剪应力

$$\frac{E_{ak,\,i} - \mu G_i - E_{pk,\,i}}{B} \leqslant \frac{1}{6}f_{cs} \qquad (4-51)$$

式中　　M_i——水泥土墙验算截面的弯矩设计值；

　　　　B——验算截面处水泥土墙的宽度；

　　　　γ_{cs}——水泥土墙的重度；

　　　　z——验算截面至水泥土墙顶的垂直距离；

　　　　f_{cs}——水泥土开挖龄期时的轴心抗压强度设计值；

　　　　γ_F——荷载综合分项系数，不应小于1.25；

$E_{ak,i}$、$E_{pk,i}$——验算截面以上的主动土压力标准值、被动土压力标准值；验算截面在基底以上时，取 $E_{pk,i}=0$；

　　　　G_i——验算截面以上的墙体自重；

　　　　μ——墙体材料的抗剪断系数，取0.4～0.5。

第八节　预应力土层锚杆

锚杆是在岩层或土层中，在水平或斜向形成钻孔，再在孔中安放钢拉杆，并在拉杆尾部一定长度范围内注浆，形成锚固体，形成抗拔锚杆。

在基坑工程中的土层锚杆，一端锚固在基坑外较好的土层中，另一端通过腰梁或其他连接体与支护桩（墙）连接，形成桩锚支护体，将支护柱所承受的侧向荷载通过锚杆的拉结，

传到远处稳定土层中。或者锚杆与喷射的混凝土面层、钢筋网组成喷锚联合支护形式。锚杆与支护桩或喷锚网连接，与内支撑的作用一样，通过锚杆的拉结，把水平荷载传到远处稳定土层中去。

在深基坑支护工程中，为增强锚杆的锚固作用和减少变形，通常采用预应力土层锚杆，土层锚杆的施工长度可达 30m 以上，在黏性土中最大锚固力可达 1000kN。

土层锚杆宜在土质较好的条件下使用，在未经处理的下列土层中不宜采用：①有机质土层；②液限 $w_L > 50\%$ 的土层；③相对密实度 $D_r < 0.3$ 的土层。

一、锚杆的构造

锚杆支护体系由挡土结构物与土层锚杆系统两部分组成，如图 4-37 所示。挡土结构物包括地下连续墙、灌注桩、挖孔桩及各种类型的板桩以及混凝土面层、钢筋网组成。锚杆由锚头、拉杆与锚固体三部分组成。

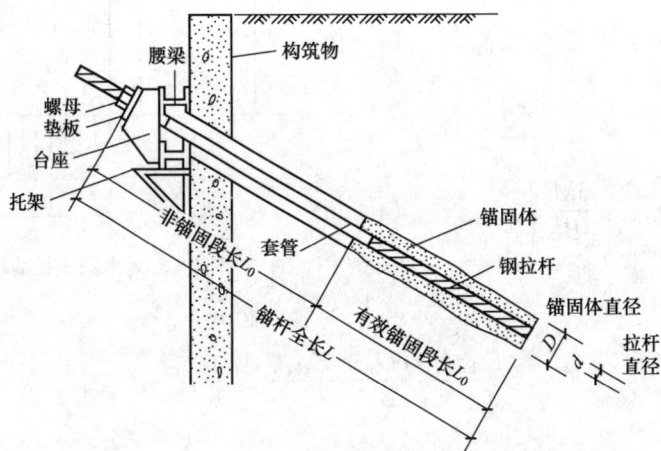

图 4-37 锚杆构造

锚头的作用是将拉杆与支护结构联结起来，对支护结构起支点作用，将支护结构的支承力通过锚头传给拉杆。锚头由台座、承压垫板及紧固器三部分组成。

台座可由钢板或钢筋混凝土做成，在拉杆方向不垂直时用以调整拉杆受力方向，并固定拉杆的位置。

承压垫板的作用是使拉杆的集中力扩散，承压板一般需采用 20~40mm 厚的钢板。紧固器的作用是将拉杆与垫板台座支护结构牢固连接在一起，通过紧固器可以对拉杆施加预应力并实施应力锁定，其作用与预应力锚具相同。

拉杆是把来自锚杆端部的拉力传递给锚固体。拉杆可采用粗钢筋或钢绞线，拉杆全长包含自由段（非锚固段）和锚固段两部分。

锚固体是由水泥砂浆或水泥等材料将拉杆与土体黏结在一起形成的，通常呈圆柱状。其作用是将拉杆的拉力通过锚固体与土之间的摩擦力，传递到锚固体周围的土层中去。

锚固段的形式有圆柱形、扩大端部型及连续球形，如图 4-38 所示。对于拉力不高，临时性挡土结构可采用圆柱型锚固体；锚固于砂质土、硬黏土层并要求较高承载力的锚杆，可采用端部扩大型锚固体；锚固于淤泥质土层并要求较高承载力的锚杆，可采用连续球体型锚固体。

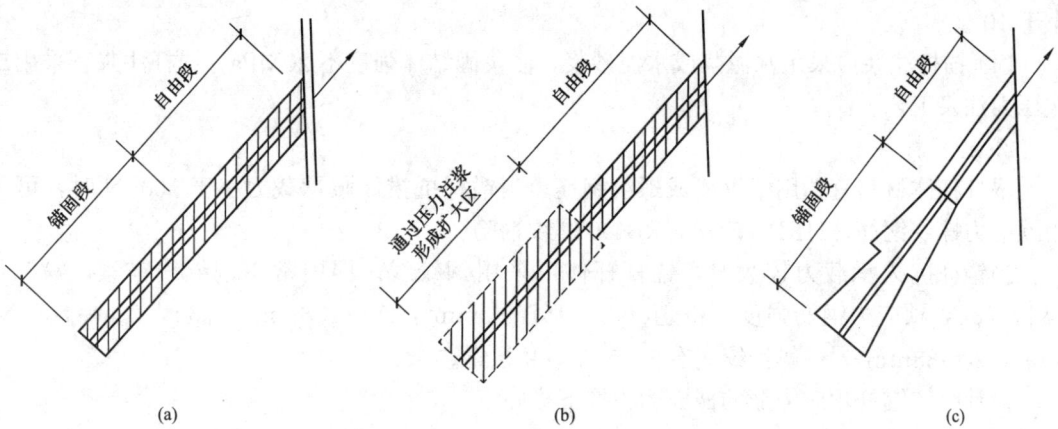

图 4 - 38 锚固段的形式

二、锚杆设计计算

在基坑工程中采用锚杆结构时，首先应根据场地的工程地质及水文地质条件、建筑环境综合判断是否适宜采用锚杆支护结构作出可行性判断，尤其是要考虑锚杆对周围环境及邻近场地后期开发使用的影响。

锚杆设计内容包括以下方面：

(1) 确定锚杆设计轴向力，锚杆的抗力安全系数及极限承载力。

(2) 确定锚杆布置和安设角度。

(3) 确定锚杆施工工艺并进行锚固体设计（长度、直径、形状等），确定锚杆结构和杆件断面。

(4) 计算自由段长度和锚固段长度。

(5) 外锚头及腰梁设计，确定锚杆锁定荷载值、张拉荷载值。

(6) 必要时应进行整体稳定性验算。

(7) 浆体强度设计并提出施工技术要求。

(8) 对试验和监测的要求。

1. 锚杆的布置

(1) 土层锚杆锚固段不宜设置在淤泥、淤泥质土、泥炭、泥炭质土及松散填土层内，锚固段应设置在主动土压力滑动面以外，锚杆锚固段在最危险滑动面以外的有效计算长度应满足整体稳定性计算要求，且自由段长度不得少于5m。土层中的锚杆锚固段长度不宜小于6m。锚固体的上覆土层的厚度不宜小于4m。锚固区离现有建筑物的距离不小于5~6m。

(2) 锚杆间距大小应通过综合比较确定，锚杆间距大，就会增大锚杆承载力，增大腰梁应力和截面。间距过小易产生群锚效应，将使变形增大而影响极限抗拔力。因此，锚杆锚固体上下排间距不宜小于2.5m，水平方向间距不宜小于1.5m。

注意区分锚固体间距和锚杆布置时的间距，二者不是同一概念。当锚杆布置时的间距较小时，可考虑调整锚杆角度等方法确保锚固体的最小间距。

（3）锚杆成孔直径宜取 $100\sim150$mm。锚杆的倾角宜为 $15°\sim25°$，不应大于 $45°$，且不应小于 $10°$。

（4）锚杆注浆应采用水泥浆或水泥砂浆，注浆固结体强度不 20MPa；锚杆注浆宜采用二次压力注浆工艺。

2. 锚杆材料

锚杆杆体材料宜选用钢绞线或螺纹钢筋，当锚杆抗拔极限承载力小于 500kN 时，可采用预应力螺纹钢筋、HRB335 或 HRB400 螺纹钢筋。

当锚杆抗拔承载力较大时，锚杆杆体可采用钢绞线。国内常用钢绞线锚索，$7\phi5$ 和 $7\phi4$。$7\phi5$，预应力钢筋强度标准值 $f_{ptk}=1570$N/mm^2，$A=138$mm^2；$7\phi4$，$f_{ptk}=1470$N/mm^2，$A=88$mm^2。一般钢绞线有 3、5、7、9 根索。

设计时，锚杆预应力筋的截面面积按下式确定

$$A \geqslant \gamma_0 \gamma_F \frac{N_k}{f_{ptk}} \tag{4-52}$$

式中　N_k——荷载效应标准组合下，单根锚杆所承受的拉力值；

　　　　γ_0——结构重要性系数，对于安全等级为一级、二级、三级的支护结构，分别不应小于 1.1、1.0、0.9；

　　　　γ_F——作用基本组合的综合分项系数，不应小于 1.25；

　　　　f_{ptk}——钢筋、钢绞线抗拉强度设计值。

3. 锚杆截面和长度确定

锚杆的轴向拉力标准值应按下式计算

$$N_k = \frac{F_h s}{b_a \cos\alpha} \tag{4-53}$$

式中　N_k——锚杆轴向拉力标准值；

　　　　F_h——挡土构件计算宽度内的弹性支点水平反力；

　　s、b_a、α——锚杆水平间距、挡土结构计算宽度、锚杆倾角。

锚杆的极限抗拔承载力应符合下式要求

$$\frac{R_k}{N_k} \geqslant K_t \tag{4-54}$$

式中　K_t——锚杆抗拔安全系数。安全等级为一级、二级、三级的支护结构，K_t 分别不应小于 1.8、1.6、1.4；

　　　　R_k——锚杆极限抗拔承载力标准值。应通过拉拔试验确定，也可由 $R_k = \pi d \sum q_{sk,i} l_i$ 计算，但应通过拉拔试验进行验证。其中，d 为锚杆锚固体直径，l_i 为锚杆的锚固段在第 i 土层中的长度，锚固段长度为锚杆在理论直线滑动面以外的长度，$q_{sk,i}$ 为锚固体与第 i 土层的极限黏结强度标准值，应根据工程经验并结合表 4-4 取值。

表 4-4   锚杆的极限黏结强度标准值

土的名称	土的状态或密实度	q_{sk} (kPa)	
		一次常压注浆	二次压力注浆
填土		16～30	30～45
淤泥质土		16～20	20～30
黏性土	$I_L>1$	18～30	25～45
	$0.75<I_L\leqslant1$	30～40	45～60
	$0.50<I_L\leqslant0.75$	40～53	60～70
	$0.25<I_L\leqslant0.50$	53～65	70～85
	$0<I_L\leqslant0.25$	65～73	85～100
	$I_L\leqslant0$	73～90	100～130
粉土	$e>0.90$	22～44	40～60
	$0.75\leqslant e\leqslant0.90$	44～64	60～90
	$e<0.75$	64～100	80～130
粉细砂	稍密	22～42	40～70
	中密	42～63	75～110
	密实	63～85	90～130
中砂	稍密	54～74	70～100
	中密	74～90	100～130
	密实	90～120	130～170
粗砂	稍密	80～130	100～140
	中密	130～170	170～220
	密实	170～220	220～250

注 1. 采用泥浆护壁成孔工艺时，应按表取低值后再根据具体情况适当折减。
　　2. 采用套管护壁成孔工艺时，可取表中的高值。
　　3. 采用扩孔工艺时，可在表中数值基础上适当提高。
　　4. 采用二次压力分段劈裂注浆工艺时，可在表中二次压力注浆数值基础上适当提高。
　　5. 当砂土中的细粒含量超过总质量的30％时，表中数值应乘以0.75。
　　6. 对有机质含量为5％～10％的有机质土，应按表数值后适当折减。
　　7. 当锚杆锚固段长度大于16m时，应对表中数值适当折减。

锚杆的非锚固段长度 L_f 应按下式确定（图 4-42），且不应小于5.0m，即

$$L_f \geqslant \frac{(a_1+a_2-d\tan\alpha)\sin\left(45°-\dfrac{\varphi_m}{2}\right)}{\sin\left(45°+\dfrac{\varphi_m}{2}+\alpha\right)} + \frac{d}{\cos\alpha} + 1.5 \qquad (4-55)$$

式中　α——锚杆倾角；

a_1——锚杆的锚头中点至基坑底面的距离；

a_2——基坑底面至基坑外侧主动土压力强度与基坑内侧被动土压力强度等值点 O 的距离，对成层土，当存在多个等值点时应按其中最深的等值点计算；

d——挡土构件的水平尺寸，即挡土构件的计算厚度；

φ_m——O 点以上各土层按厚度加权的等效内摩擦角。

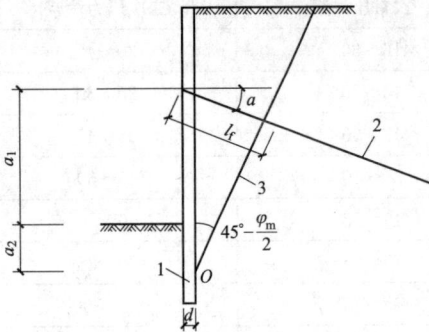

图 4-39　理论直线滑动面

1—挡土构件；2—锚杆；3—理论直线滑动面

在确定了锚杆非锚固段 L_a 和锚固段的长度 L_f 后，锚杆的总长度 $L=L_a+L_f$。

4. 锚杆稳定性验算

（1）单层锚杆的支挡结构的嵌固深度，应符合嵌固稳定性要求。

（2）桩锚支护结构应采用圆弧滑动条分法进行整体稳定性验算。当支护结构底端以下存在软弱下卧土层时，整体稳定性验算滑动面中应包括由圆弧与软弱土层层面组成的复合滑动面。

（3）桩锚支护结构桩的嵌固深度应符合坑底隆起稳定性要求；当坑底以下为软土时，其嵌固深度应符合以最下层支点为轴心的圆弧滑动稳定性要求。

5. 腰梁的设计

腰梁的主要作用是将锚杆和支护桩结合起来共同承担支护桩上的水、土压力作用。锚杆的锚固抗力通过横向腰梁传给支护桩等支挡结构。锚杆腰梁可采用型钢组合梁或钢筋混凝土梁，应按受弯构件设计。

型钢组合腰梁可选用双槽钢或双工字钢，槽钢之间或工字钢之间应用缀板焊接为整体构件，焊缝连接应采用贴角焊。双槽钢或双工字钢之间的净间距应满足锚杆杆体平直穿过的要求。腰梁应满足在锚杆集中荷载作用下的局部受压稳定与受扭稳定的构造要求。当需要增加局部受压和受扭稳定性时，可在型钢翼缘端口处配置加筋肋板。

混凝土腰梁、冠梁宜采用斜面与锚杆轴线垂直的梯形截面；腰梁、冠梁的混凝土强度等级不宜低于 C25。采角梯形截面时，截面的上边水平尺寸不宜小于 250mm。

锚杆腰梁的正截面、斜截面承载力，应按相应的混凝土或钢结构设计规范进行。当锚杆锚固在混凝土冠梁上时，冠梁应按受弯构件设计。设计时，锚杆腰梁应根据实际约束条件按连续梁或简支梁计算。计算腰梁内力时，腰梁的荷载应取结构分析时得出的支点力设计值。

三、锚杆施工

锚杆施工顺序为：钻孔→锚拉杆的制作与安放→灌浆→预应力张拉。施工要求锚杆孔直径不小于 100mm，杆体与孔壁之间应注浆密实，砂浆强度等级不低于 C20。

灌浆材料用 42.5 级以上的水泥，水灰比 0.4～0.45。如用砂浆，则配合比为 1∶1～1∶2，砂粒不大于 2mm，砂浆仅用一次注浆。

一次注浆管宜与锚杆一起放入钻孔，注浆管内端距孔底宜为 500～1000mm，二次高压注浆管的出浆孔和端头应密封，保证一次注浆时浆液不进入二次高压注浆管内。

二次高压注浆应在一次注浆形成的水泥结石体强度达 5.0MPa 时进行，二次注浆压力宜控制在 2.5～4.0MPa，二次注浆量可根据注浆工艺及锚固体的体积确定，不宜少于一次注浆量。

锚杆应在锚固体强度达到 15.0MPa 或设计强度的 75% 以上时对钢绞线束整体张拉锁

定，张拉荷载为设计荷载的 $1.05\sim1.1$ 倍，稳定 $5\sim10\text{min}$ 后，退至锁定荷载锁定。

随着基坑土方的开挖，锚杆的受力条件在不断变化，对于重大基坑工程的锚杆应进行锚杆预应力变化的监测。监测锚杆应具有代表性，监测锚杆数量不应少于工程锚杆的 5%，且不应少于 3 根。

【例题 4-4】 试根据 [例题 4-2] 的地质条件和计算结果，进行土层锚杆设计。已知支护桩墙的计算宽度为 1000mm。

解 仅对基坑开挖到设计标高后进行验算。支护桩的总长度为 22.6m，基坑深度 10m，桩入土深度为 12.6m，土压力零点位置在坑底下 2.6m 处，单层锚杆，锚杆与水平面的倾角取为 15°。锚杆水平间距按 2.2m 布置。

(1) 确定自由段长度。锚固点至坑底的距离 $a_1=9\text{m}$，基坑底面至土压力零点距离 $a_2=2.6\text{m}$，挡土构件水平尺寸 $d=1.0\text{m}$。土压力零点以上土层按厚度的加权平均内摩擦角为

$$\varphi_\text{m}=\frac{25\times8.0+(2.0+2.6)\times20}{12.6}=23.17\ (°)$$

锚杆倾角 $\alpha=15°$，锚杆自由段长度为

$$L_f\geqslant\frac{(a_1+a_2-d\tan\alpha)\sin\left(45-\dfrac{\varphi_\text{m}}{2}\right)}{\sin\left(45+\dfrac{\varphi_\text{m}}{2}+\alpha\right)}+\frac{d}{\cos\alpha}+1.5$$

$$=\frac{(9.0+2.6-1.0\times\tan15°)\times\sin\left(45°-\dfrac{23.17°}{2}\right)}{\sin\left(45°+\dfrac{23.17°}{2}+15°\right)}+\frac{1.0}{\cos15°}$$

$$+1.5=9.1\ (\text{m})$$

取锚杆自由段长度 $L_f=9.5\text{m}$

(2) 确定锚固段长度。由 [例题 4-2] 可知，挡土构件计算宽度内的弹性支点水平反力 $F_\text{h}=194.03\text{kN/m}$（题中的 R_a），锚杆水平间距 $s=2.2\text{m}$，挡土结构计算宽度 $b_\text{a}=1.0\text{m}$，锚杆的轴向拉力标准值为

$$N_\text{k}=\frac{F_\text{h}s}{b_\text{a}\cos\alpha}=\frac{194.03\times2.2}{1.0\times\cos15°}=441.9\ (\text{kN})$$

基坑安全等级按二级考虑，抗拔力安全系数 $K_\text{t}=1.6$，锚杆的极限抗拔承载力标准值 R_k 为

$$R_\text{k}\geqslant K_\text{t}N_\text{k}=1.6\times441.9=707.1\ (\text{kN})$$

取 $R_\text{k}=708\text{kN}$，锚固段直径 D 按 150mm 计算，锚杆位于粉质黏土中，因所需锚固力较大，采用二次压力注浆，可取土体与锚固体间黏结强度标准值 $q_\text{sk}=60\text{kPa}$，锚固段长度为

$$L_\text{a}=\frac{R_\text{k}}{\pi Dq_\text{sk}}=\frac{708}{3.14\times0.15\times60}=25.1\ (\text{m})$$

锚杆总长度为 $L=9.5+25.1=34.6\approx35\ (\text{m})$。

(3) 确定锚杆预应力截面面积。采用 $7\phi5$ 钢绞线，预应力强度标准值 $f_\text{py}=1570\text{N/mm}^2$。对二级基坑，结构重要性系数取 $\gamma_0=1.0$，作用基本组合的分项系数取 $\gamma_\text{F}=1.25\text{m}$，

锚杆轴向拉力设计值为

$$N = \gamma_0 \gamma_F N_k = 1.0 \times 1.25 \times 441.9 = 552.4 \ (kN)$$

预应力筋的截面面积为

$$A_p \geqslant \frac{N}{f_{py}} = \frac{552.4}{1570 \times 10^{-3}} = 351.8 \ (mm^2)$$

$351.8/138 = 2.5 \approx 3$（根），即采用 $3 \times 7\phi 5$ 钢绞线，实际 $A = 414mm^2$，可满足要求。

需要说明的是，本例题采用锚杆支护，锚固点距地面太近，仅 1m，锚固点应适当向下移动。另外，锚杆长度偏长。

第九节　土钉墙支护

土钉是置于原位土体中以较密间距排列的细长杆件，如钢筋或钢管等，通常外裹水泥砂浆或水泥净浆体（即注浆钉），在坡面上喷射钢筋网混凝土面层形成土钉墙或称为土钉支护，通过土钉、土体和喷射混凝土面层的共同工作，形成复合土体。土钉的特点是沿通长与周围土体接触，以群体作用，与周围土体形成一个组合体，在土体发生变形的条件下，通过与土体接触界面上的黏结力或摩擦力，使土钉被动受拉，并主要通过受拉工作给土体以约束加固或使其稳定。土钉的设置方向与土体可能发生的主拉应变方向大体一致，通常接近水平方向并向下呈不大的倾角。

土钉与锚杆从表面上看有类似之处，但二者有着不同的工作机理，锚杆沿全长分为自由段与锚固段，在挡土结构中，锚杆作为桩、墙等挡土构件的支点，将作用于桩、墙上的侧向土压力通过自由段、锚固段传递到深部土体上。除锚固段外，锚杆在自由段长度上受到同样大小的力；但是，土钉所受的拉力沿整个长度都是变化的，一般是中间大、两端小，土钉支护中的混凝土面层不属于主要挡土部件，在土体自重作用下，它的主要作用只是稳定开挖面上的局部土体，防止其塌落和受到侵蚀。锚杆在设置时一般都施加预拉应力，给土体以主动约束；而土钉是不加预应力的，土钉只有在土体发生变形后才被动受力，土钉对土体的约束需要以土体的变形作为补偿。锚杆的设置数量通常很有限，而土钉排列密集，在施工精度和质量上都没有锚杆要求那么严格。当然，锚杆中不加预应力并通长注浆，在特定的布置情况下，就视其为土钉。

土钉的应用范围甚广，主要有：作为开挖的临时支护，作为永久性挡土结构，现有挡土墙的修理加固和各类临时支护发生失稳时的抢险，边坡加固等。土钉支护可适用于有一定胶结能力和密实程度的砂土、粉土、砾石土、素填土、较硬的黏性土及风化层等，即使有局部的软塑黏土层，在采取一定措施后也能采用土钉支护。需要注意的是，土钉墙只能用于安全等级为二、三级的建筑基坑工程中。

土钉支护的材料用量和工程量少，施工速度快，对场地土层的适应性强，结构轻巧、柔性大，有很好的延性，施工所需的场地较小，安全可靠、经济，在各种挡土结构中得到了广泛应用。

一、土钉支护的构造

1. 土钉的构造

最常用的土钉是用变形钢筋与砂浆组成的钻孔注浆钉，即先在土中成孔，置入变形钢筋，然后沿全长注浆填孔。为了保证土钉钢筋处于孔的中心位置，周围有足够的浆体保护层，需沿钉长每隔 1.5～2.5m 设置对中定位用支架。土钉钢筋直径多为 16～32mm，置于 70～120mm 或更大的钻孔中。典型的土钉体及面层构造如图 4-40 所示。

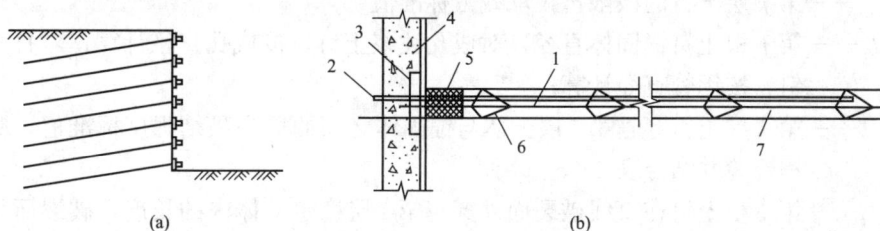

图 4-40 土钉设置及结构

1—土钉钢筋；2—土钉排气管；3—垫板；4—面层（配钢筋网）；
5—止浆塞；6—土钉钢筋对中支架；7—注浆体

注浆钉的注浆方式很多，最简单的是重力注浆。此时钻孔需向下倾斜 15°以上。为了改善土钉与土体的黏结力，一般情况下宜用低压注浆（≤0.5MPa）。此时需同时设置止浆塞和排气孔。用洛阳铲成孔因倾角较小，需用压力注浆。与锚杆类似，土钉也可采用二次挤密注浆等增大界面黏结力的办法。

土钉必须和面层有效连接，应设置承压板或加强钢筋等构造措施，承压板或加强钢筋应与土钉螺栓连接或钢筋焊接连接。

土钉支护结构一般规定如下：

（1）土钉墙墙面坡度不宜大于 1:0.1。

（2）土钉的长度宜为开挖深度的 0.5～1.2 倍，间距宜为 1～2m，与水平面的夹角一般为 5°～20°。土钉钢筋宜采用Ⅱ、Ⅲ级钢筋，钢筋直径宜为 16～32mm，钻孔直径宜为 70～120mm。

（3）注浆材料宜采用水泥浆或水泥砂浆，其强度等级不宜低于 M10。

（4）喷射混凝土面层宜配置钢筋网，钢筋直径宜为 6～10mm，间距宜为 150～250mm，喷射混凝土强度等级不宜低于 C20，面层厚度不宜小于 80mm。

（5）坡面上下段钢筋网搭接长度应大于 300mm。

2. 防排水系统

对于土钉墙支护结构，防排水系统是确保土钉墙边坡失稳的必要措施。土层含水量增加会使土体的抗剪强度降低，导致土钉对土的约束能力降低。同时含水量增加导致土的自重增大，土体的滑动力加大，且因渗流对边坡土体产生一定的渗流力，最终导致支护结构失稳。

土钉墙支护结构防排水系统包括地表防水、坡面泄水和坡底排水三个部分。

（1）地表防水：基坑四周支护范围内的地表应适当修整，用水泥砂浆或混凝土护面，并修筑散水坡和排水沟以及不低于 0.5m 的防水墙，以避免雨水流向基坑。

（2）坡面泄水：在边坡面层中设置导流管，将面层后面的积水及时引到坑内拍走。

（3）坡底排水：基坑底面设置排水沟或集水井，及时排出基坑内的渗水或雨水。

二、土钉支护设计

（一）土钉抗拔承载力验算

土钉墙设计时，应首先通过抗拔试验确定单根土钉的极限抗拔承载力。对于安全等级为三级的土钉墙，可按式（4-56）估算；对于安全等级为二级的土钉墙，在用式（4-56）估算时，应由抗拔试验进行验算（图4-41）

$$R_{k,j} = \pi d_j \sum q_{sk,i} l_i \qquad (4-56)$$

式中　$R_{k,j}$——第j层土钉的极限抗拔承载力标准值；

　　　d_j——第j根土钉锚固体直径，对成孔注浆土钉，按成孔直径计算；对打入钢管土钉，按钢管直径计算；

　　　q_{sik}——第j层土钉穿越第i层土体与锚固体之间的极限黏结强度标准值，应根据工程经验并结合表4-5选用；

　　　l_i——第j根土钉在直线破裂面外穿越第i层稳定土体内的长度，破裂面与水平的夹角为$\dfrac{\beta+\varphi_m}{2}$，$\beta$为坑壁与水平面的夹角，$\varphi_m$为土体内摩擦角标准值。

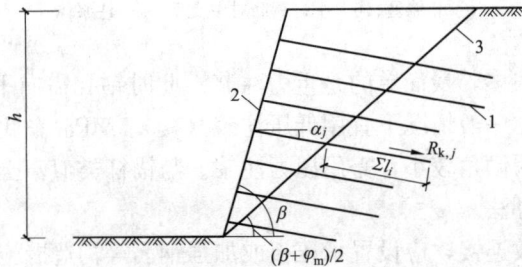

图4-41　土钉抗拔承载力计算
1—土钉；2—喷射混凝土面层；3—滑动面

表4-5　　　　　　　　　　　土钉锚固体与土体极限摩阻力标准值

土的名称	土的状态	q_{sik}（kPa）	
		成孔注浆土钉	打入钢管土钉
素填土		15～30	20～35
淤泥质土		10～20	15～25
黏性土	$0.75 < I_L \le 1$	20～30	20～40
	$0.25 < I_L \le 0.75$	30～45	40～55
	$0 < I_L \le 0.25$	45～60	55～70
	$I_L \le 0$	60～70	70～80
粉土		40～80	50～90
砂土	松散	35～50	50～65
	稍密	50～65	65～80
	中密	65～80	80～100
	密实	80～100	100～120

单根土钉抗拔承载力计算应符合下式要求

$$\frac{R_{k,j}}{N_{k,j}} \ge K_t \qquad (4-57)$$

式中 K_t——土钉抗拔安全系数，安全等级为二级、三级的土钉墙，K_t 分别不应小于 1.6、1.4；

$N_{k,j}$——第 j 层土钉的轴向拉力标准值。

单根土钉的轴向拉力标准值可按下式计算

$$N_{k,j} = \frac{1}{\cos\alpha_j}\xi\eta_j p_{ak,j} s_{xj} s_{zj} \tag{4-58}$$

式中 ξ——坡面为斜坡时荷载折减系数，按式（4-59）计算；

η_j——第 j 根土钉轴向拉力调整系数，按式（4-60）计算；

$p_{ak,j}$——第 j 根土钉位置处的基坑水平荷载标准值；

s_{xj}、s_{zj}——第 j 根土钉与相邻土钉的平均水平、垂直间距；

α_j——第 j 根土钉与水平面的夹角。

采用上式计算时，坡面为斜坡时荷载折减系数为

$$\xi = \tan\frac{\beta-\varphi_m}{2}\left(\frac{1}{\tan\frac{\beta+\varphi_m}{2}}-\frac{1}{\tan\beta}\right)\Big/\tan^2\left(45°-\frac{\varphi_m}{2}\right) \tag{4-59}$$

式中 β——土钉墙坡面与水平面的夹角；

φ_m——基坑底面以上各土层按厚度加权的等效内摩擦角平均值。

土钉轴向拉力调整系数（η_j）可按下列公式计算

$$\eta_j = \eta_a - (\eta_a - \eta_b)\frac{z_j}{h} \tag{4-60}$$

$$\eta_a = \frac{\sum_{i=1}^{n}(h-\eta_b z_j)\Delta E_{aj}}{\sum_{i=1}^{n}(h-z_j)\Delta E_{aj}} \tag{4-61}$$

式中 η_j——土钉轴向拉力调整系数；

z_j——第 j 层土钉至基坑顶面的垂直距离；

h——基坑深度；

ΔE_{aj}——作用在以 s_{xj}、s_{zj} 为边长的面积内的主动土压力标准值；

η_a——计算系数；

η_b——经验系数，可取 0.6~1.0；

n——土钉层数。

土钉杆体抗拉承载力应符合下式要求

$$\gamma_0\gamma_F N_{k,j} \leqslant f_y A_s \tag{4-62}$$

式中 γ_0——结构重要性系数，对于安全等级为一级、二级、三级的支护结构，分别不应小于 1.1、1.0、0.9；

γ_F——作用基本组合的综合分项系数，不应小于 1.25；

f_y——土钉杆体的抗拉强度设计值；

A_s——土钉杆体的截面面积。

（二）土钉墙整体稳定性验算

土钉墙是随基坑分层开挖作业的，各个施工阶段的整体稳定性分析尤为重要。土钉墙应

根据施工期间不同开挖深度及基坑底面以下可能滑动面,采用圆弧滑动简单条分法按下式进行整体稳定性验算。当基坑底面下有软土层的土钉墙结构应进行坑底隆起稳定性验算。

【例题 4 - 5】 某建筑基坑开挖深度 $6.4\mathrm{m}$,土质为杂填土、粉土和黏性土,按厚度加权平均计算,固结不排水抗剪强度标准值为 $c_\mathrm{k}=16\mathrm{kPa}$, $\varphi_\mathrm{k}=15°$, $\gamma=18.5\mathrm{kN/m^3}$,地面超载 $q=28\mathrm{kPa}$。基坑侧面与水平面夹角 $\beta=85°$,无地下水,土钉轴力调整系数的经验系数取 1.0。试设计土钉支护结构。

解 (1)首先对基坑边坡进行圆弧滑动面分析,确定土钉自由段长度。

这里采用直线滑动面,初步确定土钉自由段为(5 排土钉):
$$l_{z1}=4.15\mathrm{m}, \quad l_{z2}=3.23\mathrm{m}, \quad l_{z3}=2.33\mathrm{m}, \quad l_{z4}=1.95\mathrm{m}, \quad l_{z5}=0.56\mathrm{m}.$$

(2)土钉布置。选取土钉竖向间距 $1.28\mathrm{m}$,水平间距 $1.30\mathrm{m}$,土钉与水平面的夹角 $\alpha=15°$。最上一排土钉距地表的距离和最下一排土钉距坑底的距离取为相等,等于土钉间距的一半,均为 $0.64\mathrm{m}$。自上而下共布置 5 排土钉。$s_x=1.3\mathrm{m}$, $s_z=1.28\mathrm{m}$。

(3)土压力计算
$$K_\mathrm{a}=\tan^2\left(45°-\frac{15°}{2}\right)=0.5888$$

临界深度为
$$h_0=\frac{2c}{\gamma\sqrt{K_\mathrm{a}}}-\frac{q}{\gamma}=\frac{2\times16}{18.5\times\sqrt{0.5888}}-\frac{28}{18.5}=0.741(\mathrm{m})$$
$$2c\sqrt{K_\mathrm{a}}=2\times16\times\sqrt{0.5888}=24.555(\mathrm{kN/m^2})$$

荷载折减系数为
$$\xi=\tan\frac{\beta-\varphi_\mathrm{k}}{2}\left(\frac{1}{\tan\dfrac{\beta+\varphi_\mathrm{k}}{2}}-\frac{1}{\tan\beta}\right)\Big/\tan^2\left(45°-\frac{\varphi}{2}\right)$$
$$=\tan\frac{85°-15°}{2}\left(\frac{1}{\tan\dfrac{85°+15°}{2}}-\frac{1}{\tan85°}\right)\Big/\tan^2\left(45°-\frac{15°}{2}\right)=0.8939$$

土钉轴向拉力调整系数为
$$\eta_j=\eta_\mathrm{a}-(\eta_\mathrm{a}-\eta_\mathrm{b})\frac{z_j}{h}$$
$$=1.0-(1.0-1.0)\frac{z_j}{h}$$
$$=1.0$$

1)计算第一排土钉受拉荷载标准值:

第一排与第二排土钉中间距地面的距离为 $h_1=1.28\mathrm{m}$,此上的土压力由第一排土钉承担。由于存在临界高度,此时土压力从临界高度计算,此时土压力强度呈三角形分布。
$$p_{a0}=0$$
$$p_{a1}=(q+\gamma h)K_\mathrm{a}-2c\sqrt{K_\mathrm{a}}=(28+18.5\times1.28)\times0.5888-24.555=5.874(\mathrm{kN/m^2})$$
土压力强度的平均值为

$$e_{alk} = \frac{p_{a0} + p_{a1}}{2} = \frac{0 + 5.874}{2} = 2.937(\text{kN/m}^2)$$

土钉受拉荷载标准值为

$$N_{1k} = \frac{\xi p_{alk} s_{x1}(h_1 - h_0)}{\cos\alpha_1} = \frac{0.8939 \times 2.937 \times 1.3 \times (1.28 - 0.741)}{\cos15°} = 1.905(\text{kN})$$

2）计算第二排土钉受拉荷载标准值：

第二排与第三排土钉中间距地面的距离 $h_2 = 2.56\text{m}$，在 $h_1 \sim h_2$ 范围内的土压力由第二排土钉承担

$$p_{a2} = p_{a1} + \gamma h K_a = 5.874 + 18.5 \times 1.28 \times 0.5888 = 5.874 + 13.943 = 19.817(\text{kN/m}^2)$$

土压力强度的平均值为

$$p_{a2k} = \frac{p_{a1} + p_{a2}}{2} = \frac{5.874 + 19.817}{2} = 12.846(\text{kN/m}^2)$$

土钉受拉荷载标准值为

$$N_{2k} = \frac{\xi p_{alk} s_{x1}(h_1 - h_0)}{\cos\alpha_1} = \frac{0.8939 \times 12.846 \times 1.3 \times (2.56 - 1.28)}{\cos15°} = 19.782(\text{kN})$$

同样求得，$N_{3k} = 41.252\text{kN}$，$N_{4k} = 62.722\text{kN}$，$N_{5k} = 84.193\text{kN}$

（4）计算土钉的锚固长度。基坑等级可取二级，重要性系数 $\gamma_0 = 1.0$，土钉抗拔安全系数不应小于 1.6。根据土层条件，取土钉锚固体与土体极限摩阻力标准值 $q_{sik} = 40\text{kPa}$，由式（4-83）得，土钉极限承载力应满足下式

$$R_{kj} = \pi d_j q_{sik} l_i \geqslant 1.6 N_{kj}$$

钻孔直径取 120mm，土钉的锚固长度，即破裂面外的长度为

$$l_{im} = \frac{1.6 N_{kj}}{\pi d_j q_{sik}}$$

第一排土钉

$$l_{1m} = \frac{1.6 N_{kj}}{\pi d_j q_{sik}} = \frac{1.25 \times 1.0 \times 1.905 \times 1.3}{3.14 \times 0.12 \times 40} = 0.20 \text{（m）}$$

第二排土钉

$$l_{2m} = \frac{1.6 N_{kj}}{\pi d_j q_{sik}} = \frac{1.25 \times 1.0 \times 19.782 \times 1.3}{3.14 \times 0.12 \times 40} = 2.10 \text{（m）}$$

同样，$l_{3m} = 4.38\text{m}$，$l_{4m} = 6.66\text{m}$，$l_{5m} = 8.94\text{m}$。

（5）按 $L = l_z + l_m$ 计算土钉总长度，得

$L_1 = 4.35\text{m}$，$L_2 = 5.33\text{m}$，$l_3 = 6.71\text{m}$，$L_4 = 8.61$，$L_5 = 9.50\text{m}$

综合考虑，土钉总长度取为 10m，等长。

（6）土钉杆体直径计算。土钉钢筋采用 HRB335 钢筋，$f_y = 300\text{N/mm}^2$，第一～五排土钉杆体采用相同截面。土钉杆体截面面积为

$$A \geqslant \frac{\gamma_0 \gamma_F N_{k, max}}{f_y} = \frac{1.0 \times 1.25 \times 84.19 \times 10^3}{300} = 315 \text{（mm}^2\text{）}$$

选用 Φ22，实际 $A = 380\text{mm}^2$，通长注浆。

面层喷射混凝土厚度 100mm；固定钢筋采用 φ22（$l = 400\text{mm}$）焊接在土钉上，钢筋网片采用 φ6@200×200mm。

（7）对土钉进行抗滑动安全验算、抗倾覆安全验算和整体稳定性验算（从略）。

第十节　地　下　连　续　墙

地下连续墙是利用特殊的挖槽设备在地下构筑的连续墙体，常用于挡土、截水、防掺和承重等。作为基坑围护结构，地下连续墙适用于各种复杂施工环境和多种地质条件，我国几乎各种地质条件都可适用，只是施工程度难易不同而已。在一些复杂的环境下，它甚至可能是唯一可采用的有效施工方法。

一、地下连续墙的特点

采用地下连续墙作为支护结构，基坑开挖时因墙体的刚度大，当承受很大的侧向压力时，变形很小，周围地基沉降也就很小，因此适于在周围建（构）筑物距离紧贴及地下管线密集环境下采用。另外，地下连续墙施工时噪声小、振感低，有利于在城市中施工。

地下连续墙防渗效果好。只要施工时确保质量，地下连续墙是不透水的。只要墙底伸入到低透水层中或保证有足够的渗径，则因基坑内的降水而导致周边建（构）筑物和地下管线的沉降变形也将很小。

地下连续墙是最能充分利用建筑红线范围内地下空间的基坑围护结构，因此可以最大限度地获取土地投资的效益。

但是，地下连续墙也有其缺点：一方面，地下连续墙成槽施工时要采用泥浆护壁，泥浆如处理不当，会造成环境污染，当在城市施工时矛盾更加突出；另一方面，地下连续墙若仅作为基坑的挡土、防渗结构，当基坑开挖深度较浅或虽亦兼作建筑物的竖向承重结构，但持力层远深于基坑的深度时，则采用地下连续墙的形式可能不及其他围护结构形式经济。

二、地下连续墙的施工与逆作法

作为基坑支护结构的地下连续墙常用的施工工艺如下：

在地面上用专用的挖槽设备，例如液压抓斗（或机械抓斗）和冲孔桩机进行联合成槽作业。抓斗抓土，冲孔桩机入岩并修边，形成具有一定长度、宽度、深度的单元槽段，槽段以泥浆固壁，然后在槽段内放入预先制好的钢筋笼，灌注水下混凝土筑成墙段。如此连续施工，使各墙段通过接头相互连接，形成一道完整的地下墙体，作为挡土防渗的施工支护结构，亦可兼作竖向承重的永久性地下结构。

地下室逆作法施工，是利用地下室的楼盖结构（梁、板、柱）和外墙结构，作为基坑围护结构在坑内的水平支撑体系和围护体系，由上而下进行地下室结构的施工。与此同时，可进行上部结构的施工。

根据工程的实际情况，也可选择部分逆作法，即由上而下进行逆作法施上地下室的每层楼盖梁，形成水平框格式支撑，地下室封底后再向上逐层浇注楼板，或从零层楼板（或是一层楼板）开始，由上而下逆作法施工负一层至负二层地下室结构，形成可靠的水平支撑，然后挖完地下室土方，封底后再向上逐层施工其他各层未施工的楼板。

逆作法施工时，基坑分层开挖的深度是按地下室主体结构施工的需要确定的。此时，地下室主体结构的设计计算工况应与相应的施工工况一致。在地下室逆作法施工时，地下室的楼盖结构（梁、板、柱）和外墙结构除应按正常使用工况进行设计外，还应按各阶段的施工工况进行验算。

地下室逆作法施工时，必须在地下室的各层楼板上，在同一垂直断面位置处，预留供出土用的出土口。为了不因出土口的预留而破坏水平支撑体系的整体性，可在该位置先施工板下的梁系，以此梁系作为水平支撑体系的一部分。

地下室逆作法施工所带来的一个问题是梁柱节点设计的复杂性。梁柱节点是整个结构体系的一个关键部位。梁板柱钢筋的连接和后浇混凝土的浇筑，关系到在节点处力的传递是否可靠。所以，对梁柱节点的设计必须考虑到满足梁板钢筋及后浇混凝土的施工要求。

三、地下连续墙的设计

地下连续墙的设计可参照单支点或多支点桩墙的设计方法，只是其构造要求和施工工艺有所不同。

墙的钢筋除根据墙体受力情况进行设计计算外，还应考虑施工构造的要求。由于钢筋笼是在地面上顶先制作成型后进行整体放入槽内，因此钢筋笼的两侧对槽宽应有 $140\sim200mm$（或更大）的余量，还要考虑槽段接头的情况。钢筋保护层垫块高度约为 $50mm$。为了防止钢筋笼吊放时发生变形，应有相应的构造措施。主筋应采用变形钢筋，一般为 $\phi22\sim\phi25mm$；水平钢筋用 $\phi12\sim\phi16mm$ 的变形钢筋，间距 $250mm$。钢筋笼底部应高出设计槽底 $300\sim500mm$，其上部按预定尺寸设置搁置铁杆，以便把钢筋笼悬吊在导墙上。

地下连续墙的常用厚度为 $600\sim800mm$，且不宜小于 $600mm$，墙厚除应满足设计要求外，还需结合成槽机械的规格来确定，一般为偶数值。地下连续墙的单元墙段（槽段）的长度、形状，应根据整体平面布置、受力特性、槽壁稳定性、周围环境条件和施工要求综合确定。如果地下水位变化频繁或槽壁孔可能发生坍塌时，应进行成槽试验及槽壁的稳定性验算。

地下连续墙的构造应符合以下要求：

（1）墙体混凝土的强度等级宜取 C30～C40。

（2）受力钢筋采用 HRB400、HRB500 钢筋，直径不宜小于 16mm。水平钢筋及构造钢筋可采用 HPB300 或 HRB400 钢筋，直径不宜小于 12mm。竖向钢筋的净距不宜小于 75mm。水平钢筋的间距宜取 200～300mm。单元槽段的钢筋笼宜装配成一个整体；必须分段时，宜采用焊接或机械连接，应在结构内力较小处布置接头，接头应相互错开。

（3）受力钢筋的受力保护层厚度，基坑内侧不宜小于 50mm，基坑侧不宜小于 700mm。

（4）当地下连续墙与主体结构连接时，预埋在墙内的受力钢筋、连接螺栓或连接钢板，均应满足受力计算要求。锚固长度满足《混凝土结构设计规范》（GB 50010—2010）要求。预埋钢筋应采用 HPB300 钢筋，直径不宜大于 20mm。

（5）竖向受力钢筋应有一半以上通长设置。

（6）地下连续墙的顶部应设置钢筋混凝土冠梁，梁宽不宜小于墙厚；梁高不宜小于 500mm；冠梁配筋不小于《混凝土结构设计规范》中构造配筋要求。墙的竖向主筋锚入墙内。

第十一节　基坑工程地下水控制

在高地下水位地区，深基坑工程设计施工中的关键问题之一是如何有效地实施对地下水控制。地下水控制失效也是引发基坑工程事故的重要源头。为保证支护结构、基坑开挖、地下结构的正常施工，防止地下水变化对基坑周边环境产生影响所采用的截水、降水、排水、回灌等措施，称为基坑工程地下水控制。基坑工程地下水控制应防止基坑开挖过程及使用期间的管涌、流砂、坑底突涌及地下水有关的坑外地层过度沉降。

地下水控制方法包括基坑截水、集水明排、基坑降水三种。地下水回灌不作为独立的地下水控制方法，但可作为一种补充措施与其他方法一同使用。应根据工程地质和水文地质条件、基坑周边环境要求及支护结构形式选用某一地下水控制方法或其组合。

一、基坑截水

阻隔或减少地下水通过基坑侧壁与坑底流入基坑的措施，称为基坑截水。基坑截水的常用方法是设置截水帷幕。所谓截水帷幕，是用以阻隔或减少地下水通过基坑侧壁与坑底流入基坑和控制基坑外地下水位下降的幕墙状竖向截水体。包括落底式帷幕和悬挂式帷幕。落底式帷幕是指底端穿透含水层并进入下部隔水层一定深度的截水帷幕；悬挂式帷幕是指底端未穿透含水层的截水帷幕。

常选用水泥土搅拌桩帷幕、高压旋喷或摆喷注浆帷幕、地下连续墙或咬合式排桩。支护结构采用排桩时，可采用高压旋喷或摆喷注浆与排桩相互咬合的组合帷幕。对碎石土、杂填土、泥炭质土、泥炭、pH 值较低的土或地下水流速较大时，水泥土搅拌桩帷幕、高压喷射注浆帷幕宜通过试验确定其适用性或外加剂品种及掺量。应根据工程地质条件、水文地质条件及施工条件选用。

当坑底下土体中存在承压水时，可在坑底设置水平向的止水帷幕，既可阻止地下水绕墙底向坑内渗流，又可防止承压水向上作用的水压力使基坑底面以下的土层发生突涌破坏。一般的做法是在承压水层中设置减压井以降低承压水头。当承压水水头高、水量大时，一般采用水平止水帷幕与减压井配合使用。

采用水泥土搅拌桩帷幕时，搅拌桩直径宜取 450～800mm，搅拌桩水泥浆液的水灰比宜取 0.6～0.8，搅拌桩的水泥掺量宜取土的天然质量的 15%～20%。

截水帷幕在平面布置上应沿基坑周边闭合。当采用沿基坑周边非闭合的平面布置形式时，应对地下水沿帷幕两端绕流引起的渗流破坏和地下水位下降进行分析。

二、集水明排

集水明排是指用排水沟、集水井、泄水管、输水管等组成的排水系统将地表水、渗漏水排泄至基坑外的方法。集水明排的作用是：①收集外排坑底、坑壁渗出的地下水；②收集外排降雨形成的基坑内、外地表水；③收集外排降水井抽出的地下水。

对坑底汇水、基坑周边地表汇水及降水井抽出的地下水，可采用明沟排水；对坑底渗出的地下水，可采用盲沟排水；当地下室底板与支护结构间不能设置明沟时，也可采用盲沟排水。明沟和盲沟的坡度不宜小于 0.3%。

排泄坑底渗出的地下水时，盲沟常在基坑内纵横向布置，盲沟的间距一般取 25m 左右。盲沟内宜采用级配碎石充填，并在碎石外铺设两层土工布反滤层。采用明沟排水时，沟底应采取防渗措施。通常沿排水沟宜每隔 30～50m 设置一口集水井，集水井的净截面尺寸应根据排水流量确定。集水井应采取防渗措施。

基坑坡面渗水宜于渗水部位插入导水管排出。导水管常用直径不小于 50mm、长度不小于 300mm 的 PVC 管，埋入土中的部分外包双层尼龙网。

三、基坑降水

为防止地下水通过基坑侧壁与坑底流入基坑，用抽水井或渗水井降低基坑内外地下水位的方法称为基坑降水。降水后基坑内的水位应低于坑底 0.5m。基坑降水可采用管井、真空井点、喷射井点等方法。应根据土的类型、土的渗透特性、降水深度等情况综合考虑后确定。表 4-6 给出了各种降水方法的适用条件。

表 4-6   各种降水方法的适用条件

方　　　法	土类	渗透系数（m/d）	降水深度（m）
管　井	粉土、砂土、碎石土	0.1~200.0	不限
真空井点	黏性土、粉土、砂土	0.005~20.0	单级井点<6 多级井点<20
喷射井点	黏性土、粉土、砂土	0.005~20.0	<20

1. 真空井点

真空井点常称为轻型井点，是直接用真空泵抽吸地下水，其布置如图 4-46 所示。整个管路系统由总管、支管、阀门、井点管、滤水管等组成。启动抽水设备后，在管路系统中形成真空，并由砂滤层将真空传递到井点周围一定范围的含水层中。在压差作用下含水层中的水通过砂滤层，经过滤水管被吸入井点系统中抽走，并使得井点附近的地下水位得到降低，经过一定时间后，在一定范围内形成一个降水漏斗曲线。

井点管为直径 38~110mm 的金属管，长 5~8m，由整根或分节组成。

滤水管的直径同井点管，也为金属管，一般长度为 1.0~1.5m，管壁打有渗水孔。渗水孔直径为 12~18mm，呈梅花状排列，孔隙率不得小于 15%。孔壁又设有两层滤网，管壁与滤网间采用金属丝绕成螺旋形隔开，网外部用金属丝箍紧。

集水总管为内径 100~127mm 的金属管，一组的长度为 50~80m，分节组成，每节 4m长。每一组集水总管与 40~60 个井点管用软管连接，如图 4-42 所示。

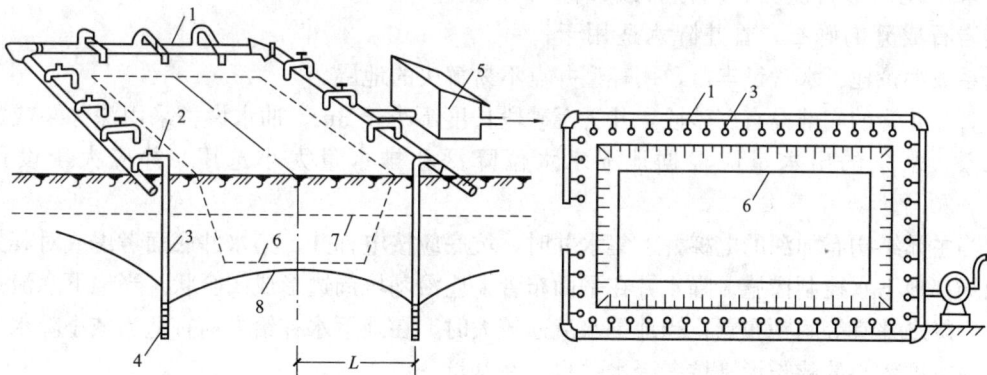

图 4-42　轻型井点降水法的降水原理

1—集水总管；2—连接管；3—井点管；4—滤管；
5—水泵房；6—基坑；7—原有地下水位线；8—降水后地下水位线

2. 喷射井点

喷射井点是将喷射器装置在井管内，利用高压水或高压气为动力进行抽水的井点装置。这种井点降水主要适用于深基坑和水量不大的弱透水地基中。

喷射井点的常用尺寸参数：外管直径为 73~108mm，内管直径为 50~73mm，过滤器直径为89～127mm，井孔直径为400～600mm，井孔比滤管底部深1m以上。喷射井点常用多级高压水泵，其流量为50m³/h，压力为0.7～0.8MPa。每套水泵可用于20～30根井管的抽水。

喷射井点的布置如图4-43所示。当基坑宽度小于10m，水位降深要求不大时，可采用单排井点；当基坑宽度大于10m时，可采用双排井点；当基坑面积较大时，宜按环形井点布置。各井点的间距一般为2～3m。

3. 管井

管井是在地面用水泵抽水或将水泵下入到井管内抽水，从而将地下水位降低。管井的井管由吸水管和滤水管两部分组成。滤管可采用无砂混凝土滤管、钢筋笼、钢管或铸铁管。滤管内径应按满足单井设计流量要求而配置的水泵规格确定，宜大于水泵外径50mm。滤管外径不宜小于200mm。管井成孔直径应满足填充滤料的要求，井管直径不小于200mm。井管与孔壁之间填充的滤料宜选用磨圆度好的硬质岩石成分的圆砾，不宜采用棱角形石渣料、风化料或其他黏质岩石成分的砾石。管井降水适用于渗透系数大，地下水含量丰富，用轻型井点不易解决的地层。

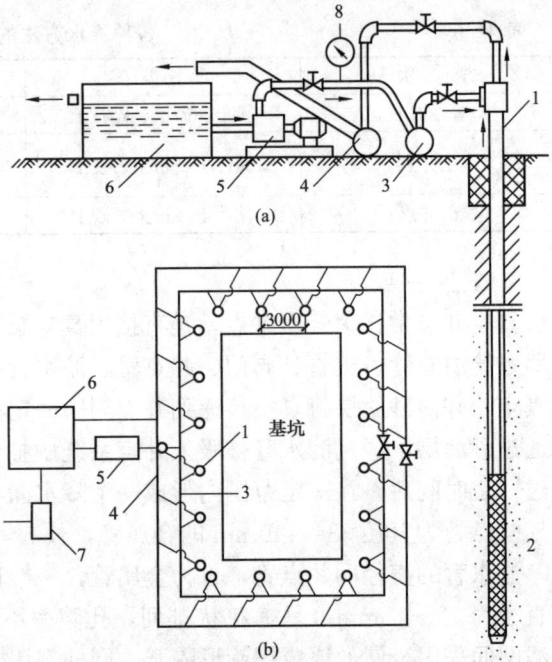

图4-43　喷射井点布置简图
1—喷射井管；2—滤水管；3—供水总管；4—排水总管；
5—高压离心水泵；6—水池；7—排水泵；8—压力表

管井井管的底部设有沉砂段，井管沉砂段长度不小于3m。抽水设备采用深井泵或深井潜水泵，水泵的出水量应根据地下水水位降深和排水量大小选用，并应大于设计值20%～30%。

当主体结构有加深的电梯井、集水井时，坑底应按电梯井、集水井底面考虑或对其另行采取局部地下水控制措施。降水井在平面布置上应沿基坑周边形成闭合状。当地下水流速较小时，降水井宜等间距布置；当地下水流速较大时，在地下水补给方向宜适当减小降水井间距。对宽度较小的狭长形基坑，降水井也可在基坑一侧布置。

四、基坑降水设计

基坑降水设计受许多不确定因素的影响，如地层的非均质性、各种计算参数的选择是否合理、施工中的技术问题等。地下水控制的设计和施工，应根据场地及周边工程地质条件、水文地质条件和环境条件并结合基坑支护和基础施工方案综合分析确定，满足支护结构设计要求。

基坑降水方案设计主要包括以下几个方面的内容：

(1) 基坑降水方案的选择；

(2) 具体的降水方案，包括井点数、井点布置方案（平面布置图），基坑出水量估算，各井点出水量计算；

（3）井点的施工方法及技术要求；

（4）对周围建筑物的影响及防治。

（一）基坑降水方案的选择

仅从支护结构安全性、经济性的角度，降水可消除水压力从而降低作用在支护结构上的荷载，减少地下水渗透破坏的风险，降低支护结构施工难度等。但降水后，随之带来对周边环境的影响问题。在有些地质条件下，降水会造成基坑周边建筑物、市政设施等的沉降而影响其正常使用甚至损坏。降水引起的基坑周边建筑物、市政设施等沉降、开裂、不能正常使用的工程事故时有发生。此外，还要考虑城市地下水资源的紧缺问题。

根据具体工程的特点，基坑工程可采用单一地下水控制方法，也可采用多种地下水控制方法相结合的形式。如悬挂式截水帷幕＋坑内降水，基坑周边控制降深的降水＋截水帷幕，截水或降水＋回灌，部分基坑边截水＋部分基坑边降水等。一般情况，降水或截水都要结合集水明排。采用哪种地下水控制方式是基坑周边环境条件的客观要求，基坑支护设计时应首先确定地下水控制方法，然后再根据选定的地下水控制方法，选择支护结构形式。

（二）井点降水系统设计

常见的涌水量及降深计算公式是裘布依（Dupuit）公式。由于实际的含水层分布远非裘布依公式那样的理想模型，实际的渗透系数与工程地质勘察报告给定的差别甚大，相邻含水层渗透系数也相差很大，因此，基坑降水设计大多凭借经验进行。实际设计时，可将基坑视作一口大井，按概化的大井法计算。

1. 确定大井降水系统参数

（1）基坑等效半径。为了计算简便，将降水井群即井点系统看成一口大井，以便用已有公式计算。基坑等效半径按面积相等原则确定，即 $r_0 = \sqrt{A/\pi}$，A 为基坑面积。

（2）降水影响半径。降水影响半径是指井轴线至补给边界的距离，宜通过试验确定。缺少试验时，可按下列公式计算并结合当地经验取值：

潜水含水层

$$R = 2S\sqrt{kH} \tag{4-63}$$

承压含水层

$$R = 10S\sqrt{k} \tag{4-64}$$

式中　R——降水影响半径，m；

S——井水位设计降深，当井水位降深小于 10m 时，取 $s_w = 10$m；

k——渗透系数，m/d；

H——含水层厚度，m。

（3）渗透系数。土层的渗透系数是计算的关键，应通过现场抽水试验获得。一般来说，黏土：<0.005m/d；粉质黏土：$0.005 \sim 0.1$m/d；黏质粉土：$0.1 \sim 0.5$m/d；粉土：$0.5 \sim 1.0$m/d；粉砂：$0.0 \sim 5.0$m/d；细砂：$1.0 \sim 10$m/d；中砂：$10 \sim 20$m/d。为了计算简便，若相邻含水层渗透性差别不大，可以取厚度加权平均渗透系数，视为一层土；若相邻含水层渗透性差别较大，可以仅计算渗透性大的含水层的涌水量。

2. 根据设计降深估算井点系统（大井）的总涌水量

对于降水井来说，可分为完整井和非完整井。完整井指贯穿整个含水层，且在全部厚度上有透水壁的井（图 4-44）；非完整井指没有贯穿含水层，或者虽然贯穿整个含水层，但仅在部分含水层厚度有透水壁的井。在工程中，当含水层较薄或埋藏较浅时，常视为完整井；在厚度及埋深较大的含水层中，常因经济和技术条件所限而用非完整井。

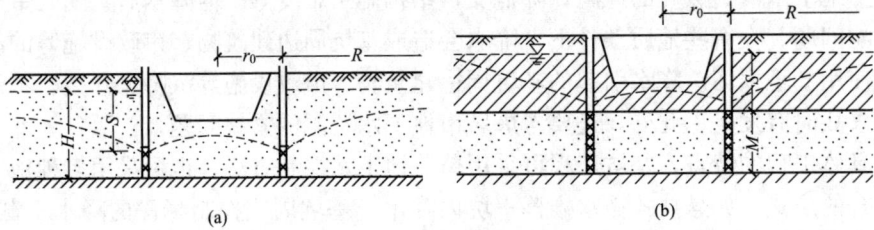

图 4-44　降水漏斗
(a) 潜水完整井；(b) 承压水非完整井

基坑降水设计时，应区别潜水和承压水，降水井一般都在潜水含水层或埋藏较浅的承压含水层中布设。

在含水层中抽水时，井周围的地下水开始下降，形成与抽水强度相当的下降区，下降区形状似漏斗，即降水漏斗。潜水井的降水漏斗是在含水层中发展，为一实际的漏斗。而承压井则不同，在地下水位未降到隔水顶板以前，是个虚拟的漏斗，其含水层的压力水头呈漏斗状 [图 4-44 (b)]。

群井按大井简化后，均质含水层中完整井的基坑降水总涌水量 Q 可按下式计算：

潜水完整井 [图 4-44 (a)]

$$Q = \pi k \frac{(2H - s_d)s_d}{\ln\left(1 + \dfrac{R}{r_0}\right)} \tag{4-65}$$

承压完整井 [图 4-44 (b)]，即

$$Q = 2\pi k \frac{M s_d}{\ln\left(1 + \dfrac{R}{r_0}\right)} \tag{4-66}$$

式中　M——承压含水层厚度，m；

　　　s_d——基坑水位降深，m。

3. 确定井点系统的单井流量及井点数

降水系统的井点数可以用经验公式求得，也可以用理论方法计算。

(1) 用干扰井群公式计算确定井点数。在一个含水层中有多口井共同工作，它们之间相互影响。通常把这种影响称为干扰，也称多井系统为干扰井。《建筑基坑支护技术规程》(JGJ 120—2012) 给出了按干扰井群计算的单井流量的一般公式，需要求解 n 个线性方程组，计算过于烦琐。当各降水井所围平面形状近似圆形或正方形，且各降水井的间距、降深相同时，当含水层为粉土、砂土或碎石土时，干扰井群的单井流量可按下式计算：

潜水完整

$$q = \frac{\pi k (2H - s_{\mathrm{w}}) s_{\mathrm{w}}}{\ln \dfrac{R}{r_{\mathrm{w}}} + \sum\limits_{j=1}^{n-1} \ln \dfrac{R}{2r_0 \sin \dfrac{j\pi}{n}}} \qquad (4-67)$$

承压完整井

$$q = \frac{2\pi k M s_{\mathrm{w}}}{\ln \dfrac{R}{r_{\mathrm{w}}} + \sum\limits_{j=1}^{n-1} \ln \dfrac{R}{2r_0 \sin \dfrac{j\pi}{n}}} \qquad (4-68)$$

式中　q——按干扰井群计算的降水井单井流量，m^3/d；

　　　s_{w}——单井的井水位设计降深，m。应适当大于基坑地下水位的设计降深；

　　　r_{w}——单井的井径，m；

　　　r_0——井群的等效半径，m。井群的等效半径应按各降水井所围多边形与等效圆的周长相等确定，取 $r_0 = u/(2\pi)$，u 为各降水井所围多边形的周长。当 $r_0 > R/\left(2\sin\dfrac{j\pi}{n}\right)$ 时，应取 $r_0 = R/\left(2\sin\dfrac{j\pi}{n}\right)$；

　　　n——降水井数量。

由以上公式得到干扰井群的单井流量 q 后，nq 即为干扰井群的总流量。基坑降水总涌水量除以干扰井群的总流量便可初步得到所需的系统总井点数。需要注意的是，所得到的干扰井群的单井流量 q 应小于单井的出水能力，否则应增加井点数。

(2) 根据经验公式计算井点数的方法。以上井点数的计算过于复杂。降水井的数量 n 可按下式估算

$$n = 1.1 \frac{Q}{q} \qquad (4-69)$$

式中　Q——基坑总涌水量，m^3/d，由前面公式计算得到；

　　　q——单井设计流量，m^3/d。可根据单井出水能力 q_0 确定，$q_0 > q$。真空井点出水能力可取 $36 \sim 60 m^3/d$；喷射井点出水能力可按相关表格近似确定；管井出水能力可由式（4-70）计算。

$$q_0 = 120\pi r_{\mathrm{s}} l \sqrt[3]{k} \qquad (4-70)$$

式中　q_0——单井出水能力，m^3/d；

　　　r_{s}——过滤器半径，m；

　　　l——过滤器进水部分长度，m；

　　　k——含水层渗透系数，m/d。

4. 井点系统的布置

在前一步初步得到的井点数的基础上，进行井点布置。

根据基坑的轮廓形状及基坑开挖深度，将已确定的井点布置在平面图上。常见的井点布置有单排线状布置、双排线状布置、半环圈井点、环圈井点系统、八角形环圈井点布置等。

真空井点降水的井间距宜取 0.8~2.0m，喷射井点降水的井间距宜取 1.5~3.0m。井点系统根据含水层厚度和基坑深度，可布置一级井点或多级井点。

5. 基坑降水效果检验

降水方案确定后，需要进一步检验基坑中的危险点（即降深可能最小的那些点）是否满足设计要求，通常是检验基坑中心点。

当含水层为粉土、砂土或碎石土时，基坑中心点或其他危险点降水深度可按下式计算：

潜水完整井

$$s_i = H - \sqrt{H^2 - \sum_{j=1}^{n} \frac{q_j}{\pi k} \ln \frac{R}{r_{ij}}} \qquad (4-71)$$

承压水完整井

$$s_i = \sum_{j=1}^{n} \frac{q_j}{2\pi k M} \ln \frac{R}{r_{ij}} \qquad (4-72)$$

式中 s_i——基坑内任一点的地下水位降深，m；

q_j——按干扰井群计算的第 j 口降水井的单井流量，m³/d；

r_{ij}——第 j 口井中心至地下水位降深计算点的距离，如图 4-45 所示，m，当 $r_{ij} > R$ 时，应取 $r_{ij} = R$；

n——降水井数量。

基坑中心或其他危险点的水位降深值的计算，是降水设计的核心，它决定了整个降水方案是否合适。这些点的降深值满足设计要求，则这一降水方案就可以实施；否则，对降水方案需要重新修正。另外，所给的公式是稳定流的完整井降水效果检验公式，对于非完整井及非稳态问题，需选用相应公式，可参阅相关资料。

五、回灌

当基坑降水引起的地层变形对基坑周边环境产生不利影响时，宜采用回灌方法减少地层变形量。回灌是指在基坑外围设置回灌井或回灌砂沟以及相应的配套设施，把基坑排出的地下水排入所设置的回灌井中。

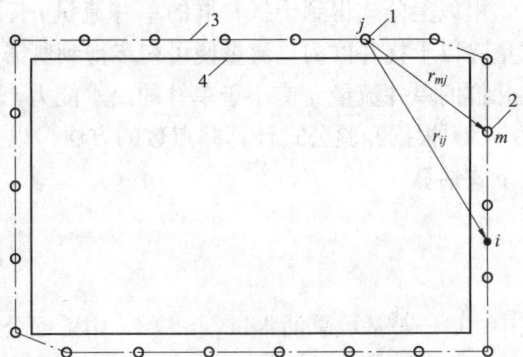

图 4-45 计算点与降水井的关系
1—第 j 口井；2—第 m 口井；
3—降水井所围面积的边线；4—基坑边线

回灌井应布置在降水井外侧，与降水井的距离不宜小于 6m；回灌井的间距应根据回灌水量的要求和降水井的间距确定；回灌井宜进入稳定水面不小于 1m，回灌井过滤器应置于渗透性强的土层中，且宜在透水层全长设置过滤器；回灌水量应根据水位观测孔中的水位变化进行控制和调节，回灌后的地下水位不应高于降水前的水位。回灌用水应采用清水，宜用降水井抽水进行回灌；回灌水质应符合环境保护要求。

【例题 4-6】 一建筑基坑，平面尺寸为 32m×65m，在基坑范围内要求地下水位降深5.0m，潜水层为粉土夹粗砂层，厚度 12m，其下为不透水层，含水层的平均渗透系数为6.8m/d。采用孔径为 0.2m 的钻孔井群降低地下水位，经测定其影响半径为 86m。试布置井点系统。

解 （1）估算井群（大井）的总水量。

大井的等效半径为

$$r_0 = \sqrt{\frac{32 \times 65}{3.14}} = 25.74 (\text{m})$$

渗透系数 $k=6.8\text{m/d}$，井半径 $r_\text{w}=0.2\text{m}$，潜水含水层厚度 $H=12\text{m}$，设计降深 $s_\text{d}=5\text{m}$，降水影响半径 $R=86\text{m}$，根据设计降深估算井点系统的总排水量（采用潜水完整井公式）

$$Q = \pi k \frac{(2H - s_\text{d})s_\text{d}}{\ln\left(1 + \dfrac{R}{r_0}\right)} = 3.14 \times 6.8 \times \frac{(2 \times 12 - 5) \times 5}{\ln\left(1 + \dfrac{86}{25.76}\right)} = 1382.2 (\text{m}^3/\text{d})$$

（2）确定井点数并对基坑降水效果进行检验。

选用真空井点，单井出水能力取为 $q_0=55\text{m}^3/\text{d}$，单井流量按 $q=55\text{m}^3/\text{d}$ 计算。降水井数量为

$$n = 1.1 \frac{Q}{q} = 1.1 \times \frac{1382.2}{55} \approx 28$$

需要布置 28 口井。下面计算干扰井群的单井流量。

取单井的井水位设计降深 $s_\text{w}=s_\text{d}+0.5\text{m}=5.5$（m），基坑周长 $u=2\times(65+32)=194$（m），井群的等效半径为

$$r_0 = \frac{u}{2\pi} = \frac{194}{2 \times 3.14} = 30.88 (\text{m}) < R = 86\text{m}$$

按 $n=28$ 计算，井点在矩形基坑周边均匀布置，由式（4-67）可得干扰井群的单井流量为（需要借助 Excel 计算）

$$q = \frac{\pi k(2H - s_\text{w})s_\text{w}}{\ln\dfrac{R}{r_\text{w}} + \displaystyle\sum_{j=1}^{n-1} \ln \dfrac{R}{2r_0 \sin\dfrac{j\pi}{n}}} = \frac{3.14 \times 6.8 \times (2 \times 12 - 5.5) \times 5.5}{\ln\dfrac{86}{0.2} + \displaystyle\sum_{j=1}^{27} \ln \dfrac{86}{2 \times 30.88 \times \sin\dfrac{j \times 3.14}{28}}}$$

$$= \frac{2172.566}{6.04 + 24.29} = 71.6 \ (\text{m}^3/\text{d})$$

显然，干扰井群的单井流量太大。需增加井点数。取 $n=38$，干扰井群的单井流量为

$$q = \frac{3.14 \times 6.8 \times (2 \times 12 - 5.5) \times 5.5}{\ln\dfrac{86}{0.2} + \displaystyle\sum_{j=1}^{37} \ln \dfrac{86}{2 \times 30.88 \times \sin\dfrac{j \times 3.14}{38}}} = \frac{2172.566}{6.04 + 34.26} = 53.9 \ (\text{m}^3/\text{d})$$

沿矩形基坑的两个长边分别等间距布置 12 口（包括四个角），沿两个短边分别等间距布置 7 口，共计 $2\times(12+7)=38$。取基坑中心点作为最危险点，最危险点距基坑长边每个井点的距离分别为：$r_{i1}=36.22\text{m}$，$r_{i2}=31.03\text{m}$，$r_{i3}=26.15\text{m}$，$r_{i4}=21.78\text{m}$，$r_{i5}=18.29\text{m}$，$r_{i6}=16.27\text{m}$，$r_{i7}=16.27\text{m}$，$r_{i8}=18.29\text{m}$，$r_{i9}=21.78\text{m}$，$r_{i10}=16.15\text{m}$，$r_{i11}=31.03\text{m}$，$r_{i12}=36.22\text{m}$。最危险点距基坑短边每个井点的距离分别为：$r_{i1}=34.64\text{m}$，$r_{i2}=33.47\text{m}$，$r_{i3}=32.75\text{m}$，$r_{i4}=32.5\text{m}$，$r_{i5}=32.75\text{m}$，$r_{i6}=33.47\text{m}$，$r_{i7}=34.64\text{m}$。

$$\sum_{j=1}^{38} \ln \frac{R}{r_{ij}} = 43.86$$

$$s_i = H - \sqrt{H^2 - \sum_{j=1}^{n} \frac{q_j}{\pi k} \ln \frac{R}{r_{ij}}} = 12 - \sqrt{12^2 - \frac{53.9}{3.14 \times 6.8} \times 43.86} = 6.2 \text{(m)}$$

满足降深要求。故沿基坑周边等距布置 38 口真空井点。基坑理论降深达到 6.2m（偏大）。实际上，经反复计算，布置 38 口真空井点在理论上已满足要求。

【例题 4-7】 一高层建筑，土层条件自上而下依次为：①填土，厚 2.5m，在降水前基本挖掉；②粉土和粉质黏土夹层，厚 6.6m，层底埋深 9.1m 左右，潜水位面位于该层土中，距地表 6.0m，渗透系数为 1.0m/d；③细砂、粉砂层，平均厚度 3.6~4.0m，层底埋深 14.0~16.0m，渗透系数为 10.4m/d；④粉土及粉质黏土，平均厚度 6.2m，层底埋深 20.5m；⑤中细砂、中砂层，厚度 12~13m，为承压含水层，其水位基本与潜水位相同。

为了保证基坑正常施工和减小基坑降水过程对周围建筑的影响，在基坑周边外界 2m 处设一个环形防渗帷幕，深 16m，一般能打穿第③层土。在距基坑边界 1m 处打设若干根护坡桩（灌注桩）。

基坑开挖面积为 73.8m × 55.1m，开挖深度 11m，设计降深 $s_d = 6$m，潜水位埋深 6.0m，平均潜水层厚度按 $H = 9$m 计算（从③细砂、粉砂层底面算起）。主要含水层为③细砂、粉砂层，计算时的渗透系数取为 $k = 10.4$m/d。井点影响半径按经验公式计算为 $R = 120$m。

试设计该降水方案。

解 此题从一实际降水工程摘录而来。

(1) 估算基坑排水量。

把基坑作为大井计算，等效半径为

$$r_0 = \sqrt{\frac{A}{\pi}} = \sqrt{\frac{73.8 \times 55.1}{3.14}} = 36 \text{(m)}$$

采用潜水完整井，基坑排水量为

$$Q = \pi k \frac{(2H - s_d)s_d}{\ln\left(1 + \frac{R}{r_0}\right)} = 3.14 \times 10.4 \times \frac{(2 \times 9 - 6) \times 6}{\ln\left(1 + \frac{120}{36}\right)} = 1603.5 \text{(m}^3\text{/d)}$$

(2) 计算井点数。

1) 按理论计算。为保证施工安全，井水位降深取 $s_w = 6.5$m。采用管井，井径取为 $r_w = 0.20$m，初步设计井数 $n = 10$，井点在基坑周边等距排列，井群等效半径 $r_0 = 2 \times (73.8 + 55.1)/(2.0 \times 3.14) = 41.03$（m）。计算干扰井群的单井流量

$$\sum_{j=1}^{n-1} \ln \frac{R}{2r_0 \sin \frac{j\pi}{n}} \sum_{j=1}^{9} \ln \frac{120}{2 \times 41.03 \times \sin \frac{j \times 3.14}{10}} = 7.356$$

$$q = \frac{\pi k (2H - s_w)s_w}{\ln \frac{R}{r_w} + \sum_{j=1}^{n-1} \ln \frac{R}{2r_0 \sin \frac{j\pi}{n}}} = \frac{3.14 \times 10.4 \times (2 \times 9 - 6.5) \times 6.5}{\ln \frac{120}{0.2} + 7.356} = 177.58 \text{(m}^3\text{/d)}$$

所需井点数 $n=1603.5/177.58=9.02$，这里取 $n=10$ 合适。综合考虑后，适当增加井点数，取 $n=11$。重新计算，干扰井群的单井流量为 $q=165.8\text{m}^3/\text{d}$。

2）按经验公式确定。采用管井降水，滤水管长度取为所处的粉细砂层厚度，$l=4\text{m}$，单井排水量为

$$Q'=120r_\text{w}l\sqrt[3]{k}=120\times0.15\times4\times\sqrt[3]{10.4}=157.2(\text{m}^3/\text{d})$$

$$n=1.1\times\frac{1606.2}{157.2}=11.2$$

由上述计算，取 $n=11$，每口井的降水量保证为 $150\text{m}^3/\text{d}$。与理论计算基本一致。

（3）井点系统布置。距基坑周边护坡桩内 1.5m 处等距布置 10 眼抽水井点，井间距 24.5m，中心布置一个井点，如图 4-46 所示。

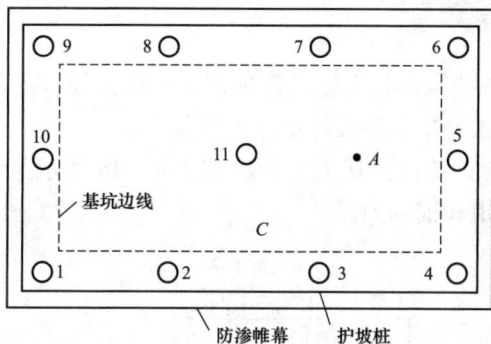

图 4-46 ［例题 4-7］工程井点平面布置

为观测基坑降水对周围环境的影响，在基坑护坡桩外围 1.5m 处布置 4 个观测孔，在中心井点附近布置 1 个中心观测孔。

井孔设计：

1～10 号抽水井及所有观测孔，深 16m，孔径 500～600mm，井管直径 325mm，滤水管长度 4m，位于第三层粉细砂层中。滤水管孔隙率 25%～30%，外缠丝包网。井管外砾料，砾径 3～5mm。抽水井点选用大于 10m³/h 的深井泵。

中心井点为一口深井，其主要目的是降低基坑下伏⑤细砂、中砂层的水位，减少底部承压水对坑底的压力。

中心井点深 34m，孔径 600mm，井管直径 325mm，滤水管长度，上部同其他井点，下部长度 10m，位于 21～33m 处。该井较深且含水层厚度大，因此选用 30～50m³/h 深井水泵。

（4）降水效果检验。选取 A 点作为最危险点，A 点距中心井点和 5 号井点均为 18.45m，距基坑侧面 27.5m，该点至各抽水井点的距离分别为 $r_1=r_9=61.8\text{m}$，$r_2=r_8=51.1\text{m}$，$r_3=r_7=28.2\text{m}$，$r_4=r_6=33.1\text{m}$，$r_5=r_{11}=18\text{m}$，$r_{10}=55.4\text{m}$。

周围井点干扰井群的单井流量 $q=165.8\text{m}^3/\text{d}$，中间井的单井流量按 $q=270\text{m}^3/\text{d}$ 计算。最危险点的降深为

$$\sum_{j=1}^{11}\frac{q_j}{\pi k}\ln\frac{R}{r_{ij}}=\frac{165.8}{3.14\times10.4}\sum_{j=1}^{10}\ln\frac{120}{r_{ij}}+\frac{270}{3.14\times10.4}\ln\frac{120}{18}=72.40$$

$$s_i=H-\sqrt{H^2-\sum_{j=1}^{n}\frac{q_j}{\pi k}\ln\frac{R}{r_{ij}}}=9-\sqrt{9^2-72.40}=6.1(\text{m})$$

其他点降深均能满足大于 6m，基坑降水方案设计可行。

思 考 题

4-1 简述常用的支护结构形式及适用条件。

4-2 基坑支护体系的要求可分为哪几个方面？

4-3 基坑外侧水平荷载标准值和基坑内侧水平抗力标准值是如何确定的？

4-4 稳定渗流时水压力如何计算？渗流效应对土压力有何影响？

4-5 进行重力式水泥土挡墙设计时，需进行哪些基本验算？

4-6 简述计算桩墙式支护结构的等值梁法的计算要点。

4-7 土层锚杆与土钉墙主要区别在哪些方面？

4-8 基坑稳定性分析包括哪些稳定性验算？

4-9 简述井点降水的类型及各自的适用条件。

习 题

4-1 某工程开挖深度为 8m，采用悬臂支护结构，其土层参数如图 4-47 所示。不计地下水的影响，计算支护桩的入土深度、桩身最大弯矩及最大弯矩点的位置。

4-2 某基坑开挖深度为 9m，采用单支点支护结构。其土层参数如图 4-48 所示，试按等值梁法计算板桩的入土深度、板桩的最大弯矩和锚固力。

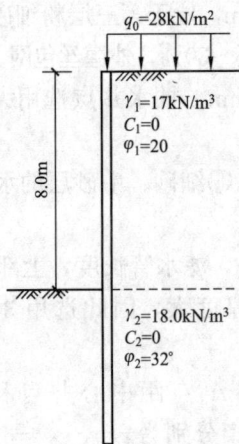

图 4-47 习题 4-1 图　　　　图 4-48 习题 4-2 图

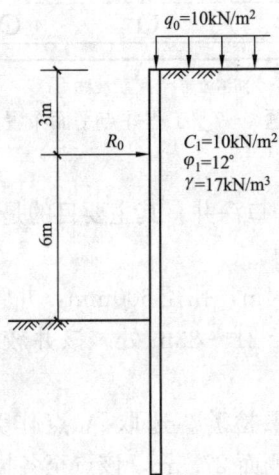

4-3 在习题 4-2 中，采用预应力土层锚杆支护，且在第一排锚杆下 3m 处增设第二排锚杆，采用逐层开挖支撑力不变法设计锚固系统。

4-4 某大厦基坑开挖深 12m，$c=12kPa$，$\varphi=20°$，地面超载 $q=15kPa$，土的重度 $\gamma=20kPa$，拟采用土钉墙和多支点支护结构进行比较，试设计此两种支护方案。

4-5 一基坑开挖深度为 9m，坡面与水平面的夹角为 80°，地面超载为 $12kN/m^3$，边坡土层为砂质黏土，土层重度为 $18kN/m^3$，内聚力为 12kPa，内摩擦角为 35°。采用注浆型土钉支护结构，土钉长为 5m，钻孔直径 100mm，土钉钢筋采用 $\phi25$，土钉上下排距和水平间距均为 1.25m。试验算土钉墙的承载力是否满足要求。

第五章 地 基 处 理

当天然地基土软弱，不能满足承载力要求或沉降变形过大无法满足设计要求时，又不宜采用深基础，可采用地基处理方法，形成人工地基。为提高地基承载力，改善其变形性质或渗透性质而采取的技术措施，称为地基处理。以前的地基处理主要针对软弱土、特殊土地基，随着地基处理技术的发展，地基处理的范围越来越广，不但用于软弱土，也用于黏性土和其他土类；不仅用于小型建筑物，而且也用于尺寸比较大、基础埋设较深的情况。

第一节 概 述

一、软弱土地基

软弱地基是指高压缩性土（$a_{1-2} \geqslant 0.5\text{MPa}^{-1}$）地基。由于软弱土的物质组成、成因及存在环境不同，不同的软弱土的性质也完全不同。根据工程地质特征，软弱地基包括软土、冲填土、杂填土及其他高压缩性土构成的地基。

1. 软土

软土是指第四纪后期形成的海相、三角洲相、湖相及河相黏性土沉积物，有的属于新近淤积物，包括淤泥和淤泥质土。当天然孔隙比大于 1.5 时，称为淤泥；孔隙比介于 1.0～1.5 时，称为淤泥质土。其特点如下：

（1）含水量高，孔隙比大。其天然含水量大于或等于液限，孔隙比大于 1.0，饱和度一般在 95% 以上，液性指数大多大于 1.0。如沿海的淤泥质土的含水量大多为 35%～50%，淤泥的含水量一般为 56%～100%。因其含水量高、孔隙比大，其地基变形大、强度低，无法作为天然地基。

（2）高压缩性。压缩系数 a_{1-2} 大于 0.5MPa^{-1}，沿海地区大多大于 1.5MPa^{-1}。

（3）抗剪强度低。其不排水强度一般小于 25kPa，无侧限抗压强度一般小于 50kPa。

（4）渗透性很小，渗透系数一般为 $1 \times 10^{-8} \sim 1 \times 10^{-10}$ m/s。

2. 泥炭土

泥炭土是指土中植物质含量不少于 50% 的土，若植物质含量为 10%～50%，则成为泥炭质土。这类土通常形成于低洼的沼泽和灌木林带，常处于饱和状态，含水量可高达百分之几百，密度很低，天然重度一般小于 10～12kN/m³，是一种压缩性很大的土，土质不均匀，容易导致建筑物产生严重的不均匀变形。

3. 冲填土

冲填土是由水力冲填泥砂而形成的填土。一般是整治或疏浚江河航道，用高压泥浆泵将河底泥砂通过输泥管排放到地面而形成的大片冲填土层。其颗粒组成随泥砂来源而变化，粗细不一，有的是砂粒，但大多情况是黏粒和粉粒；含水量高，一般大于液限。其中黏粒含量较多的冲填土，排水固结很慢，多属于压缩性高、强度低的欠固结土。

4. 杂填土

杂填土是指人工活动所形成的无规则的堆积物，包括建筑垃圾、生活垃圾和工业废料等。建筑垃圾由碎砖、瓦砾等与黏性土混合而成，成分较纯，有机质含量较少；生活垃圾成分极为复杂，含大量有机质；工业废料有矿渣、炉渣、煤渣和其他工业废料。其特点是物资来源和组成成分复杂，表现为不均匀性；其强度与填土龄期有关；遇水后往往会产生湿陷和潜蚀。

二、地基处理方法分类

地基的处理方法很多，按地基处理的加固原理分类，主要有置换，排水固结，振密、挤密，灌入固化物，加筋，冷、热处理等几类。经地基处理形成的人工地基大致可分为三类：均质地基、多层地基和复合地基。

均质地基是指天然地基在地基处理过程中加固区土体性质得到全面改良，加固区土体的物理力学性质基本上是相同的，加固区的范围，无论是平面位置与深度，与荷载作用所对应的地基持力层或压缩层范围相比较都已满足一定的要求。例如：均质的天然地基采用排水固结法形成的人工地基，在排水固结过程中，加固区范围内地基土体的孔隙比减小，抗剪能力提高，压缩性减小，加固区内土体性质比较均匀。均质人工地基承载力和变形计算方法基本上与均质天然地基的计算方法相同。均质地基的处理方法主要包括预压法、强夯法等。

双层地基是指天然地基经地基处理形成的均质加固区的厚度与荷载作用面积或者与其相应持力层与压缩层厚度相比而较小时，在荷载作用影响区内，地基由两层性质相差较大的土体组成。如换填法或表层压实法处理形成的人工地基，可归属于双层地基。

复合地基是指天然地基在地基处理过程中部分土体得到增强，或被置换，或在天然地基中设置加筋材料，加固区是由基体和增强体两部分组成的人工地基。在荷载作用下，基体和增强体共同承担荷载的作用。复合地基的处理方法主要包括砂石桩法、水泥土搅拌法、水泥粉煤灰碎石桩法（也称 CFG 桩法）、灰土挤密桩法和土挤密桩法、加筋法等。还有一些其他的地基处理方法，如灌浆法、化学加固法、倾斜建筑物纠偏处理方法等。

三、地基处理方法的确定

地基处理方法很多，但各有其适用范围、局限性和优缺点。所面对的工程地质条件不同，具体工程对地基的要求也不尽相同，施工水平及地区施工条件差异较大。因此，在确定地基处理方案时，必须进行现场调查研究，了解当地地基处理经验和施工条件，调查邻近建筑、地下工程、管线和环境情况；同时，考虑上部结构，基础和地基的共同作用，尽量选用加强上部结构和处理地基相结合的方案，达到降低处理费用、满足使用要求的目的。

对已选定的地基处理方法，宜按建筑物地基基础设计等级和场地复杂程度，在有代表性的场地上进行相应的现场试验或试验性施工，并进行必要的测试，以检验设计参数和处理效果。如达不到设计要求，应查明原因，修改设计参数或调整地基处理方法。

第二节 换 填 垫 层 法

当软弱土地基的承载力和变形满足不了设计要求，而软弱土层的厚度又不是很大时，将基础下一定厚度的软弱土层或全部软土层挖除，换填为强度较大、性能稳定、无侵蚀性的材料，并压实至要求的密实度为止，这种地基处理方法称为换填垫层法，简称为换填法。垫层材料常采用砂、碎石、素土、灰土、炉渣、粉煤灰、土工合成材料加筋垫层等。不同材料垫层的适用范围如表5-1所示。

表 5-1 换 填 法 的 适 用 范 围

垫层种类	适 用 范 围
砂（砂石、碎石）垫层	适用于一般饱和的软弱土和黄土地基处理。不得用于湿陷性黄土或膨胀土地基，也不宜用于大面积堆载、密集基础和动力基础下的软弱地基处理，砂垫层不宜用于地下水流速快和流量大的地基处理
素土垫层	适用于中小型工程及大面积回填和湿陷性黄土地基处理
灰土垫层	适用于中小型工程，尤其是适用于湿陷性黄土地基处理
粉煤灰垫层	适用于厂房、机场、港区陆域和堆场等工程的大面积填筑
干渣垫层	适用于中小型建筑工程，尤其是适用于地坪、堆场等工程的大面积地基处理和场地平整。对于受酸性或碱性废水影响的地基不得采用干渣垫层

当基础下软弱土地基承载力和变形满足不了建筑物的要求，而软土层的厚度又不是很大时，换填垫层法往往能取得较好的效果。换填法多用于公路构筑物的地基处理，在建筑工程中也有一定范围的应用。换填法的加固原理是根据土中附加应力分布规律，让垫层承受上部较大的应力，软弱层承担较小的应力，以满足设计对地基的要求。

一、垫层的作用

（1）提高持力层的承载力。通过扩散作用使传到垫层下软弱土层的应力减小。

（2）减小沉降量。一般地基浅层部分的沉降量在总沉降量中所占的比例是比较大的，若以密实砂或其他填筑材料代替上部软弱土层，就可以减小这部分的沉降量。砂垫层或其他垫层对应力的扩散作用，使作用在下卧土层的压力较小，相应地减小下卧层的沉降量。

（3）加速软弱土层的排水固结。不透水基础直接与软弱土层相接触时，在荷载的作用下，软弱土地基中的水被迫绕基础两侧排出，因而使基底下的软弱土不易固结，形成较大的孔隙水压力，还可能导致由于地基强度降低而产生塑性破坏的危险。砂垫层和砂石垫层等垫层材料透水性大，软弱土层受压后，垫层可作为良好的排水面，使基础下面的孔隙水压力迅速消散，加速垫层下软弱土层的固结并提高其强度，避免地基土塑性破坏。

此外，换填法可消除膨胀土的胀缩作用。

换填法适用于淤泥、淤泥质土、湿陷性黄土、素填土、杂填土地基及暗沟等的浅层处理。换填法的处理深度通常宜控制在3m以内，但也不宜小于0.5m，因为垫层太薄换土垫层的作用不明显。

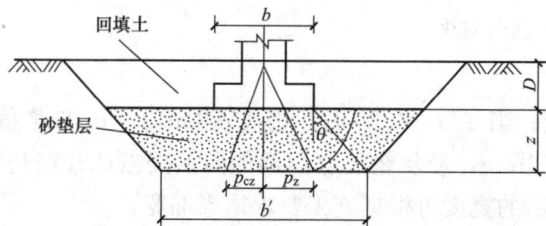

图 5-1 垫层内应力分布

二、垫层设计

垫层设计的主要内容在于确定垫层的厚度和宽度。

1. 垫层厚度的确定

垫层的厚度 z（图5-1）应根据垫层底部软弱土的承载力来确定，符合式（5-1）的要求，即

$$p_z + p_{cz} \leqslant f_{az} \tag{5-1}$$

式中 p_z——相应于荷载效应标准组合时，垫层底面处土的附加压力值；

p_{cz}——垫层底面处土的自重压力值；

f_{az}——垫层底面处经深度修正后的地基承载力特征值。

垫层厚度不宜小于 0.5m，也不宜大于 3m；垫层底面处的附加压力值 p_z 可按垫层压力扩散角 θ 分别按以下两式进行简化计算：

对于条形基础

$$p_z = \frac{b(p_k - p_c)}{b + 2z\tan\theta} \tag{5-2}$$

对于矩形基础

$$p_z = \frac{bl(p_k - p_c)}{(b + 2z\tan\theta)(l + 2z\tan\theta)} \tag{5-3}$$

式中 b——矩形基础或条形基础底面的宽度；

l——矩形基础底面的长度；

p_k——相应于荷载效应标准组合时，基础底面处的平均压力值；

p_c——基础底面处土的自重压力值；

z——基础底面下垫层的厚度；

θ——垫层（材料）的压力扩散角，宜通过试验确定，当无试验资料时，可按表 5-2 采用。

表 5-2 压 力 扩 散 角 θ

z/b	换 填 材 料		
	中砂、粗砂、砾砂、圆砾、角砾、石屑、卵石、碎石、矿渣	粉质黏土、粉煤灰	灰土
0.25	20°	6°	28°
≥0.50	30°	23°	28°

注 1. 当 $z/b < 0.25$ 时，除灰土取 $\theta = 28°$ 外，其余材料均取 $\theta = 0°$，必要时，宜由试验确定。

2. 当 $0.25 < z/b < 0.5$ 时，θ 值可用内插法求得。

3. 土工合成材料加筋垫层的压力扩散角宜由现场静载荷试验确定。

2. 垫层宽度的确定

垫层底面的宽度应满足基础底面应力扩散的要求，可按式（5-4）确定

$$b' \geqslant b + 2z\tan\theta \tag{5-4}$$

式中 b'——垫层底面宽度；

θ——压力扩散角，可按表 5-2 采用；当 $z/b < 0.25$ 时，仍按表中 $z/b = 0.25$ 取值。

垫层顶面每边超出基础底边不应小于 300mm，或从垫层底面两侧向上按当地开挖基坑经验的要求放坡确定垫层顶面宽度，整片垫层的宽度可根据施工要求适当加宽。

3. 垫层承载力的确定

经换填处理后的地基，由于理论计算方法尚不够完善，垫层的承载力宜通过现场载荷试

验确定。当无试验资料时，可按表 5-3 选用，并应验算下卧层的承载力。

表 5-3　　　　　　　　　　　　各种垫层的承载力

施工方法	换填材料类别	压实系数 λ_c	承载力特征值 f_{ak}(kPa)
碾压、振密或重锤夯实	碎石、卵石	≥0.97	200~300
	砂夹石（其中碎石、卵石占全重的 30%~50%）		200~250
	土夹石（其中碎石、卵石占全重的 30%~50%）		150~200
	中砂、粗砂、砾砂、角砾、圆砾		150~200
	粉质黏土		130~180
	灰土	≥0.95	200~250
	粉煤灰	≥0.95	120~150
	石屑	—	120~150
	矿渣	—	200~300

> **注**　1. 压实系数 λ_c 为土的控制干密度 ρ_d 与最大干密度 ρ_{dmax} 的比值，土的最大干密度宜采用击实试验确定，碎石或卵石的最大干密度可取 2.1~2.2t/m³；
>
> 　　2. 表中压实系数 λ_c 系使用轻型击实试验测定土的最大干密度 ρ_{dmax} 时给出的压实控制标准，采用重型击实试验时，对粉质黏土、灰土、粉煤灰及其他材料，压实标准应为压实系数 λ_c≥0.94。

垫层地基的变形由垫层自身变形和下卧层变形组成。

垫层的施工方法、铺设厚度、每层压实遍数应按试验确定。垫层要分层铺设，仔细压密，压密方法和要求按机械压密法进行，一般情况下，分层铺设厚度一般为 200~300mm。对于砂石垫层，宜采用振动碾压。灰土垫层需要分段施工，不得在柱基、墙角及承重窗间墙下接缝，且上下两层的缝距不得小于 500mm。素土和灰土垫层土料的施工含水量宜控制在最优含水量±2%范围内。

【例题 5-1】　某方形基础底面尺寸为 5m×5m，基础埋深 3m，作用在基础顶面荷载效应标准组合时竖向中心荷载 $F_k=8100$kN。地基土 0~10m 均为细砂，内摩擦角标准值 $\varphi_k=22°$，重度 $\gamma=18$kN/m³。若地基承载力不满足要求，进行换填法设计。

解　（1）判断承载力是否满足要求：

$\varphi_k=22°$，查表得 $M_b=0.61$，$M_d=3.44$，地基承载力特征值为

$$f_a=M_b\gamma b+M_d\gamma_m d=0.61×18×5+3.44×18×3=240.7(\text{kPa})$$

基底压力为

$$p_k=\frac{F_k+G_k}{A}=\frac{8100+20×5×5×3}{5×5}=384(\text{kPa})>f_a$$

承载力不够，需要进行地基处理。

（2）换填法设计。采用换填垫层法进行地基处理，填料选择碎石，垫层厚度初步确定为 1.25m，要求压实系数达到 0.96，垫层材料重度 20.0kN/m³。

$\dfrac{z}{b}=\dfrac{1.25}{5}=0.25$，碎石，查表 5-2，得 $\theta=20°$

$$b'\geqslant b+2z\tan\theta=5+2×1.25×\tan20°=5.9(\text{m})$$

垫层宽度确定为 6m。

（3）验算垫层底面处的承载力：

基底处土的自重应力为

$$p_c = 18 \times 3 = 54 (kPa)$$

垫层顶面处土的自重应力为

$$p_{cz} = 54 + 20 \times 1.25 = 79 (kPa)$$

垫层顶面处土的加权平均重度为

$$\gamma_m = \frac{79}{3 + 1.25} = 18.59 (kN/m^3)$$

垫层顶面处地基承载力特征值为

$$f_{az} = M_b \gamma b + M_d \gamma_m d = 0.61 \times 18 \times 5 + 3.44 \times 18.59 \times 4.25 = 326.8 (kPa)$$

$$p_z = \frac{bl(p_k - p_c)}{(b + 2z\tan\theta)(l + 2z\tan\theta)} = \frac{5 \times 5 \times (384 - 54)}{(5 + 2 \times 1.25 \times \tan20°) \times (5 + 2 \times 1.25 \times \tan20°)}$$
$$= 237 (kPa)$$

$$p_z + p_{cz} = 237 + 79 = 316 (kPa) < f_{az} = 326.8 kPa$$

满足设计要求。

第三节　深厚软土地基处理——预压法

预压法适用于处理淤泥、淤泥质土和冲填土等深厚饱和黏性土地基。为了加速压缩过程，可采用比建筑物荷载大的超载进行预压，又称超载预压法，当预计的压缩时间过长时，可在地基内设置塑料排水带或砂井等竖井排水体（即排水系统），以缩短预压时间。排水系统由塑料排水带或砂井等排水竖井和设在顶部的与排水竖井相连的排水砂垫层组成。饱和土在预压荷载作用下，其固结速率与排水距离的平方成反比。竖向排水系统的设置，减小了排水距离，提高了固结速率，孔隙水逐渐被排出，孔隙体积逐渐减小，地基发生固结变形。同时，随着超孔隙水压力的消散，土中有效应力逐渐提高，地基土强度也逐渐增长。

预压荷载，工程上最常用的是堆载和真空压力。预压法根据施加荷载的方法，分为堆载预压法、真空预压法、真空和堆载联合预压。堆载通常采用土料、砂石等材料，支承油罐的地基常用充水进行预压。当处理的软土层厚度不大，或其中含较多薄粉砂夹层时，也可不设竖向排水体。竖向排水体有普通砂井、袋装砂井和塑料排水带三种。

预压法设计中主要关注沉降（固结度）的变化，对主要以沉降控制的建筑，当地基经预压完成的变形量和平均固结度满足设计要求时，方可卸载；对主要以地基承载力或抗滑稳定性控制的建筑，当地基土经预压增长后的强度满足设计要求后方可卸载。由于软土地基的承载力较低，为防止加载过程中土体剪切破坏，加载过程需要严格控制加载速率，对于堆载预压工程，一般采用分级加载；而对于真空预压，可采用一次连续抽真空至最大压力的加载方式。

一、堆载预压法

在天然地基堆载预压，属于一维固结问题；当在地基中设有竖向排水体后，由于增加了排水条件，则属于三维固结问题；对于单个砂井来说，属于轴对称固结问题。

（一）砂井固结理论

砂井堆载预压法典型工程剖面如图 5-2 所示。

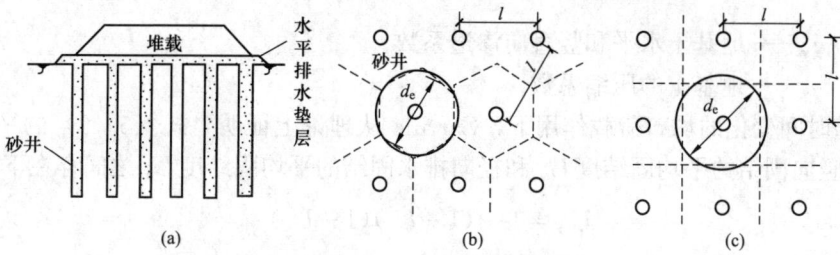

图 5-2 砂井预压法

(a) 典型工程剖面；(b) 三角形布置；(c) 正方形布置

砂井和塑料排水带的布置方式在平面上多为三角形或正方形排列，其间距在 $1\sim4m$ 范围内，最常用的是 $1.5\sim2.5m$。根据间距 l 可计算等效圆直径 d_e，对于图 5-2 所示的两种布置方式，等效圆面积分别等于正六边形和正方形面积，从而计算出等效圆直径。

等边三角形布置 $\qquad\qquad\qquad d_e=1.05l \qquad\qquad\qquad\qquad$ (5-5)

正方形布置 $\qquad\qquad\qquad\quad d_e=1.13l \qquad\qquad\qquad\qquad$ (5-6)

定义井径比 n

$$n=\frac{d_e}{d_w} \qquad\qquad\qquad\qquad (5-7)$$

式中 $\quad d_w$——砂井的直径，普通砂井直径可取 $300\sim500mm$，袋装砂井直径可取 $70\sim120mm$。

对于塑料排水带用当量换算直径 d_p 表示

$$d_p=\frac{2(b+\delta)}{\pi} \qquad\qquad\qquad\qquad (5-8)$$

式中 $\quad b$、δ——排水带的宽度和厚度。

在砂井施工过程中，不可避免会引起地基土的扰动，在塑料排水带或砂井周围形成一相对较不透水的土层，称为涂抹区。此外，塑料排水带或砂井的导水能力总是有限的，需要一定的水头差才能排出从地基进入的水量，称为井阻。

在进行砂井的固结计算时，首先忽略涂抹作用和井阻的因素，并作如下假设：

（1）地基土是完全饱和的。

（2）地基土只能产生竖向压密变形。

（3）不考虑地基土固结系数的变化。

（4）砂井地基表面的荷载均匀分布，产生的地基附加应力沿深度方向也是均匀分布的。

（5）荷载是瞬时施加的。

根据固结理论可导出单个砂井影响圆柱范围内的固结微分方程，用圆柱坐标 (z,r) 表示，即

$$\frac{\partial u}{\partial t}=C_h\left(\frac{\partial^2 u}{\partial r^2}+\frac{1}{r}\frac{\partial u}{\partial r}\right)+C_v\frac{\partial^2 u}{\partial z^2} \qquad\qquad (5-9)$$

$$C_v=\frac{k_v(1+e)}{a\gamma_w},\quad C_h=\frac{k_h(1+e)}{a\gamma_w} \qquad\qquad (5-10)$$

式中 $\quad C_h$、C_v——地基土水平和竖直向固结系数，一般由试验得出，或采用式（5-10）

求得；

k_h、k_v——地基土水平和竖直向渗透系数；

a——地基土的压缩系数。

在不随时间变化的均布荷载作用下，Carrillo 从理论上证明，式（5-9）的平均固结度 U_{rz} 与一维竖向固结的平均固结度 U_z 和径向排水固结的平均固结度 U_r 之间存在下列关系

$$U_{rz} = 1 - (1 - U_z)(1 - U_r) \tag{5-11}$$

竖向一维固结的平均固结度为

$$U_z = 1 - \frac{8}{\pi^2} \sum_{m=1}^{\infty} \frac{1}{m^2} \exp\left(-\frac{m^2 \pi^2}{4} T_v\right) \tag{5-12}$$

$$T_v = \frac{C_v t}{H^2}$$

式中 m——正奇数，$m = 1, 3, 5\cdots$；

T_v——时间因数；

t——固结时间；

H——固结土的竖向最远排水距离。

径向排水固结的平均固结度 U_r 为

$$U_r = 1 - \exp\left(-\frac{8T_h}{F_n}\right) \tag{5-13}$$

$$F_n = \frac{n^2}{n^2 - 1} \ln(n) - \frac{3n^2 - 1}{4n^2} \tag{5-14}$$

式中 T_h——径向固结时间因数，$T_h = \dfrac{C_h t}{d_e^2}$。

因径向排水距离较竖向排水距离小得多，为计算方便，有时忽略竖向固结，平均固结度仅按径向固结计算。

【例题 5-2】　某建筑场地，分布有 12m 厚的软黏土层，其下为粉土夹砂层，采用砂井处理。井径 $d_w = 0.5$m，井距为 3.0m，按正方形布置。土的固结系数 $C_v = C_h = 1.25 \times 10^{-3}$ cm²/s，在大面积荷载作用下，按径向固结考虑，当固结度达到 95% 时所需时间为多少天？

解　正方形布置，砂井影响区 $d_e = 1.13 \times 3.0 = 3.39$（m），$n = \dfrac{d_e}{d_w} = \dfrac{3.39}{0.5} = 6.78$，$n^2 = 45.968$

$C_v = C_h = 1.25 \times 10^{-3}$ cm²/s $= 1.25 \times 10^{-3} \times 10^{-4} \times 24 \times 3600 = 1.08 \times 10^{-2}$（m/d）

$$F_n = \frac{n^2}{n^2 - 1} \ln(n) - \frac{3n^2 - 1}{4n^2} = \frac{45.968}{45.968 - 1} \ln 6.78 - \frac{3 \times 45.968 - 1}{4 \times 45.968} = 1.21$$

由式（5-13）得

$$T_h = -\frac{F_n}{8} \ln(1 - U_r) = -\frac{1.21}{8} \times \ln(1 - 0.95) = 0.4531$$

$$t = \frac{T_h d_e^2}{C_h} = \frac{0.4531 \times 3.39^2}{1.08 \times 10^{-2}} = 482(d)$$

（二）排水系统设计

设置排水系统是预压法实施的重要组成部分，其设计内容包括塑料排水带或砂井的选择，砂井直径、间距、深度、平面布置的确定以及地基固结度的计算等。在选用塑料排水带时，应考虑以下方面的问题：塑料排水带的当量换算直径；纵向通水量 q_w（砂井的渗透系数与砂井断面面积的乘积）的大小；滤膜的特性和渗透性；塑料排水带的抗拉强度、柔性及耐久性等。砂井直径、间距、深度和平面布置的确定应满足在预定工期内，通过预压，地基的固结度达到设计要求。

塑料排水带或砂井排水对地基固结速率的影响取决于其本身的特性以及施工有关因素，主要包括：

（1）塑料排水带或砂井的纵向通水量的大小。

（2）塑料排水带或砂井对渗流水的阻力，即井阻影响。当竖井的纵向通水量与天然土层的水平向渗透系数的比值较小，而竖井的深度又较深时，则井阻影响较大。

（3）塑料排水带或砂井施工引起井壁涂抹和对周围土的扰动，使扰动区土的水平向渗透系数减小致使土层固结速率减缓，即涂抹区的影响。

砂井纵向通水量的大小取决于砂井直径和砂料的渗透系数。目前袋装砂井在工程的上应用较为普通，我国常用的袋装砂井直径在 70mm 左右，直径较小。当砂料渗透系数较低时，井阻的影响就较大，此时袋装砂井直径最好能加大到 100～120mm，砂料应选用中粗砂，其黏粒含量不应大于 3％，渗透系数应大于 1×10^{-2} cm/s。

塑料排水带或砂井地基，在一级或多级等速加载条件下，当固结时间为 t 时，对应于总荷载的地基平均固结度可按式（5-15）计算

$$U_t = \sum_{i=1}^n \frac{\dot{q}_i}{\sum \Delta P} \left[(T_i - T_{i-1}) - \frac{\alpha}{\beta} e^{-\beta t} (e^{\beta T_i} - e^{\beta T_{i-1}}) \right] \tag{5-15}$$

式中　U_t——t 时间砂井地基的平均固结度；

　　　$\dot{q}_i$——第 i 级荷载的加载速率；

　$\sum \Delta P$——各级荷载的累加值；

T_{i-1}、T_i——第 i 级荷载加载的起始和终止时间（从零点起算），当计算第 i 级荷载加载过程中某时间 t 的固结度时，T_i 改为 t；

　　α、β——计算参数，应根据地基固结排水条件确定，$\alpha = \dfrac{8}{\pi^2}$。

竖向排水固结

$$\beta = \frac{\pi^2 C_v}{4H^2} \tag{5-16}$$

竖向和径向排水固结，不考虑井阻和涂抹影响时

$$\beta = \frac{8C_h}{F_n d_e^2} + \frac{\pi^2 C_v}{4H^2} \tag{5-17}$$

竖向和径向排水固结，考虑井阻和涂抹影响时

$$\beta = \frac{8C_{\mathrm{h}}}{Fd_{\mathrm{e}}^2} + \frac{\pi^2 C_{\mathrm{v}}}{4H^2} \tag{5-18}$$

$$F = F_{\mathrm{n}} + F_{\mathrm{r}} + F_{\mathrm{s}} \tag{5-19}$$

$$F_{\mathrm{s}} = \left(\frac{k_{\mathrm{h}}}{k_{\mathrm{s}}} - 1\right)\ln s, \quad F_{\mathrm{r}} = \frac{\pi^2 L^2}{4}\frac{k_{\mathrm{h}}}{q_{\mathrm{w}}} \tag{5-20}$$

式中　k_{h}——软土层的水平渗透系数；

　　　k_{s}——涂抹区土的水平渗透系数，可取 $k_{\mathrm{s}} = \left(\dfrac{1}{5} \sim \dfrac{1}{3}\right)k_{\mathrm{h}}$；

　　　s——涂抹区直径 d_{s} 与砂井直径 d_{w} 的比值，可取 $s = 2.0 \sim 3.0$；

　　　L——砂井深度；

　　　F_{n}——同式（5-14）。

设计时，普通砂井可取井径比 $n = 6 \sim 8$；袋装砂井或塑料排水带间距可按 $n = 15 \sim 20$ 选用。作为水平排水体的砂垫层，也以中粗砂为宜，含泥量小于 5%，但可混入少量粒径小于 50mm 的石子，砂垫层的干密度应大于 15kN/m³。在预压区内可设置排水盲沟与砂垫层相连，把地基中所排出的水引出预压区。

【例题 5-3】 某高速公路路基为淤泥质黏性土，其水平向渗透系数 $k_{\mathrm{h}} = 1 \times 10^{-7} \mathrm{cm/s}$，固结系数 $C_{\mathrm{v}} = C_{\mathrm{h}} = 1.8 \times 10^{-3} \mathrm{cm^2/s}$；采用袋装砂井处理，砂井直径 $d_{\mathrm{w}} = 70\mathrm{mm}$，涂抹区水平渗透系数 $k_{\mathrm{s}} = 0.2k_{\mathrm{h}} = 0.2 \times 10^{-7} \mathrm{cm/s}$，砂井按等边三角形排列，间距 $l = 1.4\mathrm{m}$，深度 $L = 20\mathrm{m}$，砂井底部为致密黏土层。总的预压荷载 $p = 100\mathrm{kPa}$，分两级等速加载，如图 5-3 所示。计算加载开始后 120d 受压土层的平均固结度。

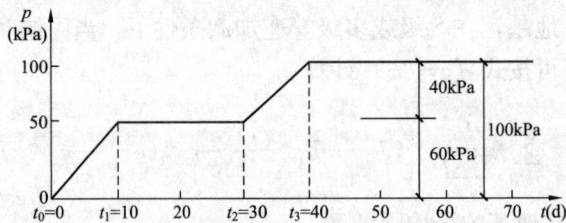

图 5-3 ［例题 5-3］分级等速加载

解 等边三角形布井，$d_{\mathrm{e}} = 1.05 \times 1.4 = 1.47$ （m），$n = d_{\mathrm{e}}/d_{\mathrm{w}} = 1.47/0.07 = 21$，$n^2 = 441$

$C_{\mathrm{v}} = C_{\mathrm{h}} = 1.8 \times 10^{-3} \mathrm{cm^2/s} = 1.8 \times 10^{-3} \times 10^{-4} \times 24 \times 3600 = 1.555 \times 10^{-2} \mathrm{(m/d)}$

$$F_{\mathrm{n}} = \frac{n^2}{n^2 - 1}\ln n - \frac{3n^2 - 1}{4n^2} = \frac{441}{441 - 1}\ln 21 - \frac{3 \times 441 - 1}{4 \times 441} = 2.303$$

袋装砂井纵向通水量

$$q_{\mathrm{w}} = k_{\mathrm{w}}\frac{\pi d_{\mathrm{w}}^2}{4} = 2 \times 10^{-2} \times 3.14 \times 7^2/4 = 0.7693\,\mathrm{(cm^3/s)}$$

$$F_{\mathrm{r}} = \frac{\pi^2 L^2}{4}\frac{k_{\mathrm{h}}}{q_{\mathrm{w}}} = \frac{\pi^2 \times 2000^2}{4} \times \frac{1 \times 10^{-7}}{0.769} = 1.28$$

$$F_{\mathrm{s}} = \left(\frac{k_{\mathrm{h}}}{k_{\mathrm{s}}} - 1\right)\ln s = \left(\frac{1 \times 10^{-7}}{0.2 \times 10^{-7}} - 1\right)\ln 2 = 2.77$$

$$F = F_n + F_r + F_s = 2.303 + 1.28 + 2.77 = 6.353$$

$$\alpha = \frac{8}{\pi^2} = \frac{8}{3.14^2} = 0.81$$

$$\beta = \frac{8C_h}{Fd_e^2} + \frac{\pi^2 C_v}{4H^2} = \frac{8 \times 1.8 \times 10^{-3}}{6.35 \times 147^2} + \frac{3.14 \times 1.8 \times 10^{-3}}{4 \times 2000^2} = 1.06 \times 10^{-7}(1/s) = 0.0092(1/d)$$

二级加载，第一级加载速率 $\dot{q}_1 = \frac{60}{10} = 6\text{kPa/d}$，第二级加载速率 $\dot{q}_2 = \frac{40}{10} = 4\text{kPa/d}$，平均固结度为

$$U_t = \frac{\dot{q}_1}{\sum \Delta P}\left[(t_1 - t_0) - \frac{\alpha}{\beta}e^{-\beta t}(e^{\beta t_1} - e^{\beta t_0})\right] + \frac{\dot{q}_2}{\sum \Delta P}\left[(t_3 - t_2) - \frac{\alpha}{\beta}e^{-\beta t}(e^{\beta t_3} - e^{\beta t_2})\right]$$

$$= \frac{6}{100}\left[(10 - 0) - \frac{0.81}{0.0092}e^{-0.0092 \times 120}(e^{0.0092 \times 10} - e^0)\right]$$

$$+ \frac{4}{100}\left[(40 - 30) - \frac{0.81}{0.0092}e^{-0.0092 \times 120}(e^{0.0092 \times 40} - e^{0.0092 \times 30})\right] = 0.68$$

故 120d 地基平均固结度为 68%。

二、真空预压法

真空预压法是在需要加固的软土地基上先铺设砂垫层，然后设置竖向排水通道，再用不透气的封闭膜使其与大气隔绝，通过砂垫层里埋设的吸水管槽，用真空装置进行抽气，使地基中透水材料间能保持较高的真空度。在一定的真空度作用下，土体发生渗流，土中孔隙水压力不断降低，在土的孔隙中产生负孔隙水压力，而总应力保持不变，则有效应力不断增加，促使土体固结，孔隙水逐渐被排出，从而达到预压的目的。真空预压法参见图 5-4。

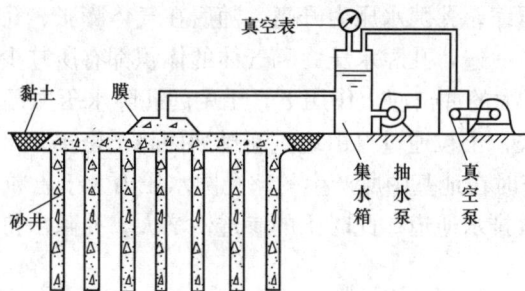

图 5-4 真空预压法原理

目前工程上所采用的真空度一般可达到 650mmHg，相当于 86.7kPa 的真空压力。真空预压法不需要堆载材料，不必考虑软弱地基及堆载边坡的稳定性，设备装拆容易，省去加卸载工序，缩短了预压时间。其不足之处在于加载的大小有限。

加固区可达到的固结度目前一般在 80% 左右，抽真空的单块薄膜面积可达到 3000m²，通过真空预压，地基承载力可提高 3 倍左右。

真空预压法虽与堆载预压法作用机理并不完全相同，但同属预压排水固结方法，都需根据土质条件、预压要求和加固时间等因素来设计排水通道。在透水性很小的软黏土中，真空预压必须与竖向排水体相结合才能取得良好的加固效果。竖向排水体可采用直径 7cm 的袋

装砂井，也可采用普通砂井或塑料排水带。在筑路工程中，有时先采用真空预压法处理，待固结度达到一定要求后，再筑路填土，依靠路基填土作为荷载，进行堆载预压。

第四节 强夯法和强夯置换法

强夯法又称动力固结法，是将 $10 \sim 60t$ 的重锤以 $10 \sim 40m$ 的落距下落，对地基土施加强大的冲击能，在地基土中形成冲击波和动应力，使地基土压实和振密，达到提高强度、降低压缩性、改善砂土的抗液化条件、消除湿陷性黄土湿陷性的目的。强夯法被认为是比较有效的深层加固方法，主要适用于加固砂土和碎石土、低饱和度粉土与黏土及黏性土、湿陷性黄土、杂填土和素填土等地基。对于高饱和度的软黏土，如淤泥或淤泥质土，直接采用强夯法处理则效果很差，应慎用。

一、强夯法

（一）加固机理

强夯法的加固机理，普遍一致的看法是，经强夯后，土强度提高过程可分为四个阶段：①夯击能量转化，同时伴随强制压缩或振密（包括气体的排出、孔隙水压力上升）；②土体液化或土体结构破坏（表现为土体强度降低或抗剪强度丧失）；③排水固结压密（表现为渗透性能改变、土体裂隙发展、土体强度提高）；④触变恢复并伴随固结压密（包括部分自由水又变成薄膜水，土的强度继续提高）。其中，第①阶段是瞬时发生的，第④阶段是强夯终止后很长时间才能达到的（可长达几个月以上），中间两个阶段则介于上述两者之间。

简言之，强夯法主要是把势能转化为夯击能，在地基中产生强大动应力和冲击波，对土体产生加密作用、液化作用、固结作用和时效作用。

（1）加密作用：土体中大多含有以微气泡形式出现的气体，其含量在 $1\% \sim 4\%$。强夯时的强大冲击能，使气体压缩，孔隙水压力升高，随后在气体膨胀、孔隙水排出的同时，孔隙水压力下降。这样每夯击一遍，孔隙水压力和气体的体积都有所减少，土体得到压密。

（2）液化作用：在巨大的冲击应力作用下，土中超孔隙水压力迅速提高，致使局部土体产生液化，土的强度消失，土粒通过自由地重新排列而趋于密实。

（3）固结作用：强夯时在地基中所产生的超孔隙水压力大于土粒间的侧向压力时，土粒间便可能出现裂隙，形成排水通道。此时土的渗透性增大，孔隙水得以顺利排出，加速了土的固结。

（4）时效作用：随着时间的推移，孔隙水压力的消散，土粒又重新排列接触，自由水又重新被土颗粒吸附而变成结合水，土的强度便逐渐恢复。这种触变带来的强度恢复，称为时效作用。

（二）设计

1. 有效加固深度

梅纳（Menard）曾提出用下式估算有效加固深度

$$H \approx \sqrt{Mh/10} \tag{5-21}$$

式中　H——有效加固深度，m；

　　　M——夯锤重，kN；

　　　h——落距，m。

由式（5-21）估算的有效加固深度较实测值偏大，可采用0.34～0.8的修正系数进行修正。但对同一类土，采用不同能量夯击时，其修正系数并不相同，因此，对同一类土，采用一个修正系数并不能得到满意的结果。影响有效加固深度的因素有单击夯击能、地基土的性质、不同土层的厚度、埋藏顺序和地下水位等。有效加固深度应根据现场试夯或当地经验确定。在缺少试验资料或经验时，《建筑地基处理技术规范》（JGJ 79—2012）建议了其取值范围，见表5-4。

表5-4　　　　　　　　　　　强夯法的有效加固深度　　　　　　　　　　　　　　m

单击夯击能（kN·m）	碎石土、砂土等粗颗粒土	粉土、黏性土、湿陷性黄土等细颗粒土
1000	4.0～5.0	3.0～4.0
2000	5.0～6.0	4.0～5.0
3000	6.0～7.0	5.0～6.0
4000	7.0～8.0	6.0～7.0
5000	8.0～8.5	7.0～7.5
6000	8.5～9.0	7.5～8.0
8000	9.0～9.5	8.0～8.5
10 000	9.5～10.0	8.5～9.0
12 000	10.0～11.0	9.0～10.0

注　强夯法的有效加固深度应从最初起夯面算起；单击夯击能 E 大于 12 000 kN·m 时，强夯的有效加固深度应通过试验确定。

2. 单击夯击能

设计中，根据需要加固的深度初步确定采用的夯击能，一般情况下，对于粗颗粒土，可取 1000～3000kN·m/m² ；然后，再根据机具条件确定起重设备、夯锤尺寸，以及自动脱钩装置。

3. 夯击遍数

夯击遍数应根据地基土的性质确定。一般来说，由粗颗粒土组成的渗透性强的地基，夯击遍数可少些；反之，由细颗粒土组成的渗透性弱的地基，夯击遍数要求多些。根据工程实践经验，一般可采用点夯2～4遍，对于渗透性较差的细颗粒土，必要时夯击遍数可适当增加，最后再以低能量满夯2遍。满夯可采用轻锤或低落距锤多次夯击、锤印搭接的方式。满夯的夯实效果好，可减小建（构）筑物的沉降和不均匀沉降。

4. 间歇时间

两遍夯击之间的间隔时间取决于土中超静孔隙水压力的消散时间，但土中超静孔隙水压力的消散速率与土的类别、夯点间距等有关。有条件时最好能在试夯前埋设孔隙水压力传感器，通过试夯确定超静孔隙水压力的消散时间，从而决定两遍夯击之间的间隔时间。当缺少实测资料时，可根据地基土的渗透性确定：对于渗透性较差的黏性土地基，间隔时间不应少于3～4周；对于渗透性好的地基，超孔隙水压力消散很快，夯完一遍，第二遍可连续夯击。

5. 夯击点布置

夯击点布置是否合理与夯实效果有直接的关系。夯击点位置可根据基底平面形状，采用等边三角形、等腰三角形或正方形布置。对于某些基础面积较大的建（构）筑物，为便于施工，可按等边三角形或正方形布置夯点；对于办公楼、住宅建筑等，可根据承重墙位置布置夯点，一般可采用等腰三角形布点，这样保证了横向承重墙以及纵墙和横墙交接处墙基下均有夯击点；对于工业厂房来说，也可按柱网来设置夯击点。

夯击点间距的确定，一般根据地基土的性质和要求处理的深度而定。对于细颗粒土，为便于超静孔隙水压力的消散，夯点间距不宜过小。当要求处理深度较大时，第一遍的夯点间距更不宜过小，以免夯击时在浅层形成密实层而影响夯击能往深层传递。此外，若各夯点之间的距离太小，在夯击时上部土体易向周围已夯成的夯坑中挤出，从而造成坑壁坍塌，夯锤歪斜或倾倒，影响夯实效果。第一遍夯击点间距可取夯锤直径的 2.5～3.5 倍，第二遍夯击点位于第一遍夯击点之间。以后各遍夯击点间距可适当减小。对加固深度较深或单击夯击能较大的工程，第一遍夯击点间距宜适当增大。

6. 处理范围

由于基础的应力扩散作用，强夯处理范围应大于建（构）筑物基础范围，具体放大范围可根据建筑结构类型和重要性等因素考虑确定。对于一般建（构）筑物，每边超出基础外缘的宽度宜为基底下设计处理深度的 1/2～2/3，并不应小于 3m。

二、强夯置换法

对于饱和黏性土地基，近年来发展了强夯置换法，即利用夯击能将碎石、矿渣等材料强力挤入地基，在地基中形成碎石墩，并与墩间土形成碎石墩复合地基，提高地基承载力和减小地基沉降。强夯置换法属于复合地基的范畴，适用于高饱和度的粉土与软塑～流塑的黏性土等地基上对变形要求不严的工程。强夯置换法在设计前必须通过现场试验确定其适用性和处理效果。目前强夯置换法主要用于处理饱和黏性土地基。

强夯置换可分为整式置换和桩式置换，其中应用较多的是桩式置换，其作用机理类似于砂石桩。在置换过程中，土体结构破坏，地基土体中产生超孔隙水压力，随着时间发展土体强度恢复，同时由于碎石墩具有较好的透水性，利用超孔隙水压力消散产生固结。这样，通过置换挤密及排水固结作用，碎石墩和墩间土形成碎石墩复合地基，提高地基承载力和减小沉降。整式置换是置换率要求较大时，以密集的群点进行置换，使被置换土体整体向两侧或四周排出，置换体连成统一整体，构成置换层，其作用机理类似于换土垫层。整式置换后的双层地基，其强度和变形性状既取决于置换材料的性质，又取决于置换层的厚度和下卧层的性质。

强夯置换墩的深度由土质条件决定。除厚层饱和粉土外，一般应穿透软土层，到达较硬土层上。深度不宜超过 10m。强夯置换锤底静接地压力可取 100～200kPa。

强夯置换法的单击夯击能应根据现场试验确定。强夯置换宜选取同一夯击能中锤底静压力较高的锤施工。

墩体材料可采用级配良好的块石、碎石、矿渣、建筑垃圾等坚硬粗颗粒材料，粒径大于300mm 的颗粒含量不宜超过全重的 30%。墩体材料级配不良或块石过多过大，均易在墩中留下大孔，在后续墩施工或建（构）筑物使用过程中使墩间土挤入孔隙，增加沉降量。

第五节　复 合 地 基 理 论

一、复合地基的分类

复合地基是由增强体、周边土和铺设在顶部的褥垫层构成的地基。地基中设置强度和刚度较高的增强体，这些增强体与周围土和褥垫层构成复合地基，共同承受上部结构荷载。复合地基是地基处理最有效的方法之一，比之原天然地基可以较大幅度地提高承载力和减小变形。复合地基的概念最初是从对碎石桩加固机理的认识而形成的，通过多年来大量的工程实践已发展了多种类型的增强体复合地基。增强体由于其构成的材料不同、施工工艺的差异而有各种各样的类型。根据增强体材料的胶结特性、强度和压缩性，大致上可分为散体材料增强体复合地基、具有一定胶结强度的可压缩性增强体复合地基和高胶结强度的刚性增强体复合地基。复合地基的承载力和变形取决于增强体的承载力、长度、面积置换率以及地基土的性质和承载力发挥程度等因素。根据地基中增强体的方向，又可分为水平向增强体复合地基和竖向增强体复合地基，如图 5-5 所示。

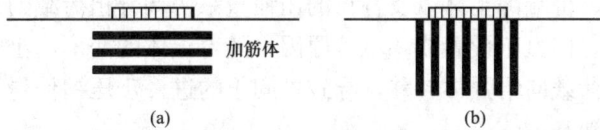

图 5-5 复合地基示意图
(a) 水平向增强体复合地基；(b) 竖向增强体复合地基

竖向增强体习惯上称为桩，通常称为桩体复合地基。目前在工程中应用的竖向增强体有碎石桩、砂桩、水泥土桩、石灰桩、灰土桩、各种低强度桩和混凝土桩等。根据竖向增强体的性质，又可分为散体材料桩、柔性桩和刚性桩三类。

散体材料桩，如碎石桩、砂桩等，只有依靠周围土体的围箍作用才能形成桩体，桩体材料本身不能形成桩体。

柔性桩和刚性桩的区别在于桩体刚度不同，也有称为半刚性桩和刚性桩，前者如水泥土桩、灰土桩等，后者如钢筋混凝土桩、低强度混凝土桩。

水平增强体复合地基主要指加筋土地基。随着土工合成材料的发展，加筋土地基应用愈来愈多。加筋材料主要是土工织物和土工格栅等。

复合地基的分类可归纳如下。

1. 按增强体设置方向分类

(1) 竖向。

(2) 水平向。

(3) 斜向。

2. 按增强体材料分类

(1) 土工合成材料，如土工格栅、土工布等。

(2) 砂石桩。

(3) 水泥土桩、土桩、灰土桩、渣土桩等。

(4) 各类低强度混凝土桩（树根桩、CFG 桩等）和钢筋混凝土桩等。

3. 按基础刚度分类

(1) 柔性桩，如散体材料桩。

(2) 半刚性桩，如水泥土类桩（水泥土搅拌桩、旋喷桩等）、CFG 桩。

(3) 刚性桩，如钢筋混凝土类桩。

4. 按增强体长度分类

(1) 等长度。

(2) 不等长度（长短桩复合地基）。

二、复合地基的形成条件

在荷载作用下，增强体与天然土体通过变形协调共同承担荷载是形成复合地基的基本条件。散体材料桩体在荷载作用下产生侧向鼓胀变形，在压缩过程中桩和桩间土之间的变形协调，可保证桩和桩间土共同承担荷载形成复合地基。当增强体为刚性材料时，在荷载作用下，若桩和桩间土的沉降量相等，或在基础下设置垫层，虽然桩和桩间土的沉降量不等但通过垫层的协调，使得二者共同承担荷载，同样可形成复合地基。此时，桩和桩间土的变形协调是通过上部的垫层、桩端部土体以及各自的压缩量来协调分担荷载的。如果桩和桩间土初期能够共同承担荷载，但由于设置或环境等原因，随着土体的变形，土中应力不断减小而增强体应力不断增大，荷载向增强体转移，导致桩间土的进一步压缩使得桩间土几乎不分担荷载，则无法形成复合地基。

采用散体材料桩在各种情况下均可形成复合地基；采用黏结材料，特别是采用刚性桩形成复合地基时，需要重视复合地基的形成条件。在实际工程中，若不能满足形成复合地基的条件，则其设计将是不安全的，是高估了桩间土的承载力，而降低了复合地基的安全度。

三、复合地基中增强体的作用效应

在复合地基中，增强体对提高地基承载力和减小变形起着非常重要的作用。不论何种复合地基，都具备以下一种或多种作用效应。

1. 垫层效应

增强体和周围土构成的复合土层可看作一"垫层"，其强度和模量等力学指标比原天然土层都有较大提高。增强体范围的复合土层与下卧土层类似于双层地基，基础底面的附加压力通过复合土层的扩散作用，使下卧层中的附加应力减小。各类增强体复合地基都有"垫层"效应，尤其是散体材料增强体，其材料的应力应变性质与地基土相近，地基中荷载的传递与天然地基类似，这类增强体的面积置换率较高，复合土层的工作性状更明显表现出"垫层"性质。

2. 桩体效应

复合地基中增强体的刚度比周围土体大，在刚性基础下，为了保持变形协调，将在增强体上产生应力集中现象，使增强体承担比例较大的荷载，并通过增强体将荷载传至较深的土层。随着增强体刚度的增加，其承担的荷载占总荷载的百分比也随之增加，传递荷载的深度也增加，增强体的这一性质表现出桩体效应，桩间土上的荷载相应减小，使得复合地基的承载力较原天然地基有较大的提高，地基变形有较大幅度的减小。复合地基中增强体都具有桩体效应，增强体刚度越大，桩体效应越明显。

3. 对周边土的挤密或扰动效应

根据地基土的性质，某些增强体在施工过程中对周围土体会产生挤密或扰动作用，使土体发生强度的提高或降低。石灰-粉煤灰增强体由于石灰的吸水膨胀，对周围土体也产生一定的挤密作用。

4. 排水效应

某些增强体，如碎石桩、砂石桩等具有良好的透水性，在荷载作用下地基土产生的超静孔隙水压力会通过这些增强体很快消散，地基土逐渐固结，强度随之提高，这样有利于提高复合地基的承载力、抗滑稳定性和减轻砂土的液化程度。

5．加筋效应

在复合地基的整体稳定分析中，增强体具有加筋作用，可使复合地基的抗剪强度比天然地基有较大的提高。

在实际工程中所遇到的地基土的类型和增强体的类型是各种各样的，充分了解地基土的性质和复合地基中增强体的作用效应，有助于认识复合地基承载和变形性状，更好地根据地基土的性质，合理选用增强体和施工工艺。

四、褥垫层的作用

褥垫层是复合地基的重要组成部分（图 5-6），在多数情况下，决定着是否形成复合地基。其作用主要有以下几个方面：

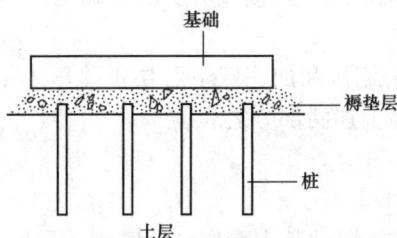

图 5-6 复合地基的褥垫层

（1）保证增强体与周边土共同承担荷载。特别是对刚度较大的增强体，褥垫层提供了增强体向上刺入的条件，以保证周边土始终参与工作。

（2）减小基础底面的应力集中。在桩顶设置褥垫层，桩土应力比得到调整，减小了基础底面的应力集中。

（3）褥垫层厚度可以调整桩、土荷载分担比。褥垫层厚度对桩土荷载分担比的影响是：当荷载一定时，褥垫层厚度越厚，土承担的荷载就越多，桩体承担的荷载就越少，见图 5-7；反之亦然。当褥垫层厚度一定时，随荷载增大，桩承担的荷载占总荷载的百分比也增大。

（4）褥垫层厚度可以调整桩、土水平荷载分担比。不同垫层厚度时水平荷载 Q 和桩顶水平位移 U_p 的关系如图 5-8 所示。在一定的水平荷载下，褥垫层厚度越大，桩顶水平位移就越小。

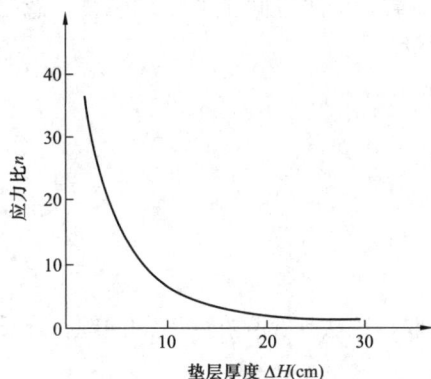

图 5-7 褥垫层厚度与荷载分担比的关系

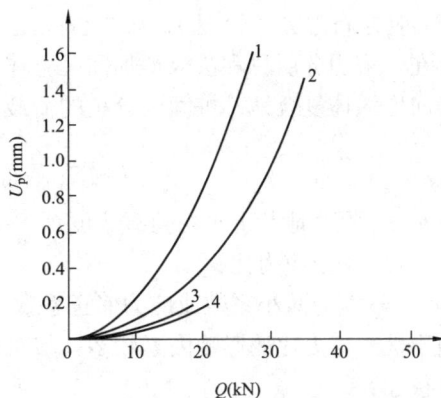

图 5-8 不同垫层厚度时水平荷载 Q 和桩顶水平 U_p 位移的关系

1—垫层厚度 2cm；2—垫层厚度 10cm；

3—垫层厚度 20cm；4—垫层厚度 30cm

五、复合地基承载力与沉降计算

（一）复合地基承载力

由于地基土的复杂多变，影响复合地基承载力的因素较多，虽然已有一些计算复合地基承载力的经验公式，但这些公式主要还是供设计人员在初步设计中估算承载力时采用，复合地基承载力还应通过现场复合地基载荷试验确定。复合地基载荷试验用于测定承压板下应力主要影响范围内复合土层的承载力和变形参数。复合地基载荷试验工程上大多采用单根增强体复合地基或多根增强体复合地基载荷试验。

通过复合地基载荷试验得到的压力-沉降曲线，复合地基承载力特征值可按下列规定确定：

（1）当压力-沉降曲线上极限荷载能确定，而其值不小于对应比例界限的2倍时，可取比例界限荷载；当其值小于对应比例界限的2倍时，可取极限荷载的一半。

（2）当压力-沉降曲线是平缓的光滑曲线时，可根据规范规定，按相对变形值确定。

（二）复合地基沉降计算

复合地基沉降量通常分两部分计算，即加固区土体压缩量和加固区下卧层土体压缩量。通常垫层的压缩量很小，可以忽略，复合地基总沉降量为上述两部分之和。

1. 加固区土体压缩量计算

加固区土体压缩量可采用以下三种方法计算：

（1）复合模量法（E_{cs}法）。将复合地基加固区增强体连同地基土看作一个整体，采用置换率加权模量作为复合模量，复合模量也可根据试验一而定，并以此参数采用分层总和法计算，即

$$E_{cs} = mE_{ps} + (1-m)E_{ss} \qquad (5-22)$$

式中　E_{cs}——竖向增强体复合地基复合土压缩模量；

　　　E_{ps}——竖向增强体压缩模量；

　　　E_{ss}——桩间土压缩模量；

　　　m——面积置换率。

（2）应力修正法（E_s法）。根据桩间土分担的荷载，按照桩间土的压缩模量，忽略增强体的存在，采用分层总和法求得加固区土体的变形量。

竖向增强体复合地基桩间土分担的荷载 p_s 为

$$p_s = \frac{p}{1+m(n-1)} = \mu_s p \qquad (5-23)$$

式中　p——复合地基上平均荷载集度；

　　　n——桩土应力比；

　　　μ_s——应力减小系数或应力修正系数。

由于桩土应力比的影响因素较多，很难合理选取，该法计算存在一定的问题，计算的压缩量往往偏大。

（3）桩身压缩量法（E_p法）。假定桩体不会产生刺入变形，通过模量比求出桩承担的荷载，再假定桩侧摩阻力的分布形式，则可通过材料力学中求压杆变形的积分方法求出桩体的压缩量，并以此作为加固区的压缩量。

2. 加固区下卧层变形计算

加固区下卧层的压缩变形计算通常采用分层总和法计算。由于加固区的存在，作用在下

卧层顶面及其下土体中的附加应力很难准确计算。可以仿照天然地基软弱下卧层承载力验算所采用的应力扩散法计算加固区下卧层顶面的附加应力，然后按分层总和法计算沉降量；也可以仿效桩基础沉降计算的等效实体计算。

第六节　水泥粉煤灰碎石桩复合地基

一、加固原理与适用范围

水泥粉煤灰碎石桩简称 CFG 桩，是近年来最常用的地基处理技术之一。它是通过在碎石桩基础上投加一些石屑、粉煤灰和少量水泥，再加水拌和形成的高黏结强度的桩。通过调整水泥掺量及配比，可使桩体强度等级在 C5～C20 范围内变化。CFG 桩系高黏结强度的桩，需要在基础和桩顶之间设置一定厚度的褥垫层，保证桩土之间形成复合地基。CFG 桩、桩间土和褥垫层一起构成复合地基。这种地基加固方法吸取了振冲碎石桩和水泥土搅拌桩的优点：①施工工艺与普通振动沉管灌注桩一样，工艺简单，与振冲碎石桩相比，无场地污染，振动影响也较小；②所用材料仅需少量水泥，便于就地取材，这也是较水泥土搅拌桩的优越之处；③受力特性与水泥土搅拌桩类似。

CFG 桩复合地基具有承载力提高幅度大、地基变形小等特点，并具有较大的适用范围。就基础形式而言，既适用于条基、独立基础，也适用于箱基、筏基；既有工业厂房，也有民用建筑。就土性而言，CFG 桩适合于处理黏性土、粉土、砂土和正常固结的素填土等地基。对淤泥质土，应按地区经验或通过现场试验确定其适用性。CFG 桩不仅可用于承载力较低的土，对承载力较高（如承载力 $f_{ak}=200kPa$）但变形不能满足要求的地基，也可采用 CFG 桩以减小变形。

CFG 桩与素混凝土桩的区别仅在于桩体材料的构成不同，而在其受力和变形特性方面没有什么区别。CFG 桩在受力特性方面介于碎石桩和钢筋混凝土桩之间。与碎石桩相比，CFG 桩桩身具有一定的刚度，不属于散体材料桩，其桩体承载力取决于桩侧摩阻力和桩端端承力之和或桩体材料强度。当桩间土不能提供较大侧限力时，CFG 桩复合地基承载力高于碎石桩复合地基。

CFG 桩加固软弱地基主要有三种作用：桩体作用、挤密作用、褥垫层作用。

二、设计计算

（一）基本要求

CFG 桩常采用振动沉管法施工，其桩径根据桩管大小而定，一般为 350～600mm；桩距应根据设计要求的复合地基承载力、土性与施工工艺等确定，宜取 3～5 倍桩径；褥垫层厚度一般取 15～30cm，当桩距过大时并考虑土性，褥垫层厚度还可适当加大。褥垫层材料可用碎石、级配砂石、粗砂、中砂，最大粒径不宜大于 30mm。

设计时，CFG 桩应选择承载力相对较高的土层作为桩端持力层，且应进行地基变形验算。

（二）承载力计算

复合地基承载力的计算思路是将桩与桩间土的承载力进行叠加，但二者不是简单叠加，需要考虑下列因素：

（1）施工时对桩间土是否产生扰动和挤密，桩间土的承载力有无降低或提高；

（2）桩对桩间土有约束作用；

（3）CFG 桩复合地基中桩的压力—沉降曲线一般呈硬化型，比自由单桩的承载力要高；

（4）桩和桩间土承载力的发挥都与变形有关，变形小时桩和桩间土的承载力难以充分发挥；

（5）桩间土承载力的发挥与褥垫层的厚度密切相关。

初步设计时，CFG 桩复合地基承载力特征值可用下式估算，即

$$f_{spk} = \lambda m \frac{R_a}{A_p} + \beta(1-m)f_{sk} \qquad (5-24)$$

其中
$$m = d^2 / d_e^2$$

式中　f_{spk}——复合地基承载力特征值；

　　　λ——单桩承载力发挥系数，可按地区经验取值；

　　　m——面积置换率；

　　　d——桩身平均直径；

　　　d_e——一根桩分担的处理地基面积的等效圆直径，对等边三角形布桩，$d_e = 1.05s$；对正方形布桩，$d_e = 1.13S$；对矩形布桩，$d_e = 1.13\sqrt{S_1 S_2}$；

S、S_1、S_2——桩间距、纵向桩间距和横向桩间距；

　　　R_a——单桩竖向承载力特征值；

　　　A_p——桩的截面面积；

　　　β——桩间土承载力折减系数，宜按地区经验取值，如无经验时可取 0.75～0.95，天然地基承载力较高时取大值；

　　　f_{sk}——处理后桩间土承载力特征值，宜按地区经验取值，可取天然地基承载力特征值。

关于 f_{sk} 的取值，考虑到地基处理后，上部结构施工有一个过程，应根据荷载增长和土体强度恢复的快慢来确定。对可挤密的一般黏性土，f_{sk} 可取 1.1～1.2 倍天然地基承载力特征值，即 $f_{sk} = (1.1～1.2)f_{ak}$，塑性指数小，孔隙比大时取高值。对不可挤密土，若施工速度慢，可取 $f_{sk} = f_{ak}$；若施工速度快，宜通过现场试验确定。对挤密效果好的土，由于承载力提高幅值的挤密分量较大，宜通过现场试验确定。

单桩竖向承载力特征值 R_a 的确定，若采用单桩静载荷试验，应将单桩竖向极限承载力除以安全系数 2；当无静载荷试验资料时，可按下式估算

$$R_a = u_p \sum_{i=1}^{n} q_{si} l_i + \alpha_p q_p A_p \qquad (5-25)$$

式中　u_p——桩的周长；

　　　n——桩长范围内所划分的土层数；

　　q_{si}、q_p——桩周第 i 层土的侧阻力、桩端端阻力特征值，可按《建筑地基基础设计规范》的有关规定确定；

　　　l_i——桩长范围内第 i 层土的厚度；

　　　α_p——桩端端阻力发挥系数，应按地区经验确定；

　　　A_p——桩的截面面积。

（三）沉降计算

在加固区，复合地基每层土层的压缩模量等于该层天然地基压缩模量的 ξ 倍，ξ 可按下

式确定

$$\xi = \frac{f_{spk}}{f_{ak}} \tag{5-26}$$

式中 f_{ak}——基础底面下天然地基承载力特征值。

应用各土层乘以 ξ 后的压缩模量按分层总和法计算加固区的压缩量，然后与下卧层压缩量求和即得到复合地基的沉降量，再乘以变形计算经验系数 Ψ_s 便得最后结果。Ψ_s 可参考《建筑地基处理技术规范》（JGJ 79—2012）的规定确定。

三、施工

CFG 桩常用的施工工艺有：长螺旋钻孔灌注成桩，长螺旋钻孔、管内泵压混合料灌注成桩，振动沉管灌注成桩，泥浆护壁钻孔灌注成桩。

若地基土是松散的饱和粉细砂、粉土，以消除液化和提高地基承载力为目的，此时应选择振动沉管打桩机施工；振动沉管灌注成桩属挤土成桩工艺，对桩间土具有挤（振）密效应，但振动沉管灌注成桩工艺难以穿透厚的硬土层、砂层和卵石层等。在饱和黏性土中成桩，会造成地表隆起，挤断已打桩，且振动和噪声污染严重，在城市居民区施工受到限制。当夹有硬黏性土时，可采用长螺旋钻机引孔，再用振动沉管打桩机制桩。

长螺旋钻孔灌注成桩适合于地下水以上的黏性土、粉土、素填土、中等密实以上的砂土，属非挤土成桩工艺，具有穿透能力强、无振动、低噪声、无泥浆污染等特点，但要求桩长范围内无地下水，保证提钻时不塌孔。

长螺旋钻孔、管内泵压混合料灌注成桩工艺，是国内外使用得比较广泛的一种新工艺，属非挤土成桩工艺，具有穿透能力强、无振动、低噪声、无泥浆污染、施工效率高及质量容易控制等特点，适用于黏性土、粉土、砂土，粒径不大于 60mm、厚度不大于 5m 的卵石层（卵石含量不大于 30%），以及对噪声和泥浆污染要求高的场地。

对遇有较厚卵石、砂和孔隙比小及液性指数较低的黏土层以及饱和软土，桩端持力层具有水头很高的承压水，长螺旋钻孔、管内泵压混合料灌注成桩容易发生窜孔，对噪声污染要求严格的场地，不宜采用前述施工工艺时，可采用泥浆护壁钻孔灌注成桩。

CFG 桩施工结束后，应间隔一定时间方可进行质量检验。一般养护龄期可取 28d。

（1）桩间土检验。桩间土质量检验可用标准贯入、静力触探和钻孔取样等试验进行处理前后的对比试验。对砂性土地基可采用标准贯入或动力触探等方法检测挤密程度。

（2）单桩和复合地基检验。可采用单桩载荷试验、单桩或多桩复合地基载荷试验进行处理效果检验。检验点数量不应少于总桩数的 1%，且每个单体工程的复合地基静载荷试验的试验数量不应少于 3 点；此外，还应采用低应变动力试验检测桩身完整性，检测数量不应低于总桩数的 10%。

【例题 5-4】 某建筑场地工程地质条件如下：①黄褐色填土，中高压缩性，层厚 1.6m；②褐黄色粉质黏土，中高压缩性，层厚 3.7m，$f_{ak} = 180$kPa；③灰黄色粉质黏土，中高压缩性，层厚 4.5m，$f_{ak} = 130$kPa；④灰黄色细砂与碎石混合层，中低压缩性，层厚 5.8m，$f_{ak} = 280$kPa；⑤灰黄色粉土，中低压缩性，层厚 11.0m。地下水位在地表下 5.5m 处。

拟建建筑物为框架结构，采用独立基础，一柱基础基底尺寸为 5m×5m，埋深 2.5m，经计算得荷载效应标准组合时基底压力为 450kPa。经分析，决定采用 CFG 桩复合地基。已知②层土桩侧摩阻力特征值 $q_s = 33$kPa；③层土桩侧摩阻力特征值 $q_s = 35$kPa；④层土桩侧

摩阻力特征值 $q_s=47\text{kPa}$，极限端阻 $q_u=800\text{kPa}$。试设计该复合地基，单桩承载力发挥系数 $\lambda=1.0$。

解 设计过程简述如下：

CFG 桩桩端持力层选在第④灰黄色细砂与碎石混合层，其地基承载力为 280kPa，桩采用长螺旋钻孔、管内泵压混合料成桩，有效桩长为 10m，桩径 420mm。褥垫层采用粒径小于 30mm 的碎石，厚度 300mm。

桩顶距设计地面 2.8m，桩穿越②层土 2.5m，穿越③层土 4.5m，进入④层土 3.0m。单桩竖向承载力为 [按式 (5-25) 估算单桩承载力时，桩端端阻力发挥系数 α_p 可取 1.0]

$$
\begin{aligned}
R_a &= u_p \sum_{i=1}^{n} q_{si} l_i + \alpha_p q_p A_p \\
&= 1.319 \times (33 \times 2.5 + 35 \times 4.5 + 47 \times 3.0) + 1.0 \\
&\quad \times 800 \times 0.1385/2 \\
&= 557.7 \ (\text{kN})
\end{aligned}
$$

在基础下布置 16 根 CFG 桩，中心距 1.45m，每排 4 根，正方形布置，边桩距基础边缘 0.325m。面积置换率为

$$
m = \frac{d^2}{d_e^2} = \frac{0.42^2}{(1.13 \times 1.45)^2} = 0.065\ 7
$$

取天然地基承载力 $f_{ak}=120\text{kPa}$，桩间土承载力折减系数 $\beta=0.90$，CFG 桩复合地基承载力特征值为

$$
f_{spk} = \lambda m \frac{R_a}{A_p} + \beta(1-m) f_{sk} = 1.0 \times 0.065\ 7 \times \frac{557.7}{0.138\ 5} + 0.90 \times (1-0.065\ 7) \times 180
$$
$$
= 415.9(\text{kPa})
$$

对承载力进行深宽修正，取 $\eta_b=0$，$\eta_d=1.0$，$\gamma=18\text{kN/m}^2$，修正后地基承载力特征值为

$$
\begin{aligned}
f_a &= f_{spk} + \eta_b \gamma_m (b-3) + \eta_d \gamma (d-0.5) = 415.9 + 1.0 \times 18 \times (2.5-0.5) \\
&= 451.9(\text{kPa})
\end{aligned}
$$

$$
p_k = 450\text{kPa} < f_a = 451.9\text{kPa}
$$

满足要求（沉降量计算略）。

第七节 水泥土搅拌桩复合地基

一、加固原理与适用范围

水泥土搅拌桩是利用水泥等材料作为固化剂，通过特制的搅拌机械，就地将软土和水泥固化剂强制拌和，由固化剂和软土间产生一系列的物理和化学反应，使软土硬结而具有整体性、水稳性和一定强度的水泥加固土，从而形成竖向增强体。水泥土搅拌桩、桩间土和褥垫层一起形成复合地基。

根据固化剂掺入状态的不同，水泥土搅拌桩可分为浆液搅拌和粉体喷射搅拌两种。前者是用浆液和地基土搅拌，后者是用粉体和地基土搅拌。

水泥在深层搅拌中仅占被加固体的 $7\% \sim 15\%$。水泥和土中的水，以及与土粒中的硅、

钠、钾等离子产生一系列的物理—化学变化，从而得到胶结和固化，其硬凝反应一般需 3 个月完成，故水泥土的强度增长比混凝土缓慢。

水泥土搅拌桩的承载性状可归纳为：

（1）在桩顶荷载作用下，水泥土搅拌桩的沉降主要由桩身引起的，而且桩身上部的压缩量比下部的大，到达桩端几乎接近于 0。

（2）由于桩身上部压缩较大，因此桩周摩阻力在桩身上部得到充分发挥，类似于纯摩擦桩的特征。

根据水泥土搅拌桩的这种承载特性，对于一定的地质条件，搅拌桩存在一临界桩长。当超过该临界桩长时，超过部分的桩体承载作用实际很小，甚至不起作用。临界桩长与桩径、桩体刚度等因素有关。施工中，在桩体上部 1/3 桩长范围内采取复喷以提高该段桩体刚度的目的即是为了在桩长不增加的情况下提高桩的承载力。

水泥土搅拌桩加固软弱土地基，有其独特的优点：

（1）将固化剂与原地基软弱土就地搅拌混合，最大限度地利用了原土。

（2）搅拌时不会使地基侧向挤出，对周围建筑物的影响很小。施工时无振动、无噪声、无污染，可在市区和密集建筑群中进行施工。

（3）按照地基土的性质和工作设计要求，合理选择固化剂和配方，设计比较灵活。根据需要，可灵活地采用柱状、壁状、格栅状等加固形状。

（4）与钢筋混凝土桩相比，可节约钢材并降低造价。

水泥土搅拌桩适用于处理正常固结的淤泥和淤泥质土、粉土、饱和黄土、素填土、黏性土以及无流动地下水的饱和松散砂土等地基。当用于处理泥炭土、有机质土、塑性指数大于 25 的黏土；地下水具有腐蚀性时以及无工程经验的地区，必须通过现场试验确定其适用性。

二、水泥土的特性

由于地基土质条件的复杂性，为使设计更合理、更科学，在设计施工前应进行室内外试验，以确定水泥的品种、标号、最适宜的水泥掺量、水灰比及最优的外掺剂等。

下面给出了根据室内试验得到的水泥土的一些常规物理力学性质。

1. 水泥土的物理性质

由于拌入软土中的水泥浆的重度与软土的重度相近，因此水泥土的重度与天然软土的重度相近。试验表明，水泥掺入比为 25％时，水泥土的重度也仅比天然软土增加 3％。因此，采用深层搅拌法加固厚层软土地基时，其加固部分对下部未加固部分不致产生过大的附加荷重，也不会发生较大的附加沉降。

2. 水泥土的力学性质

（1）无侧限抗压强度及其影响因素。水泥土的无侧限抗压强度一般为 300～3000kPa，比天然软土大几十倍至数百倍，其变形特征随强度不同而介于脆性体与弹塑性体之间。水泥土受荷初期，应力与应变关系基本上符合胡克定律。当外力达到极限强度的 70％～80％时，试块的应力和应变关系不再继续保持直线关系；当外力达到极限强度时，对于强度大于 2000kPa 的水泥土很快出现脆性破坏，破坏后残余强度很小，此时的轴向应变为 0.8％～1.2％；对于强度小于 2000kPa 的水泥土，则表现为塑性破坏。

影响水泥土抗压强度的因素很多，主要有以下几个：

1）水泥掺入比的影响。水泥掺入比以大于 5％为宜，水泥土的强度随着水泥掺入比的增加而增大。

2）龄期对强度的影响。水泥土强度随着龄期的增长而增大，一般在龄期超过 28 天后仍有明显增加。试验表明，选用 3 个月龄期强度作为水泥土的标准强度较为适宜。

3）水泥土的强度随水泥标号提高而增加，水泥标号提高一个等级，水泥土的强度 q_u 增大 20%～30%。

4）土样含水量对强度的影响。水泥土的无侧限抗压强度 q_u 随着土样含水量的降低而增大。

5）土样中有机质含量对强度的影响。由于有机质使土壤具有较大的水容量和塑性，较大的膨胀性和低渗透性，并使土壤具有酸性，这些因素都阻碍水泥水化反应的进行。因此有机质含量高的软土，单纯用水泥加固的效果较差。

6）外掺剂对强度的影响。不同的外掺剂对水泥土强度影响不同，例如，木质素磺酸钙对水泥土强度增长影响不大，主要起减水作用。石膏、三乙醇胺对水泥土强度有增强作用，而其增强效果对不同土样和不同水泥掺入比又有所不同，所以选择合适的外掺剂可以提高水泥土强度或节省水泥用量。

7）粉煤灰对强度的影响。水泥土掺加粉煤灰后，强度一般都有所增长，故采用水泥土搅拌法加固软土时掺入粉煤灰，不仅可消耗工业废料，还可稍微提高水泥土的强度。

（2）抗拉强度 σ_t。水泥土的抗拉强度 σ_t 随抗压强度 q_u 的增长而提高，一般有 $\sigma_t = (1/10 \sim 1/15)q_u$。

用高压三轴仪进行剪切试验表明：水泥土的抗剪强度随抗压强度的增加而提高，黏聚力 c 一般为 q_u 的 20%～30%，其内摩擦角的变化在 20°～30°范围内。

水泥土在三轴剪切试验中受剪破坏时，试件有清晰而平整的剪切面，剪切面与最大主应力面夹角约为 60°。

（3）变形模量。通过试验，水泥土的变形模量 E_{s0} 一般为抗压强度 q_u 的 120～150 倍。

（4）压缩系数和压缩模量。水泥土试件的压缩系数 a_{1-2} 为 $(2.0 \sim 3.5) \times 10^{-5} kPa^{-1}$，其相应的压缩模量 $E_s = 60 \sim 100 MPa$。

三、设计计算

确定处理方案前，应搜集拟处理区域内详尽的岩土工程资料，尤其是填土层的厚度和组成，软土层的分布范围、分层情况，地下水位及 pH 值，土的含水量、塑性指数和有机质含量等。

设计前还应进行拟处理土的室内配合比试验。针对现场拟处理软土的性质，选择合适的固化剂、外掺剂及其掺量，为设计提供各种龄期、各种配合比的强度参数。

竖向承载的水泥土桩强度宜取 90 天龄期试块的立方体抗压强度平均值，承受水平荷载的水泥土桩强度宜取 28 天龄期试块的立方体抗压强度平均值。

1. 固化剂

宜选用强度等级为 32.5 级及以上的普通硅酸盐水泥，水泥掺量除块状加固时可用被加固湿土质量的 7%～12%外，其余宜为 12%～20%。湿法的水泥浆水灰比可选用 0.45～0.55。外掺剂可根据工程需要和土质条件选用具有早强、缓凝、减水以及节省水泥等作用的材料，但应避免污染环境。

2. 桩长

水泥土搅拌桩的设计，主要是确定搅拌桩的置换率和长度。竖向承载搅拌桩的长度应根据上部结构对承载力和变形的要求确定，并宜穿透软弱土层到达承载力相对较高的土层。为提高抗滑稳定性而设置的搅拌桩，其桩长应超过危险滑弧以下 2m。

湿法的加固深度不宜大于 20m。

3. 桩径

水泥土搅拌桩常用桩径为 500mm。

4. 承载力

在初步设计时，竖向承载水泥土搅拌桩复合地基承载力特征值可按式（5 - 24）计算。式中 f_{sk} 为桩间土承载力特征值，可取天然地基承载力特征值；β 为桩间土承载力折减系数。当桩端土未经修正的承载力特征值大于桩周土的承载力特征值的平均值时，可取 0.1～0.4，差值大时取低值；当桩端土未经修正的承载力特征值小于或等于桩周土的承载力特征值的平均值时，可取 0.5～0.9，差值大时或设置褥垫层时均取高值。

单桩竖向承载力特征值应通过现场载荷试验确定，初步设计时也可由以下两式估算，取较小值，即

$$R_a = \eta f_{cu} A_p \tag{5-27}$$

$$R_a = u_p \sum_{i=1}^{n} q_{si} l_i + \alpha_p q_p A_p \tag{5-28}$$

式中　f_{cu}——与搅拌桩桩身水泥配合比相同的室内加固土试块（边长 70.7mm 的立方体）在标准养护条件下 90d 龄期的立方体抗压强度平均值；

η——桩身强度折减系数，干法可取 0.20～0.25，湿法可取 0.25；

A_p——桩的截面面积；

u_p——桩的周长；

n——桩长范围内所划分的土层数；

q_{si}——桩周第 i 层土的侧阻力特征值。对淤泥可取 4～7kPa；对淤泥质土可取 6～12kPa；对软塑状态的黏性土可取 10～15kPa；对可塑状态的黏性土可取 12～18kPa；

l_i——桩长范围内第 i 层土的厚度；

q_p——桩端地基土未经修正的承载力特征值，可按《建筑地基基础设计规范》（GB 50007）的有关规定确定；

α_p——桩端端阻力发挥系数，可取 0.4～0.6，承载力高时取低值。

桩身强度折减系数 η 是一个与工程经验以及拟建工程性质密切相关的参数。工程经验包括对施工队伍素质、施工质量、室内强度试验与实际加固强度比值以及对实际工程加固效果等情况的掌握。拟建工程性质包括工程地质条件、上部结构对地基的要求以及工程的重要性等。目前，在设计中一般取 $\eta = 0.20～0.25$。

桩端端阻力发挥系数 α 取值与施工时桩端施工质量及桩端土质等条件有关。当桩较短且桩端为较硬土层时取高值；如果桩端施工质量不好，水泥土桩没能真正支撑在硬土层上，桩端地基承载力不能发挥，这时取 $\alpha = 0.4$；反之，当桩端质量可靠时，取 $\alpha = 0.6$；通常情况

下取 $\alpha=0.5$。

5. 垫层

竖向承载搅拌桩复合地基应在基础和桩之间设置 200～300mm 厚褥垫层；其材料可选用中砂、粗砂、级配砂石等，最大粒径不宜大于 20mm。

6. 布桩

竖向承载搅拌桩的平面布置可根据上部结构特点及对地基承载力和变形的要求，采用柱状、壁状、格栅状或块状等加固形式。桩可只在基础平面范围内布置，独立基础下的桩数不宜少于 4 根。柱状加固可采用正方形、等边三角形等布桩形式。

四、施工

水泥土搅拌桩的施工过程如下：

（1）搅拌桩钻机就位。搅拌桩钻机在配制浆液的同时，在指定的桩位就位，让搅拌轴对中，用水平尺调平机座，导向架对地面的垂直偏差不超过 1%，对位偏差不大于 5cm，且必须保证搅拌桩相互搭接 200mm。

（2）预搅拌浆下沉。搅拌浆下沉过程中，距离设计桩顶标高 0.15m 时发出信号通知后台，喷浆钻进，直至设计桩底标高。

（3）喷浆提升。预搅下沉至设计深度时并保持原地搅拌，待浆液送至 30s 后再提升，为保证搅拌桩桩顶质量，停浆面在设计桩顶标高以上 500mm。根据试桩工艺参数确定的钻机转速、提升速度、注浆泵压力和泵量等注浆，保证注浆量。在施工过程中若发生喷浆中断，必须对该段桩上下 0.15m 复喷复搅，以防止断桩。

（4）复搅复喷。为了搅拌充分和提高桩身水泥土强度，在有效桩长范围内复搅复喷。

施工过程应注意以下情况：

（1）预搅下沉时，要严格控制下沉速度，使土被完全切割破碎，以利于与水泥浆拌和均匀。特别是对于较硬的黏土夹层，如果在预搅下沉时下沉速度过快，土层不能被完全切割，将造成很多游离的硬黏土块。在后续的重复搅拌过程中，不管如何加强复搅都无法将其消除，降低了桩身强度和检测合格率。

（2）制备的水泥浆不能离析，因而水泥浆应在搅拌机中不断搅拌，直到压浆时才可将其缓慢地注入集料斗中。

（3）预搅下沉时，应尽量避免采用水冲下沉，只有遇硬土层下沉太慢时，才可适量冲水。

（4）水泥用量要采用单桩控制，一桩一清，确保灰土比例。

【例题 5-5】　一九层民用住宅，占地面积 31.2m×35.0m，近似为方形，采用平板式筏形基础。拟建场地的工程地质条件简述如下：属冲击平原地貌，经人工填平后，地势较为平坦，施工条件较好。自上而下土层依次为：①杂填土，层厚 1.90～3.80m，以建筑垃圾和粉质黏土为主，平均含水量 14.2%；②耕植土，软塑～可塑，厚度 0.30～0.60m，平均含水量 51.8%；③冲击层，由淤泥和淤泥质土、粉土、粉质黏土及砂土组成，层厚 6.90～14.40，$f_{ak}=75kPa$；④残积层，由含砾粉质黏土、含砾粉土及碎石土组成。

设计采用水泥土搅拌桩复合地基，设计要求为：

（1）复合地基承载力特征值 $R_{spk}>160kPa$（30d）。

（2）复合地基沉降量 $s<120mm$（工后沉降量 $s'<30mm$）。

（3）复合地基沉降差 $\Delta s < 0.3\% \times l$（$l$ 为跨距）。

解　搅拌桩复合地基设计简述如下：

选用施工机械：DSJ‐2 型深层搅拌机，搅拌轴长 18m，搅拌叶片直径 500mm，动力头功率 37kW。

固化剂配方：使用 425 级普通硅酸盐水泥，水泥用量根据桩体强度 q_u 在施工前进行现场配方反复试验确定。水泥掺合比 $\alpha = 12\% \sim 15\%$，其中桩体上部的水泥掺合比稍高。水灰比为 $0.45 \sim 0.5$。外掺合剂及用量：石膏粉为水泥的 1.5%，木质素为水泥的 0.1%。

（1）桩长。根据场地地质条件及类似工程经验，以桩长穿越软弱土层进入下卧持力层（粉质黏土层）为准，搅拌桩桩长定为 $L = 9.5\text{m}$。

（2）桩径：$D = 0.5\text{m}$，$A_p = 0.196\text{m}^2$。

（3）桩土侧摩阻力按 $f_k = 10.0\text{kPa}$ 计算。

（4）单桩承载力。由侧摩阻力提供的单桩承载力为

$$R_{pk1} = \pi D L f_k = 3.14 \times 0.5 \times 9.5 \times 10.0 = 149 \text{(kN)}$$

没有考虑桩端阻力，作为安全储备。

若水泥掺合量 $\alpha = 14\%$，试验得知，对淤泥质土，28d 龄期时搅拌桩的单轴无侧限抗压强度 $q_u > 1.6\text{MPa}$，龄期 90d 水泥土抗压强度为 $(1.2 \sim 1.3) q_u$，取 $1.2 q_u = 1.92\text{MPa}$，桩身强度折减系数 η 取 0.25，则由桩体强度所提供的承载力为

$$R_{pk2} = \eta q_u A_p = 0.25 \times 1.92 \times 10^3 \times 0.196 = 94.1 \text{(kN)}$$

二者取小值，$R_{pk} = 94.1\text{kN}$。

这里设计中，搅拌桩的桩体强度取龄期 30d 和 90d 时的值，与实际施工期并不矛盾，尽管搅拌桩施工期只有 30d 左右，但上部结构的荷载是逐步施加的（一般在搅拌桩成桩 90d 内，所施加的荷载也不会超过总荷载的 40%）。

（5）置换率。按工程地质报告，天然地基承载力特征值 $R_{sk} = 75\text{kPa}$，复合地基承载力按 160kPa 计算，折减系数 β 取 0.8。

根据复合地基承载力公式，桩的置换率为

$$m = \frac{f_{spk} - \beta f_{sk}}{\dfrac{R_{pk}}{A_p} - \beta f_{sk}} = \frac{160 - 0.8 \times 75}{\dfrac{94.1}{0.196} - 0.8 \times 75} = 0.238$$

按 $m = 0.24$ 的置换率设计。

（6）平均桩距为

$$d = \left(\frac{A_p}{m}\right)^{\frac{1}{2}} = \left(\frac{0.196}{0.24}\right)^{\frac{1}{2}} \approx 0.904 \text{(m)}$$

按正方形布桩。

（7）桩数。已知筏形基础基底面积 $A = 31.2 \times 35.0 = 1092$（$\text{m}^2$），共需桩数

$$\frac{mA}{A_p} = \frac{0.24 \times 1092}{0.196} = 1338 \text{(根)}$$

实际桩数和桩间距需根据沉降差的要求进行调整。

（8）软弱下卧层承载力验算。各土层按平均厚度计算，根据地质报告，地下水位在地表下 5m 处，基础底面以上土层的加权平均重度按 18kN/m^3 计算，水泥土搅拌桩复合地基的

平均重度按 $18.8kN/m^3$ 计算。设计要求筏形基础埋深为 2.5m，基底处土的自重应力＝$18\times2.5=45kPa$，压力扩散角取为 23°，软弱下卧层顶面处的附加应力为

$$p_z=\frac{lb(p_k-p_c)}{(b+2z\tan\theta)(l+2z\tan\theta)}=\frac{1092\times(160-45)}{(31.2+2\times9.5\times\tan23°)\times(35.0+2\times9.5\times\tan23°)}$$

$$=72(kPa)$$

软弱下卧层顶面处土的自重应力：

桩长 9.5m，地下水位面以上为 2.5m，地下水位面以下为 7.0m

$$p_{cz}=45+18.8\times2.5+(18.8-10)\times7.0=153.6(kPa)$$

$$p_{cz}+p_c=153.6+72=225.6(kPa)$$

淤泥质土，地基承载力修正系数 $\eta_b=0$、$\eta_d=1.0$，按深度修正后软弱下卧层顶面处地基承载力特征值为

$$\gamma_m=\frac{153.6}{2.5+9.5}=12.8(kN/m^3)$$

$$f_a=f_{ak}+\eta_d\gamma_m(d-0.5)=75+1.0\times12.8\times(9.5+2.5-0.5)=228.6(kPa)$$

$$p_{cz}+p_c=225.6kPa<f_a=228.6kPa（满足要求）$$

沉降计算略。

第八节　砂石桩复合地基

碎石桩、砂桩和砂石桩统称砂石桩。砂石桩是由砂石（包括砾石、卵石、碎石、粗砂、中砂等）等散体材料，利用振动或冲击方式，在软弱地基中成孔后并将这些材料振动挤压入土中，形成具有一定深度和较大直径的密实散体材料桩，与天然地基一起形成人工地基。这种复合地基的主体是砂石桩。砂石桩法适合于处理松散砂土、粉土、素填土、粉质黏土等地基；对主要不以变形控制的饱和黏性土地基工程，也可采用砂石桩置换处理，具有施工简单、加固效果好、节省三材（钢材、木材、水泥）、成本低廉、无污染等特点，广泛应用于路堤、原料堆场、码头、仓库、油罐、厂房和住宅等建筑中。

碎石桩的施工方法多种多样，按其成桩过程和作用可分为四类，见表 5-5。

表 5-5　　　　　　　　　　　　碎石桩施工方法分类

分类	施工方法	成桩工艺	适用土类
挤密法	振冲挤密法	采用振冲器振动水冲成孔，再振动密实填料成桩，并挤密桩间土	砂性土、非饱和黏性土，以炉灰、炉渣、建筑垃圾为主的杂填土
	沉管法	采用沉管成孔，振动或锤击密实填料成桩，并挤密桩间土	
	干振法	采用振孔器成孔，再用振孔器振动密实填料成桩，并挤密桩间土	松散的素填土
置换法	振冲置换法	采用振冲器振动水冲成孔，再振动密实填料成桩	饱和黏性土
	钻孔锤击法	采用沉管、钻空取土方法成孔，锤击填料成桩	

续表

分类	施工方法	成 桩 工 艺	适 用 土 类
排土法	振动气冲法	采用压缩气体成孔，振动密实填料成桩	饱和黏性土
	沉管法	采用沉管成孔，振动或锤击填料成桩	
	强夯置换法	采用重锤夯击成孔和重锤夯击填料成桩	
其他方法	水泥碎石桩法	在碎石内加水泥和膨润土制成桩体	饱和黏性土
	袋装碎石桩法	将碎石装入土工聚合物袋而制成桩体，土工聚合物可约束桩体的侧向鼓胀	

砂桩常用的成桩方法有振动成桩法和冲击成桩法。振动成桩法是使用振动打桩机将桩管沉入土层中，并振动挤密砂料。冲击成桩法是使用蒸汽或柴油打桩机将桩管打入土层中，并用内管夯击密实砂填料，实际上这也就是碎石桩的沉管法。

施工时应根据沉管和挤密情况，控制填砂石量、提升速度、挤压次数和时间、电动机工作电流等，以保证挤密均匀和桩身的连续性。施工中应选用适宜的桩尖结构，保证顺利出料和有效地挤密。

一、加固机理

砂石桩在砂土和黏性土中的加固机理是有区别的。

（一）对松散砂土的加固机理

碎石桩和砂桩挤密法加固砂性土地基的主要目的是提高地基土承载力、减少变形和增强抗液化性能。

碎石桩和砂桩加固砂土地基抗液化的机理主要有以下三个方面。

1．挤密作用

对挤密砂桩和碎石桩的沉管法或干振法，由于在成桩过程中桩管对周围砂层产生很大的横向挤压力，桩管中的砂挤向桩管周围的砂层，使桩管周围的砂层孔隙比减小，密实度增大，这就是挤密作用。有效挤密范围可达 3～4 倍桩直径。

对振冲挤密法，在施工过程中由于水冲使松散砂土处于饱和状态，砂土在强烈的高频强迫振动下产生液化并重新排列致密，且在桩孔中填入的大量粗骨料后，被强大的水平振动力挤入周围土中。这种强制挤密使砂土的密实度增加，孔隙比降低，干密度和内摩擦角增大，土的物理力学性能得到改善，使地基承载力大幅度提高，一般可提高 2～5 倍。由于地基密度显著增加，密实度也相应提高，因此抗液化的性能得到改善。

2．排水减压作用

桩孔内充填碎石（卵石、砾石）和粗砂等反滤性好的粗颗粒料，在地基中形成渗透性能良好的人工竖向排水降压通道，可有效地消除和防止超孔隙水压力的升高，防止砂土产生液化，加快堤基的排水固结。

3．砂基预振效应

砂石桩在成孔及成桩时，振动锤的强烈振动，使填入料和地基土在挤密的同时获得强烈的预振，对砂土增强抗液化能力是极为有利的。

（二）对黏性土的加固机理

1．置换作用

对黏性土地基（特别是饱和软土），由于黏性土的渗透性低，在振动或挤压作用下土中水不易排出，因此砂石桩的作用不是使地基挤密，而是置换作用。

2. 排水作用

砂石桩在黏性土地基中形成一个良好的排水通道，起到排水砂井的作用，加速软弱土的排水固结。

由于砂（碎）石桩的刚度比桩周黏性土的刚度大，而地基中应力按材料变形模量进行重新分配。因此，大部分荷载将由砂（碎）石桩承担，桩土应力比对于黏性土可取 2.0～4.0，对于砂土、粉土可取 1.5～3.0。

如果软弱土层厚度不大，则桩体可贯穿整个软弱土层，直达相对硬土层，此时桩体在荷载作用下主要起应力集中的作用，从而使软土负担的压力相应减少；如果软弱土层较厚，则桩体可不贯穿整个软弱土层，此时加固的复合土层起垫层的作用，垫层将荷载扩散，使应力分布趋于均匀。

二、设计计算

砂（碎）石桩施工前应进行成桩挤密试验，桩数不少于 7～9 根。如发现质量不能满足设计要求时，应调整桩间距、填砂石量等有关参数，重新试验或修改设计。

（一）设计方案及其正确性评价

1. 设计基本依据和资料

设计基本依据和资料包括被加固区域的工程和水文地质勘察成果、被加固区域土体的土工试验结果、碎石填料的分布、物理力学性质（颗粒、级配、强度和变形指标等）以及能具备的施工条件和有关技术参数等。

2. 加固目的和标准

碎石桩加固地基的目的不同，其控制标准也不一样。当碎石桩用来提高地基的承载力和减小沉降量时，则应采用承载力作为加固控制标准；当碎石桩用来对地基进行抗震加固时，则应采用抗液化标准，使得加固后的地基在设计地震烈度下不发生"液化"破坏；当采用碎石桩对地基（斜坡）进行抗滑加固时，则应采用稳定安全系数作为控制标准。

3. 施工机具能力

施工机具的能力主要是施工设备的功率和工作参数。若采用振冲器施工，其功率、起吊能力和射水压力是多少，是否与设计匹配，这些参数将影响地基的加固深度和加固效果。目前国内有 22.5、30、50、75kW 和 100kW 的振冲器可供选用。需要说明的是，目前国外振冲碎石桩地基的最大加固深度为 25.0m，而国内的最大加固深度为 18.0m，因此，在考虑加固方案时应考虑振冲碎石桩的最大桩长。如采用振动、振动冲击沉管桩机施工，则在振动挤密砂石桩设计时，应注意设备的桩管沉入深度、桩管外径和桩管壁厚。

（二）基本设计参数的确定

1. 桩的加固范围与平面布置

加固范围应根据建筑物的重要性和场地条件及基础形式而定，通常都大于基底面积。对一般地基，在基础外缘应扩大 1～3 排桩。对可液化地基，在基础外缘扩大宽度不应小于基底下可液化土层厚度的 1/2，且不应小于 5m。

桩的平面布置形式要根据建筑物的基础形状来确定，一般采用等边三角形、正方形、矩形布置。对于砂土地基，因靠砂石桩的挤密来提高桩周土的密度，所以采用等边三角形布置更为有利。

2. 桩长

桩长主要取决于被加固土层的厚度，可根据上部建筑物对地基承载力和变形的要求及工程地质条件等确定。

对按稳定性控制的工程，加固深度应不小于最危险滑动面以下 2.0m 的深度；在可液化地基中，加固深度应按要求的抗震处理深度确定；砂石桩桩长不宜短于 4m。

3. 桩径

砂（碎）石桩的直径应根据地基土质情况和成桩设备等因素确定。采用 30kW 振冲器成桩时，碎石桩的桩径一般为 0.80～1.2m；采用沉管法成桩时，砂（碎）石桩的直径一般为 0.30～0.80m，对饱和黏性土地基宜选用较大的直径。

4. 材料

桩体材料可以就地取材，一般使用中、粗混合砂、碎石、卵石、砂砾石等，含泥量不大于 5%。碎石桩桩体材料的容许最大粒径与振冲器的外径和功率有关，一般不大于 8cm；对碎石，常用的粒径为 2～5cm。

5. 垫层

砂（碎）石桩施工完毕后，基础底面应铺设 30～50cm 厚的碎（砂）石垫层，垫层应分层铺设，用平板振动器振实。在不能保证施工机械正常行驶和操作的软弱土层上，应铺设施工用临时性垫层。

6. 桩间土的强度

被加固地基的土性不同，经碎石桩加固后，桩间土提高的强度大不相同。

对砂土地基来说，经振冲加固后，砂土的密度将大幅度提高，必须选取振冲后砂土的各项物理力学性质指标作为设计参数。

对于黏性土来说，振冲后桩间土的物理力学性质指标比较复杂。一般来说，在振冲碎石桩施工后比较短的时间内，黏土的强度将有某种程度的降低，多个工程实测结果表明，其降低幅度为 20%～30%，但 20～30d 后，一般可恢复到天然强度。当振冲间歇足够长时间后，其强度还会有一定的增长。这一现象与软黏土的物理力学性质和地基的排水固结有关，但对这一现象的认识有待进一步的研究。因此，在目前设计时，桩间土的物理力学性质指标仍以天然土指标为宜。

（三）复合地基计算

1. 桩间距计算

（1）砂性土地基。对于砂性土地基，主要是从挤密的观点出发考虑地基加固中的设计问题，首先根据工程对地基加固的要求（如提高地基承载力、减少变形或抗地震液化等），确定要求达到的密实度和孔隙比，并考虑桩位布置形式、桩径和桩间距。

考虑振密和挤密两种作用，平面布置为正三角形和正方形两种情况，如图 5-9 所示。对于正三角形布置，则一根桩所处理的范围为六边形（图 5-9 中阴影部分），加固处理后土的体积应变为

$$\varepsilon_\mathrm{v} = \frac{\Delta V}{V_0} = \frac{e_0 - e_1}{1 + e_0} \tag{5-29}$$

式中　e_0——地基天然孔隙比；

　　　e_1——处理后要求达到的孔隙比。

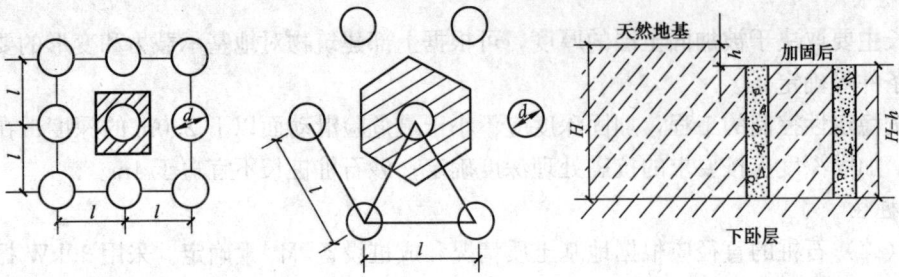

图 5-9 加密效果计算

一根桩的处理范围为

$$V_0 = \frac{\sqrt{3}}{2} l^2 H \qquad (5-30)$$

式中 l——桩间距；

$\quad H$——欲处理的天然土层厚度。

$$\Delta V = \varepsilon_v V_0 = \frac{e_0 - e_1}{1 + e_0} \frac{\sqrt{3}}{2} l^2 H \qquad (5-31)$$

ΔV 又等于砂（碎）石桩体向四周挤密作用引起土的体积减小和土体在振动作用下发生竖向振密变形引起的体积减小之和，即

$$\Delta V = \frac{\pi}{4} d^2 (H - h) + \frac{\sqrt{3}}{2} l^2 h \qquad (5-32)$$

式中 d——桩径；

$\quad h$——竖向变形量，沉陷时，取正值；隆起时，取负值；不考虑振密作用时，$h = 0$。

由式（5-31）、式（5-32）得

$$l = 0.95d \sqrt{\frac{H - h}{\dfrac{e_0 - e_1}{1 + e_0} H - h}} \qquad (5-33)$$

同理，采用正方形布桩时

$$l = 0.89d \sqrt{\frac{H - h}{\dfrac{e_0 - e_1}{1 + e_0} H - h}} \qquad (5-34)$$

《建筑地基处理技术规范》（JGJ 79—2012）对以上两个公式分别简化为

$$l = 0.95\xi d \sqrt{\frac{1 + e_0}{e_0 - e_1}} \qquad (5-35)$$

$$l = 0.89\xi d \sqrt{\frac{1 + e_0}{e_0 - e_1}} \qquad (5-36)$$

式中 ξ——修正系数，当考虑振动下沉密实作用时，可取 1.1～1.2；否则取 1.0。

地基挤密后要求达到的孔隙比 e_1 可按工程对地基承载力要求或按下式求得

$$e_1 = e_{max} - D_r (e_{max} - e_{min}) \qquad (5-37)$$

式中 e_{max}、e_{min}——砂土的最大、最小孔隙比；

D_r——地基挤密后要求达到的相对密实度，可取 $0.70\sim0.85$。

（2）黏性土地基。按等边三角形或正方形布桩，可推导出桩间距 l 的计算公式为

等边三角形布置时
$$l=1.08\sqrt{A_e} \tag{5-38}$$

正方形布置时
$$l=\sqrt{A_e} \tag{5-39}$$

$$A_e=\frac{A_p}{m} \tag{5-40}$$

式中 A_e——1 根砂石桩所承担的处理面积；

　　　A_p——砂石桩的横截面面积；

　　　m——面积置换率。

砂石桩在黏性土地基中的作用主要是置换作用和排水作用。按置换要求计算桩距时，具体步骤如下：

1）根据所提供的天然地基容许承载力、已确定的砂石桩容许承载力、要求达到的复合地基容许承载力，利用复合地基承载力公式，求出满足上述要求的置换率。

2）按砂石桩的设计直径，计算出桩的截面面积。

3）求出一根砂石桩所分担的地基处理面积，即砂石桩截面面积除以置换率。

4）确定砂石桩的平面布置情况，计算桩间距。

按地基固结要求确定桩间距时，计算方法与排水固结方法类似，只是井径和排水通道的性能不同。在作地基稳定性验算时，应使用砂石桩复合地基的抗剪强度。

砂石桩处理地基要超出基础一定宽度，这是基于基底压力向基础外扩散。另外，考虑到外围的 $2\sim3$ 排桩挤密效果较差，应加宽 $1\sim3$ 排桩，且原地基越松则应加宽越多。重要的建筑以及要求荷载较大的情况应加宽多些。

2. 复合地基承载力计算

砂石桩复合地基承载力特征值 f_{spk} 应通过现场试验确定。初步设计时，可用复合求和法估算，即

$$f_{spk}=mf_{pk}+(1-m)f_{sk} \tag{5-41}$$

式中 m——桩体面积置换率；

　　　f_{pk}——桩体承载力特征值，宜通过单桩静荷载试验来确定，kPa；

　　　f_{sk}——处理后桩间土承载力特征值，宜按当地经验取值，如无经验，可取天然地基承载力特征值，kPa。

（四）设计中需要注意的问题

在进行砂石桩复合地基设计时，除了注意上述原则外，还应视工程具体情况采取更为灵活的方法，以提高加固效果，降低工程造价：

（1）调整桩距、桩径和桩长。根据上部结构的荷载分布，可对桩距、桩径和桩长进行适当的调整。例如公路的桥涵和路堤的连接段，就可采取上述方法来解决桥头跳车问题。至于如何调整应通过计算分析确定。

（2）碎石桩和其他排水措施联合使用。在软弱地基大面积加固时，针对具体工程，可在重要建筑物基础下做碎石桩而在次要建筑物基础下采取其他排水固结措施，但这种方案需要足够的施工期以及预压加固荷载。

（3）与灌注桩或混凝土桩联合使用。有时为了提高地基的承载力，可以在碎石桩之间打

设钢筋混凝土桩，有时碎石桩还可以与真空预压法以及强夯等加固方法联合使用。

（4）可液化的砂土地基和欠压密的填土地基：

对可液化的砂土地基，常采用振冲碎石桩或挤密砂石桩法处理。采用振冲碎石桩法处理砂土地基，一方面通过振冲制桩过程对周围砂土进行振密和挤密，另一方面它也起到置换作用，形成碎石桩复合地基。振动沉管砂石桩法由于振密和挤密作用可有效地减小砂土的孔隙比，因此提高地基的承载力。碎石桩和砂石桩具有排水功能，能有效地消散由于地震或其他动力荷载引起的超静水压力，从而使液化现象大为减轻。室内和现场试验都表明，有排水桩体时，相应于某一振动加速度的抗液化临界相对密度有很大降低。此外，振冲碎石桩和振动沉管碎石桩在施工时对可液化土有预振效应。在可液化土地基内采用对桩间土没有改善的其他增强体，显然是不合适的，因为砂土液化将使地基丧失承载力。

对欠压密的填土地基，考虑到填土在自重作用下可能产生的压密变形，在采用复合地基方法处理时，应选用对填土有挤密作用的施工工艺和相应的增强体，如挤密砂石桩、柱锤冲扩桩、干振碎石桩等以提高填土的密实度，消除其在自重下的压密变形。对于欠固结饱和软黏土地基，目前还缺少在这类地基中应用复合地基技术的资料。因为这类土在自重下会发生缓慢的固结和变形，经过相当长时间以后可能会造成基础底土的脱空，并对增强体产生负摩阻力作用，一般情况下，由于这类土非常软弱，承载力很低，本身又在不断地变形，因此不宜利用其来承担荷载，除非经过预压，土的自重固结变形得以消除，强度得以提高方可利用。

【例题 5-6】 某建筑场地为黏性土，天然地基承载力特征值为 110kPa，采用振动挤密砂桩复合地基。砂桩直径初步确定为 500mm，经单桩静荷载试验，测得砂桩承载力特征值为 450kPa，要求加固后复合地基承载力达到 160kPa。若按正方形布桩，取桩间土承载力折减系数为 0.9，桩的中心距应为多少？

解 $f_{spk}=160kPa$，$f_{pk}=450kPa$，处理后桩间土承载力特征值取天然地基承载力特征值，$f_{sk}=110kPa$，由式（5-41）可求得面积置换率，即

$$m=\frac{f_{spk}-\beta f_{sk}}{f_{pk}-\beta f_{sk}}=\frac{160-0.9\times110}{450-0.9\times110}=0.173\,8$$

$$A_p=\frac{3.14\times0.5^2}{4}=0.196(m^2)$$

一根砂石桩所承担的处理面积为

$$A_e=\frac{A_p}{m}=\frac{0.196}{0.173\,8}=1.128(m^2)$$

正方形布桩，桩的中心距为

$$l=\sqrt{A_e}=\sqrt{1.128}=1.06(m)$$

思 考 题

5-1 何谓软弱土地基？

5-2 换土垫层的设计原理是什么？垫层的分类和适用范围是什么？如何选用理想的垫

层材料？如何确定砂垫层的厚度？为何厚度太薄与太厚都不合适？宽度大小有什么要求？

5-3 何谓复合地基？复合地基形成的条件是什么？其承载力如何确定？沉降量如何估算？

5-4 复合地基与桩基础有什么差别？复合地基中的桩和普通桩基础中的桩相比其受力与极限承载力的比值有何不同？

5-5 堆载预压法与真空预压法的加固机理有何区别？

5-6 堆载预压法的预压荷载往往为什么不能一次施加？要取得良好的预压效果，与什么条件有关？

5-7 试述排水砂井和挤密砂桩的作用有何不同。

5-8 强夯法适用于哪些土层？堆载预压法适用于哪些土层？

5-9 复合地基褥垫层的作用是什么？

5-10 哪些地基处理方法可用于处理湿陷性黄土？

5-11 CFG 桩复合地基和水泥土搅拌桩复合地基可用于处理哪些地基？

习　题

5-1 某软土地基厚度 10m，初始孔隙比 $e=1.0$，压缩系数 $a=0.55\text{MPa}^{-1}$，水平渗透系数 $k_h=5.8\times10^{-8}\text{cm/s}$，拟用截面为 $100\text{mm}\times4\text{mm}$ 的塑料排水带配合预压法加固地基，排水带采用正方形布置，间距 1.3m，总加载为 120kPa，加载方式如图 5-10 所示，图 5-10 中加载速率 $\dot{q}_1=\dot{q}_2=15\text{kPa/d}$，只考虑径向排水固结。试计算从开始加载第 65 天的固结度。

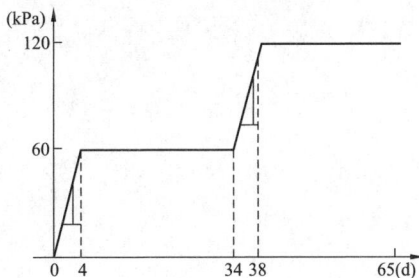

图 5-10 习题 5-1 图

5-2 某公路路基，分布有 12m 厚的软黏土层，其下为粉细砂层，采用砂井预压加固，井径 $d_w=0.5\text{m}$，井距 $s=3.0\text{m}$，正方形布置。土的固结系数 $c_v=c_h=1.25\times10^{-3}\text{cm}^2/\text{s}$。在大面积荷载作用下，按径向固结考虑，当固结度达到 85% 时所需的时间是多少天？

5-3 某松砂地基，地下水位与地面平齐，采用砂桩或振冲桩加固，砂桩直径 $d=0.6\text{m}$，该地基土的相对密度 $d_s=2.7$，重度 $\gamma=17.5\text{kN/m}^3$，最大孔隙比 $e_{max}=0.95$，最小孔隙比 $e_{min}=0.6$，要求处理后的相对密实度 $D_r=0.8$。求砂桩间距。

5-4 某中学教学楼为软土地基，天然地基承载力特征值为 80kPa，设计要求 CFG 桩复合地基承载力特征值达到 160kPa，桩径初步设定为 0.4m，单桩承载力特征值按 450kN 计算，等边三角形布桩，桩间土承载力折减系数取 0.85。试求桩距应为多少。

5-5　某建筑物基底面积 $420m^2$，地基土为淤泥质土，天然地基承载力特征值 $f_{ak}=85kPa$，基底压力设计值 $p_k=121kPa$，设计水泥搅拌桩加固方案。桩间土承载力折减系数取 $\beta=0.6$，桩端土承载力折减系数 $\alpha=0.5$，桩径 $0.54m$，桩长 $8m$，桩周土侧摩阻力特征值平均为 $8kPa$，桩身材料无侧限抗压强度平均值 $f_{cu,k}=1800kPa$，强度折减系数 $\eta=0.25$，设计要求复合地基承载力特征值 $f_{spk}=200kPa$，采用正方形布桩。试计算：单桩承载力特征值 R_a、置换率 m、应布桩数 n、桩的中心距 s。

部分习题答案与提示

第一章

1-1

由粉质黏土 $e=0.85$，$I_L=0.75$，查表 1-9，$\eta_b=0$，$\eta_d=1.0$

（1）

$$\gamma_m=\frac{18\times1+18.5\times0.2}{1.2}=18.08(\text{kN/m}^3)$$

$$f_a=130+0+1.0\times18.08\times(1.2-0.5)=142.66(\text{kPa})$$

（2）

$$\gamma_m=\frac{18\times1+18.5\times3.2}{4.2}=18.38(\text{kN/m}^3)$$

$$f_a=130+0+1.0\times18.38\times(4.2-0.5)=198.0(\text{kPa})$$

1-2

（1）初步估计基础底面尺寸

粉质黏土 $e=0.85$，$I_L=0.88$，查表 1-9，$\eta_b=0$，$\eta_d=1.0$

$$\gamma_m=\frac{18\times0.5+9\times1.3}{1.8}=11.5(\text{kN/m}^3)$$

$$f_a=220+0+1\times11.5\times(1.8-0.5)=234.95(\text{kPa})$$

按轴心荷载初步估计基地尺寸

$$A_0\geqslant\frac{F_k+N_k}{f_a-\gamma_G d}=\frac{1700+210}{234.95-(20\times0.5+10\times1.3)}=9.012(\text{m}^2)$$

考虑偏心荷载的影响，将 A_0 扩大 40% 后，$A=1.4A_0=1.4\times9.012=12.62$（$\text{m}^2$）

取 $l=2.6\text{m}$，$b=5.2\text{m}$，$A=b\times l=13.52$（m^2），荷载沿长边方向偏心。

（2）地基承载力验算

由于 $l=2.6\text{m}$，$l<3\text{m}$，地基承载力仅进行深度修正。$f_a=234.95\text{kPa}$，基础与回填土的总重量

$$G_k=（20\times0.5+10\times1.3）\times13.52=310.96（\text{kN}）$$

基底平均压力

$$p_k=\frac{F_k+N_k+G_k}{A}=\frac{1700+210+310.96}{13.52}=164.27(\text{kPa})<f_a=234.95\text{kPa}$$

荷载偏心距

$$e_k=\frac{M_k+V_k\times0.6+H_k\times1.2}{F_k+V_k+G_k}=\frac{900+210\times0.6+170\times1.2}{1700+210+310.96}$$

$$=0.554(\text{m})<b/6=0.867\text{m}$$

$p_{\text{kmin}} \geqslant 0$

基底最大压力

$$p_{\text{kmax}} = p_{\text{k}}\left(1 + \frac{6e_{\text{k}}}{b}\right) = 164.27 \times \left(1 + \frac{6 \times 0.554}{5.2}\right) = 269.3 < 1.2f_{\text{a}}$$

$$= 1.2 \times 234.95 = 281.9(\text{kPa})$$

地基承载力满足要求。最后确定基础底面尺寸 $l \times b = 2.6\text{m} \times 5.2\text{m}$。

1-3

查表 1-9，$\eta_{\text{d}} = 1.0$

$$f_{\text{a}} = 170 + 0 + 1.0 \times 18.08 \times (1.2 - 0.5) = 182.6(\text{kPa})$$

$$b \geqslant \frac{180}{182.6 - 20 \times 1.2} = 1.13(\text{m})$$

应符合砖的模数，取 $b = 1.2\text{m}$

$$n = \frac{120 - 240}{2 \times 60} = 8$$

基底下做 C10 混凝土垫层。

1-4

总柱荷载 $1000 + 1500 = 2500$（kN），设其作用点距边柱中点 O 的距离为 x，以 O 点为矩点列出平衡方程 $2500x = 1500 \times 5$，求得 $x = 3\text{m}$。为使基底反力均匀分布，要求柱荷载合力通过基础形心，基础长度应为 $l = 2 \times (0.15 + 3) = 6.3$（m）。

粉质黏土 $e = 0.72$，$I_{\text{L}} = 0.22$，$\eta_{\text{b}} = 0.3$，$\eta_{\text{d}} = 1.6$

$$\gamma_{\text{m}} = \frac{16 \times 0.8 + 18.5 \times 0.7}{1.5} = 17.2(\text{kN/m}^3)$$

$$f_{\text{a}} = 163 + 1.6 \times 17.2 \times (1.5 - 0.5) = 190.52(\text{kPa})$$

$$b \geqslant \frac{2500}{6.3 \times (190.52 - 20 \times 1.5)} = 2.47(\text{m})$$

取基础宽度 2.5m，长度 6.3m。

第二章

2-1

$$e_{\text{n0}} = \frac{160 + 35 \times 1.5}{1200} = 0.177(\text{m})$$

$$p_{\text{jmax}} = \frac{1200}{2.0 \times 2.6}\left(1 + \frac{6 \times 0.177}{2.6}\right) = 325.07(\text{kPa})$$

$a_1 = (2.6 - 1.0)/2 = 0.8$（m），$a_{\text{t}} = 0.8\text{m}$，$b = 2.6\text{m}$，$l = 2.0\text{m}$，$f_{\text{t}} = 1.1\text{N/mm}^2$

$$K = 0.70 \times 1 \times 1.1 \times 10^3 / 325.07 = 2.369$$

$$h_0 = \frac{0.8}{2} \times \left[\sqrt{1 + \frac{4 \times 0.8 \times 2.0 - (2.0 - 0.8)^2}{(1 + 2.369) \times 0.8^2}} - 1\right] = 0.325(\text{m})$$

2-2

锥形截面，初定基础高度 $h = 500\text{mm}$，有效高度 $h_0 = 450\text{mm}$（有垫层），选用 C20 混凝

土，$f_t = 1.1\text{N/mm}^2$，采用 HPB300 钢筋，$f_y = 270\text{N/mm}^2$。

$F = 1.35 \times 600 = 810\text{kN}$，$e_{n0} = (160 + 35 \times 1.5)/600 = 0.354\text{m}$，$b = 2.6\text{m}$，$l = 2.0\text{m}$，基底面积 $A = 2.6 \times 2.0 = 5.2\text{m}^2$。基础边缘处的最大和最小净反力为

$$p_{jmax, min} = \frac{810}{5.2}\left(1 \pm \frac{6 \times 0.354}{2.6}\right), \quad p_{jmax} = 283.02\text{kPa}, \quad p_{jmin} = 28.52\text{kPa}$$

（1）基础高度验算

对柱边，$h_0 = 0.45\text{m}$，$a_t = 0.6\text{m}$，$a_b = 0.6 + 2 \times 0.45 = 1.5$（m）$< l = 2.0\text{m}$

冲切破坏锥体最不利一侧的计算长度，$a_m = (0.6 + 1.5)/2 = 1.05$（m），$a_1 = (2.6 - 0.8)/2 = 0.9$（m）

$$A_l = (0.9 - 0.45) \times 2.0 - \frac{1}{4} \times (2.0 - 1.5)^2 = 0.84(\text{m}^2)$$

偏心受压，取 $p_j = p_{jmax} = 283.02\text{kPa}$，$F_l = 283.02 \times 0.84 = 237.74$（kN），由于 $h = 0.5\text{m} < 0.8\text{m}$，$\beta_{hp} = 1.0$，故

$0.7\beta_{hp}f_t a_m h_0 = 0.7 \times 1.0 \times 1.1 \times 10^3 \times 1.05 \times 0.45 = 363.83(\text{kN}) > F_l = 237.74\text{kN}$

满足要求。

（2）配筋计算

$$\frac{G}{A} = \frac{1.35G_k}{A} = 1.35 \times 20 \times 1.5 = 40.5(\text{kN/m}^2)$$

$$p_{max} = p_{jmax} + \frac{G}{A} = 323.52(\text{kPa})$$

$$p_{min} = p_{jmin} + \frac{G}{A} = 69.02(\text{kPa})$$

对柱边，$a_1 = 0.9\text{m}$，$a' = 0.6\text{m}$，$b' = 0.8\text{m}$，地基反力设计值为

$$p = p_{min} + \frac{b - a_1}{b}(p_{max} - p_{min}) = 69.02 + \frac{2.6 - 0.9}{2.6} \times (323.52 - 69.02) = 235.42(\text{kPa})$$

求得 $M_{\text{I}} = 160.3\text{kN} \cdot \text{m}$，$M_{\text{II}} = 76.37\text{kN} \cdot \text{m}$，$A_{sI} = 1465\text{mm}^2$，$A_{sI} = 697.6\text{mm}^2$，基础沿长边方向配 13 ϕ 14，实际配 $A_s = 2001\text{mm}^2$；基础沿短边方向配 8 ϕ 12，实际配 $A_s = 904\text{mm}^2$。

2-3

（1）确定条形基础宽度

$$b \geqslant \frac{163}{180 - 20 \times 0.8} = 0.994(\text{m})$$

取 $b = 2.4\text{m}$。

（2）确定基础底板高度。按设计经验，一般条形基础底板厚度取基础宽度的 1/8，取 $h = b/8 = 0.3$（m），相应于作用的基本组合时上部结构传至基础顶面处的竖向荷载设计值 $F = 1.35 \times 163 = 220.05$（kN）。地基净反力

$$p_j = \frac{F}{b} = \frac{220.05}{2.4} = 91.69(\text{kPa})$$

混凝土墙体厚 370mm，计算截面取为墙边，$a_1 = (2.4 - 0.37)/2 = 1.015$（m），截面剪力设计值

$V = p_j a_1 = 91.69 \times 1.015 = 93.07(\text{kPa})$

C20 混凝土 $f_t = 1.1 \text{N/mm}^2$，基础有效高度至少为

$$h_0 = \frac{V}{0.7\beta_h f_t} = \frac{93.07}{0.7 \times 1.0 \times 1.1} = 121(\text{mm})$$

实际基础有效高度 $h_0 = 300 - 40 - 20/2 = 250$ （mm）$> 121\text{mm}$（有垫层，按 $\phi 20$ 钢筋计算），满足要求。

(3) 基础底面配筋计算

$$M = \frac{1}{6}a_1^2(2p_{j\max} + p_j) = \frac{1}{6} \times 1.015^2 \times (3 \times 91.69) = 47.23(\text{kN} \cdot \text{m})$$

HPB235 钢筋，$f_y = 270\text{N/mm}^2$，求得 $A_s = 777.5\text{mm}^2$，配筋 $\phi 14@190$，实际配 $A_s = 816\text{mm}^2$，分布筋选用 $\phi 8@250$。

2-4

在对称荷载作用下，基底反力均匀分布，单位梁长地基净反力

$$q_j = \frac{\sum F}{L} = \frac{1200 \times 2 + 1800 \times 4}{34} = 282(\text{kN/m})$$

基础梁可看作在均布荷载 q_j 作用下以柱为支座的 5 跨连续梁，用倒梁法计算内力（见图 1）。为计算方便，将图 1（a）分解为图 1（b）和图（c）两部分。图 1（b）用力矩分配法计算，截面 A 处的固端弯矩为

$$M_A^G = \frac{1}{2}q_j l^2 = \frac{1}{2} \times 282 \times 2.0^2 = 564(\text{kN} \cdot \text{m})$$

在图 1（c）中荷载作用下，利用 5 跨等跨连续梁的相应弯矩系数，求得相关界面弯矩如下：

支座 B（和 B'）

$$M_B = m_B q_j l^2 = -0.105 \times 282 \times 6^2 = -1066(\text{kN} \cdot \text{m})$$

$$M_C = m_C q_j l^2 = 0.079 \times 282 \times 6^2 = 802(\text{kN} \cdot \text{m})$$

将图 1（b）和图 1（c）的弯矩叠加，即为按倒梁法计算的 JL2 梁的弯矩，如图 1（d）所示。

梁的剪力计算

$$Q_{A左} = 282 \times 2.0 = 564 \ (\text{kN})$$

$$Q_{A右} = \frac{q_j l}{2} - \frac{M_B - M_A}{l} = \frac{282 \times 6}{2} - \frac{905.3 - 564}{6} = 789(\text{kN})$$

$$Q_{B左} = \frac{q_j l}{2} + \frac{M_B - M_A}{l} = 846 + \frac{905.3 - 564}{6} = 902(\text{kN})$$

$$Q_{B右} = 846 - \frac{842 - 905.3}{6} = 856.55(\text{kN})$$

$$Q_{C左} = 846 + \frac{842 - 905.3}{6} = 835.5(\text{kN})$$

$$Q_{C右} = 654\text{kN}$$

剪力图如图 1（e）所示。由于支座反力与柱荷载误差均在 5% 范围内，故不再做调整。

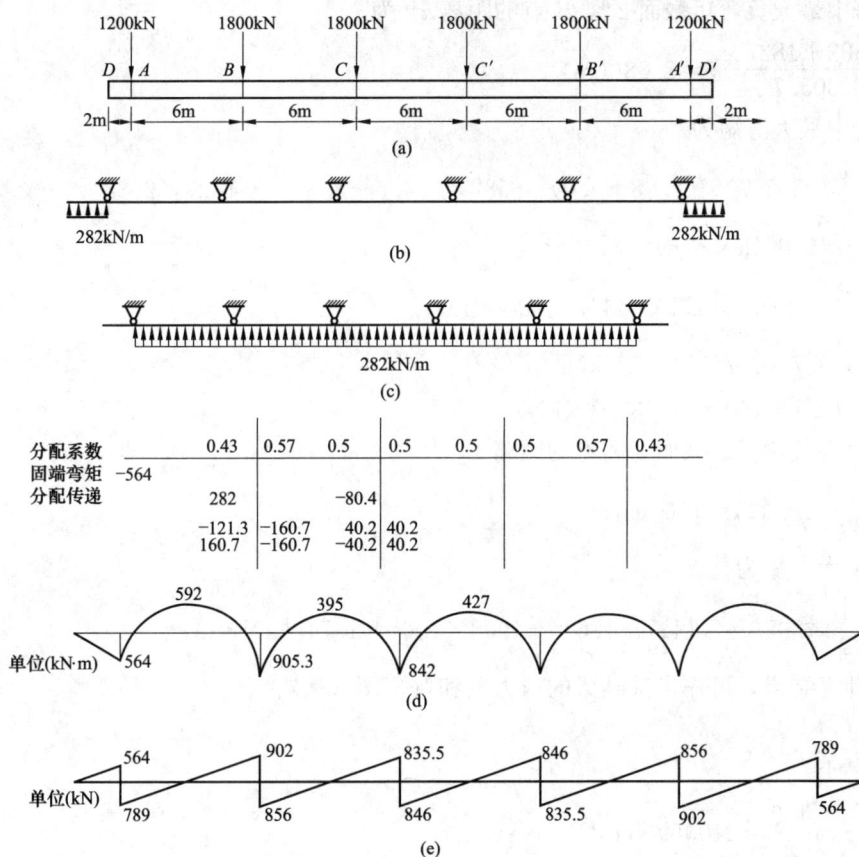

图 1　习题 2-4 计算图

2-5

基底净反力 $p_j = 305.7 \text{kN/m}$

$$M_A = \frac{1}{2} \times 305.7 \times 0.5^2 = 38.2 \ (\text{kN} \cdot \text{m})$$

$$V_A^{左} = 305.7 \times 0.5 = 152.8 \ (\text{kN})$$

$$V_A^{右} = 152.8 - 582 = -429.2 \ (\text{kN})$$

AB 跨内最大负弯矩的截面 1 距 A 点的距离 x_1 为

$$x_1 = \frac{58.2}{305.7} - 0.5 = 1.4 \ (\text{m})$$

AB 跨内最大弯矩为

$$M_1 = \frac{1}{2} \times 305.7 \times (0.5 + 1.4)^2 - 582 \times 1.4 = -263 \ (\text{kN} \cdot \text{m})$$

支座 B 处

$$M_B = \frac{1}{2} \times 305.7 \times (0.5 + 1.4)^2 - 582 \times 4.5 = 1\,202.3 \ (\text{kN} \cdot \text{m})$$

$$V_B^{左} = 305.7 \times (0.5 + 4.5) - 582 = 946.5 \ (\text{kN})$$

$$V_B^{右} = 946.5 - 1827 = -880.5 \ (\text{kN})$$

BC 跨中最大负弯矩截面 2 离 B 点的距离 x_2 为

$$x_2 = \frac{582 + 1827}{305.7} - 5 = 2.88 \text{（m）}$$

BC 跨中最大弯矩为

$$M_2 = \frac{1}{2} \times 305.7 \times (2.88 + 5.0)^2 - 582 \times (4.5 + 2.88) - 1827 \times 2.88$$

$$= -65.8 \text{（kN · m）}$$

$$M_D = \frac{1}{2} \times 305.7 \times 1.7^2 = 441.7 \text{（kN · m）}$$

$$V_D^{左} = 305.7 \times 1.7 = 519.7 \text{（kN）}$$

$$V_D^{右} = 519.7 - 1008 = -488.3 \text{（kN）}$$

跨内最大负弯矩的截面 3 离点的距离 x_3 为

$$x_3 = \frac{1008}{305.7} - 1.7 = 1.6 \text{（m）}$$

跨中最大弯矩为

$$M_3 = \frac{1}{2} \times 305.7 \times (1.7 + 1.6)^2 - 1008 \times 1.6 = 51.74 \text{（kN · m）}$$

根据计算结果，可作出基础梁的剪力图和弯矩图（从略）。

2-6

粉质黏土

$$k = \frac{E_s}{H} = \frac{4.2}{2} = 2100 (\text{kN/m}^3)$$

黏土

$$k = \frac{E_s}{H} = \frac{18.4}{12} = 1533 (\text{kN/m}^3)$$

2-7

基床系数为 $k = 4199 \text{kN/m}^3$，柔度指数为

$$\lambda = \sqrt[4]{\frac{kb}{4EI}} = \sqrt[4]{\frac{4199 \times 2}{4 \times 2 \times 10^6}} = 0.18 (\text{m}^{-1})$$

$\lambda l = 0.18 \times 10 = 1.8$，由于 $\pi/4 < \lambda l < \pi$，该梁属有限长梁。计算无限长梁在集中力作用下基础右端 B 处的弯矩 M_B 和剪力 V_B，计算结果列于表 1 中。由于对称性，故 $M_A = M_B = 374.3 \text{kN · m}$，$V_A = -V_B = -719.1 \text{kN}$。

表 1 　　　　　　　　　　　弯矩和剪力计算结果

外荷载	x (m)	λ_x	A_x	C_x	D_x	M_B(kN · m)	V_B(kN)	M_A(kN · m)	V_A(kN)
$F=1000$kN	5	0.9	—	−0.065 74	0.252 73	−91.3	−126.4	−91.3	126.4
$M=100$kN · m	5	0.9	0.571 2	—	0.252 73	12.6	−5.14	−12.6	−5.14
			总计			78.7	−131.5	−103.9	121.3

计算梁端边界条件力 M_A、F_A 和 F_B、M_B

由 $\lambda l = 1.8$ 查表 2-2 得：$A_l = -0.123\,42$，$C_l = -0.198\,53$，$D_l = -0.037\,65$，$E_l =$

4.618 34，$F_l=-1.528\ 65$。

$$F_A=(E_l+F_lD_l)V_A+\lambda(E_l-F_lA_l)M_A-(F_l+E_lD_l)V_B+\lambda(F_l-E_lA_l)M_B$$

$$M_A=-(E_l+F_lC_l)\frac{V_A}{2\lambda}-(E_l-F_lD_l)M_A+(F_l+E_lC_l)\frac{V_B}{2\lambda}-(F_l-E_lD_l)M_B$$

$$F_B=(F_l+E_lD_l)V_A+\lambda(F_l-E_lA_l)M_A-(E_l+F_lD_l)V_B+\lambda(E_l-F_lA_l)M_B$$

$$M_B=(F_l+E_lC_l)\frac{V_A}{2\lambda}+(F_l-E_lD_l)M_A-(E_l+F_lC_l)\frac{V_B}{2\lambda}+(E_l-F_lD_l)M_B$$

求得 $F_A=-223.7\text{kN}$，$M_A=-184\text{kN}\cdot\text{m}$，$F_B=515.7\text{kN}$，$M_B=1473.5\text{kN}$

计算外荷载与梁端边界条件力同时作用于无限长梁时，基础中点 C 的弯矩 M_C、挠度 w_C 和基底净反力 p_C，计算结果列于表 2 中。

表 2　　　　　　　　　　　　　　　　　　计算结果

外荷载	x (m)	λ_x	A_x	B_x	C_x	D_x	M_C(kN·m)	w_C(mm)
$F=1000\text{kN}$	0	0	1	—	1	1	1389	10.7
$M=100\text{kN}\cdot\text{m}$	0	0	1	0	—	1	50	0
$F_A=223.7\text{kN}$	5	0.9	0.571 2	—	−0.065 74	0.252 73	−20.4	1.4
$M_A=184\text{kN}\cdot\text{m}$	5	0.9	0.571 2	0.318 48	—	0.252 73	23.2	−0.2
$F_B=515.7\text{kN}$	5	0.9	0.571 2	—	−0.065 74	0.252 73	−47.1	3.2
$M_B=1473.5\text{kN}\cdot\text{m}$	5	0.9	0.571 2	0.318 48	—	0.252 73	−189.6	−1.8
总计							1205.1	13.3

因而，$p_C=4199\times0.0133=55.8$（kPa）。

2-8

(1) 验算柱下基础梁顶面的局部受压承载力：

根据《混凝土结构设计规范》(GB 50010) 中局部受压面积与计算底面积同心、对称的原则，以半径为 $\left(\dfrac{b}{\sqrt{2}}+a\right)$ 的圆面积作为局部受压计算面积，其中 a 为柱角至基础梁八字角之间的距离，本题 $a=100\text{mm}$。局部受压面积为

$$A_l=1450\times1450=2.1\times10^6\ (\text{mm}^2)$$

局部受压计算面积为

$$A_h=(1450\times\sqrt{2}+200)^2=5.06\times10^6\ (\text{mm}^2)$$

混凝土局部受压时的强度提高系数为

$$\beta_l=\sqrt{\frac{A_h}{A_l}}=\sqrt{\frac{5.06\times10^6}{2.1\times10^6}}=1.55$$

C35 混凝土轴心抗压强度设计值为 16.7MPa，则素混凝土轴心抗压强度设计值为

$$f_{cc}=0.85f_c=0.85\times16.7=14.2(\text{MPa})$$

受压面上局部压力设计值为 $F_l=F=40\ 000\text{kN}$，基础顶面局部受压承载力为

$$\omega\beta_lf_{cc}A_l=1.0\times1.55\times14.2\times2.1\times10^6=46\ 220(\text{kN})>F_l$$

筏基基础梁满足局部受压承载力要求。

(2) 基础底板受冲切承载力验算：

假定基础底板厚度小于 0.8m，基础梁宽为 0.45m，布置双排钢筋，上下保护层总计 70mm。计算板格的短边和长边净长度 $l_{n1}=6.0-0.45=5.55$（m），$l_{n2}=7.5-0.45=7.05$（m），受冲切承载力截面高度影响系数 $\beta_{hp}=1.0$，C35 混凝土轴心抗拉强度设计值 $f_t=1570$kPa，荷载基本组合的地基净反力为 $450\times1.35=607.5$（kPa）。

$$h_0=\frac{1}{4}\times\left[(l_{n1}+l_{n2})-\sqrt{(l_{n1}+l_{n2})^2-\frac{4p_nl_{n1}l_{n2}}{p_n+0.7\beta_{hp}f_t}}\right]$$

$$=\frac{1}{4}\times\left[(5.55+7.05)-\sqrt{(5.55+7.05)^2-\frac{4\times607.5\times5.55\times7.05}{607.5+0.7\times1.0\times1570}}\right]=0.61(\text{m})$$

取基础底板厚度为 $700>610+70=680$，满足受冲切承载力要求。

（3）验算距基础梁边缘 $h_0=0.63$m 处底板斜截面受剪承载力

$$V_s=p\left(l_{n2}-\frac{l_{n1}}{2}-h_0\right)\left(\frac{l_{n1}}{2}-h_0\right)=607.5\times\left(7.05-\frac{5.55}{2}-0.63\right)\times\left(\frac{5.55}{2}-0.63\right)$$

$$=4719.7(\text{kN})$$

受剪切时截面高度影响系数 $\beta_{hs}=1.0$。

$0.7\beta_{hs}f_t(l_{n2}-2h_0)h_0=0.7\times1.0\times1570\times(7.05-2\times0.63)\times0.63=4009(\text{kN})<V_s$

不满足，重新假定基础底板厚度重复以上步骤，直至满足。

2-9

（1）验算柱下受冲切筏板厚度：

与弯矩作用方向一致的冲切临界截面的边长 $c_1=h_c+h_0=1.65+1.75=3.4$（m）

垂直于 c_1 的冲切临界截面的边长 $c_2=b_c+h_0=0.6+1.75=2.35$（m）

冲切临界截面周长 $u_m=2\times(c_1+c_2)=2\times(3.4+2.35)=11.5$（m）

冲切临界截面对其形心的极惯性矩

$$I_s=\frac{1}{6}c_1h_0^3+\frac{1}{6}c_1^3h_0+\frac{1}{2}c_2h_0c_1^2$$

$$=\frac{3.4\times1.75^3}{6}+\frac{3.4^3\times1.75}{6}+\frac{2.35\times1.75\times3.4^2}{2}=38.27(\text{m}^4)$$

$$c_{AB}=\frac{c_1}{2}=\frac{3.4}{2}=1.7(\text{m})$$

相应于荷载效应基本组合时的集中力设计值

$$F_l=1.35\times[N_k-p_k(h_c+2h_0)(b_c+2h_0)]$$

$$=1.35\times[16\,000-242\times(1.65+2\times1.75)\times(0.6+2\times1.75)]=14702(\text{kN})$$

作用在冲切临界截面重心上的不平衡弯矩设计值

$M_{unb}=1.35\times200=270$（kN·m）

平衡弯矩通过冲切临界截面上的偏心剪力来传递的分配系数

$$\alpha_s=1-\frac{1}{1+\frac{2}{3}\sqrt{c_1/c_2}}=1-\frac{1}{1+\frac{2}{3}\sqrt{3.4/2.35}}=0.445$$

冲切临界截面的最大剪应力

$$\tau_{max} = F_l/(u_m h_0) + \alpha_s M_{unb} c_{AB}/I_s$$

$$= \frac{14\,702}{11.5 \times 1.75} + \frac{0.445 \times 270 \times 1.7}{38.27} = 735.9 \text{ (kPa)}$$

柱截面长边与短边的比值 $\beta_s = h_c/b_c = 1.65/0.6 = 2.75$

受冲切承载力截面高度影响系数为

$$\beta_{hp} = 1.0 - \frac{h - 0.8}{1.2} \times 0.1 = 1.0 - \frac{1.8 - 0.8}{1.2} \times 0.1 = 0.917$$

$$\tau_c = 0.7 \times (0.4 + 1.2/\beta_s)\beta_{hp} f_t$$

$$= 0.7 \times (0.4 + \frac{1.2}{2.75}) \times 0.917 \times 1430 = 767.7 (\text{kPa}) > \tau_{max}$$

（2）计算筏板变厚度处的冲切临界截面上的最大剪应力：

由于柱根弯矩值很小，当忽略其影响时，由《建筑地基基础设计规范》（GB 50007—2011）第8.4.7条的规定可得

$$h_0 = 1.15\text{m}, \quad b = 4\text{m}, \quad l = 2.4\text{m}$$

$$u_m = 2 \times (b + h_0 + l + h_0) = 2 \times (4 + 1.15 + 2.4 + 1.15) = 17.4 (\text{m})$$

$$F_l = 1.35 \times [N_k - p_k(h_c + 2h_0)(b_c + 2h_0)]$$

$$= 1.35 \times [16\,000 - 242 \times (2.4 + 2 \times 1.15) \times (4.0 + 2 \times 1.15)] = 11\,926 (\text{kN})$$

$$\tau_{max} = F_l/(u_m h_0) = \frac{11\,926}{17.4 \times 1.15} = 596 (\text{kPa})$$

（3）验算筏板变厚度处的受剪承载力：

地基净反力平均值产生的单位宽度的剪力设计值 V_s 为

$$V_s = 1.35 \times 242 \times \left(\frac{9.45 - 4}{2} - 1.15\right) = 514.5 (\text{kN/m})$$

$$\beta_{hs} = \left(\frac{800}{h_0}\right)^{1/4} = \left(\frac{800}{1150}\right)^{1/4} = 0.913$$

$0.7\beta_{hs} f_t b_w h_0 = 0.7 \times 0.913 \times 1430 \times 1.0 \times 1.15 = 1050$ （kN/m） $> V_s = 517.5\text{kN/m}$

筏板变厚度处的受剪承载力满足要求。

2-10

根据《建筑地基基础设计规范》（GB 50007—2011）中附录P，冲切临界截面可计算至垂直于自由边的板端。

（1）验算柱下受冲切筏板厚度：

与弯矩作用方向一致的冲切临界截面的边长

$$c_1 = h_c + h_0/2 + d = 0.75 + 1.95/2 + 0.25 = 1.975 (\text{m})$$

垂直于 c_1 的冲切临界截面的边长

$$c_2 = b_c + h_0 = 0.75 + 1.95 = 2.7 (\text{m})$$

冲切临界截面周长

$u_m = 2c_1 + c_2 = 2 \times 1.975 + 2.7 = 6.65(m)$

相应于荷载效应基本组合时的集中力设计值

$F_l = 1.35 \times [N_k - p_k(h_c + h_0)(b_c + 2h_0)]$

$\quad = 1.35 \times [6500 - 242 \times (0.75 + 1.95) \times (0.75 + 2 \times 1.95)] = 4673.3(kN)$

冲切临界截面的最大剪应力

$$\tau_{max} = F_l/(u_m h_0) = \frac{4673.3}{6.65 \times 1.95} = 360.3(kPa)$$

柱截面边长相等，$\beta_s = 1$，按规定取 $\beta_s = 2$，受冲切承载力截面高度影响系数 β_{hp} 为

$$\beta_{hp} = 1.0 - \frac{h - 0.8}{1.2} \times 0.1 = 1.0 - \frac{2.0 - 0.8}{1.2} \times 0.1 = 0.9$$

$\tau_c = 0.7 \times (0.4 + 1.2/\beta_s)\beta_{hp}f_t$

$$\quad = 0.7 \times (0.4 + \frac{1.2}{2}) \times 0.9 \times 1430 = 900.9(kPa) > \tau_{max}$$

（2）计算筏板变厚度处的冲切临界截面上的最大剪应力。

与弯矩作用方向一致的冲切临界截面的边长

$c_1 = h_c + h_0/2 = 3 + 1.15/2 = 3.575(m)$

垂直于 c_1 的冲切临界截面的边长

$c_2 = b_c + h_0 = 3.5 + 1.15 = 4.65(m)$

冲切临界截面周长

$u_m = 2c_1 + c_2 = 2 \times 3.575 + 4.65 = 11.8(m)$

相应于荷载效应基本组合时的集中力设计值

$F_l = 1.35 \times [N_k - p_k(h_c + h_0)(b_c + 2h_0)]$

$\quad = 1.35 \times [6500 - 242 \times (3 + 1.15) \times (3.5 + 2 \times 1.15)] = 911.3(kN)$

冲切临界截面的最大剪应力

$$\tau_{max} = F_l/(u_m h_0) = \frac{911.3}{11.8 \times 1.15} = 67.2(kPa)$$

柱截面长边与短边的比值 $\beta_s = h_c/b_c = 3.5/3 = 1.17 < 2$，按规定取 $\beta_s = 2$，受冲切承载力截面高度影响系数为

$$\beta_{hp} = 1.0 - \frac{h - 0.8}{1.2} \times 0.1 = 1.0 - \frac{1.2 - 0.8}{1.2} \times 0.1 = 0.967$$

$\tau_c = 0.7 \times (0.4 + 1.2/\beta_s)\beta_{hp}f_t$

$$\quad = 0.7 \times (0.4 + \frac{1.2}{2}) \times 0.967 \times 1430 = 968.0(kPa) > \tau_{max}$$

（3）验算筏板变厚度处的受剪承载力：

地基净反力平均值产生的单位宽度的剪力设计值

$V_s = 1.35 \times 242 \times (4.725 - 2 - 0.35) = 776(kN/m)$

$$\beta_{hs} = \left(\frac{800}{h_0}\right)^{1/4} = \left(\frac{800}{1150}\right)^{1/4} = 0.913$$

$0.7\beta_{hs}f_t b_w h_0 = 0.7 \times 0.913 \times 1430 \times 1.0 \times 1.15 = 1050(kN/m) > V_s = 517.5kN/m$

筏板变厚度处的受剪承载力满足要求。

第三章

3 - 1

粉质黏土层

$$I_L = \frac{\omega - \omega_p}{\omega_L - \omega_p} = \frac{30.6\% - 18\%}{35\% - 18\%} = 0.741$$

查表 3 - 6，粉质黏土层：$q_{s1k} = 55 \sim 70$ kPa，取 $q_{s1k} = 55$ kPa；粉土层：$q_{s2k} = 46 \sim$ 66kPa，取 $q_{s2k} = 56$ kPa；中砂层：$q_{s3k} = 54 \sim 74$ kPa，取 $q_{s3k} = 60$ kPa。桩的入土深度 $= 9 - 1 = 8$ m，查表 3 - 7 得桩的极限端阻力标准值 $q_{pk} = 4000 \sim 6000$ kPa，取 $q_{pk} = 5000$ kPa。单桩竖向极限承载力标准值为

$$Q_{uk} = Q_{sk} + Q_{pk} = u \sum q_{sik} l_i + q_{pk} A_p$$
$$= 4 \times 0.3 \times (55 \times 1 + 56 \times 2 + 60 \times 5) + 0.3 \times 0.3 \times 5000 = 1010.4 \text{ (kN)}$$

该预制桩的竖向承载力特征值为

$$R_a = \frac{1}{K} Q_{uk} = \frac{1010.4}{2} = 505.2 \text{ (kN)}$$

3 - 2

由题 3 - 1 可知，单桩竖向承载力特征值为 505.2kN，基桩所对应的承台底净面积为

$$A_c = \frac{A - n A_{ps}}{n} = \frac{2.2 \times 2.2 - 9 \times 0.3 \times 0.3}{9} = 0.448 \text{ (m}^2)$$

承台宽度 2.2m，其 5 倍宽度深度等于 11m，大于 5m，取承台底 5m 范围内土的承载力特征值 $f_{ak} = 100$ kPa。桩的等效直径为

$$d = \frac{2a}{\sqrt{\pi}} = \frac{2 \times 0.3}{\sqrt{3.14}} = 0.339 \text{ (m)}$$

$\dfrac{S_a}{d} = 3$，$\dfrac{B_c}{l} = \dfrac{2.2}{9} = 0.244$，查表 3 - 17 取，$\eta_c = 0.07$，考虑承台效应后基桩承载力特征值为

$$R = R_a + \eta_c f_{ak} A_c = 505.2 + 0.01 \times 100 \times 0.448 = 505.65 \text{ (kN)}$$

3 - 3

由题 3 - 1、3 - 2 可知，单桩竖向承载力特征值为：粉质黏土层 $q_{s1k} = 55 \sim 70$ kPa，取 $q_{s1k} = 55$ kPa；粉土层 $q_{s2k} = 46 \sim 66$ kPa，取 $q_{s2k} = 56$ kPa；中砂层 $q_{s3k} = 54 \sim 74$ kPa，取 $q_{s3k} = 60$ kPa。若群桩呈非整体破坏，则

$$T_{uk} = \sum \lambda_i q_{sik} u_i l_i = (0.75 \times 55 \times 1 + 0.70 \times 56 \times 2 + 0.60 \times 60 \times 5) \times 4 \times 0.3$$
$$= 359.6 \text{(kN)}$$

若群桩呈整体破坏

$$T_{gk} = \frac{1}{n} u_1 \sum \lambda_i q_{sik} l_i = \frac{1}{9} \times (0.75 \times 55 \times 1 + 0.70 \times 56 \times 2 + 0.60 \times 60 \times 5) \times 1.9 \times 1.9$$
$$= 120.2 \text{(kN)}$$

3-4

（1）基桩竖向承载力特征值：

单桩竖向极限承载力标准值

$$Q_{uk}=Q_{sk}+Q_{pk}=u\sum q_{sik}l_i+q_{pk}A_p$$
$$=4\times0.3\times(56\times2+40\times4.5+66.6\times1.5)+0.3\times0.3\times5066=926.22\ (kN)$$

该预制桩的竖向承载力特征值

$$R_a=\frac{1}{K}Q_{uk}=\frac{926.22}{2}=463.11\ (kN)$$

（2）确定桩数及布桩：

初选桩数 $n\geqslant\frac{F_k}{R_a}=\frac{2035}{463.11}=4.4$

暂取 6 根，桩距 $s_a=3d=3\times0.30=0.9$（m），按矩形布置如图 3-44 所示。

（3）初选承台尺寸：

取承台长边和短边分别为：$L_c=2\times(0.30+0.9)=2.4$（m），$B_c=2\times0.3+0.9=1.5$（m）。承台埋深 1.7m，承台高 0.8m，桩顶伸入承台 50mm，钢筋保护层取 50mm。承台有效高度为 $h_0=0.8-0.06-0.05=0.7$（m）。

（4）桩基竖向和水平承载力验算：

取承台及其上土的平均重度 $\gamma_G=20kN/m^3$，基桩的平均竖向力和桩顶最大竖向力分别如下

$$N_k=\frac{F_k+G_k}{n}=\frac{2035+20\times2.4\times1.5\times1.7}{6}=359.6(kN)<R=463.1kN$$

$$N_{kmax}=\frac{F_k+G_k}{n}+\frac{(M_k+H_kh)x_{max}}{\sum x_j^2}=359.6+\frac{(330+55\times0.8)\times0.9}{4\times0.9^2}$$
$$=359.6+103.9=463.5(kN)<1.2R=555.72kN$$

基桩顶部的水平力

$$H_{1k}=H_k/n=55/6=9.2\ (kN)<R_h=45kN$$

符合要求。

（5）荷载效应基本组合值和基桩净反力设计值：

假设该桩基荷载效应基本组合值为永久荷载效应控制，$F=1.35F_k=2747.3kN$，$M=1.35M_k=445.5kN\cdot m$，$H=1.35H_k=74.25kN$。基桩最大净反力设计值和平均值分别为

$$N_{max}=\frac{F}{n}+\frac{(M+Hh)x_{max}}{\sum x_j^2}=\frac{2747.3}{6}+\frac{(445.5+74.25\times0.8)\times0.9}{4\times0.9^2}$$
$$=457.9+140.25=598.15(kN)$$

$$N=F/n=457.9kN$$

（6）承台受冲切承载力验算：

1）柱边冲切，冲跨比 λ 与冲切系数 α 分别为

$$\lambda_{0x}=a_{0x}/h_0=0.45/0.7=0.643$$

$$\lambda_{0y}=a_{0y}/h_0=0.075/0.7=0.107<0.25，取\lambda_{0y}=0.25$$

$$\beta_{0x}=\frac{0.84}{\lambda_{0x}+0.2}=\frac{0.84}{0.643+0.2}=0.996$$

$$\beta_{0y}=\frac{0.84}{\lambda_{0y}+0.2}=\frac{0.84}{0.25+0.2}=1.867$$

由于承台高度 $h=800\text{mm}$，$\beta_{hp}=1$，故

$F_l=2747.3-0=2\,747.3$（kN）

$2[\beta_{0x}(b_c+a_{0y})+\beta_{0y}(h_c+a_{0x})]\beta_{hp}f_th_0=2[0.996\times(0.45+0.075)+1.867$
$\times(0.600+0.45)]\times1\times1100\times0.7$
$=3\,824.2$（kN）$>F_l=2\,747.3\text{kN}$，可以。

2）角桩向上冲切。$c_1=c_2=0.45\text{m}$，$a_{1x}=a_{0x}$，$\lambda_{1x}=\lambda_{0x}$，$a_{1y}=a_{0y}$，$\lambda_{1y}=\lambda_{0y}$

$$\beta_{1x}=\frac{0.56}{\lambda_{1x}+0.2}=\frac{0.56}{0.643+0.2}=0.664$$

$$\beta_{1y}=\frac{0.56}{\lambda_{1y}+0.2}=\frac{0.56}{0.25+0.2}=1.244$$

$N_1=N_{\max}$

$[\beta_{1x}(c_2+a_{1y}/2)+\beta_{1y}(c_1+a_{1x}/2)]\beta_{hp}f_th_0=[0.664\times(0.45+0.075/2)+1.244$
$\times(0.45+0.075/2)]\times1100\times0.7$
$=716.2$（kN）$>N_1=598.15\text{kN}$，可以。

（7）承台受剪切承载力计算：

剪跨比与以上冲跨比相同，故对 I‑I 斜截面：$\lambda_x=\lambda_{0x}=0.643$，剪切系数为

$$\alpha=\frac{1.75}{\lambda_x+1}=\frac{1.75}{0.643+1}=1.065$$

$V=2N_{\max}=1\,196.3\text{kN}$

由于 $h_0=700\text{mm}<800\text{mm}$，$\beta_{hs}=1.0$，故

$\beta_{hs}\alpha f_tb_0h_0=1\times1.065\times1100\times1.5\times0.7=1\,230.1$（kN）$>V=1\,196.3\text{kN}$，可以。

II‑II 斜截面：$\lambda_y=\lambda_{0y}=0.25$，$\alpha=\dfrac{1.75}{\lambda_y+1}=\dfrac{1.75}{0.25+1}=1.40$，$V=3N=1\,373.7\text{kN}$，
$\beta_{hs}=1.0$

$\beta_{hs}\alpha f_tb_0h_0=1\times1.40\times1100\times2.4\times0.7=2\,587.2$（kN）$>V=1\,373.7\text{kN}$，可以。

（8）承台受弯承载力计算

$$M_x=\sum N_iy_i=3\times457.9\times0.225=309.1(\text{kN}\cdot\text{m})$$

$$A_s=\frac{M_x}{0.9f_yh_0}=\frac{309.1\times10^6}{0.9\times300\times700}=1\,635.4(\text{mm}^2)$$

选用 $15\,\Phi\,12$，$A_s=1697\text{mm}^2$，沿平行 y 轴方向均匀布置。

$$M_x=\sum N_iy_i=2\times598.15\times0.6=717.78(\text{kN}\cdot\text{m})$$

$$A_s=\frac{M_x}{0.9f_yh_0}=\frac{717.78\times10^6}{0.9\times300\times700}=3\,797.8(\text{mm}^2)$$

选用 $13\,\Phi\,20$，$A_s=4084\text{mm}^2$，沿平行 x 轴方向均匀布置。

3‑5

（1）计算相应于荷载效应准永久组合时承台底面的附加压力

$$p_0 = \frac{F + G_k}{L_c B_c} - \gamma_m d = \frac{1950 + 20 \times 2.6 \times 1.6}{2.6 \times 1.6} - 18.0 \times 1.7 = 458.15 \text{(kPa)}$$

（2）确定沉降计算深度：

桩底 $z = 4.0$m 处，查《建筑桩基技术规范》（JGJ 94—2008）附录 D 得 $\alpha_c = 0.033$，$\sigma_z = 52.6$kPa。由于 $\sigma_c = 319.4$kPa，则 $\sigma_z = 52.6$kPa $\leqslant 0.2\sigma_c = 63.8$kPa，沉降计算深度 $z_n = 4.0$m。

（3）确定平均附加应力系数 $\bar{\alpha}$：

查《建筑桩基技术规范》（JGJ 94—2008）附录 D 得，桩底 $z = 3.0$m 处，$\bar{\alpha}_1 = 0.1433$；桩底 $z = 4.0$m 处，$\bar{\alpha}_2 = 0.1207$。

（4）确定桩基沉降计算系数 Ψ：

沉降计算深度范围内压缩模量的当量值 $\overline{E}_s = \sum A_i / \sum \dfrac{A_i}{E_{si}} = 17.2$MPa，查表 3-25 得 $\Psi = 0.791$。

饱和土中采用预制桩（不含复打、复压、引孔沉桩）时，应根据桩距、土质、沉桩速率和顺序等因素，乘以 $1.3 \sim 1.8$ 的挤土效应系数，此处取 1.5，所以 $\Psi = 0.791 \times 1.5 = 1.187$。

（5）确定桩基等效沉降经验系数 Ψ_e：

已知 $n_b = 2$，$s_a/d = 3$，$L_c = 2.8$m，$B_c = 1.75$m，$l = 12$m，$d = 0.35$m，$L_c/B_c = 1.6$，$l/d = 34.3$

$L_c/B_c = 1.6$，$l/d = 30$ 时，查表 3-26 得，$C_0 = 0.0844$，$C_1 = 1.574$，$C_2 = 8.000$

$$\Psi_{e1} = C_0 + \frac{n_b - 1}{C_1 (n_b - 1) + C_2} = 0.189$$

$L_c/B_c = 1.6$，$l/d = 40$ 时，查表 3-26 得，$C_0 = 0.0686$，$C_1 = 1.653$，$C_2 = 9.521$

$$\Psi_{e2} = C_0 + \frac{n_b - 1}{C_1 (n_b - 1) + C_2} = 0.158$$

插值得 $L_c/B_c = 1.6$，$l/d = 34.3$ 时，$\Psi_{e1} = 0.176$。

（6）计算桩基中心沉降量

$$s = \Psi\Psi_e s' = 4\Psi\Psi_e \cdot p_0 \sum_{i=1}^{2} \frac{z_i \bar{\alpha}_i - z_{i-1} \bar{\alpha}_{i-1}}{E_{si}}$$

$$= 4 \times 1.187 \times 0.176 \times 410.76 \times \left(\frac{3 \times 0.1433}{20} + \frac{4 \times 0.1207 - 3 \times 0.1433}{8} \right) = 9.6 \text{(mm)}$$

第四章

4-1

（1）计算各点的土压力

$$K_{a1} = \tan^2 \left(45° - \frac{20°}{2} \right) = 0.4903, \quad K_{a2} = \tan^2 \left(45° - \frac{32°}{2} \right) = 0.3073$$

$$K_{p2} = \tan^2 \left(45° + \frac{32°}{2} \right) = 3.2546$$

1) 第一层土：

顶部土压力强度

$$p_{a1} = p_0 K_{a1} = 28 \times 0.4903 = 13.728 (\text{kN/m}^2)$$

底部土压力强度为

$$p'_{a1} = (q + \gamma_1 h_1) K_{a1} - 2c_1 \sqrt{K_{a1}} = (28 + 17 \times 8) \times 0.490\ 3 - 0 = 80.409\ 2 (\text{kN/m}^2)$$

主动土压力为

$$E_{a1} = \frac{1}{2}(p_{a1} + p'_{a1})h = \frac{1}{2} \times (13.728 + 80.409\ 2) \times 8 = 376.548 (\text{kN/m})$$

E_{a1} 距坑底的距离 $= \dfrac{p_{a1}h\dfrac{h}{2} + \dfrac{1}{2}p'_{a1}h\dfrac{h}{3}}{E_{a1}} = \dfrac{13.728 \times 8 \times 4 + \dfrac{1}{2} \times 80.409\ 2 \times 8 \times \dfrac{8}{3}}{376.548} =$

$3.444(\text{m})$

2) 第二层土：

顶面的主动土压力强度为

$$p_{a2} = (q_0 + \gamma_1 h_1)K_{a2} = (28 + 17 \times 8) \times 0.307\ 3 = 50.397\ 2(\text{kN/m}^2)$$

O 点的主动土压力强度为

$$p'_{a2} = p_{a2} + \gamma_2 x K_{a2} = 50.397\ 2 + 18 \times 0.307\ 3x = 50.397\ 2 + 5.531\ 4x$$

顶面的被动土压力强度为 $p_{p2} = 0$。

O 点的被动土压力强度为

$$p'_{a2} = p_{p2} + \gamma_2 x K_{p2} = 0 + 18 \times 3.254\ 6x = 58.582\ 8x$$

$$50.397\ 2 + 5.531\ 4x = 58.582\ 8x，x = 0.95$$

O 点以上的净主动土压力呈倒三角形分布，其值为

$$E_{a2} = \frac{1}{2}p_{a2}x = \frac{1}{2} \times 50.397\ 2 \times 0.95 = 23.386\ 7(\text{kN/m})$$

E_{a2} 距坑底的距离为

$$\frac{0.95}{3} = 0.317(\text{m})$$

嵌固深度处的被动土压力强度与主动土压力强度之差为

$$\gamma_2 t K_{p2} - \gamma_2 t K_{a2} = 18 \times t \times (3.254\ 6 - 0.307\ 3) = 53.051\ 4t$$

净被动土压力为

$$E_{p1} = \frac{1}{2}t \times 53.0514t = 26.525\ 7t^2$$

E_{p1} 距嵌固点的距离为 $\dfrac{1}{3}t$。

(2) 计算嵌固深度：计算各力对嵌固深度处的总弯矩

$$E_{a1}(3.444 + x + t) + E_{a2}(x - 0.317 + t) = E_{p1}\frac{1}{3}t$$

将各个力代入上式，整理得

$$376.548 \times (3.444 + 0.95 + t) + 23.386\ 7 \times (0.95 - 0.317 + t) = 26.525\ 7t^2 \times \frac{t}{3}$$

从而得

$t = 8.962\text{m}$

支护桩的总长为

$L = h + x + 1.2t = 8 + 0.95 + 1.2 \times 8.962 = 19.7044\text{(m)}$

(3) 计算最大弯矩及其截面位置：计算支护桩零剪力位置为 D 点，设 OD 长为 z。

$$\frac{1}{2}\gamma_2 z^2 K_{p2} - \frac{1}{2}\gamma_2 z^2 K_{a2} = \sum_{i=1}^{2} E_{ai}$$

$$\frac{1}{2} \times 18 \times (3.2546 - 0.3073)z^2 = 376.548 + 23.3867$$

$z = 3.89\ \text{(m)}$

D 点在基坑底下深度 $= 0.95 + 3.89 = 4.84\ \text{(m)}$

$$M_{\max} = 376.548 \times (3.444 + 4.84) + 23.3867 \times (-0.317 + 4.84) - \frac{1}{2} \times 18 \times 4.84^2$$

$$\times (3.2546 - 0.3073) \times \frac{1}{3} \times 4.84$$

$$= 2222.61\ \text{(kN·m/m)}$$

4-2

(1) 主动土压力计算：

1) 计算 E_{a1}

$$K_a = \tan^2\left(45° - \frac{12°}{2}\right) = 0.6558$$

$$2c\sqrt{K_a} = 2 \times 10 \times \sqrt{0.6558} = 16.196$$

临界深度为

$$z_0 = \frac{2c}{\gamma\sqrt{K_a}} - \frac{q}{\gamma} = \frac{2 \times 10}{17 \times \sqrt{0.6558}} - \frac{10}{17} = 0.86\text{(m)}$$

坑底标高处主动土压力强度为

$$p_{a1} = (q + \gamma h_1)K_a - 2c\sqrt{K_a} = (10 + 17 \times 9) \times 0.6558 - 16.196 = 90.699\text{(kN/m}^2)$$

主动土压力为

$$E_{a1} = \frac{1}{2}p_{a1}(h_1 - z_0) = \frac{1}{2} \times 90.699 \times (9 - 0.86) = 369.145\text{(kN/m)}$$

E_{a1} 距坑底的距离为 $b_1 = \dfrac{9 - 0.86}{3} = 2.71\text{(m)}$

2) 计算 E_{a2}

$$K_p = \tan^2\left(45° + \frac{12°}{2}\right) = 1.5250$$

$$2c\sqrt{K_p} = 2 \times 10 \times \sqrt{1.5250} = 24.698$$

桩左侧坑底标高处被动土压力强度为

$$p'_{p1} = 2c\sqrt{K_p} = 24.698\text{(kN/m}^2)$$

桩左侧再向下深度 u 处被动土压力强度为

$$p_{p1} = \gamma u K_p + p'_{p1} = 17 \times 1.5250u + 24.698 = 25.925u + 24.698$$

桩右侧与 p_{p1} 对应深度处主动土压力强度为

$p_{a2} = p_{a1} + \gamma u K_a = 90.699 + 17 \times 0.655\ 8u = 11.149u + 90.699$

支护桩两侧主动与被动土压力强度之差为

$p_{a2} - p_{a1} = 11.149u + 90.699 - 25.925u - 24.698 = -14.776u + 66.001$

令

$-14.776u + 66.001 = 0$

得土压力零点位置 $u = 4.47\text{m}$

呈三角形分布的土压力强度之差的最大值为 $e_{a1} = 66.001\text{kN/m}^2$，则

$$E_{a2} = \frac{1}{2} e_{a1} u = \frac{1}{2} \times 66.001 \times 4.47 = 147.512 (\text{kN/m})$$

E_{a2} 距坑底的距离为 $b_2 = \frac{1}{3} \times 4.47 = 1.49$（m）

（2）上段等值梁计算：对等值梁 B 点求矩，设 E_{ai} 距坑底距离为 b_i

$R_a(6+u) = E_{a1}(b_1+u) + E_{a2}(u-b_2)$

$$R_0 = \frac{E_{a1}(b_1+u) + E_{a2}(u-b_2)}{(6+u)}$$

$$= \frac{369.145 \times (2.71 + 4.47) + 147.512 \times (4.47 - 1.49)}{6 + 4.47}$$

$$= 294.78 \ (\text{kN/m})$$

$$Q_B = \frac{E_{a1}(6-b_1) + E_{a2}(6+b_2)}{6+u} = \frac{369.145 \times (6 - 2.71) + 147.512 \times (6 + 1.49)}{6 + 4.47}$$

$$= 221.876 (\text{kN/m})$$

（3）下段等值梁计算：对另一段等值梁求矩，得

$$x = \sqrt{\frac{6Q_B}{\gamma(K_p - K_a)}} = \sqrt{\frac{6 \times 221.876}{17 \times (1.5250 - 0.6558)}} = 9.49 (\text{m})$$

$t_0 = u + x = 4.47 + 9.49 = 13.96 (\text{m})$

桩最小入土深度为 $t = 1.2 t_0 = 16.8$（m）

桩长 $L = 9 + 16.8 = 25.8$（m）

（4）计算最大弯矩：先求 $Q = 0$ 的位置，再求该点的弯矩。设该点在 B 点下深度为 z，则

$$\frac{1}{2}\gamma z^2 K_p - \frac{1}{2}\gamma z^2 K_a + R_0 = \sum_{i=1}^{2} E_{ai}$$

$$z = \sqrt{\frac{2\left(\sum_{i=1}^{2} E_{ai} - R_0\right)}{\gamma(K_p - K_a)}} = \sqrt{\frac{2Q_B}{\gamma(K_p - K_a)}} = \sqrt{\frac{2 \times 221.876}{17 \times (1.5250 - 0.6558)}} = 3.87 (\text{m})$$

R_a 至零剪应力的距离为 $6 + 4.47 + 3.87 = 14.34$（m）

E_{a1} 至零剪应力的距离为 $2.71 + 4.47 + 3.87 = 11.05$（m）

E_{a2} 至零剪应力的距离为 $4.47+3.87-1.49=6.85$ （m）

$$M_{max} = 11.05 \times 369.145 + 6.85 \times 147.512 - 14.34 \times 294.78 - \frac{1}{2} \times 17 \times (1.525 - 0.655\ 8)$$

$$\times 3.87^2 \times \frac{1}{3} \times 3.87 = 715.93(\text{kN} \cdot \text{m/m})$$

可见，计算的最大弯矩较大，可考虑采用多点支护结构。

4-3

开挖深度 6.5m，单支撑点。

1）计算 E_{a1}

$$K_a = \tan^2 \left(45° - \frac{12°}{2} \right) = 0.655\ 8$$

$$2c\sqrt{K_a} = 2 \times 10 \times \sqrt{0.655\ 8} = 16.196$$

临界深度

$$z_0 = \frac{2c}{\gamma\sqrt{K_a}} - \frac{q}{\gamma} = \frac{2 \times 10}{17 \times \sqrt{0.655\ 8}} - \frac{10}{17} = 0.86(\text{m})$$

基坑主动土压力强度为

$$p_{aD} = (q + \gamma h_a)K_a - 2c\sqrt{K_a} = (10 + 17 \times 6.5) \times 0.655\ 8 - 16.196$$

$$= 62.82 \ (\text{kN/m})$$

主动土压力

$$E_{a1} = \frac{1}{2}p_{aD}(h_a - z_0) = \frac{1}{2} \times 62.82 \times (6.5 - 0.86) = 177.152(\text{kN})$$

E_{a1} 距离开挖底距离为

$$b_1 = \frac{6.5 - 0.86}{3} = 1.88(\text{m})$$

2）计算 E_{a2}

$$K_p = \tan^2 \left(45° + \frac{12°}{2} \right) = 1.525\ 0$$

$$2c\sqrt{K_p} = 2 \times 10 \times \sqrt{1.525\ 0} = 24.698$$

开挖面处被动土压力强度为

$$p_{pD} = 2c\sqrt{K_p} = 24.698(\text{kN/m}^2)$$

开挖面以下深度 u 处被动土压力强度为

$$p_p = \gamma u K_P + p_{pD} = 17 \times 1.5250u + 24.698 = 25.925u + 24.698$$

开挖面以下深度 u 处主动土压力强度为

$$p_a = p_{aD} + \gamma u K_a = 62.82 + 17 \times 0.6558u = 11.149u + 62.82$$

$$p_{a2} - p_{a1} = 11.149u + 62.82 - 25.925u - 24.698 = -14.776u + 38.122 = 0$$

即

$$-14.776u + 38.122 = 0$$

得土压力零点位置 $u = 2.580$m，则

$$E_{a2}=\frac{38.122}{2}\times 2.58=49.177(kN/m)$$

E_{a2} 距基底的距离

$$b_2=\frac{1}{3}\times 2.58=0.86(m)$$

对等值梁 AO 的 O 点取矩，得

$$R_B=\frac{E_{a1}(b_1+u)+E_{a2}(u-b_2)}{3.5+u}=\frac{177.152\times(1.88+2.58)+49.177\times(2.58-0.86)}{3.5+2.58}$$

$$=143.86\ (kN/m)$$

此时尚未开挖到设计深度，不需要计算桩墙的入土深度。

第五章

5-1

塑料排水带呈正方形布置，$d_e=1.13\times 1.3=1.469$（m），$d_p=\dfrac{2(b+\delta)}{\pi}=$

$\dfrac{2\times(100+4)}{3.14}=66.242mm$，$n=\dfrac{d_e}{d_p}=\dfrac{1.469}{0.0662}=22$，$n^2=484$，$\gamma_w=10kN/m^3$

$$C_h=\frac{k_h(1+e)}{a\gamma_w}=\frac{5.8\times 10^{-8}\times(1+1.0)}{0.55\times 10}=2.109\times 10^{-3}\ (cm^2/s)$$

$$F_n=\frac{n^2}{n^2-1}\ln n-\frac{3n^2-1}{4n^2}=\frac{484}{484-1}\ln 22-\frac{3\times 484-1}{4\times 484}=2.348$$

$$\alpha=\frac{8}{\pi^2}=\frac{8}{3.14^2}=0.81$$

不考虑井阻和涂抹影响，仅考虑径向排水固结，有

$$\beta=\frac{8C_n}{F_n d_e^2}=\frac{8\times 2.109\times 10^{-3}}{2.348\times 1.469^2}=0.033\ 3\ (1/d)$$

二级加载，第一级加载速率 $\dot q_1=15kPa/d$，第二级加载速率 $\dot q_2=15kPa/d$，平均固结度为

$$u_t=\frac{\dot q_1}{\sum \Delta P}\left[(t_1-t_0)-\frac{\alpha}{\beta}e^{-\beta t}(e^{\beta t_1}-e^{\beta t_0})\right]+\frac{\dot q_2}{\sum \Delta P}\left[(t_3-t_2)-\frac{\alpha}{\beta}e^{-\beta t}(e^{\beta t_3}-e^{\beta t_2})\right]$$

$$=\frac{15}{120}\left[(4-0)-\frac{0.81}{0.033\ 3}e^{-0.033\ 3\times 65}\times(e^{0.033\ 3\times 4}-e^0)\right]+$$

$$\frac{15}{120}\left[(38-34)-\frac{0.81}{0.033\ 3}e^{-0.033\ 3\times 65}\times(e^{0.033\ 3\times 38}-e^{0.033\ 3\times 34})\right]$$

$$=0.796=79.6\%$$

5-2

正方形布置，砂井影响区 $d_e=1.13\times 3.0=3.39$（m），$n=d_e/d_w=3.39/0.5=6.78$，$n^2=45.968$

$$C_v = C_h = 1.25 \times 10^{-3} \, \text{cm}^2/\text{s} = 1.25 \times 10^{-3} \times 10^{-4} \times 24 \times 3600 = 1.08 \times 10^{-2} \, (\text{m/d})$$

$$F_n = \frac{n^2}{n^2 - 1} \ln n - \frac{3n^2 - 1}{4n^2} = \frac{45.968}{45.968 - 1} \ln 6.78 - \frac{3 \times 45.968 - 1}{4 \times 45.968} = 1.21$$

$$T_h = -\frac{F_n}{8} \ln(1 - U_r) = -\frac{1.21}{8} \times \ln(1 - 0.85) = 0.287$$

$$t = \frac{T_h d_e^2}{C_h} = \frac{0.287 \times 3.39^2}{1.08 \times 10^{-2}} = 306 \, (\text{d})$$

5－3

求得地基土的天然孔隙比 $e = 0.75$，根据砂土相对密实度定义，地基挤密后达到的孔隙比 $e_1 = e_{max} - D_r (e_{max} - e_{min}) = 0.95 - 0.8 \times (0.95 - 0.6) = 0.67$。

采用正方形布桩时，桩间距 $l = 0.89 \xi d \sqrt{\dfrac{1+e}{e - e_1}}$，$\xi$ 为修正系数，当考虑振动下沉密实作用时，可取 $1.1 \sim 1.2$，这里取 $\xi = 1.2$。

$$l = 0.89 \xi d \sqrt{\frac{1+e}{e - e_1}} = 0.89 \times 1.2 \times 0.6 \times \sqrt{\frac{1 + 0.75}{0.75 - 0.6}} = 2.19 \, (\text{m})$$

5－4

$f_{spk} = 160 \text{kPa}$，$f_{pk} = 450 \text{kPa}$，设计要求 CFG 桩复合地基承载力特征值，$f_{sk} = 80 \text{kPa}$，

面积置换率 $m = \dfrac{f_{spk} - \beta f_{sk}}{f_{pk} - \beta f_{sk}} = \dfrac{160 - 0.85 \times 80}{450 - 0.85 \times 80} = 0.240\,8$

$$A_p = \frac{3.14 \times 0.4^2}{4} = 0.125\,6$$

一根桩所承担的处理面积 $A_e = \dfrac{A_p}{m} = \dfrac{0.125\,6}{0.240\,8} = 0.5216$

等边三角形布桩，桩距应为 $l = 1.08 \sqrt{A_e} = 1.08 \times \sqrt{0.521\,6} = 0.78 \, (\text{m})$

5－5

单桩承载力特征值

$$R_a = \eta f_{cu} A_p = 0.25 \times 1800 \times \frac{\pi \times 0.54^2}{4} = 103.06 \, (\text{kN})$$

面积置换率

$$m = \frac{f_{spk} - \beta f_{sk}}{\lambda \dfrac{R_a}{A_p} - \beta f_{sk}} = \frac{200 - 0.6 \times 85}{1.0 \times \dfrac{103.06}{\dfrac{\pi \times 0.54^2}{4}} - 0.6 \times 85} = 0.3734$$

一根桩分担的处理地基面积的等效圆直径

$$d_e = \frac{d}{\sqrt{m}} = 0.883\,7 \, (\text{m})$$

参 考 文 献

[1] 朱浮声，王凤池，李纯，等. 地基基础设计与计算. 北京：人民交通出版社，2005.

[2] 周晨星，王洪瑾，虞石民，等. 基础工程. 北京：清华大学出版社，1996.

[3] 赵明华，愈晓，王贻荪. 土力学与基础工程. 2版. 武汉：武汉理工大学出版社，2003.

[4] 袁聚云，李镜培，楼晓明. 基础工程. 上海：同济大学出版社，2001.

[5] 本书编委会. 建筑地基基础设计规范理解与应用. 北京：中国建筑工业出版社，2004.

[6] 本书编委会. 建筑地基基础设计规范理解与应用. 2版. 建筑结构新规范系列培训读本. 北京：中国建筑工业出版社，2012.

[7] 本书编委会. 注册岩土工程师专业考试应试指南. 北京：中国建筑工业出版社，2006.

[8] 高大钊，赵春风，徐斌. 桩基础的设计方法与施工技术. 北京：机械工业出版社，1999.

[9] 白晓红. 基础工程设计原理. 北京：科学出版社，2005.

[10] 陈国兴，樊良本. 基础工程学. 北京：中国水利水电出版社，2002.

[11] 王成华. 基础工程. 天津：天津大学出版社，2002.

[12] 莫海鸿，杨小平. 基础工程. 北京：中国建筑工业出版社，2003.

[13] 王晓鹏，郑桂兰. 基础工程. 北京：中国电力出版社，2005.

[14] 葛春辉. 钢筋混凝土沉井结构设计施工手册. 北京：中国建筑工业出版社，2004.

[15] 陈肇元，崔京浩. 土钉支护在基坑工程中的应用. 2版. 北京：中国建筑工业出版社，2000.

[16] 苑连菊，李振拴，武胜忠，等. 工程渗流力学及应用. 北京：中国建筑工业出版社，2001.

[17] 钱德玲. 注册岩土工程师专业考试模拟习题集（执业资格考试丛书）. 北京：中国建筑工业出版社，2006.

[18] 任文杰. 土力学及基础工程习题集. 北京：中国建筑工业出版社，2004.

[19] 莫海鸿，杨小平，刘叔灼. 土力学及基础工程学习辅导与习题精解. 北京：中国建筑工业出版社，2006.